顾　　问：彭　森

主　　编：孔泾源

编　　委：徐善长　张丽娜　王　强

　　　　　连启华　王金城

工作人员：宋葛龙　张俊浩　姜　焱

　　　　　李军杰　赵修春　汪　海

　　　　　彭绍宗　董　文　张邦利

　　　　　赵少钦

顾问:彭 森

2008年
中国经济体制改革报告

ZHONGGUO JINGJI TIZHI GAIGE BAOGAO

孔泾源 主编

人民出版社

图书在版编目（CIP）数据

2008 年中国经济体制改革报告/孔泾源主编. -北京：人民出版社，2009. 10
ISBN 978 - 7 - 01 - 008198 - 4

I. 2…　Ⅱ. 孔…　Ⅲ. 经济体制改革 - 研究报告 - 中国 - 2008
Ⅳ. F121

中国版本图书馆 CIP 数据核字（2009）第 159053 号

2008年中国经济体制改革报告
2008 NIAN ZHONGGUO JINGJI TIZHI GAIGE BAOGAO

主　　编　孔泾源
责任编辑　姚劲华　车金凤
装帧设计　鼎盛怡园
出版发行　人民出版社
　　　　　（100706　北京朝阳门内大街 166 号）
网　　址　http：//www. peoplepress. net
经　　销　新华书店总店北京发行所经销
印　　刷　北京中科印刷有限公司
版　　次　2009 年 10 月第 1 版
　　　　　2009 年 10 月北京第 1 次印刷
开　　本　787 毫米×1092 毫米　1 / 16　印张　34
字　　数　665 千字
书　　号　ISBN 978 - 7 - 01 - 008198 - 4
定　　价　68. 00 元

目 录
contents

部门篇

地方篇

试点篇

附 录

后 记

2008 年中国经济体制改革报告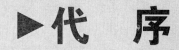
2008 NIAN ZHONGGUO JINGJI TIZHI GAIGE BAOGAO

▶代　序

各项改革扎实推进
——2008 年经济体制改革综述

国家发展改革委经济体制综合改革司

2008 年是改革开放 30 周年，是全面贯彻党的十七大精神的第一年，是落实"十一五规划"的承上启下之年。按照党中央、国务院部署，各部门、各地区继续深化改革，完善推动科学发展、促进社会和谐的体制机制，重点领域和关键环节的改革迈出了新步伐。

一、国有企业改革继续推进，基本经济制度进一步巩固

国有大型企业改革继续深化。中央企业调整重组步伐加快，企业户数由 2007 年底的 151 家减少至 2008 年底的 142 家。股份制改革继续推进，2 家中央企业完成主营业务整体重组、改制上市。建立规范董事会试点工作继续深化，试点企业初步建立起科学决策机制，国资委与试点企业的关系进一步规范，已有 3 家试点企业实现整体上市。根据航空工业体制改革方案，组建了中国商用飞机公司和中国航空工业集团公司。

垄断行业和公用事业改革迈出新步伐。电信体制改革方面，电信企业资产与业务重组基本完成，将原有的 6 大基础电信运营企业重组为 3 家拥有全国性网络资源、实力和规模相对接近、具有全业务经营能力的市场竞争主体。电力体制改革方面，"十五"电力体制改革相关遗留问题得到处理，相关配套改革稳步推进；规范了电力职工持股行为；继续推进区域电力市场建设，对发电权交易和大用户直接购电进行了试点探索；推进煤电联营改革试点，支持煤电化等一体化基地建设；水电农村电气化和小水电代燃料工程国有资产监管得到加强。铁路体制改革方面，投融资体制改革取得新进展，2008 年，已组建合资铁路公司 34 家，吸引地方政府权益性出资 820 亿元，其他社会资本 160 亿元，投资总规模约 5000 亿元；成功发行铁路建设债券 800 亿元。交通体制改革方面，农村公路管理养护体制改革继续推进，各省均出台了改革实施方案，明确县级政府的农村公路养护责任主体地位。市政公用事业改革方面，城镇供热体制改革继续推进，有关部门印发了《民用建筑供热计量管理

办法》、《关于进一步推进供热计量改革的若干意见》和《供热计量技术导则》；城镇供水、污水处理行业特许经营制度稳步推进，多元化投融资体制与经营模式逐步形成。

个体、私营等非公有制经济发展的体制环境继续改善。围绕进一步落实《国务院关于鼓励、支持和引导个体私营等非公有制经济发展的若干意见》，近年来，中央有关部门和单位在市场准入标准、财税金融政策、改善政府服务和监管、营造舆论环境等方面累计出台近 40 个配套文件，大大改善了非公有制经济和中小企业的发展环境。

二、生产要素市场化程度逐步提高，现代市场体系继续完善

资本市场方面：主板市场继续壮大，中煤能源、中国铁建、中国南车等一批国有企业上市。中小企业板市场继续发展，拓展了中小企业融资渠道。做好创业板市场筹备工作，《首次公开发行股票并在创业板上市管理办法》公开征求意见。推进期货产品创新，成功上市黄金期货。有关部门简化企业债券发行核准程序，将先核定规模、再审批发行两个环节，简化为直接核准发行一个环节，企业债券发行规模进一步扩大。积极发展公司债市场，优化申报和审核程序，出台《上市公司股东发行可交换公司债券的规定》。资本市场基础性制度建设得到加强。《证券公司监督管理条例》、《证券公司风险处置条例》及《上市公司重大资产重组管理办法》、《上市公司并购重组财务顾问业务管理办法》、《上市公司解除限售存量股份转让指导意见》发布实施；健全发行监管体制，完善保荐制度，促进上市公司提高质量；简化回购程序，提高股东增持的灵活性；修改上市公司现金分红有关规定，引导上市公司增加对投资者的现金回报。

土地市场方面：国务院批复《全国土地利用总体规划纲要（2006—2020 年）》，确定了 18 亿亩耕地红线，明确了各省规划期耕地保有量和基本农田保护面积。有关部门下发《关于切实做好征地统一年产值标准和片区综合地价公布实施工作的通知》，决定自 2009 年起在全国陆续实施新的征地补偿标准。严格界定划拨用地范围，除军事、社会保障性住房和特殊用地等可以继续实行划拨外，其他用地逐步实行有偿使用。经营性用地和工业用地出让制度继续完善，2008 年国有建设用地使用权出让合同示范文本发布实施。《城乡建设用地增减挂钩试点管理办法》出台，有关部门批准下达了挂钩试点第二批项目区。农村土地承包经营权流转市场进一步规范，流转合同制和登记备案制初步建立，农村土地纠纷仲裁试点总数达到 229 个。

人力资源市场方面：统筹城乡就业试点城市在健全组织体系、建立覆盖城乡的

职业培训体系和公共就业服务体系、健全劳动用工管理制度、完善社会保障制度等方面取得了新进展。为落实好《就业促进法》，国家发布了《关于促进以创业带动就业工作的指导意见》，并建立了相关体制机制。《劳动合同法》正式施行，《劳动合同法实施条例》发布实施。

资源性产品价格形成机制进一步健全。油价方面，成品油价格和税费改革方案出台，并完善了对种粮农民、部分困难群体和公益性行业的油价补贴机制。电价方面，两次调整了电力价格；全国15个省份实现了工商企业用电同价；8个省份缩小了工业与商业用电价差；推进城乡各类用电同价，适当拉开电压等级差价，完善峰谷、丰枯分时电价办法；继续落实差别电价政策，加强脱硫电价监管，取消原有对电解铝、氯碱、铁合金企业的电价优惠政策。水价方面，出台了水资源费征收标准管理办法；加大了城市污水和垃圾处理收费力度，改革征收方式，提高收缴率。

三、财政体制改革继续深化，税收制度进一步健全

公共财政体系继续完善。健全转移支付制度，完善了一般性转移支付办法，加大了专项转移支付项目清理整合力度，扩大了专项转移支付资金国库集中支付范围。深化部门预算和行政事业单位国有资产管理改革，基本支出定员定额试点范围扩大，预算支出绩效考评试点扩大。国库集中收付制度改革继续推进，所有中央部门及所属1万多个基层预算单位，全国所有省份和计划单列市本级大多数市县的28万多个基层预算单位实施了国库集中支付改革。国有资本经营预算制度改革试点范围扩大。

税收制度改革稳步推进。配合新的《企业所得税法》实施，相关配套政策措施陆续出台。个人所得税制继续完善，工薪所得费用扣除标准由1600元提高到2000元。储蓄存款和证券交易结算资金利息所得税暂免征收。股票交易印花税税率从3‰下调到1‰，并改为单边征收。推进房地产税制改革，对廉租住房、经济适用房建设等实行减免税费政策，降低住房交易环节税收负担。从2009年起，在全国范围内实施增值税转型改革和成品油税费改革。

四、金融体制改革取得新进展，投资体制改革加快推进

金融企业改革继续深化。国家开发银行已由政策性银行改造为股份制商业银行，并成立股份公司；农业银行已完成股份制改革的财务重组工作，于2009年1月成立股份公司。

金融调控和金融监管体系进一步健全。利率市场化改革继续推进，5次下调了金融机构人民币存贷款基准利率；扩大商业性个人住房贷款利率下浮幅度；继续培

育上海银行间同业拆放利率（SHIBOR），鼓励金融机构创新以 SHIBOR 为基准的金融产品。市场供求在人民币汇率形成中的基础性作用进一步发挥，全年人民币汇率有贬有升、双向浮动，与国际主要货币汇率之间联动明显。跨境资本流动监管得到加强。推进社会信用体系建设，有关部门研究起草了征信管理条例和《金融业统一征信平台建设规划》。有关部门以部际联席会议制度形式，加强货币政策与监管政策的协调，建立金融信息共享制度。

投资体制改革加快推进。《中央政府投资项目后评价管理办法（试行）》发布实施，选定北京华文学院新校区作为中央预算内投资项目代建制试点。完善核准制，有关部门制定了《关于企业投资项目咨询评估报告的若干要求》，发布了《企业投资项目咨询评估报告编写大纲》和《项目核准文件格式文本》。减少和下放具体管理事项，在安排 2008 年新增 1000 亿元投资和 2009 年中央预算内投资计划时，有关部门将具体项目资金安排及责任能交给部门的尽量交给部门，能交给地方政府的尽量交给地方政府。

五、促进资源节约、环境友好的体制机制不断完善，有利于自主创新的体制环境逐步形成

建立健全资源有偿使用制度和生态环境补偿机制方面：煤炭资源有偿使用制度改革试点继续深化，探矿权采矿权有偿取得制度全面推行。矿山地质环境保护与治理的责任机制进一步落实，绝大多数省份建立了矿山地质环境治理保证金制度。有关部门理顺矿产资源收益分配关系，将矿业权价款的 80% 留给地方。排污权有偿取得和排污交易继续推进，有关部门开展了火力发电厂二氧化硫排污权有偿使用和交易试点，开发了交易管理系统；太湖流域主要水污染物排污权有偿使用和交易试点逐步展开；天津市开展主要污染物排污权有偿使用和交易试点获得批准。

有利于节能减排的体制机制建设方面：有关部门落实节能减排责任制，对全国30 个省级政府 2007 年节能目标完成情况和节能措施落实情况进行考核，并向社会公告。建立和完善节能减排措施公示制度，先后公布了全国城镇污水处理设施和燃煤电厂脱硫设施清单，以及各省份和五大电力公司主要污染物总量减排情况的考核结果。建立和完善了与国际接轨的节能审核机制，通过财政奖励，支持经济欠发达地区淘汰落后产能，支持完成首批 5000 万只高效照明产品推广工作，组织实施生物能源财政扶持政策。完善资源综合利用增值税的优惠政策，国家公布节能节水专用设备、环境保护专用设备、资源综合利用企业所得税优惠目录。对中小型三相异步电动机等 5 种产品实施能效标识制度。钢铁、水泥、烧碱、火电、铝等 22 项高耗能产品能耗限额强制性国家标准发布。节能技术开发和推广机制逐步建立，有关部门

编制《国家重点节能技术推广目录（第一批）》，对有关示范项目给予重点支持。《关于开展环境污染责任保险工作的指导意见》发布，并在江苏等省市选择6大领域进行试点。

健全自主创新的体制机制保障方面：国务院16个部门围绕《实施〈国家中长期科学和技术发展规划纲要（2006—2020年）〉的若干配套政策》，积极推进实施细则制定工作，目前已出台70多个实施细则，有利于自主创新的政策和体制环境正在形成。推动科技重大专项实施，民口科技重大专项全部通过国务院常务会议审议，年度项目（课题）启动经费已下达到各牵头组织单位。

六、收入分配和社会保障制度改革取得新进展，卫生、教育、文化等社会事业改革继续深化

收入分配制度方面：有关部门及时调整最低工资标准，在全国开展以扩大集体协商和集体合同制度覆盖面为重点的"彩虹计划"。28个省份发布了工资指导线，中心城市发布了劳动力市场工资指导价位和行业人工成本信息。国家决定在义务教育学校实施绩效工资。机关事业单位工作人员带薪休假的实施办法出台。全国离退休人员待遇继续提高。

社会保障制度方面：企业退休人员基本养老金正常调整机制继续完善，2008年每月人均增加100元左右。国务院出台了事业单位工作人员养老保险制度改革试点意见，并在山西、上海等5省市开展试点。一些地方开展了个人缴费、集体补助、政府补贴相结合的新型农村社会养老保险试点。城镇企业职工基本养老保险实现省级统筹的省份扩大到17个。城镇居民基本医疗保险新增试点城市229个，并将大学生纳入试点范围。农村最低生活保障制度在全国普遍建立，低保对象增加至近4000万人。廉租住房计划制度建立，廉租住房保障任务分解机制和目标责任制初步建立，住房保障的配套政策继续完善。

医药卫生体制方面：有关部门联合制订《关于深化医药卫生体制改革的意见（征求意见稿）》，并公开征求意见。研究提出了加快基本医疗保障体系建设、建立基本药物制度、健全城乡基层卫生服务体系、促进公共卫生服务均等化、公立医院改革试点等5项重点改革实施方案。新型农村合作医疗制度实现全覆盖，筹资水平进一步提高，绝大部分省份财政补助标准提高到每人每年80元。

教育体制方面：农村义务教育经费保障机制改革继续推进，公用经费保障水平和校舍维修改造补助标准进一步提高。城乡免费义务教育制度全面实施。高等学校和中等职业学校家庭经济困难学生资助政策体系不断健全。有关部门在天津、四川、河南三地开展了职业教育改革综合试验。

文化体制方面：《关于进一步深化文化系统文化体制改革的意见》、《2008 年广播影视改革工作要点》发布，中国东方歌舞团等单位转企改制启动。电台电视台内部机制改革稳步推进，有关部门选择部分栏目进行了制播分离试点，实现了投资主体多元化、制作主体公司化。电影电视剧影视动画等经营性产业改革成效明显，公有制为主体、多种所有制共同发展的产业格局初步形成。国家明确电影制片、发行、放映由广电部门统一管理。除西藏外，全国省级新华书店系统转制任务全部完成。高校出版社改制工作进入全面推进阶段。

七、农村综合改革继续深化，农村金融等体制改革稳步推进

农村综合改革方面：全国 52% 的乡镇开展了机构改革试点。全国约 1.5 亿名农村中小学生全部享受免除学杂费和国家规定课程教科书费的政策，中西部农村地区约 1100 万名家庭经济困难寄宿生享受了生活费补助。24 个省份实行了"省直管县"财政管理体制改革试点，29 个省份实行了"乡财县管"财政管理方式改革试点。

农村金融改革和创新方面：有关部门出台政策，放宽农村中小金融机构在跨区域经营、投资入股比例、投资地域限制和融资渠道等方面的市场准入；明确了村镇银行、贷款公司、农村资金互助社、小额贷款公司四类机构在贷款利率、存款准备金和支付清算管理等 8 个方面的金融政策；将小额贷款公司试点范围扩大到全国。大力推广农户小额信用贷款和农户联保贷款，创新贷款担保方式，基于订单与保单的金融工具得到发展。中央财政给予保费补贴的农业保险试点地域和品种继续扩大。

林业、农垦、水利体制改革方面：《中共中央国务院关于全面推进集体林权制度改革的意见》发布实施。福建、江西等 13 个省林改工作全面推开。国有农场内部经营机制继续完善，农垦企业分离办社会工作稳步推进。国务院决定，将海南农垦由省部共管调整为由海南省全面管理。全国 80% 以上的大型灌区实现了定岗定编，落实了部分公益性管理人员经费。

八、国家启动新一轮政府机构改革，政府职能进一步转变

党的十七届二中全会审议通过《关于深化行政管理体制改革的意见》。国务院启动新一轮机构改革，探索实行职能有机统一的大部门体制。各有关部门按照《国务院机构改革方案》的要求，推进政府机构改革，着力转变政府职能。目前，46 个部门的"三定"规定已发布实施。上海等一些省级政府机构改革方案获批实施。《政府信息公开条例》发布实施。各地区、各部门普遍建立了政府信息公开工作机

制，构建了以政府网站、政府公报为主体的政府信息公开网络，公开政府信息的主动性、及时性普遍增强，为确保人民群众的知情权、参与权、表达权和监督权，促进政府自身建设发挥了积极作用。国务院发布了加强市县政府依法行政的决定，市县政府依法行政的制度框架基本确立。

九、涉外经济体制改革继续深化，开放型经济体系进一步完善

利用外资的管理体制继续完善。有关部门进一步简化外商投资企业审批程序，将部分外商投资企业的设立和变更事项委托给地方和国家级经济技术开发区办理。选择若干领域，推行网上审批。将外商投资房地产企业备案工作下放至省级商务主管部门。有关部门修订发布《中西部地区外商投资优势产业目录》。结合深化投资体制改革，发布《关于进一步加强和规范外商投资项目管理的通知》。建立外国投资者并购境内企业安全审查制度，完善外资并购的相关规定。出台《关于委托地方审批部分外国政府贷款项目资金申请报告的通知》，下放具体管理事项。

对外投资管理体制进一步健全。有关部门联合出台了《关于大陆企业赴台湾地区投资项目管理有关规定的通知》，推动海峡两岸直接双向投资。下发多个文件，完善发展对外经济技术合作、境外经济贸易合作区的支持政策，规范我国企业对外投资合作。发布《关于支持和发展境外中资企业商会的指导意见》，促进境外中资企业发展行业自律组织。印发《国别投资经营障碍报告汇编》（2004—2007），提出了应对境外投资障碍和风险的措施和建议。《对外承包工程管理条例》出台，完善了相关监管制度。

海关管理体制继续完善。有关部门以电子口岸建设为基础，实施单一窗口工程，进一步推动口岸"大通关"管理体制和运行机制创新。推动区域通关改革，推进贸易便利化进程。大力推进海关特殊监管区域整合，积极推动海关特殊监管区域管理立法工作，促进保税加工和保税物流业发展。

十、着眼于加快完善社会主义市场经济体制，全国综合配套改革试点取得新成效

上海浦东新区在行政管理体制改革、涉外经济体制改革、金融体制改革、破除城乡二元结构等方面取得了重要进展，并创造了对面上具有借鉴意义的经验。国务院批准了天津滨海新区综合配套改革试验总体方案。滨海新区金融体制改革取得进展；土地管理体制改革专项方案已上报国务院；有关部门批准在天津进行主要污染

物排污权有偿使用和交易试点。国务院批准了武汉城市圈和长株潭城市群"两型社会"建设综合配套改革试验总体方案。重庆市和四川省成都市统筹城乡综合配套改革试验总体方案已上报国务院。2009 年 2 月,国务院发布《关于推进重庆市统筹城乡改革和发展的若干意见》。深圳经济特区在行政管理体制、事业单位体制、促进自主创新的体制机制、社会管理体制、涉外经济体制改革等方面先行先试,进一步创造了特区的新优势。

十一、改革开放 30 周年纪念活动深入展开,进一步坚定了深化改革开放的决心和信心

党中央对改革开放 30 周年纪念活动作出部署,各地区、各部门积极落实。12 月 18 日,胡锦涛同志在纪念党的十一届三中全会召开 30 周年大会上发表重要讲话,全面总结改革开放 30 年的伟大历程和辉煌成就,深刻阐述"十个结合"的宝贵经验,并对未来的改革发展提出了更高的要求。社会各界创作了大量纪念和宣传改革开放历程、成就和经验的作品,开展了形式多样的纪念和宣传活动。改革开放的伟大历程和辉煌成就,坚定了全党全国各族人民走中国特色社会主义道路、进一步推进改革开放的信心和决心。

2008 年中国经济体制改革报告
2008 NIAN ZHONGGUO JINGJI TIZHI GAIGE BAOGAO

▶综合篇

在纪念党的十一届三中全会
召开30周年大会上的讲话

胡锦涛

1978年12月18日，也就是30年前的今天，党的十一届三中全会隆重召开。这次会议，实现了新中国成立以来我们党历史上具有深远意义的伟大转折，开启了我国改革开放历史新时期。从此，党领导全国各族人民在新的历史条件下开始了新的伟大革命。

今天，我们在这里集会，纪念党的十一届三中全会召开30周年，就是要充分认识改革开放的重大意义和伟大成就，深刻总结改革开放的伟大历程和宝贵经验，坚持党的十一届三中全会精神，高举中国特色社会主义伟大旗帜，以马克思列宁主义、毛泽东思想、邓小平理论和"三个代表"重要思想为指导，深入贯彻落实科学发展观，在中国特色社会主义道路上，继续把改革开放伟大事业推向前进。

党的十一届三中全会是在党和国家面临向何处去的重大历史关头召开的。1976年10月粉碎"四人帮"之后，广大干部群众强烈要求纠正"文化大革命"的错误，彻底扭转十年内乱造成的严重局势，使党和国家从危难中重新奋起。但是，这一顺应时势的愿望遇到严重阻碍，党和国家工作在前进中出现徘徊局面。与此同时，世界经济快速发展，科技进步日新月异，国家建设百业待兴，真理标准讨论热潮涌起。国内外大势呼唤我们党尽快就关系党和国家前途命运的大政方针作出政治决断和战略抉择。

在邓小平同志领导下和其他老一辈革命家支持下，党的十一届三中全会开始全面认真纠正"文化大革命"中及其以前的"左"倾错误，坚决批判了"两个凡是"的错误方针，充分肯定了必须完整、准确地掌握毛泽东思想的科学体系，高度评价了关于真理标准问题的讨论，确定了解放思想、开动脑筋、实事求是、团结一致向前看的指导方针，果断停止使用"以阶级斗争为纲"的口号，作出了把党和国家工作中心转移到经济建设上来、实行改革开放的历史性决策。

党的十一届三中全会标志着我们党重新确立了马克思主义的思想路线、政治路线、组织路线，标志着中国共产党人在新的时代条件下的伟大觉醒，显示了我们党顺应时代潮流和人民愿望、勇敢开辟建设社会主义新路的坚强决心。在党的十一届

综合篇

三中全会春风吹拂下，神州大地万物复苏、生机勃发，拨乱反正全面展开，解决历史遗留问题有步骤进行，社会主义民主法制建设走上正轨，党和国家领导制度和领导体制得到健全，国家各项事业蓬勃发展。我们伟大的祖国迎来了思想的解放、经济的发展、政治的昌明、教育的勃兴、文艺的繁荣、科学的春天。党和国家又充满希望、充满活力地踏上了实现社会主义现代化的伟大征程。

新时期最鲜明的特点是改革开放。党带领人民进行改革开放，目的就是要解放和发展社会生产力，实现国家现代化，让中国人民富裕起来，振兴伟大的中华民族；就是要推动我国社会主义制度自我完善和发展，赋予社会主义新的生机活力，建设和发展中国特色社会主义；就是要在引领当代中国发展进步中加强和改进党的建设，保持和发展党的先进性，确保党始终走在时代前列。

30 年来，以邓小平同志为核心的党的第二代中央领导集体、以江泽民同志为核心的党的第三代中央领导集体和党的十六大以来的中央领导集体，团结带领全党全国各族人民，承前启后，继往开来，接力推进改革开放伟大事业，谱写了中华民族自强不息、顽强奋进新的壮丽史诗。我们党先后召开 6 次全国代表大会、45 次中央全会，及时研究新情况、解决新问题、总结新经验，集中全党全国各族人民智慧，形成了党的基本理论、基本路线、基本纲领、基本经验，制定和作出了指导改革开放和社会主义现代化建设的一整套方针政策和工作部署，成功开辟了中国特色社会主义道路。

今天，13 亿中国人民大踏步赶上了时代潮流，稳定走上了奔向富裕安康的广阔道路，中国特色社会主义充满蓬勃生机，为人类文明进步作出重大贡献的中华民族以前所未有的雄姿巍然屹立在世界东方。

30 年来，我们始终以改革开放为强大动力，在新中国成立以后取得成就的基础上，推动党和国家各项事业取得举世瞩目的新的伟大成就。

我们锐意推进各方面体制改革，使我国成功实现了从高度集中的计划经济体制到充满活力的社会主义市场经济体制的伟大历史转折。我们建立和完善社会主义市场经济体制，建立以家庭承包经营为基础、统分结合的农村双层经营体制，形成公有制为主体、多种所有制经济共同发展的基本经济制度，形成按劳分配为主体、多种分配方式并存的分配制度，形成在国家宏观调控下市场对资源配置发挥基础性作用的经济管理制度。在不断深化经济体制改革的同时，不断深化政治体制、文化体制、社会体制以及其他各方面体制改革，不断形成和发展符合当代中国国情、充满生机活力的新的体制机制，为我国经济繁荣发展、社会和谐稳定提供了有力制度保障。

我们不断扩大对外开放，使我国成功实现了从封闭半封闭到全方位开放的伟大历史转折。我们坚持对外开放的基本国策，打开国门搞建设，加快发展开放型经济。

从建立经济特区到开放沿海、沿江、沿边、内陆地区再到加入世界贸易组织，从大规模"引进来"到大踏步"走出去"，利用国际国内两个市场、两种资源水平显著提高，国际竞争力不断增强。从1978年到2007年，我国进出口总额从206亿美元提高到21737亿美元、跃居世界第三，外汇储备跃居世界第一，对外投资大幅增长，实际使用外资额累计近10000亿美元。广泛深入的国际合作加快了我国经济发展，也为世界经济发展作出了重大贡献。

我们坚持以经济建设为中心，我国综合国力迈上新台阶。从1978年到2007年，我国国内生产总值由3645亿元增长到24.95万亿元，年均实际增长9.8%，是同期世界经济年均增长率的3倍多，我国经济总量上升为世界第四。我们依靠自己力量稳定解决了13亿人口吃饭问题。我国主要农产品和工业品产量已居世界第一，具有世界先进水平的重大科技创新成果不断涌现，高新技术产业蓬勃发展，水利、能源、交通、通信等基础设施建设取得突破性进展，生态文明建设不断推进，城乡面貌焕然一新。

我们着力保障和改善民生，人民生活总体上达到小康水平。这30年是我国城乡居民收入增长最快、得到实惠最多的时期。从1978年到2007年，全国城镇居民人均可支配收入由343元增加到13786元，实际增长6.5倍；农民人均纯收入由134元增加到4140元，实际增长6.3倍；农村贫困人口从2.5亿减少到1400多万。城市人均住宅建筑面积和农村人均住房面积成倍增加。群众家庭财产普遍增多，吃穿住行用水平明显提高。改革开放前长期困扰我们的短缺经济状况已经从根本上得到改变。

我们大力发展社会主义民主政治，人民当家作主权利得到更好保障。政治体制改革不断深化，人民代表大会制度、中国共产党领导的多党合作和政治协商制度、民族区域自治制度以及基层群众自治制度日益完善，中国特色社会主义法律体系基本形成，依法治国基本方略有效实施，社会主义法治国家建设取得重要进展，公民有序政治参与不断扩大，人权事业全面发展。爱国统一战线发展壮大，政党关系、民族关系、宗教关系、阶层关系、海内外同胞关系更加和谐。

我们大力发展社会主义先进文化，人民日益增长的精神文化需求得到更好满足。社会主义核心价值体系建设取得重大进展，马克思主义思想理论建设卓有成效，群众性精神文明创建活动、公民道德建设、青少年思想道德建设全面推进，文化事业生机盎然，文化产业空前繁荣，国家文化软实力不断增强，人们精神世界日益丰富，全民族文明素质明显提高，中华民族的凝聚力和向心力显著增强。

我们大力发展社会事业，社会和谐稳定得到巩固和发展。城乡免费九年义务教育全面实现，高等教育总规模、大中小学在校生数量位居世界第一，办学质量不断提高。就业规模持续扩大，全社会创业活力明显增强。社会保障制度建设加快推进，覆盖城乡居民的社会保障体系初步形成。公共卫生服务体系和基本医疗服务体系不断健全，新型农村合作医疗制度覆盖全国。社会管理不断改进，社会大局保持稳定。

我们坚持党对军队绝对领导，国防和军队建设取得重大成就。军队革命化、现代化、正规化建设全面加强，新时期军事战略方针扎实贯彻，中国特色军事变革加速推进，中国特色精兵之路成功开辟，裁减军队员额任务顺利完成，军队武器装备建设成效显著。军队、武警部队停止一切经商活动。军政军民团结不断巩固。人民军队履行新世纪新阶段历史使命能力全面增强，在保卫祖国、建设祖国特别是抗击各种自然灾害中发挥了重要作用。

我们成功实施"一国两制"基本方针，祖国和平统一大业迈出重大步伐。香港、澳门回归祖国，"一国两制"、"港人治港"、"澳人治澳"、高度自治的方针得到全面贯彻执行，香港特别行政区、澳门特别行政区保持繁荣稳定。祖国大陆同台湾的经济文化交流和人员往来不断加强，两岸政党交流成功开启，两岸全面直接双向"三通"迈出历史性步伐，反对"台独"分裂活动斗争取得重要成果，两岸关系和平发展呈现新的前景。

我们坚持奉行独立自主的和平外交政策，全方位外交取得重大成就。我们恪守维护世界和平、促进共同发展的外交政策宗旨，同发达国家关系全面发展，同周边国家睦邻友好不断深化，同发展中国家传统友谊更加巩固。我国积极参与多边事务，承担相应国际义务。我国国际地位和国际影响显著上升，在国际事务中发挥了重要建设性作用。

我们坚持党要管党、从严治党，党的领导水平和执政水平、拒腐防变和抵御风险能力明显提高。党的建设新的伟大工程全面推进，执政能力建设和先进性建设深入进行，思想理论建设成效显著，党内民主不断扩大，党内生活准则和制度不断健全，党的各级组织不断加强，干部队伍和人才队伍朝气蓬勃，党的作风建设全面加强，党内法规更加完善，反腐倡廉建设深入推进，党领导改革开放和社会主义现代化建设能力显著提高，党在中国特色社会主义事业中的领导核心作用不断增强。

30年来，国际局势风云变幻，改革任务艰巨繁重，党和人民经历和战胜了前所未有的严峻考验和挑战。我们从容应对一系列关系我国主权和安全的国际突发事件，战胜在政治、经济领域和自然界出现的困难和风险。无论是面对东欧剧变、苏联解体和国内严重政治风波，还是面对西化、分化图谋和所谓的"制裁"，无论是面对历史罕见的洪涝、雨雪冰冻、地震等重大自然灾害和非典等重大疫病，还是面对亚洲金融危机和当前这场国际金融危机，党和人民始终同心同德、奋勇向前。特别是在决定党和国家前途命运的重大历史关头，我们党紧紧依靠全国各族人民，坚持党的十一届三中全会以来的路线不动摇，排除各种干扰，坚定不移地捍卫中国特色社会主义伟大事业，保证了改革开放和社会主义现代化建设航船始终沿着正确方向破浪前进。2008 年以来，抗击南方部分地区严重低温雨雪冰冻灾害和四川汶川特大地震灾害斗争取得重大胜利，北京奥运会、残奥会圆满成功，神舟七号载人航天飞行任务顺利完成，应对国际金融危机取得积极成效，这些都生动展现了在改革开放中不断发展壮大的中国共产党和中国社会主义国家政权的伟大力量，展现了阔步前进的 13 亿中国人民的伟大力量，展现了改革开放的伟大力量，展现了中国特色社会主义的伟大力量。

经过 30 年的不懈奋斗，我们胜利实现了我们党提出的现代化建设"三步走"战略的前两步战略目标，正在向第三步战略目标阔步前进。30 年的伟大成就，为我们党、我们国家、我们人民继续前进奠定了坚实基础。实践充分证明，党的十一届三中全会以来我们党团结带领人民开辟的中国特色社会主义道路、形成的理论和路线方针政策是完全正确的。党的十一届三中全会的伟大意义和深远影响，已经、正在并将进一步在党和国家事业蓬勃发展的进程中充分显现出来。

改革开放的伟大成就，是全党全国各族人民团结奋斗的结果。一切亲身经历了这 30 年伟大变革并贡献了自己力量的中华儿女，一切关心祖国命运的华夏子孙，都有理由为我国改革开放的历史性成就感到自豪。在这里，我代表党中央、国务院，向各条战线上为改革开放和社会主义现代化建设贡献了智慧和力量的广大工人、农民、知识分子、干部、解放军指战员、武警部队官兵、公安民警，向各民主党派、各人民团体、各界爱国人士，致以崇高的敬意！向为祖国现代化建设和祖国和平统一大业作出积极努力的香港特别行政区同胞、澳门特别行政区同胞、台湾同胞和海外侨胞，致以诚挚的问候！向一切关心和支持中国现代化建设的外国朋友和世界各国人民，表示衷心的感谢！

此时此刻，我们更加深切地怀念毛泽东同志、邓小平同志等老一辈革命家。没有以毛泽东同志为核心的党的第一代中央领导集体团结带领全党全国各族人民浴血奋斗，就没有新中国，就没有中国社会主义制度。没有以邓小平同志为核心的党的第二代中央领导集体团结带领全党全国各族人民改革创新，就没有改革开放历史新时期，就没有中国特色社会主义。此时此刻，我们要向以江泽民同志为核心的党的第三代中央领导集体致以崇高的敬意，他们团结带领全党全国各族人民高举邓小平理论伟大旗帜，继承和发展了改革开放伟大事业，把这一伟大事业成功推向 21 世纪。全党全国各族人民要永远铭记党的三代中央领导集体的伟大历史功绩！

改革开放以来我们取得一切成绩和进步的根本原因，归结起来就是：开辟了中国特色社会主义道路，形成了中国特色社会主义理论体系。在 30 年的创造性实践中，我们经过艰辛探索，积累了宝贵经验。概括起来说，就是党的十七大阐明的"十个结合"。

（一）必须把坚持马克思主义基本原理同推进马克思主义中国化结合起来，解放思想、实事求是、与时俱进，以实践基础上的理论创新为改革开放提供理论指导。30 年来，我国改革开放取得伟大成功，关键是我们既坚持马克思主义基本原理、又根据当代中国实践和时代发展不断推进马克思主义中国化，形成和发展了包括邓小平理论、"三个代表"重要思想以及科学发展观等重大战略思想在内的中国特色社会主义理论体系，赋予当代中国马克思主义勃勃生机。

马克思主义是我们立党立国的根本指导思想。坚持和巩固马克思主义指导地位，是党和人民团结一致、始终沿着正确方向前进的根本思想保证。同时，马克思主义只有同本国国情和时代特征紧密结合，在实践中不断丰富和发展，才能更好发挥指导实践的作用。党的十一届三中全会重新确立了党的思想路线，这就是：一切从实际出发，理论联系实际，实事求是，在实践中检验真理和发展真理。在改革开放实践中，我们坚持解放思想和实事求是的统一，大力发扬求真务实精神，不断深化对共产党执政规律、社会主义建设规律、人类社会发展规律的认识，自觉把思想认识从那些不合时宜的观念、做法和体制的束缚中解放出来，从对马克思主义的错误的和教条式的理解中解放出来，从主观主义和形而上学的桎梏中解放出来，以实践基础上的理论创新回答了一系列重大理论和实际问题，为改革开放提供了体现时代性、把握规律性、富于创造性的理论指导，开辟了马克思主义新境界。中国特色社会主义理论体系是马克思主义中国化最新成果，是党最可宝贵的政治和精神财富，是全国各族人民团结奋斗的共同思想基础，是扎根于当代中国的科学社会主义。我们要始终坚持用中国特色社会主义理论体系武装全党、教育人民，不断提高全党的马克思主义理论水平，使中国特色社会主义理论体系更加深入人心、更好发挥指导作用。

（二）必须把坚持四项基本原则同坚持改革开放结合起来，牢牢扭住经济建设这个中心，始终保持改革开放的正确方向。30 年来，我们毫不动摇地坚持党的基本路线，既以四项基本原则保证改革开放的正确方向，又通过改革开放赋予四项基本原则新的时代内涵，坚持把以经济建设为中心同四项基本原则、改革开放这两个基本点统一于发展中国特色社会主义的伟大实践，使中国特色社会主义在当今世界的深刻变化和当代中国的深刻变革中牢牢站住了、站稳了，成为充满生机活力的社会主义。

我们党作出我国仍处于并将长期处于社会主义初级阶段的科学论断，形成了党在社会主义初级阶段的基本路线，这就是：领导和团结全国各族人民，以经济建设为中心，坚持四项基本原则，坚持改革开放，自力更生，艰苦创业，为把我国建设成为富强民主文明和谐的社会主义现代化国家而奋斗。以经济建设为中心是兴国之要，是我们党、我们国家兴旺发达和长治久安的根本要求。四项基本原则是立国之本，是我们党、我们国家生存发展的政治基石；改革开放是强国之路，是我们党、我们国家发展进步的活力源泉。一个中心、两个基本点，是相互贯通、相互依存、不可分割的统一整体，须臾不可偏离、丝毫不可偏废，必须全面坚持、一以贯之。离开经济建设这个中心，社会主义社会的一切发展和进步就会失去物质基础；离开四项基本原则和改革开放，经济建设就会迷失方向和丧失动力。发展中国特色社会主义，最根本的就是一切都要从社会主义初级阶段这个最大的实际出发。在社会主义初级阶段这个不发达阶段，社会主要矛盾是人民日益增长的物质文化需要同落后的社会生产之间的矛盾。这就决定了社会主义的根本任务是解放和发展社会生产力，不断改善人民生活。中国解决所有问题的关键在于依靠自己的发展。30年来，我们既毫不动摇地坚持发展是硬道理的战略思想，牢牢扭住经济建设这个中心，不断解放和发展社会生产力，不断夯实我国社会主义制度的物质基础，又毫不动摇地坚持四项基本原则、坚持改革开放。党的基本路线是兴国、立国、强国的重大法宝，是实现科学发展的政治保证，是党和国家的生命线、人民群众的幸福线。我们要始终坚持党的基本路线不动摇，做到思想上坚信不疑、行动上坚定不移，决不走封闭僵化的老路，也决不走改旗易帜的邪路，而是坚定不移地走中国特色社会主义道路。

（三）必须把尊重人民首创精神同加强和改善党的领导结合起来，坚持执政为民、紧紧依靠人民、切实造福人民，在充分发挥人民创造历史作用中体现党的领导核心作用。30年来，我们坚持人民创造历史这一马克思主义科学原理，真诚代表中国最广大人民的根本利益，紧紧依靠人民，最广泛地调动人民群众的积极性、主动性、创造性，从人民中汲取智慧，加强和改善党的领导，使党得到人民充分信赖和拥护，始终发挥领导核心作用，为改革开放和社会主义现代化建设凝聚起强大力量、提供根本政治保证。

人民群众是党的力量源泉和胜利之本。改革开放是人民的要求和党的主张的内在统一，是亿万人民自己的事业。我们坚持一切为了群众、一切依靠群众，从群众中来，到群众中去，把党的正确主张变为群众的自觉行动，坚持尊重社会发展规律与尊重人民历史主体地位的一致性，坚持为崇高理想奋斗与为最广大人民谋利益的一致性，坚持完成党的各项工作与实现人民利益的一致性。我们把人民拥护不拥护、赞成不赞成、高兴不高兴、答应不答应作为制定各项方针政策的出发点和落脚点，一切以是否有利于发展社会主义社会生产力、有利于增强社会主义国家综合国力、有利于提高人民生活水平这"三个有利于"为根本判断标准，坚持问政于民、问需于民、问计于民，既通过提出和贯彻正确的理论和路线方针政策带领人民前进，又从人民的实践创造和发展要求中获得前进动力。我们尊重人民主体地位，发挥人民首创精神，贯彻尊重劳动、尊重知识、尊重人才、尊重创造的重大方针，坚持全心全意依靠工人阶级，发挥我国工人阶级和农民阶级、其他劳动群众推动我国生产力发展基本力量的作用，又支持新的社会阶层发挥中国特色社会主义事业建设者的作用，使全体人民都满腔热情地投身改革开放伟大事业。我们坚持全心全意为人民服务的根本宗旨，坚持立党为公、执政为民，通过改革发展为人民群众造福，实现好、维护好、发展好最广大人民的根本利益。我们要始终坚持同广大人民群众心连心、同呼吸、共命运，在人民的实践创造中吸取营养，丰富和完善党的主张，使我们党在世界形势深刻变化的历史进程中始终走在时代前列，在应对国内外各种风险考验的历史进程中始终成为全国各族人民的主心骨，在发展中国特色社会主义的历史进程中始终成为坚强领导核心。

（四）必须把坚持社会主义基本制度同发展市场经济结合起来，发挥社会主义制度的优越性和市场配置资源的有效性，使全社会充满改革发展的创造活力。30 年来，我们既在深刻而广泛的变革中坚持社会主义基本制度，又创造性地在社会主义条件下发展市场经济，使经济活动遵循价值规律的要求，不断解放和发展社会生产力，增强综合国力，提高人民生活水平，更好实现经济建设这个中心任务。建立和完善社会主义市场经济体制，是我们党对马克思主义和社会主义的历史性贡献。

我们党带领人民干的是社会主义事业，必须坚持党的领导、保证人民当家作主，必须坚持公有制为主体、按劳分配为主体，同时又必须积极探索能够极大解放和发展社会生产力、充分发挥全社会发展积极性的体制机制，放手让一切劳动、知识、技术、管理、资本的活力竞相迸发，让一切创造社会财富的源泉充分涌流。我们党提出把社会主义市场经济体制确立为我国经济体制改革的目标模式，正确解决了关系整个社会主义现代化建设全局的一个重大问题。我们着力建立和完善社会主义市场经济体制，发挥市场在资源配置中的基础性作用，推动建立现代产权制度和现代企业制度，同时又注重加强和完善国家对经济的宏观调控，克服市场自身存在的某些缺陷，促进国民经济充满活力、富有效率、健康运行。我们毫不动摇地巩固和发展公有制经济、发挥国有经济主导作用，积极推行公有制多种有效实现形式，增强国有经济活力、控制力、影响力，同时又毫不动摇地鼓励、支持、引导非公有制经济发展，形成各种所有制经济平等竞争、相互促进新格局。我们坚持和完善按劳分配为主体、多种分配方式并存的分配制度，既鼓励先进、促进发展，又注重社会公平、防止两极分化。我们要始终坚持社会主义市场经济的改革方向，继续完善社会主义市场经济体制，继续加强和改善宏观调控体系，不断为经济社会又好又快发展提供强大动力。

（五）必须把推动经济基础变革同推动上层建筑改革结合起来，不断推进政治体制改革，为改革开放和社会主义现代化建设提供制度保证和法制保障。30 年来，我们既积极推进经济体制改革，又积极推进政治体制改革，发展社会主义民主政治，建设社会主义法治国家，保证人民当家作主，不断推动我国社会主义上层建筑与经济基础相适应，社会主义民主政治展现出更加旺盛的生命力。

我国是工人阶级领导的、以工农联盟为基础的人民民主专政的社会主义国家。

人民民主是社会主义的生命，人民当家作主是社会主义民主政治的本质和核心。没有民主就没有社会主义，就没有社会主义现代化。我们顺应经济社会发展变化、适应人民政治参与积极性不断提高，以保证人民当家作主为根本，以增强党和国家活力、调动人民积极性为目标，不断发展社会主义政治文明。我们依法实行民主选举、民主决策、民主管理、民主监督，保障人民的知情权、参与权、表达权、监督权，坚持科学执政、民主执政、依法执政，推进决策科学化、民主化，最广泛地动员和组织人民依法管理国家事务和社会事务、管理经济和文化事业。我们坚持科学立法、民主立法，建立和完善中国特色社会主义法律体系，树立社会主义法治理念，坚持公民在法律面前一律平等，尊重和保障人权，推进依法行政，深化司法体制改革，推进国家各项工作法治化，维护社会公平正义，维护社会主义法制的统一、尊严、权威。我国政治体制改革是社会主义政治制度自我完善和发展，必须坚持中国特色社会主义政治发展道路，坚持党的领导、人民当家作主、依法治国有机统一，坚持社会主义政治制度的特点和优势，坚持从我国国情出发。我们需要借鉴人类政治文明有益成果，但绝不照搬西方政治制度模式。我们要始终坚定不移地发展社会主义政治文明，深化政治体制改革，坚持和完善人民代表大会制度、中国共产党领导的多党合作和政治协商制度、民族区域自治制度以及基层群众自治制度，壮大爱国统一战线，推进社会主义民主政治制度化、规范化、程序化，更好保证人民当家作主，巩固和发展民主团结、生动活泼、安定和谐的政治局面。

（六）必须把发展社会生产力同提高全民族文明素质结合起来，推动物质文明和精神文明协调发展，更加自觉、更加主动地推动文化大发展大繁荣。30年来，我们既重视物的发展即社会生产力的发展，又重视人的发展即全民族文明素质的提高，坚持物质文明和精神文明两手抓，实行依法治国和以德治国相结合，以科学的理论武装人、以正确的舆论引导人、以高尚的情操塑造人、以优秀的作品鼓舞人，着力培育有理想、有道德、有文化、有纪律的公民，不断提高全民族的思想道德素质和科学文化素质，为改革开放和社会主义现代化建设提供强大精神动力和智力支持、营造良好舆论环境。

中国特色社会主义是全面发展、全面进步的事业，是物质文明和精神文明相辅相成、协调发展的事业。物质贫乏不是社会主义，精神空虚也不是社会主义。人的素质是历史的产物，又给历史以巨大影响。任何时候都不能以牺牲精神文明为代价换取经济的一时发展。我们把社会主义核心价值体系建设作为主线，贯穿到国民教育和精神文明建设全过程，坚持不懈地用马克思主义中国化最新成果武装全党、教育人民，用中国特色社会主义共同理想凝聚力量，用以爱国主义为核心的民族精神和以改革创新为核心的时代精神鼓舞斗志，用社会主义荣辱观引领风尚，巩固全党全国各族人民团结奋斗的共同思想基础。我们积极探索用社会主义核心价值体系引领社会思潮的有效途径，既尊重差异、包容多样，又有力抵制各种错误和腐朽思想的影响。我们着力发展面向现代化、面向世界、面向未来的，民族的科学的大众的社会主义文化，贴近实际、贴近生活、贴近群众，深化文化体制改革，大力推进文化创新，激发全民族文化创造活力，提高国家文化软实力，推动文化事业和文化产业不断发展、文化市场更加繁荣，使人民基本文化权益得到更好保障。我们要始终坚持社会主义先进文化前进方向，兴起社会主义文化建设新高潮，在中国特色社会主义的伟大实践中进行文化创造，让人民共享文化发展成果，使社会文化生活更加丰富多彩、人民精神风貌更加昂扬向上。

（七）必须把提高效率同促进社会公平结合起来，实现在经济发展的基础上由广大人民共享改革发展成果，推动社会主义和谐社会建设。30 年来，我们既高度重视通过提高效率来增强社会活力、促进经济发展，又高度重视在经济发展的基础上通过实现社会公平来促进社会和谐，坚持以人为本，以解决人民最关心最直接最现实的利益问题为重点，着力发展社会事业，着力完善收入分配制度，保障和改善民生，走共同富裕道路，努力形成全体人民各尽其能、各得其所而又和谐相处的局面，为改革开放和社会主义现代化建设营造良好社会环境。

实现社会公平正义是中国特色社会主义的内在要求，处理好效率和公平的关系是中国特色社会主义的重大课题。讲求效率才能增添活力，注重公平才能促进和谐，坚持效率和公平有机结合才能更好体现社会主义的本质。我们通过深化改革、实行正确方针政策，努力提高全社会推动经济发展和其他各项事业发展的积极性，最大限度激发全社会的创造活力和发展活力。同时，在我国改革发展关键阶段，在经济体制深刻变革、社会结构深刻变动、利益格局深刻调整、思想观念深刻变化的条件下，我们把提高效率同更加注重社会公平结合起来，最大限度增加和谐因素，最大限度减少不和谐因素，不断促进经济效率提高、促进社会和谐。我们把实现好、维护好、发展好最广大人民的根本利益作为党和国家一切工作的出发点和落脚点，坚持发展为了人民、发展依靠人民、发展成果由人民共享，优先发展教育，大力促进就业，不断提高城乡居民收入，加快建立覆盖城乡居民的社会保障体系，加快发展医疗卫生事业，切实加强社会管理，加强生态文明建设，努力使全体人民学有所教、劳有所得、病有所医、老有所养、住有所居。我们要始终按照民主法治、公平正义、诚信友爱、充满活力、安定有序、人与自然和谐相处的总要求，大力发展社会事业，促进社会公平正义，努力形成社会和谐人人有责、和谐社会人人共享的生动局面。

（八）必须把坚持独立自主同参与经济全球化结合起来，统筹好国内国际两个大局，为促进人类和平与发展的崇高事业作出贡献。30 年来，我们既高度珍惜并坚定不移地维护中国人民经过长期奋斗得来的独立自主权利，又坚持对外开放的基本国策，始终站在国际大局与国内大局相互联系的高度审视中国和世界的发展问题，思考和制定中国的发展战略，坚持独立自主的和平外交政策，坚持和平发展道路，坚持互利共赢的开放战略，推动建设持久和平、共同繁荣的和谐世界，为我国发展争取良好国际环境，也为世界和平与发展作出重要贡献。

当代中国的前途命运已日益紧密地同世界的前途命运联系在一起。中国的发展离不开世界，世界的发展也需要中国。在当今世界，任何国家关起门来搞建设都是不能成功的。我们全面分析判断世界多极化趋势增强、经济全球化深入发展的外部环境，全面把握当今世界发展变化带来的机遇和挑战，既坚持独立自主，又勇敢参与经济全球化。在我们这样一个人口众多的发展中社会主义大国，任何时候都必须把独立自主、自力更生作为自己发展的根本基点，任何时候都要坚持中国人民自己选择的社会制度和发展道路，始终把国家主权和安全放在第一位，坚决维护国家主权、安全、发展利益，坚持中国的事情按照中国的情况来办、依靠中国人民自己的力量来办，坚决反对外部势力干涉我国内部事务。对于一切国际事务，都要从中国人民的根本利益和各国人民的共同利益出发、根据事情本身的是非曲直确定我们的立场和政策，按照冷静观察、沉着应对的方针和相互尊重、求同存异的精神进行处理，不屈从于任何外来压力。同时，我们在坚持和平共处五项原则的基础上同所有国家开展交流合作，积极促进世界多极化、推进国际关系民主化，尊重世界多样性，反对霸权主义和强权政治。我们不断扩大对外开放，把"引进来"和"走出去"紧密结合起来，认真学习借鉴人类社会创造的一切文明成果，坚持趋利避害，形成经济全球化条件下参与国际经济合作和竞争新优势，推动经济全球化朝着均衡、普惠、共赢方向发展，共同呵护人类赖以生存的地球家园，促进人类文明繁荣进步。我们要始终高举和平、发展、合作旗帜，既利用和平的国际环境发展自己，又通过自己的发展维护世界和平。

（九）必须把促进改革发展同保持社会稳定结合起来，坚持改革力度、发展速度和社会可承受程度的统一，确保社会安定团结、和谐稳定。30年来，我们既大力推进改革发展，又正确处理改革发展稳定关系，坚持改革是动力、发展是目的、稳定是前提，把不断改善人民生活作为处理改革发展稳定关系的重要结合点，在社会稳定中推进改革发展，通过改革发展促进社会稳定，在当今世界发生广泛而深刻的变化、当代中国发生广泛而深刻的变革的大环境下，始终保持社会大局稳定。

实现改革发展稳定的统一，是关系我国社会主义现代化建设全局的重要指导方针。推动社会主义现代化不断前进，必须自觉调整和改革生产关系与生产力、上层建筑与经济基础不相适应的方面和环节。我们既坚定不移地大胆探索、勇于创新，又总揽全局、突出重点，先易后难、循序渐进，在实践中积累经验，不断提高改革决策的科学性、增强改革措施的协调性，推进经济体制、政治体制、文化体制、社会体制以及其他各方面体制改革相协调，使改革获得广泛而深厚的群众基础。我们及时总结改革的实践经验，对的就坚持，不对的赶快改，新问题出来抓紧研究解决。同时，我们深刻认识到，发展是硬道理，稳定是硬任务；没有稳定，什么事情也办不成，已经取得的成果也会失去。我们正确把握和处理经济社会生活中出现的各种矛盾，加强和改进思想政治工作，健全党和政府主导的维护群众权益机制，及时妥善处理人民内部矛盾，依法打击各种违法犯罪活动，警惕和防范国内外敌对势力的渗透破坏活动，坚决维护社会稳定和国家安全。我们要始终从维护我国发展的重要战略机遇期、维护国家安全、维护最广大人民根本利益的高度出发，全面把握我国社会稳定大局，有效应对影响社会稳定的各种问题和挑战，确保人民安居乐业、社会安定有序、国家长治久安。

（十）必须把推进中国特色社会主义伟大事业同推进党的建设新的伟大工程结合起来，加强党的执政能力建设和先进性建设，提高党的领导水平和执政水平、拒腐防变和抵御风险能力。30 年来，我们既紧紧围绕推进中国特色社会主义事业来推进党的建设，又通过加强和改进党的建设来推进中国特色社会主义事业，顺应世情、国情、党情的新变化，明确党的历史方位，坚持党要管党、从严治党，坚持以改革创新精神加强党的自身建设，不断提高党的执政能力、保持和发展党的先进性，不断增强党的阶级基础和扩大党的群众基础，不断提高拒腐防变和抵御风险能力，始终保持党同人民群众的血肉联系，使党始终成为中国特色社会主义事业的坚强领导核心。

坚持和改善党的领导，是我们事业胜利前进的根本保证。要把十几亿人的思想和力量统一和凝聚起来，齐心协力发展中国特色社会主义，没有中国共产党的坚强统一领导是不可设想的。我们深刻认识到，党的先进性和党的执政地位都不是一劳永逸、一成不变的，过去先进不等于现在先进，现在先进不等于永远先进；过去拥有不等于现在拥有，现在拥有不等于永远拥有。党要承担起人民和历史赋予的重大使命，必须认真研究自身建设遇到的新情况新问题，在领导改革发展中不断认识自己、加强自己、提高自己。我们坚持不懈地加强党的自身建设，在不断解放思想中统一全党思想，在加强党的执政能力建设和先进性建设中推进高素质干部队伍建设，在增强党的阶级基础的同时扩大党的群众基础，在继承党的优良传统的同时弘扬时代精神，使党始终坚持工人阶级先锋队、中国人民和中华民族先锋队的性质，坚持马克思主义指导地位，坚持全心全意为人民服务的宗旨，发扬优良传统和作风，不断增强创造力、凝聚力、战斗力。我们高度重视提高党员、干部队伍素质特别是思想政治素质，使广大党员、干部坚持把党和人民利益摆在第一位，牢记"两个务必"，做到权为民所用、情为民所系、利为民所谋，坚持讲党性、重品行、作表率，经受住长期执政考验、改革开放考验、发展社会主义市场经济考验。我们要始终坚持以改革创新精神加强党的建设，把党的执政能力建设和先进性建设作为主线，坚持党要管党、从严治党，贯彻为民、务实、清廉的要求，以坚定理想信念为重点加强思想建设，以造就高素质党员、干部队伍为重点加强组织建设，以保持党同人民群众的血肉联系为重点加强作风建设，以健全民主集中制为重点加强制度建设，以完善惩治和预防腐败体系为重点加强反腐倡廉建设，使党始终成为立党为公、执政为民，求真务实、改革创新，艰苦奋斗、清正廉洁，富有活力、团结和谐的马克思主义执政党。

30年来，我们在一个十几亿人口的发展中社会主义大国取得的摆脱贫困、加快现代化进程、巩固和发展社会主义的宝贵经验，闪耀着马克思主义的真理光芒，是辩证唯物主义和历史唯物主义的胜利。我国人口多、底子薄，发展很不平衡。我们在推进改革开放和社会主义现代化建设中所肩负任务的艰巨性和繁重性世所罕见，我们在改革发展稳定中所面临矛盾和问题的规模和复杂性世所罕见，我们在前进中所面对的困难和风险也世所罕见。要妥善解决这些矛盾和问题、战胜这些困难和风险，就必须善于从千头万绪、纷繁复杂的事物和事物的普遍联系中抓住主要矛盾和矛盾的主要方面，同时又必须善于统筹协调、把握平衡，在事物的普遍发展中形成有利于突破主要矛盾和矛盾主要方面的合力，不断提高驾驭复杂局面、解决复杂问题能力，不断推动经济社会向前发展。

30年来，我们党的全部理论和全部实践，归结起来就是创造性地探索和回答了什么是马克思主义、怎样对待马克思主义，什么是社会主义、怎样建设社会主义，建设什么样的党、怎样建设党，实现什么样的发展、怎样发展等重大理论和实际问题。30年的历史经验归结到一点，就是把马克思主义基本原理同中国具体实际相结合，走自己的路，建设中国特色社会主义。30年的经验是极为宝贵的财富，全党同志要倍加珍惜和自觉运用这些宝贵经验。

中华民族具有5000多年的悠久历史。在漫长的历史长河中，我国各族人民团结奋斗、自强不息，开发了祖国的锦绣河山，创造了灿烂的中华文明，为人类文明进步作出了不可磨灭的巨大贡献。鸦片战争以后，由于西方列强的侵略和封建统治的腐朽，中国逐步沦为半殖民地半封建社会，国家积贫积弱，社会战乱不已，人民生灵涂炭。为了实现中华民族伟大复兴，无数仁人志士奋起寻求救国救民、振兴中华的道路。近一个世纪以来，我国先后发生3次伟大革命。第一次革命是孙中山先生领导的辛亥革命，推翻了统治中国几千年的君主专制制度，为中国的进步打开了闸门。第二次革命是中国共产党领导的新民主主义革命和社会主义革命，推翻了帝国主义、封建主义、官僚资本主义在中国的统治，建立了新中国，确立了社会主义制度，为当代中国一切发展进步奠定了根本政治前提和制度基础。第三次革命是我们党领导的改革开放这场新的伟大革命，引领中国人民走上了中国特色社会主义广阔道路，迎来中华民族伟大复兴光明前景。

我们的伟大目标是，到我们党成立 100 年时建成惠及十几亿人口的更高水平的小康社会，到新中国成立 100 年时基本实现现代化，建成富强民主文明和谐的社会主义现代化国家。只要我们不动摇、不懈怠、不折腾，坚定不移地推进改革开放，坚定不移地走中国特色社会主义道路，就一定能够胜利实现这一宏伟蓝图和奋斗目标。

30 年来，我们取得了伟大成就，但同我们的远大目标相比，同人民群众对美好生活的期待相比，我们没有任何理由骄傲自满、固步自封。我们必须清醒地看到，我国仍处于并将长期处于社会主义初级阶段的基本国情没有变，人民日益增长的物质文化需要同落后的社会生产之间的矛盾这一社会主要矛盾没有变，当前我国发展呈现出一系列新的阶段性特征。我国生产力水平总体上还不高，自主创新能力还不强，长期形成的结构性矛盾和粗放型增长方式尚未根本改变，影响发展的体制机制障碍依然存在，城乡贫困人口和低收入人口还有相当数量，农业基础薄弱、农村发展滞后的局面尚未改变，缩小城乡、区域发展差距和促进经济社会协调发展任务艰巨，社会建设和管理面临诸多新课题，党和国家工作中还存在缺点和不足，人民群众还有不少不满意的地方。在前进道路上，我们还会遇到这样那样的困难和风险。改革发展任重道远。全党同志一定要更加兢兢业业地工作，永远不辜负人民的信任和期望。全国各族人民一定要更加同心同德地奋斗，永远保持和发扬自强不息的进取精神。

党的十一届三中全会以来 30 年的伟大历程和伟大成就深刻昭示我们：改革开放是决定当代中国命运的关键抉择，是发展中国特色社会主义、实现中华民族伟大复兴的必由之路；只有社会主义才能救中国，只有改革开放才能发展中国、发展社会主义、发展马克思主义；改革开放符合党心民心、顺应时代潮流，方向和道路是完全正确的，成效和功绩不容否定，停顿和倒退没有出路。

在新的国际国内形势下和新的历史起点上，我们必须坚定不移地坚持党的十一届三中全会以来开辟的中国特色社会主义道路，坚定不移地坚持党的基本理论、基本路线、基本纲领、基本经验，勇于变革、勇于创新，永不僵化、永不停滞，不为任何风险所惧，不被任何干扰所惑，继续奋勇推进改革开放和社会主义现代化事业。

我们一定要坚持高举中国特色社会主义伟大旗帜，继续推进马克思主义中国化。高举中国特色社会主义伟大旗帜，最根本的就是要坚持中国特色社会主义道路和中国特色社会主义理论体系。经过 30 年的实践探索和理论创新，我们对中国特色社会主义在认识上更深化、把握上更深刻了。中国特色社会主义道路，就是在中国共产党领导下，立足基本国情，以经济建设为中心，坚持四项基本原则，坚持改革开放，解放和发展社会生产力，巩固和完善社会主义制度，建设社会主义市场经济、社会主义民主政治、社会主义先进文化、社会主义和谐社会，建设富强民主文明和谐的社会主义现代化国家。在当代中国，坚持中国特色社会主义道路，就是真正坚持社会主义；坚持中国特色社会主义理论体系，就是真正坚持马克思主义。《共产党宣言》问世以来160年的实践证明，马克思主义是与时俱进的开放的理论体系。中国特色社会主义理论体系，既展现了当代中国马克思主义的勃勃生机，又为我们继续进行理论创新打开了广阔空间。发展中国特色社会主义是一项长期历史任务，必须坚持不懈地为之奋斗。发展中国特色社会主义理论体系也是一项长期历史任务，必须随着中国特色社会主义实践的发展而发展。我们要坚持解放思想、实事求是、与时俱进，坚持以我国改革开放和现代化建设的实际问题、以我们正在做的事情为中心，着眼于马克思主义理论的运用，着眼于对实际问题的理论思考，着眼于新的实践和新的发展，深入研究和回答重大理论和现实问题，不断把党带领人民创造的成功经验上升为理论，不断赋予当代中国马克思主义鲜明的实践特色、民族特色、时代特色，不断推动当代中国马克思主义大众化，让当代中国马克思主义放射出更加灿烂的真理光芒。

我们一定要坚持改革开放的正确方向，着力构建充满活力、富有效率、更加开放、有利于科学发展的体制机制。这30年来，中国人民的面貌、社会主义中国的面貌、中国共产党的面貌之所以能够发生历史性变化，最根本的就是我们在党的基本路线指引下始终坚持改革开放的正确方向。中国未来的发展也必须靠改革开放。实践永无止境，探索和创新也永无止境。世界上没有放之四海而皆准的发展道路和发展模式，也没有一成不变的发展道路和发展模式。我们既不能把书本上的个别论断当作束缚自己思想和手脚的教条，也不能把实践中已见成效的东西看成完美无缺的模式。我们要适应国内外形势新变化、顺应人民新期待，坚定信心，砥砺勇气，坚持不懈地把改革创新精神贯彻到治国理政各个环节，继续推进经济体制、政治体制、文化体制、社会体制改革创新，加快重要领域和关键环节改革步伐，坚决破除一切妨碍科学发展的思想观念和体制机制弊端，促进现代化建设各个环节、各个方面相协调，促进生产关系与生产力、上层建筑与经济基础相协调，不断完善适合我国国情的发展道路和发展模式。我们要坚持对外开放的基本国策，拓展对外开放广度和深度，提高开放质量，完善内外联动、互利共赢、安全高效的开放型经济体系，加强同世界各国的经济技术交流合作，继续以自己的和平发展促进世界各国共同发展。

我们一定要坚持抓好发展这个党执政兴国的第一要务，更好地做到发展成果由人民共享。在当前国际形势深刻变化特别是国际金融危机不断扩散和蔓延的情况下，我们要更加自觉、更加坚定地牢牢扭住经济建设这个中心，继续聚精会神搞建设、一心一意谋发展，坚持走生产发展、生活富裕、生态良好的文明发展道路。要深入贯彻落实科学发展观，坚持第一要义是发展、核心是以人为本、基本要求是全面协调可持续、根本方法是统筹兼顾，按照统筹城乡发展、统筹区域发展、统筹经济社会发展、统筹人与自然和谐发展、统筹国内发展和对外开放的要求，着力把握发展规律、创新发展理念、转变发展方式、破解发展难题，全面推进社会主义现代化事业，更好实施科教兴国战略、人才强国战略、可持续发展战略，加快推进经济结构战略性调整，加快提高自主创新能力、建设创新型国家，加快建设资源节约型、环境友好型社会，不断增强经济实力、科技实力、综合国力，提高国际竞争力和抗风险能力，为发展中国特色社会主义打下坚实基础。我们要切实实施好进一步扩大内需、促进经济增长的各项措施，妥善应对国际金融危机以及来自国际经济环境的各种风险，全力保持经济平稳较快发展。我们党领导人民全面建设小康社会、进行改革开放和社会主义现代化建设的根本目的，是要通过发展社会生产力，不断提高人民物质文化生活水平，促进人的全面发展。我们要时刻把群众的安危冷暖放在心上，真诚倾听群众呼声，真实反映群众愿望，真情关心群众疾苦，多为群众办好事、办实事，特别是要千方百计帮助困难群众排忧解难，切实抓好地震灾区灾后恢复重建，切实保障人民经济、政治、文化、社会权益，不断促进社会和谐稳定。

我们一定要坚持戒骄戒躁、艰苦奋斗，不断开创改革开放和社会主义现代化事业新局面。我们的事业是面向未来的事业。实现全面建设小康社会的目标还需要继续奋斗十几年，基本实现现代化还需要继续奋斗几十年，巩固和发展社会主义制度则需要几代人、十几代人甚至几十代人坚持不懈地努力奋斗。艰苦奋斗是我们的传家宝。我们党靠艰苦奋斗起家，我们的事业靠艰苦奋斗发展壮大，我们的幸福生活和美好未来也要靠艰苦奋斗去开创、去实现。全党全国各族人民要长期奋斗、顽强奋斗、不懈奋斗。我们要增强忧患意识，始终居安思危，保持清醒头脑，充分估计前进道路上种种可以预料和难以预料的困难和风险，进一步抓住和用好我国发展的重要战略机遇期，不断创造新的业绩。我们要增强学习的紧迫感和自觉性，刻苦学习马克思列宁主义、毛泽东思想特别是邓小平理论、"三个代表"重要思想以及科学发展观等重大战略思想，学习做好工作所需要的一切新知识，坚持求真务实，加强战略思维，树立世界眼光，提高对发展中国特色社会主义的规律性认识，增强工作的原则性、系统性、预见性、创造性，提高推动科学发展、促进社会和谐能力。我们要深入开展党风廉政建设和反腐败斗争，坚持标本兼治、综合治理、惩防并举、注重预防的方针，继续旗帜鲜明地反对腐败，切实改进作风，始终保持共产党人的蓬勃朝气、昂扬锐气、浩然正气。我们要自觉维护全党的团结统一，保持党同人民群众的血肉联系，巩固全国各族人民的大团结，加强海内外中华儿女的大团结，促进中国人民同世界各国人民的大团结，进一步把我们自己的事情办好，在发展中国特色社会主义的历史画卷上描绘出更新更美的图画。

我们取得的成就已经载入史册，新的更加艰巨繁重的任务正摆在我们面前。我们的事业崇高而神圣，我们的前景光明而美好，我们的责任重大而光荣。让我们更加紧密地团结起来，坚定不移地沿着党的十一届三中全会以来开辟的中国特色社会主义道路奋勇前进，继续解放思想，坚持改革开放，推动科学发展，促进社会和谐，为夺取全面建设小康社会新胜利、开创中国特色社会主义事业新局面、实现中华民族伟大复兴而团结奋斗，努力为人类作出新的更大的贡献！

在中央经济工作会议上的讲话（节选）

胡锦涛

全面深化改革，完善推动科学发展、促进社会和谐的体制机制。改革开放是决定当代中国命运的关键抉择，改革始终是推动经济社会发展的强大动力。过去取得的成就靠改革，今后的发展仍然要靠改革。明年是我国改革开放30周年，如何深化改革备受国内外关注。要按照党的十七大提出的着力构建充满活力、富有效率、更加开放、有利于科学发展的体制机制的要求，提高改革决策的科学性，增强改革措施的协调性，处理好改革发展稳定的关系，从解决当前突出矛盾入手，对今后几年体制改革作出总体规划，及早研究并提出重要领域和关键环节的改革方案，积极推进各方面体制创新。

深化政府机构改革，加快转变政府职能。要按照决策权、执行权、监督权既相互制约又相互协调的要求优化政府机构设置，按照权责一致的原则明确政府及其相关部门的职责权限，探索实行职能有机统一的大部门体制。抓紧出台行政管理体制改革总体方案。

继续推进国有企业改革，进一步完善所有制结构。要继续优化国有经济布局和结构，完善国有资本有进有退、合理流动机制，使国有资本进一步向关系国家安全、国民经济命脉的重要行业和关键领域集中。加快推进铁路体制改革，继续深化电力、电信等行业改革。推行国有资本经营预算制度，健全国有资产监管体系。完善和落实鼓励、支持、引导非公有制经济发展的各项政策。

深化财税、价格、投资体制改革，促进经济发展方式转变。要加快公共财政体系建设，深化预算制度改革，规范专项转移支付，提高一般性转移支付比重，推进各级政府间财力与事权相匹配的体制建设。做好统一内外资企业所得税各项工作。稳步推进增值税转型改革。健全促进服务业发展的税收政策。调整和完善资源税，研究设立物业税和环境税。稳步推进生产要素价格改革，健全促进能源资源节约和生态环境保护的价格形成机制。继续深化投资体制改革，规范政府投资行为。

深化金融体制改革，构建现代金融体系。继续加快推进各类金融机构改革，稳步发展多种所有制金融企业。加快建立存款保险制度。加强资本市场基础性制度建设，完善多层次资本市场，提高直接融资比重。稳步发展期货市场。继续推进利率市场化改革。深化外汇管理体制改革，完善汇率形成机制。

加快推进社会管理体制改革，完善公共服务体制。改革和完善社会管理体制是推动科学发展、促进社会和谐的重要保障。要健全党委领导、政府负责、社会协同、公众参与的社会管理格局，健全基层社会管理体制。对于条件成熟的社会管理体制改革，要坚定不移地迈出新步伐。按照政事分开、管办分开的原则，创新政府公共服务提供方式。加快推进事业单位分类改革。稳步推进全国综合配套改革试点工作。

提高开放型经济水平，开创对外开放新局面。要统筹安排对内对外经济工作，把"引进来"和"走出去"更好结合起来，创新对外开放工作思路，扩大开放领域、优化开放结构、提高开放质量，形成经济全球化条件下参与国际经济合作和竞争新优势。

加快转变外贸增长方式，优化进出口商品结构。要坚持以质取胜，优化出口结构，增强应对国际市场波动的能力。继续控制高耗能、高排放和资源性产品出口，加大对自主品牌的培育和支持力度，扩大高新技术产品出口。扩大进口规模，努力增加国内需要的先进技术装备、重要原材料和关键零部件进口，增加重要物资储备。大力发展服务贸易，研究制定鼓励和扶持政策，支持外包服务业发展，加快外包服务产业基地建设。引导加工贸易向产业链高端发展，促进加工贸易转型升级。主动应对技术性贸易壁垒、反补贴、反倾销和产品质量安全等方面的新情况。

创新利用外资方式，优化利用外资结构。要把利用外资与促进国内产业结构优化升级结合起来，发挥利用外资在推动自主创新、产业升级、区域协调发展等方面的积极作用。鼓励跨国公司同我国企业建立技术合作战略联盟。鼓励外资更多投向高技术产业、节能环保产业、现代服务业、高端制造和研发环节，积极稳妥推进金融服务业对外开放。严格限制高耗能、高排放产业向我国转移。积极探索运用外资并购等方式，推动国有企业改革改组改造。加快建立健全维护国家产业安全的监测体系和审查机制，规范外商并购行为。采取有效措施，防止国际投机资本对国内资本市场和房地产市场的冲击。

继续实施"走出去"战略，创新对外投资和合作方式。要继续支持我国企业按照国际通行规则对外直接投资，在研发、生产、销售等方面开展国际化经营。积极稳妥推进境外经贸合作区建设。加大金融对企业"走出去"的支持。注重学习和逐步掌握对外开展股权投资和其他金融投资的本领，积极探索国际投资合作新方式新途径。鼓励我国企业同国外跨国公司开展国际投资和技术合作，支持有条件的国内金融机构开展跨国经营。加强同有关国家在能源资源开发利用方面的合作。在对外投资中，要搞好协调配合，提高服务水平和强化风险管理，加强国有资产监管，努力保障我国企业人员和资产的安全。引导境外投资合作企业和人员遵守当地法律，履行社会责任，促进共同发展。

推进实施自由贸易区战略，加强双边多边经贸合作。要紧紧抓住区域经济合作快速发展的新机遇，积极稳妥推进中国——东盟自由贸易区建设，深化我国同东盟的多领域经贸合作。加快同有关贸易伙伴的自由贸易区谈判，努力达成自由贸易协定。积极推动亚太地区经济技术合作。积极参与完善多边贸易体制，推动多哈回合进程。

继续把改革开放伟大事业推向前进

胡锦涛

党的十三大、十四大、十五大、十六大都对改革开放作了重要阐述，对指导改革开放发挥了重大作用。党的十七大对 29 年来我国改革开放的历史进程和宝贵经验作了大跨度的回顾总结。党内外普遍认为，这一回顾总结具有重大现实意义和深远历史意义。我们要联系党和国家工作全局、联系我们各自的工作实际和思想实际，着重领会和把握党的十七大集中论述改革开放历史进程和宝贵经验的原因和背景，着重领会和把握改革开放这场新的伟大革命的目的和性质，进一步坚定在新的历史条件下继续推进改革开放、走中国特色社会主义道路的决心和信心。

在党的十七大报告酝酿和准备阶段，中央就提出，明年是我国改革开放30周年，在这样一个重要历史时刻，党的十七大有必要对改革开放进行系统回顾总结。把改革开放的历史进程和宝贵经验总结好了，对于深化党的基本理论、基本路线、基本纲领、基本经验教育，使全党全国各族人民提高坚持党的十一届三中全会以来的理论和路线方针政策的自觉性和坚定性，万众一心为夺取全面建设小康社会新胜利、开创中国特色社会主义事业新局面而不懈奋斗，是十分重要的。

我们党在上世纪70年代末作出实行改革开放的重大决策，主要有两方面的背景。一方面，从我国自身的情况看，"文化大革命"十年内乱，使党、国家和人民遭到严重挫折和损失。邓小平同志曾经说，"文化大革命"结束时，"就整个政治局面来说，是一个混乱状态；就整个经济情况来说，实际上是处于缓慢发展和停滞状态。"我们必须通过改革开放，增强我国社会主义的生机活力，解放和发展社会生产力，改善人民生活。另一方面，从外部环境看，20 世纪 70 年代世界范围内蓬勃

综合篇

兴起的新科技革命推动世界经济以更快的速度向前发展，我国经济实力、科技实力与国际先进水平的差距明显拉大，面临着巨大的国际竞争压力。我们必须通过改革开放，带领人民追赶时代前进潮流。正如邓小平同志指出的："我们要赶上时代，这是改革要达到的目的。"这就把改革的目的说得很透彻、很深刻。党的十七大把改革开放的目的概括为三句话：就是要解放和发展社会生产力，实现国家现代化，让中国人民富裕起来，振兴伟大的中华民族；就是要推动我国社会主义制度自我完善和发展，赋予社会主义新的生机活力，建设和发展中国特色社会主义；就是要在引领当代中国发展进步中加强和改进党的建设，保持和发展党的先进性，确保党始终走在时代前列。改革开放的实践充分表明，通过这场伟大革命的洗礼，中华民族大踏步赶上了时代前进潮流，社会主义中国巍然屹立在世界东方，我们党昂首阔步走在了时代前列。关于改革开放的性质，党的十七大也说得很清楚，这既是我们党领导的一场新的伟大革命，又是社会主义制度的自我完善和发展。也就是说，我们党领导的改革开放决不是要改掉社会主义制度。我们党领导的改革开放之所以实现了目的和效果的高度统一，就在于我们既坚定不移地进行改革开放，又坚定不移地坚持中国共产党领导、坚持社会主义，坚决排除各种错误思潮、错误倾向的干扰，始终沿着正确方向前进。

党的十七大鲜明地强调：改革开放是决定当代中国命运的关键抉择，是发展中国特色社会主义、实现中华民族伟大复兴的必由之路；只有社会主义才能救中国，只有改革开放才能发展中国、发展社会主义、发展马克思主义；改革开放符合党心民心、顺应时代潮流，方向和道路是完全正确的，成效和功绩不容否定，停顿和倒退没有出路；等等。对于这些重大论断，我们要认真学习、深刻领会。

这里，我想重点讲一讲党的十七大总结的我国改革开放"十个结合"的宝贵经验。党的十七大把这"十个结合"定性为我们这样一个十几亿人口的发展中大国摆脱贫困、加快实现现代化、巩固和发展社会主义的宝贵经验。这是很有政治分量和理论内涵的。"十个结合"生动阐明了我们党在改革开放实践中是如何坚持和发展马克思主义、如何坚持和发展社会主义、如何全面推进中国特色社会主义事业、如何统筹国内国际两个大局、如何加强和改善党的领导的。其中，前三条是管总的，揭示了我国改革开放取得成功的关键和根本；第四条到第七条，分别揭示了中国特色社会主义经济建设、政治建设、文化建设、社会建设的真谛；最后三条，则强调了营造良好国际环境、保持国内社会政治稳定、坚持党的领导核心地位对改革发展的保证作用。

第一个结合，把坚持马克思主义基本原理同推进马克思主义中国化结合起来，强调我国改革开放之所以成功，在于我们既没丢老祖宗、又发展老祖宗，既坚持马克思主义基本原理、又根据当代中国实践和时代发展不断推进马克思主义中国化，使马克思主义更好发挥对发展中国特色社会主义实践的指导作用，赋予当代中国马克思主义勃勃生机。

第二个结合，把坚持四项基本原则同坚持改革开放结合起来，强调我国改革开放之所以成功，在于我们既以四项基本原则保证改革开放的正确方向，又通过改革开放赋予四项基本原则新的时代内涵，教育和引导全党全国各族人民深刻认识坚持四项基本原则、坚持改革开放的辩证关系和重大意义，坚持把以经济建设为中心同四项基本原则、改革开放这两个基本点统一于发展中国特色社会主义的伟大实践，使中国特色社会主义在当今世界的深刻变动和当代中国的深刻变革中牢牢站住了、站稳了，并成为充满生机活力的社会主义。

第三个结合，把尊重人民首创精神同加强和改善党的领导结合起来，强调我国改革开放之所以成功，在于我们坚持了人民创造历史这一马克思主义的科学原理，真诚代表中国最广大人民的根本利益，紧紧依靠人民，最广泛地调动人民群众的积极性、主动性、创造性，从人民中凝聚力量、吸取智慧，不断加强和改善党的领导，使党得到人民充分信赖和拥护，始终发挥领导核心作用。

第四个结合，把坚持社会主义基本制度同发展市场经济结合起来，强调我们在深刻而广泛的变革中始终坚持社会主义基本制度，同时又在社会主义条件下发展市场经济，使经济活动遵循价值规律的要求，不断解放和发展社会生产力，增强综合国力，提高人民生活水平，更好实现经济建设这个中心任务。

第五个结合，把推动经济基础变革同推动上层建筑改革结合起来，强调我们既积极推进经济体制改革，又积极推进政治体制改革，发展社会主义民主政治，建设社会主义法治国家，保证人民当家作主，不断推动我国社会主义上层建筑与经济基础相适应，为改革开放提供制度保证和法制保障。

第六个结合，把发展社会生产力同提高全民族文明素质结合起来，强调我们既重视物的发展即社会生产力的发展，又重视人的发展即全民族文明素质的提高，大力发展社会主义文化，建设社会主义精神文明，着力培育有理想、有道德、有文化、有纪律的公民，为经济社会发展提供强大的精神动力和智力支持。

第七个结合，把提高效率同促进社会公平结合起来，强调我们既高度重视通过提高效率来促进发展，又高度重视在经济发展的基础上通过实现社会公平来促进社会和谐，坚持以人为本，以解决人民最关心、最直接、最现实的利益问题为重点，着力发展社会事业，着力完善收入分配制度，保障和改善民生，走共同富裕道路，努力形成全体人民各尽其能、各得其所而又和谐相处的局面。

第八个结合，把坚持独立自主同参与经济全球化结合起来，强调我们既高度珍惜并坚定不移地维护中国人民经过长期奋斗得来的独立自主权利，又坚持对外开放的基本国策，始终站在国际大局与国内大局相互联系的高度审视中国和世界的发展问题，思考和制定中国的发展战略，坚持独立自主的和平外交政策，坚持和平发展道路，坚持互利共赢的开放战略，推动建设持久和平、共同繁荣的和谐世界。

第九个结合，把促进改革发展同保持社会稳定结合起来，强调我们既大力推进改革发展，又正确处理改革发展稳定关系，坚持改革是动力、发展是目的、稳定是前提，坚持把改革的力度、发展的速度和社会可承受的程度统一起来，把不断改善人民生活作为处理改革发展稳定关系的重要结合点，在社会稳定中推进改革发展，通过改革发展促进社会稳定。

第十个结合，把推进中国特色社会主义伟大事业同推进党的建设新的伟大工程结合起来，强调我们既紧紧围绕推进中国特色社会主义事业来推进党的建设，又通过加强和改进党的建设来推进中国特色社会主义事业，不断提高党的执政能力、保持和发展党的先进性，不断增强党的阶级基础和扩大党的群众基础，不断提高拒腐防变和抵御风险能力，使党始终成为中国特色社会主义事业的坚强领导核心。

总之，这"十个结合"的宝贵经验，是我们党和人民经过长期实践和艰辛探索得来的，是我们党极为宝贵的精神财富，我们必须牢牢记取、坚持运用，并在新的实践中继续加以丰富和发展，毫不动摇地坚持改革方向，提高改革决策的科学性，增强改革措施的协调性，继续把改革开放伟大事业推向前进。

（注：这是胡锦涛同志在新进中央委员会的委员、候补委员学习贯彻党的十七大精神研讨班开班时讲话的一部分，发表于《求是》杂志2008年第1期。）

坚持改革开放　推进合作共赢

胡锦涛

对中国而言，2008年是一个具有特殊意义的年份。30年前，在邓小平先生倡导和带领下，中国人民毅然决然地踏上了改革开放的历史征程。这是中国在新的历史条件下进行的新的伟大革命。

斗转星移，春来秋去，转眼间30年过去了。30年来，中国人民以一往无前的进取精神和波澜壮阔的创新实践，坚定不移地推进改革开放和社会主义现代化建设，中国的经济实力、综合国力、人民生活水平都上了大台阶，中国的面貌发生了历史性变化。中国成功实现了从高度集中的计划经济体制到充满活力的社会主义市场经济体制、从封闭半封闭到全方位开放的伟大历史转折，中国经济快速发展，人民生活从温饱不足发展到总体小康，农村贫困人口从两亿五千多万减少到一千多万，政治建设、文化建设、社会建设等领域也取得了举世瞩目的发展成就。

在改革开放的伟大实践中，我们深刻认识到，在当今世界日趋激烈的竞争中，一个国家、一个民族要发展起来，就必须与时俱进、改革开放、着力发展、以人为本、促进和谐。

世界上没有放之四海而皆准的发展道路和发展模式，也没有一成不变的发展道路和发展模式，必须适应国内外形势的新变化、顺应人民过上更好生活的新期待，结合自身实际、结合时代条件变化不断探索和完善适合本国情况的发展道路和发展模式，不断增加全社会的生机活力，真正做到与时代发展同步伐、与人民群众共命运。

历史是继续前进的基础，也是开创未来的启示。中国仍然是世界上最大的发展中国家，中国基本实现现代化，实现全体中国人民共同富裕，还有很长的路要走。中国过去30年的快速发展，靠的是改革开放。中国未来的发展，也必须靠改革开放。改革开放是决定当代中国命运的关键抉择，也是13亿中国人民的共同抉择。中国人民将坚定不移地沿着改革开放的伟大道路走下去，继续为全面建设小康社会、进而基本实现现代化而奋斗，继续为人类和平与发展的崇高事业而奋斗。

经过30年的改革开放，中国与世界的关系发生了历史性变化。

中国经济已经成为世界经济的重要组成部分。中国国内生产总值占全球的比重由1978年的1%上升到2007年的5%以上，中国进出口总额占全球的比重由1978年的不足1%上升到2007年的约8%。中国的发展为国际资本提供了广阔市场，中国累计实际使用外资超过7800亿美元，中国企业对外直接投资也在大幅增长。

中国发展有力促进了世界经济和贸易增长。1978年以来，中国年均进口增速达到16.7%，已成为世界第三大、亚洲第一大进口市场。中国经济对世界经济增长的贡献率超过10%，对国际贸易增长的贡献率超过12%。2001年以来，中国年均进口额近5600亿美元，为相关国家和地区创造了约1000万个就业机会。

中国已经成为国际体系的重要成员。中国参加了100多个政府间国际组织，签署了300多个国际公约。中国积极参与国际和地区事务，认真履行相应的国际责任。迄今，中国共参与22项联合国维和行动，累计派出维和人员上万人次，现正在执行维和任务的有1900多人，是联合国安理会5个常任理事国中派出维和人员最多的国家。

30年改革开放的实践告诉我们，中国发展进步离不开世界，世界繁荣稳定也离不开中国。在世界多极化不可逆转、经济全球化深入发展、科技革命加速推进的世界大势之下，中国的前途命运日益紧密地同世界的前途命运联系在一起。

中国将始终不渝走和平发展道路。这是中国政府和人民作出的战略抉择。这个战略抉择，立足中国国情，顺应时代潮流，体现了中国对内政策与对外政策的统一、中国人民根本利益与世界人民共同利益的统一，是实现中华民族伟大复兴的必由之路。中国尊重各国人民自主选择发展道路的权利，不干涉别国内部事务，不把自己的意志强加于人，致力于和平解决国际争端，奉行防御性国防政策，永远不称霸，永远不搞扩张。

中国将始终不渝奉行互利共赢的开放战略。中国致力于推动世界经济持续稳定增长，坚持按照通行的国际经贸规则扩大市场准入，在实现本国发展的同时兼顾对方特别是发展中国家的正当关切，支持国际社会帮助发展中国家增强自主发展能力、改善民生，支持完善国际贸易和金融体制、推进贸易和投资自由化便利化，支持各国共同防范金融风险、维护能源安全，坚持通过磋商协作妥善处理经贸摩擦，推动各国共同分享发展机遇、共同应对各种挑战。

中国将始终不渝推动建设持久和平、共同繁荣的和谐世界。中国遵循联合国宪章宗旨和原则，恪守国际法和公认的国际关系准则，在国际关系中弘扬民主、和睦、协作、共赢精神，尊重人类文明多样性，继续促进国际关系民主化，积极参与反恐、防扩散、气候变化、环境保护、流行性疾病防治等领域国际合作，推动国际秩序朝着更加公正合理的方向发展。

亚洲的发展不仅关系亚洲的命运，而且关系世界的前途。近年来，亚洲形势总体稳定，经济保持较快增长，各国坚持睦邻友好、致力于通过对话协商处理矛盾和分歧的意识在增强，各种区域、次区域合作机制在促进经济增长和地区稳定方面发挥着日益重要的作用，亚洲仍然是世界上最具发展活力的地区之一。同时，亚洲在经济发展、政治建设、安全稳定等方面也面临着一些需要认真对待的严峻挑战。实现亚洲持久和平、共同繁荣仍然是一项长期而艰巨的任务。中国愿同其他亚洲国家一道，抓住机遇，应对挑战，共建和平、发展、合作、开放的亚洲。为此，我建议亚洲各国在以下方面加强合作。

第一，增进政治互信。坚持相互尊重，平等相待，求同存异，和睦相处。通过对话解决争端，通过协商化解矛盾。尊重彼此安全关切，坚持互信、互利、平等、协作的新安全观，推动地区安全机制建设，共同应对安全威胁，维护本地区和平稳定。

第二，深化经济合作。推进区域自由贸易安排和投资保障机制建设，深化财政金融合作，促进亚洲基础设施建设互联互通。加强各国宏观经济政策协调，共同维护金融安全、能源安全、粮食安全。积极推动扶贫、人力资源开发等领域合作，缩小发展差距，促进本地区共同发展繁荣。

第三，共同应对挑战。反对一切形式的恐怖主义，加强反恐、防扩散等领域合作。携手打击跨国犯罪、非法移民、毒品走私。推进防灾减灾、公共卫生等领域合作。加强应对气候变化能力建设，促进环境保护、水资源合理利用等方面的交流合作，共同推进本地区生态文明建设。

第四，加强人文交流。开展各种形式的文化交流，加强不同文明对话，促进各国议会、民间团体、学术机构、新闻媒体的往来和合作。加强青少年交流，增进年青一代的相互了解，共同促进亚洲文化繁荣发展。

第五，坚持开放政策。保持地区合作的非排他性，积极借鉴世界其他地区的有益发展经验，通过亚太经合组织、亚欧会议、东亚—拉美合作论坛、亚洲—中东对话等平台，加强同世界其他地区的对话和合作，在同世界其他地区的广泛交流合作中实现共同进步。

（注：这是胡锦涛同志在博鳌亚洲论坛2008年年会开幕式上的演讲。）

政府工作报告（节选）

温家宝

（五）深化经济体制改革，提高对外开放水平。

2008 年是改革开放 30 周年，改革开放使中国发生了历史性的巨大变化。我国仍处于并将长期处于社会主义初级阶段，进一步解放和发展生产力，进一步促进社会公平正义，实现全面建设小康社会和国家现代化的宏伟目标，必须继续坚定不移地推进改革开放。2008 年着重抓好以下方面：

推进国有企业改革，完善所有制结构。继续推动国有资本调整和国有企业重组。深化国有企业公司制股份制改革。完善公司法人治理结构。做好政策性关闭破产和主辅分离、辅业改制工作。扩大国有资本经营预算制度试点。深化垄断行业改革，引入竞争机制，加强政府监管和社会监督。严格规范国有企业改制和国有产权转让，防止国有资产流失，保障职工合法权益。推进集体企业改革，发展多种形式的集体经济、合作经济。认真落实鼓励、支持和引导个体私营等非公有制经济发展各项政策，尤其要解决市场准入和融资支持等方面的问题。

深化财税体制改革，加快公共财政体系建设。改革预算制度，强化预算管理和监督。完善和规范财政转移支付制度，提高一般性转移支付规模和比例，加大公共服务领域投入。积极推进省以下财政体制改革。全面实施新的企业所得税法。改革资源税费制度，完善资源有偿使用制度和生态环境补偿机制。继续推进增值税转型改革试点，研究制定在全国范围内实施方案。

加快金融体制改革，加强金融监管。继续深化银行业改革，重点推进中国农业银行股份制改革和国家开发银行改革。建立存款保险制度。加快农村金融改革，强化中国农业银行、中国农业发展银行和中国邮政储蓄银行为"三农"服务的功能，继续深化农村信用社改革，积极推进新型农村金融机构发展。优化资本市场结构，促进股票市场稳定健康发展，着力提高上市公司质量，维护公开公平公正的市场秩序，建立创业板市场，加快发展债券市场，稳步发展期货市场。深化保险业改革，积极扩大农业保险范围，做好政策性农业保险试点工作。依法严厉查处各种金融违法违规行为。切实防范和化解金融风险，维护金融稳定和安全。

拓展对外开放广度和深度，提高开放型经济水平。在保持出口平稳增长的同时，加快转变外贸发展方式，优化出口结构，鼓励自主知识产权和自主品牌产品出口，提高出口产品质量、档次及附加值。扩大服务出口，发展服务外包。积极扩大进口，重点增加先进技术装备、重要原材料和关键零部件及元器件进口。优化利用外资产业结构和地区布局，稳步推进服务业对外开放。限制和禁止高耗能、高排放和部分资源性外资项目，切实纠正招商引资中违法违规的做法。创新对外投资和合作方式，完善和落实支持企业"走出去"的政策措施。加强多双边和区域经济合作。继续推进自由贸易区谈判，认真实施已签署的协定。维护公平的国际贸易秩序。

在推进改革开放中，要加快现代市场体系建设，大力发展现代流通，深入整顿和规范市场秩序，推进社会信用制度建设。

（九）加快行政管理体制改革，加强政府自身建设。

行政管理体制改革是深化改革的重要环节，是政治体制改革的重要内容，也是完善社会主义市场经济体制的必然要求。改革总的原则和要求是：坚持以人为本、执政为民，坚持同发展社会主义民主政治、发展社会主义市场经济相适应，坚持科学民主决策、依法行政、加强行政监督，坚持管理创新和制度创新，坚持发挥中央和地方两个积极性。要着力转变职能、理顺关系、优化结构、提高效能，形成权责一致、分工合理、决策科学、执行顺畅、监督有力的行政管理体制。

第一，加快转变政府职能。这是深化行政管理体制改革的核心。健全政府职责体系，全面正确履行政府职能，努力建设服务型政府。在加强和改善经济调节、市场监管的同时，更加注重社会管理和公共服务，维护社会公正和社会秩序，促进基本公共服务均等化。重视发挥行业协会、商会和其他社会组织的作用。

第二，深化政府机构改革。这次国务院机构改革方案，主要围绕转变职能，合理配置宏观调控部门职能，调整和完善行业管理机构，加强社会管理和公共服务部门，探索实行职能有机统一的大部门体制；针对职责交叉、权责脱节问题，明确界定部门分工和权限，理顺部门职责关系，健全部门间的协调配合机制。国务院机构改革方案将提交本次大会审议。

第三，完善行政监督制度。坚持用制度管权、管事、管人。加强行政权力监督，规范行政许可行为。强化政府层级监督，充分发挥监察、审计等专门监督的作用。自觉接受社会各个方面的监督。推行行政问责制度和政府绩效管理制度。切实加强公务员队伍建设。严肃法纪政纪，坚决改变有令不行、有禁不止的现象。大力推行政务公开，健全政府信息发布制度，完善各类公开办事制度，提高政府工作透明度，创造条件让人民更有效地监督政府。

第四，加强廉政建设。要把反腐倡廉建设放在更加突出的位置，旗帜鲜明地反对腐败。坚持标本兼治、综合治理、惩防并举、注重预防的方针，扎实推进惩治和预防腐败体系建设。特别要解决权力过分集中和缺乏制约的问题。从根本上加强制度建设，规范财政转移支付、土地和矿产资源开发、政府采购、国有资产转让等公共资源管理。加大专项治理力度，重点解决环境保护、食品药品安全、安全生产、土地征收征用和房屋拆迁等方面群众反映强烈的问题，坚决纠正损害群众利益的不正之风。大力提倡艰苦奋斗，坚决制止奢侈浪费。严肃查处各类违法违纪案件，深入开展治理商业贿赂，依法严惩腐败分子，决不姑息。

在中央经济工作会议上的讲话（节选）

温家宝

九、深化经济体制改革和提高对外开放水平

解决好经济社会发展的深层次矛盾和突出问题，必须大力推进改革开放，形成有利于推动科学发展、促进社会和谐的体制机制。

继续推进国有企业改革。国有企业改革取得了重大进展，但任务还很繁重。要立足于增强国有经济活力、控制力、影响力，进一步推动国有资本调整和国有企业重组，优化国有经济布局和结构。深化国有企业公司制股份制改革，健全现代企业制度。扩大国有独资、国有控股公司建立董事会试点范围。推动企业深化内部改革，切实转换经营机制，加强管理和监督。加大垄断行业改革力度，进一步推进投资主体多元化，引入竞争机制，促进提高效率和改善服务。继续做好政策性关闭破产和主辅分离、辅业改制工作，抓紧解决历史遗留问题，特别要注意维护职工合法权益。继续完善各类国有资产管理体制和制度。加强国有资本经营收益和支出的管理，明年要扩大国有资本经营预算制度试点范围。进一步规范国有企业改制和国有产权转

让，防止国有资产流失。

同时，积极推进集体企业改革，发展多种形式的集体经济、合作经济。认真落实中央关于鼓励、支持和引导非公有制经济发展的各项政策，尤其是要落实市场准入和金融等方面的支持措施。坚持平等保护物权，促进形成各种所有制经济平等竞争的新格局。

深化财税体制改革。实行有利于科学发展的财税制度。明年要全面实施新的企业所得税法，统一内外资企业所得税。改革资源税制度，对部分资源实行从价计征的方法。继续在东北和中部地区进行增值税转型试点，并研究制定在全国范围内实施的方案。研究综合与分类相结合的个人所得税征管制度。适时开征燃油税。围绕推进基本公共服务均等化和主体功能区建设，加快建立和完善公共财政体系。逐步健全中央和地方财力与事权相匹配的财政体制，积极推进省以下财政体制改革。优化转移支付结构，加快形成统一规范透明的财政转移支付制度。增强基层政府提供公共服务的财政保障能力。深化预算制度改革，强化预算管理和监督。

加快金融体制改革。认真落实全国金融工作会议的部署。一是继续深化国有银行改革。重点是推进中国农业银行股份制改革和国家开发银行改革。已经改制上市的国有银行，要进一步提升公司治理水平，加快分支行改革进程，加强内控和风险管理，推进业务流程和管理架构的改造。二是加快农村金融体制改革。在做好农业银行改革的同时，推进其他农村金融机构改革。深化农村信用社改革，进一步发挥支农主力军作用。大力培育和发展以从事小额信贷为主的多种所有制金融机构。在全国放宽农村地区银行业金融机构市场准入。三是继续推进证券业、保险业改革。要把证券公司、保险企业改革引向深入，完善公司治理，增强内控机制的有效性。稳步推进国有保险集团公司整体改制。健全保险资金运用管理体制。积极扩大农业保险范围，做好政策性农业保险试点工作。四是高度重视防范和化解金融风险。要加强和改进金融监管，健全监管协调机制，加强监管能力建设，提高监管有效性。建立有效的金融衍生产品监管制度。强化金融法治，依法严厉查处各种金融违法违规行为。最近，一些地方非法集资和非法吸收公众存款的问题严重，要引起高度重视，采取坚决、稳妥的措施及时处理和取缔，以维护金融和社会稳定。积极稳妥地推进金融业对外开放，把握外资进入金融领域节奏，切实防范境外金融风险对我国金融的冲击，确保金融安全。

加快现代市场体系建设。要完善反映市场供求关系、资源稀缺程度、环境损害成本的生产要素和资源价格形成机制，有控制、有步骤地推进资源产品价格和环保收费改革。稳步推进石油、天然气价格形成机制改革。适当提高排污费、污水处理费和垃圾处理费标准。加大差别电价实施力度。合理调整水利工程和城市供水价格。通过理顺价格体系，促进资源节约型、环境友好型社会建设。大力发展现代流通，有效降低流通成本。继续整顿和规范市场秩序。

当前和今后时期，我国将在更加开放和更加复杂多变的国际环境下推进现代化建设，统筹好国内发展和对外开放更加重要。近些年来，对外贸易快速发展，外贸顺差持续增加。这对国民经济和社会发展总体是有利的，对增加就业和财政收入、促进经济持续快速发展和社会和谐稳定，发挥了重要的作用。同时，进出口不平衡矛盾突出，也带来一些新问题。应该看到，贸易顺差较大，是当前我国经济发展阶段中劳动力资源丰富等竞争优势的体现，是今后一个较长时期都将存在的现象。从世界经济发展历史看，不少发达国家都曾长期保持贸易顺差，现在一些发展中国家也有较大规模顺差。因此，对我国目前的顺差问题要客观、全面地看待。我国不追求过大的顺差，特别是不能以牺牲资源、环境和损害劳动者利益为代价换取外贸顺差。

缓解贸易不平衡的矛盾，不能单纯控制出口增长速度，关键在于加快转变外贸发展方式，着力优化进出口结构。要大力实施科技兴贸战略，坚持以质取胜。支持自主品牌、自主知识产权产品和高新技术产品、节能环保型产品出口，提高出口劳动密集型产品、农产品的档次和附加值，努力扩大服务出口，继续控制高耗能、高排放、资源性产品出口。认真落实和完善出口退税、进出口关税和加工贸易政策。继续清理和纠正不惜代价和成本、片面追求出口的做法。同时，要积极扩大进口，重点增加能源原材料、先进技术装备和关键元器件零部件进口，增加重要物资的国家储备。要适应国际经济贸易发展的新情况，积极妥善应对贸易摩擦。

着力提高利用外资质量，创新利用外资方式。认真落实新修订的《外商投资产业指导目录》，进一步鼓励外商投资我国高新技术、装备制造、新材料制造等产业，以及节约资源、保护环境领域，鼓励外商投资中西部地区和东北地区等老工业基地。稳步推进服务业对外开放。大力发展服务外包。建立健全法律法规和审查机制，加强外资并购监管。限制或禁止高耗能、高排放和资源性的外资项目。切实纠正招商引资中竞相攀比优惠政策、对项目不加选择和层层下达分解指标的做法。

加快推动企业"走出去"，既有利于拓宽我国企业发展空间，也有利于缓解贸易顺差过大和国际收支不平衡的矛盾。要深化境外投资管理体制改革，进一步简化审批程序，从财税、信贷、外汇、保险、出入境等方面，加大对企业"走出去"的支持力度，加快培育我国的跨国公司和国际知名品牌。同时，要建立健全国有企业境外投资风险控制机制、监督管理机制和责任追究制度。加强对企业"走出去"的引导、协调和管理，防止恶性竞争。积极实施自贸区战略，加强双边多边经贸合作。

十、推进行政管理体制改革和政府自身建设

深化行政管理体制改革，加强政府自身建设，是履行好政府职能、促进科学发

展的重要保障。多年来，我们在这方面做了大量工作，取得了很大进展，但还不适应改革开放和现代化建设新形势的要求。加快行政管理体制改革和政府自身建设是一项重要而迫切的任务。中央正在按照党的十七大的部署，组织力量研究制定行政管理体制改革总体方案。基本思路和要求是：坚持以人为本、执政为民，坚持科学民主决策、依法行政、加强行政监督，坚持管理创新、制度创新，着力转变职能、理顺关系、优化结构、提高效能，形成权责一致、分工合理、决策科学、执行顺畅、监督有力的行政管理体制，努力建设服务型政府。

第一，进一步转变政府职能。要继续推进政企分开、政资分开、政事分开、政府与市场中介组织分开，减少对微观经济运行的干预。从制度上充分发挥市场在资源配置中的基础性作用。健全政府职责体系，在加强和改善经济调节和市场监管的同时，更加注重履行社会管理和公共服务职能，着力改善民生和加强社会建设。

第二，进一步优化政府机构设置。加大机构整合力度，探索实行职能有机统一的大部门体制，健全部门之间的协调配合机制，调整部门职责权限，努力解决机构重叠、职能交叉、权责脱节、政出多门的问题，提高行政效率。规范垂直管理部门和地方政府的关系。精简和规范各类议事协调机构及其办事机构。

第三，进一步加强制度建设。严格按宪法和法律办事，这是政府工作的根本原则。要规范行政行为，坚持用制度管权、管事、管人。各级政府、所有公务员特别是领导干部，要严格按照法定权限和程序履行职责。加强政府立法工作，规范立法行为，提高立法质量。深入落实行政许可法，继续减少行政审批事项，规范审批和许可行为。强化行政监督，将内部监督和外部监督有机结合起来，提高监督效果。加快实行政府绩效管理制度和政策问责制度，加大对滥用权力和失职渎职行为的追究力度，明年选择部分省市开展试点。

第四，进一步推进廉政建设。着力解决权力过分集中和不受约束的问题。要建立健全决策权、执行权、监督权既相互制约又相互协调的权力结构和运行机制。加强对权力的制约，特别是对领导干部、人财物管理使用、关键岗位的监督和制约。规范财政转移支付、土地和矿产资源使用、政府采购、国有资产转让等公共资源管理权力运行。深入开展治理商业贿赂工作，继续认真清理违规建设楼堂馆所。

第五，进一步加快管理创新。完善公共服务体系，推进电子政务建设。国务院制定的政府信息公开条例将于明年5月1日正式实施，各级政府要以此为契机，大力推进政务公开。凡是涉及群众利益和公共政策的事项，都要实行公开办事制度。要提高办事效率，为社会、企业和人民群众提供优质便捷的服务。各级政府都要转变思想作风、领导作风和工作作风，切实提高公信力、执行力。

改革开放是中国发展的永恒动力

温家宝

2008年是中国改革开放30周年。30年前的中国是个什么样子？那时，我们刚刚结束了"文化大革命"，整个国家处于封闭半封闭的落后状况，国民经济走到了崩溃的边缘。中国向何处去？这个重大而紧迫的问题摆在了中国人民面前。我们坚持解放思想，实事求是，选择了改革开放的道路，这是决定当代中国命运的关键抉择。中国的改革发端于农村。开始时是涓涓细流，后来发展成势不可挡的洪流。改革从农村到城市，从经济领域到政治、文化和社会等各个领域。中国的开放则从建立深圳等四个经济特区到沿海、沿江、沿边城市，再到全方位、多层次的全面开放。我们成功实现了从高度集中的计划经济体制到充满活力的社会主义市场经济体制、从封闭半封闭状态到全方位对外开放的历史性转变。确立了社会主义初级阶段的基本经济制度，建立了适应市场经济要求的现代企业制度，形成了统一开放竞争有序的现代市场体系，建立了以经济手段和法律手段为主的宏观调控体系，完善了按劳分配为主体、多种分配方式并存的分配制度，逐步健全以公平正义为目标的社会保障等体系。同时，推进了教育、文化、科技、卫生等社会领域的改革，推进了以社会主义民主政治建设为主要内容的政治体制改革，确立依法治国、建设法治国家的方略。

改革开放从根本上改变了中国长期闭关锁国和沉闷僵化的状况，打破了束缚人们的思想和体制桎梏，极大地调动了亿万人民群众的积极性和创造性，给中国大地带来了蓬勃生机和活力，有力地推动了经济社会的大发展。中国经济连续30年保持高速增长，国内生产总值占全球的比重由1978年的1%上升到2007年的5%以上，对外贸易总额占全球的比重由不足1%上升到8%左右。广大人民群众真正从改革开放中得到了实惠，实现了从温饱不足到总体小康的转变。更为重要的是，改革开放使整个社会活跃起来了，人们能够自由地依靠自己的勤劳、节俭和智慧创造幸福美好的生活。

中国30年的变化，得益于改革开放。中国要实现富强民主文明和谐的现代化目标，仍然要靠改革开放。中国正处于并将长期处于社会主义初级阶段，经济社会还存在许多不容忽视的问题，城乡之间、地区之间、经济与社会发展之间不平衡、不协调，经济发展方式粗放，人口、资源、环境压力大，劳动就业、社会保障、收入

综合篇

分配、教育卫生等方面问题仍然较多，还有贪污腐败现象严重等问题。解决这些问题归根到底要靠深化改革。只有坚持改革开放，坚定不移地走中国特色社会主义道路，国家才有光明的前途，从这个意义上说，改革开放一定要贯穿于中国现代化建设的全过程。

——我们要继续深化经济体制改革。进一步完善基本经济制度，健全市场体系；深化财税、金融体制改革，完善宏观调控体系。当前，特别要加快资源性产品价格形成机制改革，更好地发挥市场在资源配置中的基础性作用；继续深化国有企业股份制改革，健全现代企业制度；进一步完善公共财政体系和转移支付制度，全面推进增值税转型改革；建立健全资源有偿使用制度和生态环境补偿机制，适时推进资源税制度改革；大力发展各类金融市场，促进资本市场稳定健康发展，完善人民币汇率形成机制，逐步实现资本项目可兑换。通过深化改革，使整个体制更加适应现代经济发展的要求。

——我们要继续推进政治体制改革和其他方面改革。人民民主是社会主义的生命，没有民主，就没有社会主义。我们不仅要通过发展经济改善人民生活，还要通过民主法制建设保障人民的民主权利，实现社会公平和正义。我们要建设社会主义法治国家，依法管理国家事务和社会事务，创造条件让人民更有效地批评和监督政府，努力造就人人心情舒畅、生动活泼的政治局面，促进社会和谐。要办好人民满意的教育，让每个孩子都能上得起学、上好学；建立基本医疗卫生制度，让全体人民都享有基本医疗保障；加快健全覆盖城乡的社会保障体系，更好地关爱社会弱势群体，让全体人民共享改革和发展成果。

——我们要进一步拓展对外开放的深度和广度。开放也是改革，只有开放兼容，国家才能富强。中国的对外开放是长期的、全面的、互利的。一切有利于对外开放的政策，我们都会坚持下去。我们要不断学习和借鉴人类创造的一切优秀文明成果。我们积极参与经济全球化的进程，推动建设公正合理的国际贸易体系和金融体制，坚定地支持多哈回合谈判早日达成平衡的结果，支持完善国际贸易准则，推进贸易投资自由化便利化，继续在多边经贸体系中发挥建设性作用。继续深化涉外经济体制改革，完善涉外经济法律法规和政策，扩大市场准入，加大知识产权保护力度，改善外商来华投资兴业环境。一个制度更加完善、社会充满活力、持续稳定发展、对外更加开放的中国，不仅有利于增加 13 亿中国人民的福祉，而且必将对世界和平与发展作出更大的贡献。

2008 年初，我曾经讲过，2008 年恐怕是中国经济最为困难的一年。我国遭受了严重的雨雪冰冻灾害和特大地震灾害，又面临国内外复杂多变的环境。我们克服重重困难，保持了经济平稳较快发展的态势。上半年国内生产总值同比增长 10.4%；农业发展势头良好，夏粮连续五年增产；投资、消费、出口三大需求增长趋向均衡，经济发展协调性增强；产业结构调整加快，节能减排取得明显成效，财政收入和企业利润保持较快增长，发展质量和效益进一步提高；城镇就业持续增加，城乡居民收入继续提高；近几个月来，居民消费价格指数涨幅逐月回落。总的看，中国经济发展的基本面没有改变，正朝着宏观调控的预期方向发展。

大家很关心中国经济能不能继续保持平稳较快发展。我的看法是，当前困难不少，一方面，国际经济环境更趋严峻复杂，金融动荡加剧，经济明显减速；另一方面，国内价格上涨压力仍然很大，农业基础还很薄弱，能源资源制约经济发展的矛盾比较突出，部分行业和企业生产经营困难，金融领域存在不少隐患。但是，我认为，中国所遭遇的困难，是发展过程中的困难。保证中国经济持续、快速增长的有利条件很多。中国正处在工业化、城市化加快发展的阶段，经济增长潜力很大。今后一个比较长的时期，中国发展仍处于重要战略机遇期。我国劳动力和资金供给仍然充裕，国内消费和投资需求持续增长的潜力还很大，市场广阔，企业竞争力和活力不断增强，宏观调控能力和水平在实践中继续提高，政治社会稳定，特别是我们在改革开放中已经形成符合中国国情和人民意愿的路线、战略和方针政策，这些都是长期起作用的因素。和平与发展仍然是当今世界的主题，国际环境总体上对我国发展有利。我们完全有信心、有能力克服前进中的各种困难，保持国民经济在更长时间内又好又快发展。

（注：这是温家宝同志在 2008 年夏季达沃斯论坛上的讲话。）

坚持改革开放　坚持和平发展

温家宝

2008 年，对于中国来说，是不平凡的一年。我们经历了两件大事：第一件事是汶川特大地震灾害造成了巨大的生命财产损失。中国人民在灾难面前表现出了坚强、勇敢、团结和不屈不挠的精神。目前，受灾群众得到了妥善安置，恢复重建工作正在有条不紊地展开。第二件事是北京奥运会成功举办。这一体育盛会不仅为来自世界各地的运动员展示风采创造了良好的条件，而且让世界更多地了解中国，让中国更多地了解世界。在抗震救灾和举办奥运会的过程中，我们得到了国际社会的广泛理解、支持和帮助。在此，我代表中国政府和人民表示诚挚的感谢。

世界都在关注北京奥运会后中国政治经济走向。我可以明确地告诉大家，中国将继续坚定不移地走和平发展道路，继续坚持改革开放不动摇，继续贯彻独立自主

综合篇

的和平外交政策。这符合中国人民的根本利益，也符合世界人民的根本利益，顺应世界潮流。

这次北京奥运会是在中国这样一个最大的发展中国家举行的。国际社会对中国政府和人民为此做出的努力给了高度评价。奥运会的成功举办，使中国人民受到了极大的鼓舞，增强了实现现代化的信心和力量。同时，我们清醒地看到，中国有13亿人口，虽然经济总量已经位居世界前列，但人均收入水平仍排在世界100位之后，城乡发展和区域发展很不平衡，农村特别是西部地区农村还很落后，还有数以千万计的人口没有解决温饱。中国仍然是一个发展中国家，生产力不发达的状况没有根本改变，进一步发展还受到资源、能源、环境等瓶颈的制约。中国的社会主义市场经济体制还不完善，民主法制还不健全，一些社会问题还比较突出。中国实现现代化的任务还很繁重，道路还很漫长。摆在我们面前的机遇和挑战都是空前的。抓住机遇，迎接挑战，聚精会神搞建设，一心一意谋发展，这就是中国政府和中国人民的理念和行动。

中国发展靠什么？靠改革开放。2008年是中国改革开放30周年。改革开放从根本上改变了中国长期封闭落后和沉闷僵化的状况，打破了束缚人们的思想桎梏，调动了亿万人民群众的积极性，大大解放了生产力，有力地推动了经济社会的大发展，给中国大地带来了蓬勃生机和活力。中国30年的变化，得益于改革开放。中国要实现富强民主文明和谐的现代化目标，仍然要靠改革开放。改革开放是决定当代中国命运的关键抉择，也是决定中国未来前途的战略方向。中国坚持改革开放的政策是坚定不移的。中华民族自古以来就有崇尚革新、兼收并蓄、博采众长的优秀传统和智慧。今天，中国人更从30年改革开放的切身经验中体会到，只有不断而深入地推进经济体制、政治体制等各项改革，才是经济发展和社会进步的永恒动力；只有全面而持久地扩大对外开放，才是国家富强和民族繁荣的正确道路。这不但是实践探索的结论，也是历史经验的总结。

世界需要和平，和平才能发展。中国要实现自己的发展目标，渴望有一个和平的国际环境。中国政府坚定不移地奉行独立自主的和平外交政策，愿同各国加强合作，共同促进人类和平与发展的崇高事业。

尊重主权和互不干涉内政是国与国之间发展关系的前提。近代屈辱的历史使中国人民懂得，一个国家丧失主权，人民就没有尊严和地位。中国坚决捍卫来之不易的国家主权和领土完整，决不允许任何外来干涉。同时，中国坚持平等相待，尊重别国的主权和领土完整，尊重各国人民自主选择的社会制度和发展道路。

中国愿意在平等互利基础上，同所有国家发展友好关系，不以意识形态和社会制度定亲疏。在国际事务中，我们依照事情本身的是非曲直独立作出判断，根据国家利益和世界人民的福祉决定自己的立场，不盲从，不屈服于任何势力。在国际关系中，中国不结盟，更不当头，而且永远不结盟、不当头。

和平解决国际争端是联合国的宗旨，也是国际法的基本原则。中国坚持以对话和协商的方式处理与其他国家的历史遗留问题和现实分歧。同时，作为联合国安理会常任理事国，中国将一如既往地为推动和平解决国际热点问题和地区冲突发挥积极的建设性作用。

中国的发展是和平的发展，不会损害任何人，也不会威胁任何人。中国现在不称霸，将来也绝不称霸。中国保持和发展适当的军事力量，完全是为了维护国家主权和领土完整。当代中华民族的自信和荣光是建立在经济发展、社会公正、国民素质和道德力量的基础之上的。中国将以自身的发展促进世界的和平与发展。

在人类漫长的发展史上，世界各国的命运从未像今天这样紧密相连，休戚与共。面对气候变暖、环境恶化、资源紧缺、疫病和自然灾害频发、恐怖主义蔓延等一系列威胁人类生存和发展的全球性问题，面对当前金融、能源、粮食三大难题交织爆发的严峻局面，任何一个国家都无法置身其外，也难以单独应对。特别是当前国际金融动荡，已经波及许多国家，影响还会加剧，各国应当通力合作，迎接挑战。全世界的人们，尤其是各国的领导者，只要消除敌视、隔阂和偏见，以包容开放的胸怀坦诚相待，携手前行，人类一定会战胜各种困难，也一定会拥有一个更加光明美好的未来。中国作为一个负责任的发展中大国，愿与国际社会一道，加强合作，共同分享机遇，应对挑战，为推动实现世界的和谐与可持续发展贡献力量。

（注：这是温家宝同志在第六十三届联合国大会一般性辩论上的发言。）

改革开放30年党的建设回顾与思考

习近平

2008年是改革开放30周年。这30年是中国共产党历史上很不寻常的30年，党领导的改革开放和社会主义现代化建设成就辉煌，党的建设也取得了巨大进步，值得大书特书。在纪念改革开放30周年之际，回顾总结党的建设的光辉历程和宝贵经验，对于我们全面深刻地认识这30年的历史，深入贯彻落实党的十七大精神，在新的历史起点上全面推进党的建设新的伟大工程、开创中国特色社会主义事业新局面，具有重大而深远的意义。基于以上考虑，我今天专门讲讲改革开放30年党的建设。30年党的建设时间跨度长，内容非常丰富，是一个很大的题目，是一篇很大的文章。这里，我只是从有限的几个角度谈谈自己的一些初步认识和思考，同大家一起

综合篇

· 47 ·

研究讨论。

一、30 年党的建设的历史背景和伟大进程

1978 年 12 月，我们党召开了具有重大历史意义的十一届三中全会。以此为标志，开启了改革开放历史新时期，也开启了党的建设的历史新时期。从那时以来，中国共产党人和中国人民以一往无前的进取精神和波澜壮阔的创新实践，谱写了中华民族自强不息、顽强奋进新的壮丽史诗。总结这 30 年党的建设，必须与党在这一时期的历史任务和伟大实践紧密联系起来，必须把党的建设放到改革开放和社会主义现代化建设的大背景、大环境中去考察、去把握。

（一）这 30 年党的建设，是在世界形势发生重大而深刻变化的国际背景下进行的。党的十一届三中全会以来的 30 年，整个世界发生了大变化大调整，这种变化和调整的剧烈和深刻程度远远超出了人们的预料。最显著最重大的变化，就是和平与发展成为时代主题，苏联解体、东欧剧变、两极格局终结，世界社会主义发生严重曲折，西方资本主义出现种种新情况，世界多极化不可逆转，经济全球化深入发展，综合国力竞争日趋激烈。新科技革命及其带来的重大科技发现发明和广泛应用，推动世界范围内生产力、生产方式、生活方式和经济社会发生了前所未有的深刻变化。所有这些，引起全球经济格局、利益格局和安全格局发生了前所未有的重大变化。与时代、实践和科技的发展相联系，从 20 世纪 70 年代后期开始，在世界范围内兴起了以增强综合国力为中心目标的竞争浪潮，这个浪潮涉及国家之广泛、涉及领域之全面、持续时间之长久，都具有标志性的时代意义。如此深刻、如此巨大的变化，给我们党和党的建设带来许多新机遇，有利于我们科学、全面地认识世界、认识自己，紧跟时代进步潮流，有利于广大党员和干部开阔视野、树立世界眼光，焕发自强不息、奋力拼搏、改革创新精神，同时也给我们党提出不少新挑战新考验。科学判断和全面把握国际形势的发展变化，正确应对世界多极化和经济全球化以及科技进步的发展趋势，妥善处理影响世界和平与发展的各种复杂和不确定因素，抓住和用好重要战略机遇期，在日益激烈的综合国力竞争中又好又快地发展自己，在风云变幻的国际环境中建设和发展中国特色社会主义，这是我们党在改革开放历史新时期长期面对的重大课题。切实解决好这个重大课题，对加强和改进党的建设，对我们党的领导素质、执政能力特别是统筹国内国际两个大局的能力，提出了新的更高要求。

（二）这 30 年党的建设，是在我国经历举世瞩目的历史大转折和事业大发展的国内环境中进行的。党的十一届三中全会以来的 30 年，是世界发生大变化大调整的时期，也是中国发生广泛而深刻变革的时期。这一时期最鲜明的特点是改革开放、

最显著的成就是快速发展、最突出的标志是与时俱进。30 年来，从农村到城市，从沿海到沿江沿边到内陆，从东部到中西部，从经济领域到政治、文化、社会等各个领域，全面改革和对外开放的进程势不可挡、蓬勃向前。这场历史上从未有过的大改革大开放，极大地调动了亿万人民的积极性，使我国成功实现了从高度集中的计划经济体制到充满活力的社会主义市场经济体制、从封闭半封闭到全方位对外开放的伟大历史转折，使中国的社会生产力获得新的巨大解放，社会主义在中国焕发出前所未有的强大生命力，马克思主义在中国焕发出前所未有的强大感召力。改革开放不仅带来了党和人民事业的大发展，使中国人民的面貌、社会主义中国的面貌发生了历史性变化，而且带来了党的建设的新进步，极大地增强了我们党的创造力、凝聚力和战斗力，使中国共产党的面貌发生了历史性变化。同时必须看到，我们党领导的改革开放这场新的伟大革命，既给党注入巨大活力，也使党在深刻变化的社会环境中面临一系列新课题新考验。如何在深化改革中结合新的实际继承和发扬党的优良传统和优良作风、保持党同人民群众的血肉联系，有效抵制拜金主义、享乐主义、极端个人主义和消极腐败现象对党的肌体的侵蚀，坚定广大党员、干部正确的理想信念；如何在扩大对外开放的情况下适应新要求、学习新知识、锻炼新本领，既防止外来的错误和腐朽没落思想文化的渗透，巩固和加强马克思主义在全党全国的指导地位，又积极吸收和借鉴人类社会创造的一切文明成果来建设和发展中国特色社会主义，这同样是我们党在改革开放历史新时期长期面对的重大课题。切实解决好这些重大课题，是我们党必须经受住的考验。

（三）这 30 年党的建设，是在党的队伍和自身状况发生重大而深刻变化的情况下进行的。我们党历经革命、建设和改革，已经成为世界上党员数量最多的特大型政党。新中国成立之初，我们党的党员总数是 440 多万，他们基本上都参加过革命战争的洗礼和对敌斗争的锻炼。改革开放之初，我们党的党员总数发展到 3600 多万，其中绝大多数是新中国成立后入党的。到 2007 年底，全国党员总数已达到 7400 多万，近 70% 是改革开放以来入党的。改革开放 30 年来，虽然新中国成立前入党的党员所占的比例越来越少，但一批又一批工人、农民、知识分子、军人以及新社会阶层中的先进分子被吸收到党内来，为我们党增添了新鲜血液，从而使党员队伍的结构和分布得到新的改善和优化。毫无疑问，党员数量的大幅度增长，一方面壮大和充实了党的力量，是我们党兴旺发达、富有凝聚力和吸引力的重要体现；另一方面，使教育和管理党员的任务也比以往任何时候都更加艰巨繁重。如何把广大党员教育管理好，充分发挥先锋模范作用，特别是如何建立健全保持共产党员先进性的长效机制，是党的自身建设必须解决好的一个重大问题。还要看到，改革开放以来我国社会经济成分、组织形式、就业方式、利益关系和分配方式日趋多样化并不断发展，人们的就业状况发生了很大变化，活动的范围和领域也更加广泛，流动性比过去大大增强。截至 2007 年底，全国在新经济组织和新社会组织中就业的党员总数为 400 多万，全国流动党员为 200 多万。在这种情况下，党的工作如何切实有效地覆盖社会生活的各个领域，包括如何加强新经济组织和新社会组织中党的工作，切实把这些领域的群众团结和组织在党的周围，这无疑是党的建设一个崭新的课题。另外，随着改革开放的深化和社会主义市场经济的发展，不同的利益诉求不仅会在干部群众的工作和生活中表现出来，也会在不同地方、不同领域、不同部门表现出来。如何既最大限度地调动各级党组织和广大党员的积极性、主动性、创造性，增强党的蓬勃活力，又始终保证全党同志按照党的奋斗目标、按照国家和人民的最高利益来行动，坚决维护党的团结统一，防止和克服有令不行、有禁不止、各行其是的现象，这也是新的历史条件下加强党的建设的重大问题。类似这样的问题还有不少，都是我们必须认真研究解决的。

总起来说，这 30 年党的建设是在世情、国情、党情发生重大而深刻变化的大背景下进行的，是在党的历史方位发生重大转变的大环境中进行的。我们党自 1949 年在全国范围执政以来特别是 1978 年实行改革开放以来，已经从一个领导人民为夺取全国政权而奋斗的党，转变为一个领导人民掌握全国政权并长期执政的党；已经从一个受到外部封锁和实行计划经济条件下领导国家建设的党，转变为一个在对外开放和发展社会主义市场经济条件下领导国家建设的党。这两个重大转变，集中反映了我们党 80 多年来所取得的巨大成就和进步，也反映出执政党不同于领导革命的党、领导社会主义市场经济不同于领导计划经济的重大区别。历史和现实都表明，执政党的建设和管理比没有执政的党要艰难得多，在对外开放和发展社会主义市场经济条件下建设党比在封闭半封闭和计划经济条件下建设党所面临的情况要复杂得多。科学判断和全面把握我们党所处的历史方位和肩负的历史使命，正确认识和妥善处理党在改革开放和发展社会主义市场经济条件下执政遇到的新情况新问题，以改革创新精神加强和改进党的建设，不断提高党的执政水平和领导水平，增强拒腐防变和抵御风险能力，始终保持和发展党的先进性，始终成为团结带领人民建设中国特色社会主义的领导核心，这是改革开放历史新时期党的建设的主题。

围绕这个主题，30 年来党的建设经历了波澜壮阔、与时俱进的伟大进程。

从 1978 年 12 月党的十一届三中全会到 1989 年 6 月党的十三届四中全会这 11 年，以邓小平同志为核心的党的第二代中央领导集体把马克思列宁主义、毛泽东思想创造性地运用于当代中国，创立邓小平理论，在开辟中国特色社会主义新道路的历史进程中开创了党的建设新的伟大工程。

粉碎“四人帮”、结束“文化大革命”后，我们党面临一个重大历史关头，就是能否扭转十年内乱造成的严重局势，从困难中重新奋起，为中国社会主义发展开辟新的道路。党的十一届三中全会和这次全会形成的实际上以邓小平同志为核心的党的第二代中央领导集体，勇敢地担当起这个艰巨使命，坚持解放思想、实事求是，在拨乱反正的基础上重新确立了马克思主义的思想路线、政治路线和组织路线，以巨大的政治勇气和理论勇气科学评价毛泽东同志和毛泽东思想，彻底否定"以阶级斗争为纲"的错误理论和实践，作出把党和国家工作中心转移到经济建设上来、实行改革开放的历史性决策，吹响了走自己的路、建设中国特色社会主义的时代号角，指引全党全国各族人民在改革开放和社会主义现代化建设的伟大征程上阔步前进。在这个进程中，党中央明确提出要适应改革开放和社会主义现代化建设的新形势新要求，坚持党的领导、改善党的领导，紧密联系党的基本路线和中心任务加强和改进党的建设，把党建设成为领导社会主义现代化事业的坚强核心。围绕这个目标，党中央对党的思想建设、组织建设、作风建设、制度建设和反腐倡廉建设作出了一系列重大决策和部署。其中包括：为健全党规党法，党的十一届五中全会通过了《关于党内政治生活的若干准则》，党的十二大制定了新党章；根据历史转折的新要求，提出在革命化的前提下实现干部队伍的年轻化、知识化、专业化，废除干部领导职务实际存在的终身制，调整和充实各级领导班子，推动新老干部的交替与合作；从 1983 年起用 3 年时间对党的思想、作风和组织进行了一次全面整顿；恢复和新建各级党校，筹建国家行政学院，大力提高干部队伍素质；提出并探索党和国家领导制度改革，在党政分开、下放权力、精简机构、加强民主法制建设等方面采取了若干改革措施，等等。回顾党的十一届三中全会以来 11 年的历程可以清楚地看到，正是因为党的第二代中央领导集体开创了党的建设新的伟大工程，取得了新时期党的建设的新进步，才从根本上保证了改革开放的起步和不断推进，保证了社会主义现代化建设新局面的开创和不断发展。

从 1989 年 6 月党的十三届四中全会到 2002 年 11 月党的十六大这 13 年，以江泽民同志为核心的党的第三代中央领导集体高举邓小平理论伟大旗帜，坚持改革开放、与时俱进，创立"三个代表"重要思想，在全面开创中国特色社会主义事业新局面的历史进程中把党的建设新的伟大工程成功推向了 21 世纪。

20 世纪 80 年代末 90 年代初，国内发生政治风波，国际局势风云突变，我国社会主义事业的发展面临空前巨大的困难和压力。在这个决定党和国家前途命运的重大历史关头，受命于危难之际的以江泽民同志为核心的党的第三代中央领导集体坚持党的基本路线不动摇，紧紧依靠党和人民，捍卫中国特色社会主义，创建社会主义市场经济新体制，开创全面开放新局面，继续引领改革开放和社会主义现代化建设的航船沿着正确方向破浪前进。在这个进程中，党中央从多方面采取措施全面加强党的建设，及时作出一系列重要决定，发出《关于加强党的建设的通知》等一系列重要文件，要求各级党委全面按照党的基本路线的要求加强党的领导，认真解决党组织和党员队伍中存在的思想混乱、组织涣散、作风不正、纪律松弛等突出问题并取得明显成效。1992年初邓小平同志视察南方发表重要讲话和党的十四大以后，党中央根据新形势新任务的要求，相继就全党认真学习邓小平理论、加强领导班子建设、深入持久开展反腐败斗争等作出了部署。党的十四届四中全会作出《关于加强党的建设几个重大问题的决定》。从1995年开始，用3年时间对处于软弱涣散和瘫痪状态的农村基层组织进行集中整顿工作。党的十五大明确提出了面向新世纪全面推进党的建设新的伟大工程的总目标、总体部署和战略任务。党的十五大以后，在全党兴起了学习邓小平理论新高潮，在全国县级以上党政领导班子、领导干部中开展了以"讲学习、讲政治、讲正气"为主要内容的党性党风教育，在全国农村开展了"三个代表"重要思想学习教育活动，明确提出把符合党员条件的新社会阶层中的先进分子吸收到党内来，果断作出军队、武警部队和政法机关不再从事经商活动和党政机关与所办经营性企业脱钩，实行收支两条线、工程招标、政府采购制度等重大决策。党的十三届四中全会以来这13年，国际国内环境发生了重大而深刻的变化，我们遇到的关系我国稳定、安全和发展全局的政治、经济、自然风险频频发生。我们党所以能够经受住前进道路上各种困难和风险的考验，带领全国各族人民不断开创中国特色社会主义事业新局面，根本的一条就在于不断加强和改进党的建设。

从2002年11月党的十六大到现在的6年，以胡锦涛同志为总书记的党中央坚持以邓小平理论和"三个代表"重要思想为指导，继往开来、与时俱进，提出科学发展观等重大战略思想，在全面建设小康社会实践中坚定不移地把党的建设新的伟大工程继续推向前进。

党的十六大以来，以胡锦涛同志为总书记的党中央抓住重要战略机遇期，着力推动科学发展、促进社会和谐，完善社会主义市场经济体制，扎实推进经济建设、政治建设、文化建设和社会建设。在这个进程中，党中央根据新形势新任务的要求和党的自身状况，牢牢把握党的执政能力建设和先进性建设这条主线，以保持党同人民群众的血肉联系为核心、以建设高素质干部队伍为关键、以改革和完善党的领导体制和工作机制为重点、以加强党的基层组织和党员队伍建设为基础，全面加强党的建设。在执政能力建设上，党的十六届四中全会作出《关于加强党的执政能力建设的决定》，明确了加强执政能力建设的指导思想、目标任务和各项部署。在思想理论建设上，先后部署在全党兴起学习贯彻"三个代表"重要思想新高潮，开展以实践"三个代表"重要思想为主要内容的保持共产党员先进性教育活动，出版并组织全党认真学习《江泽民文选》，实施马克思主义理论研究和建设工程，提出在全党开展深入学习实践科学发展观活动。在干部队伍和人才队伍建设上，把思想政治建设放在领导班子建设的首位来抓，按照科学发展观的要求考核、评价和使用干部，注重在基层和生产一线锻炼和选拔干部，先后颁布《公务员法》和一系列法规性文件，积极推进地方领导班子配备改革，下发《关于加强人才工作的决定》，颁布《干部教育培训工作条例（试行）》、《2006—2010年干部教育培训规划》，建立中国浦东、井冈山、延安干部学院和大连高级经理学院。在党内民主建设上，健全和完善地方各级全委会、常委会工作制度，积极稳妥地推进党内选举制度改革，颁布《党员权利保障条例》、《党内监督条例（试行）》，从中央到地方陆续建立巡视制度。在基层党组织建设上，先后下发加强农村、街道社区、中央企业、高校和非公有制企业党建工作意见，拨专款加强农村党员现代远程教育工作和基层党组织阵地建设，选派大学生到农村任职。在反腐倡廉建设上，颁布实施《建立健全教育、制度、监督并重的惩治和预防腐败体系实施纲要》，扎实推进惩治和预防腐败体系建设，等等。党的十六大以来党中央采取一系列措施加强和改进党的建设，有力地推动和保证了全面建设小康社会的顺利进行。

回顾改革开放以来党的建设的历史进程我们看到，30年来以邓小平同志为核心的党的第二代中央领导集体、以江泽民同志为核心的党的第三代中央领导集体和以胡锦涛同志为总书记的党中央，坚持党要管党、从严治党，全面加强和改进党的建设是承前启后、一脉相承、一以贯之的。这30年党的建设伟大实践，是一个不断总结和运用经验的历史进程。我们党不仅科学总结自身的历史经验特别是执掌全国政权以后和改革开放以来加强和改进党的建设的经验，而且科学总结国际共产主义运动特别是苏联东欧国家共产党兴衰成败的经验教训；不仅深入系统地研究马克思主义政党建设的基本规律，而且科学研究世界各国政党治国理政的有益经验。正是通过这种多方面经验的科学总结，使党的建设工作在历史的比较、国际的观察、现实的把握中开阔了视野、深化了认识、提高了水平。这30年党的建设伟大实践，又是一个与中国特色社会主义伟大事业相互促进、共同发展的历史进程。建设和发展中国特色社会主义，是改革开放历史新时期我们党全部理论和实践的主题。30年来，我们党坚持推进中国特色社会主义伟大事业和党的建设新的伟大工程紧密结合，以改革创新精神全面加强党的建设，不仅为伟大事业提供了坚强的组织保证，党的自身建设也在推进伟大事业的实践中得到了改进和加强。

二、30年党的建设取得的成绩和进步

30年党的建设在开拓创新、求真务实中与时俱进，取得的成绩和进步是多方面的、有目共睹的。这些成绩和进步，我体会主要有以下七个方面。

（一）确立和坚持马克思主义的思想路线，在加强党的思想建设上取得重大成绩和进步。党的思想路线是马克思主义认识论和方法论的集中体现，是中国共产党人认识世界、改造世界的根本观点和根本方法。思想路线对头不对头，对我们党和

党的事业至关重要。党的十一届三中全会前后我们党领导和支持的关于实践是检验真理唯一标准的大讨论之所以意义重大而深远，就在于这场讨论冲破长期个人崇拜和"两个凡是"的束缚，恢复了我们党一切从实际出发、理论联系实际、实事求是、在实践中检验真理和发展真理的思想路线，打开了中国历史发展进步的思想闸门，使我们党焕发出勃勃生机。正如邓小平同志指出的："真理标准问题的讨论是基本建设，不解决思想路线问题，不解放思想，正确的政治路线就制定不出来，制定了也贯彻不下去。"30 年来，我们党坚持解放思想、实事求是、与时俱进，坚持运用马克思主义的立场、观点、方法来观察世界、指导实践，坚持从改革开放的伟大实践和人民群众的生动创造中总结经验、吸取营养，努力使各项工作体现时代性、把握规律性、增强主动性、富于创造性。在党的思想路线指引下，广大党员和干部解放思想、开动脑筋，自觉把思想认识从那些不合时宜的观念、做法和体制的束缚中解放出来，从对马克思主义的错误和教条式理解中解放出来，从主观主义和形而上学的桎梏中解放出来，研究新情况、解决新问题。积极探索、讲求实效在党内形成风气，勇于变革、勇于创新，永不停滞、永不僵化，成为我们党长期坚持的治党治国之道。可以说，这是 30 年党的建设取得的根本的、最富有意义的成绩和进步，必将在今后党和国家生活中长期发挥重大作用。

（二）确立和坚持党在社会主义初级阶段的基本路线，在加强党的政治建设上取得重大成绩和进步。党的政治路线是党根据自己的性质、宗旨、最高纲领和一定历史阶段的中心任务制定的行动基本准则，是党的各项具体工作路线和具体方针政策的"纲"。毛泽东同志曾经说过："一个政党要引导革命到胜利，必须依靠自己政治路线的正确和组织上的巩固。"党的十一届三中全会前我国社会主义建设出现严重失误的根本原因之一，就是党的政治路线出了问题，在社会主义改造基本完成后还以阶级斗争为纲，长期把发展生产力的任务推到次要地位。这 30 年我们党之所以能够以新的面貌和强大的战斗力带领人民为实现新的历史任务而奋斗并取得举世瞩目的成就，根本的一条就是确立和毫不动摇地贯彻"一个中心、两个基本点"的基本路线。实践证明，党的基本路线是党和国家的生命线。以经济建设为中心是兴国之要，是我们党、我们国家兴旺发达和长治久安的根本要求；四项基本原则是立国之本，是我们党、我们国家生存发展的政治基石；改革开放是强国之路，是我们党、我们国家发展进步的活力源泉。30 年来，我们党紧紧围绕党的基本路线坚持不懈地加强和改进党的建设，要求党的建设的各项工作都要服从服务于党的基本路线，要求各级党组织和广大党员干部牢牢把握"一个中心、两个基本点"之间相互贯通、相互依存、不可分割的关系，坚持把以经济建设为中心同四项基本原则、改革开放这两个基本点统一于发展中国特色社会主义的伟大实践，贯穿于党的思想建设、组织建设、作风建设、制度建设和反腐倡廉建设的全部工作之中。特别是在国内外形势发生重大变化的时候，在改革发展的关键时刻，在遇到各种干扰的时候，我们党都教育和引导广大党员干部保持清醒头脑，把思想统一到党的基本路线上来，从而使党的基本路线日益深入人心，全党贯彻执行党的基本路线的自觉性和坚定性不断增强。这同样是30年来党的建设取得的根本的、最富有意义的成绩和进步，同样将在今后党和国家生活中长期发挥重大作用。

（三）坚持推进理论创新和理论武装工作，在加强党的理论建设上取得重大成绩和进步。实践基础上的理论创新是社会发展和变革的先导。改革开放以来，世界在变化，中国在前进，人民群众的伟大实践在发展，迫切要求我们党以马克思主义的理论勇气，总结实践的新经验，借鉴当代人类文明的有益成果，在理论上不断拓展新视野，作出新概括。我们党不负时代和人民的期望，把马克思主义基本原理同中国具体实际和时代特征相结合，先后形成了邓小平理论、"三个代表"重要思想，实现了党的指导思想的与时俱进，党的十六大以后又提出了科学发展观等重大战略思想，开拓了马克思主义中国化新境界。邓小平理论、"三个代表"重要思想以及科学发展观等重大战略思想相互衔接、相互贯通，既一脉相承又与时俱进，共同构成中国特色社会主义理论体系。中国特色社会主义理论体系，坚持和发展了马克思列宁主义、毛泽东思想，凝聚了几代中国共产党人带领人民不懈探索实践的智慧和心血，是马克思主义中国化最新成果，是党最可宝贵的政治和精神财富，是全国各族人民团结奋斗的共同思想基础。形成这个理论体系，是30年来我们党在理论上政治上的最大收获。马克思主义理论素养是共产党人综合素质的核心和灵魂。30年来我们党坚持用科学理论武装党员、指导实践、推动工作，坚持开展马克思主义理论宣传普及活动，大力推动当代中国马克思主义大众化。我们党始终把学习和运用马克思主义理论特别是马克思主义中国化最新成果作为党员和干部教育培训的中心内容，党的理论创新每前进一步、党的理论武装工作就跟进一步，着力推进邓小平理论、"三个代表"重要思想以及科学发展观等重大战略思想进教材、进课堂、进头脑，帮助广大党员和干部牢固树立马克思主义世界观、人生观、价值观，始终保持政治上的清醒和坚定，始终保持和发展共产党人的先进性。可以说，这30年是党的理论创新相当活跃的时期，是当代中国马克思主义大普及的时期，也是党的理论创新成果被越来越多的党员和群众所学习、所接受、所掌握、所运用，理论成果变为巨大物质力量的时期。

（四）确立和坚持马克思主义的组织路线，在加强党的干部队伍建设和人才队伍建设上取得重大成绩和进步。党的组织路线是由党的政治路线决定并为政治路线服务的。30年来，围绕为党的政治路线服务的根本任务，我们党不断丰富和发展了党的组织路线。从干部队伍"四化"方针，到建设高素质干部队伍、把各级领导班子建设成为坚持贯彻"三个代表"重要思想的坚强领导集体，再到把各级领导班子建设成为坚定贯彻党的理论和路线方针政策、善于领导科学发展的坚强领导集体；从落实党的知识分子政策，到提出人才强国战略和党管人才原则，再到确立"尊重劳动、尊重知识、尊重人才、尊重创造"的重大方针，党的组织路线的内涵越来越丰富，更加符合时代发展的新要求和人民群众的新期待。改革开放以来，我们党以建立健全选拔任用和监督管理机制为重点，以科学化、民主化、制度化为目标，不断推进和深化干部人事制度改革，从建立干部离休退休制度、下放干部管理权限、实行干部分类管理到建立健全公务员制度，从扩大干部工作中的民主、建立竞争激励机制和交流机制到坚持正确的用人导向、提高选人用人公信度，都取得重大进展。我们党认真贯彻党的组织路线和干部政策，切实加强领导班子建设和干部队伍建设，大力培养选拔优秀年轻干部，充分发挥各个年龄段干部的作用，不断优化干部队伍结构，培养造就了一支总体上适应改革开放和社会主义现代化建设的干部队伍，形成了一茬又一茬朝气蓬勃、奋发有为的各级领导层。整个干部队伍和各级领导班子的结构大大改善。我们党创造性地抓人才工作，创新和完善人才工作体制机制，逐步建立有利于各类人才脱颖而出、健康成长、各尽其能的人才开发机制；健全和完善高层次人才、高技能人才和人才市场体系建设，着力提高党政干部人才、经营管理人才、专业技术人才三支队伍的基本素质；努力营造鼓励人才干事业、支持人才干成事业、帮助人才干好事业的社会环境。这些工作都取得了重要进展和成效。30年来党的干部队伍建设和人才队伍建设取得的成绩和进步，为不断推进中国特色社会主义伟大事业提供了坚强的组织保证和人才保证。

（五）坚持不懈地做好抓基层、打基础的工作，在加强党的基层组织建设和党员队伍建设上取得重大成绩和进步。党的基层组织担负着凝聚群众、组织群众、教育群众，把党的路线方针政策落实到基层的重要责任，是党的全部工作和战斗力的基础。党的十一届三中全会以后，我们党对在"文化大革命"中遭受严重破坏的基层党组织进行了多次整顿，使党的基层组织得到恢复、巩固和发展。随着改革开放的展开和不断深化，各级党委围绕中心、服务大局，从实际出发切实加强和改进农村、企业、机关、学校、科研院所、事业单位等基层党组织建设；同时积极进行调整基层党组织设置方式、改进工作方法、创新活动内容的探索，认真研究解决加强社区、新经济组织和新社会组织等领域的党建工作，创造了把基层党组织建在社区、建在产业链上、建在社区楼道等新经验，扩大了基层党组织的覆盖面，增强了基层党组织的凝聚力、战斗力。30年来，广大基层党组织结合各自特点努力工作，成为团结带领群众进行改革和建设的战斗堡垒，为推动发展和维护稳定作出了重要贡献。在加强基层党组织建设的同时，各级党委大力加强党员队伍建设，改进党员教育管理，加强对流动党员的管理工作，积极探索建立健全新形势下党员长期受教育、永葆先进性的长效机制，创造积累了新的经验；按照"坚持标准、保证质量、改善结构、慎重发展"的方针，认真做好在工人、农民、知识分子、军人和干部中的先进分子中发展党员的工作，积极稳妥地在新的社会阶层中发展党员，不断巩固党的阶级基础和扩大党的群众基础。广大党员在改革开放和社会主义现代化建设的各项事业中开拓进取，积极奉献，充分发挥先锋模范作用。特别是在急难险重的任务面前，在关键时刻和危急关头，许许多多的共产党员不畏艰险、勇挑重担、舍生忘死、冲在前面，充分展示了新时期共产党人的优良品格和时代风范。

（六）着力增强和巩固新的历史条件下党同人民群众的血肉联系，在加强党的作风建设和反腐倡廉建设上取得重大成绩和进步。党的作风体现着党的宗旨，关系党的形象，关系人心向背，关系党和国家的生死存亡。历史和现实表明，我们党最大政治优势是密切联系群众，党执政后的最大危险是脱离群众。在长期执政的条件下，在改革开放和发展社会主义市场经济的环境中，党的作风方面的问题、脱离群众的问题、消极腐败现象滋长蔓延的问题，会比以往任何时候都更加突出地表现出来。我们党在改革开放之初就清醒地认识到这一点，反复告诫全党要继承和发扬党的优良传统和优良作风，反对和防止各种不正之风；以后又反复强调越是改革开放、发展社会主义市场经济，越要加强党的作风建设，越要坚持不懈地反对和防止腐败，越要提高拒腐防变的能力。30年来，我们党在加强党的作风建设上采取了许多重大措施，1990年党的十三届六中全会作出《关于加强党同人民群众联系的决定》，2001年党的十五届六中全会作出《关于加强和改进党的作风建设的决定》，对加强作风建设作出了全面部署，提出了一系列重要举措。这些年来，按照中央提出的"八个坚持、八个反对"和一靠教育、二靠制度的要求，各级党委在解决思想作风、学风、工作作风、领导作风和干部生活作风方面存在的突出问题，特别是防止和克服形式主义、官僚主义方面做了大量工作，取得了重要成效。党的十六大以来，各级党委按照中央的要求和部署，大力倡导以热爱祖国为荣、以危害祖国为耻等"八荣八耻"的社会主义荣辱观，大力倡导勤奋学习、学以致用等八个方面的良好风气，坚持权为民所用、情为民所系、利为民所谋，更加关注民生，切实解决人民最关心、最直接、最现实的利益问题，尽力为群众办实事、解难事、做好事，提高了党的公信力，密切了党群关系。30年来，我们党针对新形势下腐败现象滋生蔓延的情况，坚持一手抓改革开放、一手抓惩治腐败，坚定不移地开展党风廉政建设和反腐败斗争。我们党坚持治国必先治党、治党务必从严，形成领导干部廉洁自律、查办案件、纠正部门和行业不正之风的反腐倡廉三项工作格局，筑起思想道德和党纪国法两道防线，形成党委统一领导、党政齐抓共管、纪委组织协调、部门各负其责、依靠群众支持和参与的领导体制和工作机制，实行党风廉政建设责任制，推动反腐败从侧重遏制转到标本兼治、综合治理、逐步加大治本力度的轨道上。我们党确立标本兼治、综合治理、惩防并举、注重预防的反腐倡廉战略方针，扎实推进惩治和预防腐败体系建设，积极拓展从源头上防治腐败工作领域，不断取得反腐败斗争的阶段性成果。我们党改革反腐败工作体制，恢复中央和地方各级纪律检查机关，政府系统成立监察部门，检察院设立反贪局，组建国家预防腐败局，纪检部门和监察部门合署办公，纪检监察部门对派驻机构实行垂直领导、统一管理，等等。这些举措，已经并将继续在反腐倡廉建设中发挥重要作用。

（七）不断推进党建工作的科学化、制度化、规范化，在加强以民主集中制为核心的制度建设上取得重大成绩和进步。实现党和国家的长治久安，必须依靠制度的保障。制度建设更带有根本性、全局性、稳定性和长期性。改革开放以来，我们党深刻总结党和国家的历史经验，把制度建设作为一项重要基础性建设贯穿于党的建设的各个方面，既用制度建设来促进党的思想建设、组织建设、作风建设和反腐倡廉建设的深入发展，又用制度建设来巩固党的建设取得的成果，努力探索注重从制度上建设党的新经验新路子。党章是党的根本规章，是党的全部活动的基础和依据。党章的修改和完善是党的制度建设的最重要内容。党的十二大制定了新党章，之后经过党的十三大到党的十七大历次党代会的修改，党章不断得到与时俱进的充实和完善。根据党章精神，适应科学执政、民主执政、依法执政的要求，我们党不断完善人民代表大会制度、中国共产党领导的多党合作和政治协商制度、民族区域自治制度以及基层群众自治制度，在改革和完善党的领导方式和执政方式、领导体制和工作制度上取得新进展。我们党把党内民主提升到关系党的生命的高度来认识，积极推进党内民主制度建设并取得重大进展。一是党的代表大会制度得到健全。1985年制定《关于党的地方各级代表大会若干具体问题的暂行规定》，标志着党的各级代表大会逐步走向制度化。党的十二大以来，历次党的全国代表大会都按期召开，地方各级党代会的议程、选举进一步规范，党代表大会在党和国家政治生活中发挥着越来越重要的作用。党的十七大又决定实行党的代表大会代表任期制，选择一些县（市、区）试行党代表大会常任制，党的代表大会制度进一步完善。二是党内选举制度不断完善。差额选举的范围扩大到各级党代会代表，基层党组织委员、书记，地方各级党委委员、常委，中央委员会委员。1990年和1994年党中央分别颁布了党的基层组织和地方组织选举工作暂行条例，使党的基层组织和地方组织选举工作进一步规范和制度化。党的十七大前后，进行了民主推荐党和国家高层领导人选的实践。三是党的集体领导制度更加规范。党中央制定并不断完善中央政治局、中央政治局常委会、中央书记处工作规则，连同1996年颁布试行的《中国共产党地方委员会工作条例》，标志着党委集体领导和民主决策逐步制度化、规范化。党的十六大以后，建立了中央政治局向中央委员会全体会议、地方各级党委常委会向委员会全体会议定期报告工作并接受监督的制度，党的十七大进一步提出推行地方党委讨论决定重大问题和任用重要干部票决制度，这是党的集体领导制度的重大进步。

以上我从七个方面对改革开放以来党的建设取得的重大成绩和进步进行了粗线条的梳理。当然，这种梳理没有也不可能全部覆盖30年党的建设的丰富实践。从这些成绩和进步可以看到，30年来党的建设新的伟大工程的开创和不断推进，有力地推动中国特色社会主义伟大事业一个台阶一个台阶地不断迈向新高度，站在了今天的历史起点上。这30年是我们党坚持不懈抓党的建设的30年，也是我国综合国力和人民生活水平提高最快的30年。30年来，一些国家的共产党改旗易帜，一些长期执政的老党、大党先后丢掉执政地位。与此形成鲜明对照的是，我们党经受住长期执政、改革开放和发展社会主义市场经济的考验，不仅团结带领全国各族人民取得改革开放和社会主义现代化建设的巨大成就，而且党的执政能力不断得到提高，党的执政地位不断得到巩固。30年的成就，凸显了办好中国的事情关键在于中国共产党，实现中华民族伟大复兴关键在于始终坚持、加强和改善党的领导。30年的实践再一次证明，中国共产党不仅能够领导中国革命取得胜利，而且能够领导改革开放和社会主义现代化建设取得胜利，不愧为中国特色社会主义事业的坚强领导核心，是无负于人民重托和希望的马克思主义执政党。

三、30年党的建设的理论创新成果

马克思、恩格斯创立了马克思主义建党学说，为无产阶级政党建设奠定了理论基础。列宁领导俄国十月革命取得胜利，使社会主义从理论变为现实，也使马克思主义建党学说在实践中得到检验、丰富和发展。毛泽东同志在领导中国新民主主义革命和社会主义建设实践中，形成了具有中国特色的毛泽东建党思想，丰富了马克思主义建党学说。马克思主义建党学说内容十分丰富，其中最基本、最核心的思想是：无产阶级和人民大众的解放事业必须有一个以科学理论为指导的先进政党来领导；这个党必须是无产阶级先锋队，由无产阶级和其他革命群众中的先进分子所组成；这个党必须把建立、巩固和发展社会主义，最终实现共产主义作为自己的政治纲领；这个党的理论和路线方针政策，必须坚持从实际出发，符合本国国情和时代发展要求，体现最广大人民的根本利益；这个党必须把实行民主集中制作为自己的根本组织原则，始终保持党的团结统一和生机活力；这个党必须通过党的各级组织在无产阶级革命实践中的实际表现和作用，通过全体党员高度的思想觉悟和奉献精神来保持和发展党的先进性，等等。这些基本思想，经过实践证明是正确的，为我们加强和改进党的建设提供了理论指南。

这30年，我们党在带领人民建设和发展中国特色社会主义的历史进程中，紧紧围绕在长期执政、改革开放和发展社会主义市场经济条件下"建设一个什么样的党、怎样建设党"这个根本问题，在实践上和理论上进行了积极探索，继往开来、

综合篇

与时俱进地全面推进了党的建设新的伟大工程。以邓小平同志为核心的党的第二代中央领导集体，准确把握国内外形势的发展变化及其给我们党带来的影响，明确提出"执政党应该是一个什么样的党，执政党的党员应该怎样才合格，党怎样才叫善于领导"的问题，强调要把党建设成为有战斗力的马克思主义政党，成为领导人民进行社会主义物质文明建设和精神文明建设的坚强核心。围绕这个目标，邓小平同志对在改革开放中加强和改进党的建设提出了一系列重要新思想。以江泽民同志为核心的党的第三代中央领导集体，正确把握党的历史方位，明确提出在新的历史条件下加强党的建设，必须切实解决好提高党的领导水平和执政水平、提高拒腐防变和抵御风险能力这两大历史性课题，把党建设成为用邓小平理论武装起来、全心全意为人民服务、思想上政治上组织上完全巩固、能够经受住各种风险、始终走在时代前列、领导全国人民建设中国特色社会主义的马克思主义政党，创造性地回答了建设什么样的党、怎样建设党的问题。围绕这个目标，江泽民同志对加强和改进党的建设提出了一系列重要新思想。以胡锦涛同志为总书记的党中央，面对21世纪党面临的机遇和挑战明确提出，必须以改革创新精神全面推进党的建设新的伟大工程，把党建设成为立党为公、执政为民的执政党，成为科学执政、民主执政、依法执政的执政党，成为求真务实、开拓创新、勤政高效、清正廉洁的执政党，归根到底成为始终做到"三个代表"、永远保持先进性、经得住各种风浪考验的马克思主义执政党。围绕这个目标，党中央对新阶段加强和改进党的建设提出了一系列重要新思想。30年来，我们党关于党的建设提出的新思想、新观点、新论断很多，下面我根据自己的理解，谈谈其中八个重要思想。

（一）关于党要管党、从严治党的重要思想。党要管党、从严治党，是由党的性质、党在国家和社会生活中所处的地位、党肩负的历史使命决定的，因而是我们党的一贯要求和优良传统。在改革开放历史新时期，面对执政条件和社会环境的深刻变化，我们党从新的实际出发，把党要管党、从严治党作为党的建设的根本方针提出来并认真加以实施，具有重大的现实意义。我们党明确提出治国必先治党、治党务必从严，治党始终坚强有力，治国必会正确有效。我们党明确提出，党要管党、从严治党是对党的建设的全面性要求，要严格按照党章办事，按党的制度和规定办事；要对党员特别是领导干部严格要求、严格教育、严格管理、严格监督；要在党内生活中讲党性，讲原则，弘扬正气，反对歪风；要严格执行党的纪律，坚持在纪律面前人人平等。我们党明确提出，在改革开放历史新时期，要牢牢把握经济建设这个中心不动摇，紧紧抓住党的建设这个关键不放松；明确提出党委抓党建是本职，不抓党建是失职，抓不好党建是不称职，各级党委都要建立和健全抓党的建设的责任制，形成党委统一领导、各有关部门齐抓共管、一级抓一级、层层抓落实的工作格局；明确提出在党要管党、从严治党中必须大力弘扬改革创新精神，切实做到高举旗帜、求真务实、把握主线、全面推进。这些重要思想，以新的内容丰富了我们党管党治党的方针和理论。

（二）关于加强党的执政能力建设的重要思想。马克思主义政党执政以后，面对地位、环境和历史任务的重大变化，如何加强执政党建设，巩固党的执政地位，完成党的执政使命，马克思主义经典作家提出了许多重要思想，实践中也积累了有益经验，但总的说来还需要很好探索。最近20年来国际上发生的一系列政权更迭、政党衰亡的重大事件，使这个问题更加引人深思。我们党在全国范围执政已经近60年，取得了举世瞩目的执政成就，但其间也有失误和教训，目前还存在一些与新形势新任务不适应、不符合的问题。在不断发展变化的国内外环境中，我们党能不能与时俱进地提高执政能力，在世界形势深刻变化的历史进程中始终走在时代前列，在应对国内外各种风险考验的历史进程中始终成为全国人民的主心骨，在建设中国特色社会主义的历史进程中始终成为坚强的领导核心，越来越成为巩固党的执政地位、实现党的执政使命的关键性因素。党的执政地位不是与生俱来的，也不是一劳永逸的，过去拥有不等于现在拥有，现在拥有不等于永远拥有。正是基于这种时代紧迫感、深层忧患感，我们党鲜明地提出了加强党的执政能力建设的重要思想，要求全党按照中国特色社会主义经济建设、政治建设、文化建设和社会建设协调发展的要求，不断提高驾驭社会主义市场经济的能力、发展社会主义民主政治的能力、建设社会主义先进文化的能力、构建社会主义和谐社会的能力、应对国际局势和处理国际事务的能力。提出这个重要思想，丰富了马克思主义政党治国理政的理论。

（三）关于加强党的先进性建设的重要思想。保持和发展党的先进性历来是马克思主义政党建设的根本要求和永恒主题，从马克思、恩格斯到列宁再到毛泽东同志，都高度重视和强调这个问题。我们党自成立以来，也一直把保持和发展党的先进性摆在突出位置来抓，在理论上和实践上进行了长期探索，积累了丰富经验。问题在于，世界上一些马克思主义政党因具有先进性而取得政权、又因丧失先进性而丢掉了政权，进一步证明马克思主义政党赢得先进性不容易，在复杂的国内外环境中和长期执政的条件下保持和发展先进性更不容易。世界上从来没有哪一个政党的先进性是一蹴而就的，也从来没有哪一个政党的先进性是靠吃老本就能够长期保持的。我们党明确提出加强党的先进性建设，就是要围绕党的中心任务，通过推进思想建设、组织建设、作风建设、制度建设和反腐倡廉建设，使党的理论和路线方针政策顺应时代发展的潮流和我国社会发展进步的要求、反映全国各族人民的利益和愿望，使各级党组织不断提高创造力、凝聚力和战斗力、始终发挥领导核心作用和战斗堡垒作用，使广大党员不断提高自身素质、始终发挥先锋模范作用，使我们党保持与时俱进的品质、始终走在时代前列，不断提高执政能力、巩固执政地位、完成执政使命。党的先进性建设重要思想的提出，把马克思主义关于党的先进性的认识提升到党的先进性建设的理论层面，丰富和发展了马克思主义党的建设理论。

（四）关于党是中国工人阶级的先锋队、同时是中国人民和中华民族的先锋队的重要思想。我们党以工人阶级作为自己的阶级基础，是中国工人阶级的先锋队。这一党的根本性质，是我们党从成立时就明确规定了的，也是党80多年始终坚持的。改革开放以来，中国工人阶级队伍不断扩大，思想道德素质和科学文化素质日益提高，工人阶级的先进性也在发展，党的阶级基础不断增强。因此，我们党必须始终坚持工人阶级先锋队性质，始终全心全意依靠工人阶级。这个政治立场和政治态度，我们党30年来一直是坚定不移的。同时，我们党以全心全意为人民服务为宗旨，代表着中国最广大人民的根本利益，肩负着实现中华民族伟大复兴的庄严使命，忠诚地为中国人民和中华民族的根本利益而奋斗。这是我们党最为深厚的群众基础。我们党只有巩固自己的阶级基础，同时又扩大自己的群众基础，才能更好地代表最广大人民的利益，才能实现执政兴国、执政为民的使命。正是基于这种战略思考，我们党提出"两个先锋队"的重要思想，这体现了实事求是的思想路线，体现了继承与创新的统一、党的阶级性与群众性的统一，体现了在党的性质问题上的与时俱进，是对马克思主义关于工人阶级政党性质理论的丰富和发展。

（五）关于改革和完善党的领导方式和执政方式，实行科学执政、民主执政、依法执政的重要思想。马克思主义政党夺取政权后如何科学实施对国家事务的领导，代表人民掌好权、执好政，是一个需要不断深入探索的重大课题。列宁对这个问题提出过不少好的思想，但因为过早逝世未能认真实践。我们党在取得全国政权后建立的基本政治制度是好的，是适合中国国情的。同时，在一些具体的领导制度、执政方式上还存在着一些缺陷。早在改革开放初期我们党就提出了改善党的领导制度、领导方式和执政方式的重要思想，强调坚持党的领导必须改善党的领导，只有改善党的领导才能加强党的领导。30年来，我们党继承在长期实践中形成的行之有效的领导制度、领导方式和执政方式，同时根据实践的发展积极探索，在改革和完善党的领导制度、领导方式和执政方式上提出了许多新思想。我们党明确提出，党的领导是政治、思想和组织领导，通过制定大政方针、提出立法建议、推荐重要干部、进行思想宣传、发挥党组织和党员的作用、坚持依法行政，实施党对国家和社会的领导；明确提出党委要在同级各种组织中发挥领导核心作用，集中精力抓大事，支持各方独立负责、协调一致地开展工作；明确提出按照党总揽全局、协调各方的原则，规范党委与人大、政府、政协以及人民团体的关系；明确提出要坚持科学执政、民主执政、依法执政，党的全部执政活动都要尊重客观规律，尊重人民意愿，遵守法定程序，严格接受监督。这些重要思想，丰富了马克思主义国家学说。

（六）关于积极推进党内民主建设、促进党内和谐的重要思想。党内民主是马克思主义政党的本质要求。马克思、恩格斯在为共产主义同盟制定组织原则时指出：

"组织本身是完全民主的，它的各委员会由选举产生并随时可以罢免。"他们在《国际工人协会的共同章程和组织条例》中还规定，对有关原则问题的决议均须举行记名投票，决议一经通过就必须服从。列宁第一次完整地提出民主集中制的思想，认为党内民主、高度集中加上铁的纪律是保持党的团结统一的重要基础。我们党在长期实践中积累了贯彻民主集中制的成功经验，也有包括"文化大革命"期间民主集中制遭到严重破坏，给党和国家造成巨大灾难的沉痛教训。改革开放30年来，我们党在恢复和健全民主集中制方面做了大量工作，党内政治生活日益活跃，与此同时在理论上也提出了许多新思想。我们党明确提出，党内民主是党的生命，没有民主就没有社会主义，就没有社会主义现代化；明确提出要尊重党员主体地位，保障党员民主权利；明确提出发展党内民主是多层次、多方面、多途径的，从党的中央委员会到每一个支部，从领导机关的决策到在党的会议和党的报刊上参加政策问题的讨论，从党内选举到对领导干部进行评议、考察、监督，都要充分发扬民主；明确提出积极推进党内民主建设，以扩大党内民主带动人民民主，以增进党内和谐促进社会和谐，使党的创造活力充分发挥；明确提出民主和集中相辅相成、内在统一，要集中正确的意见，使之成为多数人的共识，形成正确的决策；明确提出在指导思想和路线方针政策以及重大原则问题上，全党全国必须保持高度一致；明确提出必须健全和完善民主集中制的一系列制度，使之不因领导人的改变而改变，不因领导人的看法和注意力的改变而改变。这些重要思想，丰富了马克思主义的民主理论。

（七）关于干部队伍"四化"方针和党管人才的重要思想。改革开放刚刚起步，我们党就提出了干部队伍"四化"方针，紧紧围绕"选用什么样的人、怎样选人用人"这个根本问题，根据现代化建设的需要和干部队伍状况的发展变化，明确提出要坚持德才兼备、注重实绩、群众公认的用人原则，坚持任人唯贤、公道正派的用人路线，坚持注重品行、科学发展、崇尚实干、重视基层、鼓励创新、群众公认的用人导向；明确提出党的高级干部不仅要努力成为有知识、懂业务、胜任本职工作的内行，而且首先要努力成为忠诚于马克思主义、坚持走中国特色社会主义道路、会治党治国的政治家；明确提出要在实践中特别是环境艰苦、矛盾集中、困难突出的地方锻炼和培养干部，使他们经受考验、增长才干、健康成长；明确提出拓宽选人用人的视野，真正把政治上靠得住、工作上有本事、作风上过得硬、人民群众信得过、善于领导科学发展的优秀干部选拔到各级领导岗位上来。我们党高度重视人才工作，提出了许多新思想，特别是明确提出人才资源是第一资源和党管人才的重要思想，提出要创新人才工作体制机制，激发各类人才创造活力和创业热情。这一系列新思想，丰富了党的干部队伍建设和人才队伍建设的理论。

（八）关于党的建设总体布局的重要思想。长期以来，我们说到党的建设，一般都是讲思想建设、组织建设、作风建设这三大建设。进入新时期，我们党总结历史经验，根据新的实践要求，提出要注重制度建设，丰富了党的建设总体布局的内涵。党的十七大明确提出反腐倡廉建设这个科学概念，把反腐倡廉建设与党的思想建设、组织建设、作风建设、制度建设并列，构成党的建设总体布局，进一步丰富了党的建设总体布局的内涵。围绕这个总体布局，党的十七大还提出了党的建设的总体部署，这就是：把党的执政能力建设和先进性建设作为主线，坚持党要管党、从严治党，贯彻为民、务实、清廉的要求，以坚定理想信念为重点加强思想建设，以造就高素质党员、干部队伍为重点加强组织建设，以保持党同人民群众的血肉联系为重点加强作风建设，以健全民主集中制为重点加强制度建设，以完善惩治和预防腐败体系为重点加强反腐倡廉建设，使党始终成为立党为公、执政为民，求真务实、改革创新，艰苦奋斗、清正廉洁，富有活力、团结和谐的马克思主义执政党。这个以"一条主线、五个重点"为主要内容的总体部署，把"党始终成为立党为公、执政为民，求真务实、改革创新，艰苦奋斗、清正廉洁，富有活力、团结和谐的马克思主义执政党"作为党的建设总目标，进一步为党的建设指明了方向；把党的执政能力建设和先进性建设作为主线，贯穿于党的思想建设、组织建设、作风建设、制度建设和反腐倡廉建设之中，凸显了这两大建设对其他建设的统领作用；分别提出党的"五大建设"各自的重点，使党的建设的着力点更加明确；重申"坚持党要管党、从严治党"的方针，进一步明确"贯彻为民、务实、清廉的要求"，这就使党的建设总体部署内容更全面、结构更严整、操作性更强。党的十七大提出的党的建设的总体布局和总体部署，是我们党从实践上、理论上探索和创新党的建设的重大成果。

最后概括起来说，改革开放 30 年来我们党在党的建设上提出的一系列新思想、新观点、新论断，既生动而具体地坚持了马克思列宁主义、毛泽东思想关于党的建设的基本原则，又具体而生动地丰富和发展了马克思列宁主义、毛泽东思想关于党的建设的基本理论。创造性地提出党的建设一系列新思想、新观点、新论断，是我们党励精图治、探索真理、开拓进取的结果，标志着我们党对共产党执政规律、对自身建设规律的认识达到了新的历史高度。

四、30 年党的建设的几点启示

30 年党的建设成果丰硕，亮点纷呈。结合改革开放以来我们党、我们国家走过的光辉历程，我们从 30 年党的建设中可以得到许多重要启示。

（一）30 年党的建设启示我们，必须毫不动摇地高举中国特色社会主义伟大旗帜，推动全党同志不断增强学习贯彻党的基本理论、基本路线、基本纲领、基本经验的自觉性和坚定性。对于马克思主义政党来说，旗帜问题至关重要。旗帜就是方向，旗帜就是形象。在当代中国，中国共产党人高举的旗帜就是中国特色社会主义伟大旗帜。30年来社会主义在中国开创的崭新局面和取得的巨大成就充分证明，中国特色社会主义伟大旗帜是当代中国发展进步的旗帜，是全党全国各族人民团结奋斗的旗帜。党的十七大对此作出了科学总结，指出："改革开放以来我们取得一切成绩和进步的根本原因，归结起来就是：开辟了中国特色社会主义道路，形成了中国特色社会主义理论体系。高举中国特色社会主义伟大旗帜，最根本的就是要坚持这条道路和这个理论体系。"应当看到，在建设和发展中国特色社会主义的前进道路上，还存在着这样那样的风险，也可能遇到这样那样的干扰。要保证党和人民的事业健康发展，夺取全面建设小康社会新胜利，关键是要做到不为任何风险所惧，不被任何干扰所惑，坚定不移地用中国特色社会主义伟大旗帜引领伟大事业、推进伟大工程。我们加强和改进党的建设，就要紧紧围绕高举中国特色社会主义伟大旗帜这个根本要求，推动全党坚持不懈地学习实践中国特色社会主义理论体系，确保党的各方面建设更好地为坚持和发展中国特色社会主义服务。把握住这一点，就把握了新世纪新阶段加强和改进党的建设的根本。

（二）30年党的建设启示我们，必须紧密联系党的中心任务建设党，尤其要抓好发展这个党执政兴国的第一要务，深入贯彻落实科学发展观，推动经济社会又好又快发展。党的建设历来是同党的历史任务紧密联系在一起的。在改革开放历史新时期，党的建设紧密联系党的中心任务来进行，必须紧密联系社会主义经济建设、政治建设、文化建设和社会建设来进行，说到底要紧密联系发展这个党执政兴国的第一要务来进行。马克思主义政党必须高度重视解放和发展生产力。我们党在中国这样一个经济文化落后的发展中大国领导人民进行现代化建设，能不能解决好发展问题，直接关系人心向背、事业兴衰。这30年我们党的一条基本经验，就是牢牢扭住经济建设这个中心，始终把促进发展作为第一位的任务，坚持聚精会神搞建设、一心一意谋发展，不断解放和发展生产力，任何时候任何情况下都不动摇。我们所追求的发展，是又好又快的发展，是以人为本、全面协调可持续的科学发展。我们加强和改进党的建设，就要以科学发展观为指导，站在完成党的执政兴国使命的高度来谋划党建工作，努力把党建优势转化为发展优势，把党建资源转化为发展资源，把党建成果转化为发展成果，使党的工作和党的建设更加符合科学发展观的要求，为科学发展提供可靠的政治和组织保障。

（三）30年党的建设启示我们，必须坚持立党为公、执政为民，把实现好、维护好、发展好最广大人民的根本利益作为党的核心价值，始终保持党同人民群众的血肉联系。我们党是靠宣传群众、组织群众、依靠群众起家，从胜利走向胜利的。改革开放以来，我们党继承和发扬党在长期实践中积累的群众工作经验和优良传统，坚持人民是历史创造者的马克思主义根本观点，充分尊重人民群众的首创精神，不断改进新的历史条件下党的群众工作，学会在经济体制深刻变革中处理好效率与公平的关系，充分激发各方面群众的积极性、主动性、创造性；在利益格局深刻调整中兼顾不同群体的利益诉求，妥善协调和处理不同方面群众的利益关切；在思想观念深刻变化中寻找与群众交流沟通的共同语言，拉近与群众的思想感情距离，努力做到亲民有真感情，爱民有真措施，利民有真成效。所有这些，使我们党从人民群众中吸取了巨大的物质精神力量。这是 30 年来我们党领导改革开放和社会主义现代化建设不断取得胜利的一条根本经验。实践再一次证明，我们党的根基在人民、血脉在人民、力量在人民。我们加强和改进党的建设，最重要的就是要把最广大人民的根本利益作为党全部工作的出发点和落脚点，组织和动员全党同志紧紧依靠人民群众始终不渝地为中国人民和中华民族的根本利益而不懈奋斗。坚持这个根本政治立场，把这个立场一以贯之地落实和体现到党的全部理论和实践之中，我们党就无往而不胜。

（四）30 年党的建设启示我们，必须在实践中形成坚强的中央领导集体，必须坚决维护中央的权威，以确保党的决策正确和有效实施。国际和国内、历史和现实都表明，一个成熟的马克思主义政党，一定要最充分地发挥人民群众的历史主动精神和伟大创造力，同时又要最明确地维护党的领导集体的权威和作用。列宁指出："造就一批有经验、有极高威望的党的领袖是一件长期的艰难的事情。但是做不到这一点，无产阶级专政、无产阶级的'意志统一'就只能是一句空话。"特别是对我们这样的大党、大国来说，有一个在实践中形成的坚强的中央领导集体，对党和人民的事业至关重要。回顾 30 年的历程我们看到，改革开放和社会主义现代化建设的伟大事业，是在以毛泽东同志为核心的党的第一代中央领导集体带领全党全国各族人民建立新中国、取得社会主义革命和建设伟大成就以及艰辛探索社会主义建设规律取得宝贵经验的基础上，由以邓小平同志为核心的党的第二代中央领导集体带领全党全国各族人民开创的，是以江泽民同志为核心的党的第三代中央领导集体带领全党全国各族人民继承、发展并成功推向 21 世纪的，是以胡锦涛同志为总书记的党中央在全面建设小康社会实践中坚定不移地继续推向前进的。如果没有坚强的中央领导集体的领导，没有党同人民的团结奋斗，党和人民的事业不可能取得举世瞩目的成就。我们加强和改进党的建设，就要引导和确保全党同志坚定不移地沿着以毛泽东同志为核心的党的第一代中央领导集体开始探索的、以邓小平同志为核心的党的第二代中央领导集体开拓的、以江泽民同志为核心的党的第三代中央领导集体始终坚持的、以胡锦涛同志为总书记的党中央继续坚持的中国特色社会主义道路奋勇前进，不断开创中国特色社会主义伟大事业新局面。

（五）30 年党的建设启示我们，必须根据世情、国情、党情的发展变化，坚持以改革创新精神推进党的建设，不断为党的肌体注入新活力。坚持用时代发展的要求审视自己，以改革创新精神加强和完善自己，这是我们党始终保持马克思主义政党本色、永不脱离群众和具有蓬勃活力的根本保证，也是改革开放以来党领导的事业和党的建设不断取得成就和进步的关键所在。这30年，我们党紧密结合新的历史条件和新的历史任务，大力弘扬求真务实、开拓创新的精神，不断研究党的建设工作中的新情况新问题，不断推进党的建设的理论创新、制度创新、工作创新和方法创新，使党的建设不断适应党的事业的发展要求。党的事业的发展没有止境，党的建设的创新也没有止境。必须清醒地看到，任何一个政党，无论实力多强、资格多老、执政时间多长，如果因循守旧、固步自封、保守僵化、不思进取，其创造力就会衰竭，生命力就要停止。我们加强和改进党的建设，就要根据新世纪新阶段形势和任务的发展变化，深入思考关系党的建设理论和实践的全局性、前瞻性、战略性问题，不断深化对推进党的建设新的伟大工程的规律性认识，不断深化对共产党执政规律、社会主义建设规律和人类社会发展规律的认识，不断以新的举措、新的经验、新的认识和新的成效推进党的建设，不断提高党的建设工作水平。

　　这里我要特别提到的是，改革开放30年来党的各方面建设，是在以毛泽东同志为核心的党的第一代中央领导集体成功开创的党的建设伟大工程的基业上展开的。新民主主义革命时期，党的第一代中央领导集体把马克思列宁主义与中国革命实际结合起来，集中全党智慧，创立了毛泽东思想，制定了正确的政治路线和组织路线，在旧中国小生产十分广大、经济文化十分落后的社会里，在长期被敌人分割的农村根据地和白色恐怖下的城市，建设起一支团结统一、纪律严明、英勇善战的工人阶级先锋队。这在世界政治史上是罕见的壮举，是一个了不起的"伟大工程"。正是有了这个伟大工程，正是有了一个思想上政治上组织上完全巩固的中国共产党，才领导人民建立了新中国，取得社会主义革命和建设的伟大胜利。回顾历史，我们深切地感到，中国革命、建设和改革的伟大成果是来之不易的。80多年来，中国人民的无数英烈，一代又一代中国共产党人，前赴后继、不怕牺牲，艰苦奋斗、锐意进取，才奠定了中国今天的局面。正如党的十七大报告指出的："我们党正在带领全国各族人民进行的改革开放和社会主义现代化建设，是新中国成立以后我国社会主义建设伟大事业的继承和发展，是近代以来中国人民争取民族独立、实现国家富强伟大事业的继承和发展。"抚今追昔，展望未来，当代中国共产党人肩负的使命神圣而光荣。我们要紧密团结在以胡锦涛同志为总书记的党中央周围，高举中国特色社会主义伟大旗帜，以邓小平理论和"三个代表"重要思想为指导，深入贯彻落实科学发展观，继续解放思想，坚持改革开放，推动科学发展，促进社会和谐，为夺取全面建设小康社会新胜利，推进中国特色社会主义伟大事业和党的建设新的伟大工程，作出新的更大的贡献。

　　（注：这是习近平同志在中央党校秋季学期开学典礼上的讲话。）

坚持改革开放　着力改善民生

李克强

中国实行改革开放以来，现代化建设取得了举世瞩目的成就，人民生活实现了从温饱不足到总体小康的历史性跨越，各项社会事业显著进步。目前，经济总量已居世界第四位，进出口总额居世界第三位。面向未来，中国的发展已经站在一个新的历史起点上。同时我们也清醒地看到，中国仍然是一个发展中国家，人口多，底子薄，资源相对不足，人均国内生产总值水平还比较低。实现国家现代化，使全体人民过上富足生活，还需要经过长期艰苦的努力。

今后十几年，中国正处于加快推进现代化的关键时期。我们将牢牢扭住经济建设这个中心，聚精会神搞建设，一心一意谋发展，同时推进政治建设、文化建设、社会建设，到 2020 年全面建成惠及十几亿人口的更高水平的小康社会。主要目标是：在优化结构、提高效益、降低消耗、保护环境的基础上，人均国内生产总值比 2000 年翻两番；工业化基本实现，服务业增加值比重超过 50%，城镇人口比重明显增加；自主创新能力显著提高，科技进步对经济增长的贡献率大幅上升，进入创新型国家行列。同时，社会主义民主政治进一步发展，社会公平正义得到更好保障；覆盖全社会的公共文化服务体系基本建立，适应人民需要的文化产品更加丰富；社会就业更加充分，覆盖城乡居民的现代教育体系、卫生服务体系、住房保障体系、社会保障体系基本建立；可持续发展能力增强，生态环境质量明显改善。从根本上说，全面建设小康社会，就是要使人民生活水平和质量得到全面提高。

在我们这样一个有着十几亿人口的发展中大国实现现代化，世界上没有先例可循。我们已经走出一条适合国情的发展道路，这就是中国特色社会主义道路。我们进一步总结中国发展实践，借鉴国外发展经验，适应新的发展要求，提出了以人为本、全面协调可持续的科学发展观。这是中国经济社会发展的重要指导方针，也是发展中国特色社会主义必须长期坚持的重大战略思想。推动科学发展，关键靠改革开放。要形成有利于科学发展的体制机制，为现代化建设提供动力源泉和制度保障。推动科学发展，目的是全面改善人民生活。顺应人民群众过上更好生活的新期待，是我们一切工作的出发点和归宿。为实现未来发展目标：

我们将继续深化改革，加快完善社会主义市场经济体制。当前，中国的改革仍处于攻坚阶段。需要我们用更大的决心和气力推进改革，在重要领域和关键环节不断取得新突破，从制度上更好地发挥市场在资源配置中的基础性作用，更好地发挥公民和社会组织在公共事务管理中的作用。同时，通过深化行政管理体制改革，加快转变政府职能，建设服务型政府，建设责任政府、法治政府和廉洁政府。

我们将进一步扩大开放，全面提高开放型经济水平。中国经济已与世界经济密不可分。我们将在世界经济大格局中审视自己，在国际形势变化中把握机遇，在内外经济互动中推进发展，统筹国内发展和对外开放，把引进来和走出去更好地结合起来，加强多边双边经贸合作，促进中国经济与世界经济共同发展。

我们将大力推进经济结构战略性调整，加快转变经济发展方式。我们已经把科技创新摆在了国家发展战略的核心位置，要继续立足国内需求开拓发展空间，推动经济增长由主要依靠投资、出口拉动向依靠消费、投资、出口协调拉动转变，由主要依靠第二产业带动向依靠第一、第二、第三产业协同带动转变，由主要依靠增加物质资源消耗向主要依靠科技进步、劳动者素质提高、管理创新转变，推动城乡、区域协调发展，全面建设资源节约型和环境友好型社会。我们将以保障和改善民生为重点，加快推进社会建设。随着经济持续发展和财政收入增加，我国已经有一定的实力扩大公共服务的覆盖面，提高服务水平和质量。我们将把解决重点民生问题放在更加突出的位置，在优先发展教育、扩大劳动就业、完善社会保障、调节收入分配的同时，加快解决医疗卫生、住房保障和环境质量等问题，进一步完善公共服务体系，大幅度增加财政投入，更加有效地向社会提供公共产品，推动基本公共服务均等化，促进社会和谐。

我们将奉行互利共赢的开放战略，始终不渝走和平发展道路。和平发展符合时代的潮流，符合中国的根本利益。中国的发展需要和平的国际环境，我们现在和将来都要走和平发展道路。在对外交往中，我们秉持共同分享发展机遇、共同应对各种挑战的理念，促进国际经济技术交流与合作，推动建设一个持久和平、共同繁荣的和谐世界。

当今世界，经济全球化深入发展，科技进步日新月异，产业结构调整和生产要素转移加快，这为各国发展提供了良好机遇。同时也要看到，世界经济发展中的不确定因素和潜在风险在增加。美国次贷危机还在发展，世界经济增速放缓，国际金融市场波动，全球初级产品价格上涨。对此，各国应携起手来，积极应对，维护世界经济稳定发展。

当前，我国经济形势总体是好的，呈现增长较快、结构优化、效益提高、民生改善的态势。同时，经济社会生活中也存在一些突出问题。我们将继续加强和改善宏观调控，进一步加强农业、环保、中西部地区发展和社会事业建设等薄弱环节，努力增加有效供给；优化投资结构，抑制不合理需求，保持价格总水平基本稳定。同时，根据新情况新问题，合理把握宏观调控的节奏、重点和力度，避免经济出现大的起落。应当看到，中国正处于工业化、城镇化进程加快的时期，国内市场广阔，回旋余地大。我们有信心也有能力把经济平稳较快发展的好形势长期保持下去。

2008 年是中国改革开放 30 周年。改革开放是决定当代中国命运的关键抉择，是发展中国特色社会主义、实现现代化的必由之路。我们将进一步解放思想，勇于变革，创新求实，坚持改革开放，着力改善民生，坚定不移地把现代化建设的伟大事业不断推向前进。

（注：这是李克强同志在第九届中国发展高层论坛开幕式上的致辞。）

在全国发展和改革工作会议上的讲话（节选）

马 凯

深化改革扩大开放。在推进改革方面，①抓紧制定经济体制改革年度意见，做好综合配套改革试点工作，健全统筹协调推进改革的工作机制。②修订并实施新的《政府核准的投资项目目录》，规范实施备案制。建立投资项目后评价制度。出台代建制管理办法，扩大代建项目范围。建立重大项目公示制度和责任追究制度。③有控制、有步骤地推进资源性产品价格改革和环保收费改革。稳步推进成品油和天然气价格形成机制改革。加强输配电成本监审，完善标杆电价和可再生能源电价政策。改革矿产资源税费制度。合理调整水利工程和城市供水价格。完善排污费征收方式和垃圾处理收费制度。④抓紧处理电力行业厂网分开的遗留问题，推动电网企业主辅分离。研究制定铁路体制改革总体方案。继续落实邮政体制改革方案，抓紧研究电信企业全业务经营模式。⑤加快社会事业领域的改革。出台深化医药卫生体制改革总体方案并稳步推进试点工作。⑥实施中小企业成长工程，落实中小企业服务体系建设规划，鼓励有条件的地区建立中小企业信用担保基金和区域性再担保机构，引导产业集群健康发展，不断完善中小企业和非公有制经济的发展环境。⑦加大法制建设的工作力度，抓紧起草《企业投资项目核准和备案管理条例》，修改完善《政府投资条例》和《招标投标法实施条例》，尽快出台《企业债券管理条例》。建立健全行政执法评议考核机制。做好行政复议和应诉工作。深入推进"五五"普法。

在扩大开放方面，要着力转变外贸增长方式。①鼓励能源原材料、先进技术装备和关键零部件进口，严格控制重要战略资源出口。加强重要资源的国家储备。②推进加工贸易转型升级，提高出口成本和出口产品质量，促进进出口平衡发展。③

用好国际金融组织和外国政府贷款，严格管理境内机构借用国际商业贷款。④实施新的《外商投资产业指导目录》，修订《中西部地区外商投资优势产业目录》，严格限制低水平、高耗能、高排放、资源性外资项目进入。⑤落实国务院《关于鼓励和规范企业对外投资合作的意见》，组织实施境外投资"十一五"规划和产业指导政策。抓好重大境外投资项目的协调，继续推进与重点国家的投资合作。

在第 31 期发展改革工作研究班上的讲话（节选）

张 平

积极推进重点领域和关键环节改革。2008 年是改革开放 30 周年。在新的形势下，全面落实科学发展观，从根本上解决制约又好又快发展的深层次矛盾和问题，必须按照完善社会主义市场经济体制的要求，坚定不移地推进改革。作为改革的综合协调和总体指导部门，我们要切实发挥好职能作用。(1)组织落实好 2008 年深化经济体制改革的指导意见，加快建立部门间统筹推进改革的工作机制，确保改革平稳有序推进。抓好综合配套改革试点和各专项改革，积极推进由我委牵头的投资体制、垄断行业等方面的重点改革。(2)推进有利于转变发展方式、增强经济活力的各项改革。稳妥有序地推进资源性产品价格形成机制改革。推进资源税制度改革，建立健全煤炭等矿产资源有偿使用制度和生态环境补偿机制。完善土地出让制度。抓紧研究制定与主体功能区相配套的政策，研究提出盐业以及市政公用事业改革方案，落实鼓励支持和引导个体、私营等非公有制经济发展的配套政策。(3)认真总结改革开放 30 年的经验，研究制定今后几年改革的总体规划以及重点领域和关键环节的改革方案。与此同时，根据部门分工，组织好改革开放 30 周年系列宣传纪念活动。

在 2008 年全国经济体制改革工作会议上的讲话

杜 鹰

2008 年是改革开放 30 周年，也是全面贯彻党的十七大精神的第一年，做好

综合篇

2008 年的经济体制改革工作，在新的历史起点上开创改革开放新局面，意义深远，责任重大，任务艰巨。总体指导和协调推进经济体制改革，是国家发展改革委的重要职责。过去五年，在马凯同志、德铭同志的亲自领导下，发展改革部门体改战线的同志们团结拼搏，锐意进取，为推进改革开放大业作出了积极贡献。新一届国家发展改革委党组和张平同志对经济体制改革工作高度重视，多次专题研究经济体制改革工作，对制定年度经济体制改革指导意见、指导综合配套改革试验区工作、开展改革开放 30 周年纪念活动、推进国家发展改革委职能转变等作出了一系列的部署和安排。下面，我就深入推进经济体制改革工作，讲几点意见。

一、改革开放的伟大成就和面临的新形势

我国的改革开放，从 1978 年党的十一届三中全会开始，已经走过了 30 年的伟大历程。30 年来，我们党领导全国各族人民，不断解放思想，坚持实事求是，勇于改革创新，与时俱进地把马克思主义基本原理与建设中国特色社会主义具体实践紧密结合，成功地实现了从高度集中的计划经济体制到充满活力的社会主义市场经济体制、从封闭半封闭状态到全方位开放的伟大历史转折，走出了一条在一个十几亿人口的发展中大国摆脱贫困、加快实现现代化的中国式道路，取得了举世瞩目的伟大成就。

第一，社会主义市场经济体制已经初步建立并不断完善。一是确立了以公有制为主体、多种所有制经济共同发展的基本经济制度，市场经济的微观基础基本形成。在农村，从最初的小段包工、包产到组到包干到户，农村改革逐步推进，以家庭承包为基础、统分结合的双层经营体制不断巩固和完善。在城市，从最初的放权让利、内部承包到股份制改造，国有企业改革不断深化。目前，半数以上的国有重点企业进行了股份制改革，国有中小企业改制面超过 90%，非公有制经济创造的 GDP 所占比重超过 1/3。国有经济在关系国家安全和国民经济命脉的重要行业与关键领域，继续发挥主导作用。二是形成了统一开放的市场体系。到 2006 年末，在社会消费品零售总额、农副产品收购总额和生产资料销售总额中，市场调节价所占比重分别为 95.3%、97.1% 和 92.1%。资本市场在国民经济中的地位日益重要，截至 2007 年底，境内上市公司达 1550 家，总市值达 32.71 万亿元，相当于当年 GDP 的 130%。土地、劳动力等要素市场初步形成。30 年前，在高度集中的计划经济体制下，企业和农户都不是自主经营的主体。生产靠计划，物资靠调拨，劳动力靠分配，资金靠划拨，所有资源都靠行政性分配。经过 30 年的改革，我们成功地实现了从计划经济到市场经济的根本性转轨，市场配置资源的基础性作用得到了有效发挥。三是行政管理体制改革取得积极进展。从 1982 年至今，经过六次机构改革，国务院组成部门

从 100 个减少到 27 个。政府职能进一步向经济调节、市场监管、社会管理和公共服务转变。以间接调控为主的宏观调控体系已经建立并不断完善。政府的市场监管和社会管理职能得到有效加强。基本公共服务正在朝均等化方向发展。四是社会领域的体制改革和制度建设取得明显成效。教育、就业、医疗、住房等民生领域体制改革积极推进。以按劳分配为主体、多种分配方式并存，各种生产要素按贡献参与分配的制度体系初步建立。城镇职工社会保障制度基本形成。到 2007 年底，全国参加城镇职工基本养老保险和基本医疗保险的人数均超过 2 亿，参加失业保险和生育保险的人数均超过 1 亿。最低生活保障制度在全国城乡基本建立，城乡低收入群体和生活困难群体的基本生活得到制度性保障。

第二，对外开放不断扩大，全方位、宽领域、多层次的开放格局已经形成。从沿海到沿江沿边，从东部到中西部，从部分领域到全方位，对外开放不断向纵深推进。以加入世界贸易组织为标志，我国已全面参与经济全球化进程。从 1978 年到 2007 年，我国对外贸易总额从 206.4 亿美元增长到 2.17 万亿美元，由世界第二十九位跃居第三位。1978 年，我国吸收外资和对外投资都不到 2000 万美元；2007 年，非金融领域实际利用外商直接投资和对外直接投资分别达到 747.7 亿美元和 187.2 亿美元，均居发展中国家第一位。1979—2007 年累计实际利用外商直接投资 7754.2 亿美元，居世界第二位。通过有效利用国内国外两个市场、两种资源，我国综合经济实力和企业市场竞争力都得到了明显的提升和增强。

第三，社会生产力得到前所未有的大解放，国民经济持续快速发展。改革开放充分调动了广大人民群众的积极性、主动性和创造性，焕发了经济社会发展的活力。从 1978 年到 2007 年，我国 GDP 年均增长 9.8%，远远高于同期世界平均 3% 左右的增长速度。GDP 总量由世界第十一位跃居第四位。财政收入从 1132.26 亿元增长到 5.13 万亿元，外汇储备从 1.67 亿美元增长到 15282.49 亿美元。谷物、肉类、棉花等主要农产品，钢、煤、棉布等主要工业品产量均已位居世界第一位。

第四，城乡居民收入大幅增长，人民生活从温饱不足发展到总体小康。从 1978 到 2007 年，城镇居民家庭人均可支配收入由 343.4 元提高到 13785.8 元，农村居民家庭人均纯收入由 133.6 元提高到 4140.4 元，扣除物价因素均增长了 6 倍以上。城乡居民家庭的恩格尔系数分别从 1978 年的 57.5% 和 67.7% 降到 2007 年的 36.3% 和 43.1%，人民生活从以"吃穿"为重点向以"住行"为重点的多层次消费转变。农村绝对贫困人口从 2.5 亿减少到 1479 万。城镇化水平从 17.9% 提高到 44.9%。

第五，社会事业全面进步，精神文明和民主法制建设得到长足发展。覆盖城乡的义务教育体系全面建立，公共卫生体系和基本医疗服务不断健全，文化事业和文化产业共同发展的格局初步形成。社会主义核心价值体系深入人心，良好思想道德风尚进一步弘扬。政治体制改革稳步推进，人民代表大会制度、中国共产党领导的多党合作和政治协商制度、民族区域自治制度不断巩固和完善，基层民主活力不断增强。与社会主义市场经济相适应，形成了一套以宪法为基础，包括229件法律、近600件行政法规、7000多件地方性法规等的法律法规体系。

30年的改革开放，开辟了中国特色社会主义道路，形成了中国特色社会主义理论体系，取得了党的十七大报告总结的"十个结合"的宝贵经验。改革开放的伟大历程和辉煌成就，坚定了全党全国人民走中国特色社会主义道路的信心和决心。30年的实践充分证明，改革开放是决定当代中国命运的关键抉择，是发展中国特色社会主义、实现中华民族伟大复兴的必由之路；只有社会主义才能救中国，只有改革开放才能发展中国、发展社会主义、发展马克思主义。30年辉煌成就的取得，靠的是改革开放；在新的历史起点上再创辉煌，仍然要靠改革开放。

当前，我国经济社会发展进入了一个新的关键时期，呈现出一系列新的阶段性特征。党的十六大以来，中央先后提出了科学发展观和构建社会主义和谐社会重大战略思想，极大地丰富了我们对社会主义市场经济体制内涵的认识。新的形势和任务，对改革开放提出了一系列新要求。

（一）确保宏观经济平稳运行对改革开放提出了新要求。

近年来，国民经济发展态势较好，经济运行继续朝着宏观调控的预期方向发展，2008年一季度农业稳定发展，工业较快增长，结构调整取得新进展，财政收支状况较好，就业和居民收入增加较多，抗击低温雨雪冰冻灾害取得重大胜利，总体经济形势比预想的要好。但也要看到，经济生活中仍然面临着一些突出的问题。一是国际环境变化对我国的影响进一步显现。美国次贷危机还未见底，我国出口增速总体放缓。国际初级产品价格持续上涨，输入型通胀压力不断加大。境外资金的快速流入，继续加剧着国内流动性过剩的矛盾。二是物价上涨的压力很大。一季度流通环节生产资料价格上涨14.4%，向消费环节传导的压力加大，居民消费价格同比上涨8%。三是资源能源消耗快速增长给经济运行带来很大压力。工业生产对能源、原材料的需求十分旺盛，一些用煤大省出现电煤供应不足，部分地区成品油供应短缺，煤电、原油成品油价格矛盾突出。四是资本市场持续震荡。从2007年10月股市最高点下滑到4月中旬，上证指数跌幅近50%。近期调整印花税率后，又创下了11年来的单周最大涨幅。针对这些问题，党中央、国务院继续实施稳健的财政政策和从紧的货币政策，就加强农业和粮食生产、搞好市场和物价调控、合理控制固定资产投资规模、做好财政和金融工作、保持外贸平稳增长、保障和改善民生等作出了重要部署。在采取有效宏观调控措施的同时，还要看到，产生这些问题的深层次原因和应对不确定性挑战的难点，仍然是体制机制问题。比如，产生投资过快增长、货币过多投放、外贸顺差过大的根本原因，还是在于"投资冲动"问题没有解决，相应的企业约束机制、要素价格、财税体制还没有理顺。又如，应对出口减速，一方面要扩大国内市场，启动内需；另一方面要转变外贸发展方式，这些都绝非一日之功。再如，应对通胀，最重要的措施是增加国内供给，特别是增加农产品供给，但农业比较效益下降明显，需要很好地研究和完善对农业的支持保护政策体系。总之，保持国民经济又好又快发展的势头要两手抓，解决经济运行中的矛盾和问题，要靠有效的经济政策和适时的宏观调控；但要建立一个稳定发展的制度基础，还得靠深化改革。

（二）转变经济发展方式对改革开放提出了新要求。

近年来，我国在贯彻落实科学发展观，推动资源节约型和环境友好型社会建设方面取得了一定的成效，但高消耗、高排放、低效率的粗放型增长方式仍未根本转变，经济的高速增长付出了过多的资源和环境代价。我国石油、天然气人均可采储量分别只有世界平均水平的11%和4%左右，耕地、淡水和森林等资源的人均占有量分别只有世界平均水平的1/3、1/4和1/5。2005年我国GDP总量约占世界的5.5%，但却消耗了全世界约15%的能源、30%的钢和54%的水泥。发达国家上百年工业化过程中分阶段出现的环境问题，在我国近20多年来集中出现。主要污染物排放量超过环境承载能力，造成了巨大经济损失，危害群众健康，影响社会稳定和环境安全。2007年5月下旬，太湖蓝藻爆发，引发江苏省无锡市百万人饮水危机。无锡市人均GDP超过7000美元，是中国经济最发达的地区之一，但蓝藻爆发期间，居民水喝不上，澡洗不了，还有什么幸福指数可言？国家选择武汉城市圈和长株潭城市群，设立资源节约型和环境友好型社会建设综合配套改革试验区，非常必要，中西部的发展再不能重蹈发达地区先污染后治理的老路了。这种粗放型增长，导致资源能源不可支撑，生态环境不可负载，百姓生活不可承受，已难以为继，必须加快发展方式转型。转变发展方式同样离不开深化体制改革。从财税体制看，基层政府承担的公共服务职能和财力不匹配，财政转移支付还未体现公共服务均等化的原则，助长了一些地方不顾资源环境代价盲目追求GDP；从价格形成机制看，土地、淡水、能源的价格都偏低，不能充分反映资源的稀缺性和生态环境成本，不利于资源节约和环境保护；从政绩考核看，各地发展条件差异很大，不加区分地考核GDP增长率、财政收入、招商引资等指标，也刺激了盲目发展。说到底，有什么样的经济体制就有什么样的发展方式，要践行科学发展观，加快转变发展方式，从根本上说，要靠深化改革，创新科学发展的体制机制。

（三）促进社会和谐对改革开放提出了新要求。

当前，我国经济社会发展正处于一个关键的阶段，既是重要的战略机遇期，同时又是矛盾凸显期。从发展的国际经验看，人均GDP在1000美元到3000美元之间的这个阶段，温饱问题解决了，消费结构开始多样化，利益格局开始多元化，社会阶层开始分化，人们的思想观念也越发活跃，如何处理好这个阶段复杂的社会矛盾，是对执政党非常重大的考验。2007 年我国人均 GDP 为人民币 18934.1 元，约合 2600 美元，恰好处在这样一个阶段。在这个阶段，改革不仅要解决效率问题，也要解决公平问题。当前和今后一个时期，就业压力难以缓解，教育、医疗、住房费用过高，城乡社会保障和公共服务体系还不健全，许多关系人民群众切身利益的难点、热点问题尚未解决，部分低收入群体的生活还很困难，一些社会矛盾仍在积累。特别是收入差距仍在拉大，国民收入分配结构失衡的格局尚未得到根本改变。要解决这些矛盾和问题，必须加快推进体制改革，更加注重就业、教育、医疗、住房等领域的改革和相关制度建设，加大国民收入分配关系调整力度，健全社会保障体系，从制度上保障社会公平，使发展改革成果最大限度地惠及全体人民，促进社会和谐。

（四）应对国际经济风险对改革开放提出了新要求。

当前，经济全球化深入发展，我国入世过渡期已经结束，国内外经济联系更加密切，国际经济环境对国内经济的影响越来越明显。世界经济的波动、国际商品价格的变化、主要经济体政策的调整、国际突发事件和地缘政治的变动，都会不同程度地对国内经济产生影响。要在更加开放和更加复杂的国际环境中推进现代化建设，必须深化涉外经济体制改革，完善互利共赢的体制机制，加快实现由行政主导型、政策优惠型对外开放向制度保障型、公平竞争型对外开放转变。通过建立健全国内发展和对外开放的体制机制，在开放条件下保障市场公平竞争和国家经济安全，充分利用国内国际两个市场、两种资源，在内外部经济互补平衡中实现又好又快的发展。

（五）重要领域和关键环节的攻坚任务对改革开放提出了新要求。

党的十六届三中全会提出了一个判断，我国已经初步建立了社会主义市场经济体制，今后体制改革的任务是进一步完善社会主义市场经济体制。从初步建立到比较完善，还有很长的路要走，这个阶段并不意味着只要修修补补就行了，仍然需要攻坚克难和制度创新。市场主体的改革，既要推进国有企业改革，特别是要加快推进垄断行业改革，实现国有经济的战略性调整，又要鼓励、支持、引导非公有制经济的发展；完善市场体系，既要加快要素市场体系建设，建立反映资源稀缺程度和转变发展方式的价格形成机制，创造各类市场主体平等使用生产要素、公平参与竞争的市场环境，又要顾及社会的承受能力；行政管理体制改革，核心是要实现政府职能的根本性转变，这是改革相对滞后的领域；公共服务体制改革，重点是要解决民生突出矛盾和实现公共服务均等化，等等。这些领域的改革不仅涉及经济关系，而且涉及社会上层建筑领域；不仅涉及国内经济，而且涉及国际经济关系；不仅涉及众多的利益主体，而且涉及深层次的权力和利益关系的调整。我们必须充分认识到攻坚阶段改革开放任务的艰巨性、复杂性、系统性和风险性，正确处理改革、发展、稳定的关系。既要坚定不移地推进各项改革，更要加强统筹协调推进改革的能力和机制建设，不断提高改革决策的科学性，增强改革措施的协调性。

在新的历史起点上推进改革开放，从根本上讲，必须始终坚持解放思想、实事求是的思想路线。解放思想是改革开放的先导。30年改革开放的历程，本身就是一个思想不断解放的过程。社会主义市场经济体制的目标模式，就是我们党在实践进程中不断深化思想认识最后得出的科学结论。党的十二大对经济模式的概括是"计划经济为主，市场调节为辅"，十二届三中全会的概括是有计划的商品经济，十三大提出有计划的商品经济体制应该是计划与市场内在统一的体制，一直到1992年党的十四大正式确立了社会主义市场经济体制改革的目标，明确社会主义市场经济体制就是要使市场在社会主义国家宏观调控下对资源配置起基础性作用。过去的改革开放靠的是解放思想，今后的改革开放仍然要靠解放思想。对此，温家宝总理在2008年两会期间作了明确阐述："经济体制改革和政治体制改革要有新突破，就必须解放思想。解放思想需要勇气、决心和献身精神。解放思想和改革创新，如果说前者是因的话，后者就是果。""有人可能会问解放思想和改革开放还要进行多久，我可以明确告诉大家，将永不停止，一直到中国现代化的成功，到了那时也还需要解放思想。"生产关系适应生产力，上层建筑适应经济基础，是人类历史发展的基本规律，是没有止境的。改革是为了解放和发展生产力，是社会主义制度的自我完善，也是没有止境的。不是穷的时候要解放思想，也不是某一个阶段要解放思想，解放思想是我们党的基本品格，是社会发展、国家富强、民族振兴对我们党和党内每一个同志的基本要求。解放思想，就是打破教条主义，打破经验主义。不仅要打破前人的条条框框，而且也要打破我们头脑里的一些经验主义的东西。在某种意义上，解放思想不是革别人的命，是自己革自己思想的命。只有革掉自己思想里的主观主义和经验主义，才能有与时俱进的精神状态。实事求是是改革开放的立足点。要脚踏实地，一切从实际出发，一切遵从于实践，实践是检验真理的唯一标准。解放思想不是异想天开，要以实事求是为依归。推进一项改革也好，做任何一件事情也好，我们都是有条件论者。改革应该怎样去推进，方案应该何时出台，应该如何付诸实施等等，全部都是有条件的，绝不能脱离现实。要真正做到"发展出题目、改革做文章"，根据社会主义初级阶段的基本国情和生产力发展的内在要求，按照科学发展、和谐发展的要求来推进改革，依靠改革来促进科学发展与社会和谐。人民群众是改革的主体，尊重实践，首先就要尊重群众的首创精神，紧紧依靠人民群众推进改革，不断探索改革开放新模式，积累改革开放新经验。

解放思想、实事求是，是我们30年来最可宝贵的精神财富，也是我们今后胜利达到彼岸的法宝。站在新的历史起点上，各级发展改革部门和每一位从事改革工作的同志，都要始终不渝地把解放思想、实事求是、与时俱进作为重大责任和政治品

综 合 篇

格，用国际眼光、全球视野和永不僵化、永不停滞的精神状态来对待和从事改革事业。要培养独立思考、批判思维和创造能力，做到"不唯上，不唯书，只唯实"。要认真分析本地区、本部门发展中的难点和重点问题，找准改革突破口，按照完善社会主义市场经济体制的要求，扎扎实实地推进组织创新、制度创新，不断为现代化建设注入新的活力。

二、当前和今后一个时期经济体制改革的重点任务

根据新时期改革开放面临的新形势，当前和今后一个时期，要重点推进以下几个方面的改革：

（一）着力推进国有企业改革和国有经济战略性调整，完善以公有制为主体，多种所有制经济共同发展的社会主义基本经济制度。

平等竞争、相互促进的各种所有制经济主体，是社会主义市场经济制度的微观基础。改革的重点仍然是国有大型企业和垄断行业。股份制最适合于现代大生产的要求，可以实现所有权和经营权的分离，可以把分散的资源集中起来，可以形成比较好的内部治理结构，是公有制的主要实现形式。我们的老祖宗马克思就说过，股份公司是"发展现代社会生产力的强大杠杆"，"它们对国民经济的迅速增长的影响恐怕估计再高也不为过的。"为进一步增强公有制经济的活力，要继续加快国有大型企业股份制改革步伐，除极少数必须由国家独资经营的企业外，绝大多数国有大型企业要改制为多元投资的股份公司。要继续完善国有资产监管制度，实行出资人依法监管、授权经营，完善公司治理结构，落实国有资产保值增值责任。加快推进垄断行业管理体制和产权制度改革，包括进一步推进电信、电力、民航、铁道、邮政、城市公用事业改革，实行政企分开、政资分开、政事分开。完善国有资本有进有退、合理流动的机制，在更大范围推进国有经济的战略性调整，推动国有资本向关系国家安全和国民经济命脉的重要行业和关键领域集中；其他行业和领域的国有企业要推向市场，在市场竞争中优胜劣汰。大力发展国有资本、集体资本和非公有资本等参股的混合所有制经济。另一方面，要进一步落实鼓励、支持和引导非公有制经济发展的政策措施，开放非公有制经济进入法律法规未禁止的行业和领域，消除制约非公有制经济发展的体制性、政策性障碍。现在非公有制经济在整个国民经济中的地位和作用越来越重要，目前的主要问题还是限制过多、服务太少。要认真落实2005年国务院出台的鼓励、支持、引导非公有制经济发展的36条指导意见，为非公有制经济的进一步发展创造更为宽松的环境和条件。要鼓励和支持非公有制经济参与国有企业改革，进入金融服务、公用事业、基础设施建设等领域。完善金融、税收、信用担保、技术创新等方面的政策，改善行政执法和司法环境，加强和

改进对非公有制企业的服务和监管。公有制和非公有制企业市场行为的规范，最终还是取决于产权制度。要深化产权制度改革，建立"归属清晰、权责明确、保护严格、流转顺畅"的现代产权制度。

（二）推进现代市场体系建设，深化资源要素价格改革，从制度上保证市场配置资源的基础性作用和发展方式的尽快转变。

一是要加快健全统一开放竞争有序的商品市场体系，进一步打破行政性垄断和地区封锁，促进商品在全国范围内自由流动，完善商品市场全国统一性和充分竞争性的制度保障。二是要加快要素市场体系建设，推动资本、土地、劳动力、技术等要素市场发展。要完善多层次资本市场体系，优化资本市场结构，丰富资本市场产品，多渠道提高直接融资比重。改革土地供给制度，规范经营性用地土地使用权的招标、拍卖、挂牌制度，完善征地制度，强化市场对配置土地资源的基础性作用。消除限制劳动力自由流动的体制性障碍，解决劳动力市场的分割性和分层性的问题，完善有利于劳动力流动的体制和机制，建立城乡劳动者自主择业、平等就业的新型就业制度。加快发展技术市场，建立健全以市场为导向、企业为主体的科技创新体制，加快科技成果的商品化、产业化和国际化。理顺资源性产品和要素价格，是要素市场形成和完善的重要条件。要积极稳妥地推进资源性产品及各类要素价格改革，建立反映市场供求状况、资源稀缺程度和环境损害成本的价格形成机制。三是建立健全社会信用体系，形成以道德为支撑、产权为基础、法律为保障的社会信用制度。建立信用监督和失信惩戒制度，加强法制和舆论监督。

（三）加快转变政府职能，深化财税、金融、投资体制改革，完善宏观调控体系。

转变政府职能与深化经济体制改革是一个问题的两个方面。目前，政府职能既存在着"越位"问题，也存在着"缺位"问题，是整体改革相对滞后的领域。要加快推进行政管理体制改革。按照完善经济调节、加强市场监管、优化社会管理、强化公共服务的原则，形成权责一致、分工合理、决策科学、执行顺畅、监督有力的行政管理体制。继续推进政企、政资、政事以及政府与市场中介组织分开。要完善宏观调控体系，发挥国家发展规划、年度计划和产业政策的导向作用，综合运用财政、货币政策。深化财税体制改革，建立健全公共财政体制。财政体制改革要按公共财政原则，继续深化部门预算、国库集中收付、政府采购、规范预算外收入、完善转移支付等方面的改革。按照"简税制、宽税基、低税率、严征管"的原则，稳步推进税收制度改革，重点是使税制更有利于平衡分配格局、优化产业结构、促进资源节约和环境保护。逐步建立健全资源有偿使用制度和生态环境补偿机制。深化金融体制改革，健全金融服务体系。商业银行实行股份制改造，成为现代金融企业。发展各类金融产品和金融市场，形成多种所有制和多种经营形式、结构合理、功能完善、高效安全的现代金融体系。继续推进利率和汇率的形成机制改革，逐步形成合理的基准利率和汇率水平。进一步改革投资体制，规范政府核准制，健全登记备案制，真正确立企业的投资主体地位。

（四）深化农村改革，建立"以工促农、以城带乡"的长效机制。

党的十五届三中全会以来，特别是党的十六大以来，党中央坚持以邓小平理论和"三个代表"重要思想为指导，以科学发展观统筹经济社会发展全局，与时俱进地制定了加强"三农"工作的大政方针，形成了一系列"三农"工作的新理念、新思路，出台了许多新政策、新举措，我们对"三农"工作的认识更加深刻，经验更加丰富，要好好总结。另一方面也要看到，农业和农村发展面临着新挑战、新问题，需要进一步深化改革。深化农村改革，要坚持走中国特色现代农业道路，形成城乡一体化新格局。要稳定和完善家庭承包经营制度，促进土地承包经营权依法自愿有偿流转。建立健全农业科技和社会化服务体系，推动农业产业化和农村专业合作组织发展，促进分散农户和大市场的对接。进一步建立健全农业的支持和保护体系，加大补贴力度，完善补贴方式，提高补贴效率。深化农村金融改革，构建适应"三农"特点的多层次、广覆盖、可持续的农村金融体系。把基础设施建设和公共服务的重点转向农村。建立健全既体现城乡一体、又反映农村特点的农村社会保障制度，合理配置城乡教育、科技、文化、卫生等资源，创新缩小地区差别、统筹城乡发展的管理体制。

（五）加快社会体制改革，建立保障社会公平正义的体制机制。

推进社会体制改革，理顺经济社会关系，建立健全制度保障，着力保障和改善民生。深化就业体制改革，从国情和现阶段特点出发，采取灵活多样形式，改善创业和就业环境。完善按劳分配为主体、多种分配方式并存、各种生产要素按贡献参与分配的收入分配制度。要规范收入秩序，加大调节力度，扩大中等收入者比重，提高低收入者收入水平，调节过高收入，取缔非法收入。完善企业职工基本养老保险制度，逐步做实个人账户，逐步扩大社会保险覆盖面，稳步提高统筹层次。完善失业、医疗、工伤、生育等社会保险制度，健全城乡最低生活保障制度。以人人享有基本医疗卫生服务为目标，坚持公共医疗卫生的公益性质，按照政事分开、管办分开、医药分开、营利性与非营利性分开的原则，深化医药卫生体制改革，为广大群众提供安全方便、有效合理的公共卫生和基本医疗服务。继续推进教育体制改革，促进教育公平。按照普及义务教育、扩大高中教育、发展高等教育、大力发展职业教育和继续教育的方向，完善现代教育体系，深化教育管理体制和投入体制改革。健全城镇住房建设体制和供应结构，完善城镇住房保障体系，有步骤地解决低收入家庭的住房困难。继续深化事业单位改革，加快推进制度创新，建立健全公共服务体系。创新基层社会管理体制，完善社区综合服务功能。

（六）加快涉外经济体制改革，完善内外平衡、互利共赢、安全高效的开放型经济体系。

随着我国对外经济关系的发展，国内外经济联系日益紧密，相互影响不断加深，经济利益互相交织。我们必须统筹国内国际两个大局，完善开放型经济体系，更好利用国际国内两个市场、两种资源，积极应对各种风险与挑战。要加快转变外贸增长方式，立足以质取胜，调整和优化进出口结构，促进加工贸易转型升级，大力发展服务贸易，合理进口国内短缺的技术、设备、资源等产品。进一步提高吸收外资的质量和水平，更好地吸收国外先进技术、管理经验、高素质人才和资金。完善支持企业对外投资合作的财税、信贷、外汇、保险等政策，支持有条件的企业积极开展国际化经营。适应开放型经济的要求，建立统筹内外经济的调控和应对机制，更好地处理国内发展与对外开放的关系，把握关键领域和敏感行业对外资开放的程度，防范国际经济风险，维护国家经济安全。

此外，还要进一步完善改革推进方式，做好综合配套改革试点和试验区的工作。关于2008年经济体制改革的主要任务，将会以年度工作意见的形式正式发布，这次会议上体改司的负责同志还要作具体部署，我在这里就不再展开讲了。

三、关于做好经济体制改革工作的几点要求

党中央、国务院高度重视改革工作，新一届政府进一步明确了发展改革部门承担的经济体制改革职能。国家发展改革委党组将进一步加大改革工作力度。这里，对2008年进一步做好改革工作，提几点希望和要求：

第一，进一步加强对改革工作的领导。

攻坚阶段的改革，触及更深层次利益关系调整，改革协调推进难度明显加大。要进一步加强对改革工作的组织领导，统筹推进改革。各级发展改革部门的主要领导同志要亲自抓改革，把改革列入重要议事日程，定期召开会议分析改革形势，研究改革重点，部署和监督检查改革工作。在过去几年人员变动比较大的情况下，要抓紧干部配备，挑选政治强、素质优、作风好的同志充实体改岗位，加强培训和锻炼，并保障工作经费、工作条件。各地发展改革部门体改系统要结合本地区实际情况，履行好职能，主动做好工作，当好党委和政府的参谋助手，及时向当地党委、政府汇报改革的进展和问题，争取党委、政府的支持。

第二，进一步完善改革工作协调机制。

发展改革部门作为各级政府总体指导和协调推进经济体制改革的职能部门，要找准工作定位，进一步履行好职能。要抓好改革工作的总体指导。对国务院和各级政府部署的年度改革意见，要积极推动，及时跟踪，搞好督办，定期报告。要加强

与其他部门的协调配合。新形势下，各部门作为推进改革的重要主体，为建立和完善社会主义市场经济体制已经做了大量工作。今后要进一步加强部门间团结协作，确保各项改革协调推进。要健全部门间协调配合的工作制度，共同研究改革的重大问题，论证、衔接总体和专项改革方案。发展改革部门对自身牵头推进的改革，要认真协调相关部门意见，会同有关部门共同推进；对其他部门负责的改革，要积极支持配合，及时给予帮助。对基层的改革工作，要加强指导和协调，帮助解决相关政策问题。

第三，进一步突出改革工作重点。

发展改革部门体改系统在工作任务繁重、人员编制有限的情况下，要突出工作重点，明确工作抓手，着重做好以下三方面工作：一是年度改革意见的制定和落实。年度改革意见要突出年度特点，明确阶段性工作目标；发布实施后要及时督促检查，定期跟踪汇总改革任务落实情况。二是做好改革信息和改革联系点工作。要完善信息服务平台，加强信息沟通交流，建立改革管理系统，并提供必要的经费保障；定期进行改革形势分析，对各级政府部署的各项改革任务落实情况进行跟踪检查；建立改革联系点制度，更好地指导地方改革工作。三是推进综合配套改革试点。对国务院已经确定的综合配套改革试点，要精心研究方案，协调重大政策，加快推进实施，及时总结推广经验。各地可以从自身实际出发，选择一些具备条件的地区，开展多层次、多类型的综合配套改革试点。为加强对综合配套改革的组织管理，国家发展改革委要制定相关管理办法。

此外，关于改革开放30周年纪念活动，中央已经作了明确的部署。按照中央要求，国家发展改革委党组专门召开会议进行研究，确定了发展改革系统开展纪念活动的具体实施方案。为配合中宣部等部门做好纪念改革开放30周年理论研讨会的相关工作，将在全系统范围内组织征文，并组织编辑、出版改革开放30周年丛书，系统回顾、总结改革开放30年的历程、成就和经验，展望当前和今后一个时期改革开放的主要任务。这方面的工作，委里要专门发文进行布置。希望各地发展改革部门的同志和有关部门的同志，积极配合做好工作，并组织好本地区、本部门的有关纪念活动。

第四，进一步加强干部队伍建设。

新的形势和任务，对我们改革系统干部队伍建设提出了新的要求。一是要树立大局意识、忧患意识、责任意识，想大事、议大事、抓大事。要充分认识改革攻坚任务的艰巨性、复杂性，将忧患意识转化为责任意识，将责任意识转化为扎实有效的工作，开拓进取，不辱使命。跟踪调研分析当地经济社会发展、体制改革中的重点、难点、热点问题，敏于事，善于行，为党委、政府出主意，提对策。二是要勤于学习，善于学习，提高素质，增强本领，不断增强研究解决问题的能力。三是要加强调查研究工作，培养求真务实的工作作风。从群众中来，到群众中去是推进改革的基本工作方法，要经常深入基层调查研究，总结经验，以点带面。四是要加强干部队伍的作风建设和廉政建设，做到政治坚定、业务精通、作风清廉，确保各项改革任务的贯彻落实。

同志们，多年来特别是近五年来，改革战线的同志在机构变动、人手少、任务重、工作面广、协调难度大的情况下不计得失，任劳任怨，为我国的改革开放事业，作出了重要贡献。借此机会，我代表国家发展改革委党组，向大家表示衷心的感谢和崇高的敬意！希望同志们在今后的工作中，继续保持高昂的斗志和强烈的责任感，再接再厉，求真务实，共同开创新时期改革开放的新局面！

在第 31 期发展改革工作研究班上的专题报告（节选）

杜　鹰

根据改革开放面临的新形势新要求，当前和今后一个时期，要重点推进以下几个方面的改革，力争在重点领域和关键环节上有所突破。

（一）深化国有经济改革。

我国国有经济改革已经取得了明显成效，国有企业的竞争力大幅度提高。但目前国有经济战线依然过长，还有相当数量的国有企业不适应社会主义市场经济的要求。新时期新阶段，这项改革的着力点主要是三个方面：

一是继续推进国有经济布局和结构的战略性调整。在经历了大规模抓大放小、战略性重组以后，我国国有经济创造的 GDP 所占比重已降到 40% 左右。但是，由于计划经济遗留下来的国有经济过于庞大，且主要分布于竞争性领域，造成了目前畸轻畸重的局面：一方面是竞争性市场领域未必需要这么庞大的国有经济，另一方面是我国的公共产品和公共服务供给长期不足，社会事业发展明显滞后。因此，下一步推进国有经济战略性调整，要在某些调整不到位的领域和地区，继续将国有资本向关系国家安全和国民经济命脉的重点行业和关键领域转移，同时也要推动国有资本从生产经营领域向公共服务领域转移。这既有利于实现经济体制的转轨，也有利于实现政府职能的转变，还有利于将一部分市场份额让渡给非公有制经济。

二是深化国有企业的产权制度改革。这项改革已经取得了重大进展，但还需要继续深化和完善，主要是国有企业的激励约束机制不健全。产权制度改革的核心是建立内在的激励约束机制，否则即使采用了股份制、公司制等现代法人治理结构的

综合篇

形式，但基本问题仍然没有解决。现在，我国不少中央企业还是按企业法登记的，一些中央企业为了上市只是搞了局部改制，说明改革仍然不到位。为此，国家正在一些大型企业进行建立规范的董事会的试点。下一步，对已经改制的国有企业，核心仍然是建立产权激励的约束机制；对准备改制的国有企业，尽量要整体改制，推进具备条件的中央企业母公司整体改制上市或主营业务整体上市；对不具备整体上市条件的中央企业，要把优良主营业务资产逐步注入上市公司，做优做强上市公司。

三是加快推进垄断行业改革。垄断行业是国有经济最集中的领域。这些行业往往具有行政性管制和市场垄断的双重特点，既得利益丰厚，社会公众对此反映强烈。垄断行业改革关系到国有经济战略性调整、国民经济运行成本、收入分配关系、市场竞争环境和消费者利益，是改革的重点之一。要进一步推进电信、电力、民航、铁路、邮政、城市公有事业改革，尽快分离这些行业的垄断性业务和竞争性业务，进行有针对性的完善监管和开放竞争的分类改革，实现政企分开、政资分开、政事分开。

此外，在经济主体的改革中，我们还要进一步落实鼓励、支持和引导非公有制经济发展的改革措施，消除制约非公有制经济发展的体制性、政策性障碍，推动国有资本、集体资本和非公有资本等参股的混合所有制经济发展。

（二）深化资源要素价格改革。

加快推进资源要素价格改革，建立能够充分反映市场供求关系、资源稀缺程度、环境损害成本的资源要素价格形成机制，既是完善社会主义市场经济体制特别是健全现代市场体系的客观要求，也是促进节能减排、建设"两型"社会、推进经济发展方式转变的内在需要。这项改革酝酿已久，需要坚定不移地推进。同时也要看到，由于这项改革涉及面广，因此在确定正确的改革方向和目标的同时，也要善于选择恰当的改革时机和切入点，平稳地推进改革。

资源性行业尤其是具有自然垄断性质的行业，不同于一般的竞争性领域，其市场开放程度要根据行业特点和市场供求状况来确定，坚持公平、透明、规范和法制的原则。要处理好政府与市场的关系，区别不同资源性产品的性质，选择不同的改革方式。对那些带有准公共品性质、不能完全由市场来定价的资源性产品，改革既要充分发挥市场决定价格的基础性作用，又不能简单地放手不管，要努力建立健全最大限度地反映市场供求关系与适度干预相结合的价格形成机制。对于经营性的资源性产品，要通过改革，充分发挥市场调节的基础性作用。

还要看到，资源要素价格改革，对整体价格水平起着基础性作用，相应地对国民经济运行和人民生活产生重要影响。因此，推进资源要素价格改革，必须统筹考虑经济发展情况、市场发育程度和社会实际可承受能力，把握好改革的时机、节奏和力度。2008 年 6 月 20 日，国家审时度势，适时适度调整了成品油和电力价格，既没有引起社会不安，又朝着理顺价格关系的方向迈出了重要的一步。要按照市场取向、政府调控、补偿成本、提高效率、统筹兼顾、配套推进、总体设计、分步实施的原则，继续推进资源要素价格改革。

（三）深化财税体制改革。

近年来，财税体制改革朝着建立公共财政的方向迈进，取得了明显进展，但仍然不能适应经济社会发展和宏观调控的要求。温家宝总理多次强调，本届政府要下决心推进财政体制改革。完成这项任务，当前要尽快启动方案设计工作，尽早作出规划，着重解决以下几个突出问题：

一是完善预算制度。预算制度集中反映了财政资金使用的好坏，要着眼于增强公开性和透明度深化改革，形成预算编制、预算执行和监督审查相互协调、相互制衡的新格局。要加强各级人大对预算编制、执行的审查力度，着力改变预算执行结果与预算安排差异较大的状况。要尽快建立国有资本经营预算制度和社会保障预算制度，进一步规范行政性收费和政府基金项目，逐步建立全口径财政预算制度。

二是完善转移支付制度。要着眼于完善结构、发挥规模效益，以实现基本公共服务均等化为取向，合理安排一般性转移支付规模。要清理整合专项转移支付项目，尽可能减少项目支出的交叉、重复，严格控制新设项目，必须设定的项目要做到资金安排和制度建设同步进行。要完善转移支付因素法，增加体现主体功能区的因素，逐步增加对限制开发和禁止开发区域的转移支付规模，重点保障欠发达地区地方政府履行职能的基本财力。

三是科学划分中央与地方政府的事权财权。要以效率优先、节约行政成本为原则，由中央政府承担全国性公共产品和服务，以及具有调节收入分配和稳定经济性质的支出责任；地方政府以满足区域内社会公共服务为主要目标，承担地方性公共产品和服务的支出责任，做好本地区行政、教育、公共卫生和基本医疗服务、社会保障、公共事业发展的支出管理；对中央与地方共同承担的事务，要明确各自负担的比例；对具有跨地区性质的公共产品和服务的提供，要分清主次责任，由中央政府与地方政府共同承担，或由中央政府委托地方政府承担，建立委托付费机制。

四是完善公共财政体系。要适应政府职能的转变，将财政资金由过去主要用于经济建设领域，向主要用于改善民生和公共服务领域转变。基本原则是，凡是市场能够解决的，要充分发挥市场机制的作用，政府做好规划制定和监管工作；凡属于社会公共事务，市场又无法解决或解决不好的，政府必须承担相应的责任；对介于两者之间的产品和服务供给，政府要发挥财政政策的杠杆和扶持作用，积极引导社会资金投入或参与经营。

此外，要按照"简税制、宽税基、低税率、严征管"的原则，稳步推进税收制度改革，为科学发展和社会和谐服务。

（四）深化金融体制改革。

金融是现代经济的核心，健全的金融市场是实现市场配置资源制度化的关键所在。当前我国金融体制存在的突出问题是：资本市场发展滞后，直接融资比例偏低；城乡、区域金融发展不协调，"三农"、欠发达地区、中小企业融资难的问题比较突出；金融创新能力和竞争力不强，可持续盈利能力不高；国际收支平衡加剧，金融调控压力增大。

针对金融业发展存在的问题，党的十七大报告提出要"推进金融体制改革，发展各类金融市场，形成多种所有制和多种经营形式、结构合理、功能完善、高效安全的现代金融体系。提高银行业、证券业、保险业竞争力。优化资本市场结构，多渠道提高直接融资比重"。要按照这一要求，深化改革，推动金融业的发展。

建立多层次资本市场，既是金融改革的重点所在，也是难点所在。多层次资本市场的建立，不仅有利于企业拓展融资渠道，促进现代企业制度建设，还有利于分散资金过度集中在银行体系的风险。

一要加快发展债券市场。债券市场是我国资本市场中的一个薄弱环节，有很大发展潜力。要扩大企业债券发行规模，大力发展公司债券，完善债券管理体制、市场化发行机制和发债主体的自我约束机制，加快形成互通互联、集中监管的债券市场。国家重点建设项目、基础设施和重大科技工程可以通过发行建设债券筹集资金。

二要规范发展股票市场。要以解决体制性、机制性问题为重点，加强基础性制度建设。着力提高上市公司质量，改善上市公司整体结构，积极推进优质大型企业上市。健全上市公司自我约束机制，严格信息披露制度，加大透明度，增强投资者信心。要在进一步发展交易所主板市场，加快中小企业板市场建设的同时，积极推进场外交易市场建设。建立和完善不同市场间的转板机制。

三要继续加强资本市场监管。健全证券类金融企业公司治理、内部控制和风险防范机制，建立和维护公开、公平、公正的市场秩序，严厉打击非法发行股票和非法经营证券业务等违法违规活动，切实保护投资者尤其是中小投资者合法权益，促进资本市场持续健康安全发展。

在大力发展资本市场的同时，还要继续推进商业银行的股份制改造，使之成为真正的现代金融企业。要继续推进利率和汇率形成机制改革，逐步形成合理的基准利率和汇率水平。要积极稳妥地推进金融业对外开放，提高开放质量和水平，提高金融监管能力，保障金融稳定和安全。

与此相关，要按照建立市场引导投资、企业自主决策、银行独立审贷、融资方式多样、中介服务规范、宏观调控有效的新型投资体制的要求，进一步推进投资体制改革。近期的改革重点是，完善政府核准制，规范备案制，尽快出台政府投资条例，加快推行代建制，建立投资项目后评价制度、重点项目公示制度和责任追究制度。

（五）建立城乡一体化发展的体制机制保障。

党的十五届三中全会以来，特别是党的十六大以来，党中央坚持以邓小平理论和"三个代表"重要思想为指导，以科学发展观统筹经济社会发展全局，与时俱进地制定了加强"三农"工作的大政方针，形成了一系列"三农"工作的新理念、新思路，出台了许多新政策、新举措，我们对"三农"工作的认识更加深刻，经验更加丰富，要好好总结。另一方面也要看到，农业和农村发展面临着新挑战、新问题，需要进一步深化改革。深化农村改革，要坚持走中国特色现代农业道路，形成城乡一体化新格局。要稳定和完善家庭承包经营制度，促进土地承包经营权依法自愿有偿流转。建立健全农业科技和社会化服务体系，推动农业产业化和农村专业合作组织发展，促进分散农户和大市场的对接。进一步建立健全农业的支持和保护体系，加大补贴力度，完善补贴方式，提高补贴效率。深化农村金融改革，构建适应"三农"特点的多层次、广覆盖、可持续的农村金融体系。把基础设施建设和公共服务的重点转向农村。建立健全既体现城乡一体、又反映农村特点的农村社会保障制度，合理配置城乡教育、科技、文化、卫生等资源，创新缩小地区差别、统筹城乡发展的管理体制。

（六）推进社会体制改革。

党的十六届六中全会首次提出了"社会体制改革"的概念，党的十七大对社会体制改革作出了全面部署。深化社会体制改革，是推进"四位一体"改革的重要组成部分，直接关系到社会主义和谐社会的建立。

当前，我国社会体制改革比较滞后，需要破解的难点问题很多。要从国情和现阶段特点出发，积极探索社会体制改革的有效途径。一是深化就业体制改革。要坚持实施积极的就业政策，加强政府引导，完善市场就业机制，改善创业和就业环境。完善支持自主创业、自谋职业政策，使更多劳动者成为创业者。健全面向全体劳动者的职业教育培训制度，加强农村富余劳动力转移就业培训。建立统一规范的人力资源市场，形成城乡劳动者平等就业的制度。二是完善按劳分配为主体、多种分配方式并存、各种生产要素按贡献参与分配的收入分配制度。要规范收入分配秩序，加大调节力度，扩大中等收入者比重，提高低收入者收入水平，调节过高收入，取缔非法收入。三是推进社会保障体制改革。完善企业职工基本养老保险制度，逐步做实个人账户，逐步扩大社会保险覆盖面，稳步提高统筹层次。完善失业、医疗、工伤、生育等社会保险制度，健全城乡最低生活保障制度。四是以人人享有基本医疗卫生服务为目标，坚持公共医疗卫生的公益性质，按照政事分开、管办分开、医药分开、营利性与非营利性分开的原则，深化医药卫生体制改革，为广大群众提供安全方便、有效合理的公共卫生和基本医疗服务。五是继续推进教育体制改革，促进教育公平。按照普及义务教育、扩大高中教育、发展高等教育、大力发展职业教育和继续教育的方向，完善现代教育体系，深化教育管理体制和投入体制改革。六是健全城镇住房建设体制和供应结构，完善城镇住房保障体系，有步骤地解决低收入家庭的住房困难。七是继续深化事业单位改革，加快推进制度创新，建立健全公共服务体系。创新基层社会管理体制，完善社区综合服务功能。

（七）推进涉外经济体制改革。

随着我国对外经济关系的发展，国内外经济联系日益紧密，相互影响不断加深，经济利益互相交织。我们必须统筹国内国际两个大局，完善开放型经济体系，更好利用国际国内两个市场、两种资源，积极应对各种风险与挑战。

要加快转变外贸增长方式，立足以质取胜，调整和优化进出口结构，促进加工贸易转型升级，大力发展服务贸易，合理进口国内短缺的技术、设备、资源等产品。进一步提高吸收外资的质量和水平，更好地吸收国外先进技术、管理经验、高素质人才和资金。完善支持企业对外投资合作的财税、信贷、外汇、保险等政策，支持有条件的企业积极开展国际化经营。适应开放型经济的要求，建立统筹内外经济的调控和应对机制，更好地处理国内发展与对外开放的关系，把握关键领域和敏感行业对外资开放的程度，防范国际经济风险，维护国家经济安全。

在 2008 年全国经济体制改革工作会议上的讲话

孔泾源

这次全国经济体制改革会议，是在时值我国改革开放 30 周年召开的一次重要会议。杜鹰同志的重要讲话，总结了 30 年改革开放的辉煌成就，分析了当前和今后一个时期的改革发展形势，对今后的改革工作作出了部署，提出了要求，有很强的指导性和针对性。我们要深刻领会，认真贯彻落实。下面，我就 2007 年的改革工作和 2008 年的改革任务讲几点意见。

一、当前的经济形势

改革开放，说到底，是为了促进又好又快发展，提高综合国力，改善人民生活。从事改革工作的同志，必须时刻关注宏观经济形势，既要把握经济运行的基本面，又要看到其中的体制性矛盾和问题，根据科学发展的要求，有针对性地推进各项改革，真正做到"发展出题目，改革做文章"。2008年以来，尽管部分地区遭遇低温雨雪冰冻灾害，美国次贷危机也对我国经济发展产生一些影响，但各地各部门在党中央国务院的正确领导下，战胜了各种困难，保持了经济社会平稳较快发展。

（一）经济运行开局总体良好。

一是粮食生产基本稳定。农业灾后重建积极推进，春耕生产势头较好。预计全年粮食播种面积将达到15.8亿亩，与2007年基本持平。目前粮食主产区长势普遍较好，夏粮丰收在望。二是工业生产灾后迅速恢复。煤电运支撑条件明显改善，受损电力设施已经修复，直供电厂存煤基本处于正常水平。1—4月份，规模以上工业增加值增长16.3%，比前两个月提高0.9个百分点。三是主要总量指标增长偏快的势头得到初步控制。1—4月累计，出口增幅同比回落6个百分点，进口增幅提高8.8个百分点，顺差同比减少53亿美元。一季度全社会固定资产投资增长24.6%，增幅同比提高0.9个百分点，但由于投资品价格上涨较快，实际增幅同比回落了6.2个百分点。前四个月新增人民币贷款同比少增472亿元。四是经济增长的效益和质量继续提高。1—4月累计全国财政收入增长29.4%，同比增收5182亿元。一季度，单位GDP能耗降低2.62%，降幅同比扩大0.56个百分点。六大高耗能行业工业增加值增幅比上年同期回落5.87个百分点。五是新增就业稳定增加，城乡居民收入继续提高。一季度，全国城镇新增就业303万人，完成全年目标的33%。城镇居民人均可支配收入和农民人均现金收入实际分别增长3.4%和9.1%。在消费持续快速增长的情况下，市场供应保持平稳，基本没有出现断档脱销，低收入群体的基本生活得到了较好保障。

（二）经济运行中的矛盾和问题也很突出。

一是物价上涨压力加大。1—4月份，CPI增长8.2%，涨幅同比提高5.4个百分点。从目前来看，粮食和流通环节生产资料价格仍是推动物价上涨的主要因素。从发展趋势看，还会有多重因素共同推动价格上涨：一是国际市场原油、铁矿石、食用植物油和粮食等初级产品价格会继续上涨，输入型通胀因素大大增加；二是国内劳动力、土地、资金等要素价格和环保成本已经进入上升通道，成本推动压力越来越大。目前企业自我消化新增成本的能力在下降，价格上涨压力已经开始向下游产品和消费者传导。二是国际市场变化对我国的不利影响开始显现。目前美国次贷危机还在继续蔓延，美元持续贬值，全球通胀压力加大，世界经济增长放缓已成定局。受外部需求回落影响，我国出口增速总体放缓。其中，一季度对美国出口的增速大幅回落了15个百分点。此外，受中美利差扩大、人民币升值预期较强等多种因素影响，境外资金快速流入，不仅加大了国内流动性矛盾，也增加了国内资本市场的潜在风险。三是工业生产利润增幅有所回落。前两个月，受人民币升值较快、原材料价格上涨等因素影响，企业亏损数量同比增长8.5%，亏损企业亏损额增长

97.9%，规模以上工业实现利润增长 16.5%，比上年同期回落 27.36 个百分点。四是资本市场持续振荡下行。截至 4 月中旬，上证综指比上年末累计跌幅达三分之一，两市市值大幅缩水。股市继续下行或大幅振荡，不仅会影响金融体系的平稳运行，甚至在一定程度上会影响社会稳定。

总的来看，当前经济运行面临着十分复杂的局面，经济增长趋势存在两种可能：一方面，外部需求下降、生产成本上升以及出口环节政策调整等因素会导致经济加速回落；另一方面，制造业和房地产投资增长依然强劲，加上灾后重建因素，存在投资反弹的可能。对此，我们要做好两手准备，既要防衰退，又要防反弹。要在继续贯彻"双防"方针的同时，充分认识当前经济运行中存在的体制机制问题，有针对性地加大对重点领域和关键环节的改革力度，不断改善和优化经济运行的体制环境，确保又好又快发展。

二、2007 年改革主要进展

2007 年，在党中央、国务院的正确领导下，各地各部门以科学发展观为指导，围绕解决经济社会发展中的深层次体制问题，进一步加大了改革的力度，使一些关系经济社会发展全局的改革取得新的突破。

（一）党中央、国务院高度重视改革，始终站在时代前列领导、谋划和推动改革。

党的十七大高度评价了改革开放的伟大历史作用，明确指出"改革开放符合党心民心、顺应时代潮流，方向和道路是完全正确的，成效和功绩不容否定，停顿和倒退没有出路"；2007 年年底召开的中央经济工作会议也指出，改革始终是推动经济社会发展的强大动力，过去取得的成就靠改革，今后的发展仍然要靠改革。这一系列重要论断，进一步统一了思想，指明了方向，坚定了全党全国人民在新时期继续推进改革的信心和决心。2007 年，中央政治局会议、国务院常务会议多次专题研究改革问题，对金融改革发展、文化服务体系建设、国有资本经营预算制度、取消和调整行政审批事项、企业所得税改革、城镇居民基本医疗保险试点、农村最低生活保障制度、社会保险法、就业促进法等重大改革问题进行研究部署，有力地推动了重点领域和关键环节的改革。

（二）各地区、各部门围绕发展抓改革，推动各领域改革取得新进展、新突破。

一是国有企业改革步伐加快，基本经济制度进一步巩固。一批中央企业实现重组。国有企业公司制股份制改革继续推进，国有独资企业董事会试点取得积极进展。国有资本经营预算制度建设取得突破。电信、电力、邮政、铁路等垄断行业和公用事业改革继续深化。个体、私营等非公有制经济发展的体制环境继续改善。

二是生产要素市场化程度稳步提高，现代市场体系继续完善。资本市场方面，创业板市场建设的总体方案已获国务院批准。土地市场方面，经营性用地招标、拍卖、挂牌出让制度进一步完善；被征地农民社会保障工作有了新的进展；土地督察制度全面落实。劳动力市场方面，部分省（区、市）户籍管理制度改革稳步推进；27个城市开始进行统筹城乡就业试点；劳动合同制度三年行动计划继续推进。

三是财税、金融、投资体制改革加快推进，宏观调控体系进一步健全。大部分省份进行了"省直管县"财政管理体制改革试点和"乡财县管"财政管理方式改革。新的《企业所得税法》从2008年起实施，内外资企业所得税开始统一。提高个人所得税工资薪金所得费用减除标准的方案已经实施。增值税转型改革试点范围继续扩大。农业银行改革基础性工作取得较大进展。金融机构综合经营试点稳步推进。利率市场化改革继续推进，人民币汇率形成机制进一步完善。外汇管理体制改革继续深化。投资项目核准制和备案制进一步完善，政府投资行为进一步规范。

四是促进资源节约和环境保护的体制机制不断完善。调整了成品油和天然气价格，向理顺油气价格关系迈出重要一步。在太湖流域开展了水污染物排污权有偿使用和排污交易试点。8个产煤省份开展了煤炭资源有偿使用制度改革试点。新修订的《节约能源法》2008年4月1日起开始实施；节能减排统计监测及考核实施方案和办法出台。

五是社会体制改革向纵深推进，统筹经济社会协调发展迈出坚实步伐。收入分配制度方面，劳动力市场工资指导价位制度继续完善，绝大多数中心城市发布了工资指导价格。地方性工资法规和工资保证金制度建设步伐加快。公务员工资制度改革和事业单位收入分配制度改革全面落实。社会保障制度方面，13个省份实现城镇职工基本医疗保险省级统筹，8个省份开展了做实基本养老保险个人账户试点。国务院发布《关于开展城镇居民基本医疗保险试点的指导意见》，首批79个城市开展了试点。最低生活保障制度在全国城乡全面建立。住房保障制度建设进程加快。教育、卫生方面，农村义务教育经费保障新机制得到全面落实，在全国农村实现义务教育全免费。深化医药卫生体制改革的指导意见基本形成。新型农村合作医疗制度建设步伐加快，已由试点转向全面推进。文化体制方面，30个省份制定了文化体制改革的实施方案，18个省份出台了深化改革、加快发展的配套政策；出版发行体制改革继续推进。

六是农村改革继续深化，统筹城乡发展的体制机制不断完善。农村综合改革全面推进，2007年安徽等9个省份在全省范围内开展试点，其他省份扩大了试点范围；农村义务教育"普九"债务清理化解试点工作启动；农村土地流转合同制和登记备案制在各地逐步建立；农村信用社改革继续深化，省级管理机构全部组建完成；调整放宽农村地区银行业金融机构准入政策由部分地区试点扩大到全国31个省

（区、市）。由中央财政支持的吉林等 6 个省区的政策性农业保险试点全面展开。集体林权制度改革取得积极成效，福建等 4 个省主体改革任务基本完成，全国已完成林改的集体林地面积达 6.1 亿亩。

七是对外开放体制不断完善，开放水平进一步提高。清理和规范"奖出限入"政策措施、调整部分"两高一资"产品出口退税率、出口关税税率等措施取得明显效果。《外商投资产业指导目录》修订完成。《关于鼓励和规范企业对外投资合作的意见》和《境外投资"十一五"规划》发布。大型海外并购部际联席会议机制建立，对外投资协调机制进一步完善。

（三）各级发展改革部门围绕发展推进改革，进一步加大了对改革的总体规划和指导推进力度。

一是切实做好改革的总体指导和跟踪检查。2007 年 6 月，国务院办公厅转发了我委《关于 2007 年深化经济体制改革工作的意见》，对各领域体制改革工作作出具体安排，进一步明确改革重点，落实改革责任，部署了 8 个方面、30 项改革任务，明确了 37 个牵头部门。全国一半左右的省区市也都结合自身实际制定了改革意见或要点，用以规划或指导本地的年度改革工作。2007 年 8 月底和 9 月初，我委两次召开部分省、区、市经济体制改革工作座谈会，检查年度改革意见落实情况，对各地方改革进展情况进行总结交流和跟踪推进。年底，我委还专门就《意见》的落实情况向国务院作了书面报告。从实施和落实情况来看，《意见》对面上的改革起到了指导作用，对各部门改革起到了有效的推动作用。

二是进一步强化统筹协调机制。2007 年我委起草并发布了《发展改革部门综合改革工作机构改革信息工作管理办法（暂行）》和《我委办公厅关于印发各部门经济体制改革工作联络员名单的通知》，强化与各地各部门协调推进改革的工作机制。我委全年共组织了 5 次由有关部门、地方发展改革委和专家参加的改革形势分析会，了解改革情况，交流改革信息，协调解决推进改革中出现的问题。一些地方和部门也采取各种方式不断地理顺工作关系、健全工作机制，取得了积极的成效。

在充分肯定 2007 年改革工作成绩的同时，我们也要清醒地认识到，目前我国经济社会发展中一些长期存在的深层次体制问题仍然没有得到完全解决，影响生产力发展的体制性障碍依然存在，特别是改革越往深层次推进，难度也越来越大。有些改革虽然呼声很高，但至今没有起步。有些改革虽然已经起步，但进展缓慢，缺乏实质性突破。有些改革还没有形成稳定的工作机制，缺乏行之有效的措施。这些都是在今后的改革工作中需要重点解决的问题。

三、2008 年改革重点任务

2008 年是全面贯彻落实党的十七大精神的第一年，也是改革开放 30 周年，做好 2008 年的经济体制改革工作，意义十分重大。按照党的十七大精神、中央经济工作会议和政府工作报告的部署，2008 年深化改革的总体要求和主要任务是：以邓小平理论和"三个代表"重要思想为指导，深入贯彻落实科学发展观，围绕转变经济发展方式和建设和谐社会，在行政管理、财税金融、国有企业、要素市场、社会事业等领域加大改革力度，进一步完善社会主义市场经济体制，着力构建充满活力、富有效率、更加开放、有利于科学发展的体制机制，为推动科学发展、促进社会和谐提供强大动力和体制保障。

（一）加快行政管理体制改革，建设服务型政府。要按照国务院机构改革方案要求，推进政府机构改革，建立权责一致、分工合理、决策科学、执行顺畅、监督有力的行政管理体制。继续推进政企分开、政资分开、政事分开、政府与市场中介组织分开，规范行政行为，减少和规范行政审批，减少政府对微观经济运行的干预，强化社会管理和公共服务，切实转变政府职能。

（二）深化财税、金融、投资体制改革，完善宏观调控体系。财税体制方面，以深化预算制度改革、完善转移支付制度和省以下财政体制改革为重点，启动新一轮财税体制改革。围绕推进基本公共服务均等化和主体功能区建设，完善公共财政体系。实施新的企业所得税法，制定相关配套政策。推进资源税制度改革。研究建立综合与分类相结合的个人所得税制度。研究制定在全国范围内实施增值税转型改革的方案。金融体制方面，推进农业银行股份制改革和国家开发银行改革，研究制定进出口银行和农业发展银行改革方案。推进利率市场化改革，深化人民币汇率形成机制改革，完善反洗钱工作协调机制，加快存款保险制度建设，健全金融调控和金融监管体系。投资体制方面，深入推进政府投资体制改革，尽快出台政府投资条例，健全中央预算内投资管理制度，开展中央预算内投资项目公示试点工作。继续完善企业投资项目核准制和备案制。

（三）推进国有企业改革和非公有制经济发展，完善基本经济制度。深化国有企业改革，加快中央企业调整重组步伐，推动重点行业企业布局结构调整和联合重组。建立健全国有资本结构优化和战略性调整机制，促进国有资本向关系国家安全和国民经济命脉的重点行业、关键领域和基本公共服务领域转移。加快推动中央企业股份制改革。继续推进铁路、盐业、电力、城市供水、供气、供热等垄断行业和公用事业改革。制定并完善《国务院关于鼓励支持和引导个体私营等非公有制经济发展的若干意见》相关配套政策，放宽和规范非公有制经济在市场准入、财政税收、信用担保和金融服务等方面的政策措施，促进非公有制经济发展。

（四）健全要素市场体系，更好发挥市场配置资源的基础性作用。资本市场方面，继续引导优质大型企业上市，壮大主板市场；发展中小企业板市场；启动创业板市场。修订企业债券管理条例，扩大企业债券发行规模。土地市场方面，继续推进征地制度改革，完善征地补偿办法，切实维护被征地农民的合法权益。完善经营性土地和工业用地出让制度，理顺土地价格形成机制。推进城镇建设用地增加与农村建设用地减少相挂钩、城镇建设用地增加规模与吸纳农村人口定居规模相挂钩的试点工作。人力资源市场方面，整合人才市场和劳动力市场。做好《就业促进法》和《劳动合同法》实施工作。积极稳妥推进户籍制度改革，以具有合法固定住所为基本前提，调整户口迁移政策，允许符合条件的农村居民在城市落户。价格改革方面，进一步理顺成品油、天然气价格；落实差别电价、小火电降价、脱硫加价政策；完善促进可再生能源发展的电价机制；研究制定独立的输、配电价。

（五）加快推进社会领域体制改革，完善公共服务体制。择机出台深化收入分配制度改革的指导意见。改革国有企业工资总额管理办法，加强对垄断行业企业工资监管。研究制定控制国有企业内部收入差距扩大的政策措施。健全最低工资标准调整机制，建立企业职工工资正常增长机制和支付保障机制。指导各地完善工资保证金制度和工资支付重点监控制度。推行企业工资集体协商制度。颁布实施企业工资条例。继续扩大城镇职工基本养老、基本医疗等社会保险覆盖范围，推进做实基本养老保险个人账户工作。积极推进事业单位工作人员养老保险制度改革试点。探索建立农村养老保险制度，鼓励各地开展农村社会养老保险试点。研究制定全国统一的社会保险关系转续办法。进一步扩大城镇居民基本医疗保险试点范围。落实廉租住房和经济适用住房制度，完善住房公积金制度。出台深化医药卫生体制改革的意见及相关配套文件，适时启动试点工作。在全国农村全面推行新型农村合作医疗制度。健全义务教育经费保障机制，从秋季学期开始全面免除城市义务教育学杂费，认真落实保障经济困难家庭、进城务工人员子女平等接受义务教育的措施。推进经营性文化事业单位转企改制，完善扶持公益性文化事业、发展文化产业、激励文化创新等方面的政策。

（六）深化农村改革，增强农业和农村经济发展活力。继续推进农村综合改革，进一步扩大试点范围。开展化解农村义务教育"普九"债务试点。加快推进农村地区金融机构准入政策试点工作；发展信用贷款和联保贷款，培育小额信贷组织，建立符合农村特点的担保机制，推进农村金融改革和创新。扩大农业保险范围，做好政策性农业保险试点工作。全面推进集体林权制度改革，稳步推进国有林场改革和重点国有林区林权制度改革试点。

（七）深化涉外经济体制改革，提高开放型经济水平。完善外贸管理体制，健全鼓励先进技术设备、重要能源原材料和关键零部件及元器件进口的政策措施，完善出口退税、进出口关税和加工贸易政策。简化外商投资审批程序，下放审批权限；贯彻实施新的外商投资产业指导目录；创新外商投资方式，允许符合条件的外商投资企业在境内上市，健全外资并购安全审查机制。扩大服务外包鼓励政策的试点范围。完善对外投资管理体制，鼓励银行、保险机构创新金融品种，发展境内外币债券市场，为对外投资合作提供信贷、保险等金融支持。

为有效推进 2008 年的改革工作，针对以上改革任务，我们要分门别类、有步骤地加以推进。一是对已经出台的改革方案、已经启动的改革任务，要周密组织实施和不断深化完善。比如，促进非公有制经济发展，"非公 36 条"已出台三年，2008年要继续制订完善相关配套政策措施，切实抓好政策的落实。国有资本调整和国有企业重组，2008 年要力争再对一批中央企业进行重组。土地有偿使用制度改革，《国务院关于促进节约集约用地的通知》（国发〔2008〕3 号）已明确部署，2008 年要重点推行国家机关办公用地、基础设施及各类社会事业用地有偿使用制度。新型农村合作医疗制度，2007 年已覆盖全国 86% 的县市区，2008 年要在全国农村全面推行，并逐步提高筹资标准。二是对条件已经具备、2008 年可以启动的改革，要平稳出台改革方案、迈出实质性步伐。比如，财税体制改革，温家宝总理在 2008 年"两会"的记者招待会上将它作为本届政府的一项重要任务专门提出来，说明现在已到了非改不可的时候，急需迈出实质性步伐。农业银行股份制改革，基础性工作已取得较大进展，2008 年要推进财务重组和设立股份公司的工作。创业板市场和股指期货，相关制度和技术准备已基本完成，2008 年要在条件成熟时择机推出。资源税改革，有关调整改革资源税征收方式和提高税率的方案已获国务院批准，2008 年要稳步推进实施。集体林权制度改革，前几年成功进行了试点并取得重要经验，2008 年要在全国范围内全面推进。三是对尚未出台方案或条件尚不成熟、还不宜全面推开的改革，要加强调研、完善方案、积极试点。比如，资源价格改革，由于目前物价上涨仍处于高位，还不宜全面推开，要重点做好方案的制定和完善工作。铁路体制改革和盐业体制改革，已经研究了好几年，2008 年要抓紧制定并争取出台方案。燃油税改革，要进一步完善方案，适时择机推出，等等。

四、做好 2008 年改革工作的要求

各地各部门从事体制改革工作的同志要认真学习、深刻领会党的十七大对新时期改革发展工作提出的新思想新要求，贯彻落实到各项具体改革工作中去，并注意以下几个方面的问题。

（一）加强对总体改革的统筹规划。

当前是我国改革发展的关键时期，所面临的改革任务大多涉及面宽、触及利益层次深、风险比较大，因此，对改革进行总体规划和统筹安排就显得尤为重要。从事改革工作的同志首先要全面贯彻党的十七大精神，高举中国特色社会主义伟大旗帜，保证改革沿着正确的方向前进；其次，要准确把握市场经济的基本规律，科学

综合篇

分析制约当地经济社会发展的体制机制问题，在充分征求和听取各方面意见的基础上，提出改革任务，研究制定本地区改革的年度意见和工作要点；再次，要围绕重点领域和关键环节的改革任务，深入开展调查研究，充分借鉴吸收发达国家和发达地区的经验做法，精心设计和周密论证改革方案；最后，要将各项改革任务落实到具体责任部门，做到通盘考虑，精心部署，突出重点，稳步推进。

由我委牵头起草的《关于 2008 年深化经济体制改革的工作意见（征求意见稿）》，作为会议文件已分发给与会同志参阅，请大家提出修改意见，并根据国家 2008 年对改革的总体安排，结合实际，认真研究，制定本地区改革的年度意见、工作要点和实施计划。

（二）加强对改革工作的指导推进。

第一，建立健全统筹协调机制。统筹协调机制是做好统筹协调工作、形成改革合力的重要手段，不一定要拘泥于特定形式，但必须务实有用、运转有力、协调有效。已经初步建立统筹协调机制的地方，要继续改进和完善，使之切实发挥作用。还没有建立起统筹协调机制的地方，要充分利用纪念改革开放 30 周年的有利时机，积极争取当地党委、政府的支持，尽快理顺工作关系，建立健全工作机制，把好的思路、好的部署、好的措施落到实处。

第二，加强指导和协调。目前，大多数改革任务都是以具体主管部门为主实施和推进，可能会造成部门利益或多或少地渗透到改革方案之中，容易导致专项改革方案之间、政策措施之间的矛盾与掣肘。对此，各级发展改革部门要从全局的高度通盘考虑，加强对重点领域和关键环节改革的业务指导，积极推动和协助有关部门正确提出改革原则和改革思路，抓好专项方案、措施之间的衔接工作，保障改革顺利实施。对改革中出现的重大问题，要及时报告并研究提出相应的解决办法。

第三，加强跟踪督促。要通过多种途径和形式，了解掌握各项改革的进展情况，及时发现解决问题、交流沟通经验、总结推广成果，确保各项改革任务平稳推进。各部门要定期向发展改革部门通报改革进展情况。2008 年我委将不定期召开各部门参加的改革形势分析会和地方发展改革部门参加的调研座谈会，对面上改革和重大专项改革进展情况进行跟踪和督促，并向国务院报告。

（三）积极稳妥推进综合配套改革试点。

2007 年，经国务院同意，我委先后批准重庆市、成都市设立全国统筹城乡综合配套改革试验区，批准武汉城市圈和长株潭城市群为全国资源节约型和环境友好型社会建设综合配套改革试验区。加上上海浦东新区、天津滨海新区和深圳经济特区，目前共有七个国家级综合配套改革试验区。上海浦东新区的试点工作已进行了三年，取得了不少成果和经验；天津滨海新区试点总体方案近期已获国务院批准，相关改革已逐步展开，下一步要全面推进；重庆市、成都市、武汉城市圈及长株潭城市群的改革试点总体方案正在抓紧制定和完善中。

按照国务院有关要求，近期主要工作是重点做好现已批准的改革试验区的工作。主要是：对上海浦东新区和天津滨海新区的试点经验进行总结推广，并就继续深化试点提出方案；做好重庆、成都、武汉城市圈和长株潭城市圈试点总体方案的研究制定、论证审批等工作。同时，我们正在研究制定相关工作意见，按照统一指导与分级管理相结合的原则，对国家级试验区提出明确的工作要求。此外，还计划适时召开综合配套改革试点工作会议，交流试点经验，完善试点方式，推广试点成果。

目前，各地申请开展国家级综合配套改革试点的积极性很高，也有些省份根据自身情况，围绕制约本地经济社会发展的深层次体制机制问题，选择符合条件的地区，进行了不同主题、不同层次的自主试点。对此，我委密切关注，并将按照国家有关政策进行积极的协调指导和支持。希望各地在自主试点的过程中，加强与国家有关部门的协调沟通，既要尊重广大群众的首创精神，充分发挥创新积极性，又要依法有序推进。建立改革风险预控和纠偏机制，积极、稳妥地开展试点工作。

（四）做好改革开放 30 周年纪念宣传工作。

各地各部门要充分认识纪念宣传活动的重要性，根据中央统一部署，联系党和国家工作全局，对改革开放 30 年的伟大历程、辉煌成就和宝贵经验进行深入总结和系统宣传。在具体工作中要注意以下几点：一要把握正确导向。纪念宣传活动要坚持团结稳定鼓劲、正面宣传为主，坚定自觉地与以胡锦涛同志为总书记的党中央保持高度一致，在事关政治原则、政治立场、政治方向问题上始终头脑清醒、旗帜鲜明。对涉及意识形态领域的复杂问题，要严格按照中央有关方针慎重处理；对社会关注程度高、直接关系人民群众切身利益和改革发展稳定大局的社会热点问题，要稳妥把握和引导，防止片面性、简单化。坚决防止极少数人肆意歪曲和否定改革开放、中国特色社会主义和党的路线方针政策，坚决防止境内外敌对势力借机造谣滋事、蛊惑人心。二要突出思想内涵。要按照解放思想、实事求是的要求，对新时期最鲜明的特点、最显著的成就、最突出的标志和取得的宝贵经验，组织丰富多彩的纪念宣传活动，采取多样化的手段，努力增强纪念宣传活动的吸引力、感染力。要认真听取、充分吸收社会各方面对重大改革举措的意见和建议，把征求民意的过程，变为凝聚智慧、统一思想、达成共识的过程。三要精心组织安排。各地各部门要充分认识改革开放 30 周年纪念宣传的重要意义，切实把这项工作摆上重要位置，列入工作日程。要落实工作责任，明确工作任务和时间进度，加强督促检查。要严格按照中央有关文件要求，厉行节俭、务求实效，坚决防止形式主义和铺张浪费。

同志们，改革开放已走过 30 年的历程，社会主义市场经济体制已初步建立，经济社会发展取得了举世瞩目的成就。但是，目前我国仍处于改革攻坚阶段，经济、政治、文化、社会等领域体制改革的任务仍很艰巨。要以隆重纪念改革开放 30 周年为契机，在全社会统一思想、凝聚共识，形成强劲的改革动力和浓厚的改革氛围，进一步解放思想，提高认识，扎实做好 2008 年的改革工作，以实际行动纪念改革开放 30 周年！

在经济体制改革座谈会上的讲话

孔泾源

2008 年是改革开放 30 周年，是全面贯彻党的十七大精神的第一年，是落实"十一五"规划的承上启下之年。做好当前和今后一个时期的经济体制改革工作，任务艰巨，责任重大，意义深远。这次召开经济体制改革片会，旨在分析当前和今后一个时期的改革形势，研究 2008 年四季度和明年的改革工作，讨论新形势、新职能、新机构下做好改革工作的新思路、新要求。下面，我讲四个问题。

一、关于 30 年经济体制改革的历程、成就和经验

改革是任务极其艰巨的长期历史过程，改革工作者必须以历史的眼光审视和把握改革，这样才能站得高、看得远。前不久，国家发展改革委党组会议讨论了 30 年经济体制改革的历程、成就、经验、理论启迪和展望，并以委的名义向中宣部提交了纪念改革开放 30 周年专题论文。

（一）"三个阶段"。

以社会主义市场经济体制的探索、建立和完善为基本线索，我国的改革开放可以分为以下三个阶段：一是从 1978 年党的十一届三中全会到 1992 年邓小平同志南方谈话和党的十四大，为"目标探索"阶段，即探索改革开放的目标；二是从 1992 年邓小平同志南方谈话和党的十四大到本世纪初，为"框架构建"阶段，即构建社会主义市场经济体制的基本框架；三是从党的十六大宣告我国"社会主义市场经济体制初步建立"以来，为"体制完善"阶段，即全面完善社会主义市场经济体制。按照党的十六届三中全会《决定》精神，这一阶段，至少将持续到 2020 年。这一阶段改革开放的总体任务是，以科学发展观为指导，全面完善社会主义市场经济体制，从以经济体制改革为主到经济、政治、文化、社会体制改革协同推进。

（二）"五大成就"。

30 年的改革开放，我国成功实现了从高度集中的计划经济体制到充满活力的社

会主义市场经济体制、从封闭半封闭状态到全方位开放的伟大历史转折，取得了五个方面的巨大成就。

第一，实现了经济体制的根本性转变，社会主义市场经济体制已经初步建立并不断完善。经过30年的努力，我国形成了社会主义初级阶段的基本经济制度，市场主体充分发育，所有制结构不断完善；确立了市场在资源配置中的基础性地位，现代市场体系基本形成；形成了以国家规划计划、产业政策为导向，财政政策和货币政策等相互配合、协调运用的宏观调控体系；形成了按劳分配为主体、各种生产要素按贡献参与分配的收入分配制度和兼顾公平与效率的社会保障制度；形成了全方位、宽领域、多层次的对外开放格局和比较完善的开放型经济体系；适应社会主义市场经济要求的行政管理体制基本建立。

第二，极大地解放和发展了生产力，经济实力和综合国力显著增强。从1978年到2007年，我国经济快速增长。GDP年均增长9.8%，总量由世界第11位跃居第4位；财政收入从1000多亿元增长到5.13万亿元；外汇储备从1.67亿美元增长到近1.53万亿美元，跃居世界第1位；对外贸易总额从206.4亿美元增长到2.17万亿美元，跃居世界第3位；累计实际利用外商直接投资7754.2亿美元，居世界第2位；主要农产品和工业品产量已多年位居世界第1位。经济结构不断优化。三次产业占GDP的比重分别由28.2%、47.9%和23.9%转变为11.3%、48.6%和40.1%；三次产业就业结构从70.5%:17.3%:12.2%转变为40.8%:26.8%:32.4%；全员劳动生产率由人均917元提高到24246元；万元GDP能耗从15.7吨标准煤下降到1.16吨标准煤。自主创新能力不断提高，高新技术产业不断发展壮大。城乡二元结构逐步改变，城镇化水平从17.9%提高到44.9%。生产力布局不断调整，区域经济发展的协调性逐步增强。

第三，人民群众的物质文化生活水平大幅度提高，改革开放的成果惠及全体人民。从1978到2007年，城镇居民家庭人均可支配收入由343元提高到13786元，农村居民家庭人均纯收入由134元提高到4140元，均实际增长了6倍以上，人民生活从温饱不足发展到总体小康，农村绝对贫困人口从2.5亿人减少到1479万人。城乡家庭的恩格尔系数，分别从57.5%和67.7%下降到36.3%和43.1%。城市人均住宅建筑面积和农村人均住房面积，分别从$6.7m^2$和$8.1m^2$增加到$27.1m^2$（2006年）和$31.63m^2$，人民生活从以"吃穿"为重点向以"住行"为重点的多层次消费转变。国民人均受教育年限提高到8.5年以上，新增劳动力平均受教育年限达到10年以上。

第四，社会事业全面进步，精神文明和民主法制建设得到长足发展。覆盖城乡的义务教育体系全面建立，公共卫生体系和基本医疗服务不断健全，文化事业和文化产业共同发展的格局初步形成，体育事业蓬勃发展。社会主义核心价值体系深入

综合篇

人心，良好的思想道德风尚进一步弘扬。政治体制改革稳步推进，人民代表大会制度、中国共产党领导的多党合作和政治协商制度、民族区域自治制度不断巩固和完善，基层民主活力不断增强。与社会主义市场经济体制相适应，形成了以宪法为基础，包括230件法律、近600件行政法规、7000多件地方性法规的比较健全的法律法规体系。

第五，开创了中国特色社会主义道路，形成了中国特色社会主义理论体系。改革开放是发展中国特色社会主义的强大动力。30年来，我国从解放和发展生产力这一根本目的出发，立足于社会主义初级阶段的基本国情，把马克思主义基本原理同中国具体实践相结合，实现了社会主义基本制度与市场经济的有机结合，找到了以人为本、全面协调可持续的科学发展道路，推进了与社会主义市场经济相适应的经济、政治、文化和社会建设，成功地走出了一条中国特色社会主义道路，形成了中国特色社会主义理论体系。

（三）"十条经验"。

30年的经济体制改革，我国创造和积累了许多弥足珍贵的经验。这些经验揭示了改革开放的实践取向、成功动因与内在规律。党的十七大总结了我国改革开放"十个结合"的历史经验，经济体制改革的经验是这些经验的重要组成部分。

一是，正确处理继承和创新的关系，坚持解放思想、实事求是、与时俱进的思想路线，不断探索适合中国国情的经济体制和改革理论。把坚持马克思主义基本原理同推进马克思主义中国化结合起来，确立实践是检验真理的唯一标准，确立了社会主义基本经济制度和社会主义市场经济体制的改革目标，创立了中国特色社会主义理论体系。

二是，正确处理完善社会主义基本制度和发展市场经济的关系，坚持改革的社会主义方向和市场化取向。始终立足于社会主义基本制度，坚持市场化改革取向，自觉地调整生产关系和上层建筑中不适应生产力发展的环节和方面，推动社会主义制度在除弊立新中自我完善和不断发展。

三是，正确处理经济体制转轨与经济发展方式转变的关系，坚持围绕发展推进改革。始终把改革作为发展的动力，把体制机制创新和制度建设作为促进发展、转变发展方式的制度保障，不断创造发展的新优势，开创发展的新局面。

四是，正确处理政府与市场的关系，坚持把发挥市场机制基础性作用与完善宏观调控体系结合起来。不断创新体制机制，充分发挥市场在资源配置中的基础性作用，科学处理政府、市场、企业三者关系，加强和改善宏观调控，促进经济总量平衡和结构优化，维护社会公平，保持经济社会平稳较快发展。

五是，正确处理经济发展与改善民生的关系，坚持改革充分体现以人为本的要求。把促进经济社会发展、提高人民生活水平作为改革的出发点和落脚点，始终注重维护和增进人民群众的物质利益，努力使人民群众共享改革发展成果。

六是，正确处理改革、发展和稳定的关系，坚持改革的渐进探索、重点突破和有序推进。通过渐进改革方式，把改革的重点突破和整体推进有机结合起来，正确把握改革措施出台的时机和节奏，努力把改革的力度、发展的速度和社会可承受的程度统一起来，走出了一条成本低、震动小、成效大的成功改革之路。

七是，正确处理政府推动和群众首创的关系，坚持调动各方面推进和参与改革的积极性。把自下而上和自上而下推进改革结合起来，调动中央和地方推进改革的积极性，牢固确立人民群众的主体地位，充分尊重人民群众的首创精神和利益诉求，充分发挥人民群众参与改革的积极性和创造性。

八是，正确处理从国情出发和借鉴国外经验的关系，坚持体制改革和对外开放的有机结合、协同推进。通过体制改革，改善对外开放的条件和环境，提升对外开放的广度和深度。通过对外开放，充分借鉴国外发展市场经济的有益经验，充分利用国外资金、市场、技术、资源和智力，破除不适应市场经济发展和国际商务规则的体制弊端，不断推动体制改革的深化，使改革与开放相互促进，相得益彰。

九是，正确处理探索和规范、破旧和立新的关系，坚持实践探索、理论创新和制度建设的有机统一。始终坚持实践第一的观点，通过改革开放鲜活的实践，推动理论创新和制度创新，使新的体制机制不断建立健全，并走向规范化、制度化和法制化。

十是，正确处理经济体制改革和全方位改革的关系，坚持改革的总体指导、统筹协调和综合配套。改革开放是极其错综复杂的社会系统工程。在实践中，我国注重微观经济改革和宏观经济改革、经济领域改革和社会领域改革、农村改革和城市改革、经济体制改革和政治、文化、社会体制改革相协调，有力推动了社会主义市场经济体制乃至社会主义基本制度的建设。

30 年的历程、成就和经验充分证明，改革开放是决定当代中国命运的关键抉择，是发展中国特色社会主义、实现中华民族伟大复兴的必由之路。

二、关于"十一五"以来经济体制改革的主要进展和"十二五"深化改革的形势与任务

2008 年是落实"十一五"规划的承上启下之年。2007 年底，中央经济工作会议提出要"对今后几年体制改革作出总体规划，及早研究并提出重要领域和关键环节的改革方案"的要求。目前，国家发展改革委正在进行"十一五"规划的中期评估工作，并已启动"十二五"规划的前期研究。

（一）全面总结"十一五"规划的落实情况。

"十一五"规划既是发展的规划，也是改革的规划。规划除第八篇专门部署"深化体制改革"外，在其他各篇也提出了相关改革任务。近三年来，按照规划要求，以转变政府职能和深化企业、财税、金融等改革为重点，我国经济体制改革全面推进，社会主义市场经济体制继续完善。

在"着力推进行政管理体制改革"方面：一是政府职能进一步转变。政企、政资、政事、政府与中介组织分开继续推进，政府社会管理和公共服务职能进一步强化。事业单位分类改革继续深化，社会领域的一批经营性事业单位实行了转企改制。有关部门出台了多个文件，规范事业单位资产管理和人事、分配制度。人力资源和社会保障部牵头在五省市进行事业单位养老保险改革试点。2007 年，国务院发布《关于加快推进行业协会商会改革和发展的若干意见》，部署行业协会商会改革。二是政府机构改革进一步深化。党的十七届二中全会通过《关于深化行政管理体制改革的意见》，对深化行政管理体制改革作出总体部署。2008 年初，国务院启动新一轮政府机构改革，探索实行职能有机统一的大部门体制。围绕完善省以下行政管理体制，党中央、国务院出台了地方机构改革的意见，地方政府加大了县乡机构改革以及扩大县、镇管理权限的力度。三是政府管理方式继续完善。进一步清理、减少和规范行政审批，国务院各部门新取消和调整了 188 项行政审批项目。新一届政府发布《国务院工作规则》，大力健全科学民主决策机制。推进政务公开和网上办公，政府新闻发布制度普遍建立，电子政务总体框架形成，《政府信息公开条例》自2008 年 5 月 1 日起施行。各级政府强化了经济社会预警及风险应对机制、应急管理体制及机制建设。四是依法行政全面推进。大部分部门和地方出台了贯彻国务院《全面推进依法行政实施纲要》的落实意见。2008 年，国务院发布了《关于加强市县政府依法行政的决定》。继续深化行政执法体制改革，推行了行政执法责任制、评议考核制和执法过错追究制等。一些地区探索建立了以行政首长为重点对象的行政问责制度。五是公务员制度继续完善。出台多个条例和办法，健全了公务员录用、考核、激励、约束、培训以及领导干部选拔任用制度。

在"坚持和完善基本经济制度"方面：一是继续推进国有经济布局和结构的战略性调整。2006 年，国家发布《关于推进国有资本调整和国有企业重组的指导意见》，明确了国有经济战略性调整的原则、目标和措施。通过重组，目前中央企业减少到147 家。一批历史遗留的困难企业通过政策性破产退出市场。二是国有企业股份制公司制改革取得新突破。实行公司制股份制改革的中央企业及其子企业已经超过 2/3，地方国有大型企业已基本实现投资主体多元化，中小企业改制面达90%以上。一批中央企业在境内外上市或增发股票。国有独资企业建立和完善董事会试点成效显著。中央企业分离办社会职能、国有企业厂办大集体改革试点工作稳步推进。与此同时，电信、电力、铁路、民航、邮政、烟草等垄断行业改革继续深化，目前，除铁路、烟草行业外，竞争性市场格局初步形成。三是国有资产监管体制继续完善。国有资本经营预算从2008年起开始试行。有关部门发布《地方国有资产监管工作指导监督暂行办法》等一系列规章，国有资产监管的法规体系不断健全，国有资产保值增值责任进一步落实。与此相关，行政和事业单位国有资产管理进一步规范。四是非公有制经济发展的体制环境继续改善。《国务院关于鼓励、支持和引导个体私营等非公有制经济发展的若干意见》的配套文件绝大部分已经出台。有关部门组织清理限制非公有制经济发展的规定并取得积极成效。中小企业信用体系建设继续推进。

在"推进财政税收体制改革"方面：一是财政体制改革继续深化。财政转移支付制度继续完善。全国23个省份进行了"省直管县"财政管理体制改革试点。推进预算结余资金管理和绩效考评试点，预算分配的规范性提高。非税收入收缴管理制度改革积极推进，预算外管理的收费基金及其他非税收入被分批纳入财政预算管理。土地出让金被纳入地方政府预算管理。政府收支分类改革全面实施，国库集中收付改革全面推进。公务卡制度开始实施。政府采购制度改革继续深化，政府采购促进节能、环保、自主创新等政策功能作用开始发挥。二是税收制度改革取得新进展。增值税转型试点从东北三省扩大到中部6省26个老工业基地城市的8大行业。消费税改革继续深化，对消费税税目和部分应税消费品税率进行了较大调整，相应调整部分应税消费品的出口退税和进口征税政策。统一内外资企业所得税，新的《企业所得税法》自2008年起实施。个人所得税改革继续推进，工薪所得个人所得税费用扣除标准由800元分两次提高到2000元，利息税税率由20%调低至5%。废止农业税条例，农业税全面取消。在地方税制改革方面，统一了内外资企业车船税制，实施了城镇土地使用税、耕地占用税改革，开展了物业税模拟评税试点。

在"加快金融体制改革"方面：一是金融企业改革成效显著。中国建设银行、中国银行、中国工商银行、交通银行完成股份制改造并在境内外上市。中国农业银行股份制改革基础性工作稳步推进。国务院批准国家开发银行商业化改革方案。农村信用社产权制度改革稳步推进，资产质量不断提高。放宽农村地区银行业金融机构市场准入由试点扩大到全国。股份制商业银行改革进一步深化。证券公司综合治理取得成效。《国务院关于保险业改革发展的若干意见》和《中国保险业发展"十一五"规划纲要》出台，保险公司改制上市取得新进展。金融业综合经营试点稳步推进，交叉性金融业务快速发展，金融机构跨行业投资范围逐步扩大，金融控股公司稳步发展。二是多层次资本市场体系建设步伐加快。《国务院关于推进资本市场改革开放和稳定发展的若干意见》的相关配套政策相继出台，上市公司股权分置改革基本完成，交易所主板市场继续壮大，中小企业板块建设稳步推进。国务院要求

"要为在天津滨海新区设立全国性非上市公众公司股权交易市场创造条件"。企业债、公司债发行规模扩大，债券管理体制、市场化发行机制和发债主体自我约束机制不断完善。产业投资基金试点范围扩大。商品期货品种体系不断完善。境内机构投资者赴海外投资资格认证制度（QDII）稳步实施。稳步推出证券公司融资融券业务试点。三是金融调控机制进一步健全。利率市场化改革稳步推进。启动了货币市场基准利率体系建设，上海银行间同业拆放利率（Shibor）正式运行，Shibor 在货币市场的基准地位初步建立。人民币汇率形成机制进一步完善，汇率弹性不断增强，确立了市场供求在汇率形成中的基础性作用。外汇管理体制改革继续深化，国家成立中国投资公司，拓展国家外汇储备管理使用的渠道和方式。四是金融监管体制不断健全。金融机构退出机制继续规范，《企业破产法》对商业银行、保险公司、证券公司等金融机构的破产事宜作出具体规定。存款保险和保险保障制度建设稳步推进。金融监管的跨部门长效协调机制逐步建立。

在"完善现代市场体系"方面：一是生产要素市场化程度稳步提高。土地市场方面，土地管理和耕地保护目标责任制进一步明确。推进征地制度改革，征地补偿制度得到优化，近2/3 的省份出台了妥善安置被征地农民实施办法。国有土地招拍挂出让比例明显提高，工业用地招标拍卖出让制度进一步落实。国家建立了土地督察制度。劳动力市场方面，国务院发布《关于解决农民工问题的若干意见》，农民工务工的体制环境进一步改善。至 2007 年底，累计 12 个省份取消了农业户口、非农业户口二元性质划分。有关部门在 100 个城市进行了城乡统筹就业试点，探索和推动建立城乡统一的劳动力市场。加强了农村劳动力转移就业服务体系建设。健全劳动关系协调和劳动争议处理机制，推进劳动合同制度三年行动计划。二是资源要素价格改革进一步深化。发布石油价格综合配套改革方案，确立了成品油价格改革的原则和方向。建立了天然气价格与可替代能源价格挂钩调整的机制。实行差别电价、脱硫加价和可再生能源加价等一系列有利于节能减排的电价政策。将水资源价格由单一的供水价格转变为包括水资源费、供水价格和污水处理费的全成本水价，积极推行城市居民生活用水阶梯式水价等有利于节约的水价制度。放开电煤价格、实施煤电、煤热价格联动。推动城市供热由按面积计费逐步过渡到按热值计费。完善排污、垃圾处理、污水处理等环保收费制度，提高征收标准，扩大征收范围。

除上述几个方面的改革外，投资体制、收入分配制度、社会保障制度、教育科技文化卫生体制、农村体制、涉外经济体制改革均取得新的进展或突破。

（二）准确把握"十二五"深化改革的形势和任务。

经过 30 年的改革开放，我国成功地站在了新的历史起点上。新时期新阶段，我国经济社会发展面临着新形势，工业化、信息化、城镇化、市场化、国际化深入发展，机遇前所未有、挑战也前所未有，对改革开放提出了新要求，概括起来，就是

"五个必须"。

一是必须通过深化改革开放，化解经济生活中不协调、不稳定因素。近年来，针对经济生活中不协调、不稳定和不可持续因素，我国不断加强和改善宏观调控，经济形势总体是好的。但制约又好又快发展的因素仍然存在，有些在短期内难以化解，其根源在于经济运行的体制机制没有完全理顺，必须坚定不移地推进改革、扩大开放，为又好又快发展奠定坚实的制度基础。

二是必须通过深化改革开放，转变经济发展方式。我国经济发展方式粗放，资源能源消耗过大，生态环境破坏严重，人口、资源、环境矛盾日益突出。必须通过深化改革开放，建立健全有利于科学发展的体制机制，促进发展方式转变。

三是必须通过深化改革开放，解决社会生活中的突出矛盾和问题。从低收入国家跨入中等收入国家的门槛，既是重要战略机遇期，也是矛盾凸显期。当前，许多关系人民群众切身利益的难点、热点问题尚未解决。必须通过深化改革，推动社会建设，从制度上保障社会公平正义，使改革发展成果最大程度地惠及全体人民。

四是必须通过深化改革开放，应对经济全球化挑战。当前，经济全球化深入发展，我国入世过渡期已经结束，国内外经济联系更加密切，国际经济环境对国内经济的影响越来越明显。必须加快改革，建立健全统筹国内发展和对外开放的体制机制，充分利用国际国内两个市场、两种资源，在内外部经济互补平衡中实现又好又快的发展，在全面开放条件下保障国家经济安全。

五是必须通过深化改革开放，完成改革的攻坚任务。从经济领域到社会领域，我国许多改革攻坚任务尚未完成。到2010年要建立"比较完善"的社会主义市场经济体制，到2020年要建成"完善"的社会主义市场经济体制，必须加大改革力度，尽快在重大体制改革方面取得新的突破。

党的十七大确立了中国特色社会主义理论体系在全党全国工作中的指导地位。"十一五"后半期和"十二五"时期深化经济体制改革，必须以中国特色社会主义理论体系为指导，特别是要深入贯彻落实科学发展观。科学发展观提出几年来，我们越来越深刻地认识到，当前和今后一个时期，改革的任务更明确、重点更突出，可以概括为"六个按照"：

第一，按照转变经济发展方式的要求，加快推进要素市场、资源价格、财税、金融、投资、科技等方面的改革。加快发展各类生产要素市场，健全统一开放、竞争有序的现代市场体系。完善反映市场供求关系、资源稀缺程度、环境损害成本的生产要素和资源的价格形成机制。围绕推进基本公共服务均等化和主体功能区建设，完善公共财政体系。合理划分政府间事权和支出责任，健全中央和地方财力与事权相匹配的体制，加快形成统一规范透明的财政转移支付制度。实行有利于科学发展的财税制度，建立健全资源有偿使用制度和生态环境补偿机制。推进金融体制改革，发展各类金融市场，形成多种所有制和多种经营形式、结构合理、功能完善、高效安全的现代金融体系。深化投资体制改革，健全"市场引导投资、企业自主决策、银行独立审贷、融资方式多样、中介服务规范、宏观调控有效"的新型投资体制。完善市场为导向、企业为主体、产学研相结合的科技创新体系。

第二，按照促进社会公平正义的要求，推动劳动就业、收入分配、社会保障、教育、医疗等方面的改革。健全劳动者自主择业、市场调节就业和政府促进就业的体制机制，形成城乡劳动者平等就业的制度。坚持和完善按劳分配为主体、多种分配方式并存、各种生产要素按贡献参与分配的收入分配制度。以社会保险、社会救助、社会福利为基础，以基本养老、基本医疗、最低生活保障制度为重点，以慈善事业、商业保险为补充，加快完善社会保障体系。按照普及义务教育、扩大高中教育、提高高等教育质量、大力发展职业教育的方向，深化教育体制改革。坚持公共医疗卫生的公益性质，按照政事分开、管办分开、医药分开、营利性与非营利性分开的原则，深化医药卫生体制改革。

第三，按照统筹城乡、区域发展的要求，建立有利于改变城乡二元结构和促进区域协调发展的体制机制。把加快形成城乡经济社会发展一体化新格局作为根本要求，坚持工业反哺农业、城市支持农村和多予少取放活的方针，以稳定和完善农村基本经营制度、健全严格规范的农村土地管理制度、完善农业支持保护制度、建立现代农村金融制度、建立促进城乡经济社会发展一体化制度、健全农村民主管理制度为重点，全面深化农村体制改革。同时，建立健全有利于区域协调发展的市场机制、合作机制、互助机制和扶持机制。

第四，按照完善基本经济制度和促进公平竞争的要求，继续推进国有经济战略性调整，进一步加快垄断行业改革。加大国有经济布局和结构调整力度，推动国有资本向关系国家安全和国民经济命脉的重要行业、关键环节和基本公共服务领域集中。继续推进国有大型企业股份制公司制改革，健全现代企业制度。坚持政企分开、放宽准入、引入竞争、依法监管，加快推进垄断行业分类改革。继续消除体制性、政策性障碍，毫不动摇地鼓励、支持和引导非公有制经济发展。

第五，按照完善内外联动、互利共赢、安全高效的开放型经济体系的要求，加快涉外经济体制改革。转变对外贸易增长方式，完善促进生产要素跨境流动和优化配置的体制和政策。继续积极有效利用外资，切实提高利用外资的质量和水平。完善"走出去"管理体制和政策体系。

第六，按照经济、政治、文化、社会体制"四位一体"改革相协调的要求，加快推进政治、文化、社会体制改革。进一步转变政府职能，深化政府机构改革，健全科学民主决策机制和绩效评价机制，推进依法行政，促进政治体制改革。完善扶持公益性文化事业、发展文化产业、鼓励文化创新的体制机制。创新基层社会管理体制，完善社区综合服务功能。深化事业单位改革，加快推进制度创新，建立健全公共服务体系。

三、关于新形势下做好改革工作的新要求

完成上述攻坚任务，需要我们继续解放思想、锐意创新，以更大的决心和勇气，坚定不移地把改革开放事业推向前进。改革工作是全党全社会的事业，作为指导和推进经济体制改革的专责部门和改革工作者，要深刻认识肩负的使命和责任，不断研究新形势、新职能、新机构条件下对改革工作的新要求，不断创新做好改革工作的新思路、新举措。

2008年初，全国人大通过了新一轮国务院机构改革方案。7月15日，国务院办公厅正式印发了国家发展改革委"三定"方案，要求国家发展改革委要"指导推进和综合协调经济体制改革，统筹综合性经济体制改革，协调推进专项经济体制改革"。对"经济体制综合改革司"的职能定位是"研究经济体制改革和对外开放的重大问题，指导推进和综合协调经济体制改革；组织拟订综合性经济体制改革方案；参与研究和衔接委内司局及有关方面拟订的专项经济体制改革方案，协调推进专项经济体制改革；指导经济体制改革试点和改革试验区工作；协调解决经济体制改革进程中的重大问题"。

各级发展改革部门已经成立五年多了。上届政府中，各级发展改革部门经济体制改革工作机构始终围绕发展的需要指导和推进改革，做到"一手抓发展，一手抓改革"、"发展出题目、改革做文章"，付出了辛勤劳动，也创造了很多经验。总结发扬这些经验，按照职能定位的新要求，进一步做好改革工作要做到"十个加强"。

第一，加强对中长期改革的研究和指导。要根据完善社会主义市场经济体制的目标和改革开放进程，积极研究经济体制改革和对外开放的重大问题，及时向同级党委、政府提出关于改革中长期目标、阶段性任务和重大措施的建议。做好中长期改革规划工作，在国民经济和社会发展五年规划中进一步增加经济体制改革方面的分量，必要时，争取发布专门的改革规划。

第二，加强对年度改革的总体指导。近年来，我委每年研究、制定年度改革指导意见。实践证明，以国务院或国务院办公厅转发国家发展改革委文件的名义，每年出台改革指导意见，有利于明确重点改革任务、落实工作责任、评估改革进展，有利于有步骤、有重点地完善社会主义市场经济体制，并可以为各部门、各地区安排年度改革工作提供依据。这项工作要继续加强。

第三，加强对改革重点、难点和热点问题的研究。改革进入攻坚阶段后，面临诸多理论和实践难题，集中各方面力量进行基础性、前瞻性研究十分必要。2008

年，我司进行了重点研究课题的招标尝试，最近，我司网站已公布了招标结果。今后，我们将形成制度，每年选择若干课题，通过公开招标或定向委托等方式，整合各方面研究力量联合攻关。

第四，加强改革形势分析。作为改革工作机构，每季度、每半年、每年都要分析研究改革开放形势和重点任务，提出既是长远之计、又可解燃眉之急的改革建议。同时，要积极建议各级发展改革部门的党组会议、主任办公会议专门分析改革形势，或进一步加大宏观经济形势分析中改革开放形势分析的分量。

第五，加强跨部门的改革工作协调。30 年来，通过改革，我们打破了计划经济体制的束缚，既建立了一套新的体制和规则，也形成了一些介于计划经济体制与市场经济体制之间的过渡性政策，有的甚至已经法制化。新形势下推进改革，必须确保方向正确、措施协调、力度适当，为此，发展改革部门必须根据"综合协调经济体制改革"的职能，全面加强改革的跨部门协调。要探索通过审核、论证、会签、联合发文、备案、督查、评估等方式，对其他部门推进的改革，做到综合性改革"能主导"，专项性改革"能参与"，一般性改革"能知情"。要强化改革工作联席会议制度、改革联络员制度、改革形势分析会制度和改革联系点制度建设，加强部门间统筹协调推进改革的制度建设。

第六、加强发展改革部门内部的改革衔接。发展改革部门内部的职能机构均负有推进相关改革的职能，如何按照新的职能定位，加强发展改革部门内部的改革衔接，需要努力探索。比如，对综合性改革，可以原则上明确由综合改革工作机构牵头组织拟订方案并组织实施；对专项性改革，可以会签综合改革工作机构后再上报委领导。又如，可以加强综合改革工作机构对发展改革部门主抓的各项改革的统筹、协调、指导、汇总。再如，对重大发展项目安排，可以由综合改革工作机构进行体制机制方面的评估，并作为决策依据。

第七，加强对重要领域和关键环节改革的指导和推进。各级综合改革工作机构要在做好总体指导和统筹协调的同时，切实把自身牵头的各项改革抓紧抓好。同时，要充分考虑部门改革的实际，努力避开与其他部门重叠的方面，积极开辟改革新领域，注意选择那些关系社会主义市场经济体制建设大局、综合性较强、各个专业部门无法单独推进或难以有效操作的跨部门、跨地域、跨领域的改革，着力推进。

第八，加强对改革试点和改革试验区的指导工作。这次印发的国家发展改革委"三定"方案与以往不同的一个重要方面，就是明确要求我委、我司"指导经济体制改革试点和改革试验区工作"。从经济体制改革试点看，近年来，各地区、各部门都推出了不少改革试点。从改革试验区看，纳入国家层次的，全国已有上海浦东新区、天津滨海新区、深圳经济特区、重庆市和成都市、武汉城市圈和长株潭城市群 7 个综合配套改革试验区。另据了解，全国多个省份已经批准了一些省级综合配套改革试验区。做好改革试点试验工作，是发展改革部门推进改革的重要抓手，希望大家在明确试点任务、严把试点条件、科学评估试点效果、完善试点组织实施程序上狠下功夫。这里再强调一点，无论是已经批准为试验区的，还是拟申报试验区的，都必须选准制约体制完善和当地发展的、具有前瞻性和探索性的重点难点问题，进行改革试验，而不能流于一般性的问题，更不能借改革之名，行要项目、要优惠政策之实。

第九，加强改革的监督检查。各级发展改革部门要在现有工作基础上，继续完善方式，加强对相关部门、下一级地方的改革工作的监督检查。每年底，综合改革工作机构应根据年度改革指导意见，对该年度各部门、各地区改革推进情况写出评估报告，上报委党组批准后呈报同级政府。在加强监督检查的同时，还要积极探索建立改革工作的纠偏机制。

第十，加强队伍建设。上面九个"加强"做得好不好，关键还要靠改革队伍自身素质硬、水平高。如果自身不行，即使职能再强化，也会无处着力、无功而返。为此，需要狠抓队伍建设。各级发展改革部门和每一位从事改革工作的同志，都要始终不渝地把解放思想、实事求是、与时俱进、求真务实作为重大责任和政治品格，切实加强学习，以世界眼光、战略思维、党性修养、民生情怀来对待和从事改革事业。要大力培养独立思考、批判思维和创造能力，真正做到"不唯上，不唯书，只唯实"。

四、关于 2008 年四季度和 2009 年的改革工作

新一届国家发展改革委党组对经济体制改革工作高度重视，多次专题研究经济体制改革工作，对制定年度经济体制改革工作意见、指导综合配套改革试验区工作、开展改革开放 30 周年纪念活动、推进国家发展改革委职能转变等作出了一系列的部署和安排，要认真贯彻落实。在全国经济体制改革工作会议和第 31 期发展改革工作研究班上，杜鹰同志对 2008 年和今后一个时期的改革工作都提出了明确要求。这里，就 2008 年四季度和明年的改革工作，我再强调几点。

第一，进一步认清发展改革形势。如何认识和看待当前的宏观经济形势，需要深入分析和研究，在充分肯定基本面是好的的同时，要看到存在的矛盾和问题，尤其是体制机制问题。

一是"保增长、控通胀"取得积极成效，经济社会发展的基本面是好的。经济保持持续较快增长，前三季度 GDP 同比增长 9.9%，区域协调发展呈现较好势头，煤电油运紧张状况出现缓解。物价涨幅得到较好控制，前三季度居民消费价格同比上涨 7%，其中 9 月份涨幅为 4.6%，已连续 5 个月回落。经济效益总体较好，前三

综合篇

季度财政收入增长 25.8%，增收 1 万亿元；前 8 个月，规模以上工业企业利润增长 19.4%。与此同时，转变经济发展方式取得新进展，经济、文化、社会和行政管理体制改革继续深化，人民生活进一步改善。

总体上看，2008 年是我国发展进程中极不平凡的一年。我国战胜了罕见的低温雨雪冰冻灾害和汶川特大地震灾害，谱写了感天动地的英雄凯歌；我国成功举办了北京第 29 届奥运会和北京 2008 年残奥会，实现了中华民族的百年梦想；我国圆满完成了神舟七号载人航天飞行，实现了空间技术发展具有里程碑意义的重大跨越；我国克服国际经济环境重大变化的不利影响，加强和改善宏观调控，保持了经济社会发展的良好势头。

二是经济社会发展中存在的矛盾和问题仍很突出。一方面，从近期经济运行看，国内价格上涨压力仍然很大，农业基础还很薄弱，能源资源制约经济发展的矛盾比较突出，节能减排形势依然严峻，部分行业和企业生产经营困难，金融领域存在不少隐患；另一方面，一些长期积累的问题还没有得到很好的解决，突出表现在收入分配、医疗卫生、居民住房、食品安全、安全生产等领域。特别是，2008 年以来，一些地方发生重大生产安全事故和食品安全事故，给人民群众生命财产造成重大损失。

三是坚定信心，冷静分析，沉着应对。当前，美日欧等主要经济体的经济形势趋于严峻，美国等国虽然采取措施应对金融危机，但危机的程度和影响还不明朗，不确定不稳定因素增多，对我国的不利影响还会继续显现。面对这一形势，一方面，我们要坚定信心。我国正处在工业化、城市化加快发展的阶段，经济增长潜力很大。今后一个比较长的时期，我国发展仍处于重要战略机遇期。我国劳动力和资金供给仍然充裕，国内消费和投资需求持续增长的潜力还很大，市场广阔，企业竞争力和活力不断增强，宏观调控能力和水平在实践中继续提高，政治社会稳定，特别是我们在改革开放中已经形成符合中国国情和人民意愿的路线、战略和方针政策，这些都是长期起作用的有利因素。另一方面，我们要沉着妥善应对，变被动为主动，变消极因素为积极因素，变不利为有利，化挑战为机遇。这当中，深化改革开放至关重要。现在回过头来看，30 年间，每当面临外部重大不利因素，我国之所以能够化险为夷，一个重要原因就是推进了改革开放，焕发了经济社会发展的生机和活力。如果明年经济增长的压力增大，我们完全应该而且可以通过深化改革开放来促进增长。经济形势好的时候要改革，经济形势不够好的时候更要改革；不能经济形势好的时候"不想改革"，经济形势不好的时候"不敢改革"。比如，如果明年物价上涨压力没有 2008 年的大，我们就应该下大力理顺资源要素价格；如果明年外需不足，我们就应该着眼于消除居民消费的后顾之忧，更加重视民生保障和公共服务领域的改革。

第二，切实做好《关于2008年深化经济体制改革工作的意见》的贯彻落实工作。四季度，发展改革部门推进改革工作，主要任务就是落实好《意见》。各地要按照《意见》要求，加大改革力度，力求在关系经济社会发展的重大体制改革方面取得突破性进展。年终，各地发展改革部门要全面检查《意见》的落实情况，作出科学评估，报同级政府和国家发展改革委。

第三，做好综合配套改革试验工作。在七个全国综合配套改革试验区中，上海浦东新区和深圳经济特区的试点工作已经进行了多年，取得了不少的成果和经验，要认真总结推广，同时在制定新的行动计划时注意完善和提高。2008年，国务院批准了天津滨海新区、武汉城市圈的综合配套改革试验总体方案，相关改革已逐步展开，下一步要全面推进，特别是对一些牵涉面广、难度大的改革任务，要力争尽早突破。重庆市、成都市和长株潭城市群要结合本地实际，抓紧完善综合配套改革方案。

按照国务院有关要求，近期主要是重点做好已批准的试验区的改革试验工作。国家发展改革委正在制订相关的工作意见，按照统一指导和分级管理相结合的原则对国家级试验区提出明确的工作要求。目前，各地申请开展国家综合配套改革试验的积极性很高，在国务院已经明确暂不批准新的试验区的情况下，我们鼓励各地根据自身实际，开展省级综合配套改革试验。条件成熟时，可以考虑纳入国家层面的试验。我委将密切跟踪各地改革试验情况，通过省部联动、一事一议的方式，及时进行协调指导，提供相关支持。希望各地在开展改革试验的过程中，进一步突出试验内容的"引领性"、重点任务的"攻坚性"、改革成果的"制度性"，并及时将具有规律性、示范性的经验加以总结推广。

第四，做好改革开放30周年纪念工作。2008年是改革开放30周年。根据党中央对改革开放30周年纪念活动的统一部署，我委制定了相关实施方案，明确要求纪念活动必须遵循"坚持正确导向"、"注重纪念实效"、"切实加强领导"的原则。目前，相关工作已经基本落实：一是以国家发展改革委名义，对30年改革开放进行了回顾、总结和展望，报送中宣部。二是配合中宣部等部门，做好纪念改革开放30周年理论研讨会的相关工作。我们在全系统内组织了征文活动，并向中宣部推荐了5篇论文。三是配合中宣部等部门做好拍摄大型电视专题片《伟大的历程》的相关工作。四是国家发展改革委牵头，组织编辑、出版"改革开放30周年理论与实践"丛书。国务院有关部门、行业协会、研究机构以及地方发展改革部门积极参与丛书撰稿工作。从收到的文章看，内容十分丰富，不少文章确能起到为改革开放立史的作用，看后深受启发。

第五，做好今后几年特别是"十二五"改革的总体规划工作。一要做好"十一五"规划的中期评估工作。通过评估，全面分析改革进展和存在问题，找准突破口，抓紧提出今后两年深化经济体制改革的对策和措施，并落实在各个年度的改革工作部署中，确保"十一五"规划的改革任务如期完成。二要着手研究"十二五"经济体制改革的战略任务。前面所讲的"十二五"时期深化改革的重点任务，只是从面上分析总结的。各地情况千差万别，希望各地发展改革部门发挥主动性和创造性，从本地区市场经济体制的完善和成熟程度出发，"定好位"；针对制约当地发展的突出体制机制矛盾以及人民群众最关心、最直接、最现实的利益问题，"选好题"；联合有关部门和研究机构"齐攻关"，及早提出科学严谨的改革规划。

同志们，做好新时期的经济体制改革工作，责任更加重大，使命更加光荣。我们要以对党、对人民、对历史高度负责的精神，坚持解放思想、开拓创新，竭尽全力做好每一项改革工作，为促进社会主义市场经济体制不断完善，推动我国社会主义现代化建设事业实现新跨越作出新的贡献。

关于深化行政管理体制改革的意见

为贯彻落实党的十七大精神，中国共产党第十七届中央委员会第二次全体会议研究了深化行政管理体制改革问题，提出如下意见。

一、深化行政管理体制改革的重要性和紧迫性

党中央、国务院历来高度重视行政管理体制改革。改革开放特别是党的十六大以来，不断推进行政管理体制改革，加强政府自身建设，取得了明显成效。经过多年努力，政府职能转变迈出重要步伐，市场配置资源的基础性作用显著增强，社会管理和公共服务得到加强；政府组织机构逐步优化，公务员队伍结构明显改善；科学民主决策水平不断提高，依法行政稳步推进，行政监督进一步强化；廉政建设和反腐败工作深入开展。从总体上看，我国的行政管理体制基本适应经济社会发展的要求，有力保障了改革开放和社会主义现代化建设事业的发展。

当前，我国正处于全面建设小康社会新的历史起点，改革开放进入关键时期。面对新形势新任务，现行行政管理体制仍然存在一些不相适应的方面。政府职能转变还不到位，对微观经济运行干预过多，社会管理和公共服务仍比较薄弱；部门职责交叉、权责脱节和效率不高的问题仍比较突出；政府机构设置不尽合理，行政运行和管理制度不够健全；对行政权力的监督制约机制还不完善，滥用职权、以权谋

私、贪污腐败等现象仍然存在。这些问题直接影响政府全面正确履行职能，在一定程度上制约经济社会发展。深化行政管理体制改革势在必行。

行政管理体制改革是政治体制改革的重要内容，是上层建筑适应经济基础客观规律的必然要求，贯穿我国改革开放和社会主义现代化建设的全过程。必须通过深化改革，进一步消除体制性障碍，切实解决经济社会发展中的突出矛盾和问题，推动科学发展，促进社会和谐，更好地维护人民群众的利益。

二、深化行政管理体制改革的指导思想、基本原则和总体目标

深化行政管理体制改革，要高举中国特色社会主义伟大旗帜，以邓小平理论和"三个代表"重要思想为指导，深入贯彻落实科学发展观，按照建设服务政府、责任政府、法治政府和廉洁政府的要求，着力转变职能、理顺关系、优化结构、提高效能，做到权责一致、分工合理、决策科学、执行顺畅、监督有力，为全面建设小康社会提供体制保障。

深化行政管理体制改革，必须坚持以人为本、执政为民，把维护人民群众的根本利益作为改革的出发点和落脚点；必须坚持与完善社会主义市场经济体制相适应，与建设社会主义民主政治和法治国家相协调；必须坚持解放思想、实事求是、与时俱进，正确处理继承与创新、立足国情与借鉴国外经验的关系；必须坚持发挥中央和地方两个积极性，在中央的统一领导下，鼓励地方结合实际改革创新；必须坚持积极稳妥、循序渐进，做到长远目标与阶段性目标相结合、全面推进与重点突破相结合，处理好改革发展稳定的关系。

深化行政管理体制改革的总体目标是，到2020年建立起比较完善的中国特色社会主义行政管理体制。通过改革，实现政府职能向创造良好发展环境、提供优质公共服务、维护社会公平正义的根本转变，实现政府组织机构及人员编制向科学化、规范化、法制化的根本转变，实现行政运行机制和政府管理方式向规范有序、公开透明、便民高效的根本转变，建设人民满意的政府。今后5年，要加快政府职能转变，深化政府机构改革，加强依法行政和制度建设，为实现深化行政管理体制改革的总体目标打下坚实基础。

三、加快政府职能转变

深化行政管理体制改革要以政府职能转变为核心。加快推进政企分开、政资分开、政事分开、政府与市场中介组织分开，把不该由政府管理的事项转移出去，把

该由政府管理的事项切实管好，从制度上更好地发挥市场在资源配置中的基础性作用，更好地发挥公民和社会组织在社会公共事务管理中的作用，更加有效地提供公共产品。

要全面正确履行政府职能。改善经济调节，更多地运用经济手段、法律手段并辅之以必要的行政手段调节经济活动，增强宏观调控的科学性、预见性和有效性，促进国民经济又好又快发展。严格市场监管，推进公平准入，规范市场执法，加强对涉及人民生命财产安全领域的监管。加强社会管理，强化政府促进就业和调节收入分配职能，完善社会保障体系，健全基层社会管理体制，维护社会稳定。更加注重公共服务，着力促进教育、卫生、文化等社会事业健康发展，建立健全公平公正、惠及全民、水平适度、可持续发展的公共服务体系，推进基本公共服务均等化。

各级政府要按照加快职能转变的要求，结合实际，突出管理和服务重点。中央政府要加强经济社会事务的宏观管理，进一步减少和下放具体管理事项，把更多的精力转到制定战略规划、政策法规和标准规范上，维护国家法制统一、政令统一和市场统一。地方政府要确保中央方针政策和国家法律法规的有效实施，加强对本地区经济社会事务的统筹协调，强化执行和执法监管职责，做好面向基层和群众的服务与管理，维护市场秩序和社会安定，促进经济和社会事业发展。按照财力与事权相匹配的原则，科学配置各级政府的财力，增强地方特别是基层政府提供公共服务的能力。

合理界定政府部门职能，明确部门责任，确保权责一致。理顺部门职责分工，坚持一件事情原则上由一个部门负责，确需多个部门管理的事项，要明确牵头部门，分清主次责任。健全部门间协调配合机制。

四、推进政府机构改革

按照精简统一效能的原则和决策权、执行权、监督权既相互制约又相互协调的要求，紧紧围绕职能转变和理顺职责关系，进一步优化政府组织结构，规范机构设置，探索实行职能有机统一的大部门体制，完善行政运行机制。

深化国务院机构改革。合理配置宏观调控部门的职能，做好发展规划和计划、财税政策、货币政策的统筹协调，形成科学权威高效的宏观调控体系。整合完善行业管理体制，注重发挥行业管理部门在制定和组织实施产业政策、行业规划、国家标准等方面的作用。完善能源资源和环境管理体制，促进可持续发展。理顺市场监管体制，整合执法监管力量，解决多头执法、重复执法问题。加强社会管理和公共服务部门建设，健全管理体制，强化服务功能，保障和改善民生。

推进地方政府机构改革。根据各层级政府的职责重点，合理调整地方政府机构设置。在中央确定的限额内，需要统一设置的机构应当上下对口，其他机构因地制宜设置。调整和完善垂直管理体制，进一步理顺和明确权责关系。深化乡镇机构改革，加强基层政权建设。

精简和规范各类议事协调机构及其办事机构，不再保留的，任务交由职能部门承担。今后要严格控制议事协调机构设置，涉及跨部门的事项，由主办部门牵头协调。确需设立的，要严格按规定程序审批，一般不设实体性办事机构。

推进事业单位分类改革。按照政事分开、事企分开和管办分离的原则，对现有事业单位分三类进行改革。主要承担行政职能的，逐步转为行政机构或将行政职能划归行政机构；主要从事生产经营活动的，逐步转为企业；主要从事公益服务的，强化公益属性，整合资源，完善法人治理结构，加强政府监管。推进事业单位养老保险制度和人事制度改革，完善相关财政政策。

认真执行政府组织法律法规和机构编制管理规定，严格控制编制，严禁超编进人，对违反规定的限期予以纠正。建立健全机构编制管理与财政预算、组织人事管理的配合制约机制，加强对机构编制执行情况的监督检查，加快推进机构编制管理的法制化进程。

五、加强依法行政和制度建设

遵守宪法和法律是政府工作的根本原则。必须严格依法行政，坚持用制度管权、管事、管人，健全监督机制，强化责任追究，切实做到有权必有责、用权受监督、违法要追究。

加快建设法治政府。规范行政决策行为，完善科学民主决策机制。加强和改进政府立法工作。健全行政执法体制和程序。完善行政复议、行政赔偿和行政补偿制度。

推行政府绩效管理和行政问责制度。建立科学合理的政府绩效评估指标体系和评估机制。健全以行政首长为重点的行政问责制度，明确问责范围，规范问责程序，加大责任追究力度，提高政府执行力和公信力。

健全对行政权力的监督制度。各级政府要自觉接受同级人大及其常委会的监督，自觉接受政协的民主监督。加强政府层级监督，充分发挥监察、审计等专门监督的作用。依照有关法律的规定接受司法机关实施的监督。高度重视新闻舆论监督和人民群众监督。完善政务公开制度，及时发布信息，提高政府工作透明度，切实保障人民群众的知情权、参与权、表达权、监督权。

加强公务员队伍建设。完善公务员管理配套制度和措施，建立能进能出、能上能下的用人机制。强化对公务员的教育、管理和监督。加强政风建设和廉政建设，严格执行党风廉政建设责任制，扎实推进惩治和预防腐败体系建设。

六、做好改革的组织实施工作

深化行政管理体制改革意义重大、任务艰巨，各地区各部门要在党中央、国务院的领导下，精心组织，周密部署，狠抓落实。

要认真组织实施国务院机构改革方案，抓紧制定地方政府机构改革、议事协调机构改革、事业单位分类改革的指导意见和方案，制定和完善国务院部门"三定"规定，及时修订相关法律法规。

要严肃纪律，严禁上级业务主管部门干预下级机构设置和编制配备，严禁突击提拔干部，严防国有资产流失。重视研究和解决改革过程中出现的新情况、新问题，加强思想政治工作，正确引导舆论，确保改革顺利推进。

中共中央关于推进农村改革发展
若干重大问题的决定

中国共产党第十七届中央委员会第三次全体会议全面分析了形势和任务，认为在改革开放 30 周年之际，系统回顾总结我国农村改革发展的光辉历程和宝贵经验，进一步统一全党全社会认识，加快推进社会主义新农村建设，大力推动城乡统筹发展，对于全面贯彻党的十七大精神，深入贯彻落实科学发展观，夺取全面建设小康社会新胜利、开创中国特色社会主义事业新局面，具有重大而深远的意义。全会研究了新形势下推进农村改革发展的若干重大问题，作出如下决定。

一、新形势下推进农村改革发展的重大意义

农业、农村、农民问题关系党和国家事业发展全局。在革命、建设、改革各个历史时期，我们党坚持把马克思主义基本原理同我国具体实际相结合，始终高度重视、认真对待、着力解决农业、农村、农民问题，成功开辟了新民主主义革命胜利道路和社会主义事业发展道路。

1978 年，党的十一届三中全会作出把党和国家工作中心转移到经济建设上来、

实行改革开放的历史性决策。我们党全面把握国内外发展大局，尊重农民首创精神，率先在农村发起改革，并以磅礴之势推向全国，领导人民谱写了改革发展的壮丽史诗。在波澜壮阔的改革开放进程中，我们党坚持以马克思列宁主义、毛泽东思想、邓小平理论和"三个代表"重要思想为指导，深入贯彻落实科学发展观，解放思想、实事求是、与时俱进，不断推进农村改革发展，使我国农村发生了翻天覆地的巨大变化。废除人民公社，确立以家庭承包经营为基础、统分结合的双层经营体制，全面放开农产品市场，取消农业税，对农民实行直接补贴，初步形成了适合我国国情和社会生产力发展要求的农村经济体制；粮食生产不断跃上新台阶，农产品供应日益丰富，农民收入大幅增加，扶贫开发成效显著，依靠自己力量稳定解决了十三亿人口吃饭问题；乡镇企业异军突起，小城镇蓬勃发展，农村市场兴旺繁荣，农村劳动力大规模转移就业，亿万农民工成为产业工人重要组成部分，中国特色工业化、城镇化、农业现代化加快推进，切实巩固了新时期工农联盟；农村社会主义民主政治建设和精神文明建设不断加强，社会事业加速发展，显著提高了广大农民的思想道德素质、科学文化素质和健康素质；农村党的建设不断加强，以村党组织为核心的村级组织配套建设全面推进，有效夯实了党在农村的执政基础。农村改革发展的伟大实践，极大调动了亿万农民积极性，极大解放和发展了农村社会生产力，极大改善了广大农民的物质文化生活。更为重要的是，农村改革发展的伟大实践，为建立和完善我国社会主义初级阶段基本经济制度和社会主义市场经济体制进行了创造性探索，为实现人民生活从温饱不足到总体小康的历史性跨越、推进社会主义现代化作出了巨大贡献，为战胜各种困难和风险、保持社会大局稳定奠定了坚实基础，为成功开辟中国特色社会主义道路、形成中国特色社会主义理论体系积累了宝贵经验。

实践充分证明，只有坚持把解决好农业、农村、农民问题作为全党工作重中之重，坚持农业基础地位，坚持社会主义市场经济改革方向，坚持走中国特色农业现代化道路，坚持保障农民物质利益和民主权利，才能不断解放和发展农村社会生产力，推动农村经济社会全面发展。

当前，国际形势继续发生深刻变化，我国改革发展进入关键阶段。我们要抓住和用好重要战略机遇期，胜利实现全面建设小康社会的宏伟目标，加快推进社会主义现代化，就要更加自觉地把继续解放思想落实到坚持改革开放、推动科学发展、促进社会和谐上来，毫不动摇地推进农村改革发展。继续解放思想，必须结合农村改革发展这个伟大实践，大胆探索、勇于开拓，以新的理念和思路破解农村发展难题，为推动党的理论创新、实践创新提供不竭源泉。坚持改革开放，必须把握农村改革这个重点，在统筹城乡改革上取得重大突破，给农村发展注入新的动力，为整个经济社会发展增添新的活力。推动科学发展，必须加强农业发展这个基础，确保

综合篇

国家粮食安全和主要农产品有效供给，促进农业增产、农民增收、农村繁荣，为经济社会全面协调可持续发展提供有力支撑。促进社会和谐，必须抓住农村稳定这个大局，完善农村社会管理，促进社会公平正义，保证农民安居乐业，为实现国家长治久安打下坚实基础。

我国农村正在发生新的变革，我国农业参与国际合作和竞争正面临新的局面，推进农村改革发展具备许多有利条件，也面对不少困难和挑战，特别是城乡二元结构造成的深层次矛盾突出。农村经济体制尚不完善，农业生产经营组织化程度低，农产品市场体系、农业社会化服务体系、国家农业支持保护体系不健全，构建城乡经济社会发展一体化体制机制要求紧迫；农业发展方式依然粗放，农业基础设施和技术装备落后，耕地大量减少，人口资源环境约束增强，气候变化影响加剧，自然灾害频发，国际粮食供求矛盾突出，保障国家粮食安全和主要农产品供求平衡压力增大；农村社会事业和公共服务水平较低，区域发展和城乡居民收入差距扩大，改变农村落后面貌任务艰巨；农村社会利益格局深刻变化，一些地方农村基层组织软弱涣散，加强农村民主法制建设、基层组织建设、社会管理任务繁重。总之，农业基础仍然薄弱，最需要加强；农村发展仍然滞后，最需要扶持；农民增收仍然困难，最需要加快。我们必须居安思危、加倍努力，不断巩固和发展农村好形势。

全党必须深刻认识到，农业是安天下、稳民心的战略产业，没有农业现代化就没有国家现代化，没有农村繁荣稳定就没有全国繁荣稳定，没有农民全面小康就没有全国人民全面小康。我国总体上已进入以工促农、以城带乡的发展阶段，进入加快改造传统农业、走中国特色农业现代化道路的关键时刻，进入着力破除城乡二元结构、形成城乡经济社会发展一体化新格局的重要时期。我们要牢牢把握我国社会主义初级阶段的基本国情和当前发展的阶段性特征，适应农村改革发展新形势，顺应亿万农民过上美好生活新期待，抓住时机、乘势而上，努力开辟中国特色农业现代化的广阔道路，奋力开创社会主义新农村建设的崭新局面。

二、推进农村改革发展的指导思想、目标任务、重大原则

新形势下推进农村改革发展，要全面贯彻党的十七大精神，高举中国特色社会主义伟大旗帜，以邓小平理论和"三个代表"重要思想为指导，深入贯彻落实科学发展观，把建设社会主义新农村作为战略任务，把走中国特色农业现代化道路作为基本方向，把加快形成城乡经济社会发展一体化新格局作为根本要求，坚持工业反哺农业、城市支持农村和多予少取放活方针，创新体制机制，加强农业基础，增加农民收入，保障农民权益，促进农村和谐，充分调动广大农民的积极性、主动性、创造性，推动农村经济社会又好又快发展。

根据党的十七大提出的实现全面建设小康社会奋斗目标的新要求和建设生产发展、生活宽裕、乡风文明、村容整洁、管理民主的社会主义新农村要求，到2020年，农村改革发展基本目标任务是：农村经济体制更加健全，城乡经济社会发展一体化体制机制基本建立；现代农业建设取得显著进展，农业综合生产能力明显提高，国家粮食安全和主要农产品供给得到有效保障；农民人均纯收入比2008年翻一番，消费水平大幅提升，绝对贫困现象基本消除；农村基层组织建设进一步加强，村民自治制度更加完善，农民民主权利得到切实保障；城乡基本公共服务均等化明显推进，农村文化进一步繁荣，农民基本文化权益得到更好落实，农村人人享有接受良好教育的机会，农村基本生活保障、基本医疗卫生制度更加健全，农村社会管理体系进一步完善；资源节约型、环境友好型农业生产体系基本形成，农村人居和生态环境明显改善，可持续发展能力不断增强。

实现上述目标任务，要遵循以下重大原则。

——必须巩固和加强农业基础地位，始终把解决好十几亿人口吃饭问题作为治国安邦的头等大事。坚持立足国内实现粮食基本自给方针，加大国家对农业支持保护力度，深入实施科教兴农战略，加快现代农业建设，实现农业全面稳定发展，为推动经济发展、促进社会和谐、维护国家安全奠定坚实基础。

——必须切实保障农民权益，始终把实现好、维护好、发展好广大农民根本利益作为农村一切工作的出发点和落脚点。坚持以人为本，尊重农民意愿，着力解决农民最关心最直接最现实的利益问题，保障农民政治、经济、文化、社会权益，提高农民综合素质，促进农民全面发展，充分发挥农民主体作用和首创精神，紧紧依靠亿万农民建设社会主义新农村。

——必须不断解放和发展农村社会生产力，始终把改革创新作为农村发展的根本动力。坚持不懈推进农村改革和制度创新，提高改革决策的科学性，增强改革措施的协调性，充分发挥市场在资源配置中的基础性作用，加强和改善国家对农业农村发展的调控和引导，健全符合社会主义市场经济要求的农村经济体制，调整不适应农村社会生产力发展要求的生产关系和上层建筑，使农村经济社会发展充满活力。

——必须统筹城乡经济社会发展，始终把着力构建新型工农、城乡关系作为加快推进现代化的重大战略。统筹工业化、城镇化、农业现代化建设，加快建立健全以工促农、以城带乡长效机制，调整国民收入分配格局，巩固和完善强农惠农政策，把国家基础设施建设和社会事业发展重点放在农村，推进城乡基本公共服务均等化，实现城乡、区域协调发展，使广大农民平等参与现代化进程、共享改革发展成果。

——必须坚持党管农村工作，始终把加强和改善党对农村工作的领导作为推进农村改革发展的政治保证。坚持一切从实际出发，坚持党在农村的基本政策，加强农村基层组织和基层政权建设，完善党管农村工作体制机制和方式方法，保持党同农民群众的血肉联系，巩固党在农村的执政基础，形成推进农村改革发展强大合力。

三、大力推进改革创新，加强农村制度建设

实现农村发展战略目标，推进中国特色农业现代化，必须按照统筹城乡发展要求，抓紧在农村体制改革关键环节上取得突破，进一步放开搞活农村经济，优化农村发展外部环境，强化农村发展制度保障。

（一）稳定和完善农村基本经营制度。以家庭承包经营为基础、统分结合的双层经营体制，是适应社会主义市场经济体制、符合农业生产特点的农村基本经营制度，是党的农村政策的基石，必须毫不动摇地坚持。赋予农民更加充分而有保障的土地承包经营权，现有土地承包关系要保持稳定并长久不变。推进农业经营体制机制创新，加快农业经营方式转变。家庭经营要向采用先进科技和生产手段的方向转变，增加技术、资本等生产要素投入，着力提高集约化水平；统一经营要向发展农户联合与合作，形成多元化、多层次、多形式经营服务体系的方向转变，发展集体经济、增强集体组织服务功能，培育农民新型合作组织，发展各种农业社会化服务组织，鼓励龙头企业与农民建立紧密型利益联结机制，着力提高组织化程度。按照服务农民、进退自由、权利平等、管理民主的要求，扶持农民专业合作社加快发展，使之成为引领农民参与国内外市场竞争的现代农业经营组织。全面推进集体林权制度改革，扩大国有林场和重点国有林区林权制度改革试点。推进国有农场体制改革。稳定和完善草原承包经营制度。

（二）健全严格规范的农村土地管理制度。土地制度是农村的基础制度。按照产权明晰、用途管制、节约集约、严格管理的原则，进一步完善农村土地管理制度。坚持最严格的耕地保护制度，层层落实责任，坚决守住十八亿亩耕地红线。划定永久基本农田，建立保护补偿机制，确保基本农田总量不减少、用途不改变、质量有提高。继续推进土地整理复垦开发，耕地实行先补后占，不得跨省区市进行占补平衡。搞好农村土地确权、登记、颁证工作。完善土地承包经营权权能，依法保障农民对承包土地的占有、使用、收益等权利。加强土地承包经营权流转管理和服务，建立健全土地承包经营权流转市场，按照依法自愿有偿原则，允许农民以转包、出租、互换、转让、股份合作等形式流转土地承包经营权，发展多种形式的适度规模经营。有条件的地方可以发展专业大户、家庭农场、农民专业合作社等规模经营主体。土地承包经营权流转，不得改变土地集体所有性质，不得改变土地用途，不得损害农民土地承包权益。实行最严格的节约用地制度，从严控制城乡建设用地总规模。完善农村宅基地制度，严格宅基地管理，依法保障农户宅基地用益物权。农村宅基地和村庄整理所节约的土地，首先要复垦为耕地，调剂为建设用地的必须符合

土地利用规划、纳入年度建设用地计划,并优先满足集体建设用地。改革征地制度,严格界定公益性和经营性建设用地,逐步缩小征地范围,完善征地补偿机制。依法征收农村集体土地,按照同地同价原则及时足额给农村集体组织和农民合理补偿,解决好被征地农民就业、住房、社会保障。在土地利用规划确定的城镇建设用地范围外,经批准占用农村集体土地建设非公益性项目,允许农民依法通过多种方式参与开发经营并保障农民合法权益。逐步建立城乡统一的建设用地市场,对依法取得的农村集体经营性建设用地,必须通过统一有形的土地市场、以公开规范的方式转让土地使用权,在符合规划的前提下与国有土地享有平等权益。抓紧完善相关法律法规和配套政策,规范推进农村土地管理制度改革。

(三)完善农业支持保护制度。健全农业投入保障制度,调整财政支出、固定资产投资、信贷投放结构,保证各级财政对农业投入增长幅度高于经常性收入增长幅度,大幅度增加国家对农村基础设施建设和社会事业发展的投入,大幅度提高政府土地出让收益、耕地占用税新增收入用于农业的比例,大幅度增加对中西部地区农村公益性建设项目的投入。国家在中西部地区安排的病险水库除险加固、生态建设等公益性建设项目,逐步取消县及县以下资金配套。拓宽农业投入来源渠道,整合投资项目,加强投资监管,提高资金使用效益。健全农业补贴制度,扩大范围,提高标准,完善办法,特别要支持增粮增收,逐年较大幅度增加农民种粮补贴。完善与农业生产资料价格上涨挂钩的农资综合补贴动态调整机制。健全农产品价格保护制度,完善农产品市场调控体系,稳步提高粮食最低收购价,改善其他主要农产品价格保护办法,充实主要农产品储备,优化农产品进出口和吞吐调节机制,保持农产品价格合理水平。完善粮食等主要农产品价格形成机制,理顺比价关系,充分发挥市场价格对增产增收的促进作用。健全农业生态环境补偿制度,形成有利于保护耕地、水域、森林、草原、湿地等自然资源和农业物种资源的激励机制。

(四)建立现代农村金融制度。农村金融是现代农村经济的核心。创新农村金融体制,放宽农村金融准入政策,加快建立商业性金融、合作性金融、政策性金融相结合,资本充足、功能健全、服务完善、运行安全的农村金融体系。加大对农村金融政策支持力度,拓宽融资渠道,综合运用财税杠杆和货币政策工具,定向实行税收减免和费用补贴,引导更多信贷资金和社会资金投向农村。各类金融机构都要积极支持农村改革发展。坚持农业银行为农服务的方向,强化职能、落实责任,稳定和发展农村服务网络。拓展农业发展银行支农领域,加大政策性金融对农业开发和农村基础设施建设中长期信贷支持。扩大邮政储蓄银行涉农业务范围。县域内银行业金融机构新吸收的存款,主要用于当地发放贷款。改善农村信用社法人治理结构,保持县(市)社法人地位稳定,发挥为农民服务主力军作用。规范发展多种形式的新型农村金融机构和以服务农村为主的地区性中小银行。加强监管,大力发展小额信贷，鼓励发展适合农村特点和需要的各种微型金融服务。允许农村小型金融组织从金融机构融入资金。允许有条件的农民专业合作社开展信用合作。规范和引导民间借贷健康发展。加快农村信用体系建设。建立政府扶持、多方参与、市场运作的农村信贷担保机制。扩大农村有效担保物范围。发展农村保险事业，健全政策性农业保险制度，加快建立农业再保险和巨灾风险分散机制。加强农产品期货市场建设。

（五）建立促进城乡经济社会发展一体化制度。尽快在城乡规划、产业布局、基础设施建设、公共服务一体化等方面取得突破，促进公共资源在城乡之间均衡配置、生产要素在城乡之间自由流动，推动城乡经济社会发展融合。统筹土地利用和城乡规划，合理安排市县域城镇建设、农田保护、产业聚集、村落分布、生态涵养等空间布局。统筹城乡产业发展，优化农村产业结构，发展农村服务业和乡镇企业，引导城市资金、技术、人才、管理等生产要素向农村流动。统筹城乡基础设施建设和公共服务，全面提高财政保障农村公共事业水平，逐步建立城乡统一的公共服务制度。统筹城乡劳动就业，加快建立城乡统一的人力资源市场，引导农民有序外出就业，鼓励农民就近转移就业，扶持农民工返乡创业。加强农民工权益保护，逐步实现农民工劳动报酬、子女就学、公共卫生、住房租购等与城镇居民享有同等待遇，改善农民工劳动条件，保障生产安全，扩大农民工工伤、医疗、养老保险覆盖面，尽快制定和实施农民工养老保险关系转移接续办法。统筹城乡社会管理，推进户籍制度改革，放宽中小城市落户条件，使在城镇稳定就业和居住的农民有序转变为城镇居民。推动流动人口服务和管理体制创新。扩大县域发展自主权，增加对县的一般性转移支付、促进财力与事权相匹配，增强县域经济活力和实力。推进省直接管理县（市）财政体制改革，优先将农业大县纳入改革范围。有条件的地方可依法探索省直接管理县（市）的体制。坚持走中国特色城镇化道路，发挥好大中城市对农村的辐射带动作用，依法赋予经济发展快、人口吸纳能力强的小城镇相应行政管理权限，促进大中小城市和小城镇协调发展，形成城镇化和新农村建设互促共进机制。积极推进统筹城乡综合配套改革试验。

（六）健全农村民主管理制度。坚持党的领导、人民当家作主、依法治国有机统一，发展农村基层民主，以扩大有序参与、推进信息公开、健全议事协商、强化权力监督为重点，加强基层政权建设，扩大村民自治范围，保障农民享有更多更切实的民主权利。逐步实行城乡按相同人口比例选举人大代表，扩大农民在县乡人大代表中的比例，密切人大代表同农民的联系。继续推进农村综合改革，2012年基本完成乡镇机构改革任务，着力增强乡镇政府社会管理和公共服务职能。完善与农民政治参与积极性不断提高相适应的乡镇治理机制，实行政务公开，依法保障农民知情权、参与权、表达权、监督权。健全村党组织领导的充满活力的村民自治机制，深入开展以直接选举、公正有序为基本要求的民主选举实践,以村民会议、村民代表会议、村民议事为主要形式的民主决策实践,以自我教育、自我管理、自我服务为主要目的的民主管理实践,以村务公开、财务监督、群众评议为主要内容的民主监督实践,推进村民自治制度化、规范化、程序化。加强农村法制建设,完善涉农法律法规,增强依法行政能力,强化涉农执法监督和司法保护。加强农村法制宣传教育,搞好法律服务,提高农民法律意识,推进农村依法治理。培育农村服务性、公益性、互助性社会组织,完善社会自治功能。采取多种措施增强基层财力,逐步解决一些行政村运转困难问题,积极稳妥化解乡村债务。继续做好农民负担监督管理工作,完善村民一事一议筹资筹劳办法,健全农村公益事业建设机制。

四、积极发展现代农业,提高农业综合生产能力

发展现代农业,必须按照高产、优质、高效、生态、安全的要求,加快转变农业发展方式,推进农业科技进步和创新,加强农业物质技术装备,健全农业产业体系,提高土地产出率、资源利用率、劳动生产率,增强农业抗风险能力、国际竞争能力、可持续发展能力。要明确目标、制定规划、加大投入,集中力量办好关系全局、影响长远的大事。

(一)确保国家粮食安全。粮食安全任何时候都不能放松,必须长抓不懈。加快构建供给稳定、储备充足、调控有力、运转高效的粮食安全保障体系。把发展粮食生产放在现代农业建设的首位,稳定播种面积,优化品种结构,提高单产水平,不断增强综合生产能力。各地区都要明确和落实粮食发展目标,强化扶持政策,落实储备任务,分担国家粮食安全责任。抓紧实施粮食战略工程,推进国家粮食核心产区和后备产区建设,加快落实全国新增千亿斤粮食生产能力建设规划,以县为单位集中投入、整体开发,2008 年起组织实施。支持粮食生产的政策措施向主产区倾斜,建立主产区利益补偿制度,加大对产粮大县财政奖励和粮食产业建设项目扶持力度,加快实现粮食增产、农民增收、财力增强相协调,充分调动农民种粮、地方抓粮的积极性。完善粮食风险基金政策,逐步取消主产区资金配套。产销平衡区和主销区要加强产粮大县建设,确保区域内粮田面积不减少、粮食自给水平不下降。坚持放开市场,积极搞活流通,完善产销衔接。提高全社会节粮意识,强化从生产到消费全过程节粮措施。加强粮食领域国际交流合作,为改善全球粮食供给作出贡献。

(二)推进农业结构战略性调整。以市场需求为导向、科技创新为手段、质量效益为目标,构建现代农业产业体系。搞好产业布局规划,科学确定区域农业发展重点,形成优势突出和特色鲜明的产业带,引导加工、流通、储运设施建设向优势

产区聚集。采取有力措施支持发展油料生产，提高食用植物油自给水平。鼓励和支持优势产区集中发展棉花、糖料、马铃薯等大宗产品，推进蔬菜、水果、茶叶、花卉等园艺产品集约化、设施化生产，因地制宜发展特色产业和乡村旅游业。加快发展畜牧业，支持规模化饲养，加强品种改良和疫病防控。推进水产健康养殖，扶持和壮大远洋渔业。发展林业产业，繁荣山区经济。发展农业产业化经营，促进农产品加工业结构升级，扶持壮大龙头企业，培育知名品牌。强化主要农产品生产大县财政奖励政策，完善农产品加工业发展税收支持政策。加强农业标准化和农产品质量安全工作，严格产地环境、投入品使用、生产过程、产品质量全程监控，切实落实农产品生产、收购、储运、加工、销售各环节的质量安全监管责任，杜绝不合格产品进入市场。支持发展绿色食品和有机食品，加大农产品注册商标和地理标志保护力度。加强海峡两岸农业合作。

（三）加快农业科技创新。农业发展的根本出路在科技进步。顺应世界科技发展潮流，着眼于建设现代农业，大力推进农业科技自主创新，加强原始创新、集成创新和引进消化吸收再创新，不断促进农业技术集成化、劳动过程机械化、生产经营信息化。加大农业科技投入，建立农业科技创新基金，支持农业基础性、前沿性科学研究，力争在关键领域和核心技术上实现重大突破。加强农业技术研发和集成，重点支持生物技术、良种培育、丰产栽培、农业节水、疫病防控、防灾减灾等领域科技创新，实施转基因生物新品种培育科技重大专项，尽快获得一批具有重要应用价值的优良品种。适应农业规模化、精准化、设施化等要求，加快开发多功能、智能化、经济型农业装备设施，重点在田间作业、设施栽培、健康养殖、精深加工、储运保鲜等环节取得新进展。推进农业信息服务技术发展，重点开发信息采集、精准作业和管理信息、农村远程数字化和可视化、气象预测预报和灾害预警等技术。深化科技体制改革，加快农业科技创新体系和现代农业产业技术体系建设，加强对公益性农业科研机构和农业院校的支持。依托重大农业科研项目、重点学科、科研基地，加强农业科技创新团队建设，培育农业科技高层次人才特别是领军人才。稳定和壮大农业科技人才队伍，加强农业技术推广普及，开展农民技术培训。加快农业科技成果转化，促进产学研、农科教结合，支持高等学校、科研院所同农民专业合作社、龙头企业、农户开展多种形式技术合作。继续办好国家农业高新技术产业示范区。发挥国有农场运用先进技术和建设现代农业的示范作用。

（四）加强农业基础设施建设。以农田水利为重点的农业基础设施是现代农业的重要物质条件。大规模实施土地整治，搞好规划、统筹安排、连片推进，加快中低产田改造，鼓励农民开展土壤改良，推广测土配方施肥和保护性耕作，提高耕地质量，大幅度增加高产稳产农田比重。搞好水利基础设施建设，加强大江大河大湖治理，集中建成一批大中型水利骨干工程，加快大中型灌区、排灌泵站配套改造、水源工程建设，力争2020年基本完成大型灌区续建配套和节水改造任务。加快病险水库除险加固，确保2010年底完成大中型和重点小型水库除险加固任务。创新投资机制，采取以奖代补等形式，鼓励和支持农民广泛开展小型农田水利设施、小流域综合治理等项目建设。推广节水灌溉，搞好旱作农业示范工程。支持农用工业发展，加快推进农业机械化。按照现代化水平高、覆盖范围广的要求，加强良种繁育体系和农产品批发市场网络建设，加快建设现代粮食物流体系和鲜活农产品冷链物流系统。

（五）建立新型农业社会化服务体系。建设覆盖全程、综合配套、便捷高效的社会化服务体系，是发展现代农业的必然要求。加快构建以公共服务机构为依托、合作经济组织为基础、龙头企业为骨干、其他社会力量为补充，公益性服务和经营性服务相结合、专项服务和综合服务相协调的新型农业社会化服务体系。加强农业公共服务能力建设，创新管理体制，提高人员素质，力争三年内在全国普遍健全乡镇或区域性农业技术推广、动植物疫病防控、农产品质量监管等公共服务机构，逐步建立村级服务站点。支持供销合作社、农民专业合作社、专业服务公司、专业技术协会、农民经纪人、龙头企业等提供多种形式的生产经营服务。开拓农村市场，推进农村流通现代化。健全农产品市场体系，完善农业信息收集和发布制度，发展农产品现代流通方式，减免运销环节收费，长期实行绿色通道政策，加快形成流通成本低、运行效率高的农产品营销网络。保障农用生产资料供应，整顿和规范农村市场秩序，严厉惩治坑农害农行为。

（六）促进农业可持续发展。按照建设生态文明的要求，发展节约型农业、循环农业、生态农业，加强生态环境保护。继续推进林业重点工程建设，延长天然林保护工程实施期限，完善政策、巩固退耕还林成果，开展植树造林，提高森林覆盖率。实施草原建设和保护工程，推进退牧还草，发展灌溉草场，恢复草原生态植被。强化水资源保护。加强水生生物资源养护，加大增殖放流力度。推进重点流域和区域水土流失综合防治，加快荒漠化石漠化治理，加强自然保护区建设。保护珍稀物种和种质资源，防范外来动植物疫病和有害物种入侵。多渠道筹集森林、草原、水土保持等生态效益补偿资金，逐步提高补偿标准。积极培育以非粮油作物为原料的生物质产业，推进农林副产品和废弃物能源化、资源化利用。推广节能减排技术，加强农村工业、生活污染和农业面源污染防治。

（七）扩大农业对外开放。坚持"引进来"和"走出去"相结合，提高统筹利用国际国内两个市场、两种资源能力，拓展农业对外开放广度和深度。按照鼓励出口劳动密集型和技术密集型产品、适度进口结构性短缺产品的原则，完善农产品进出口战略规划和调控机制，加强国际市场研究和信息服务。强化农产品进出口检验检疫和监管，提高出口优势产品附加值和质量安全水平。引导外商投资发展现代农业。健全符合世界贸易组织规则的外商经营农产品和农业生产资料准入制度，建立外资并购境内涉农企业安全审查机制。统筹开展对外农业合作，培育农业跨国经营企业，逐步建立农产品国际产销加工储运体系。积极参与国际农产品贸易规则和标准制定，促进形成公平合理的贸易秩序。

五、加快发展农村公共事业，促进农村社会全面进步

建设社会主义新农村，形成城乡经济社会发展一体化新格局，必须扩大公共财政覆盖农村范围，发展农村公共事业，使广大农民学有所教、劳有所得、病有所医、老有所养、住有所居。

（一）繁荣发展农村文化。社会主义文化建设是社会主义新农村建设的重要内容和重要保证。坚持用社会主义先进文化占领农村阵地，满足农民日益增长的精神文化需求，提高农民思想道德素质。扎实开展社会主义核心价值体系建设，坚持用中国特色社会主义理论体系武装农村党员、教育农民群众，引导农民牢固树立爱国主义、集体主义、社会主义思想。推进广播电视村村通、文化信息资源共享、乡镇综合文化站和村文化室建设、农村电影放映、农家书屋等重点文化惠民工程，建立稳定的农村文化投入保障机制，尽快形成完备的农村公共文化服务体系。扶持农村题材文化产品创作生产，开展农民乐于参与、便于参与的文化活动，建立文化科技卫生"三下乡"长效机制，支持农民兴办演出团体和其他文化团体，引导城市文化机构到农村拓展服务。重视丰富农民工文化生活，帮助他们提高素质。广泛开展文明村镇、文明集市、文明户、志愿服务等群众性精神文明创建活动，倡导农民崇尚科学、诚信守法、抵制迷信、移风易俗，遵守公民基本道德规范，养成健康文明生活方式，形成男女平等、尊老爱幼、邻里和睦、勤劳致富、扶贫济困的社会风尚。加强农村文物、非物质文化遗产、历史文化名镇名村保护。发展农村体育事业，开展农民健身活动。

（二）大力办好农村教育事业。发展农村教育，促进教育公平，提高农民科学文化素质，培育有文化、懂技术、会经营的新型农民。巩固农村义务教育普及成果，提高义务教育质量，完善义务教育免费政策和经费保障机制，保障经济困难家庭儿童、留守儿童特别是女童平等就学、完成学业，改善农村学生营养状况，促进城乡义务教育均衡发展。加快普及农村高中阶段教育，重点加快发展农村中等职业教育并逐步实行免费。健全县域职业教育培训网络，加强农民技能培训，广泛培养农村实用人才。大力扶持贫困地区、民族地区农村教育。增强高校为农输送人才和服务能力，办好涉农学科专业，鼓励人才到农村第一线工作，对到农村履行服务期的毕业生代偿学费和助学贷款，在研究生招录和教师选聘时优先。保障和改善农村教师

工资待遇和工作条件，健全农村教师培养培训制度，提高教师素质。健全城乡教师交流机制，继续选派城市教师下乡支教。发展农村学前教育、特殊教育、继续教育。加强远程教育，及时把优质教育资源送到农村。

（三）促进农村医疗卫生事业发展。基本医疗卫生服务关系广大农民幸福安康，必须尽快惠及全体农民。巩固和发展新型农村合作医疗制度，提高筹资标准和财政补助水平，坚持大病住院保障为主、兼顾门诊医疗保障。完善农村医疗救助制度。坚持政府主导，整合城乡卫生资源，建立健全农村三级医疗卫生服务网络，重点办好县级医院并在每个乡镇办好一所卫生院，支持村卫生室建设，向农民提供安全价廉的基本医疗服务。加强农村卫生人才队伍建设，定向免费培养培训农村卫生人才，妥善解决乡村医生补贴，完善城市医师支援农村制度。坚持预防为主，扩大农村免费公共卫生服务和免费免疫范围，加大地方病、传染病及人畜共患病防治力度。加强农村药品配送和监管。积极发展中医药和民族医药服务。广泛开展爱国卫生运动，重视健康教育。加强农村妇幼保健，逐步推行住院分娩补助政策。坚持计划生育的基本国策，推进优生优育，稳定农村低生育水平，完善和落实计划生育奖励扶助制度，有效治理出生人口性别比偏高问题。

（四）健全农村社会保障体系。贯彻广覆盖、保基本、多层次、可持续原则，加快健全农村社会保障体系。按照个人缴费、集体补助、政府补贴相结合的要求，建立新型农村社会养老保险制度。创造条件探索城乡养老保险制度有效衔接办法。做好被征地农民社会保障，做到先保后征，使被征地农民基本生活长期有保障。完善农村最低生活保障制度，加大中央和省级财政补助力度，做到应保尽保，不断提高保障标准和补助水平。全面落实农村五保供养政策，确保供养水平达到当地村民平均生活水平。完善农村受灾群众救助制度。落实好军烈属和伤残病退伍军人等优抚政策。发展以扶老、助残、救孤、济困、赈灾为重点的社会福利和慈善事业。发展农村老龄服务。加强农村残疾预防和残疾人康复工作，促进农村残疾人事业发展。

（五）加强农村基础设施和环境建设。把农村建设成为广大农民的美好家园，必须切实改善农民生产生活条件。科学制定乡镇村庄建设规划。加快农村饮水安全工程建设，五年内解决农村饮水安全问题。加强农村公路建设，确保"十一五"期末基本实现乡镇通油（水泥）路，进而普遍实现行政村通油（水泥）路，逐步形成城乡公交资源相互衔接、方便快捷的客运网络。推进农村能源建设，扩大电网供电人口覆盖率，推广沼气、秸秆利用、小水电、风能、太阳能等可再生能源技术，形成清洁、经济的农村能源体系。实施农村清洁工程，加快改水、改厨、改厕、改圈，开展垃圾集中处理，不断改善农村卫生条件和人居环境。推进广电网、电信网、互联网"三网融合"，积极发挥信息化为农服务作用。发展农村邮政服务。健全农村公共设施维护机制，提高综合利用效能。

（六）推进农村扶贫开发。搞好新阶段扶贫开发，对确保全体人民共享改革发展成果具有重大意义，必须作为长期历史任务持之以恒抓紧抓好。完善国家扶贫战略和政策体系，坚持开发式扶贫方针，实现农村最低生活保障制度和扶贫开发政策有效衔接。实行新的扶贫标准，对农村低收入人口全面实施扶贫政策，把尽快稳定解决扶贫对象温饱和实现脱贫致富作为新阶段扶贫开发的首要任务。重点提高农村贫困人口自我发展能力，对没有劳动力或劳动能力丧失的贫困人口实行社会救助。加大对革命老区、民族地区、边疆地区、贫困地区发展扶持力度。继续开展党政机关定点扶贫和东西扶贫协作，充分发挥企业、学校、科研院所、军队和社会各界在扶贫开发中的积极作用。加强反贫困领域国际交流合作。

（七）加强农村防灾减灾能力建设。我国农村自然灾害多、受灾地域广、防灾抗灾力量弱，必须切实加强农村防灾减灾工作。加强灾害性天气、地质灾害、地震监测预警，提高监测水平，完善处置预案，加强专业力量建设，提高应急救援能力，宣传普及防灾减灾知识，提高灾害处置能力和农民避灾自救能力。加强防洪排涝抗旱设施和监测预警能力建设，加快农村危房改造，提高农村道路、供电、供水、通信设施抗灾保障能力，提高农村学校、医院等公共设施建筑质量，落实安全标准和责任。全力做好汶川地震灾区农村恢复重建工作，加大投入，对口支援，发动群众，加快受灾农户住房重建，搞好农业生产设施重建，尽早恢复农业生产和农村经济。采取综合措施，促进灾区生态环境尽快修复并不断改善。

（八）强化农村社会管理。坚持服务农民、依靠农民，完善农村社会管理体制机制，加强农村社区建设，保持农村社会和谐稳定。健全党和政府主导的维护农民权益机制，拓宽农村社情民意表达渠道，做好农村信访工作，加强人民调解，及时排查化解矛盾纠纷。农村广大干部要进村入户做好下访工作，切实把矛盾和问题解决在基层、化解在萌芽状态。深入开展平安创建活动，加强农村政法工作，推进农村警务建设，实行群防群治，搞好社会治安综合治理。建立健全农村应急管理体制，提高危机处置能力。巩固和发展平等团结互助和谐的社会主义民族关系。全面贯彻党的宗教工作基本方针，依法管理宗教事务。反对和制止利用宗教、宗族势力干预农村公共事务，坚决取缔邪教组织，严厉打击黑恶势力。

六、加强和改善党的领导，为推进农村改革发展提供坚强政治保证

推进农村改革发展，关键在党。要把党的执政能力建设和先进性建设作为主线，以改革创新精神全面推进农村党的建设，认真开展深入学习实践科学发展观活动，增强各级党组织的创造力、凝聚力、战斗力，不断提高党领导农村工作水平。

（一）完善党领导农村工作体制机制。强化党委统一领导、党政齐抓共管、农村工作综合部门组织协调、有关部门各负其责的农村工作领导体制和工作机制。各级党委和政府要坚持把农村工作摆上重要议事日程，在政策制定、工作部署、财力投放、干部配备上切实体现全党工作重中之重的战略思想，加强对农村改革发展理论和实践问题的调查研究，坚持因地制宜、分类指导，创造性地开展工作。党委和政府主要领导要亲自抓农村工作，省市县党委要有负责同志分管农村工作，县（市）党委要把工作重心和主要精力放在农村工作上。加强党委农村工作综合部门建设，建立职能明确、权责一致、运转协调的农业行政管理体制。注重选好配强县乡党政领导班子特别是主要负责人。坚持和完善"米袋子"省长负责制、"菜篮子"市长负责制。完善体现科学发展观和正确政绩观要求的干部考核评价体系，把粮食生产、农民增收、耕地保护、环境治理、和谐稳定作为考核地方特别是县（市）领导班子绩效的重要内容。支持人大、政协履行职能，发挥民主党派、人民团体和社会组织积极作用，共同推进农村改革发展。

（二）加强农村基层组织建设。党的农村基层组织是党在农村工作的基础。以领导班子建设为重点、健全党组织为保证、三级联创活动为载体，把党组织建设成为推动科学发展、带领农民致富、密切联系群众、维护农村稳定的坚强领导核心。改革和完善农村基层组织领导班子选举办法，抓好以村党组织为核心的村级组织配套建设，领导和支持村委会、集体经济组织、共青团、妇代会、民兵等组织和乡镇企业工会组织依照法律法规和章程开展工作。创新农村党的基层组织设置形式，推广在农村社区、农民专业合作社、专业协会和产业链上建立党组织的做法。加强农民工中党的工作。健全城乡党的基层组织互帮互助机制，构建城乡统筹的基层党建新格局。抓紧村级组织活动场所建设，两年内覆盖全部行政村。

（三）加强农村基层干部队伍建设。建设一支守信念、讲奉献、有本领、重品行的农村基层干部队伍，对做好农村工作至关重要。着力拓宽农村基层干部来源，提高他们的素质，解除他们的后顾之忧，调动他们的工作积极性。注重从农村致富能手、退伍军人、外出务工返乡农民中选拔村干部。引导高校毕业生到村任职，实施一村一名大学生计划。鼓励党政机关和企事业单位优秀年轻干部到村帮助工作。加大从优秀村干部中考录乡镇公务员和选任乡镇领导干部力度。探索村党组织书记跨村任职。通过财政转移支付和党费补助等途径，形成农村基层组织建设、村干部报酬和养老保险、党员干部培训资金保障机制。整合培训资源，广泛培训农村基层干部，增强他们带领农民建设社会主义新农村的本领。扎实推进农村党员干部现代远程教育，两年内实现全国乡村网络基本覆盖。

（四）加强农村党员队伍建设。巩固和发展先进性教育活动成果，做好发展党员工作，改进党员教育管理，增强党员意识，建设高素质农村党员队伍。扩大党内基层民主，尊重党员主体地位，保证党员按照党章规定履行义务、行使权利。组织农村党员学习党的理论和路线方针政策、法律法规、实用技术。广泛开展党员设岗定责、依岗承诺、创先争优等活动。关心爱护党员，建立健全党内激励、关怀、帮扶机制，增强党组织的亲和力。加强和改进流动党员管理，建立健全城乡一体党员动态管理机制。加大在优秀青年农民中发展党员力度。探索发展党员新机制，不断提高发展党员质量。

（五）加强农村党风廉政建设。大力发扬党的优良传统和作风，密切党群干群关系，是做好农村改革发展工作的重要保证。坚持教育、制度、监督、改革、纠风、惩治相结合，推进农村惩治和预防腐败体系建设。以树立理想信念和加强思想道德建设为基础，深入开展反腐倡廉教育，弘扬求真务实、公道正派、艰苦奋斗的作风，筑牢党员、干部服务群众、廉洁自律的思想基础。以规范和制约权力运行为核心，全面推进政务公开、村务公开、党务公开，健全农村集体资金、资产、资源管理制度，做到用制度管权、管事、管人。以维护农民权益为重点，围绕党的农村政策落实情况加强监督检查，切实纠正损害农民利益的突出问题，严肃查处涉农违纪违法案件。广大党员、干部要坚持权为民所用、情为民所系、利为民所谋，关心群众疾苦，倾听群众呼声，集中群众智慧，讲实话、办实事、求实效，坚决反对形式主义、官僚主义，努力创造实实在在的业绩。

实现全面建设小康社会的宏伟目标，最艰巨最繁重的任务在农村，最广泛最深厚的基础也在农村。全党同志要紧密团结在以胡锦涛同志为总书记的党中央周围，锐意改革，加快发展，在推进中国特色社会主义伟大事业进程中努力开创农村工作新局面！

关于 2008 年深化经济体制改革工作的意见

国家发展改革委

根据党的十七大精神和中央经济工作会议要求，按照"十一五"规划关于经济体制改革的总体部署，现就 2008 年深化经济体制改革工作提出以下意见：

一、指导思想和基本原则

（一）指导思想。

全面贯彻党的十七大精神，高举中国特色社会主义伟大旗帜，以邓小平理论和

"三个代表"重要思想为指导，深入贯彻落实科学发展观，围绕转变经济发展方式，促进经济社会协调发展，进一步深化经济体制改革，完善社会主义市场经济体制，为推动科学发展、促进社会和谐提供强大动力和体制保障。

（二）基本原则。

——坚持社会主义市场经济改革方向，把坚持社会主义基本制度同发展市场经济结合起来。

——坚持以改革促进科学发展，用改革的办法解决经济社会发展中的深层次矛盾和问题。

——坚持以人为本，把实现好、维护好、发展好人民群众的切身利益作为推进改革的出发点和落脚点。

——坚持实践探索与制度建设相结合，及时把行之有效的改革措施规范化、制度化和法制化。

——坚持正确处理改革发展稳定的关系，切实把改革的力度、发展的速度和社会的可承受度统一起来。

二、2008 年经济体制改革的重点任务

（一）加快行政管理体制改革。

按照《国务院机构改革方案》要求，制定并落实"三定"规定，推进政府机构改革，建立权责一致、分工合理、决策科学、执行顺畅、监督有力的行政管理体制，切实转变政府职能。指导和推进地方政府机构改革。实行《政府信息公开条例》，健全政府信息发布制度，推行政务公开。

（二）深化财税体制改革。

深化财政体制改革。推进财税体制改革，研究制订改革方案；进一步理顺中央与地方的财力和事权关系，完善转移支付制度和省以下财政体制；深化预算制度改革，强化预算管理和监督；围绕推进基本公共服务均等化和主体功能区建设，完善公共财政体系；创新各级财政支持义务教育、医疗卫生、公共文化、社会保障和住房保障的机制。

推进税收制度改革。实施新的企业所得税法，制定相关配套政策；推进资源税制度改革；研究建立综合与分类相结合的个人所得税制度；研究制订在全国范围内实施增值税转型改革的方案；研究推进房地产税制改革；研究开征环境保护税。

（三）深化金融投资体制改革。

深化金融企业改革。推进农业银行股份制改革和国家开发银行改革；研究制定进出口银行和农业发展银行改革方案；推动金融资产管理公司转型。

健全金融调控和金融监管体系。推进利率市场化改革，建立健全主要由市场供求决定的利率形成机制；深化人民币汇率形成机制改革，增强汇率弹性；建立健全跨境资本流动监管体制；完善反洗钱工作协调机制。制定信贷征信管理条例，推进社会信用体系建设；制定出台存款保险条例。建立健全金融监管协调机制，建立完善金融控股公司和交叉性金融业务的监管制度。

加快推进投资体制改革。深入推进政府投资体制改革，尽快出台政府投资条例；健全中央预算内投资管理制度；及时修订调减投资核准目录；研究起草中央政府投资项目决策责任追究指导意见；开展中央预算内投资项目公示试点工作，加快推行代建制；完善企业投资项目核准制，规范备案管理。

（四）推进国有企业改革和非公有制经济发展。

深化国有企业改革。加快中央企业调整重组步伐，推动重点行业企业布局结构调整和联合重组。建立健全国有资本结构优化和战略性调整机制，促进国有资本向关系国家安全和国民经济命脉的重点行业、关键领域和基本公共服务领域转移。研究落实航空工业体制改革方案，推进中国航空工业集团公司组建工作。加快推动中央企业股份制改革，具备条件的实现整体上市或主营业务整体上市；扩大中央企业建立规范董事会试点的户数和范围，建立健全董事会运作的各项规章制度。

推进垄断行业和公用事业改革。加快推进铁路体制改革。研究提出盐业管理体制改革方案。组织实施深化电信体制改革方案。稳步实施电网企业主辅分离改革，完善区域电力市场建设，组织开展深化电力体制改革试点工作。推进农村公路管理养护体制改革。研究推进供水、供气、供热等市政公用事业体制改革。深化农村水电体制改革，研究建立有利于农民受益的农村水电管理体制。

促进非公有制经济发展。进一步制定完善并落实《国务院关于鼓励支持和引导个体私营等非公有制经济发展的若干意见》（国发〔2005〕3号）相关配套政策，放宽和规范非公有制经济在市场准入、财政税收、信用担保和金融服务等方面的政策措施。

（五）推进要素市场建设。

促进资本市场稳定健康发展。加强资本市场基础性制度建设；完善资本市场监管体制，加强监管队伍建设；积极发展公司债市场；优化市场结构，引导优质企业上市，进一步壮大主板市场，发展中小企业板市场，积极稳妥推进创业板市场建设。修订企业债券管理条例，扩大企业债券发行规模。

规范发展土地市场。坚持最严格的耕地保护制度，建立中央地方的共同责任机制；规范和完善征地程序，完善征地补偿办法；健全土地划拨制度，积极探索实行国家机关办公用地、基础设施及各类社会事业用地有偿使用制度；完善经营性土地和工业用地出让制度；推进城镇建设用地增加与农村建设用地减少相挂钩、城镇建设用地增加规模与吸纳农村人口定居规模相挂钩的试点工作。加强农村土地承包经营权流转规范管理和服务，全面建立合同管理制度和流转备案制度。

建立统一规范的人力资源市场。整合人才市场和劳动力市场；做好《中华人民共和国就业促进法》和《中华人民共和国劳动合同法》实施工作，制定相关配套法规规章。积极稳妥推进户籍制度改革，调整户口迁移政策，允许符合条件的农村居民在城市落户。

（六）深化农村经济体制改革。

深化农村综合改革。进一步扩大农村综合改革试点范围；出台清理化解乡村债务的指导性意见；开展化解农村义务教育"普九"债务试点；推进减轻农民水费负担综合改革试点。

推进农村金融改革和创新。积极稳妥推进农村地区金融机构准入政策试点工作；培育小额信贷组织，建立符合农村特点的担保机制。逐步扩大农业保险范围，做好政策性农业保险试点工作。

推动林业、农垦、水利体制改革。全面推进集体林权制度改革。研究提出进一步加快农垦改革与发展的意见。推进海南农垦管理体制改革。推进小型农田水利工程、农村水电工程设施产权制度改革，推进非经营性农村水利工程管理体制改革。

（七）建立健全资源节约和环境保护机制。

健全资源环境价格形成机制。逐步完善成品油、天然气价格形成机制；落实差别电价、小火电降价、脱硫加价政策；完善促进可再生能源发展的电价机制；结合销售电价调整，基本实现商业与一般工业用电同价；开展节能发电调度试点。完善污水处理收费和垃圾处理收费制度。制定出台水资源费征收使用管理办法。

建立健全资源有偿使用制度和生态环境补偿机制。全面推行探矿权采矿权有偿取得制度；完善矿山环境保护与治理的责任机制；改革资源收益分配制度，建立欠发达地区资源补偿机制。推进建立跨省流域的生态补偿机制试点工作；开展火力发电厂二氧化硫排污权有偿使用和交易试点，在太湖流域开展主要水污染物排污权有偿使用和交易试点，探索建立环境有偿使用制度。

健全节能减排体制机制。落实节能减排责任制；建立和完善节能减排措施公示制度；选择部分地区开展能耗总量控制试点；完善节能减排奖励制度；加快推行能效标识制度；建立并实施固定资产投资项目节能评估和审查制度；建立健全重大节能减排技术推广和应用机制；落实政府强制采购节能产品制度；开展环境污染责任保险试点。完善支持风电等可再生能源发展的政策措施。

（八）加快社会体制改革。

深化收入分配制度改革。择机出台深化收入分配制度改革有关指导意见。改革国有企业工资总额管理办法，加强对垄断行业企业工资监管；健全最低工资标准调整机制，建立企业职工工资正常增长机制和支付保障机制；指导各地完善工资保证

综合篇

金制度和工资支付重点监控制度;推行企业工资集体协商制度;颁布实施企业工资
条例。深化机关事业单位工资收入分配制度改革。

进一步完善社会保障制度。完善企业退休人员基本养老金正常调整机制;积极
推进事业单位工作人员养老保险制度改革试点;继续开展农村社会养老保险试点;
研究制定全国统一的社会保险关系转续办法;扩大城镇居民基本医疗保险试点范围;
研究制订各项社会保险基金监管制度。继续完善农村最低生活保障制度。落实廉租
住房和经济适用住房制度,完善住房公积金制度。

加快推进医药卫生体制改革。出台深化医药卫生体制改革的意见及相关配套文
件,适时启动试点工作。在全国农村全面推行新型农村合作医疗制度,提高筹资标
准和保障水平。

深化科技、教育、文化体制改革。落实国家中长期科学和技术发展规划纲要,
完善支持自主创新的政策。研究起草国家中长期教育改革和发展规划纲要。进一步
完善义务教育经费保障机制,认真落实保障家庭经济困难学生、进城务工人员随迁
子女平等接受义务教育的措施。深化职业技术教育投入、办学、管理体制和教育教
学改革。推进经营性文化单位转企改制,完善扶持公益性文化事业、发展文化产业、
激励文化创新等方面的政策。研究制订鼓励社会力量兴办民办非企业单位促进民办
社会事业健康发展的若干意见。

(九)深化涉外经济体制改革。

完善利用外资管理体制。简化外商投资审批程序,下放审批权限;贯彻实施新
的外商投资产业指导目录,修订中西部地区外商投资优势产业目录;健全外资并购
安全审查机制。扩大服务外包鼓励政策的试点范围,完善促进服务外包产业发展的
部际工作机制。

完善对外投资管理体制。鼓励银行、保险机构创新金融品种,发展境内外币债
券市场,为对外投资合作提供信贷、保险等金融支持。完善对外投资企业、对外承
包工程和劳务合作等方面的监管制度。

三、认真做好 2008 年经济体制改革工作

(一)进一步解放思想,加大改革力度。

改革开放已走过 30 年的历程,社会主义市场经济体制已初步建立,经济社会发
展取得了举世瞩目的成就。但是,目前我国经济、政治、文化、社会等领域体制改
革的任务仍很艰巨,改革仍处于攻坚阶段。各地区、各部门要充分认识深化经济体
制改革的重要性和紧迫性,按照党的十七大精神,进一步解放思想,提高认识,以
隆重纪念改革开放 30 周年为契机,在全社会统一思想、凝聚共识,形成强劲的改革

动力和浓厚的改革氛围，进一步加大改革力度，力求 2008 年在关系经济社会发展全局的重大体制改革方面取得突破性进展。

（二）做好指导协调，加强组织领导。

发展改革部门要加强对经济体制改革的总体规划和统筹安排，并通过推动建立部门间统筹协调推进改革的工作机制，不断加强对各项改革方案制定和组织实施的指导与协调；要积极推进国家综合配套改革试验区的改革试点工作，为全国改革提供经验和借鉴。各地区、各部门要切实加强对改革工作的领导，对涉及面广、影响重大的改革，一把手要亲自抓，既要保证改革沿着正确的方向顺利推进，又要使各项改革任务落到实处。

（三）明确责任分工，认真督促落实。

牵头部门要会同相关部门科学制订方案，明确实施步骤，强化改革责任。相关部门要结合自身职能，积极配合牵头部门做好有关工作。发展改革部门要采取多种形式，紧密跟踪、督促检查各项改革进展和落实情况，及时向国务院报告。各有关部门要定期向发展改革部门通报本部门改革进展情况。

推进改革开放伟大事业的战略部署

人民日报

一个社会的前行，一个国家的发展，往往来自于深切的忧患意识和责任意识，来自于对未来的清醒判断与准确把握。

30 年前，在党和国家面临向何处去的重大历史关口，我们党以非凡的智慧和勇气，做出了把党和国家工作中心转移到经济建设上来，实行改革开放的历史抉择，引领中国人民走上了中国特色社会主义广阔道路，迎来中华民族伟大复兴光明前景。30 年后，在纪念党的十一届三中全会召开 30 周年大会上，胡锦涛同志深入分析了国内外形势的新变化，准确判断我国改革发展的历史方位，从发展中国特色社会主义、实现中华民族伟大复兴的高度，明确提出四个"一定要坚持"：

一定要坚持高举中国特色社会主义伟大旗帜，继续推进马克思主义中国化；一定要坚持改革开放的正确方向，着力构建充满活力、富有效率、更加开放、有利于科学发展的体制机制；一定要坚持抓好发展这个党执政兴国的第一要务，更好地做到发展成果由人民共享；一定要戒骄戒躁、艰苦奋斗，不断开创改革开放和社会主义现代化建设新局面。

四个"一定要坚持",既是对改革开放 30 年历史经验的深入把握,更是对中国未来发展走向的庄严宣誓。它从历史与逻辑、理论与实践、现实与未来统一的基础上,回答了今后中国怎样发展、如何发展的重大问题,是我们在新的国际国内形势下和新的历史起点上,继续奋力推进改革开放和社会主义现代化事业的战略部署和行动指南。

改革开放 30 年来,我们取得了伟大成就,与此同时,我们清醒地看到,我国生产力水平总体上还不高,自主创新能力还不强,长期形成的结构性矛盾和粗放型增长方式尚未根本改变,影响发展的体制机制障碍依然存在,城乡贫困人口和低收入人口还有相当数量,农业基础薄弱、农村发展滞后的局面尚未改变,缩小城乡、区域发展差距和促进经济社会协调发展任务艰巨,人民群众还有不少不满意的地方。而愈演愈烈的国际金融危机,使我国发展面临严峻挑战。正是这种强烈的忧患意识和责任意识,使我们始终勇敢直面并努力解决改革发展中的矛盾和问题,使改革开放的航船劈波斩浪一路向前。

历史经验表明,清醒地看到存在的矛盾和问题,非但不会影响一个社会的发展,相反,这种忧患意识和责任意识,会产生发展的压力、催生变革的动力,促使一个社会在直面矛盾与问题的过程中健康前行。四个"一定要坚持",正是从我国仍处于并将长期处于社会主义初级阶段的基本国情出发,从人民群众日益增长的物质文化需要同落后的社会生产之间的矛盾这一社会主要矛盾出发,对当前我国发展呈现出的一系列新阶段性特征所做出的清醒判断和准确把握。

在新起点上展望未来,新的更加艰巨繁重的任务摆在我们面前:我们在推进改革开放和社会主义现代化建设中所肩负任务的艰巨性和繁重性世所罕见,我们在改革发展稳定中所面临矛盾和问题的规模和复杂性世所罕见,我们在前进中所面对的困难和风险也世所罕见,改革发展任重道远。深入把握四个"一定要坚持",继续解放思想,坚持改革开放,推动科学发展,促进社会和谐,中华民族伟大复兴的征程必将掀开新的一页。

将改革开放伟大事业继续推向前进

人民日报

一个国家和民族的发展历程中,总有一些决定命运的关键时刻。

30 年前,中国共产党召开十一届三中全会,在党和国家面临向何处去的重大历史关头，作出改革开放这一决定当代中国命运的关键抉择，实现了我们党历史上具有深远意义的伟大转折。

30年后，我们满怀信心满怀豪情，隆重纪念党的十一届三中全会，中共中央总书记、国家主席、中央军委主席胡锦涛发表重要讲话。

胡锦涛总书记的重要讲话，从近一个世纪以来中华民族为实现伟大复兴进行的伟大革命的历史高度，从中国共产党带领人民发展中国特色社会主义、建设富强民主文明和谐的社会主义现代化国家的高度，从党和国家事业发展全局的高度，全面回顾和总结了改革开放30年的伟大历程和辉煌成就，高度评价了党的十一届三中全会的重要意义和历史功绩，系统阐述了改革开放"十个结合"的宝贵经验，鲜明地强调在新的国内国际形势下和新的历史起点上，必须坚定不移地坚持党的十一届三中全会以来开创的中国特色社会主义道路，继续推进改革开放和社会主义现代化事业。

这一重要讲话，高屋建瓴、思想深刻、内涵丰富，具有很强的理论性、战略性、指导性，通篇闪耀着马克思主义真理的光辉，进一步丰富了中国特色社会主义理论体系，是指导继续推进改革开放伟大事业的纲领性文献。我们一定要认真学习，深刻领会，切实把思想认识统一到讲话精神上来，并将这一重要讲话精神全面贯彻到党和国家各项工作中，贯穿到改革开放和社会主义现代化建设的进程中。

我们以此纪念改革开放30年，在新的历史方位，深入把握党的十一届三中全会的重大历史贡献。党的十一届三中全会标志着我们党重新确立了马克思主义的思想路线、政治路线、组织路线，标志着中国共产党人在新的时代条件下的伟大觉醒，显示了我们党顺应时代潮流和人民愿望、勇敢开辟建设中国特色社会主义新路的坚强决心。我们要充分认识党的十一届三中全会的重大意义和历史功绩，继续把改革开放事业推向前进。

我们以此纪念改革开放30年，在新的历史起点，深入把握改革开放30年的伟大历程和辉煌成就。30年来，我们党带领人民始终以改革开放为强大动力，在新中国成立以来取得成就的基础上，推动党和国家各项事业取得举世瞩目的新的伟大成就。13亿中国人民大踏步赶上了时代潮流，中国特色社会主义充满蓬勃生机，为人类文明进步作出重大贡献的中华民族以前所未有的雄姿巍然屹立在世界东方。事实雄辩地证明，只有社会主义才能救中国，只有改革开放才能发展中国、发展中国特色社会主义。

我们以此纪念改革开放30年，在现代化进程中，深入把握改革开放30年的宝贵经验。"十个结合"从理论和实践、历史和逻辑的统一上，深刻揭示了我国改革开放取得成功的关键和根本，揭示了中国特色社会主义经济建设、政治建设、文化建设、社会建设和党的建设的真谛，揭示了营造良好国际环境、保持国内社会政治

综合篇

稳定、坚持党的领导核心地位对改革发展的保证作用，既是历史经验的深刻总结，又是理论创新的集中体现，在现代化进程中，我们要倍加珍惜、自觉运用。

我们以此纪念改革开放 30 年，面对新的时代挑战，深入把握继续推进改革开放伟大事业、实现中华民族伟大复兴的历史使命。30 年来，我们取得了伟大的成就，但同我们的远大目标相比，同人民群众对美好生活的期待相比，还有不少差距。我们一定要坚持高举中国特色社会主义伟大旗帜，继续推进马克思主义中国化；一定要坚持改革开放的正确方向，着力构建充满活力、富有效率、更加开放、有利于科学发展的体制机制；一定要坚持抓好发展这个党执政兴国的第一要务，更好地做到发展成果由人民共享；一定要戒骄戒躁、艰苦奋斗，不断开创改革开放和社会主义现代化建设新局面。

30 年一瞬而过，历史的长河依然奔涌不息。改革发展任重道远，全党同志仍需奋斗，全体人民仍需奋斗。让我们紧密团结在以胡锦涛同志为总书记的党中央周围，坚定不移地沿着党的十一届三中全会以来开辟的中国特色社会主义道路，把改革开放的伟大事业继续推向前进！

从关键抉择到必由之路——纪念改革开放 30 周年

新华社

作为当代世界最重大的一个历史事件，中国波澜壮阔的改革开放走过了整整 30 年。30 年与 5000 年的中国历史相比虽是短暂的，但其影响却重大而深远，它改变了一个民族的历史命运，决定了一个国家的前途未来。

30 年前，一幅改写中国和世界发展图景的画卷在中华大地徐徐展开。党的十一届三中全会吹响了改革开放的时代号角，中国共产党人带领亿万人民走上强国富民的新长征。从此，变革的滚滚洪流冲关过隘，汇成建设中国特色社会主义的时代大潮。

改革开放是中华民族前途命运的关键抉择。曾经在人类文明史上创造辉煌的中华民族，自近代以来，在世界大变局中远远地落在了后面。一百年间，不屈不挠的中国人民为实现民族独立和国家富强的历史任务上下求索。新中国的建立为实现现代化奠定了崭新的制度基础，但前无古人的社会主义事业在实践中经历了艰辛而曲折的探索。当历史的脚步迈入 20 世纪 70 年代，世界又处在一个新的大转折大变革大发展时期。而此时，在刚走出"文革"阴影的中国，物资极端短缺，文化一片荒漠，人民生活贫困，僵化的经济体制和落后的思想观念严重束缚生产发展和社会进步。

是在困顿中徘徊，还是在危难中奋起？是变革进取，还是墨守成规？在历史的十字路口，中国共产党人在30年前的历史性抉择，使中国社会的前进列车，终于驶上了"以经济建设为中心"、"实行改革开放"的正确轨道，开始了大步追赶世界发展潮流新征程。

改革开放是中华民族自强不息的壮丽史诗。以十一届三中全会为起点，改革开放的历史画卷浓墨重彩地铺陈开来。中国人以昂扬奋发的朝气、开拓创新的勇气、一往无前的锐气，重新塑造着自己和整个国家的面貌。改革开放涤荡着一切陈腐与守旧，冲破无数藩篱和束缚，向前奔涌，势不可挡。在吸收借鉴人类文明一切优秀成果的过程中，中国充满希望地展示出自己灿烂的前景。濒临崩溃边缘的国民经济，实现了世界近代以来大国发展史上从未有过的持续30年年均近10%的发展，使中国一跃成为世界第四大经济体。中国特色社会主义，在东方大地焕发出勃勃生机。

30年间，一项项骄人成就印证着改革开放所激发出的巨大活力，一个个重大灾害检验着改革开放积累的强大实力，一次次重大考验磨砺着改革开放形成的抵御风险能力。今天，一个面向现代化、面向世界、面向未来的社会主义中国巍然屹立于世界民族之林。斗转星移，沧海桑田，作为人类发展史上罕见的整体性变迁，改革开放不仅改变了一个十三亿人口大国的命运，并因此为世界发展做出独特的贡献，而且创造了一种新的发展模式和制度文明，受到世界的关注，闪耀着夺目的光辉。

改革开放是中华民族伟大复兴的必由之路。30年来，通过改革开放，我们实现了一次次历史性跨越，走完了现代化建设的前两步。但是，我们还没有摆脱不发达状态，还处于工业化中期和社会主义初级阶段，还要再奋斗40年才能达到中等发达国家水平。如果说30年前我们是背水一战、绝地突围，那么30年后，我们正处于一个逆水行舟、不进则退的新的历史关节点。要完成实现中华民族伟大复兴的历史使命，我们必须在新的更高起点上继续推进改革开放。同30年前一样，坚定不移地走改革开放之路，是时代的要求、人民的意愿、历史的必然。这是发展中国特色社会主义的必由之路，是实现中华民族伟大复兴的必由之路，也是亿万人民奔向幸福美好生活的必由之路。

在新的更高起点上推进改革开放，最根本的是要深入贯彻党的十七大精神，高举中国特色社会主义伟大旗帜不动摇；最关键的是要深入贯彻落实科学发展观，努力推动经济、政治、文化和社会建设全面协调可持续发展。

在新的更高起点上推进改革开放，必须坚定改革开放的信心和决心。只有坚持改革开放，进一步解放思想，才能解决经济社会发展中的突出矛盾和问题。面对新的挑战，犹豫不决只会丧失机遇，停顿倒退没有出路。

在新的更高起点上推进改革开放，要牢牢坚持发展这个硬道理。虽然经过 30 年的发展，从生产力到生产关系、从经济基础到上层建筑都发生了重大变化，但人民日益增长的物质文化需要同落后的社会生产之间的矛盾这一社会主要矛盾没有变。发展仍然是解决中国一切问题的"总钥匙"。我们要继续坚持以经济建设为中心，不断解放和发展生产力。

在新的更高起点上推进改革开放，要着力解决影响和制约科学发展的突出问题，着力构建充满活力、富有效率、更加开放的体制机制，着力转变发展模式、优化经济结构，在重点领域和关键环节实现改革新的突破。

在新的更高起点上推进改革开放，必须坚持以人为本，依靠人民谋划发展，让人民共享发展成果。人民群众是推进改革开放的主体力量，人民利益是进行改革开放的根本归宿。一方面要加快推进以改善民生为重点的社会体制改革，进一步解决好人民群众最关心最直接最现实的利益问题。另一方面，更加有力地保障人民民主权利，维护人民政治参与的积极性，促进社会公平正义，充分发挥人民的主人翁精神和首创精神，让人民作为历史创造者的智慧与力量充分涌流和迸发。

在新的更高起点上推进改革开放，必须更加注重改革决策的科学性、增强改革措施的协调性。作为一场深刻的社会变革，改革开放正进入一个更多触及深层次矛盾和更多面对外部复杂因素的关键阶段。要坚持科学决策、民主决策、依法决策，进一步完善决策机制、决策规则和决策程序，做到改革与开放相协调，发展与稳定相统一，经济体制与政治体制、文化体制、社会体制改革相促进。

一个国家和民族的发展机遇，往往体现在面对艰难如何抉择。迎难而上，方可化危为机；坚定信心，才能奋发有为。这是中国改革开放 30 年的重要经验，也是中华民族历经磨难锤炼锻造的优秀品格。当前，国际金融危机对我国的影响日益加深，我国传统竞争优势逐渐削弱，中国发展面临前所未有的严峻挑战。越是困难，越要改革发展；越是危急，越要意志坚定。将压力转为推进科学发展的动力，将危机化为构建科学发展体制机制的契机，聚精会神艰苦奋斗，万众一心共克时艰，在逆境中开辟更加广阔的发展新天地。

旗帜指引方向，道路迎向明天。站在今天这样一个特殊的节点上，回望过去，心潮澎湃；展望未来，激情满怀。我们紧密团结在以胡锦涛同志为总书记的党中央周围，锐意进取的中国人民，一定能在建设富强、民主、文明、和谐现代化强国的伟大进程中，挥写更加辉煌的新篇章！

在中国特色社会主义道路上
继续把改革开放伟大事业推向前进
（综述）

2008 年是不同寻常的一年，也是值得纪念的一年。这一年，在中国共产党的坚强领导下，我们沉着应对南方雨雪冰冻灾害、四川大地震的严峻挑战，全面夺取了抗击特大自然灾害的重大胜利；我们成功举办了有特色、高水平的北京奥运会、残奥会，实现了中华民族的百年梦想；我们积极应对国际金融危机的严重冲击，国民经济保持了平稳较快发展的良好局面；我们迎来了改革开放 30 周年的重要历史时刻，全面开启了中国特色社会主义现代化建设的新纪元。

一、改革开放是决定当代中国命运的关键抉择

1978 年 12 月 18 日，党的十一届三中全会隆重召开，实现了新中国成立以来我们党历史上具有深远意义的伟大转折，开启了我国改革开放历史新时期。从此，党领导全国各族人民在新的历史条件下开始了新的伟大革命。30 年来，我们始终以改革开放为强大动力，在新中国成立以后取得成就的基础上，推动党和国家各项事业取得举世瞩目的新的伟大成就：

——我们锐意推进各方面改革，成功实现了从高度集中的计划经济体制到充满活力的社会主义市场经济体制的伟大历史转折。经过 30 年的努力，我们形成了公有制为主体、多种所有制经济共同发展的基本经济制度，按劳分配为主体、多种分配方式并存的分配制度，在国家宏观调控下市场对资源配置发挥基础性作用的经济管理制度。同时，我们不断深化政治体制、文化体制、社会体制以及其他各方面体制改革，为我国经济繁荣发展、社会和谐稳定提供了有力制度保障。

——我们不断扩大对外开放，成功实现了从封闭半封闭到全方位开放的伟大历史转折。从建立经济特区到开放沿海、沿江、沿边、内陆地区再到加入世界贸易组织，从大规模"引进来"到大踏步"走出去"，我们始终坚持对外开放的基本国策，加快发展开放型经济。1978 年到 2008 年，我国进出口总额从 206 亿美元增长到 2.56 万亿美元，跃居世界第三位；外汇储备达 1.95 万亿美元，跃居世界第一位；

对外投资大幅增长，实际使用外资额累计近 1 万亿美元。

——我们坚持以经济建设为中心，综合国力迈上了新台阶。1978 年到 2008 年，我国国内生产总值由 3645 亿元增长到 30 万亿元，年均增长速度达世界同期水平的 3 倍多，经济总量上升为世界第四。我们依靠自己力量稳定解决了 13 亿人口吃饭问题。主要农产品和工业品产量已居世界第一，具有世界先进水平的重大科技创新成果不断涌现，高新技术产业蓬勃发展，水利、能源、交通、通信等基础设施建设取得突破性进展，生态文明建设不断推进，城乡面貌焕然一新。

——我们着力保障和改善民生，人民生活总体上达到小康水平。过去 30 年是我国城乡居民收入增长最快、得到实惠最多的时期。1978 年到 2008 年，全国城镇居民人均可支配收入由 343 元增加到 15781 元，农民人均纯收入由 134 元增加到 4761 元，按最新口径（2008 年农村贫困标准 1196 元）测算，农村贫困人口从 2.5 亿减少到 4000 万，城市人均住宅建筑面积和农村人均住房面积成倍增加。群众家庭财产普遍增多，吃穿住行用水平明显提高。改革开放前长期困扰我们的短缺经济状况已经从根本上得到改变。

——我们大力发展社会主义民主政治，人民当家作主权利得到更好保障。我国政治体制改革不断深化，人民代表大会制度、中国共产党领导的多党合作和政治协商制度、民族区域自治制度以及基层群众自治制度日益完善，中国特色社会主义法律体系基本形成，依法治国基本方略有效实施，社会主义法治国家建设取得重要进展，公民有序政治参与不断扩大，人权事业全面发展。爱国统一战线发展壮大，政党关系、民族关系、宗教关系、阶层关系、海内外同胞关系更加和谐。

——我们大力发展社会主义先进文化，人民日益增长的精神文化需求得到更好满足。社会主义核心价值体系建设取得重大进展，马克思主义思想理论建设卓有成效，群众性精神文明创建活动、公民道德建设、青少年思想道德建设全面推进，文化事业生机盎然，文化产业空前繁荣，国家文化软实力不断增强，人们精神世界日益丰富，全民族文明素质明显提高，中华民族的凝聚力和向心力显著增强。

——我们大力发展社会事业，社会和谐稳定得到巩固和发展。城乡免费九年义务教育全面实现，高等教育总规模、大中小学在校生数量位居世界第一，办学质量不断提高。就业规模持续扩大，全社会创业活力明显增强。社会保障制度建设加快推进，覆盖城乡居民的社会保障体系初步形成。公共卫生服务体系和基本医疗服务体系不断健全，新型农村合作医疗制度覆盖全国。社会管理不断改进，社会大局保持稳定。

30 年的改革开放，我们取得的成就还有：坚持党对军队绝对领导，国防和军队建设取得重大成就；成功实施"一国两制"基本方针，祖国和平统一大业迈出重大步伐；坚持奉行独立自主的和平外交政策，全方位外交取得重大成就；坚持党要管党、从严治党，党的领导水平和执政水平、拒腐防变和抵御风险能力明显提高。

二、改革开放的方向和道路是完全正确的

党的十一届三中全会以来30年的伟大历程和伟大成就深刻昭示我们：改革开放是决定当代中国命运的关键抉择，是发展中国特色社会主义、实现中华民族伟大复兴的必由之路；只有社会主义才能救中国，只有改革开放才能发展中国、发展社会主义、发展马克思主义；改革开放符合党心民心、顺应时代潮流，方向和道路是完全正确的，成效和功绩不容否定，停顿和倒退没有出路。在改革开放30周年来临之际，胡锦涛总书记从历史和逻辑、理论和实践统一上，深刻揭示了我国改革开放取得成功的关键和根本，生动阐明了我们党在改革开放实践中是如何坚持和发展马克思主义、如何坚持和发展社会主义、如何全面推进中国特色社会主义事业、如何统筹国内国际两个大局、如何加强和改善党的领导的宝贵经验。概括起来，就是党的十七大阐明的"十个结合"：

一是必须把坚持马克思主义基本原理同推进马克思主义中国化结合起来，解放思想、实事求是、与时俱进，以实践基础上的理论创新为改革开放提供理论指导。

二是必须把坚持四项基本原则同坚持改革开放结合起来，牢牢扭住经济建设这个中心，始终保持改革开放的正确方向。

三是必须把尊重人民首创精神同加强和改善党的领导结合起来，坚持执政为民、紧紧依靠人民、切实造福人民，在充分发挥人民创造历史作用中体现党的领导核心作用。

四是必须把坚持社会主义基本制度同发展市场经济结合起来，发挥社会主义制度的优越性和市场配置资源的有效性，使全社会充满改革发展的创造活力。

五是必须把推动经济基础变革同推动上层建筑改革结合起来，不断推进政治体制改革，为改革开放和社会主义现代化建设提供制度保证和法制保障。

六是必须把发展社会生产力同提高全民族文明素质结合起来，推动物质文明和精神文明协调发展，更加自觉、更加主动地推动文化大发展大繁荣。

七是必须把提高效率同促进社会公平结合起来，实现在经济发展的基础上由广大人民共享改革发展成果，推动社会主义和谐社会建设。

八是必须把坚持独立自主同参与经济全球化结合起来，统筹好国内国际两个大局，为促进人类和平与发展的崇高事业作出贡献。

九是必须把促进改革发展同保持社会稳定结合起来，坚持改革力度、发展速度和社会可承受程度的统一，确保社会安定团结、和谐稳定。

十是必须把推进中国特色社会主义伟大事业同推进党的建设新的伟大工程结合

起来，加强党的执政能力建设和先进性建设，提高党的领导水平和执政水平、拒腐防变和抵御风险能力。

三、解决前进中的问题归根到底靠改革开放

我们取得的成就已经载入史册，新的更加艰巨繁重的任务正摆在我们面前。在改革开放的壮阔历程中瞩望未来，中华民族伟大复兴的道路更加清晰：到我们党成立 100 年时建成惠及十几亿人口的更高水平的小康社会，到新中国成立 100 年时基本实现现代化，建成富强民主文明和谐的社会主义现代化国家。在新的国际国内形势下和新的历史起点上，我们必须坚定不移地坚持党的十一届三中全会以来开辟的中国特色社会主义道路，坚定不移地坚持党的基本理论、基本路线、基本纲领、基本经验，勇于变革、勇于创新，永不僵化、永不停滞，不为任何风险所惧，不被任何干扰所惑，继续奋勇推进改革开放和社会主义现代化事业。

——我们要继续深化经济体制改革。进一步完善基本经济制度，健全市场体系；深化财税、金融体制改革，完善宏观调控体系；加快资源性产品价格形成机制改革，更好地发挥市场在资源配置中的基础性作用；继续深化国有企业股份制改革，健全现代企业制度；进一步完善公共财政体系和转移支付制度，全面推进增值税转型改革；建立健全资源有偿使用制度和生态环境补偿机制，适时推进资源税制度改革；大力发展各类金融市场，促进资本市场稳定健康发展；完善人民币汇率形成机制，逐步实现资本项目可兑换。

——我们要继续推进政治体制改革和其他方面改革。人民民主是社会主义的生命，没有民主，就没有社会主义。我们不仅要通过发展经济改善人民生活，还要通过民主法制建设保障人民的民主权利，实现社会公平和正义。我们要建设社会主义法治国家，依法管理国家事务和社会事务，创造条件让人民更有效地批评和监督政府，努力造就人人心情舒畅、生动活泼的政治局面，促进社会和谐。要办好人民满意的教育，让每个孩子都能上得起学、上好学；建立基本医疗卫生制度，让全体人民都享有基本医疗保障；加快健全覆盖城乡的社会保障体系，更好地关爱社会弱势群体，让全体人民共享改革和发展成果。

——我们要进一步拓展对外开放的深度和广度。开放也是改革，只有开放兼容，国家才能富强。我们要不断学习和借鉴人类创造的一切优秀文明成果。积极参与经济全球化的进程，推动建设公正合理的国际贸易体系和金融体制，坚定地支持多哈回合谈判早日达成平衡的结果，支持完善国际贸易准则，推进贸易投资自由化便利化，继续在多边经贸体系中发挥建设性作用。继续深化涉外经济体制改革，完善涉外经济法律法规和政策，扩大市场准入，加大知识产权保护力度，改善外商来华投

资兴业环境。

　　30 年前，为了摆脱困境，重新奋起，我们毅然开启了改革开放的伟大进程，由此创造了举世瞩目的中国奇迹。今天，我们唯有继续把改革开放推向前进，才能不断解决前进中的问题。这是 30 年实践的宝贵经验，也是我们开辟更为广阔发展前景的必然选择。

2008 年中国经济体制改革报告
2008 NIAN ZHONGGUO JINGJI TIZHI GAIGE BAOGAO

▶部门篇

国务院有关部门贯彻落实2008年深化经济体制改革工作意见的情况

国家发展改革委经济体制综合改革司

一、关于"加快行政管理体制改革"

各有关部门按照《国务院机构改革方案》的要求，推进政府机构改革，着力转变政府职能。目前，46个部门的"三定"规定已发布实施。中央编办采取多种方式指导和推进政府机构改革，大部门体制改革取得初步成果，上海等一些省级政府机构改革方案获批实施。《政府信息公开条例》发布实施。国办印发《关于实施〈中华人民共和国政府信息公开条例〉若干问题的意见》等指导性文件，作出了相关部署。各地各部门普遍建立了政府信息公开工作机制，公开政府信息的主动性、及时性普遍增强。

二、关于"深化财税体制改革"

（一）"深化财政体制改革"。财政部等部门进一步推进财政体制改革。在保持分税制财政体制基本稳定的前提下，围绕推进基本公共服务均等化和主体功能区建设，努力健全中央政府和地方政府财力与事权相匹配的体制。健全转移支付制度，完善一般性转移支付办法，加大专项转移支付项目清理整合力度，扩大专项转移支付资金国库集中支付范围。深化部门预算和行政事业单位国有资产管理改革，扩大基本支出定员定额试点范围。扩大预算支出绩效考评试点，推动部门预算科学化、精细化管理。推进国库集中收付制度改革，所有中央部门及所属1万多个基层预算单位，全国所有省份和计划单列市本级大多数市县的28万多个基层预算单位实施了国库集中支付改革。财政部、发展改革委等部门还不断创新机制，支持义务教育、医疗卫生、公共文化、社会保障、住房保障、农村体制、国有企业和金融体制改革。

（二）"推进税收制度改革"。财政部、税务总局牵头，稳步推进各项税制改革。配合新的《企业所得税法》实施，制定相关配套政策措施。完善个人所得税制，将工薪所得费用扣除标准由1600元提高到2000元。暂免征收储蓄存款和证券交易结

部门篇

算资金利息所得税。调整证券交易印花税，将股票交易印花税税率从 3‰下调到 1‰，并将双边征收调整为单边征收。推进房地产税制改革，对廉租住房、经济适用房建设等实行减免税费政策，降低住房交易环节税收负担。从 2009 年起，在全国范围内实施增值税转型改革和成品油税费改革。此外，完善营业税、消费税制度和出口退税政策，组织实施新的耕地占用税条例，积极推进资源税改革，研究开征环境税，积极推动物业税（房地产税）改革。

三、关于"深化金融投资体制改革"

（一）"深化金融企业改革"。人民银行等部门继续推进农业银行和国家开发银行改革。国家开发银行已由政策性银行改造为股份制商业银行，并成立股份公司；农业银行已完成股份制改革的财务重组工作，于 2009 年 1 月成立股份公司。农业发展银行和进出口银行内部改革不断深化，风险管理和内控机制建设得到加强。财政部牵头成立金融资产管理公司改革发展工作小组，相关工作稳步推进。

（二）"健全金融调控和金融监管体系"。人民银行等部门继续推进利率市场化改革。5 次下调金融机构人民币存贷款基准利率；扩大商业性个人住房贷款利率下浮幅度；继续培育上海银行间同业拆放利率（SHIBOR），鼓励金融机构创新以 SHI-BOR 为基准的金融产品。市场供求在人民币汇率形成中的基础性作用进一步发挥，全年人民币汇率有贬有升、双向浮动，与国际主要货币汇率之间联动明显。下半年以来，人民币汇率总体保持稳定。跨境资本流动监管得到加强。修订实施《外汇管理条例》；实行出口收结汇联网核查；建立贸易项下债权和债务（贸易信贷）登记管理制度；加强外商投资企业资本金结汇及转股收入结汇管理，建立健全直接投资项下跨境资金流出入的统计监测和管理；进一步发挥异常外汇资金流动监管协调机制作用，大力打击地下钱庄等违法违规行为。完善反洗钱工作协调机制，积极推动有关部门出台有关立法建议和司法解释。推进社会信用体系建设，研究起草了征信管理条例和《金融业统一征信平台建设规划》。继续研究完善存款保险制度实施方案。人民银行会同银监会、证监会、保监会研究建立金融监管协调机制，以部际联席会议制度形式，加强货币政策与监管政策的协调，建立金融信息共享制度，着手研究加强对金融控股公司和交叉性金融业务的监管。

（三）"加快推进投资体制改革"。发展改革委继续推进政府投资体制改革，颁发了《中央政府投资项目后评价管理办法（试行）》，起草了《关于改进和规范中央投资项目概算管理的通知》、《政府投资项目责任追究指导意见》和《关于推进和规范政府投资项目代建制的指导意见》，选定北京华文学院新校区作为中央预算内投资项目代建制试点。完善核准制，继续修订《政府核准的投资项目目录》，制定了

《关于企业投资项目咨询评估报告的若干要求》，发布了《企业投资项目咨询评估报告编写大纲》和《项目核准文件格式文本》。减少和下放具体管理事项，在安排2008 年新增 1000 亿元投资和 2009 年中央预算内投资计划时，具体项目资金安排及责任能交给部门的尽量交给部门，能交给地方政府的尽量交给地方政府。

四、关于"推进国有企业改革和非公有制经济发展"

（一）"深化国有企业改革"。国资委等部门加快中央企业调整重组步伐，中央企业户数由 2007 年底的 151 家减少至 142 家。继续推进中央企业股份制改革上市，至 2008 年 11 月底，2 家中央企业完成主营业务整体重组、改制上市。深化中央企业建立规范董事会试点工作，试点企业初步建立起科学决策机制，国资委与试点企业的关系进一步规范，已有 3 家试点企业实现整体上市。工业和信息化部、国资委等部门落实航空工业体制改革方案，组建了中国商用飞机公司和中国航空工业集团公司。

（二）"推进垄断行业和公用事业改革"。发展改革委、铁道部继续深入研究铁路体制改革总体方案。铁路投融资体制改革取得新进展，2008 年，已组建合资铁路公司 34 家，吸引地方政府权益性出资 820 亿元，其他社会资本 160 亿元，投资总规模约 5000 亿元；成功发行铁路建设债券 800 亿元。发展改革委、工业和信息化部启动盐业管理体制改革研究。工业和信息化部、发展改革委、国资委等部门组织实施深化电信体制改革方案，完成了资产和业务重组，将原有的 6 大基础电信运营企业重组为 3 家拥有全国性网络资源、实力和规模相对接近、具有全业务经营能力的市场竞争主体。发展改革委、国资委、电监会、能源局等部门完成了"十五"电力体制改革相关遗留问题处理，规范了电力职工持股行为，初步提出了"电网主辅分离改革及电力设计、施工企业一体化重组方案"。继续推进区域电力市场建设，对发电权交易和大用户直接购电进行了试点探索，对输配电体制和农电管理体制等后续改革问题开展了专题研究。能源局等部门推进煤电联营改革试点，支持煤电化等一体化基地建设。交通运输部、发展改革委、财政部继续推进农村公路管理养护体制改革，各省份均出台了改革实施方案，明确县级政府的农村公路养护责任主体地位。住房城乡建设部牵头推进市政公用事业体制改革。推进城镇供热体制改革，组织开展了供热计量改革示范城市工作，印发了《民用建筑供热计量管理办法》、《关于进一步推进供热计量改革的若干意见》和《供热计量技术导则》。进一步引入市场机制，稳步推进城镇供水、污水处理行业特许经营制度的实施，逐步形成多元化融资体制与经营模式。水利部继续推进农村水电管理体制改革，加强水电农村电气化和小水电代燃料工程国有资产监管工作，加快研究建立有利于农民受益的农村水电管理体制。

（三）"促进非公有制经济发展"。工业和信息化部牵头，进一步落实《国务院关于鼓励、支持和引导个体私营等非公有制经济发展的若干意见》。近年来，中央有关部门和单位在市场准入、财税金融、改善政府监管和服务、营造舆论环境等方面累计出台近 40 个配套文件，有力改善了非公有制经济和中小企业的发展环境。

五、关于"推进要素市场建设"

（一）"促进资本市场稳定健康发展"。证监会等部门加强了资本市场基础性制度建设。启动《证券投资基金法》修订工作，推动《证券公司监管条例》和《证券公司风险处置条例》出台。配合《上市公司监督管理条例（送审稿）》的审查修改工作，研究起草证券投资者保护基金条例。发布实施《上市公司重大资产重组管理办法》、《上市公司并购重组财务顾问业务管理办法》和《上市公司解除限售存量股份转让指导意见》。出台《证券期货规章制定程序规定》、《证券期货监管信息公开办法（施行）》，进一步提高资本市场监管执法工作透明度。推进发行监管体制改革，完善保荐制度，促进上市公司提高质量。提高股东增持的灵活性，简化回购程序，积极协调有关方面加大增持和回购力度。修改上市公司现金分红有关规定，引导上市公司增加对投资者的回报。积极发展公司债市场，优化申报和审核程序，出台《上市公司股东发行可交换公司债券的规定》。继续壮大主板市场，做好中煤能源、中国铁建、中国南车等一批国有企业发行上市工作。大力发展中小企业板市场，拓展中小企业融资渠道。做好创业板市场的筹备工作，《首次公开发行股票并在创业板上市管理办法》公开向全社会征求意见。推进期货产品创新，成功上市黄金期货，积极推进股指期货各项筹备工作。发展改革委发布《关于推进企业债券发展、简化发行核准程序有关事项的通知》，将先核定规模、再审批发行两个环节，简化为直接核准发行一个环节，企业债券发行规模进一步扩大。

（二）"规范发展土地市场"。国务院批复《全国土地利用总体规划纲要（2006—2020 年）》，确定了 18 亿亩耕地红线，明确了各省份规划期耕地保有量和基本农田保护面积。国土资源部下发《关于切实做好征地统一年产值标准和片区综合地价公布实施工作的通知》，决定自 2009 年起在全国陆续实施新的征地补偿标准。按照党的十七届三中全会精神，提出了深化征地制度改革的思路和措施。严格界定划拨用地范围，除军事、社会保障性住房和特殊用地等可以继续实行划拨外，其他用地逐步实行有偿使用。按照《国务院关于促进节约集约用地的通知》，研究提出《推进土地使用制度改革方案》和《划拨用地目录（修订稿）》。继续完善经营性用地和工业用地出让制度，发布实施 2008 年国有建设用地使用权出让合同示范文本。

制定《城乡建设用地增减挂钩试点管理办法》，批准下达了挂钩试点第二批项目区。农业部采取多种方式，指导各地建立农村土地承包经营权流转合同制和登记备案制。继续开展农村土地纠纷仲裁试点，试点总数达到229个。

（三）"建立统一规范的人力资源市场"。人力资源社会保障部形成了关于建立统一规范的人力资源市场的思路和目标，草拟了《人力资源市场管理条例（草案）》。统筹城乡就业试点城市在健全组织体系、建立覆盖城乡的职业培训体系和公共就业服务体系、健全劳动用工管理制度、完善社会保障制度等方面取得了新进展。落实好《就业促进法》，建立相关体制机制，国办转发了人力资源社会保障部等部门《关于促进以创业带动就业工作的指导意见》，发展改革委等部门联合发布了《关于大力发展旅游业促进就业的指导意见》。《劳动合同法实施条例》发布施行。根据党的十七届三中全会精神，公安部进一步修改《关于进一步改革户籍管理制度的若干意见》。

六、关于"深化农村经济体制改革"

（一）"深化农村综合改革"。国务院农村综合改革工作小组牵头，继续推进农村综合改革。全国开展乡镇机构改革试点的乡镇达18047个，占乡镇总数的52%。落实农村义务教育经费保障机制改革各项政策措施，全国约1.5亿名农村中小学生全部享受免除学杂费和国家规定课程教科书费的政策，中西部农村地区约1100万名家庭经济困难寄宿生享受了生活费补助。省以下财政体制不断完善，24个省份实行了"省直管县"财政管理体制改革试点，29个省份实行了"乡财县管"财政管理方式改革试点。开展农村义务教育"普九"债务清理化解试点工作，首批14个试点省份中，宁夏、内蒙古已率先完成农村义务教育债务化解任务。选择黑龙江、河北、云南3省及部分地区开展村级公益事业建设一事一议财政奖补试点。研究提出减轻农民水费负担、完善村级组织运转经费保障机制、推进政策性农业保险的政策措施。

（二）"推进农村金融改革和创新"。银监会修订出台《农村中小金融机构行政许可事项实施办法》，放宽农村中小金融机构在跨区域经营、投资入股比例、投资地域限制和融资渠道等方面的市场准入。人民银行、银监会出台专门政策，明确了村镇银行、贷款公司、农村资金互助社、小额贷款公司四类机构在贷款利率、存款准备金和支付清算管理等8个方面的金融政策。出台《关于小额贷款公司试点的指导意见》，将小额贷款公司试点范围扩大到全国。大力推广农户小额信用贷款和农户联保贷款，创新贷款担保方式，发展基于订单与保单的金融工具。保监会、财政部大力推动发展农业保险，中央财政给予保费补贴的农业保险试点地域和品种继续

部门篇

扩大。

（三）"推动林业、农垦、水利体制改革"。《中共中央国务院关于全面推进集体林权制度改革的意见》发布实施。林业局全面推进集体林权制度改革，福建、江西等13个省林改工作全面推开。农业部按照"全面推进垦区集团化改革，加快垦区集团现代企业制度建设"的要求，完善国有农场内部经营机制，推动农垦企业分离办社会职能，加快推进农垦体制改革。国务院对海南农垦管理体制改革作出决定，将海南农垦由省部共管调整为由海南省全面管理。水利部继续推进小型农田水利工程产权制度改革和非经营性农村水利工程管理体制改革。到2008年底，全国700多万处小型水利工程初步解决了产权不清、管护责任不落实、经营管理缺乏活力的问题，吸引了大量社会资本投资农田水利建设。全国80%以上的大型灌区实现了定岗定编，落实了部分公益性管理人员经费。

七、关于"建立健全资源节约和环境保护机制"

（一）"健全资源环境价格形成机制"。发展改革委会同财政部、交通运输部、税务总局研究制定成品油价格和税费改革方案。完善了对种粮农民、部分困难群体和公益性行业的油价补贴机制。研究启动进口天然气和西气东输二线价格制定工作。两次调整电力价格。全国15个省份实现了工商企业用电同价，8个省份缩小了工业与商业用电价差。推进城乡各类用电同价，适当拉开电压等级差价，完善峰谷、丰枯分时电价办法。继续落实差别电价政策，加强脱硫电价监管，取消原有对电解铝、氯碱、铁合金企业的电价优惠政策。出台水资源费征收标准管理办法。加大城市污水和垃圾处理收费力度，改革征收方式，提高收缴率。能源局完善了生物质发电优惠政策。确定江苏、河南、四川、贵州和广东5个省为节能发电调度试点。

（二）"建立健全资源有偿使用制度和生态环境补偿机制"。财政部、国土资源部、发展改革委深化煤炭资源有偿使用制度改革试点，全面推行探矿权采矿权有偿取得制度。完善矿山地质环境保护与治理的责任机制，绝大多数省份建立了矿山地质环境治理保证金制度。理顺矿产资源收益分配关系，将矿业权价款80%留给地方。完善欠发达地区资源开发补偿机制，确定了12个资源枯竭城市，下达2007年财力性转移支付资金。继续研究开展跨流域生态补偿试点。财政部、环境保护部继续推进排污权有偿取得和排污交易。开展了火力发电厂二氧化硫排污权有偿使用和交易试点，开发了交易管理系统。积极推动太湖流域开展主要水污染物排污权有偿使用和交易试点。批准在天津市开展主要污染物排污权有偿使用和交易试点。

（三）"健全节能减排体制机制"。落实节能减排责任制，发展改革委等部门对全国30个省级政府2007年节能目标完成情况和节能措施落实情况进行考核，并向社会公告。环境保护部等部门建立和完善节能减排措施公示制度，先后公布了全国城镇污水处理设施和燃煤电厂脱硫设施清单，各省份和五大电力公司主要污染物总量减排情况的考核结果。财政部建立和完善了与国际接轨的节能审核机制，切实做好节能减排技术改造财政奖励工作，大力支持经济欠发达地区淘汰落后产能，支持完成首批 5000 万只高效照明产品推广工作，组织实施生物能源财政扶持政策。发展改革委推动实施有利于节能减排的经济政策。利用中央预算内投资和节能技术改造财政奖励资金，结合项目安排，加大对节能重点工程支持力度。公布节能节水专用设备、环境保护专用设备、资源综合利用企业所得税优惠目录，完善资源综合利用增值税优惠政策。加快推行能效标识制度，对中小型三相异步电动机等 5 种产品实施能效标识制度。发布钢铁、水泥、烧碱、火电、铝等 22 项高耗能产品能耗限额强制性国家标准。加快建立和实施固定资产投资项目节能评估和审查制度，研究起草相关条例（草案）。建立健全节能技术开发和推广机制，编制《国家重点节能技术推广目录（第一批）》，对有关示范项目给予重点支持。环境保护部、保监会发布《关于开展环境污染责任保险工作的指导意见》，并在江苏等省市选择 6 大领域进行试点。能源局起草加快风电发展的报告，制定了《风电特许项目管理办法》、《可再生能源发展指导意见》以及《加快农村能源发展的意见》。

八、关于"加快社会体制改革"

（一）"深化收入分配制度改革"。发展改革委等部门研究起草了《关于加强收入分配调节的指导意见（送审稿）》。人力资源社会保障部及时调整最低工资标准，在全国开展以扩大集体协商和集体合同制度覆盖面为重点的"彩虹计划"。研究起草了《关于建立企业职工工资正常增长机制的意见》。推动 28 个省份发布了工资指导线、中心城市发布劳动力市场工资指导价位和行业人工成本信息。人力资源社会保障部、财政部继续深化机关事业单位工资收入分配制度改革。拟订公务员实行级别与工资等待遇适当挂钩的具体办法。继续推动规范公务员津贴补贴工作。出台义务教育学校实施绩效工资指导意见。印发关于进一步做好义务教育学校教师工资待遇保障工作的通知。拟订事业单位实施绩效工资总体指导意见。印发机关事业单位工作人员带薪休假实施办法。出台了调整全国离休人员待遇政策。

（二）"进一步完善社会保障制度"。人力资源社会保障部继续完善企业退休人员基本养老金正常调整机制，2008 年企业退休人员基本养老金水平每月人均增加100 元左右。国务院出台了事业单位工作人员养老保险制度改革试点意见，并在山西、上海等 5 省市开展试点。推动地方进行个人缴费、集体补助、政府补贴相结合的新型农村社会养老保险试点。城镇企业职工基本养老保险实现省级统筹的省份扩大到 17 个。城镇居民基本医疗保险新增试点城市 229 个，并将大学生纳入试点范围。在民政部、财政部等部门推动下，农村最低生活保障制度在全国普遍建立，低保对象增加到近 4000 万人。住房城乡建设部等部门完善廉租住房和经济适用住房制度。建立了廉租住房计划制度，初步建立了廉租住房保障任务分解机制和目标责任制。有关部门发布《低收入家庭资格认定办法》、《关于廉租住房经济适用住房和住房租赁有关税收政策的通知》、《经济适用住房开发贷款管理办法》、《廉租住房建设贷款管理办法》等文件，完善了住房保障的配套政策。完善住房公积金制度，开展了专项治理。财政部改进了中央廉租住房保障专项补助资金分配和使用办法。

（三）"加快推进医药卫生体制改革"。发展改革委、卫生部牵头的部际协调工作小组制定《关于深化医药卫生体制改革的意见（征求意见稿）》，并公开征求意见。研究提出了加快基本医疗保障体系建设、建立基本药物制度、健全城乡基层卫生服务体系、促进公共卫生服务均等化、公立医院改革试点等 5 项重点改革实施方案。新型农村合作医疗制度实现全覆盖。卫生部等部门开展了以地市为统筹层次、大病统筹与门诊统筹相结合、新农合与城镇居民基本医疗保险相衔接等 3 类改革试点。新农合筹资水平进一步提高，绝大部分省份财政补助标准提高到每人每年80 元。

（四）"深化科技、教育、文化体制改革"。科技部、发展改革委、财政部等 16 个部门围绕《实施〈国家中长期科学和技术发展规划纲要（2006—2020 年）〉的若干配套政策》，积极推进实施细则制定工作，目前已出台 70 多个实施细则，有利于自主创新的政策和体制环境正在形成。全力推动科技重大专项实施，民口科技重大专项全部通过国务院常务会议审议，年度项目（课题）启动经费已下达到各牵头组织单位。教育部继续研究制定国家中长期教育改革和发展规划纲要。继续推进农村义务教育经费保障机制改革，进一步提高了公用经费保障水平和校舍维修改造补助标准。全面免除城市义务教育阶段学生学杂费。不断健全高等学校和中等职业学校家庭经济困难学生资助政策体系。在天津、四川、河南三地开展职业教育改革综合试验。文化部发出《关于进一步深化文化系统文化体制改革的意见》，起草了《深化艺术院团改革的指导意见（草案）》，启动了中国东方歌舞团等单位的转企改制。广电总局印发《2008 年广播影视改革工作要点》。积极推进电台电视台内部机制改革，选择影视、娱乐、体育类等栏目进行制播分离试点，实现了投资主体多元化、制作主体公司化。电影电视剧影视动画等经营性产业改革成效明显，公有制为主体、多种所有制共同发展的产业格局初步形成。国家明确电影制片、发行、放映由广电部门统一管理。新闻出版总署加快推进新闻出版领域体制改革，到 2008 年，除西藏外，全国省级新华书店系统转制任务全部完成。高校出版社改制工作进入全面推进阶段。

九、关于"深化涉外经济体制改革"

（一）"完善利用外资管理体制"。商务部进一步简化外商投资企业审批程序，将部分外商投资企业的设立和变更事项委托给地方商务部门和国家级经济技术开发区办理。选择若干领域，推行网上审批。将外商投资房地产企业备案工作下放至省级商务主管部门。加强对外资并购的规范和引导，完善有关规定和跨部门协作机制。研究提出支持服务外包产业发展的鼓励政策，完善部际工作机制，发展改革委会同有关部门修订并发布《中西部地区外商投资优势产业目录》。结合深化投资体制改革，发布《关于进一步加强和规范外商投资项目管理的通知》。建立外国投资者并购境内企业安全审查制度，完善外资并购的相关规定。出台《关于委托地方审批部分外国政府贷款项目资金申请报告的通知》，下放具体管理事项。2008年，经国务院同意，有关部门批准5家银行赴香港发行150亿元人民币债券。

（二）"完善对外投资管理体制"。发展改革委、商务部落实和完善支持企业"走出去"的各项政策措施。发展改革委进一步规范企业对外投资，起草了《关于完善境外投资项目管理的通知》。联合有关部门出台了《关于大陆企业赴台湾地区投资项目管理有关规定的通知》，推动海峡两岸直接双向投资。研究完成了一系列对外投资合作规划，推进与重点国家的双边投资合作。创新对外投资方式，推动开发银行等金融机构开展金融创新，提供符合对外投资合作需要的金融产品。商务部会同有关部门下发《关于2007年对外经济技术合作专项资金支持政策有关问题的通知》、《境外经济贸易合作区发展资金管理暂行办法》和《境外经济贸易合作区确认考核暂行办法》等文件。会同有关部门出台《关于支持和发展境外中资企业商会的指导意见》、《关于进一步规范我国企业对外投资合作的通知》。印发《国别投资经营障碍报告汇编（2004—2007）》，提出了应对境外投资障碍和风险的措施和建议。推动出台《对外承包工程管理条例》，完善了相关监管制度。做好对外劳务合作管理体制改革工作，制定《对外劳务合作管理体制改革工作方案》。

此外，海关总署继续优化海关监管和服务。以电子口岸建设为基础，实施单一窗口工程，进一步推动口岸"大通关"管理体制和运行机制创新。推动区域通关改革，推进贸易便利化进程。大力推进海关特殊监管区域整合，积极推动海关特殊监管区域管理立法工作，促进保税加工和保税物流业发展。

十、关于全国综合配套改革试点工作

着眼于加快完善社会主义市场经济体制，发展改革委继续推进全国综合配套改革试点（试验），七个试点地区的改革均取得了新突破。上海浦东新区在行政管理体制改革、涉外经济体制改革、金融体制改革、破除城乡二元结构等方面取得了重要进展，并创造了对面上具有借鉴意义的经验。国务院批准了天津滨海新区综合配套改革试验总体方案。滨海新区土地管理体制改革专项方案已上报国务院；就金融创新专项方案进行了跨部门协调；指导制定《天津滨海新区柜台交易市场管理办法框架（草案）》，上报国务院；有关部门批准在天津进行主要污染物排污权有偿使用和交易试点；加强督促检查，向国务院报告了滨海新区综合配套改革试验进展情况。国务院批准了发展改革委牵头拟订的武汉城市圈和长株潭城市群"两型社会"建设综合配套改革试验总体方案。发展改革委继续指导重庆市和四川省成都市制定统筹城乡综合配套改革试验总体方案，并根据温家宝总理批示，与国务院研究室共同牵头起草了《国务院关于加快推进重庆市统筹城乡改革和发展的若干意见（送审稿）》，上报国务院。继续支持深圳经济特区在行政管理体制、事业单位体制、促进自主创新的体制机制、社会管理体制、涉外经济体制改革等方面先行先试，进一步创造特区的新优势。

教育体制改革

2008 年，教育系统认真学习贯彻党的十七大和十七届三中全会精神，深入贯彻落实科学发展观，深入推进教育改革，为实现教育又好又快发展，为办好人民满意的教育，建设人力资源强国作出了新的贡献。

一、继续推进义务教育经费保障机制改革

（一）继续推进农村义务教育经费保障机制改革。2007 年 11 月，教育部、财政部调整完善了农村义务教育经费保障机制改革的有关政策。从 2008 年春季学期开始，这些政策得到了全面贯彻落实。主要包括四个方面：一是进一步提高公用经费保障水平，提前一年落实农村中小学生均公用经费基准定额。二是提高校舍维修改造补助标准。中西部地区每平方米补助标准提高 100 元，西部地区每平方米补助标准由 400 元提高至 500 元，中部由 300 元提高至 400 元，部分高寒、高海拔地区提高至 800—1000 元。三是向所有农村义务教育学生免费提供教科书。四是进一步落实补助家庭经济困难寄宿生生活费（以下简称"一补"）政策。对中西部地区，中

央出台基本补助标准，为小学生每人每天 2 元，初中生每人每天 3 元（每年按 250 天计算），所需资金由中央和地方按照 5：5 比例分担；对东部地区给予奖励性补助。

截至 2008 年底，中央财政预算用于农村义务教育经费保障机制的资金已全部下达，共计 527 亿元，其中公用经费资金 270 亿元，免费教科书资金 173 亿元，"一补"资金 41 亿元，校舍维修改造资金 43 亿元。

新机制的实施使农民负担大幅减轻。据测算，从春季学期开始，仅免除学杂费和免费提供教科书，中西部地区平均每个小学生减轻负担 230—270 元/年，初中生 360—410 元/年；同时享受生活费补助的寄宿生，平均每个小学生减轻负担 730—770 元/年，初中生 1110—1160 元/年。

（二）全面免除城市义务教育阶段学生学杂费。积极稳妥地推进免除城市义务教育学杂费工作。8 月 12 日，国务院印发了《关于做好免除城市义务教育阶段学生学杂费工作的通知》，决定从 2008 年秋季学期开始全面免除城市义务教育阶段学生学杂费。《通知》明确，一是首先解决好免除学杂费问题，其他问题，逐步解决。免除学杂费所需资金，中央财政按照 5：5 比例对各地予以奖励性支持。二是就保障进城务工人员随迁子女就学提出明确要求。中央财政对进城务工人员随迁子女接受义务教育问题解决较好的省份给予适当奖励。三是要求各地逐步完善城市义务教育经费保障机制，促进义务教育均衡发展。四是要求各地加强省级统筹，落实省级政府责任。

为此，秋季学期，中央财政安排了 40.1 亿元专项资金。其中秋季学期免除城市义务教育学杂费奖励资金 15.4 亿元，对全省（区、市）原已免除城市义务教育学杂费地区的一次性奖励 15.8 亿元，进城务工人员随迁子女公用经费补助 6.6 亿元，改善农民工随迁子女就读学校办学条件经费 2 亿元。

二、不断健全家庭经济困难学生资助政策体系

（一）认真落实中等职业学校国家助学金政策。全力做好中职学校家庭经济困难学生资助工作。教育部会同财政部下达了中等职业教育国家助学金中央预算 98.1 亿元，受助学生近 1200 万人。

（二）认真做好高校国家奖助学金评审、发放和管理工作。教育部会同财政部改进了国家奖助学金名额分配工作，及时下达了分配名额和经费预算，并督促各地财政、教育部门予以落实。全国共下达国家奖学金名额 5 万人，国家励志奖学金名额 56.49 万人，国家助学金名额 376.59 万人；中央财政安排专项资金 65.71 亿元。

（三）继续大力推进高校国家助学贷款新机制。教育部会同财政部、银监会等部门，继续加大工作力度，积极推进各地、各高校加强与经办银行的合作，大力开

展高校国家助学贷款工作，取得了新的进展。自 2004 年 6 月国家助学贷款新机制实施以来到 2008 年 12 月底，银行审批贷款学生 349.8 万人，审批合同金额 337.1 亿元。

（四）大力开展生源地信用助学贷款工作。9 月，财政部、教育部、银监会联合下发了《关于大力开展生源地信用助学贷款的通知》，对货款政策、工作机制、部门责任等问题作出了明确规定。生源地信用助学贷款以国家开发银行为主承办，同时鼓励其他金融机构积极参与；根据各地自愿的原则，开展贷款工作的省份扩大到 23 个。据初步统计，从年初以来至 12 月底，申请贷款人数为 30.9 万人，审批贷款人数为 23.1 万人，审批合同金额 12.6 亿元。

（五）积极督促各地成立县级学生资助中心。据初步统计，截至 12 月底，23 个开展生源地信用助学贷款的省份实有县级行政区划单位 2028 个，已成立县级学生资助管理中心的有 1348 个。县级资助管理中心的逐步建立和健全，对于做好家庭经济困难学生资助工作起到了重要作用。

三、中等职业教育取得较大发展

（一）加大中等职业学校招生工作力度。努力完成招生任务，进一步促进高中阶段教育中职业教育与普通教育的协调发展，保持大体相当的格局。2008 年招生规模达到 810 万人，中等职业学校招生规模约占高中阶段招生规模的一半，基本实现了中等职业教育与普通高中教育招生规模大体相当的目标。

（二）加快实施职业教育基础能力建设计划。落实中央财政 5 亿元的投入计划，支持了 320 个职业教育实训基地建设项目。落实国债项目 10 亿元，支持了 275 个县级职教中心建设和示范中等职业学校建设；中央财政用于中等职业学校专业骨干教师、国家级培训教师、出国进修经费投入和特聘兼职教师资助的经费投入达到 1.6 亿元。

（三）进一步转变办学思想，加快教育教学改革步伐。坚持以服务为宗旨、以就业为导向，面向社会、面向市场办学，大力推行工学结合、校企合作、顶岗实习的人才培养模式，各地在做好教育部确定的 107 所中等职业学校半工半读试点工作的同时，根据本地区实际确定了一批本省（区、市）的试点学校，教育与产业的结合、学校与企业的合作、生产与教学的结合更加紧密，订单培养的学生数量不断增加。

（四）积极开展职业教育集团化办学。全国已经成立"职教集团"近 190 个，参与集团化办学的职业院校达 2300 多所。统筹城乡职业教育发展，在全国和区域范围内促进职业教育资源优化配置，坚持以城带乡，城乡互动，探索出了"一年在农村职业学校学习、一年在城市职业学校学习、一年在企业实习"的"三段式"办学模式，职业教育优势互补，资源共享的办学局面进一步形成，合作办学取得了明显成效。

四、全面实施高等学校本科教学质量与教学改革工程

全面实施质量工程，批准建设了1818个本科特色专业建设点、400个人才培养模式创新实验区、360个国家级实验教学示范中心、400个国家级教学团队以及200门双语教学示范课程。累计建设了2467门国家级精品课程。启动了专业规范的制订和专业认证及评估试点工作。批准了120所高校实施大学生创新性实验计划，共开展6135个项目。批准支持了9个大学生竞赛活动资助项目。开展了四届国家级高等学校教学名师奖的评选与表彰，评选表彰了400名高等学校教学名师。

在公共系统建设方面，启动了高等学校本科专业设置预测系统项目、国家精品课程集成项目、网络教育资源共享平台项目、立体化教材数字资源系统、全国高校教学基本状态数据库系统等系列建设工作。全面推进大学英语教学改革工作。目前，近1000所高校、1000万大学生已经使用研发的大学英语学习系统，以听说为主的、基于计算机的英语学习模式正逐步得到广泛认可。

五、认真贯彻落实《独立学院设置与管理办法》，加强对民办高校和独立学院的管理

为贯彻落实《独立学院设置与管理办法》，组织召开全国独立学院工作会议，部署了《办法》贯彻落实的具体工作。指导独立学院申请学士学位授予权工作，并对独立学院2008年度招生宣传进行了检查。为加强民办高校、独立学院管理，对民办高校、独立学院基本办学条件和资产权属进行了核查。

六、招生考试制度改革取得新进展

积极推进高水平大学对优秀及各类创新人才自主选拔录取改革，加强选拔工作的规范化管理，积极借鉴国内外高水平大学人才选拔的经验，不拘一格选拔优秀创新人才，对引导中学实施素质教育起到了积极的导向作用。共有68所高校参加自主选拔录取改革试点，公示资格考生2.3万名，实际录取1.4万名。稳步推进部分高职院校探索适合职业教育特点的单独招生考试改革，通过学校组织职业技能测试考核，有针对性地选拔具有职业技术潜能的学生。为配合高中新课改、深入推进素质

部门篇

教育，江苏省实施了高考改革新方案，改革的核心内容是除高考成绩外，考生高中阶段学业水平测试成绩也将作为高校录取的重要参考依据。

继续推进研究生招生考试制度改革。初试科目改革方面，按照侧重基本素质、一般能力和学科基本素养考查的功能定位，继续整合优化初试科目和内容的学科范围。复试改革方面，进一步完善复试办法，推动复试工作向内容多元化、方法多样化、手段专业化发展。推免生制度改革方面，注重发挥推免生在促进学科交叉和拔尖创新人才选拔等方面的作用；加强学校内部推免生工作的统筹与协调管理，发挥研究生招生工作领导小组在推免生工作中的领导作用。自划线改革方面，重视发挥自划线在确定录取标准、量化招生政策、调控生源导向等方面的作用，复试的差额比例由学校自主确定，进一步扩大了高校招生自主权。

七、大力加强中小学教师队伍建设

（一）积极推进义务教育学校实施绩效工资制度。教育部积极配合人力资源和社会保障部、财政部做好义务教育教师津贴补贴和实施绩效工资的相关工作。2月，三部门联合印发了《关于进一步做好义务教育学校教师工资待遇保障工作的通知》，要求各地在规范公务员津贴补贴时确保义务教育教师平均工资水平不低于当地公务员。草拟了义务教育学校实施绩效工资的有关文件。

（二）加强制度建设，避免产生新的代课人员。教育部会同中编办和财政部研究起草了《进一步落实〈国务院办公厅转发中央编办、教育部、财政部关于制定中小学教职工编制标准意见的通知〉有关问题的通知》，进一步明确规定严禁在有合格教师来源的情况下有编不补，长期聘用代课人员顶编。

（三）继续做好部属师范大学实行师范生免费教育试点工作，支持有条件的地方试行师范生免费教育。从 2007 年开始，6 所部属师范大学实行师范生免费教育。2008 年招生顺利，生源质量继续保持良好势头。为提升免费师范生培养质量，教育部研究制定"国家教师教育创新平台计划"，总计投入 5 亿元，加大对师范院校支持力度，促进教师教育创新。

各地以师范生免费教育为契机，纷纷出台相关措施，北京、上海、湖南、江西等地已试行师范生免费教育或定向培养农村教师。广东、甘肃、江苏等地对到农村学校任教的本科毕业生实行以奖代补政策，分年度返还学费和住宿费。"十一五"期间，湖南省投入 2 亿元，为农村学校免费定向培养专科层次小学教师 1 万人。

（四）继续推进实施"农村义务教育阶段学校教师特设岗位计划"。"特岗计划"招聘工作顺利完成，13 个省份共招聘特岗教师 26362 人到西部地区"两基"攻坚县县以下农村学校任教，覆盖 492 个县，6400 多所中小学校。

（五）推进实施"农村教育硕士师资培养计划"。为农村学校补充一批高水平青年教师。自2004年教育部启动实施该项计划以来，至2008年共招收4122余名优秀本科毕业生到中西部农村学校任教，覆盖了23个省份。其中，2008年招收了782名。

（六）推动各地采取多种形式开展城镇教师支援农村教育工作，逐步形成制度。2006年教育部印发《关于大力推进城镇教师支援农村教育工作的意见》。目前，县域内城镇教师定期到农村任教逐步形成制度，支教规模不断扩大；大中城市教师到农村支教工作取得积极进展；多种形式的智力支教活动普遍开展。

（七）积极推进师范生实习支教工作。2007年，教育部出台《关于大力推进师范生实习支教工作的意见》，要求高师院校高年级师范生到中小学实习半年。目前有19个省组织开展了师范生实习支教，近两年来每年参加实习支教的师范生达8万余人。

（八）启动实施新一轮中小学教师培训计划，重点加强农村教师培训。教育部组织实施"2008年中小学教师国家级培训计划"，拨出专项经费3000多万元，培训全国中小学教师共计30余万名。

（九）推进实施教师资格认定工作，不断完善教师资格制度。教育部组织各地认真做好教师资格认定工作，严格教师资格证书管理，规范教师职业资格和相关收费，启用网络版全国教师资格认定管理信息系统开展认定工作，提高认定工作效率。自1996年启动至2008年底，32个省份共有2072.56万人取得教师资格。目前，在全国普通中小学专任教师中具有大专学历的小学教师已接近67%，新补充教师中，大专学历的小学教师、本科学历的初中教师成为主体。

八、区域教育综合改革试验有序推进

（一）建设教育综合改革试验区。配合国家综合改革试验工作，统筹城乡教育发展，推动教育体制机制改革与创新，2008年，教育部先后与重庆市共建统筹城乡教育综合改革试验区、与湖北省共建武汉城市圈教育综合改革试验区。目前初步形成了涵盖东中西部、各自侧重和各具特色的教育改革试验区建设的格局。

（二）积极开展职业教育改革综合试验。在继续推进天津国家职业教育试验区建设的同时，教育部又与四川和河南分别签署了共建国家职业教育综合改革试验区协议，进一步探索和推进就职业教育在管理、办学、投入、外部环境方面的改革。

（据教育部材料）

科技体制改革

为营造有利于自主创新的政策环境，保证《国家中长期科学和技术发展规划纲要（2006—2020 年)》的实施，国务院制定出台了《实施〈国家中长期科学和技术发展规划纲要（2006—2020 年)〉的若干配套政策》，全面系统地提出了鼓励自主创新的政策。为使政策落实到操作层面，在国务院统一领导下，有关部门制定出台了配套政策的实施细则，并积极推动政策的落实。

一、制定《配套政策》实施细则情况

为增强《配套政策》的操作性，在国务院的统一领导下，科技部、发改委、财政部等 16 个部门围绕《配套政策》提出的政策方向，积极推进《配套政策》实施细则的制定工作，目前已经出台了 70 多个实施细则，涉及财政投入、税收激励、政府采购、引进技术消化吸收再创新等方面，有利于自主创新的政策环境正在形成。在税收政策方面，已经出台 10 项实施细则，包括企业技术开发费加计扣除、鼓励社会资金捐赠科技创新、支持科技企业孵化器和大学科技园发展等。在金融政策方面，已经出台 9 项实施细则，包括政策性银行、商业银行、保险行业支持科技创新、加强对高新技术企业金融服务等。在加强科技人才队伍建设方面，已经出台 14 项实施细则，包括企业实行自主创新激励分配制度、加强引进海外优秀人才等。

二、落实《配套政策》实施细则情况

（一）做好规划纲要配套政策及实施细则的宣传培训。按照国务院领导关于做好实施细则宣传工作的指示，我部会同发改委、教育部、财政部、人力资源社会保障部等部门和国资委、银监会、保监会、国家开发银行等单位，分别就牵头制定的实施细则起草了解读文章，并在《科技日报》开设专版宣传解读重点实施细则，目前已就金融支持、税收激励、科技创新基地等刊登了 10 期专版。同时，我部及时汇总梳理各部门已经出台的政策，协助国办秘书三局在中央政府门户网站上发布了已经出台的 70 多项细则，并在科技部门户网站开辟"规划纲要配套政策实施细则"专栏，方便广大企业和各有关方面了解政策。2008 年 6、7 月，我部邀请财政部、发改委、国家税务总局、中国人民银行等部门和单位参加政策制定的同志，在高新技术企业密集的北京中关村、上海进行了政策宣讲活动，使企业更好地了解政策、执行政策。

（二）做好政策落实情况的跟踪调研。从 2007 年开始，我部把规划纲要配套政策和实施细则的落实情况调研作为部党组部署的重大调研工作之一，组织开展了对税收激励、金融支持等方面实施细则落实情况的跟踪调研。2008 年，我部继续就这一专题开展调查研究工作。同时，我部还积极配合全国政协开展技术创新政策落实情况调研，于 2008 年 5 月份应邀参加了全国政协技术创新政策落实情况调研组，并协助起草调研报告。

（三）各地方落实配套政策及其实施细则的有关情况。《配套政策》及其实施细则发布以来，全国绝大部分省市召开了科技创新大会，作出了实施规划纲要、增强自主创新能力的决定或实施意见，积极推进实施细则落实工作。据不完全统计，全国科技大会以来，各省（市）围绕落实《配套政策》已出台 170 多项政策，比如上海市在创新决定中提出了 36 条政策措施，广东省深圳市出台了 20 多个配套文件，天津提出 50 条创新政策，江苏发布了创新政策 50 条。这些政策结合各地实际情况，在落实《配套政策》及其实施细则的基础上，涉及范围更广、内容更加具体、操作性更强，有的又有了进一步突破。政策出台后，各地积极组织开展直接面向企业、院所、高校等创新主体的宣传培训工作，通过各种方式向企业讲解政策要点、操作实务，送政策上门，广泛宣传。同时，江苏、辽宁、安徽等省还建立了政策落实组织协调机构，沟通情况，解决问题，推动政策落实。

（据科技部材料）

工业和信息化领域体制改革

2008 年，根据《国务院机构改革方案》，组建了工业和信息化部。我部组建以来，高度重视经济体制改革工作，按照《国务院办公厅转发发展改革委关于 2008 年深化经济体制改革工作意见的通知》（国办发〔2008〕103 号）要求，加强领导，突出重点，认真督促落实，经济体制改革工作取得成效。

一、按计划推进"三定"规定的制定和落实，着手开展行政审批事项清理，研究发挥行业协会作用，切实转变政府职能

一是贯彻落实"三定"规定。我部制定"三定"规定的工作已经完成，职能、机构、人员基本落实，各项工作正在按计划展开。二是开展行政审批事项清理。对照机构改革和职能调整变化情况，着手对我部负责的行政审批事项进行全面梳理，摸清行政审批事项的名称、实施主体、设立依据等情况，完成行政审批事项目录编制工作。三是按照张德江副总理在工业行业协会座谈会上的要求，制定充分发挥行业协会等中介机构作用的方案，对向行业协会委托事项和转移职能进行研究，促进政府职能转变。

二、推动航空工业体制改革，完成中国商用飞机有限责任公司和中国航空工业集团公司组建工作

一是温家宝总理主持召开国务院常务会议，审议并通过航空工业体制改革方案和中国商用飞机公司组建方案，决定全面启动航空工业改革调整工作。3月，国务院批复同意组建中国商用飞机有限责任公司，承担大型客机专项，统筹干线飞机和支线飞机发展，推进我国民用飞机实现产业化。公司由国资委、上海市、中航第一集团公司、中航第二集团公司、中国铝业公司、宝钢集团和中化集团共同出资组建，充分利用国内现有航空工业资源，促进民用飞机产业发展。随后，中国商用飞机有限责任公司组建方案由国防科学技术工业委员会、国家发展和改革委员会、科学技术部、财政部、国有资产监督管理委员会联合印发，公司开始组建运行。二是国务院批复同意组建中国航空工业集团公司，整合以原中航第一集团公司和第二集团公司为主的航空工业资源，强化专业化、特色化建设，突出主业，优化内部资源，军民统筹，推进与社会资源的结合，提高资源使用效率，注重创新，提升综合效益，促进我国航空工业做强做大。11月，工业和信息化部、国家发展和改革委员会、财政部和国有资产监督管理委员会联合印发中国航空工业集团公司组建方案，集团公司相关组建工作有序展开，我国航空工业改革调整工作全面进入实质性操作阶段。

三、组织实施深化电信体制改革方案，电信企业重组主要工作基本完成

一是工业和信息化部、国家发展和改革委员会、财政部联合发布了《关于深化

电信体制改革的通告》（工信部联电〔2008〕73号），进一步深化电信体制改革。这次改革的主要目标是：发放三张3G牌照，支持形成三家拥有全国性网络资源、实力与规模相对接近、具有全业务经营能力和较强竞争力的市场竞争主体，电信资源配置进一步优化，竞争架构得到完善；自主创新成果规模应用，后续技术不断发展，自主创新能力显著提升；电信行业服务能力和水平进一步提高，监管体系继续加强，广大人民群众充分分享电信行业发展改革的成果。基于电信行业现状，为实现上述改革目标，鼓励中国电信收购中国联通CDMA网（包括资产和用户），中国联通与中国网通合并，中国卫通的基础电信业务并入中国电信，中国铁通并入中国移动。为使这次改革顺利实施，《通告》同时提出大力支持自主创新、加强电信行业监管、促进行业协调发展等方面的配套政策措施及组织实施要求。二是《通告》发布后，各基础电信运营企业根据重组建议，认真研究提出参与电信改革的方案，并就网络资产业务划分重组问题进行了协商谈判。中国电信与中国联通顺利完成CDMA网络业务收购和交接工作，中国电信开展了CDMA移动通信网络运营；中国联通与中国网通上市公司合并成立中国联合网络通信有限公司，正式挂牌运作；中国铁通作为全资子公司并入中国移动通信集团公司；中国卫通基础电信业务并入中国电信工作达成协议并完成相关报批手续。三是工业和信息化部会同有关部门协调指导相关企业做好改革重组工作，督促企业达成网络资产剥离和业务重组划分协议，依据企业申请及时核配、变更相应的码号、频率资源，开展了相应的电信业务经营许可证换发工作，积极研究并推动落实相关配套政策措施。经过半年多的努力，电信改革重组的主要工作基本完成，为下一步促进3G发展奠定了体制基础。

四、鼓励支持和引导个体私营等非公有制经济发展，配套政策相继出台，鼓励措施陆续到位

一是配套文件已基本出齐。中央有关部门和单位在市场准入、财税金融、改善政府监督和管理、营造舆论环境等方面相继出台了近40个配套文件。近年来，一批法律法规和重大政策相继出台，有力地促进了非公有制经济发展，改善了非公有制经济的发展环境。二是不少部门和单位已按照分工采取相关措施。一些部门和单位在职能范围内，进一步加大对非公有制经济发展的支持力度。如中央财政逐年加大中小企业发展专项资金和中小企业服务体系建设资金，发改委连续两年安排部分资金支持部分省市中小企业信息网建设项目以及小企业创业基地和公共服务平台建设的项目；2008年中央财政新增16亿元对中小企业信用担保的支持；人民银行2008年还就做好下一阶段中小企业信贷工作进行了研究部署。三是改善市场准入环境。近年来，非公有制企业开始进入能源、通信、军工、民航、铁路、文化等领域，从

部
门
篇

行业和领域看，铁路部门推出了鼓励非公有制资本进入的具体措施；民航部门出台了鼓励社会资本进入的具体办法；有关部门还改进了民间资本进入军工领域的政策，一批企业已经参与了武器装备原材料、零部件、配套件及部分武器装备分系统的生产与研制；金融部门出台了新措施，推动非公有资本进入金融机构，将村镇银行注册资本门槛下降到 100 万元；公用事业领域市场准入步伐正在加快，基础设施特许经营已在许多城市取得实质性进展。市场准入的放宽为非公有制经济拓展了新的发展空间。

（据工业和信息化部材料）

民政领域体制改革

《国务院办公厅转发发展改革委关于 2008 年深化经济体制改革工作意见的通知》（国办发〔2008〕103 号）下发以来，民政部高度重视，按照要求精心安排，周密部署，加强督查，狠抓落实，主要做了以下工作：

一、扎实有效开展抗灾救灾工作，保障受灾群众的基本生活

认真开展汶川地震受灾群众生活保障工作，紧急转移安置受灾群众 1500 多万人，组织调运、生产、分配帐篷 157.97 万顶，衣被 1900 多万件（床）及大量方便食品等生活物资，下拨生活救助专项资金 107.7 亿元，及时出台了临时生活救助、后续生活救助、"三孤"人员救助安置等政策，累计救助受灾群众 900 多万人，切实做到了让灾区人民有饭吃、有衣穿、有干净水喝、有住处、有病能及时得到医治。妥善处理遇难人员遗体，向每位遇难人员家属发放 5000 元抚慰金，组织社会工作者做好亲属抚慰工作。扎实有效开展汶川地震灾后恢复重建工作，参与编制了汶川地震灾区恢复重建总体规划以及城乡住房、社会福利和基层政权建设设施等专项规划，制定了农房恢复重建补助标准，确定了 400 亿元中央农房恢复重建资金。截至 2008 年 12 月，农房恢复重建已开工 132 万户，竣工 66 万户，修缮 201 万户。

二、不断提高社会救助水平，保障和改善困难群众的基本生活

全面实施城乡居民最低生活保障制度。农村最低生活保障制度在全国范围内普遍建立，低保对象增加到 4284.3 万人，正在向应保尽保迈进。城市最低生活保障制度继续完善，基本实现了动态管理下的应保尽保，低保对象 2334.6 万人。扎实推行分类施保，对因重病、重残和其他情况加剧了困难程度的家庭给予倾斜，并结合临时性物价波动和困难家庭特殊情况，提高保障标准，确保了困难群众基本生活水平不因物价上涨而下降。大力开展农村五保供养工作专项督导检查活动，加大了"应保尽保、按标施保"工作力度，全年共对 158.1 万五保人员实施了农村集中供养，对 385.3 万五保人员实施了农村分散供养。全面推进城乡医疗救助，截至 2008 年 12 月，城市医疗救助共救助 513 万人次，农村医疗救助共救助 948.1 万人次，资助参加农村合作医疗 2786.1 万人次。此外，10 多个省市还建立健全了临时生活救助制度，积极把低保边缘群体纳入了救助范围。

三、加快促进社会福利事业发展，切实改善和提高老年人、孤残儿童和残疾人的生活水平

老年人福利方面，深入推进养老服务社会化，通过政策引导和资金扶持，采取公建民营、民办公助和政府购买服务等多种方式，大力支持和鼓励社会力量兴办老年福利机构；积极完善社区照料的依托功能，加强社区服务设施、服务组织、信息平台建设，提高养老服务水平，启动实施了"全国县（市、区）社会福利中心建设计划"，在全国县（县级市）和市辖区建设以提供养老服务为重点，兼顾为其他特殊困难群众提供服务的综合性社会福利中心，统筹解决城乡养老服务问题。儿童福利方面，继续实施"儿童福利机构建设蓝天计划"，建立"残疾孤儿手术康复明天计划"长效机制，2008 年，完成残疾孤儿康复手术 3652 例，设立脑瘫儿童术后康复训练示范基地 47 个；积极实施"重生行动——贫困家庭唇腭裂子女手术康复计划"，探索慈善力量参与社会助医的有效途径。残疾人福利方面，积极推进残疾人社区康复和社会救助，做好社会福利企业资格认定工作，保护残疾人就业的合法权益；做好假肢和矫形器（辅助器具）生产装配企业的资格认定、假肢和矫形器（辅助器具）制作师执业资格注册工作，规范康复辅具的生产经营。

四、扎实做好优抚安置工作，提高优抚对象的生活质量

围绕提高优抚对象生活待遇等工作，出台了 15 个政策性文件，为拥军优抚安置工作持续发展提供了有力的政策保证。在全国普遍推行优抚医疗保障改革，积极推广山东试点经验，督促各地建立以社会医疗保障体系为基础、政府补助为重点、体现优待优惠的新型优抚对象医疗保障模式。高度重视复员退伍军人稳定工作，结合纪念改革开放 30 周年，深入开展全国性复退军人矛盾纠纷排查化解工作，综合采取部门联查、逐级排查、定期检查、情况通报、联合督导等措施，强力推进复员退伍军人生活、医疗、养老、就业等有关政策的落实，认真开展复员退伍军人思想政治工作，及时掌握各地动向，最大限度地化解了不稳定因素，保持了社会的稳定。

五、完善基层群众自治制度，推动城乡社区建设，不断增强基层社会管理和服务的合力

加强对村委会换届选举的指导，17 个省（自治区、直辖市）完成了村委会换届选举。积极推进城乡社区建设，农村社区建设试点规模扩大到 304 个县（市、区），积极引导社会救助、社会福利和卫生、科技、教育、文化、劳动、法律等服务进农村社区，推动形成公共服务、互助服务、志愿服务和社区服务相衔接的农村社区服务体系，打造农村基层服务和管理平台。认真开展城市社区公共服务、和谐社区建设调查研究，向国务院报送了《民政部关于我国城市社区公共服务工作情况的报告》，印发了《和谐社区建设示范单位指导标准》。大力发展社区志愿服务，积极指导各地推进社区志愿者注册制度，全国绝大部分城区和街道都建立了社区志愿者注册登记制度。

六、加强社会组织建设，社会组织服务社会功能明显增强

积极探索社会组织管理体制机制创新，着力指导、推动上海、深圳、宁夏等地社会组织体制改革、建立政府购买服务机制等做法。不断完善社会组织建设配套制度，会同人力资源和社会保障部联合下发了《关于社会组织专职工作人员参加养老保险有关问题的通知》，牵头起草了《关于支持鼓励社会力量兴办民办非企业单位促进民办社会事业健康发展的若干意见》。截至 2008 年 12 月，登记注册的社会组织总量接近 40 万个，其中社会团体 22.0 万个，比上年同期增长 6.3%，民办非企业单位 17.8 万个，比上年同期增长 3.5%，基金会 1390 个，比上年同期增加 21 个。初

步形成了门类齐全、层次不同、覆盖广泛的社会组织体系。

七、积极鼓励和支持慈善事业发展，形成了建国以来最大规模的社会捐赠热潮

成功召开了中华慈善大会，胡锦涛、李克强等党和国家领导人接见了"中华慈善奖"获奖者代表，回良玉副总理等领导同志出席会议并作重要讲话。此次大会推动我国慈善事业迈上一个新的台阶。大力培育公益慈善类社会组织。积极协调财政部、税务总局推动建立公益组织捐赠税前扣除资格的认定和监管机制。与有关部门通力协作、精心组织策划社会捐赠活动。2008 年全国各类社会捐赠款物超千亿元，仅汶川地震就接受捐赠款物 750 多亿元，同时还开展了建国以来最大规模的社会志愿服务行动，为夺取抗灾救灾斗争的伟大胜利作出了积极贡献。

（据民政部材料）

2008 年财政改革进展情况

2008 年，在党中央、国务院的正确领导下，财政部门以科学发展观为指导，认真落实《国务院办公厅转发发展改革委关于 2008 年深化经济体制改革工作意见的通知》（国办发〔2008〕103 号）要求，做到突出重点，创新制度，完善机制，各项财政改革取得积极进展。

一、着力完善体制机制，加快社会主义新农村建设

（一）深化农村综合改革。一是稳步推进乡镇机构改革。2008 年，全国已有51.2% 的乡镇全面推进了乡镇机构改革，安徽、湖北等 8 个省份已完成乡镇机构和人员精简等阶段性改革任务。二是深化农村义务教育经费保障机制改革。进一步提高农村义务教育经费保障水平，及时下达公用经费、免费教科书、校舍维修改造等改革资金，督促各地落实国务院确定的改革政策，确保公用经费基准定额、免费教科书、寄宿生生活费补助等资金落实到位。三是扎实开展农村义务教育"普九"债务清理化解试点工作。内蒙古、吉林等 14 个试点省（区）债务清理锁定工作基本完成，宁夏、内蒙古已全面完成农村义务教育债务化解任务。四是正式启动村级公

益事业建设一事一议财政奖补试点。黑龙江、河北、云南三省全面开展村级公益事业建设一事一议财政奖补试点，其他省份也选择若干县开展试点工作，有效地改善了农村生产生活条件。五是落实国有农场税费改革和减轻大湖区农民负担综合改革政策。进一步规范面向农工的有关收费管理，加快推进分离国有农场办社会职能的工作步伐。

（二）完善财政支农政策机制。一是支持集体林权制度改革。认真贯彻落实《中共中央国务院关于全面推进集体林权制度改革的意见》（中发〔2008〕10 号），安排集体林权制度改革工作经费，支持全面推进集体林权制度改革。福建、江西等13 个省份的集体林权制度改革工作已全面推开，其他省份也认真组织开展了局部试点工作。二是创新支农资金管理使用方式。进一步改革支农专项资金的使用管理方式，对农业产业化资金不再具体评审项目，采取与现代农业生产发展资金统筹使用、切块下达的方式。对农业技术推广资金使用管理方式进行了改革，实行资金切块下达，下放项目审批权限。三是探索农业综合开发新机制。加大财政投入力度，继续开展地方财政资金配套保障试点，督促各地及时足额落实地方财政配套资金。完善"民办公助"投入机制，发挥财政资金的引导作用，带动农民及其他社会资金增加对农业的综合开发投入。

二、大力推进改善民生，支持构建和谐社会

（一）大力支持教育事业发展。一是做好城市义务教育阶段免除学杂费有关工作。从 2008 年秋季学期开始，全面实施免除城市义务教育阶段学杂费政策。为支持和引导各地做好免除学杂费工作，中央财政对已经全部免除城市义务教育阶段学杂费的省份，从免除之日起，按照免除学杂费资金的一定比例安排奖励资金。二是进一步做好资助家庭经济困难学生工作。继续开展国家助学贷款工作，大力推动生源地信用助学贷款。出台高校学生临时伙食补助措施，有效缓解了因物价上涨给家庭经济困难学生带来的生活和学习压力。鼓励各地加大对家庭经济困难学生资助力度。三是及时出台地震灾区高校家庭经济困难学生特别资助政策。对因地震灾害造成家庭经济困难学生，纳入国家助学金资助范围，所需资金由中央和地方共同负担。

（二）积极推进社会保障制度改革。一是提高城乡低保补助标准。从 2008 年 1 月 1 日起将城乡低保对象每人每月的补助水平分别提高 15 元和 10 元，从 7 月 1 日起再次按同一标准提高城乡低保补助水平。二是完善基本医疗保障制度。按照深化医药卫生体制改革的总体部署，积极配合有关部门研究解决深化医药卫生体制改革总体方案的重点难点问题，研究起草政府卫生投入配套政策。全面建立新型农村合作医疗制度，参合人数达到 8 亿多。中央财政对中西部地区补助标准提高到每人每

年40元，并给予东部地区适当补助。进一步完善基本医疗保险制度，稳步推进城镇居民基本医疗保险试点，扩大试点范围，提高补助标准。支持突发公共卫生事件医疗救治等体系建设。三是完善基本养老保险制度。继续扩大做实基本养老保险个人账户试点工作范围，江苏、浙江两省依靠自身能力开展做实个人账户试点工作，山西、上海等省市先期开展事业单位养老保险制度改革试点。会同人力资源社会保障部认真研究开展农村养老保险试点。四是完善廉租住房保障制度。及时下达城镇居民灾后住房重建补助资金，加大中央廉租住房保障专项补助资金投入力度，切实解决好城市低收入家庭住房困难问题。

三、稳步推进财税改革，不断完善公共财政体系

（一）税收制度改革取得重要进展。一是研究制定全国增值税转型改革方案。经认真总结试点经验并征求各方意见，会同国家税务总局向国务院上报《关于全国增值税转型改革方案的请示》，经国务院第34次常务会议审议决定，从2009年1月1日起，在全国范围内实行增值税转型改革。二是研究制定实施成品油税费改革方案。为建立规范的成品油税费体制，促进节能减排、环境保护和结构调整，国务院决定从2009年1月1日起实施成品油价格和税费改革，取消原在成品油价外征收的公路养路费等6项收费，逐步有序取消政府还贷二级公路收费，提高成品油消费税单位税额。三是贯彻落实新企业所得税法。为保证《中华人民共和国企业所得税法》及其实施条例的顺利实施，做好新旧税法和税收政策的衔接工作，会同国家税务总局出台有关配套政策。四是改革完善个人所得税制度。进一步完善个人所得税制，从2008年3月1日起将工薪所得费用扣除标准由1600元提高到2000元，并从2008年10月9日起，对储蓄存款利息所得暂免征收个人所得税。五是完善进出口税收政策。为鼓励和扩大出口，四次调高纺织服装等劳动密集型产品、附加值和技术含量较高产品的出口退税率。取消部分钢材、化工品和粮食的出口关税，降低部分化肥出口关税并调整征税方式。加大对基础性和公益性科研的关税支持力度。扎实落实强农惠农进口税收政策。六是制定耕地占用税实施细则。会同国税总局及时研究制定耕地占用税暂行条例实施细则，确保新耕地占用税暂行条例顺利实施。七是调整证券交易印花税。2008年4月24日将股票交易印花税税率从3‰下调到1‰，2008年9月19日又将股票交易印花税由双边征收调整为单边征收，对受让方不再征收。

（二）财政体制改革不断深化。一是加快推进财政转移支付制度建设。简化转移支付方式，清理整合部分专项转移支付项目，完善一般性转移支付办法。2008年，中央对地方（主要是中西部地区）财力性转移支付达到8746.2亿元，其中一

般性转移支付 3510.5 亿元，进一步促进地区间财力均衡分配，提高基本公共服务均等化水平。二是建立完善县级基本财力保障机制。按照有利于实现"保工资、保运转、保民生"的目标，积极研究保障基层政府履行社会管理、提供基本公共服务职能。三是积极推进省直管县和乡财县管财政管理方式改革。截至 2008 年底，全国 24 个省（区、市）实施了省直管县财政管理方式改革，29 个省（区、市）2.3 万个乡镇实施了乡财县管财政管理方式改革，简化了财政管理层级，降低了基层行政成本。

（三）预算管理制度改革逐步推进。一是深化部门预算改革。扩大基本支出定员定额试点范围，积极推进实物费用定额试点工作。严格控制一般性支出，压缩公务购车用车、会议经费、公务接待费、出国（境）经费等支出。继续加大结余资金统筹使用力度，将部门当年预算与结余资金统筹安排，提高财政资金使用效益。进一步扩大绩效考评试点范围，研究探索建立部门绩效考评情况内部公开机制，不断完善绩效考评工作。二是推进国库集中收付制度改革。截至 2008 年底，中央各部门及所属 12000 多个基层预算单位，全国所有省份和计划单列市本级以及多数市县的基层预算单位实施国库集中支付改革。专项转移支付资金实行国库集中支付范围进一步扩大，初步形成了规范化的中央专项转移支付资金支付程序。非税收入收缴改革继续深化。电子缴税横向联网工作扎实推进。财政国库动态监控效果逐步显现。三是完善政府采购制度。继续扩大政府采购范围和规模，政府采购范围从货物类向工程类和服务类扩展，采购规模快速增长。2008 年，我国政府采购规模达 5900 多亿元，比上年增长 27%。同时，进一步加强政府采购法规制度体系建设，继续做好政府采购监管工作。四是积极组织中央国有资本经营预算试点。核定中央企业 2007 年应交利润，组织编制了 2008 年中央国有资本经营预算草案，并上报国务院批准实施。

四、积极支持相关体制改革，推进完善市场经济体系

（一）支持国有企业改革。一是继续支持国有企业政策性关闭破产。支持 80 户企业实施破产，妥善安置职工 32 万人，其中在职职工 18 万人、离退休职工 14 万人。二是支持电力体制改革。对南方电网重组涉及的债务及人员重组、主辅分离、税收政策等研究提出意见，支持中国南方电网有限责任公司整体改制上市。三是支持电信体制改革。积极支持电信行业重组及中国网通主辅业分离。

（二）推进国有金融机构改革。一是推动农行股份制改革。积极研究农行财务重组的难点问题，对农行财务重组涉及的注资、损失承担、资产处置等问题提出意

见。二是推动国家开发银行股份制改革。根据国务院批准的国家开发银行改革方案和有关资产评估规定，对开发银行整体资产评估项目进行核准。三是继续推动金融资产管理公司市场化转型。研究制定金融资产管理公司政策性不良资产处置业务与商业化业务清分办法、资产处置管理办法以及处置公告管理办法，支持金融资产管理公司探索开展具有市场需求的金融服务，加强对金融资产管理公司转型期的业务风险管理。四是积极推动保险业改革发展。根据《国务院关于保险业改革发展的若干意见》（国发〔2006〕23号）精神，会同有关部门修改完善《保险保障基金管理办法》，参与筹建保险保障基金管理公司，建立健全保险保障基金管理体制。五是支持和推进光大集团、光大银行改革重组。

（三）支持其他体制改革。一是支持科技体制改革。推进科技重大专项启动实施，在会同科技部等有关部门开展深入调查研究的基础上，设立了国家（重点）实验室专项经费，支持国家（重点）实验室建设。推动现代农业产业技术体系建设。二是支持文化体制改革。加快完善公共文化服务体系，免费开放具有公益性质的博物馆、纪念馆和全国爱国主义教育示范基地。支持中央广播电视节目无线覆盖、文化信息资源共享、农村电影放映等重点项目建设。在全国范围内推行农村部分计划生育家庭奖励扶助制度和计划生育家庭特别扶助制度。继续推动实施西部地区计划生育"少生快富"工程。三是进一步深化环境资源有偿使用制度改革。继续推进煤炭资源有偿使用制度改革，积极推动开展排污权有偿取得和交易改革，正式启动太湖流域排污权有偿取得和交易改革试点。

（据财政部材料）

人力资源和社会保障领域体制改革

2008年以来，在党中央、国务院的正确领导下，我部一方面抓机构组建，一方面克服自然灾害和国际金融危机等带来的困难，深入学习实践科学发展观，积极稳妥地推进各项工作和经济体制改革，取得了积极进展。

一、统筹城乡就业试点取得积极成效

为了积极稳妥地推进统筹城乡就业，建立城乡一体化的劳动力市场，根据国务院有关要求，原劳动保障部、发展改革委等四部委于2006年选择了一批就业工作基础较好、管理服务能力较强、改革创新积极性高的城市进行统筹城乡就业试点。两年来，试点城市围绕"开发就业、平等就业、素质就业、稳定就业"四个方面的目标创造性地开展工作，在健全管理城乡就业和组织体系、建立覆盖城乡的职业培训体系和公共就业服务体系、健全劳动用工管理制度、完善社会保障制度方面都取得了新进展。

二、大力推动以创业带动就业

党的十七大报告明确提出，要促进以创业带动就业。2008 年以来，有关部门相继出台了一系列政策措施，努力改善创业环境。9 月，国务院办公厅转发了人力资源和社会保障部等 11 个部门《关于促进以创业带动就业工作的指导意见》。10 月底，我部印发了《关于推动建立以创业带动就业的创业型城市的通知》，决定在组织工作基础较好、条件相对成熟的城市开展创业型城市创建工作。同时，还有一些部门分别出台了创业促就业的具体政策。2008 年全国有 81 万人参加了创业培训。

三、推进统一的人力资源市场建设

一是开展建立统一规范的人力资源市场调查研究工作，形成了关于人力资源市场建设的发展思路和目标。二是启动了人力资源市场立法工作，草拟了《人力资源市场管理条例（草案）》。三是加强了对人力资源市场的监督管理和服务标准制定工作。

四、城镇基础养老保险制度不断完善

一是稳步推进扩大做实个人账户试点工作。经国务院批准，天津等 6 省市将做实个人账户比例提高到 4%，浙江省和江苏省依靠自身能力开展做实个人账户试点工作。二是研究事业单位养老保险制度改革试点工作。2 月，国务院常务会议原则通过事业单位养老保险制度改革试点方案，要求与事业单位分类改革试点相配套，在山西等 5 省市先行试点，逐步推开。2008 年，5 个试点省市相关测算工作已取得初步成果。三是加快推进省级统筹工作，2008 年底实现养老保险省级统筹的省份已达 20 个。四是顺利完成 2008 年度的调整企业基本养老金待遇工作，受到社会和广大企业退休人员普遍好评。

五、探索新型农村社会养老保险制度

一是研究起草开展新型农村社会养老保险试点指导意见。根据国务院领导同志有关指示和我部工作计划，起草了《关于开展新型农村社会养老保险试点的指导意见》。二是积极推动地方进行个人缴费、集体补助、政府补贴相结合的新农保试点，试点范围扩大到25个省市的300多个县。

六、城镇居民医疗保险扩大试点工作进展顺利

上半年，我部会同财政部印发了《关于做好2008年城镇居民基本医疗保险试点工作的通知》，对各地做好落实补助资金和扩大试点工作提出了要求。居民医保扩大试点工作进展顺利，229个2008年扩大试点城市全部出台了实施方案，参保登记、缴费、待遇支付等工作逐步展开。10月底，国务院办公厅印发了《关于将大学生纳入城镇居民基本医疗保险试点范围的指导意见》，明确将大学生纳入城镇居民基本医疗保险试点范围。2008年底，全国参加城镇居民基本医疗保险人数达到1.18亿人。

七、机关事业单位工资收入分配制度改革稳步推进

一是完善公务员工资制度。与中组部共同研究拟订公务员实行级别与工资等待遇适当挂钩、对县乡党政主要领导实行工资政策倾斜的具体办法。会同财政部等部门研究解决汇率变化对驻外使馆工作人员、驻外非外交人员和港澳地区内派人员工资收入影响问题的具体方案。二是深化事业单位收入分配制度改革。会同有关部门研究规范事业单位津贴补贴实施绩效工资问题，重点研究拟订了义务教育学校实施绩效工资指导意见，已报国务院。印发了关于进一步做好义务教育学校教师工资待遇保障工作的通知。三是印发机关事业单位工作人员带薪休假实施办法，督促做好贯彻落实工作。另外，配合财政部继续做好规范公务员津贴补贴工作。

八、研究建立企业工资正常增长机制

把工资集体协商作为建立职工工资正常增长机制的基本形式，在全国开展以扩大集体协商和集体合同制度覆盖面为重点的"彩虹计划"，力争在各类已建工会企业建立集体协商和集体合同制度。研究起草了《关于建立企业职工工资正常增长机制的意见》。同时，继续发挥政府对企业工资分配的引导作用，全国有28个省（区、市）发布了工资指导线，中心城市继续发布劳动力市场工资指导价位和行业人工成本信息。及时调整最低工资标准，2008年以来20个地区执行了新的最低工资标准。

九、劳动合同制度逐步完善

指导各地采取各种措施积极推动劳动合同法的贯彻实施，加强有针对性的宣传，配合国务院法制办制定《劳动合同法实施条例》，大力推进劳动合同签订工作。继续推进劳动用工备案制度建设。劳动合同法实施以来，全国劳动用工情况总体平稳，劳动关系比较和谐，劳动合同签订率上升，推动了社会保险参保人数上升。

另外，东部 7 省市扩大失业保险基金支出范围试点工作稳步推进。根据就业促进法关于建立失业预警制度的规定，我部在 6 省 18 个城市开展了建立失业动态重点监测报告制度试点。工伤保险大力推进以农民工参保为重点的"平安计划"，年底参加工伤保险的农民工达到 494 万人，高风险行业农民工全部参保。生育保险制度继续完善。被征地农民社会保障政策进一步完善。推进企业技能人才多元评价试点，开展职业资格清理规范工作，逐步完善职称和职业资格制度。事业单位人事制度改革继续深化，聘用制度稳步推行。2008 年底，全国有 27 个省市出台了事业单位聘用制实施意见或办法，实行聘用制度的单位占事业单位总数的 74%。解决历史遗留突出问题有新突破。2008 年中央财政补助 80 亿元用于解决地方政策性破产企业退休人员参加城镇职工基本医疗保险。部分省市基本解决了国有企业"老工伤"问题。发挥解决企业工资拖欠问题联席会议作用，通过采取多种措施，解决国有企业历史拖欠工资 349 亿元，已基本解决了企业工资历史拖欠问题。

（据人力资源社会保障部材料）

国土资源领域体制改革

2008 年，国土资源部认真贯彻落实党中央、国务院关于深化经济体制改革的各项部署，积极推动国土资源领域改革，不断取得新进展。

一、推进政务公开和政府信息公开工作

加强机构建设和门户网站建设，发布实施《国土资源部政府信息公开目录》、《国土资源部政府信息公开指南》和《国土资源部网站信息目录》。建立严格规范的新闻发布制度，向社会广泛传播了国土资源管理工作信息。按照"便民、高效、优

质"的服务原则，推进政务大厅建设和信息化建设，加强国土资源系统政务公开工作，发挥了重要的"窗口"作用，提高了政府公信力。

二、深化征地制度改革

下发了《关于切实做好征地统一年产值标准和区片综合地价公布实施工作的通知》，2009 年 1 月 1 日起实施新的征地补偿标准。开展了征地补偿制度的调研，按照十七届三中全会对改革征地制度提出的原则和要求，提出了深化征地制度改革的思路和有关措施。开展区分公益性和经营性用地、缩小征地范围有关文件的研究制定。深化征地制度改革试点工作方案，完善征地程序。研究制定规范征地程序指导性意见，针对征地工作的各个环节提出明确具体的操作性意见，切实维护农民的合法权益。结合《土地管理法》修改的研究和起草工作，针对当前土地征收中存在的问题，立足改革，起草土地征收征用有关修改意见。

三、健全土地划拨制度，积极探索实行国家机关办公用地、基础设施及各类社会事业用地有偿使用制度

严格界定划拨用地范围，除军事、社会保障性住房和特殊用地等可以继续实行划拨外，其他用地逐步实行有偿使用。按照《国务院关于促进节约集约用地的通知》（国发〔2008〕3 号）文件的部署和国办关于落实国发〔2008〕3 号文件的分工安排，研究提出了《推进土地使用制度改革方案》和《划拨用地目录（修订稿）》。

四、完善经营性土地和工业用地出让制度

健全市场配置土地资源的相关制度，发布实施 2008 年《国有建设用地使用权出让合同》示范文本。开展国有土地出让清理工作，参与对闲置土地处置工作的检查和调研。

五、建立完善资源有偿使用制度和生态环境补偿机制

全面推行探矿权、采矿权有偿取得制度。根据国务院关于矿产资源有偿使用制度改革的部署，对在国土资源部登记的采矿权有偿使用情况进行了清理，并将清理结果转各省（区、市）国土资源行政主管部门，要求按照《财政部国土资源部关于

探矿权采矿权有偿取得制度改革有关问题的补充通知》（财建〔2008〕22 号）的规定，对无偿取得采矿权的数量及情况进一步核实，并及时进行剩余储量评审备案、采矿权价款评估工作和有偿处置工作，其中中央出资形成的矿产地采矿权价款拟以折股方式缴纳的，须报财政部、国土资源部批准后实施。草拟了调整探矿权采矿权使用费和探矿权最低勘查投入的意见，拟结合《矿产资源法》的修改同步推进。完善矿山环境保护与治理的责任机制，积极推进矿山环境治理保证金的建立，截至2008 年底，除上海市外，各省（区、市）都建立了矿山环境治理保证金制度。与国资委和贵州省政府一起，研究建立欠发达地区资源补偿机制，并将其作为学习实践科学发展观的一项任务，报告已基本形成并将于近期征求有关部门的意见。

六、改革资源收益分配制度

在 2006 年财政部、国土资源部、中国人民银行出台《关于探矿权采矿权价款收入管理有关事项的通知》的基础上，指导各省（区、市）相应制定资金管理和分配使用办法，留给地方的资金要在省、市、县、乡之间合理分配，用于矿产资源勘查开发保护和改善地方人民群众生产生活条件，并向基层、农村和社会事业倾斜。

七、严格农村集体建设用地管理

按照十七届三中全会精神，健全严格规范的农村土地管理制度。加快土地利用总体规划修编，完善空间管制制度，健全规划体系和实施制度。积极推进城乡建设用地增减挂钩试点工作，完善挂钩试点制度建设，规范挂钩试点管理，制定了《城乡建设用地增减挂钩试点管理办法》，严格审批、规范运行，批准下达了挂钩试点第二批项目区，组织开展了对挂钩试点第一批项目区的全面检查。改进土地利用年度计划管理制度，将城乡建设用地增减挂钩用地指标纳入年度计划统筹安排，落实差别化计划管理措施。改进建设项目用地预审管理，修订预审管理办法，进一步做深、做实预审工作。

八、积极推进节能减排和循环经济工作

研究制定了《国土资源部 2007—2008 年节能减排工作方案》，配合发改委等有关部门积极推进循环经济工作。

九、完善国家土地督察制度

进一步充实国家土地督察干部队伍，健全派驻地方的国家土地督察局领导班子。开展督察专员驻省（区、市）和计划单列市工作制度试点。重点做好耕地保护和目标责任督察，督促落实土地调控政策，加大对土地违法违规严重地区和突出问题的专项督察力度。加强对新增建设用地的供应总量、结构和时序等情况的督察，加强对城市批次建设用地批后监管工作。督促省级及计划单列市人民政府认真落实《国务院关于促进节约集约用地的通知》有关任务。落实耕地保护共同责任，开展对耕地保护突出问题的督察整改。

十、积极参与国家综合配套改革试验，跟踪落实专项改革工作

与天津、重庆、四川成都、湖南、福建、广西等地签署合作协议或备忘录。开展了综合配套改革试验区国土资源配套改革调研，跟踪落实指导专项改革。《天津滨海新区土地管理改革专项方案》已上报国务院，《广东节约集约用地试点示范省建设工作方案》已经国务院领导同意，批复完成安徽省合肥市节约集约用地试点方案，召开了土地管理制度改革滨海新区高层论坛。通过探索和推进国土资源配套改革，构建保障和促进科学发展新机制，统筹国土资源开发、利用与保护，优化资源配置，促进资源利用方式和经济发展方式的转变，推动经济社会又好又快发展。

（据国土资源部材料）

环境保护领域体制改革

2008 年以来，我部组织有关单位，联合有关行业协会，积极沟通、协调有关部门，围绕行政体制改革、节能减排、生态补偿、排污权交易以及绿色税收、信贷、贸易、保险等环境经济政策，开展了积极的革新探索，取得了一定成效。

一、关于环境保护行政管理体制改革

在党中央国务院的高度重视下，在部领导的直接领导下，2008 年环境保护机构

改革工作取得了阶段性进展。

一是成功组建环境保护部，为推进环保历史性转变提供了坚强的组织保证，标志着环境保护作为基本国策进入了国家经济政治生活的主干线、主战场、大舞台，环境保护工作将在经济发展的重大方针政策制定、宏观决策等过程中发挥应有的作用。

二是进一步理顺职能，增加机构编制，提升环境保护综合协调的能力。2008 年 7 月 10 日，国务院批复了环境保护部"三定"方案。新"三定"在职能转变上迈出了一大步，进一步理顺了部门职责分工，强化了环境政策、规划和重大问题的统筹协调，突出了从源头上预防环境污染和生态破坏，明确了环境质量调查评估、环境信息统一发布等职责，加强了国家减排目标落实和环境监管，强化了总量控制、目标责任制、减排考核等职责，同时，新增了部总工程师、核安全总工程师各 1 名和污染物排放总量控制司、环境监测司、宣传教育司 3 个内设机构，增加了 50 名编制，提升了环保机构的调控能力、执行能力和监督能力。

三是积极落实国务院批复的"三定"方案。遵循公正透明、集思广益、几上几下、反复论证的工作程序，按照既不折不扣贯彻中央关于环保机构改革精神，又要根据新时期环保任务有所创新的要求，注重突出职能和业务两个重点，严格控制机构和编制两个总量，研究制订部机关内部"三定"实施方案，理清机关内各部门职责，理顺关系，明确责任，完善分工机制，全面履行党和国家赋予环保部门的各项职责。

二、关于建立和完善节能减排措施公示制度及落实节能减排责任制

2009 年 6 月，环境保护部发布 2009 年 30 号公告，公布了全国城镇污水处理设施和燃煤电厂脱硫设施清单。截至 2008 年底，全国投运的城镇污水处理设施共 1521 座，设计处理能力 9092 万吨/日，平均日处理水量 6693 万吨；全国投运的燃煤脱硫机组共 1062 台，总装机容量 36300 万千瓦。

2008 年 7 月，环境保护部会同国家发展改革委、国家统计局、监察部联合公告，向全社会公布了 2007 年度各省、自治区、直辖市和五大电力集团公司主要污染物总量减排情况的考核结果，决定暂停江西鹰潭、海南三亚、广西河池和云南玉溪 4 城市新增化学需氧量排放的建设项目环评审批；暂停华润电力控股有限公司、贵州金元股份有限公司、山西国际电力集团有限公司所有火力发电建设项目环评审批；对深圳能源集团股份有限公司沙角 B 厂等 7 家电厂进行处罚。

2008 年 9 月环境保护部联合国家统计局、国家发展改革委发布公告，公布了

2008 年上半年各省、自治区、直辖市主要污染物排放量指标。并对一些污水处理厂主体工程及配套管网建设滞后或长期处于低负荷运行或无故不正常运行出水超标或污泥未有效处理处置，电厂脱硫设施运行不正常的城市、企业予以公开通报，责令于 2008 年年底前完成整改。

三、关于排污交易

一是开展了火力发电厂二氧化硫排污权有偿使用和交易试点。完成了发电权与排污权交易研究报告，起草了《火电行业二氧化硫排污交易管理办法》，开发了火电行业二氧化硫排污交易管理系统。

二是积极推动太湖流域开展主要水污染物排污权有偿使用和交易试点工作。

江苏省从思想认识、理论基础、法规政策和平台建设等方面取得阶段性进展。具体开展的工作如下：一是夯实理论基础。通过理论研究，基本建立由排污权初始价格、排污付费价格、治污收费价格和环保服务价格组成的环境价格体系理论；二是完善法规政策。目前，江苏省人大常委会审议通过《江苏省太湖水污染防治条例（修订）》，在全国率先为主要水污染物排放指标初始有偿分配和交易制度提供法律保障。江苏省财政厅、环保厅联合印发了《江苏省太湖流域主要水污染物、二氧化硫排放指标有偿使用收费办法》（2008 年 4 月 1 日实行），明确规定 COD、二氧化硫初始排放指标收费价格分别为 4500 元/吨·年、2240 元/吨·年；三是强化技术支撑。建立了技术设计组和交易平台建设组，制定试点工作方案与平台建设实施方案；四是完善配套措施。通过提高污水处理费与排污收费标准，加强自动在线监测能力、建设太湖湖体蓝藻预警监测系统等措施，为排污交易提供条件。

浙江省采取回避污染权初始分配的方式，以"自下而上"的方式开展排污交易，嘉兴、杭州、绍兴等市（县）先后开展排污权交易试点工作。浙江省环保局下发了《关于开展排污权交易试点工作的通知》，要求各市选择一个以上县（市、区）开展试点工作。先后提出了《浙江省推行排污权有偿使用和交易制度的总体框架》、《浙江省主要污染物排污权有偿使用和交易办法（讨论稿）》和《关于组建浙江省排污权有偿使用和交易管理中心的可行性报告》，为开展排污交易奠定了基础。

杭州市、湖州市也不同程度开展了排污交易前期准备工作。杭州市在全国率先出台了《杭州市排污权交易条例》（2008 年 6 月起开始实施）。湖州市制定了《湖州市主要污染物排污权交易暂行办法（征求意见稿）》，初步形成了工作框架。

最早开始排污交易的嘉兴市已从 2007 年 11 月 1 日起全面实行排污权交易制度。2008 年，全市有 160 家企业通过排污交易获得了主要污染物排放指标，总交易额突破 1 亿元，对提高环保市场准入门槛、促进产业结构调整、推动污染物减排、筹集减排资金等方面具有积极作用。

三是 2008 年 10 月，财政部、环境保护部批复了在天津市开展主要污染物排污权有偿使用和交易试点工作。

四、关于生态补偿试点

按照原国家环保总局《关于开展生态补偿试点工作的指导意见》（环发〔2007〕130 号）精神，主要从以下三个方面着力推进生态补偿试点工作：一是在地方实践基础上，确定了首批生态补偿试点地区名单，鼓励试点地区扩大试点范围、深化试点内容，为各地推进生态补偿工作发挥典型示范作用；二是继续配合有关部门和单位推动各地开展生态补偿试点工作，如配合国家发展改革委指导山西开展煤炭开采生态环境恢复补偿机制试点、配合财政部推动开展跨流域生态补偿试点、配合全国人大环资委开展新安江流域生态补偿政策研究等；三是组织科研机构及时总结国内外有关实践经验，深入开展相关技术、方法、标准、立法研究，编写出版了《走向实践的生态补偿——案例分析与探索》等研究报告，为开展全国生态补偿试点工作提供了技术支撑。

五、关于环境经济政策

一是制定了"高污染、高环境风险产品"名录，经济部门对这些产品采取了限制措施，遏制了"产品大量出口、污染留在国内"的现象。2008 年 1 月，我部发布农药、无机盐、电池、涂料、染料 5 个行业 140 多种"双高"产品目录，涉及出口金额 20 多亿美元，并提出取消其出口退税、禁止加工贸易的政策建议。商务部在 4 月发布的禁止加工贸易名录中，采纳了我部提交的全部产品名录，并首次明确将"双高"产品作为控制商品出口的依据；随后，财政部、税务总局在 7 月底发布的取消出口退税的商品清单中，40 个商品编码的商品中有 26 个是我部提供的"双高"产品。环境政策与经济政策融合已经得到体现并形成机制。

二是推动实施绿色信贷政策，切断环境违法企业的信贷资金来源，指导银行业履行环境保护责任。我部向人民银行征信系统提供了 3 万多条企业环境违法信息，各商业银行据此对违法企业采取停贷或限贷措施；我部与中国银监会签订了首个环保与经济部门的信息共享协议，为银行业落实环境保护政策法规提供有效的指导。我部与世行国际金融公司合作翻译出版了有关"赤道原则"和 62 个行业的环境、健康、安全信贷技术指南，引导银行、投资机构识别环境风险，加强投资项目的环境保护。

三是推动实施环境污染责任保险。环境保护部、保监会于 2008 年年初发布《关于开展环境污染责任保险工作的指导意见》，明确开展环境责任保险的重点领域和途径。2008 年 11 月初，我部与保监会联合在苏州召开了环境污染责任保险试点座谈会，在江苏、湖北、湖南、宁波、沈阳、苏州等省市，选择六大领域全面启动试点工作，利用市场机制防范和化解环境污染事故风险。2008 年 9 月，湖南省一家投保了环境污染责任险的农药生产厂商，因发生氯化氢泄漏污染附近村民的菜田，保险公司积极介入，赔付了 120 多户村民 1.1 万元，成为全国首例污染责任险赔偿案例。利用保险手段，有效维护了污染受害者的合法权益，维护了企业的正常生产秩序和当地社会的稳定。

四是配合财税部门制定有关环境税收政策。一方面，我部主动配合财税部门研究开征环境税。财政部、税务总局、环境保护部联合组成环境税工作组，组织有关方面专家开展课题的研究，提出了初步研究报告；工作组就开征环境税、费改税等问题赴河南、内蒙古、山东、广东实地调研。另一方面，积极争取在现有税收政策纳入环境保护因素。我部提出对重污染工艺生产的水泥产品等加征消费税的建议，提出了《环境保护专用设备企业所得税优惠目录》的减排设备名录和纳入增值税抵扣的减排设备目录，并提供给财政部、税务总局，为出台有利于环境保护税收政策提供可操作的依据。

（据环境保护部材料）

住房和城乡建设领域体制改革

2008 年，住房和城乡建设部认真贯彻落实党中央、国务院的部署，坚持科学发展观，坚持以人为本，以改善民生为重点，改革创新，稳步推进供水、供气、供热等市政公用事业体制改革，完善住房保障和住房公积金制度；改善和加强房地产调控，全面推进住房城乡建设体制改革。

一、加快完善住房保障制度

会同有关部门抓紧研究建立中央廉租住房资金补助制度，研究制定金融、税收、土地等配套支持政策，不断完善廉租住房制度。规范经济适用住房制度，完善棚户区改造和旧住宅区环境整治政策，研究改善农民工居住条件制度，多渠道解决低收入家庭住房困难问题。

（一）加大了保障性住房建设力度。2008 年前三季度，已开工建设廉租住房 32 万套，廉租住房资金投入 180 亿元，接近 2007 年全年投入的 2 倍。同时，新开工经济适用住房 85 万套、完成投资 860 亿元。中央〔2008〕18 号文件要求加快保障性安居工程建设，并在四季度追加中央投资后，住房城乡建设部党组专题研究部署，各地进一步加快了保障性住房建设和棚户区改造进度。同时，2008 年各地还加大了租赁补贴发放力度，到年底可以基本实现城市低保家庭中的住房困难户依申请应保尽保的目标。

（二）建立了廉租住房计划制度。会同发展改革委、民政部、财政部、国土资源部制定了城市低收入家庭住房保障统计报表制度。开展低收入家庭住房状况调查和廉租住房保障对象数据核实汇总工作。在此基础上，草拟了 2009—2011 年廉租住房规划（草案），印发了《2008 年廉租住房工作计划》，初步建立了廉租住房保障任务分解机制和目标责任制。

（三）完善了住房保障的配套政策。经国务院批准，民政部、住房城乡建设部等部门印发《低收入家庭资格认定办法》，财政部、国家税务总局印发《关于廉租住房经济适用住房和住房租赁有关税收政策的通知》，明确对廉租住房租金收入、建设用地等，给予免征或减征营业税、房产税、城镇土地使用税等政策支持。人民银行、银监会出台了《经济适用住房开发贷款管理办法》，规范了经济适用住房开发贷款条件、明确了优惠利率、适当延长了贷款期限。

（四）改进了中央廉租住房补助资金适用范围，加大了支持力度。中央财政廉租住房专项补助资金用于发放租赁补贴有结余的，可以用于购买、改建、租赁廉租住房。中央财政廉租住房保障专项补助资金安排了 61 亿元（含 2007 年已安排未下达的 13 亿元），中央预算内投资安排廉租住房建设补助资金 20 亿元，四季度追加中央预算投资内廉租住房建设补助资金 75 亿元。

（五）积极推进棚户区改造和旧住宅区综合整治。总结推广辽宁省及抚顺市的经验与做法，通过推进城市棚户区改造，解决其中居住的低收入家庭住房困难，促进社会和谐稳定。总结推广烟台等城市旧住宅区整治的做法，坚持政府主导、市场运作，强调综合整治、避免大拆大建。按照我部《关于改善农民工居住条件的指导意见》（建住房〔2007〕276 号），督促建筑施工企业等用工单位根据《宿舍建筑设计规范》要求，为农民工提供符合住宅安全和基本卫生要求的宿舍。广东、江苏、上海、重庆等地按照政府支持、企业负责的原则，在农民工集中的工业园区建设农民工公寓，此做法将在条件成熟时向全国推广。

二、认真开展住房公积金专项治理

会同国务院纠风办等六部门印发了《关于开展加强住房公积金管理专项治理工作的实施意见》，召开全国住房公积金系统会议进行部署，对部分地区进行了联合检查，切实纠正损害国家和职工利益的突出问题，严肃查处违纪违法行为。积极开展抗震救灾工作，及时调整政策，支持灾后恢复重建，加强对灾区管理人员的培训。

三、进一步建立健全房地产市场监管机制

（一）加强市场监测分析。针对 2007 年 10 月份以来东部地区和中西部一些中心城市出现的房价涨幅趋缓、住房成交量下降等情况，加大了市场监测分析工作力度，多次组织召开了有地方主管部门负责人、企业代表、专家学者参加的座谈会，并对北京、上海、深圳等城市做了实地调研，先后 7 次向国务院或国务院领导上报了有关房地产市场形势分析的专题报告；对一些城市出现的开发商变相降低首付、退房退地、外资热钱、房地产业资金缺口等新情况、新问题，也在调研后，及时以信息专报等方式报送国务院。

（二）加强房地产中介行业管理。完善房地产估价、经纪执业资格管理制度，实行了机构资质核准和人员注册电子政务审批，建立房地产估价机构资质升降级衔接制度，加强商品房预售和二手房交易资金监管，推行了交易结算资金账户管理制度。推进了房地产估价机构、经纪机构和从业人员的信用档案建设。开展了全国房地产经纪行业专项检查，严肃查处了经纪机构挪用占用客户交易资金、无照经营和非法异地经营、发布虚假信息、赚取差价等违法行为。

（三）规范房屋登记和租赁管理。出台了《房屋登记办法》，建立了房屋登记簿制度。进一步理顺登记管理体制，深入推进房屋交易与登记管理一体化。积极推进房屋登记信息化建设，完善房屋登记信息和权属档案查询机制。会同有关部门研究修订《房屋租赁管理办法》，规范房屋租赁行为。积极培育住房租赁市场，推动有关部门减轻房屋租赁税负，鼓励中小户型出租。指导地方建立房屋租赁市场信息平台，有效促进了房屋租赁市场的健康发展。

（四）规范城镇房屋拆迁行为。在完善拆迁法规政策、规范拆迁行为、控制拆迁规模、建立拆迁监管信息系统、健全拆迁信访工作机制、集中整治非正常上访、全面开展矛盾纠纷排查化解、对重点地区和重点案件进行督查督办等方面，加大工作力度，拆迁规模继续得到控制，拆迁程序和行为进一步规范，并坚决纠正拆迁中侵害群众合法权益的突出问题。积极推进棚户区改造工作，全面调查棚户区改造工

部门篇

作进展情况和今后三年的改造计划，研究提出相关政策建议。

（五）注重长效机制建设。一是开展了《城市房地产开发经营管理条例》的修订工作，重点是完善房地产市场准入和退出、预售款监管、房地产开发项目手册等制度。二是做好住房普查和信息化的有关工作，配合国家统计局完善了全国第二次房屋普查方案，指导有条件的地方先行开展了房屋普查工作。三是继续加快房地产市场信息系统建设，在原来全国房地产市场信息系统建设 40 个重点城市基础上，新增了 50 个重点城市。推广部分城市先进经验，引导地方建立统一的房地产信息平台，推行市场信息发布制度，建立了网上投诉信息系统，增强了市场透明度，促进了房地产管理部门依法行政。

四、稳步推进市政公用事业改革

（一）积极推进城镇供热体制改革。贯彻落实建设部等八部委《关于进一步推进城镇供热体制改革的意见》，推进供热计量收费制度改革，加快城镇供热体制改革。组织开展了供热计量改革示范城市工作，印发了《民用建筑供热计量管理办法》、《关于进一步推进供热计量改革的若干意见》和《供热计量技术导则》；积极推进北方地区既有建筑供热计量改造，印发了《北方采暖地区既有居住建筑供热计量改造工程验收办法》；为保障"三北"地区冬季正常供热采暖，经国务院批准，我部和国家发展改革委、财政部联合印发了《关于做好冬季采暖工作有关问题的指导意见的通知》，并根据国务院领导批示对宁夏、内蒙古等北方地区供热采暖情况进行了重点督查和调研。

（二）加强燃气法规建设。为建立健全城镇燃气安全工作的长效机制，抓紧研究制订《燃气管理条例》，会同国务法制办进行了立法调研，对《燃气管理条例》（送审稿）进行了研究修改。

（三）加强对供水、供气、供热等市政公用设施的安全监管。印发了《关于进一步开展市政公用设施安全隐患排查治理工作的实施意见》，研究制定下发了加强供水、供气、供热等市政公用设施安全管理、应急保障和防恐的文件。要求各地加强供水、供气、供热动态监测和应急能力建设，保障供应质量和运行安全。进一步加强了供水、供气、供热等市政公用设施安全和应急保障工作。

为加快推进老旧供气、供热管网改造，保障供气、供热管网运行安全，我部和国家发展改革委、财政部 2008 年联合印发了《全国城市燃气管网改造规划》、《北方地区城市集中供热管网改造规划》，对改造工作做出具体部署。

（四）稳步推进城镇供水改革。积极配合国家发展改革委做好中央财政资金对城镇污水处理和垃圾处理设施投资的任务分解和计划下达工作；对中央财政资金支持的流域治理城镇污水处理项目进行逐一筛选。同时，进一步引入市场机制，稳步推动城镇水务体制改革，逐步形成多元化投融资体制与经营模式。继续推行城镇污水和垃圾处理收费制度，积极推进污水和垃圾处理产业化进程。

（据住房和城乡建设部材料）

交通运输体制改革

2008年，我部重点在推进农村公路管理养护体制改革、加快行政管理体制改革、推进成品油价格和税费改革、促进投资体制改革、促进建立健全资源节约和环境保护体制机制等方面开展了工作。

一、推进农村公路管理养护体制改革

在《国务院办公厅转发发展改革委关于2008年深化经济体制改革工作意见的通知》（国办发〔2008〕103号）明确的重点任务中，由我部（会同发展改革委）负责牵头的工作是：推进农村公路管理养护体制改革。

一是统一部署，落实国务院文件要求，加大推进农村公路管理养护体制改革工作力度。根据《国务院办公厅关于印发农村公路管理养护体制改革方案的通知》，全国31个省级人民政府都已经于2008年3月之前出台了实施方案，明确县级人民政府作为农村公路养护责任主体，并逐步贯彻落实方案内容，开展养护体制改革工作。

二是狠抓制度建设，提高法制化水平。我部制订出台了《农村公路管理养护暂行办法》和《农村公路养护技术手册》，完善管理制度，规范标准，并进行广泛宣传，为农村公路管理养护体制改革工作提供政策和技术支持。

三是加强调查研究，搞好监督检查，抓好改革方案的贯彻落实。我部组织对部分省的农村公路管理养护体制改革情况进行了调研，会同国家发改委、财政部先后三次对全国农村公路管理养护体制改革进展情况进行通报，对部分进展缓慢的省份进行督察，推动改革深入开展。

二、加快交通运输行政管理体制改革，研究指导地方交通行政管理体制改革

组织落实《关于深化行政管理体制改革的决定》和《国务院机构改革方案》，上报了交通运输部"三定"规定。

组织开展了"地方交通运输大部门体制改革研究"和"深化中心城市交通行政管理体制改革研究"等专题研究工作。以贯彻落实科学发展观为统领，以党的十七大和十七届二中全会精神为指导，贯彻深化交通运输行政管理体制改革的要求，以大部门体制为切入点，在广泛进行调研、听取地方交通行政管理部门意见、分析交通运输实际的基础上，借鉴国外先进的交通运输行政管理体制经验，研究完成了省级和中心城市交通运输行政管理体制改革研究报告，并将研究报告简本印发各省级和中心城市交通运输主管部门，对启发地方交通运输行政管理体制改革思路，积极探索职能有机统一的大部门体制，推进各种运输方式有效衔接，发挥整体优势和组合效率，加快形成城乡一体的综合交通运输体系具有重要的现实意义。

三、稳步推进成品油价格和税费改革

根据国务院关于成品油价格和税费改革的要求，配合国家发展改革委、财政部等部门修改完善税费改革方案，积极反映交通运输行业的意见，积极争取政策支持。协商研究改革后新形成的交通资金收入转移支付和增量资金分配办法，牵头组织制定改革涉及人员安置实施方案。制定逐步有序取消政府还贷二级公路收费实施方案，明确撤站目标、工作步骤和资金中央补助办法，做好取消政府还贷二级公路收费的各项准备工作。

四、开展交通综合执法改革试点工作

2008 年 7 月 23 日，我部在广东省东莞市组织召开了全国交通综合行政执法座谈会。高宏峰副部长出席会议，广东、重庆等 11 个省（区、市）交通厅（局、委）、江苏海事局，部分地市交通局（委）和交通行政执法机构的代表参加了会议。会议总结、推广了广东省交通厅、重庆市交通委员会交通综合行政执法试点经验；听取了福建省交通厅、山东省交通厅、成都市交通委员会开展交通综合行政执法改革、杭州市港航管理局开展水上联合执法、江苏省交通厅开展统一执法、江苏海事局现场执法模式改革情况的介绍。辽宁、广西、浙江、河南、山西、黑龙江等省、

自治区交通厅就推进交通综合行政执法改革提出了意见和建议。会议还对下一步交通综合执法试点工作进行了部署。会议决定将福建省和山东省纳入交通运输部推进交通综合行政执法改革试点省份。

五、促进投资体制改革

2004 年 7 月 16 日国务院印发《国务院关于投资体制改革的决定》（以下简称《决定》）以来，我部一直把投资体制改革作为一项重要工作，在实践中不断完善和改进交通建设投资管理政策，密切跟踪和关注实施中出现的情况。

规范引导经营性公路建设项目投资人招标投标工作。制定出台了《经营性公路建设项目投资人招标投标管理规定》并严格执行，进一步规范和引导社会经济主体的投资行为，维护公路建设市场的平等竞争秩序。

简化外商投资审批程序，进一步完善利用外资的制度环境。取消外商投资公路项目的资格预审文件、招标文件、评标报告等审批程序，鼓励和引导外商的投资热情，积极探索公路建设项目投资主体向多元化体制转型的途径。

六、促进建立健全资源节约和环境保护体制机制

根据《中华人民共和国节约能源法》，我部制定了《公路水路运输实施〈节约能源法〉办法》，明确了公路水路交通节能管理体制和工作机制，为促进公路、水路交通节约能源、提高能源利用效率提供了法制基础。

七、推进政务公开制度建设

落实《政府信息公开条例》，我部印发了《中华人民共和国交通运输部施行〈政府信息公开条例〉办法》（交办发〔2008〕13 号），明确了政务信息公开的目录和相应的办法，推进了政务公开的制度建设。

八、其他体制改革工作

2008 年，我部还在探索高速公路管理体制改革、组织研究并推进界河、航道管理新体制的建立、推进交通公安管理体制改革、探索救灾应急体制机制等方面开展了相应的工作。

（据交通运输部材料）

部门篇

铁路体制改革

一、认真贯彻落实《关于深化行政管理体制改革的意见》和《国务院机构改革方案》

认真贯彻中央关于转变政府职能的要求，按照国办函〔2008〕38 号通知精神，做好铁道部"三定"工作。坚持以职能转变为核心，按照"政企分开、政资分开、政事分开、政府与市场中介组织分开"的改革方向，从铁路行业特点和当前铁路建设与运输管理的实际出发，研究提出了铁道部新的职能，进一步细化界定了铁道部的政府管理职能和企业管理职能。

二、投融资体制改革取得新的进展

一是扩大合资建路规模。以部省合资建路协议为基本依托，继续大力推进合资铁路建设。全年共组建合资铁路公司 34 家，吸引地方政府权益性出资约 820 亿元，其他社会资本约 160 亿元，项目总里程约 7200 公里，投资总规模约 5000 亿元。

二是推进铁路股改上市项目。太原铁路局整体改制项目已正式启动。其他扩大铁路股改上市的启动准备工作经反复汇报、多轮协调，已经取得了有关各方的积极支持，具备了适时启动的条件。

三是扩大铁路债务性融资。继续争取国家有关部门支持，成功发行铁路建设债券 800 亿元，比 2007 年增加 30% 多。在股市低迷的情况下，及时组织有关中介机构认真研究上市公司低成本债务性融资方式。大秦公司发行公司债募集资金 135 亿元用于新购和谐号机车和 C80 型货车的方案，已通过了证监会发审会的审查。

三、住房改革工作卓有成效

一是基本完成住房公积金管理机构调整移交工作。截至 2008 年底，全路 18 个铁路局全部与相关省会城市签订了调整移交协议。

二是积极研究铁路职工住房建设问题。2008 年，铁道部调整了房改领导小组，加大了领导力度。下半年以来，紧紧抓住国家扩大内需的机遇，组织研究加快解决职工住房问题，了解全路职工住房情况、地方经济适用房、限价房和廉租住房建设优惠政策等，研究加快推进全路职工住房建设的具体措施及支持政策。指导意见的初稿已经形成，待征求意见作进一步修改后，下发执行。

四、规范企业经营管理工作取得新成效

一是强化了经营业绩考核。2008 年，铁道部在考核指标设置上，将运输总收入代替运输收入纳入考核指标，新增了吨均收入考核指标，细化了安全考核责任，进一步完善了考核办法。经营业绩考核作为铁路运输企业搞好经营管理的一个重要抓手，对加快推进铁路经营管理机制转变起到了重要推动作用。

二是铁路局直管站段体制机制进一步完善。2008 年初，各单位对铁路局直管站段体制改革以来的机制建设情况进行了系统总结，针对新情况，提出了进一步完善的思路和措施，在此基础上，通过一系列的优化整合，铁路局直管站段和运输生产力布局调整的改革不断完善。

三是对合资铁路管理创新进行了积极研究探索。针对大规模合资建路的新形势、新特点，铁道部研究确定了新建合资铁路委托运输管理的基本原则、具体内容、财务清算、安全责任等重大问题，制定发布了《关于新建合资铁路委托运输管理的指导意见》，探索提出了委托运输管理的新模式。

（据铁道部材料）

农村水电体制改革

一、完善中央投资监督管理制度，加强农村水电国有资产监管工作

按照 2007 年下发的《关于做好"十一五"全国水电农村电气化县项目建设管理有关工作的通知》和《关于加强小水电代燃料扩大试点项目管理的通知》文件要求，积极完善水电农村电气化县和小水电代燃料建设管理体制和运行机制，对于水电农村电气化县建设中的国有资产，由省级国有或政府授权的国有水电企业作为国有资产出资人代表；小水电代燃料工程按照所有权、经营权、使用权三权分设的管理体制，对国有资产进行监管，确保国有资产保值增值。组织修订《水电农村电气

化建设管理办法》，编制《小水电代燃料项目管理办法》，加强对国家投资形成资产的管理。

二、研究建立有效的农村水电管理体制和运行机制

一是加强农村水能资源规划和管理。国务院批复水利部的新"三定"规定明确水利部指导农村水能资源开发管理，为深化农村水电体制改革，建立科学的农村水电管理体制提供了重要的法律和政策保障。2008年，水利部全面开展全国农村水力资源调查评价工作，已完成成果审查汇总；完成《中小河流水能开发规划编制规范》、《农村水电条例》征求意见稿，现正汇总意见进行修改完善；陕西省、江西省机构编制管理部门分别下文明确了水行政主管部门的水能资源管理职能；吉林省人大审议通过了《吉林省水能资源开发利用条例》，广东、广西、新疆、湖北、陕西等省（自治区）分别启动了水能资源管理的立法工作。

二是完善农村水电安全运行监管机制。水利部集中组织对全国违规水电站再次进行清查整改，累计清查出违规水电站3415座，完成整改2257座，福建等9省（自治区、直辖市）整改率达到100%。湖南省水利厅联合省发展改革委等相关部门开展"四无"水电站整改督办。全国违规水电站多发势头得到全面遏制，安全隐患得到有效治理。同时，全国农村水电站安全分类管理取得进展，安全事故应急报告程序基本规范，行业安全监管能力不断加强。

三是配合国家电监会开展农电体制改革调研和《农电体制改革与发展研究》课题研究，积极推进农电体制改革。

（据水利部材料）

农村经济体制改革

按照《国务院办公厅转发国家发展改革委关于2008年深化经济体制改革工作意见的通知》（国办发〔2008〕103号）的要求，根据我部职能，重点开展了完善农村基本经营制度、推进农垦体制改革、加快农民专业合作社发展、深化兽医体制改革等四方面工作。

一、完善农村基本经营制度

围绕贯彻落实《农村土地承包法》和《物权法》，坚持稳定和完善农村基本经营制度，切实维护农民土地承包权益。

（一）研究制订相关制度。开展了农村土地承包纠纷仲裁法的立法调研和起草，全国人大常委会和国务院将于近期审议该法律草案；积极推动各省（区、市）加快制定《农村土地承包法》实施办法，截至 2008 年底，全国已有 15 个省（区、市）出台了《农村土地承包法》实施办法或条例（规定）。

（二）健全农村土地承包纠纷调处机制。加强与信访、纪检监察、司法等部门的沟通协调，建立多部门协调解决农村土地承包重大问题的联动机制，不断完善以民间协商、乡村调解、县市仲裁、司法保障等多渠道调处农村土地承包纠纷的调处机制。同时，继续做好农村土地承包纠纷仲裁试点工作。2008 年以来，在前两年开展农村土地承包纠纷仲裁试点的基础上，又增加了 39 个仲裁试点，试点总数达到229 个。试点单位基本做到了一般纠纷不出乡、重大纠纷不出县。

（三）巩固农村土地突出问题专项治理成果。按照农村土地突出问题专项治理领导小组适当延长专项治理时间要求，2008 年进一步推动各地继续将查处和纠正农民工土地承包经营权不落实、违法调整收回农民工承包地、强迫农民工流转承包地等突出问题纳入专项治理的重要内容，切实解决好包括农民工在内的特殊群体的土地承包问题，巩固专项治理成果，建立起维护农民工土地承包权益的长效机制。

（四）依法加强农村土地流转规范管理与服务。采取多种方式指导和推动各地建立农村土地流转合同制和登记备案制，把土地流转纳入规范、有序的发展轨道。积极引导各地开展土地流转中介服务，指导地方通过建立土地流转中心等组织，发布土地流转信息，指导合同签订，创新土地流转机制。积极探索组织土地整理、加强农田建设、实施流转补贴等措施，为流转创造条件，稳步推进多种形式的农业适度规模经营。

二、加快推进农垦体制改革

按照国务院提出的"全面推进垦区集团化改革，加快垦区集团现代企业制度建设"的要求，加快推进管理体制改革。

（一）推进农垦管理体制改革。各集团垦区围绕做大做强主题，加强集团战略规划，明确战略定位，推进法人治理结构、内控制度、激励机制创新，加快产业整合，加强资本运作，扎实推进产业化、集团化、股份化，取得了较快的发展速度和较好的经济效益。非集团垦区则不断增强对农场经济社会发展的指导、协调和服务能力，并积极探索多种形式的管理模式。

（二）深化国有农场税费改革。一是制定了《农业部国务院农村综合改革工作小组关于加强农垦国有农场农业职工负担管理的意见》（农垦发〔2008〕3 号），为建立防止农工负担反弹长效机制提供了制度保障。二是落实税费改革资金，按要求调减农工土地承包费。三是加强负担监管，对群众上访反映税改资金不落实问题进行严肃查处，及时纠正违规行为。四是研究进一步深化税费改革的政策措施。

（三）完善内部经营机制。在坚持以家庭农场和职工承包为基本经营形式的基础上，大力发展其他现代农业经营方式。截至 2008 年底，股份合作经营和有限责任公司达 1.18 万个，比 2007 年增加 27%。此外，职工家庭农场生产费、生活费"两费自理"、农机作价转让、两田制、土地适度规模经营等多项配套改革也都取得积极进展。

（四）分离企业办社会职能不断推进。截至 2008 年底，已有 15 个垦区完成了自办普通中小学的移交，17 个垦区实现了部分移交。难以彻底分离的垦区，也加快推进中小学撤并工作，精简教职员工，优化学校布局。6 个垦区完成了企业自办医疗卫生机构的移交，12 个垦区实现了部分移交。除新疆兵团、黑龙江等规模较大且承担特殊任务的垦区和部分设有政权组织的农场外，农垦公检法司机构的移交工作已基本完成。

（五）社会保障事业取得长足进步。农垦企业职工基本养老保险、基本医疗保险、职工工伤、失业、生育保险政策不断完善，覆盖范围不断扩大，参保人数不断增加，业务管理逐步规范，待遇水平进一步提高。享受城镇居民最低生活保障待遇274641 户、573664 人，占符合条件总数的 77.56% 和 71.48%，部分垦区实现了应保尽保、动态管理。

三、继续推进专业合作社建设和发展

围绕贯彻落实《农民专业合作社法》和配套法规，加快建设和发展农民专业合作社。

（一）抓好农民专业合作组织示范项目建设。2008 年，我部安排 3000 万元专项资金开展农民专业合作组织示范项目，支持 125 个农民专业合作组织示范点建设。鼓励农民专业合作组织申报农业标准化示范县、科技入户、一村一品、测土配方施肥等农业建设项目。

（二）推进扶持政策的制定和落实。8 月底至 9 月初，我部配合全国人大常委会检查了《农民专业合作社法》实施情况。并配合有关部门进一步研究落实对农民专业合作社的财政、税收、信贷、保险、教育培训等方面的扶持政策和措施，做好调研工作。

（三）制定农民专业合作社示范社建设行动实施方案。从 2008 年起，在全国开展培育"农民专业合作社示范社"行动，目前已形成《农民专业合作社示范社建设行动实施方案（草拟稿)》，并下发有关省（区、市）征求意见。

四、继续深化兽医管理体制改革

围绕贯彻落实《国务院关于推进兽医管理体制改革的若干意见》（国发〔2005〕5 号），督促各地抓紧推进兽医管理体制改革。

（一）初步建立起兽医工作体系。截至 2008 年底，国家、省、市、县和乡五级兽医工作机构已基本改革到位，全国 31 个省级、312 个地市级、1731 个县市级的兽医行政管理、动物卫生监督和动物疫病预防控制三类兽医工作机构改革已基本完成，分别占到省、市、县总数的 100%、93.7% 和 60.5%。

（二）加强兽医机构和队伍建设。起草《基层动物防疫工作补助经费暂行管理办法》，加强基础动物防疫工作补助经费管理，依法管好、用好补助经费。印发《农业部关于加强村级动物防疫员队伍建设的意见》，对村级动物防疫员的人员设置、工作考核评价、防疫技术培训、经费保障机制等方面作出部署。编写《村级动物防疫员培训教材》，将村级动物防疫员纳入新型农民培训计划，在全国 670 个项目县培训 3 万名村级动物防疫员。

（三）加强官方兽医和执业兽医制度建设。起草《动物卫生监督机构官方兽医队伍建设实施方案》、《执业兽医管理办法》和《执业兽医考试管理办法》，制定了《执业兽医师考试大纲》和《执业助理兽医师考试大纲》，积极筹备执业兽医资格考试，确保尽快实施全国统一的执业兽医资格考试。

（据农业部材料）

商务体制改革

2008 年，商务部贯彻《关于 2008 年深化经济体制改革工作的意见》的有关精神，围绕"深化外贸管理体制改革，提高对外开放水平"深化商务体制改革。

一、推动商务行政体制改革

一是以转变职能为核心，合理界定职能，加强宏观管理和公共服务。按照十七届二中全会关于"加强经济调节、市场监管、社会管理和公共服务职能"的要求，新"三定"规定进一步明确了我部在"加强内贸工作，推动内外贸融合，搞好市场运行和商品供求状况监测，深化流通体制改革，大力发展现代流通，促进统一、开放、竞争、有序的现代市场体系的建立和完善，加强多双边和区域经贸合作，推进贸易和投资便利化，维护公平的对外贸易秩序，为企业开拓国际市场提供良好服务"的职责。

二是按照"权责一致"和"坚持一件事情原则上由一个部门负责"的原则划分职责，进一步理顺了我部与相关部门的职责关系。在对外劳务合作、外资并购、外商投资和对外投资等方面更加明晰了与各部委之间的职责关系。

三是对内设机构进行调整，进一步规范、优化我部机构设置。成立反垄断局和市场秩序司，撤销全国整规办；将"人事教育劳动司"更名为"人事司"；将"商业改革发展司"更名为"商贸服务管理司"；将"对外经济合作司"更名为"对外投资和经济合作司"；正式列明商务部内设 16 个特派员办事处，行政编制 120 名；明确商务部在对外谈判和国内协调时可使用国际贸易谈判代表办公室名义。

二、继续深化城乡流通体制改革

一是加强城市商业网点建设。启动县级城市商业网点规划编制。目前，全国279 个地级以上城市网点规划总编制完成率为 95.3%，72 个县级城市完成商业网点规划。公布了第三批共 100 个全国社区商业示范社区，部署开展第四批示范社区申报工作。发布了《社区商业设施设置和功能规范》行业标准。印发了《商务部财政部关于 2008 年开展主食加工配送中心建设试点工作的通知》，正式启动主食加工配送中心建设试点工作。

二是加快流通现代化建设进程。下发了《商务部关于加快我国流通领域现代物流发展的指导意见》，参与起草了《现代物流业发展规划纲要》（2008—2015），组织制定了流通领域现代物流示范工程标准。贯彻落实《商业特许经营管理条例》，完成了 724 家跨省经营的特许人备案，进一步规范了特许经营活动。

三是推进石油流通体制改革。推进石油市场经营主体多元化，2007 年以来，商务部共批复成品油企业 57 家，其中非公有制企业 33 家，批复成品油仓储企业 30家，其中非公有制企业 14 家。与发展改革委共同研究出台了《关于民营成品油企业经营有关问题的通知》，解决民营企业油源问题。

三、完善外贸管理与调控体制

一是启动《货物进出口管理条例》修订工作，完善对外贸易经营者备案制度、货物进出口许可制度以及追究违法经营行为法律责任制度。

二是修订《货物进出口许可证管理办法》。取消了出口许可证的跨年度结转，规定出口许可证的有效期截止时间不得超过当年 12 月 31 日。同时规定各发证机构可自当年 12 月 10 日起，根据商务部或者各地方商务主管部门下发的下一年度配额签发下一年度的出口许可证，许可证有效期自下一年度 1 月 1 日起。

三是完善机电产品进口管理法规。会同海关总署、质检总局对原有的《机电产品进口管理办法》和《机电产品自动进口许可实施细则》进行了修订。制定了《重点旧机电产品进口管理办法》。三个办法已于 2008 年 5 月 1 日实施。

四是调整加工贸易限制类政策。2008 年 11 月 24 日，商务部、海关总署联合发布了 2008 年第 97 号公告，暂停部分限制类加工贸易的银行保证金台账"实转"，实行"空转"管理。

五是促进加工贸易向中西部梯度转移。2008 年认定了中西部第二批共 22 个加工贸易重点承接地并予以授牌，全国加工贸易重点转移承接地总数达 31 家。起草了《关于促进加工贸易梯度转移的政策建议》，举办了加工贸易发展论坛。

六是推进外贸促进体系发展。推动实施广交会全面改革。以十七大精神和科学发展观为指导，按照"积极稳妥、分步实施、服务企业、提高水平"的原则，制定了包括分三期举办和建立"宏观指导，地方组团，行业协调，专业办展"的新组展机制等内容的改革方案，下发了相关配套方法，从第 104 届广交会起全面实施，初步建立了权责明晰、运转高效、制衡有力，服务优良的管理体制。

四、促进服务贸易加快发展

一是推动出台促进服务贸易发展的政策措施。与服务贸易跨部门联系机制各部门沟通协调，开展了制订《服务贸易中长期发展规划》和《关于加快发展服务贸易的若干意见》的准备工作。

二是加强服务贸易统计工作，落实《国际服务贸易统计制度》、《服务外包统计报表制度》，加强了服务贸易数据收集和整理工作。

三是开展服务贸易人才培训。举办了地市级商务主管部门服务贸易培训班。

四是加大服务贸易促进力度，主办了第四届中国（深圳）国际文化产业博览交易会和第六届中国国际软件和信息服务交易会。发挥中国服务贸易协会和"中国服务贸易指南"网站的作用，为中国企业开拓国际服务贸易市场提供技术支持和信息服务。帮助协会组团赴香港和美国访问，加强国际交流与合作。

五是下放审批权限，方便企业。修订了技术贸易管理法规，调整《禁止进口限制进口技术管理办法》和《禁止出口限制出口技术管理办法》，将限制进出口技术管理权限下放到省级商务主管部门，方便企业办理相关手续。

五、加强外商投资管理

一是进一步简化外商投资审批程序，下放审批权限，将部分外商投资企业的设立和变更事项委托给地方商务部门和国家级经济技术开发区办理。开展网上审批试点工作，将外商投资房地产企业备案工作下放至省级商务部门。

二是加快修订中西部地区外商投资优势产业目录。会同发展改革委汇总公布实施新修订的目录。

三是与相关部门配合，共同加强对外资并购的审查和监管。

四是与财政部等部门共同研究扩大服务外包鼓励政策的试点范围，完善促进服务外包产业发展的部际工作机制。

五是与科技部、环境保护部出台《国家生态工业示范园区管理办法（试行）》和《综合类工业示范园区标准（试行）》，认定苏州工业园区、苏州高新区和天津经济技术开发区为国家级生态工业园区，积极推进国家级开发区节能环保和生态工业项目建设。

六是编制中部地区投资促进规划，指导中部地区扩大对外开放，积极承接产业转移。

七是推动在昆山和上海建立产业转移促进中心，制定中部地区建立承接产业转移示范园区的认定办法，促进区域协调发展。

八是改进外商投资统计工作，加强同相关部门的数据交换及统计合作，强化对外商投资企业资本流动的监管，防范热钱流入风险。

九是加强对边境经济合作区工作的指导，研究提出扩大沿边开放的政策措施。

六、创新对外投资和合作方式

一是推进对外投资合作立法进程。2008年9月1日，《对外承包工程条例》正式实施。推动出台了《对外承包工程管理条例》，正在制定和完善相关配套细则。会同外交部、国资委印发了《关于进一步规范我国企业对外投资合作的通知》（商合发〔2008〕222 号）。下发了《商务部关于切实做好对外承包工程项下外派劳务管理工作的紧急通知》（商合函〔2008〕11 号）。联合外交部、国资委召开"全国处理境外纠纷及突发事件全国电视电话会议"，对做好相关工作进行了部署。目前，正在制定和完善《对外承包工程资格管理》、《对外承包工程项目投议标许可》、《工程质量安全生产管理规定》、《对外承包工程项目报送管理办法》等相关配套细则。

二是贯彻落实《国务院关于鼓励和规范企业对外投资的意见》，推动境外经济贸易合作区建设。国务院批复《关于推进境外经济贸易合作区建设的意见》（国函〔2008〕17 号），商务部会同财政部出台了《境外经济贸易合作区发展资金管理暂行办法》（商财发〔2008〕211 号），明确了发展资金的资助范围、标准和使用办法。会同外交部和国资委出台了《关于支持和发展境外中资企业商会的指导意见》（商合发〔2008〕8 号），对进一步支持和发展境外中资企业商会提出了具体措施；印发了《国别投资经营障碍报告汇编》（2004—2007），提出了应对境外投资障碍和风险的措施和建议。

三是落实和完善支持企业"走出去"的各项政策措施。会同财政部联合下发了《财政部商务部关于 2007 年对外经济技术合作专项资金支持政策有关问题的通知》（财企〔2008〕112 号），将对外承包工程流动资金贷款贴息、境外加工贸易贷款贴息、中俄林业合作贷款贴息和对外经济技术合作专项资金进行了整合，加大了对重点业务的支持力度。会同外交部、国资委出台了《关于支持和发展境外中资企业商会的指导意见》（商合发〔2008〕8 号），对进一步支持和发展境外中资企业商会提出了具体措施。印发了《国别投资经营障碍报告汇编（2004—2007）》，提出了应对境外投资障碍和风险的措施和建议。

四是为对外投资合作提供信贷和保险等金融支持。在博茨瓦纳、泰国和阿联酋保函风险专项资金试点，允许我国企业的全资子公司在上述三国开展承包工程业务时，使用保函风险专项资金开立保函。推动国家开发行、中国银行和出口信用保险公司开展金融创新，提供符合对外投资合作需要的金融产品。

五是加强对外劳务合作管理。根据国务院"三定"规定，原劳动和社会保障部负责的制定中国公民出境就业管理政策和境外就业职业介绍机构资格认定、审批和监督检查等职责划入商务部，由商务部对对外劳务合作进行统一管理。

七、加强商务领域法制建设

一是推进商务立法和部门规章建设。《反垄断法》于 8 月 1 日施行。正式公布实施了《生猪屠宰管理条例》。共出台部门规章 13 件，涉及国内贸易、对外贸易等方面。

二是推进依法行政。按照国务院要求，继续深入开展规范性文件清理工作。在我部建议下，《国务院关于废止部分行政法规的决定》（国务院令第 516 号）将涉及我部的 5 部行政法规宣布废止和失效，11 部行政法规进行修订。随后我部公布《关于废止和宣布失效六个规章的决定》，废止 4 件，失效 2 件，并公布《商务部现行有效规章目录》，共 172 件。

三是推动商务发展环境的改善。与墨西哥、哥伦比亚签署双边投资保护协定，与加拿大、委内瑞拉进行多次双边投资保护协定谈判，与美国进行了三次投资对话，启动中美投资保护协定谈判，并进行三轮密集磋商。与日本、欧盟以及 APEC、OECD、亚洲开发银行、联合国贸发会议等国际组织开展了国际法律交流与对话。同时，与美国、欧盟、日本开展知识产权交流与合作。

（据商务部材料）

文化体制改革

一、加强对文化系统改革工作的指导

为贯彻落实党的十七大精神，更加自觉、更加主动地推动文化大发展大繁荣，文化部组织调研组，深入部直属单位以及湖北等 10 省（市）文化系统开展文化大调研，摸清情况，总结经验，起草了《关于湖北等十省市文化建设调研报告》，提出了下一步推进文化体制改革、促进文化发展的具体思路，并报送中央有关部门。2008 年 4 月，中央召开了全国文化体制改革工作会议，进一步提出了文化体制改革的工作思路、任务和要求，明确了改革的重点领域、关键环节、工作进度和时间要求。为贯彻落实会议精神，文化部制定下发了《关于进一步深化文化系统文化体制改革的意见》（文政法发〔2008〕30 号），确定了当前和今后一个时期推进文化体制改革的总体要求和指导方针，对积极稳妥推进艺术院团改革，深化文化事业单位改革，大力推进公共文化服务体系建设，加快发展文化产业进行了部署。10 月，由有关部领导率队的中央文化体制改革领导小组第三督查组赴山西、河南，对当地文化体制改革进展和存在问题进行督查，并起草调研报告报中宣部。11 月，文化部举办文化体制改革政策培训班，学习贯彻《国务院办公厅关于印发文化体制改革中经营性文化事业单位转制为企业和支持文化企业发展两个规定的通知》（国办发〔2008〕114 号）。在中宣部相关部门的支持下，在深入分析当前艺术院团改革目标任务的基础上，起草了《关于深化国有文艺演出院团体制改革的意见（草案)》。

二、进一步推进文化部直属单位的改革

继续推动直属事业单位内部机制改革。按照科学合理、精简效能的原则，全面推行岗位设置管理制度，实行按需设岗、竞聘上岗、按岗聘用、合同管理。制定印发了《文化部关于印发直属事业单位岗位设置管理工作实施方案的通知》（文人发〔2008〕21号），召开了文化部直属事业单位岗位设置管理改革会议，推动文化部直属事业单位的岗位设置管理工作深入开展。

召开文化部文化体制改革工作领导小组会议，研究文化部文化体制改革工作下一步的工作思路及《文化部2009年文化体制改革工作要点（征求意见稿)》。明确了中国东方歌舞团（国家歌舞团）、中国文化报社、中国录音录像出版总社、文化部文化市场发展中心、中国演出管理中心等单位列为转企改制试点单位。

成立专门的直属单位调整改革工作协调小组，对直属单位进行调研，摸清家底，针对不同单位的情况和特点，提出总体改革方案。

三、配合相关部门，积极推进改革配套政策的完善

配合财政部门研究制定和完善公共文化服务体系建设的财政保障政策、鼓励企业、个人捐赠公益性文化事业的税收减免政策，配合中宣部等部门，在深入调研国办发〔2003〕105号文件税收优惠政策执行情况和文化体制改革中的重点难点问题的基础上，推动国办发〔2008〕114号文件的出台。通过讲座、培训班等形式，在文化系统大力宣传114号文件的基本精神和内容。

（据文化部材料）

卫生体制改革

一、积极推进医药卫生体制改革工作

2008年，根据国务院的要求，我部与发展改革委共同牵头制订了《关于深化医药卫生体制改革的意见》（征求意见稿），明确了改革工作的指导思想、目标、主要

措施等重大问题。在此基础上，按照国务院领导同志的要求，围绕"让群众得实惠，让医务人员受鼓舞，让管理干部易于掌握"的目的，研究提出了加快推进基本医疗保障体系建设、初步建立基本药物制度、健全基层医疗卫生服务体系、促进公共卫生服务逐步均等化及推进公立医院改革试点等五项重点工作及其实施方案。9—11月份，认真做好改革方案向全社会公开征求意见的工作，先后征求了地方政府、全国人大、全国政协、各民主党派中央、社会团体及部分全国人大代表、政协委员和各行业基层群众的意见。共收到各界群众意见 3.5 万多条。对各方面意见进行了认真梳理和分析，并将一些好的建议吸收到改革方案中来。《关于深化医药卫生体制改革的意见》及实施方案于 2009 年年初出台。

二、做好新型农村合作医疗等农村卫生工作

在各级政府的共同努力下，2008 年新型农村合作医疗制度（以下简称新农合）基本实现全面覆盖，提前完成了国务院确定的目标。截至 2008 年 12 月 31 日，全国开展新农合的县（市、区）已达到 2729 个，已覆盖全部有农业人口的县（市、区）；参加新农合人口达到 8.15 亿，参合率为 91.53%。全国新农合已筹资 784.58 亿元，其中，中央财政补助资金 247.02 亿元，地方财政补助资金 408.69 亿元。新农合制度建设进一步完善，开展以地市级为统筹层次、大病统筹与门诊统筹相结合、新农合与城镇居民基本医疗保险相衔接等三项试点。新农合筹资标准进一步提高，部分省份已实现财政对参合农民的补助标准提高到每人每年 80 元的标准，农民受益水平进一步提高。与此同时，各级政府加大农村卫生服务体系建设力度，提高服务能力和水平。万名医师支援农村卫生工程稳步实施，为乡镇卫生院招聘执业医师的试点工作得到落实。部分省份落实了保障乡镇卫生院人员工资的政策，加大了对乡村医生的补助力度，北京、江苏等地还落实了乡村医生养老保障问题。

三、加快发展城市社区卫生服务

截至 2008 年 12 月 31 日，全国所有地级以上城市都开展了社区卫生服务工作，开展社区卫生服务的市辖区和县级市分别占全国总数的 98% 和 89%，城市社区卫生服务机构达到 2.8 万个，以社区卫生服务为基础的新型城市卫生服务体系正在建立。各地大力发展社区卫生服务，加快推进社区卫生服务管理体制和运行机制改革。北京市、宁夏回族自治区等开展社区卫生服务机构收支两条线管理、社区基本药品由政府集中招标、统一配送、零差率销售试点工作。同时落实社区公共卫生服务，推进社区卫生服务机构标准化建设，研究制定"人人拥有家庭医生行动计划"，不断

提高社区卫生服务质量。

四、加强疾病预防控制等公共卫生工作

继续加强重大疾病防治工作，制定并落实重大公共卫生防治项目。进一步扩大艾滋病、血吸虫病等传染病患者免费救治范围。落实计划免疫范围扩大工作，将免疫规划的疾病扩大到 15 种。2008 年重大传染病没有发生大的流行，保障了经济社会稳定。积极做好四川震区的卫生防疫工作，实现了大灾之后无大疫的目标。圆满完成了奥运会、残奥会卫生保障任务，实现了"平安奥运"的目标。我部高度重视食品药品安全工作，2008 年以来，有效处置了多起药害事件及食品安全事件，并注重吸取经验和教训，建立了食品安全综合协调机制，加强跨部门协作与配合。专门成立了药品政策与基本药物制度司，加快制度建设，努力保证群众基本用药权益。

继续开展"降低孕产妇死亡率和消除新生儿破伤风项目"（"降消"项目），2008 年"降消"项目涵盖了 22 个省区和新疆生产建设兵团，覆盖全国 1200 个县的4.2 亿人口。实施中西部地区农村住院分娩补助政策，提高中西部地区农村住院分娩率、促进母婴安全工作取得重要进展。2008 年全国城乡孕妇产前检查率分别达到98% 和 94%，产妇住院分娩率从 2003 年的 68% 提高到 2008 年的 88%。城乡儿童计划免疫建卡率从 2003 年的 89% 提高到 2008 年的 98%。

五、进一步加强医院管理工作

按照"巩固成果、强化管理、持续改进、不断创新、提高水平"的总体原则，落实"以病人为中心"的服务理念，促进医疗质量管理和医德医风建设。各级各类医院突出质量、安全、服务、费用控制 4 个重点，通过采取一系列措施，努力提高医疗服务质量，改进服务流程，保证医疗安全，加强医患沟通，规范财务管理，杜绝违规收费，改善行业作风。并通过加强医疗机构内涵建设，全面推行医院院务公开工作，维护和创建良好的医疗机构工作秩序和患者就医环境，逐步建立和完善医院管理长效机制和医德医风考评机制。继续深入推进平安医院创建工作，制定考核办法和考核标准，探索建立创建平安医院长效机制。

（据卫生部材料）

人口和计划生育领域体制改革

2008 年，温家宝总理、李克强副总理等中央领导同志多次就人口和计划生育工作作出重要指示。人口计生部门认真贯彻落实党的十七大、《中共中央国务院关于全面加强人口和计划生育工作统筹解决人口问题的决定》（中发〔2006〕22 号）精神和中央领导同志重要指示精神，改革创新，开拓进取，各项改革工作取得重要进展。

一、稳步推进人口和计划生育行政管理体制改革

在新一轮国务院机构改革中，国家人口计生委职能和机构得到拓展和加强，增设了流动人口服务管理司。国务院完善了人口计生委兼职委员制度，对兼职委员成员和职责作了补充和调整，强化了统筹解决人口问题和人口宏观管理的职能。我委与重庆市合作共建统筹解决人口问题试验区。各地坚持党政一把手亲自抓、负总责，按照统筹解决人口问题的要求，坚持和完善目标管理责任制，坚决落实"一票否决"制度。各地积极探索统筹解决人口问题的体制机制，无锡市探索建立"大人口"服务管理体制，赋予人口计生部门人口宏观管理、信息综合、研究与规划职能，牵头统筹各部门搭建人口信息综合管理服务的公共平台，整合社区资源，推行"一站式"管理服务，对人口信息进行统一采集和综合服务。人口和计划生育优质服务先进单位评估指标体系进一步完善，人口和计划生育目标管理责任制改革、中央补助地方事业经费投入机制改革取得阶段性成果。

二、积极推进人口和计划生育依法行政体制机制建设

指导地方修订完善人口与计划生育条例，积极推动地方立法取消再生育间隔，2008 年四个省（区）取消了生育间隔，累计已有 11 个省（区、市）取消生育间隔。指导各地准确界定社会抚养费征收对象和征收标准，完善再婚和地震灾区等特殊人群生育政策。开展《中华人民共和国人口与计划生育法》实施情况的调查，重点对计划生育宣传教育制度、人口计划管理制度、社会抚养费征收管理制度、计划生育经费投入与保障制度、人口与计划生育目标管理制度、基本项目计划生育技术服务

免费制度的执行情况进行了评估。出台了《人口与计划生育重大案件预防与责任追究规定》，注重从源头上预防重大案件的发生。积极稳妥推进城镇违法生育专项治理，将城镇居民违法生育信息纳入个人征信系统。

三、进一步完善人口和计划生育利益导向政策体系

农村计划生育家庭奖励扶助、"少生快富"工程和特别扶助"三项制度"全面实施。2008年，中央共投入资金8.53亿元，直接惠及200多万人。各地不同程度地对"三项制度"进行"提标扩面"。努力兑现独生子女父母奖励费。计划生育保险试点、农村计划生育家庭养老保险试点顺利推进。积极推动计划生育政策与相关社会经济政策的有效衔接，明确在全国新型农村社会养老保险试点工作中，对独生子女户和双女户在参保补贴上实行倾斜。实施南疆农村计划生育特殊奖励政策。根据中央的统一部署，制定和实施支持青海藏区、宁夏、新疆人口计生工作的政策措施。

四、大力加强流动人口计划生育管理服务制度建设

协助国务院法制办做好《流动人口计划生育工作管理办法》的修订工作。协助全国政协人资环委开展"流动人口计划生育服务管理体制创新研究"专题调研。研究制定全国基本统一的流动人口计划生育服务管理工作规范。加强对重点区域的工作指导和联系，积极探索不同类型的区域协作模式。指导各地根据实际情况，通过签订流动人口计划生育服务管理的区域协作协议、建立信息通报和区域联席会议制度等形式，加强和推进两地或多地的区域合作，形成合作共赢的长效协作机制。引导和推动在流动人口集中的社区、企业、集贸市场成立计划生育协会，促进流动人口计划生育协会健康发展。跨省区流动人口信息交换"点对点"模式和部门间人口信息共享机制不断完善。

五、加快推进人口和计划生育统计和信息化制度建设

2008年，出台了《加快推进人口和计划生育信息化建设的指导意见》（国人口发〔2008〕68号）、《全员人口个案管理信息系统基础数据结构与分类代码（试行）》（人口厅发〔2008〕59号），推进全员人口信息管理。在河北等16省（区、市）部署开展人口和计划生育信息化试点工作。出台了《人口和计划生育统计监测工作实施方案》，建立人口和计划生育信息快速收集、综合分析和安全预警预报机

制，初步形成了常规监测和快速调查组成的人口监测体系框架。区域规划代码应用管理工作深入开展，与民政、公安部门间人口信息共享稳步推进。在关爱女孩行动综合治理出生人口性别比偏高问题中，配合相关部门积极推广海南出生实名登记制度。

六、深化人口和计划生育队伍人事制度和廉政制度建设

建立、健全和完善干部人事工作制度，改进计划生育专业中级职称考试，推进事业单位改革。研究制定《"十一五"和2020年人口和计划生育队伍职业化建设中长期规划》。积极开展人口和计划生育职业化试点工作，确定27个省（区、市）的98个单位作为第一批国家级队伍职业化试点单位。向社会发布了《生殖健康咨询师职业标准》。稳步推进惩治和预防腐败体系建设，建立健全实名举报奖励制度，启动"阳光计生"行动，国家和27个省（区、市）开通"12356"服务热线。

七、深入推进人口发展功能区体制机制和政策研究

在2006、2007年生态屏障、功能区划与人口发展课题研究成果的基础上，围绕科学发展观的体制机制建设，2008年我委配合主体功能区规划的编制，下发了《关于开展人口发展功能区工作的指导意见》（国人口发〔2008〕20号），推动各省（区、市）开展省级人口发展功能区及其配套政策的研究，重点指导长三角、京津冀、中原城市群等区域开展政策研究工作。目前，全国30个省以及长三角、京津冀、中原城市群等重点区域取得阶段性成果。

（据国家人口和计划生育委员会材料）

金融体制改革

一、金融企业改革成效显著

（一）已改制大型国有银行改革不断深化。工商银行、中国银行、建设银行和交通银行4家已改制银行进一步完善公司治理，大力推动业务转型，稳步推进内部改革，管理水平、盈利能力和经营绩效持续提升。截至2008年9月末，工商银行、

中国银行、建设银行和交通银行的资本充足率分别为 12.6%、13.9%、12.1% 和 13.8%，不良贷款率分别为 2.4%、2.6%、2.2% 和 1.8%，税前利润分别为 1206 亿元、803 亿元、1087 亿元和 296 亿元。

（二）农业银行股份制改革正式启动。2008 年人民银行会同有关部门抓紧研究论证农业银行改革方案，稳步推进各项改革工作。2008 年 10 月 21 日，国务院召开第 32 次常务会议审议并原则通过了《农业银行股份制改革实施总体方案》。2008 年 10 月 29 日，中投公司通过汇金公司向农业银行注资 1300 亿元人民币等值美元，与财政部各持有农业银行 50% 的股份。农业银行相继完成了资产评估、土地确权和不良资产剥离等工作；同时，不断扩大县域事业部制改革试点，增加对"三农"的信贷支持。2009 年 1 月 9 日，召开了农业银行股份公司创立大会，"三会一层"的公司治理架构初步设立。2009 年 1 月 16 日，农业银行股份公司正式挂牌成立。

（三）政策性银行改革平稳推进。开发银行已经由政策性银行改造成股份制商业银行。2008 年 2 月和 4 月，开发银行改革总体方案和具体实施方案获得批准，商业化改革稳步推进。明确了财务重组中有关外汇资本金汇兑损失的处理、共管基金、风险准备等问题；明确了国有股权管理方案，财政部和汇金公司作为发起人分别占 51.3% 和 48.7% 的股份。2008 年 12 月 1 日，召开了国家开发银行股份有限公司创立大会，按照公司法程序要求，产生了新一届董事会、监事会、高管等。2008 年 12 月 16 日，国家开发银行股份有限公司正式挂牌成立，注册资本 3000 亿元。此外，进出口银行和农业发展银行也不断深化内部改革，加强风险管理和内控机制建设，稳步开展新业务，为全面改革创造条件。目前，人民银行正在会同有关部门研究进出口银行和农业发展银行的改革发展问题。

（四）资产管理公司改革工作稳步推进。财政部牵头有关部门成立了金融资产管理公司改革发展工作小组，人民银行作为小组成员之一，积极配合财政部研究、推进资产管理公司改革工作。

二、金融调控体系不断健全

（一）利率市场化改革继续深化。一是不断完善和加强中央银行利率调控。2008 年，5 次下调金融机构人民币贷款基准利率，4 次下调人民币存款基准利率，2 次下调人民银行对金融机构的存贷款利率。其中，金融机构一年期贷款利率由 7.47% 下调至 5.31%，累计下调 2.16 个百分点；一年期存款利率由 4.14% 下调至 2.25%，累计下调 1.89 个百分点。

二是扩大商业性个人住房贷款利率下浮幅度。2008 年 10 月 27 日起，将金融机构商业性个人住房贷款利率的下限扩大为贷款基准利率的 0.7 倍；最低首付款比例调整为 20%。这既体现了保障民生的宗旨，也是稳步推进利率市场化的有益尝试。

三是继续培育上海银行间同业拆放利率（shibor）。借鉴国外先进经验，完善 Shibor 报价体系。鼓励金融机构创新以 Shibor 为基准的金融产品。鼓励各报价行扩大拆借授信，推动 Shibor 与商业银行内部转移定价的结合。

（二）人民币汇率形成机制不断完善。一是继续完善以市场供求为基础、参考一篮子货币进行调节、有管理的浮动汇率制度。市场供求在人民币汇率形成中的基础性作用进一步发挥，与国际主要货币汇率之间联动关系明显。2008 年底，人民币对美元、欧元、日元汇率较上年末分别升值 6.88%、升值 10.43% 和贬值 15.32%。2005 年汇率形成机制改革以来至 2008 年末，人民币对美元、欧元、日元累计分别升值 21.10%、升值 3.68% 和贬值 3.42%。

二是人民币汇率弹性不断增强。2008 年，人民币汇率有贬有升，双向浮动，弹性继续增强。2008 年共有 246 个交易日，其中 130 个交易日升值，2 个交易日持平，114 个交易日贬值。人民币汇率单日最大升值幅度为 0.37%（225 个基点），单日最大贬值幅度为 0.23%（162 个基点）。

三是促进外汇市场发展。继续推动多层次外汇市场体系建设，强化外汇市场的价格发现功能。增加银行间人民币外汇货币掉期市场成员，丰富人民币衍生品市场交易主体。2008 年末，银行间即期外汇市场会员 264 家，外汇远期市场会员 70 家，外汇掉期市场会员 67 家。2008 年外汇远期和掉期成交量共 4563 亿美元，比 2007 年增长 35%。

四是加快外汇管理体制改革，促进国际收支基本平衡。施行修订后的《中华人民共和国外汇管理条例》。完善贸易收汇结汇管理，改进外商投资企业外汇管理，改进外债管理，合理调控金融机构短期外债规模，建立并运行直接投资外汇管理信息系统和贸易信贷登记管理系统，提高跨境资本流动的统计监测和管理水平。进一步完善合格境外机构投资者（QFII）制度和合格境内机构投资者（QDII）制度。截至 2008 年 12 月末，批准 QFII 境内证券投资额度 134.05 亿美元，批准 QDII 境外证券投资额度 559.51 亿美元。

（三）信贷政策调控作用强化。一是加强信贷政策指导，促进结构调整和产业升级。会同有关部门制订出台支持服务业、奶业健康发展的意见，研究促进轻工纺织、旅游、有色金属、汽车、石化等产业健康发展的金融措施。

二是改善对中小企业、非公经济的金融服务。参与制订创业投资企业债权融资管理规定和创业投资引导基金指导意见，为中小企业发展创造良好的制度环境。积极配合发展改革委做好产业投资基金、中小企业信用担保体系建设等工作。

三是改进和完善小额担保贷款政策，加大对就业再就业的金融支持力度。印发了《中国人民银行 财政部 人力资源和社会保障部关于进一步改进小额担保贷款管理积极推动创业促就业的通知》（银发〔2008〕238号）。积极配合国务院就业工作部际联席会议办公室做好促进就业工作。

三、金融市场不断完善

（一）金融产品创新加快，金融市场产品和风险管理工具增加。一是企业直接融资工具创新力度加大。支持和推动中国银行间市场交易商协会推出了中期票据。二是完善企业短期融资券管理机制，将企业短期融资券移交中国银行间市场交易商协会实行注册管理，并创新推出中小企业短期融资券，缓解中小企业融资难。三是稳步推动金融衍生工具创新，全面开展人民币利率互换业务。四是积极推进信贷资产证券化试点工作。批准中信银行、招商银行以及浙商银行中小企业资产支持证券的发行方案。

2008年，共有181家企业发行短期融资券4296.9亿元，24家企业发行中期票据1672亿元，12家金融机构发行非政策性金融债券974亿元，资产支持证券302亿元，利率互换业务成交名义本金4121.5亿元。

（二）加强市场制度建设和基础建设。加强市场制度建设方面，研究起草《银行间债券市场债券登记托管结算管理办法》、《场外金融衍生产品管理办法》、《银行间债券市场金融债券发行管理操作规程》，会同相关部门讨论修改《国际开发机构人民币债券发行管理暂行办法》，推动《黄金市场交易管理条例》立法工作，协调推进《中国银行间市场金融衍生产品交易主协议》与《全国银行间外汇市场人民币外汇衍生产品主协议》合并工作。

加强市场基础建设方面，对银行间债券市场成员DVP（券款对付）结算进行了全面规范。将保险机构产品引入银行间债券市场，扩大机构投资人队伍。督促指导中国银行间市场交易商协会发布《做市商工作指引》，推动其开发专门的做市商考核与评价系统，以进一步完善激励考核机制。

（三）深化金融市场对外开放。一是进一步推动境内金融机构赴香港发行人民币债券。2008年，经国务院同意，批准5家银行赴香港发行150亿元人民币债券。截至2008年末，中国银行、建设银行、交通银行、进出口银行已发行债券120亿元。二是推动黄金市场对外开放，批准上海黄金交易所引入外资银行在华营业性机构为会员。至2008年末，上海黄金交易所已吸纳汇丰银行（中国）有限公司、渣打银行（中国）有限公司、加拿大丰业银行广州分行和澳新银行集团有限公司上海分行为外资银行会员。三是做好QFII和QDII协调工作，对完善QDII监管制度提出了具体的政策建议。

四、金融稳定工作不断加强

2008 年以来，面对新的国际国内经济金融形势，人民银行根据国务院关于对存款保险制度方案进行适当调整的精神，结合国情进一步完善我国存款保险制度实施方案，于 2008 年 11 月会同银监会向国务院上报了《中国人民银行 中国银行业监督管理委员会关于我国存款保险制度实施方案的请示》（银发〔2008〕324 号）。

金融监管协调机制不断健全。根据 2008 年国务院办公厅下发的人民银行"三定"方案要求，在国务院领导下，人民银行会同银监会、证监会和保监会建立金融监管协调机制，以部际联席会议制度形式，加强货币政策与监管政策之间以及监管政策、法规之间的协调，建立金融信息共享制度。2008 年 9 月，根据王岐山副总理主持召开的有关信息披露和信息共享的旬会精神，人民银行牵头制订了《中国人民银行 银监会 证监会 保监会信息共享暂行办法》，已报经国务院领导同意。协调推进有关信托、证券机构等风险处置的收尾工作，配合监管部门做好高风险金融机构风险处置的后续工作。

金融控股公司和交叉性金融业务的监管不断完善。2008 年，人民银行继续开展金融控股公司和交叉性金融业务的风险监测和评估工作，按照"三定"方案的要求，着手研究金融控股公司监管规则和理财产品管理办法。

五、农村金融改革和创新取得进展

农村金融改革成效显著。2003 年 6 月，国务院启动深化农村信用社改革试点工作，由人民银行负责农村信用社改革资金支持政策的实施。截至 2008 年末，人民银行会同银监会采取发行专项票据和发放专项借款两种方式，共计对全国农村信用社安排资金支持 1705 亿元。截至 2008 年 4 季度，共对全国 2405 个县（市）发行专项票据 1690 亿元，对 2176 个县（市）兑付专项票据 1530 亿元；对陕西、新疆、黑龙江等省（区）发放专项借款 15 亿元。

"花钱买机制"的政策效果逐步显现，农村信用社资产质量明显改善，盈利能力显著增强。按贷款四级分类口径统计，2008 年末，全国农村信用社不良贷款余额和比例分别为 2965 亿元和 7.9%，比改革之初分别下降 2182 亿元和 28.9 个百分点。自 2004 年实现近十年来的首次盈利后，盈利水平逐年提高，2008 年实现盈利 545 亿元，同比多增 92 亿元。资金实力显著增强，支农服务力度进一步加大。2008 年末，农村信用社的各项贷款 3.7 万亿元，贷款所占金融机构贷款总额的比例由改革之初的 10.6% 提高到 12.3%，提高了 1.7 个百分点；农业贷款余额 1.7 万亿元，占其各项贷款的比例由改革之初的40%提高到46%，提高了6个百分点；占全国金融机构农业贷款的比例由改革之初的81%提高到96%，提高了15个百分点。产权制度改革进展顺利。截至2008年末，全国共组建农村商业银行22家，农村合作银行163家，组建以县（市）为单位的统一法人机构1966家。

农村金融组织、机制、产品和服务方式创新得到加强。一是积极推动农村金融组织创新，加强小额贷款公司试点工作制度建设。会同银监会制定出台了《中国人民银行中国银行业监督管理委员会关于村镇银行、贷款公司、农村资金互助社、小额贷款公司有关政策的通知》（银发〔2008〕137号），明确了村镇银行、贷款公司、农村资金互助社和小额贷款公司等四类机构在存贷款利率管理、存款准备金管理、支付清算管理等8个方面的金融政策。配合银监会制定出台《中国银行业监督管理委员会中国人民银行关于小额贷款公司试点的指导意见》（银监发〔2008〕23号），进一步明确了小额贷款公司试点工作的政策原则和制度框架，并将小额贷款公司试点扩大到全国范围。截至2008年末，全国已有105家新型农村金融机构获准开业，其中，村镇银行89家，贷款公司6家，农村资金互助社10家。二是推动农村金融支持的机制创新，推动农村扶贫工作。积极配合国务院扶贫办全面推动扶贫贴息贷款管理体制改革的有关工作。三是积极推进农村金融产品和服务方式创新工作，及时下发了《中国人民银行中国银行业监督管理委员会关于加快推进农村金融产品和服务方式创新的意见》（银发〔2008〕295号）。研究推动农村金融改革发展工作方案、农村劳动力转移、订单农业、龙头企业＋农户的信贷模式等工作。

六、反洗钱工作协调机制发挥重要作用

反洗钱立法加强。人民银行与最高人民法院、最高人民检察院、公安部、司法部、国务院法制办等反洗钱工作部际联席会议成员单位积极配合，就扩展洗钱犯罪主体范围、增加洗钱犯罪的行为方式等完善洗钱犯罪规定的立法建议进行了多次沟通，完成了上报全国人大法工委的立法建议，以及提交司法机关的司法解释建议。

反洗钱国际合作深化。人民银行与银监会、证监会，保监会等部门积极研究、部署金融机构反洗钱监管工作，提高了反洗钱监管水平和效果，基本达到了反洗钱国际标准的要求。

洗钱案件查办工作取得了较好成绩。目前，大额和可疑交易报告制度已覆盖整个金融业，反洗钱监测分析水平不断提高，2008年全年对外主动移送可疑交易线索752份，协助有关机关办案899起。人民银行分支机构共对5504家金融机构进行了反洗钱现场检查，并对其中304家违反反洗钱规定的金融机构进行了处罚。打击洗钱犯罪和地下钱庄专项行动成效显著，全年有关部门共判决洗钱犯罪案件10起，破

获地下钱庄案件 45 起，涉案金额人民币 1000 多亿元。

七、社会信用体系建设继续加强

为做好《征信管理条例》的制订工作，2008 年，人民银行与国务院法制办先后多次组织调研、召集相关专家研讨，对《征信管理条例（草案）》涉及的主要问题进行专题研究论证。目前《征信管理条例（草案）》已经行长专题会议讨论通过，拟于近期征求有关部门和地方政府意见，争取尽快上报国务院法制办。

根据国务院社会信用体系建设部际联席会议部署和 2008 年国务院办公厅印发的人民银行"三定"方案，由人民银行牵头推进社会信用体系建设，建立金融业统一征信平台。2008 年，金融业统一征信平台建设工作领导小组成立，并在人民银行设立领导小组办公室。依照工作计划，领导小组办公室组织了 30 多场调研会议，广泛征求相关部门意见，形成了《金融业统一征信平台建设规划》，拟于近期经领导小组讨论通过后上报国务院。

八、金融法制建设稳步推进

起草或修订《中华人民共和国票据法》、《中华人民共和国刑法》等法律和外汇管理、债券市场管理、支付系统管理、住房贷款管理、黄金市场管理、征信管理、银行卡、存款保险、银行业金融机构破产和放贷人条例等行政法规。全面推进依法行政，规范执法行为，依法处理了一批行政复议案件和行政诉讼案件。

（据中国人民银行材料）

国有资产管理体制改革和国有企业改革

按照《国务院办公厅转发发展改革委关于 2008 年深化经济体制改革工作意见的通知》（国办发〔2008〕103 号）的要求，2008 年我委大力推进相关工作。

一、稳妥推进中央企业股份制改革上市

为贯彻落实党的十七大提出的"深化国有企业公司制股份制改革"的精神，

2008 年，我委继续大力推动中央企业股份制改革工作，促进具备条件的中央企业及所属公司境内外上市。

截至 2008 年 12 月 31 日，完成主营业务整体重组改制并上市的中央企业 2 家，H 股回归 A 股的企业 1 家，定向增发的企业 2 家，合计筹集资金总额约 878.29 亿元。目前，正在办理整体重组改制上市的中央企业 13 家。

二、完善和深化中央企业建立规范董事会试点工作

一是外部董事制度进一步完善。目前，外部董事在董事会试点企业董事会中均占多数；董事会设立的薪酬考核、审计等委员会，全部或主要由外部董事组成并由外部董事担任主任（主席）；积极进行外部董事担任董事长的探索；进一步规范为外部董事提供信息的有关制度和措施，积极解决外部董事获取信息不对称问题，使外部董事更好履职。

二是董事会试点企业董事会运作更加规范有效。健全董事会的组织机构和运作体制，使外部董事能够独立、客观地发表意见；董事会逐步建立健全授权决策制度，把一般性决策事项授权常务委员会、董事长、总经理行使；董事会试点企业积极建立健全子企业的公司治理结构；初步形成了董事全方位沟通机制，董事与国资委之间、董事与经理层之间以及董事之间的交流沟通更加顺畅。

三是国资委与董事会试点企业董事会的关系进一步规范。逐步落实董事会试点企业董事会的职权；不断健全董事会试点企业董事会向国资委报告的工作制度；国资委加强与试点企业董事会的沟通；试点的相关政策措施逐步完善，在已有规章制度的基础上，印发了《关于董事会试点中央企业董事会选聘高级管理人员工作的指导意见》、《董事会试点中央企业董事会、董事评价办法（试行）》等文件。

四是董事队伍建设取得新进展。董事队伍进一步壮大，17 家董事会试点企业的董事共 132 人；坚持对董事进行培训，不断提高董事履职能力；扩大外部董事选聘来源和途径，初步建立起外部董事人才库。

五是监事会与试点企业董事会的关系进一步理顺。监事会加强了对董事履职、取薪等情况的监督检查，对董事会的工作进行评价；试点企业董事会重视监事会的意见，对监事会提出的问题，专题研究，专人负责，及时整改。

六是将董事会试点与发挥企业党组织政治核心作用、加强职工民主管理相结合。认真贯彻落实中央关于"双向进入、交叉任职"的精神；企业党组织改进方式，支持由董事会依法对企业重大问题进行最终决策；坚持党管干部原则和董事会、总经理依法行使用人权相结合；推动职工董事制度发展。

从 2008 年董事会试点的工作进展情况看，董事会试点进一步深化，取得了明显

部门篇

的成效：试点企业已初步建立起科学决策的体制；企业管理水平进一步提高，尤其是在战略管理、风险管理、财务与预算管理等方面效果显著；企业公司制股份制改革进一步深化，3 家试点企业已实现整体上市，另有 6 家试点企业已经或准备整体上市或大部分资产上市。

三、大力推进国有资本调整和国有企业重组工作

推进国有资本调整和国有企业重组，完善国有资本有进有退、合理流动的机制，加快国有经济布局和结构战略性调整，是党中央、国务院关于深化国有企业改革的重大方针。2008 年我委继续加快推进中央企业重组。

一是深化电信体制改革，实施电信企业重组。重组涉及中国电信集团公司、中国网络通信集团公司、中国联合通信集团公司、中国移动通信集团公司、中国卫星通信集团公司和中国铁通集团有限公司等 6 大电信基础运营企业。通过电信企业和网络资源的重组调整，形成三家拥有全国性网络资源、实力与规模相对接近、具有全业务经营能力和较强竞争力的市场竞争主体。目前，重组工作已取得重大进展。

二是重点行业企业布局结构调整和联合重组取得新进展。经国务院批准，中国航空工业第一集团公司、中国航空工业第二集团公司重组组建中国航空工业集团公司。根据《国务院关于组建中国航空工业集团公司有关问题的批复》（国函〔2008〕95 号）精神，制订了《中国航空工业集团公司章程》。此外，中国长江三峡开发总公司与中国水利投资集团、中国通用技术（集团）控股有限责任公司与中国轻工业品进出口总公司等十几家公司实现了重组。

为将国有资本更多地投向关系国家安全和国民经济命脉的重要行业和关键领域，我委启动了中央企业重组和资源整合研究工作，提出到 2010 年中央企业重组为80—100 家具有国际竞争力的大公司大企业集团的名单，并对钢铁、电力等行业的中央企业重组进行了研究，提出了重组方案。

三是进一步深化资产经营公司试点工作。为探索市场化、专业化方式推进结构调整和整合，指导中国诚通公司继续做好前期接收的普天集团 8 家困难企业、寰岛集团、中唱公司等企业整合工作的同时，经国务院批准，将资不抵债的中国国际企业合作公司并入中国诚通公司。同时，通过资本经营预算资金解决资产经营公司试点中困难企业处置的改革成本支付问题，进一步深化资产经营公司试点工作。

截至 2008 年 12 月 31 日，由国资委履行出资人职责的企业数量由 2003 年的 196家减少到 142 家，其中，通过划入和新成立的方式增加了 4 家，通过划出和注销的方式减少了 2 家，通过重组的方式减少了 56 家。

四、规范国有企业改制和国有产权转让行为

针对电力企业职工投资中存在的职工投资行为不规范、电力交易不公平、成本分摊不合理，造成国有企业利润转移、国有资产流失等问题，在大量调查研究的基础上，我委起草了《关于规范电力系统职工投资发电企业的意见》（以下简称《意见》）。经国务院批准，国资委会同发展改革委、财政部和电监会联合印发了《意见》。为防止电网企业职工因持有发电企业股权所可能产生的不正当关联交易，造成不公平竞争，按照尊重历史、实事求是、区别对待、分类指导的原则，《意见》规定了地（市）级电网企业领导班子成员和省级以上电网企业的中层以上管理人员及电力调度人员、财务人员，所持发电企业的股权要限期清退或转让。除此之外，《意见》对电网企业其他职工投资发电企业以及发电企业职工投资发电企业行为也进行了规范，提出了要求。

在此基础上，我委经广泛调研和充分征求意见，印发了《关于规范国有企业职工持股、投资的意见》（国资发改革〔2008〕139号）和《关于贯彻落实〈关于规范电力系统职工投资发电企业的意见〉有关问题的通知》（国资厅改革〔2008〕323号），进一步明确各有关电力企业是《意见》执行的责任主体，并要求在规定期限内完成有关职工股份的清退或转让工作，为规范推进国有企业改制发挥了十分重要的作用。

从目前情况来看，各有关电力企业职工所持股份清退工作有序开展，没有引发不稳定问题。

五、开展中央企业编报《2008年全面风险管理报告》试点工作

为便于我委及时了解中央企业面临的重大风险及其对策，更好地履行出资人职责，2008年1月，印发了《关于开展编报〈2008年中央企业全面风险管理报告〉试点工作有关事项的通知》（国资厅发改革〔2008〕5号），选择17家董事会试点企业和12家主业在纽约上市的中央企业进行《企业风险管理报告》编报试点工作。

（据国务院国资委材料）

海关领域体制改革

一、口岸管理体制改革稳步推进，口岸管理职能作用进一步发挥

一是充分发挥口岸工作联络协调机制作用，组织召开了第 11 次口岸工作联络协调机制成员单位会议，加大对地方口岸工作指导、协调力度。二是推进口岸大通关建设和口岸区域合作交流，基本完成全国地方口岸管理部门办公网络第二期工程建设；在第三届中博会期间成功举办"沿海部分省市与中部六省大通关合作论坛"，有力地促进了区域口岸合作与交流。三是加强口岸法制建设，启动《口岸管理条例》立法工作，基本摸清了全国口岸系统的立法需求。四是深化口岸事务国际合作，组织参加了中哈口岸海关合作分委会第 4 次会议和中俄运输合作分委会口岸工作组第 11 次会议，积极参与和推动中哈口岸和海关合作分委会和中俄口岸工作组机制项下具体工作的开展；指导协调中哈边境地方政府口岸联络小组中方的工作；参与大湄公河次区域（GMS）运输便利化合作并提出建设性意见和建议。

二、深化通关作业制度改革，着力推动贸易便利化进程

一是整合通关便利措施。重新修订和发布实施了《中华人民共和国海关企业分类管理办法》，制订了《企业分类管理措施目录》，明确了高类别企业的贸易便利措施，大力倡导守法便利理念。二是物流信息监控系统建设稳步推进。研究制定了《中华人民共和国进出境运输工具舱单管理办法》，并将于 2009 年 1 月 1 日实施；进一步完善了跨境快速通关系统与转关运输监管系统的功能。三是规范对进出境快件的管理。修订《中华人民共和国海关对进出境快件监管办法》，进一步完善快件企业、监管场所备案审批机制，完善快件监管流程。四是总结完善进出境旅客申报制度改革。简化和规范进出境旅客申报手续，自 2008 年 2 月 1 日起在全国各对外开放口岸实行了新的进出境旅客申报制度，并于 6 月 1 日起施行了《中华人民共和国海关进出境航空旅客舱单电子数据传输暂行规定》，方便旅客进出境。五是区域通关改革进一步深化。区域审单中心改革在广东省内海关启动，实现了第一阶段的预期目的。六是通关无纸化改革试点稳步推进，改革试点范围已扩大至上海所有海、空

运出口业务现场，改革成效初步显现，有效提高了口岸通关效率，降低了企业成本。

三、加强电子口岸建设，充分发挥中国电子口岸平台服务国家经济、促进外贸发展的基础性作用

一是加强政策指导和沟通协调，制定下发《2008年国家电子口岸委工作要点》，参加亚太、东盟国际"单一窗口"建设论坛和会议，加强"单一窗口"课题研究，提出进一步推进电子口岸建设的政策建议。二是积极应对国内外经济形势变化，开发了"出口收结汇报关单联网核查系统"，完善了"进口报关单联网核查系统"、"进口增值税联网核查系统"，全面实施海关与质检部门"通关单联网核查系统"，进一步推动海关与税务、外汇等部门建立出口退税、进出口收付汇等业务处理信息联网共享机制。三是切实推进地方电子口岸建设。实现上海、浙江电子口岸互联互通，共享异地通关状态信息；支持辽宁、大连两个地方电子口岸平台整合发展，提高服务效能；加强地方电子口岸经验交流，丰富中西部地区电子口岸建设内容。

四、加强海关特殊监管区域整合发展，扎实推进"政策叠加、功能整合"工作

一是基本完成了《国务院关于海关特殊监管区域整合发展的意见》的起草工作，并已送相关部委征求意见。二是稳步推进符合条件的海关特殊监管区域整合发展。截至2008年底，全国共批准设立了12个保税港区和5个综合保税区（其中2008年新设8个保税港区、3个综合保税区），同时整合了2个保税区、4个保税物流园区、5个出口加工区和6个保税物流中心（含已建成运作和在建项目），使我国海关特殊监管区域的总量有所减少。三是在区域整合的框架下开展保税物流中心扩大试点工作。2008年5月21日—23日，我署联合财政部、税务总局和外汇局对正在运作的3家保税物流中心的试点情况进行了调研和总结。经国务院批准同意，联合财政部、税务总局、外汇局等部门完成了保税物流中心扩大试点审批工作。四是启动"保税加工监管作业流程再造"系统工程，应用"保税核查作业计算机管理程序"，加强以实地实货核查为主要内容的有效监管。

（据海关总署材料）

税收制度改革

一、流转税制改革

（一）增值税改革。

一是制定了增值税转型在全国实施的改革方案，国务院常务会议批准自 2009 年 1 月 1 日起实施。

二是开展了修订《中华人民共和国增值税暂行条例》及实施细则的工作。修订后的《中华人民共和国增值税暂行条例》于 2008 年 11 月 10 日向全社会公布。实施细则于 2008 年底向全社会公布。

（二）消费税改革。

一是严格减免税制度，强化消费税调节功能。取消了对石脑油、溶剂油、润滑油、燃料油等成品油减按应纳税额 30% 征收消费税的优惠政策，一律改按全额征税。

二是开展了修订《中华人民共和国消费税暂行条例》及实施细则的工作。修订后的《中华人民共和国消费税暂行条例》于 2008 年 11 月 10 日向全社会公布。实施细则于 2008 年底向全社会公布。

（三）营业税改革。开展了修订《中华人民共和国营业税暂行条例》及实施细则的工作，并对营业税税制改革进行了研究。修订后的《中华人民共和国营业税暂行条例》于 2008 年 11 月 10 日向全社会公布。实施细则于 2008 年底向全社会公布。

二、所得税制改革

（一）企业所得税改革。配合新企业所得税法的实施，制定和颁布了包括高新技术企业认定管理办法、跨地区经营企业汇总纳税管理办法等一系列配套性文件，平稳推进了新旧税法的衔接过渡，积极促进新税法的顺利贯彻实施。

（二）个人所得税改革。

一是继续提高了工资薪金所得个人所得税费用扣除标准，从 2008 年 3 月 1 日起，由每月 1600 元提高至 2000 元。

二是调整了个体工商户、个人独资和合伙企业个人所得税税前扣除标准。比照新企业所得税法，对工资薪金、职工福利费、广告费等扣除项目进行了规范，促进了个人所得税法与企业所得税法之间政策的协调与公平。

三是暂免征收个人储蓄存款利息个人所得税。

三、地方税制改革

（一）房地产税制改革准备工作。在北京等 6 个地区进行房地产模拟评税试点工作的基础上，2008 年又将试点范围扩大到安徽、河南、福建、大连 4 个地区，并与财政部联合研究制定了房地产税改革试点的初步方案。

（二）环境税研究准备工作。联合财政部、环境保护部等相关部门组成环境税研究工作组（以下简称工作组），积极进行开征环境税的研究工作，形成了开征环境税的初步方案。

（三）资源税改革准备工作。联合国务院法制办、财政部等有关部门进一步研究完善资源税改革方案，积极开展了资源税暂行条例的修订工作。在此基础上，继续做好资源税税额调整工作，对硅藻土、珍珠岩等 6 种非金属矿产品调整了单位税额。

（四）耕地占用税改革。深入贯彻 2008 年 1 月 1 日起实施的新《耕地占用税暂行条例》，并会同财政部制定了实施细则，进一步加大了对耕地占用行为的调节和对耕地的保护力度。

四、适应宏观调控要求的重大税收政策调整

一是制定出台了促进廉租房、经济适用房建设以及住房租赁市场发展的税收政策。对廉租房、经济适用房开发建设、经营管理分别给予营业税、房产税、城镇土地使用税、印花税、契税、个人所得税等方面的税收优惠；对个人出租住房以及单位向个人出租住房，分别给予个人所得税、印花税、契税、城镇土地使用税和房产税等方面的优惠，对促进保障性住房的供给起到了积极的作用。

二是适时调整了进出口税收政策，缓解部分商品价格上涨和市场供求压力。在进口税收方面，实施了对进口成品油增值税先征后返的政策等；在出口税收方面，2008 年下半年以来，连续三次较大范围地调整出口退税政策，先后提高了纺织品、服装、玩具等劳动密集型产品以及机电产品和其他受金融危机影响较大产品的出口退税率，为稳定出口提供了有效的政策支持。

三是及时出台了抗击低温雨雪冰冻灾害和支持抗震救灾的相关税收政策措施。从增值税、企业所得税、个人所得税、房产税、契税、资源税、城镇土地使用税、车船税、进出口税收等方面对抗震救灾和灾后重建予以大力支持。

四是积极完善促进资源节约和新能源开发的税收政策。会同财政部、发改委、

商务部等部门制定了废旧物资回收经营行业增值税政策的调整方案；出台了核电企业增值税先征后退政策，对核能的利用与开发给予税收支持。

五是延长了文化体制改革税收优惠政策。在中宣部文化体制改革领导小组办公室的领导下，研究解决了文化体制改革税收政策到期后的延期问题。

六是研究制定了支持北京奥运会的相关税收政策措施。会同财政部积极研究北京奥运会、残奥会、"好运北京"等赛事的税收政策问题，制定了支持北京奥运会的相关税收政策措施。

（据税务总局材料）

工商行政管理领域体制改革

一、停止征收"两费"，工商行政管理职能转变取得新进展

停征"两费"，是工商行政管理系统休制改革、职能转变的重大事件，在党中央、国务院的关心，财政部、国家发改委的支持，各地党委、政府的重视下，经过全系统的共同努力，较好地完成了这项任务。2008 年 9 月以来，各地以停征"两费"为契机，积极推进职能转变，着力改革监管模式，取得了明显成效。总局认真总结推广了北京、上海、四川等省市工商局停征"两费"后更新观念、转变职能、创新机制的做法和经验；及时在行政学院举办全系统工商所长示范培训班，专题研讨落实新"三定"、应对停征"两费"后基层执法监管、服务发展面临的新情况，交流工作经验，研究落实措施，收到了良好效果。黑龙江省工商局认真推进停征"两费"后整合工商所执法力量、创新工商所执法机制等工作。长春市工商局针对停征"两费"后的新形势调整了专业分局职能。安徽、吉林、辽宁、云南、内蒙古等省区工商局组织开展了停征"两费"后推进职能到位的学习讨论活动。

二、监管制度改革稳步推进，促进了监管服务效能的提高

企业信用分类监管联网应用进一步深化，联网应用能力逐步提高，总局已汇总市场主体信息 940 多万户、一人有限公司 37.6 万户；12315 行政执法体系建设稳步推进，13 个省实现了省内四级网络联通；市场商品质量准入退出制度覆盖面进一步扩大，流通领域商品质量监管水平明显提高；食品进销货台账制度和监测制度广泛

应用，食品安全长效监管机制日益健全；个体工商户分层分类登记管理改革取得新成效，登记管辖、受理审查、经营备案等制度进一步完善；商品交易市场信用分类监管指标体系相继出台，商品交易市场信用分类监管扎实推进。

三、积极应对国际金融危机，服务经济社会发展取得良好效果

　　总局及时下发政策文件，确保党中央、国务院有关扩大内需、促进经济增长的决策部署落实到位；积极贯彻国家知识产权战略，抓紧制定推进商标战略实施的意见。各地工商行政管理机关结合当地实际，积极采取有力措施，努力服务经济平稳较快发展，取得良好效果。

　　一是促进各类市场主体保持良好发展势头。各地认真落实总局的部署，开辟登记服务"绿色通道"，服务重大投资项目办理登记事宜；开展股权出资登记，帮助中小企业解决融资难问题，两个月来担保债权总额累计500多亿元；改进外资企业登记管理，引导外商直接投资；对于生产经营暂时出现困难的个体工商户、私营企业，减免年检费用。宁波、武汉、西安等地充分利用市场主体登记数据和市场监管信息为政府决策服务，北京、天津、广东定期向政府报告外资企业发展状况，四川深化了省、市、县三级工商局联系民营企业的服务机制，重庆优化了网上办事平台、提升网站公共服务功能，河南制定了20条优惠政策促进现代服务业发展，贵州实施约时定点登记服务，福建会同金融主管部门制定发布了商标专用权质押贷款工作指导意见，广西深入推进行政审批制度改革，将一些审批项目授权企业注册分局办理，陕西出台了服务经济发展的30条政策。这些工作举措，有力地促进了各类市场主体的发展。截至2008年12月31日，全国实有内资企业927.96万户，注册资本（金）34.58万亿元，其中私营企业657.42万户，注册资本（金）11.74万亿元；外商投资企业43.49万户，注册资本（金）8.9万亿美元；个体工商户2917.33万户，资金数额0.9万亿元。

　　二是服务社会主义新农村建设取得新成绩。各地认真贯彻落实党的十七届三中全会精神，深入开展红盾护农、经纪活农、合同帮农、商标富农等工作，促进农业增效、农民增收。全系统共查处违法经营农资案件4.01万件，为农民挽回经济损失9936.06万元；登记农民专业合作社11.09万户。我国已注册的涉农商标达50多万件，已注册和初步审定的地理标志达445件。

　　三是促进区域经济协调发展深入推进。各地工商行政管理部门积极参与举办了中国中部投资贸易博览会、中国国际中小企业博览会、青海投资贸易洽谈会等经贸活动。积极支持上海浦东新区、广西北部湾经济区、天津滨海新区等地建设。长三

角、泛珠三角等区域监管执法和服务发展协作机制日益完善。全系统积极开展对口支援西藏、青海藏区和三峡库区建设工作，收效良好。

四是促进就业再就业力度加大。全系统认真落实国家就业政策，多渠道、多方式增强促进就业再就业工作实效。河北省工商局出台了促进全民创业的意见。江苏省工商局大力推进就业再就业助推工程。全系统共引导、支持178.58万名下岗失业人员在个体私营经济领域实现就业再就业。

（据工商总局材料）

广播影视领域体制改革

2008年，广播影视系统认真贯彻党的十七大和十七届三中全会精神，深入贯彻落实科学发展观，按照全国文化体制改革工作会议的部署和全国广播影视局长会议的安排，制定印发《2008年广播影视改革工作要点》（广办发办字〔2008〕63号），积极稳妥深化改革，各方面均取得新进展新成效。

一、宣传改进创新取得重要进展

各级电台电视台认真贯彻"三贴近"原则和大众媒体为大众的要求，积极推进宣传创新，舆论引导水平进一步提高。特别是坚持及时准确、公开透明，创造性地开展了低温雨雪冰冻灾害、"3·14"拉萨暴力事件、汶川大地震、问题奶粉事件等重大突发事件宣传报道，推动了宣传理念、体制机制、方式方法的重大改革、重大创新，广播影视的公信力、权威性、影响力大大提升，在关键时刻掌握了话语权，赢得了主动权，有效主导了国内舆论，有力影响了国际舆论。

二、电台电视台内部机制改革扎实推进

电台电视台按照"增加投入、转换机制、增强活力、改善服务"的要求，着力深化内部机制改革，发展活力不断增强，公益服务水平不断提高。中央和地方一些电台电视台，选择影视剧、娱乐、体育类等节目栏目进行制播分离试点，引入市场机制，实现了投资主体多元化、制作主体公司化，搞活了节目经营。以专业化品牌化为着力点的频道频率改革继续推进。电台电视台内部劳动、人事、收入分配制度

改革继续深化。

三、农村公共服务体系建设成效明显

全面推进村村通、西新和农村电影放映三大工程，加快由工程建设向公共服务体系建设的转变。村村通工程，新增、更新4751部发射机，提前一年半实现"十一五"中央广播电视节目无线覆盖目标，中一广播节目、中一、中七电视节目无线覆盖率分别达到84%、82%和68%，覆盖质量明显提高；直播卫星配套工作扎实推进，完成366万套接收设备招标。结合工程建设，继续推进县乡广播电视垂直管理。西新工程，加快第四期第一阶段工程建设，第二阶段建设方案已经国务院批准，计划投资近30亿元。农村电影放映工程，按照"企业经营、市场运作、政府购买、群众受惠"的新思路，大力推广数字化流动放映，全年共放映电影700多万场，观众16亿多人次，中央资助数字放映设备7000多套，提供公益性放映场次补贴3.3亿元，全国累计组建股份制农村数字电影院线公司158家，初步形成覆盖全国的农村数字电影服务网络。

四、产业改革进一步深化

贯彻"创新体制、转换机制、面向市场、壮大实力"的方针，按照走正道、出精品、出人才、出效益的要求，着力推进电影电视剧影视动画等经营性产业体制改革，加快产业发展。2008年，电影产量达406部，国内票房超过43亿元，同比增长26%，国产影片票房连续6年超过进口影片；电视剧产量达14000集；影视动画继续保持高速增长，产量超过13万分钟，同比增长30%，跃居世界前列。已有18家国有电影制片厂实现事业转企，6家广播影视企业上市，形成34条城市电影院线，江苏、贵州等全省网络整合取得重要进展。公有制为主体、多种所有制共同发展的产业格局初步形成。

五、构建数字化传播新体系取得新进展

按照"大容量、双向交互"的要求加快推进大中城市有线电视数字化步伐，100多个城市开展整体转换，其中50个已经完成，全国用户超过4500万。电台电视台数字化程度普遍提高，中央三台、大部分省级台和部分地市级台基本实现数字化，中央电视台、北京电视台开播了高清频道。地面数字电视稳步推进，完成了配套标准制订和技术试验，并在部分城市成功开播。电影数字化取得重大进展，建成

具有国际先进水平的国家中影数字制作基地，建成数字电影示范院线，初步建立适合城乡不同需求、多层次的数字电影发行放映技术体系。颁布实施《关于促进广电媒体发展互联网视听节目服务的若干意见》，广播影视新媒体发展加快。网络广播电视、车载电视发展迅速，央视网、国际在线、中国广播网辐射力和影响力显著提升。移动多媒体广播电视发展取得重要突破，奥运期间成功试播，2008 年内已在全国 140 多个大中城市建成覆盖试验网络，正在着手建立全国广电系统广泛合作、统一运营的发展模式。与科技部签订《国家高性能宽带信息网暨中国下一代广播电视网自主创新合作协议书》，以有线电视数字化和移动多媒体广播电视发展成果为基础，以"高性能宽带信息网"核心技术为支撑，共同推动建设下一代广播电视网，努力抢占科学技术制高点，把握未来发展主动权。

六、"走出去"步伐加快

紧紧围绕构建现代传播体系、提高国际传播能力，坚持外交外宣外援相结合，统筹规划、整合资源、健全网络，创新内容、创新形式、创新手段，切实加大"走出去"工作力度。中国国际广播电台新建 8 个境外整频率调频台，首次在美国重点城市整频率落地，每天新增落地时间 149 小时。中央电视台国际频道整频道海外用户达 9650 万，部分时段和栏目落地用户超过 1.5 亿，欧洲、美洲中心记者站投入运行。中国电视长城平台用户增加，影响力扩大，国际知名度提高。产品和服务出口快速增长，特别是电影海外票房收入超过 25 亿元，同比增长 25%。研究制订《广播影视服务贸易中长期发展规划》，着力扶持重点企业和项目，与商务部联合表彰16 家出口业绩突出的广播影视企业。

七、电影行政管理体制改革实现重大突破

广电总局与中宣部、中编办、文化部联合下发了《关于进一步理顺地方电影管理体制的通知》（中宣发〔2008〕31 号），明确电影制片、发行、放映由广电部门实行统一管理。12 月 5 日，四部门联合召开全国电影行政管理职能调整划转工作会议，对理顺地方电影管理体制工作进行全面动员和部署。各地积极行动，全面开始电影行政管理职能调整划转工作。这是推进行政管理体制改革、深化文化体制改革的重要举措，对于建立完善权责一致、分工合理、执行顺畅、监督有力的电影行政管理体制，推动电影又好又快发展，具有重要意义。总局提出，要以理顺电影管理体制为契机，抓紧制定出台电影改革发展规划，努力把电影改革向纵深推进。

（据广电总局材料）

新闻出版领域体制改革

2008 年，全国新闻出版系统认真贯彻落实党的十七大精神，按照《中共中央、国务院关于深化文化体制改革的若干意见》和全国文化体制改革工作会议的要求，加快推动新闻出版领域体制改革，促进新闻出版业大发展大繁荣，取得了明显的进展和成效。

一、全国省级新华书店系统除西藏外，转制任务全部完成

通过转企改制，新华书店系统按照建立现代企业制度的要求，进一步建立完善了法人治理结构和资本运行机制，市场主体地位逐步确立，企业综合实力和核心竞争力明显提升。已经初步形成了以大中城市为主、周边城镇配套、向广大农村辐射的服务体系，一个全国统一开放、竞争有序、健康繁荣的出版物大流通、大市场初步实现。

二、稳步推进股份制改造和上市融资步伐，核心竞争力明显提升

2008 年 9 月，中国证监会正式批复同意安徽出版集团以出版、印刷等文化传媒类资产认购科大创新股份公司定向发行股份，成为第一大股东，并更名为时代出版传媒股份有限公司。湖南出版投资控股集团有限公司、广东出版集团有限公司、安徽新华传媒股份有限公司等出版发行企业积极筹备上市工作，先后制定了上市方案，正式启动上市程序。

三、高校出版社改制工作进入全面推进阶段

第一批 19 家试点改制高校出版社已经不同程度地完成了清产核资、资产评估和产权登记、公司注册、人员安置等工作，并初步建立了现代企业法人治理结构。11月 24—25 日，新闻出版总署与教育部在京联合召开第二次高校出版体制改革工作会议，第二批 62 家高校出版社列入转制名单，标志着高校出版社体制改革工作进入全

面推进阶段。

（据新闻出版总署材料）

林业体制改革

2008 年 6 月 8 日，《中共中央国务院关于全面推进集体林权制度改革的意见》（中发〔2008〕10 号，以下简称中央 10 号文件）颁布，做出了全面推进集体林权制度改革（以下简称"林改"）的重大战略决策，标志着林改在全国全面推开，成为我国林业发展和农村改革的又一座里程碑。目前，福建、江西、辽宁、浙江等 12 个省的林改工作已经全面推开，陕西、吉林、海南等 5 省正在总结试点工作。林改在重点领域和关键环节取得了重大突破，全面推进林改取得了新进展。

一、全力做好中央 10 号文件出台准备工作

在 2007 年工作基础上，我局根据中共中央、国务院有关会议对林改工作的意见，先后召开了发展改革委、财政部、银监会等 6 部委参加的座谈会和西北各省区林业主管部门座谈会，并将征求到的意见及时反馈中央。2008 年 6 月 8 日，中央 10 号文件正式颁布，标志着全国林改进入了一个新的历史时期。

二、抓好中央 10 号文件的学习贯彻，开展大规模培训活动

一是下发《国家林业局关于学习贯彻〈中共中央国务院关于全面推进集体林权制度改革的意见〉的通知》，要求各地充分认识中央 10 号文件颁布的重大意义，迅速掀起学习贯彻中央 10 号文件的热潮。二是积极营造良好的林改社会氛围。以刊发社论、专题新闻、领导文章、政策解读等形式，在各大报刊、广播、电视等新闻媒体，宣传林改的重大意义、主要任务、政策措施和经验成效，对集体林权制度改革进行集中报道。三是开展大规模培训活动，抓林改骨干队伍建设。先后举办了"全国集体林权制度改革厅局长培训班"、"全国集体林权制度改革师资培训班"，对各省区市林业厅（局）厅（局）长、主管副厅（局）长和林改办主任、林改重点地市、试点县市的骨干进行了培训。各地也积极行动，开展了从省级到村级多层次的

林改培训工作，林改队伍得到了进一步的加强。四是成立国家林业局林改培训讲师团，加强对各地林改培训的指导。五是精心编写培训教材，录制了林改解读影像资料，为林改培训提供了保障。

三、发挥各方优势，形成支持林改合力

中央 10 号文件颁布后，中央各部门、单位，社会各界高度关注林改，并做出了积极的反应。中央纪委高度重视林改。把林改作为促进基层党风廉政建设的突破口；中央宣传部积极部署林改宣传工作，营造了林改社会氛围；中央组织部把林改列入了干部培训计划，提高各级干部特别是县、市党政领导组织林改的能力；财政部在2007 年给 14 省区市安排 15.78 亿元林改工作经费的基础上，又给北京、山西等 9 省区市下拨 7.26 亿元林改工作经费，确保了林改顺利推进。北京大学赴江西、福建、山西、辽宁进行了专题调研，为办好集体林权制度改革论坛提供了支持。财政部、银监会、清华大学与我局联合开展支持林改的金融政策研究，探讨林改后适合林农一家一户的林权抵押小额贴息贷款政策。中央党校、中国农林水利工会分别与我局联合开展林改调研，为林改献计献策。九三学社等组织也积极为林改提案，呼吁各方加大支持林改的力度。

四、举办林改论坛，创造和谐的改革环境

我局联合北京大学举办了集体林权制度改革论坛，贾治邦局长深刻阐明了林改就是贯彻落实科学发展观的生动实践，厉以宁教授围绕林改的性质特点和现代林业趋势发表了主题演讲。论坛得到了国家各大媒体的热切关注，社会反响强烈。

五、高度重视政策研究，推动林改不断深化

针对推进林改过程中出现的各种新情况、新问题，我局 2008 年相继开展了相关政策研究。一是提出了林木采伐制度改革试点的方案。二是研究规范林地林木流转行为政策，起草了《国家林业局关于切实加强森林、林木和林地使用权流转的通知》。三是完善生态效益补偿机制，协调财政部达成森林生态效益补偿基金"明确总量、合并种类、提高标准"的一致意见。四是研究建立林权抵押贷款和林业政策性保险制度，提出集体林公共财政制度、林权抵押贷款、林业政策性保险的框架，积极争取开展试点工作。五是研究建立森林资源资产评估师执业资格制度和评估机构资质管理制度，对森林资源资产进行科学准确的评估。六是研究解决山林流转遗

留问题。

六、坚持分类指导分区突破，研究西北地区林改对策

一是开展了西北地区林改大调研活动，形成了《西北地区集体林权制度改革形势分析报告》，提出了西北地区林改的基本思路。二是召开了"西北地区集体林权制度改革座谈会"，指出了西北地区林改的方向、指导思想和基本方法。

（据国家林业局材料）

国务院经济体制立法工作

一、以科学发展观为统领，努力做好法规审查工作

一年来，共提请国务院审议法律草案 8 件、行政法规草案 41 件、国际条约 29 件。遵照温家宝总理关于"突出重点、分清轻重缓急，确保质量"的重要批示，2008 年的法规审查工作，在保证质量的前提下，突出了五个方面的重点：

一是在加强和改善宏观调控、促进经济平稳快速发展方面，完成了《证券公司监督管理条例（草案）》、《证券公司风险处置条例（草案）》、《价格违法行为行政处罚规定（修订草案）》、《中华人民共和国外汇管理条例（修订草案）》、《中华人民共和国个人所得税法实施条例（修订草案）》、《中华人民共和国增值税暂行条例（修订草案）》、《中华人民共和国消费税暂行条例（修订草案）》、《中华人民共和国营业税暂行条例（修订草案）》等行政法规草案的起草、审查修改工作。

二是在促进农业发展和农民增收方面，完成了《中华人民共和国农村土地承包经营纠纷仲裁法（草案）》、《草原防火条例（修订草案）》、《森林防火条例（修订草案）》、《抗旱条例（草案）》、《畜禽遗传资源进出境和对外合作研究利用审批办法（草案）》等法律草案和行政法规草案的起草、审查修改工作。

三是在加强社会建设、切实保障和改善民生方面，完成了《中华人民共和国残疾人保障法（修订草案）》、《中华人民共和国消防法（修订草案）》、《中华人民共和国防震减灾法（修订草案）》、《中华人民共和国劳动合同法实施条例（草案）》、《特种设备安全监督条例（修订草案）》、《生猪屠宰管理条例（修订草案）》、《教育督导条例（草案）》等法律草案、行政法规草案的起草、审查修改工作。

四是在加大节能减排和环境保护力度方面，完成了《民用建筑节能条例（草案）》、《公共机构节能条例（草案）》、《废弃电器电子产品回收处理管理条例（草案）》、《历史文化名城名镇名村保护条例（草案）》、《土地调查条例（草案）》、《规划环境影响评价条例（草案）》等行政法规草案的起草、审查修改工作。

五是在推进改革开放、深化体制改革方面，完成了《中华人民共和国保险法（修订草案）》、《中华人民共和国统计法（修订草案）》、《中华人民共和国邮政法（修订草案）》、《中华人民共和国专利法修正案（草案）》、《国务院关于经营者集中申报标准的规定（草案）》、《对外承包工程管理条例（草案）》、《外商投资电信企业管理规定（修订草案）》、《外国常驻新闻机构和外国记者采访条例（草案）》等法律草案、行政法规草案的起草、审查修改工作。

二、坚持民主立法，进一步扩大法规审查公开征求意见的范围，努力提高有关经济体制改革工作方面的法规审查工作质量

一是按照党的十七大精神、温家宝总理在十一届全国人大一次会议上的《政府工作报告》和新修订的《国务院工作规则》的要求，进一步扩大行政法规草案公开征求意见的范围。全年共对24件行政法规草案在中国政府法制信息网上全文公布，广泛征求社会各方面的意见。其中，经国务院领导同意，先后将劳动合同法实施条例、公共场所卫生管理条例等8件与人民群众切身利益密切相关的行政法规草案通过人民日报、新华社、法制日报、中央电视台、中央人民广播电台、中央人民政府门户网站等向社会公开征求意见。

二是加强立法调研，改进调查研究的方法，注重听取行政管理相对人，特别是基层群众的意见，努力提高调查研究的质量。

三是对于法律草案、行政法规草案中涉及的重大问题以及存在较大分歧意见的问题，继续通过召开理论研讨会、专家论证会、国际研讨会等形式进行深入的研究论证，提出解决问题的方案。

三、修改完善《国务院关于加强市县政府依法行政的决定（草案）》，推进市县政府依法行政

一是根据党的十七大精神和国务院常务会议的意见，组织力量对《国务院关于加强市县政府依法行政的决定（草案）》作了进一步修改完善，再次上报国务院常务会议审议通过、发布实施。《国务院关于加强市县政府依法行政的决定》结合市

县政府工作的特点，针对市县政府依法行政中存在的突出问题，从八个方面对加强市县政府依法行政的各项任务和措施作了明确具体的规定，对全面推进市县政府依法行政已经发挥并正在继续发挥重要作用。

二是积极主动地开展对《国务院关于加强市县政府依法行政的决定》的宣传、培训和贯彻落实工作，扎扎实实地推动市县政府法治建设。为了通过典型示范的方式，推动《全面推进依法行政实施纲要》和《国务院关于加强市县政府依法行政的决定》的贯彻落实，经报请国务院领导同意，国务院法制办与深圳市政府签订加快推进法治政府建设的合作协议，并协助深圳市政府研究制定了法治政府建设指标体系。

四、完成相关法律、行政法规的清理任务，积极指导限制体制改革的规章的清理工作

一是完成了对限制经济体制改革工作发展的现行行政法规清理的收尾工作。对列入清理范围的 655 件行政法规，进行逐件分析研究，提出继续有效、予以废止、宣布失效的建议。报经国务院批准，废止了 49 件行政法规，宣布失效 43 件行政法规。

二是推进各地方、各部门开展规章清理工作。采取有效措施，对各地方、各部门的清理工作进行及时有效的指导。80 个地方政府和 60 个国务院部门，对现行的 12695 件规章（其中地方人民政府规章 9664 件、国务院部门规章 3031 件）进行了全面清理。经过清理，共废止规章 1992 件，宣布失效规章 196 件，修改规章 397 件。

三是按照全国人大常委会的工作部署和国务院办公厅的要求，组织国务院 47 个部门对 202 部法律进行了清理。经过 4 个月的共同努力完成了清理任务，共汇总提出各类意见和建议 1529 条。经请示国务院领导同意，已将清理情况按规定时间送全国人大常委会法工委。

五、加强法规规章备案审查工作和行政复议工作

一是继续加强法规规章备案审查工作。全年共收到备案登记的地方性法规 429 件、地方政府规章 617 件、部门规章 160 件，经审查，对有问题的 46 件做出了处理。认真受理和办理国家机关、社会团体、企事业单位、社会组织和公民提出的对法规规章规范性文件进行合法性审查的申请，全年处理此类申请 64 件。创新备案管理方式，研究开发的电子报备系统已开始试运行。

二是召开第七次全国政府法制监督工作协作会议，对各地方五年来贯彻落实《全面推进依法行政实施纲要》和加强政府法制监督工作的情况进行认真分析总结，并分别召开地方政府和国务院部门推行行政执法责任制重点联系单位会议，研究和交流评议考核、健全责任追究机制。认真调查、总结各地方、各部门推行行政执法责任制的情况和经验，推动建立健全行政执法责任制。

三是继续提高行政复议案件办理的质量和效率。2008年，行政复议申请的数量和正式立案数量大幅增长。面对新的形势，不断改进办案方式和机制，坚持实地调查、坚持集思广益，行政复议案件办理的质量和效率有了新的提高，为有效解决行政争议、化解社会矛盾、维护社会稳定发挥了重要作用。全年共收到行政复议申请866件，办结838件。其中，正式立案115件，办结103件。

四是积极推动行政复议体制机制创新。在8个省、直辖市开展了建立行政复议委员会的试点工作。积极推动行政复议人员资格试点工作。不断加强行政复议案件统计、办案信息化和规范行政复议文书等基础工作。积极筹备"全国行政复议工作先进单位和先进个人表彰暨全国行政复议经验交流会"，推动行政复议能力建设。

六、积极主动开展保障经济体制改革的政府法制理论研究和政府法制宣传工作

一是以科学发展观为指导，从理论与实践的结合上总结改革开放30年来我国依法行政的基本经验，研究依法行政中带有全局性、普遍性、规律性和前瞻性的问题；分析《全面推进依法行政实施纲要》贯彻落实的情况，研究今后一个时期贯彻落实《全面推进依法行政实施纲要》、加快建设法治政府的新思路、新举措、新办法。经国务院领导批准，于7月22日至23日在哈尔滨召开了"深入贯彻落实科学发展观与加快法治政府建设"理论研讨会，组织专家学者和国务院部门、地方政府法制机构的负责同志，紧紧围绕"科学发展观对加快法治政府建设的新要求"、"深化行政管理体制改革与建设法治政府"、"坚持科学立法、民主立法，提高制度建设质量"、"创新机制，确保法律法规全面正确实施"四个专题进行了深入研讨，在以科学发展观为指导、加快建设法治政府方面形成了许多新的重要共识。

二是开展行政法规、规章立法后评估工作。组织有关部门和单位对《城市房地产开发经营管理条例》、《民办非企业单位登记管理暂行条例》和两部地方政府规章进行后评估。

三是研究总结改革开放30年来政府法制建设的发展历程和基本经验，完成了"行政管理体制改革"、"政府法制建设30年"等重大课题研究工作；全年编辑贯彻《全面推进依法行政实施纲要》简报57期、《政府法制参考简报》19期、《法制工

部门篇

作简报》13 期。

四是通过人民日报、新华社、求是杂志、法制日报、中央电视台、中央人民广播电台等中央新闻媒体和中国政府法制信息网、人民网等网络媒体，对国务院法制工作、新制定的行政法规、各地落实《全面推进依法行政实施纲要》和《国务院关于加强市县政府依法行政的决定》、扎实推进依法行政的情况进行广泛宣传，收到了良好的社会效果。

（据国务院法制办材料）

银行业改革

2008 年，银监会以改革开放 30 周年为契机，认真总结银行业改革开放经验，积极推进银行业改革开放，在一些重点难点领域取得诸多新突破。

一、关于农村金融体制改革

按照中央有关深化农村金融改革的要求，银监会加快推进农村金融改革工作，起草上报了关于加快推进农村金融改革发展的工作方案，关于进一步深化农村金融改革改进农村金融服务问题的报告，关于农村金融改革发展中几个重大问题的意见，提出农村金融财税配套政策、农村担保抵押及保险体系建设、农业发展银行市场定位等政策建议。在 2007 年 10 月份召开的国务院第十次金融旬会上，还就农村金融改革发展进展情况及需要协调解决的几个重大问题作专题汇报。

（一）农村信用社改革情况。一是加快推进农村信用社产权制度改革和机构重组步伐，在坚持审慎准入标准的前提下，支持符合条件的农村信用社改制为农村商业银行和农村合作银行。截至 2008 年末，全国共有 163 家农村合作银行和 22 家农村商业银行开业，另有 11 家农村合作银行和 2 家农村商业银行获准筹建；共组建1966 家县（市）统一法人机构和 7 家地市级法人机构。二是农村合作金融机构跨区域股权投资改革取得明显成效。江苏省内 6 家农商行分别与 9 家农村合作金融机构签订战略合作协议，4 家机构入股资金到位；宁波鄞州农合行投资入股秦皇岛城商行以及安徽黟县等 3 家农村合作金融机构。设立异地支行取得突破，天津滨海农商行在新疆喀什设立支行，张家港、常熟农商行分别在江苏通州、海门市设立支行。三是农村信用社第二阶段深化管理体制改革试点正式展开。重庆农村商业银行、宁夏黄河农村商业银行及成都市统一法人社已批准开业。四是加强专项票据兑付考核管理，纠正虚假和违规行为。2008 年末，全国已通过考核的农村合作金融机构 2176 家，通过率 90%，兑付专项票据资金 1530 亿元。浙江等 5 省已率先完成全省农村合作金融机构专项票据兑付工作。五是组织开展对省联社成立以来履职情况进行全面评价，加强对省联社自营业务监管，向国务院上报《关于省联社履职评价的报告》。

（二）新型农村金融机构试点情况。适应农村金融机构服务不充分现状，银监会按照"低门槛、严监管"的原则，积极推进新型农村金融机构试点工作。一是积极协调有关部门研究新型农村金融机构有关货币、财税、工商登记等系列配套扶持政策。货币政策已经明确，财税政策也已达成共识。二是引导大中型商业银行加快培育发展新型农村金融机构。组织召开大中型商业银行参与新型农村金融机构试点、新型农村金融机构试点政策评估以及稳步推进新型农村金融机构试点工作三个座谈会，客观评价新型农村金融机构试点政策效果，合理安排机构类型、数量、布局及进度，国开行、农业银行率先在湖北等地设立村镇银行。三是搭建监管部门与地方政府的沟通平台，地方政府与银行业金融机构的交流平台，促进地方政府、监管部门和银行业金融机构的相互交流。四是组织制定新型农村金融机构三年试点发展目标规划。重点向中西部和辖内金融机构网点空白的乡镇以及国定、省定贫困县倾斜，合理安排机构的类型、数量、布局和进度，督促加快推进扩大试点。截至 2008 年末，已有 107 家新型农村金融机构开业，其中 91 家村镇银行，6 家贷款公司，10 家农村资金互助社。另有 7 家新型农村金融机构获准筹建，8 家新型农村金融机构拟筹建。已开业 107 家机构共吸纳股金 41.6 亿元，吸收存款 64.6 亿元，贷款余额 34.2 亿元，96.7% 的贷款投向农村小企业和农户，社会各界反响很好，企业和自然人投资踊跃。

二、关于农业银行改革情况

一是指导农行明确股改方向，推动建立"三农事业部制"。2008 年 10 月 21 日，国务院常务会议审议并原则通过了《农业银行股份制改革实施总体方案》。同年 11 月 6 日，汇金向农业银行注资 1300 亿元，中国农业银行股份有限公司随后正式成立。二是成立农行股改市场准入工作小组，起草关于中国农业银行三农金融事业部改革与监管指引，并督导农行强化风险管理，确保股改工作有序进行。三是督促做好财务重组前的各项准备工作。完成了外部审计，不良资产尽职调查、责任认定和追究、预计负债精算等工作。四是探索面向"三农"与商业运作有效结合的实现途径。明确了新时期服务"三农"的市场定位和责任，对服务"三农"的主要目标、重点领域、政策保障和资源配置机制等方面作了总体安排；选择有代表性的吉林、福建等 8 个省分行开展服务"三农"试点工作。五是实施"三农"金融事业部制改革。明确事业部制改革的思路和边界，将全部县域支行纳入事业部，实行"条线管理、块块经营、重心下沉、独立核算"的运作模式；明确事业部制改革的组织保障和机制保障；在福建、广西等 6 个省分行开展事业部制改革的试点工作。

三、关于政策性银行改革情况

（一）国家开发银行改革情况。积极参与起草和制订开发银行改革总体方案和具体实施方案，并根据国务院批准的开发银行改革总体方案和具体实施方案，一是对开发银行改制进行审核和批复。2008 年 12 月 7 日，正式批复国家开发银行以发起设立的方式进行改制，设立国家开发银行股份有限公司。2008 年 12 月 16 日，国家开发银行股份有限公司正式挂牌成立，标志着政策性银行改革取得重大进展。二是严格按照《公司法》、《商业银行法》审核开发银行股份有限公司章程，并报经国务院批准后执行。三是严格按照《商业银行法》相关规定，核准开发银行改制之后的业务范围。四是核准开发银行股份有限公司董事和高管人员的任职资格。五是对转型后开发银行发行人民币债券信用进行过渡期安排，确定了开发银行股份有限公司设立之后发行的人民币债券的风险权重系数。

（二）农业发展银行改革情况。一是组织开展农业发展银行改革方向、市场定位、发展中存在的问题与困难以及商业化业务风险等问题的调研，形成《增强政策性银行支农功能》等调研报告，并向国务院上报了有关专题报告。二是支持农发行在风险可控原则下，加大对三农的支持力度。截至 2008 年末，农发行农业综合开发和农村基础设施建设贷款余额 1315 亿元，共支持农田水利基本建设、农业生产基地开发与建设等项目 1060 个。三是支持农发行按照总量控制、结构调整、合理布局的原则对现有机构进行调整，加大对中西部农村地区的金融资源配置，重点在沿海省份商业金融和服务网点较发达的地区撤并 86 家支行，同时在中西部贫困地区增设 85 家县支行。四是组织对农发行机制和体制方面存在问题的调研，形成了《以科学发展观为指导 积极探索农发行改革发展思路》的报告。五是积极推进农发行建立以央行贷款为依托，市场化发行金融债券为主体，其他筹资方式为补充的多元化筹资机制，实现负债结构的进一步优化。六是督促农发行改善资产质量，全年核销不良贷款 178 亿元，清收不良贷款 34.8 亿元，实现不良贷款"双降"，进一步提高风险防控能力，实现了发展速度、结构、质量和效益的同步增长。

四、关于资产公司与邮政储蓄机构改革情况

（一）资产管理公司改革情况。一是加强资产管理公司改革发展和转型方向定位的研究，向国务院上报了《关于金融资产管理公司改革发展意见的报告》，研究总结了四家资产管理公司改革发展的总体情况。提出了资产管理公司改革的目标、要求、措施以及相应的监管措施。二是参加资产管理公司改革发展工作小组，研讨资产管理公司改革发展的具体工作方案，提交了《关于金融资产管理公司改革转型及需要重点解决问题意见的函》等书面文件，从监管层面提出对资产管理公司改革发展的意见和建议。三是对财政部拟上报国务院的《关于进一步推进资产公司改革发展的请示》提出意见。

（二）邮政储蓄银行改革情况。一是完成分支机构组建工作。截至 2008 年末，该行 36 家一级分行（包括 31 家省级分行和 5 家计划单列市分行）、312 家二级分行和 20089 家支行全部开业。二是构建财务核算体系，初步建立起财务会计预算、核算体系，基本完成了与邮政企业的分账核算和成本费用追溯调整。三是启动了二期注资工作。在一期注资 115 亿元的基础上，启动了该行的二期注资工作，资产选择、审核和评估工作已经完成。

五、关于非银行金融机构改革

一是推进非银行金融机构公司治理改革。修订《信托公司临管评级办法》，起草《企业集团财务公司管理办法内部控制指引》；督促信托公司按照《信托公司治理指引》完善治理结构、自我约束和激励机制。二是引导非银行金融机构引进机构投资者，促进信托业"引资、引制、引智、引技"，取得重大突破。批准澳大利亚国民银行等 4 家境外金融机构、华润等 3 家境内企业入股信托公司，并督促双方落实合作协议，促进信托公司核心竞争力的提升。研究信托公司首次公开发行和借壳上市标准，规范信托公司改制上市工作，三是研究创设新型金融机构、丰富金融服务手段。起草《消费金融公司试点管理办法》上报国务院，这是我国继加入 WTO 承诺全面放开汽车消费信贷业务之后在消费金融领域的又一项对外开放的重要举措，对刺激消费、拉动内需也将起到推动作用。四是推进银行与信托公司业务合作。批准建设银行等 3 家境内商业银行入股信托公司，出台银信合作业务指引。2008 年，银信合作业务获得快速增长，成为银行、信托公司新的利润增长点。五是继续推进商业银行设立金融租赁公司试点工作。批准招银租赁、民生租赁开业，至此，经国务院同意的五家商业银行试点设立金融租赁公司全部开业。六是积极推进公益信托

制度建设，支持灾后重建。印发了《中国银监会办公厅关于鼓励信托公司开展公益信托业务支持灾后重建工作的通知》，指导西安国际信托发起设立我国第一只公益信托。

六、关于推动其他专项改革情况

（一）推动存款保险制度建设情况。2008 年 6 月，国务院主管领导就存款保险制度建设听取人民银行和银监会的汇报。汇报中人民银行提出两套实施方案供选择，国务院领导要求继续研究，最终由存保工作小组确定一套方案上报。在人行和银监会共同组织下，存款保险工作小组对实施方案进行修订，并于 2008 年 11 月再次上报了国务院。上报后，出于对存保制度出台时机的考虑，该方案暂时处于搁置状态。

（二）推动金融机构市场退出机制建设情况。国务院 2008 年立法计划确定，由银监会会同人民银行负责起草《银行业金融机构破产条例》。我们经过广泛收集资料和实际调研，提出了《条例》初稿。2008 年 5 月，邀请人大财经委、人大法工委、最高人民法院、法制办、人民银行相关同志，对破产条例的立法背景、目的、需要解决的问题、框架结构设计、立法模式、立法组织方式等一系列重要问题进行研究。7 月至 10 月，在修改完善的基础上，向部分金融机构及人民银行、法制办、最高法院等单位征求意见。2008 年 11 月，再次邀请法制办、人民银行、最高法院对草案进行修改。目前，已正式征求了国务院有关部委及中小金融机构的意见，完成了代拟稿起草工作，拟报国务院。

（三）引导和规范民间金融发展情况。根据国务院领导要求人民银行和银监会就民间借贷问题进行调研的有关批示精神，我们于 4 月份成立跨部门小组，对非法集资认定、民间借贷合法性等问题进行认真研究；5 月份，协同人民银行组成调研组，赴浙江等地进行实地调研，于 7 月份完成调研报告并报国务院；8 月份，国务院金融旬会专门就调研报告及民间借贷问题进行了专题研究并作出相应工作安排。此外，银监会就民间借贷问题对多个省份进行调研，起草《关于民间借贷调研情况的报告》并上报国办。

七、关于建立健全金融监管协调机制，完善金融控股公司和交叉性金融业务的监管制度

（一）推动建立金融监管协调机制。从 2008 年 6 月份起，国务院建立金融旬会制度，通过按旬召开"一行三会"主要负责人参加的联席会议，研究、部署涉及跨部门的金融工作任务，在较高层面上构建金融监管协调机制。根据这一制度安排，

我们积极主动参加旬会，及时上报需提交旬会研究、协调的议题，并认真抓好旬会精神的贯彻落实。

同时，在具体操作层面上，我们注重加强监管合作，进一步健全监管协调机制：一是于 2008 年 1 月 16 日与保监会正式签署了《关于加强银保深层次合作和跨业监管合作谅解备忘录》，就银行业和保险业之间的深层次合作问题，明确了两个监管机构的分工与责任，在准入条件、审批程序、监管主体、风险处置与市场退出程序及信息交换等六个方面达成一致意见，对加强现场检查和非现场监管配合，确定风险处置与市场退出的程序，明确信息交换的内容、方式和渠道等方面进行约定。二是稳步推进与中国证监会《关于加强银证跨业监管合作谅解备忘录》的签署工作。积极加强与证监会的沟通，探索建立监管协作机制，形成了《备忘录》初稿。三是首次与证监会联合，对商业银行基金代销业务进行了现场检查。

（二）推动综合经营试点情况。一是开展了第二批商业银行投资设立基金管理公司试点工作。在总结试点经验基础上，起草拟与证监会联合发布的《商业银行设立基金管理公司办法》，进一步完善制度建设，推动该项工作纳入日常审批框架。二是推进银保股权合作。与保监会共同研究制定有关商业银行投资保险公司股权试点管理办法，起草了拟由两会共同发布的《商业银行投资入股保险公司试点管理办法》，拟向国务院报备后发布实施。

（三）积极协调相关部门，初步建立跨部门应急机制。我们主动与人民银行、保监会和外汇局协调，就共同研究应对外资银行有关风险事件、维护金融稳定等进行沟通，以维护金融稳定。目前已与人民银行签订了关于建立在华外资银行监管协作工作机制的备忘录，正在与外汇局签订类似备忘录，对流动性支持、外资银行短期外债、外汇资本金结汇和监测外资银行外汇资金汇出境外的异动情况等情况做出安排。

（据银监会材料）

资本市场领域体制改革

2008 年以来，在国内外经济金融领域诸多不确定因素影响下，我国资本市场出现较大幅度调整。为了维护证券市场稳定健康发展，中国证监会以《国务院办公厅转发发展改革委关于 2008 年深化经济体制改革工作意见的通知》（国办发〔2008〕103 号）为指导，根据"十一五"规划纲要确定的金融行业发展基本思路，深入学习实践科学发展观，坚持近期有利于稳定市场预期，远期有利于深化市场基础建设的方针，稳步推进资本市场各项改革和基础建设，取得了积极成效。

一、推动多层次市场体系建设，促进公司债券管理体制改革

一是继续壮大主板市场，做好中煤能源、中国铁建、中国南车等一批大型国企发行上市工作；二是继续大力发展中小企业板，拓展中小企业融资渠道；三是做好创业板市场筹备工作，《首次公开发行股票并在创业板上市管理办法》已公开向全社会征求意见，待国务院批准后将选择适当时机正式发布实施；四是在积极发展股权融资的同时，继续大力推动债券市场发展，促进公司债券管理体制改革，优化公司债的申报和审核程序，加快公司债券的发行审核速度，截至11月底，29家企业发行可转债、分离债或公司债，筹资930亿元。为适应市场发展和改革需要，出台《上市公司股东发行可交换公司债券的规定》，通过发行可交换债，可以满足上市公司大股东融资需求，减轻其通过二级市场减持限售股的压力。

二、加强上市公司基础性制度建设，加大监管力度

一是研究制定全流通环境下上市公司监管制度，推动《上市公司监督管理条例》出台，发布《上市公司重大资产重组管理办法》及配套工作指引，修改《上市公司收购管理办法》，简化回购程序，增加了大股东增持的灵活性，修改上市公司现金分红有关规定，引导上市公司增强对投资者的回报；二是研究制定上市公司股东、董事、监事、高管在信息敏感期买卖股票的监管措施和监管工作规程；三是加强上市公司监管，进一步强化辖区监管责任制，建立证监局、交易所、证监会"三点一线"定期协调机制。

三、建立健全证券公司监管制度，夯实证券公司规范发展基础

一是按期完成账户规范工作，建立健全账户规范管理和客户管理的长效机制，全面完成客户交易结算资金第三方存管后续工作；二是不断完善证券公司分类监管制度，组织对全国106家证券公司进行2008年度分类评价，实施业务牌照管理；三是加强证券公司合规管理制度建设，督促证券业加强内部控制，健全自我约束机制；四是督促证券公司建立风险控制指标的实时动态监控机制，加强对风控指标的监控；

五是恢复证券公司设立证券营业部的审批，加大金融行业对经济增长的支持力度；六是支持具备条件的证券公司开展直接投资业务；七是进一步研究融资融券业务试点有关问题。

四、推动机构投资者队伍多元化发展，强化基金行业稳健经营的理念

一是在稳步扩大公募基金管理规模的同时，鼓励养老、社保等长期投资机构入市，促进机构投资者队伍多元化发展；二是加大力度支持风险较低的货币市场基金、债券类基金发行，重点加快债券基金的审核进度；三是结合国际金融市场变化，加强对基金、QFII等机构投资者投资交易行为的监控和分析，不断强化基金行业稳健经营的理念和风险意识，提高行业风险防范能力。

五、促进股市供求关系平衡，规范限售存量股份转让、鼓励大股东增持和上市公司回购

发布《上市公司解除限售存量股份转让指导意见》，对上市公司股东出售超过一定数量解除限售存量股份的行为进行规范，为全流通市场大宗股份转让增加了新的渠道，减轻或避免"大小非"减持对价格形成机制造成的扭曲；定期向社会公布上市公司限售流通股解禁及减持情况，降低投资者对于"大小非"减持的心理压力；放松上市公司股份回购管制、支持央企增持或回购上市公司股份，构建市场内在稳定机制。

六、加强法律法规建设，不断完善法律法规体系

一是《证券投资基金法》修订工作全面启动；二是《证券公司监管条例》和《证券公司风险处置条例》正式出台；三是配合国务院法制部门做好《上市公司监督管理条例》、《证券投资者保护基金条例》等法规草案的修改、完善工作；四是发布《证券期货监管信息公开办法》、《上市公司重大资产重组管理办法》等规章、规范性文件，研究修订《证券期货规章制定程序规定》、《行政许可实施程序规定》等。

七、强化基础制度建设，稳步推进期货市场规范发展

一是妥善化解了由国际商品期货市场引发的重大突发风险，保持期货市场平稳

较快发展；二是继续推进期货市场基础制度建设，建立健全期货保证金安全存管监控制度，加强期货公司开户实名制工作；三是加强期货公司日常监管和风险处置；四是进一步完善股指期货的相关准备工作。

（据证监会材料）

保险业改革

2008 年，我会全面贯彻落实《国务院办公厅转发发展改革委关于 2008 年深化经济体制改革工作意见的通知》（国办发〔2008〕103 号）要求，深化行业改革，推动科学发展，保险业务较快增长，风险得到有效防范，功能作用逐步发挥，保险业保持持续健康平稳发展。

一、保险监管的协调机制逐步形成

一是认真落实金融监管旬会制度。2008 年 6 月以来，在国务院分管领导的主持下，建立了由人民银行、银监会、证监会、保监会和外汇局主要领导参加的旬会制度，我会严格按会议要求提交议题和参与讨论。二是逐步建立了金融监管部门之间的信息共享机制。三是与银监会签署了《关于加强银保深层次合作和跨业监管合作谅解备忘录》，研究起草了《商业银行投资保险公司股权试点管理办法》和试点方案，加强跨业监管合作。四是与证监会研究保险业和证券业相互投资问题，拟以个案进行保险公司和证券公司相互投资试点；同时及时沟通有关信息，加强对上市保险公司监管。五是与财政部、证监会等部委联合发布《企业内部控制基本规范》，加强保险企业内控，防范金融风险。

二、农业保险取得积极进展

2008 年，农业保险继续保持良好的发展势头。中央财政支持的政策性农业保险试点由 6 省区扩展到 17 省区和新疆生产建设兵团，试点品种逐步扩大。全国共承保各类农作物 5.32 亿亩，参保农户达 9000 万户次，为农民提供了 2397.4 亿元风险保障，分别比 2007 年增加了 130%、80.7% 和 113%；农业保险实现签单保费 110.7 亿元，同比增长 112.5%。全国共承保能繁母猪 4759.3 万头，提供风险保障 433 亿元，承保覆盖面超过 90%。2008 年农业保险为 1400 余万受灾农户支付赔款 70 亿元，其中种植业保险赔款 46 亿元，养殖业保险赔款 24 亿元。在应对 2008 年初低温雨雪冰冻自然灾害和"5·12"汶川大地震中，仅能繁母猪保险赔款就近 1 亿元，有力地支持了灾区重建工作。

（据保监会材料）

粮食流通体制改革

一、宏观调控稳粮价取得明显成效

（一）抓好粮食收购，种粮农民利益切实得到保护。一是粮食收购期间，粮食行政管理部门派出工作组，由负责同志带队深入基层检查指导，协调解决收购过程中出现的问题，督促做好粮食收购工作。积极发挥国有粮食企业主渠道作用，引导和鼓励多元主体积极入市收购，搞活粮食流通。2008 年全国各类粮食经营企业收购粮食 5836 亿斤（原粮，下同），其中国有粮食企业收购 3407 亿斤。二是国家连续调高小麦、稻谷最低收购价，将稻谷最低收购价实施范围扩大到 11 个省（区）。在 6 个小麦主产省启动执行预案，全年收购最低收购价小麦 835 亿斤，比上年增加 256 亿斤。三是认真落实国家关于东北地区粳稻、玉米、大豆和南方稻谷的临时收储政策，有效解决农民"卖粮难"问题，2008 年收购临时存储稻谷 236 亿斤、玉米 266 亿斤、大豆 13 亿斤。这些措施有力地支撑了粮食市场价格，使农民得到实惠。国家增加政策性粮食收购、提高收购价格带动市场粮价回升，按商品量测算，使全国农民增收 500 多亿元。仅河南省收购最低收购价小麦近 500 亿斤，全省农民增收 30 多亿元。

（二）适时吞吐调节，粮食市场和价格保持基本稳定。一是面临国际粮食危机，粮价大幅上涨的严峻形势，根据国家宏观调控需要和市场需求情况，适时安排政策性粮食竞价销售，合理把握储备粮油的轮换时机和销售节奏，稳定了市场，保证了供应，避免了粮价大涨大落，维护了广大生产者和消费者的权益。2008 年国有粮食企业销售粮食 3328 亿斤，其中销售政策性粮食 952 亿斤。二是加强产销衔接，有效促进区域粮食供求基本平衡。2008 年，国家下达政策性粮食跨省移库计划 100 亿斤，目前已累计完成 92.5 亿斤，有效地充实了销区粮食库存，缓解了产区收储压力。认真落实关内销区到东北产区采购粳稻运费补贴政策，促进东北地区粳稻销售。

大力开展粮食产销衔接，通过举办各类粮食产销衔接交易会、贸易洽谈会、产销合作会，签订粮食购销合同 410 亿斤。

（三）充实粮食储备，市场调控能力增强。一是认真组织实施中央储备玉米、大豆和食用植物油增储计划，中央储备粮、油库存同比分别增加 122 亿斤和 75 万吨。二是及时下达和督促实施中央储备粮年度轮换计划。按照国务院部署，各地认真落实国家有关部门下达的地方储备粮规模指导计划和储备油规模标准要求，地方储备粮、油库存同比分别增加 85 亿斤和 29 万吨。三是完善应急体系，积极组织培训和应急演练，健全应急保障体系。目前全国已确定粮油应急加工定点企业 2374 家，应急供应定点企业 6595 家，切实增强了应急保障能力。

（四）抗灾救灾，确保受灾地区粮食供应。及时落实国务院抗震救灾总指挥部的部署，累计下达中央储备粮抗震救灾计划 12.5 亿斤，向四川省定向销售国家临时储存玉米 3.95 亿斤。紧急安排四川灾区粮食收购补贴和所需受损仓库维修、烘干设备采购资金 2.35 亿元，确保灾区群众"有饭吃"，保障灾区粮食供应。表彰了全国粮食系统 64 个抗震救灾先进集体和 124 名先进个人。

二、粮食流通体制改革继续深化

（一）以纪念改革开放 30 周年为契机，继续推进粮食流通体制改革。一是落实中央关于纪念改革开放 30 周年的部署，认真开展以"粮食流通体制改革和现代粮食流通产业发展"为主题的纪念活动，总结粮食流通体制改革成就和经验，加强现代粮食流通产业发展战略研究，提出相关政策措施建议，推进粮食流通体制改革继续深化，推动现代粮食流通产业发展。二是粮食行政管理部门职能转变稳步推进。继续推进职能转变，加快实行政企分开；不断加强粮食市场监管执法体系建设，规范粮食流通市场秩序，服务粮食宏观调控；积极培育和发展粮食经济合作组织，加强对粮食经纪人的培训和引导，加快构建新型粮食购销服务网络，把粮食行政管理部门的工作重心转到粮食市场调控、监管和行业指导、服务上来。

（二）国有粮食企业改革发展取得新进展。积极应对全球金融危机和国际粮价波动影响，指导国有粮食企业继续深化改革，加强经营管理，开展扭亏增盈，取得了明显成效。一是认真调查研究，着力找准当前国有粮食企业改革中存在的薄弱环节和突出问题，进一步推进企业产权制度改革，优化企业布局和结构。到 2008 年底，全国国有粮食企业总数 18989 个，其中购销企业 13562 个，分别比上年减少 11.4% 和 8.2%；国有粮食企业职工 69.9 万人，其中购销企业职工 51.6 万人。全年安置分流职工再就业 6.5 万人，其中粮食部门安置 4.4 万人。二是企业扭亏增盈保持良好势头。据统计，2008 年全行业国有粮食企业统算盈利 21.3 亿元，北京、天津、吉林、上海、江苏、浙江、安徽、福建、江西、山东、河南、湖北、湖南、广东、四川、云南、陕西、青海、新疆等19个省（区、市）及新疆生产建设兵团实现了统算盈利。

（三）多元粮食市场主体进一步发展。放开粮食市场后，各地积极培育和发展多元粮食市场主体参与粮食收购、加工和销售，拓宽农民售粮渠道，搞活了粮食流通。目前全国具有粮食收购资格的各类粮食市场主体达到77498家，其中70%以上是多元主体。

三、现代粮食流通产业发展步伐加快

（一）粮食仓储和物流体系建设进一步加强。一是抓紧落实国家扩大内需政策，做好2008年新增10亿元中央补助投资项目审查工作，安排建设食用油和油料储存设施以及东北地区粮食烘干设施，总投资约25亿元。国家安排7.82亿元中央补助投资，重点安排黑龙江、内蒙古、山东、河南、湖南、山西、广西等21个省（区、市）仓房维修改造和粮食仓储、烘干设施及物流体系建设。二是通过政策扶持和投资引导，多渠道筹集资金，加快推进主要物流通道和节点项目建设，推广应用散粮运输装卸新技术新设备，湖北宜昌、广东东莞、福建福州、浙江杭州、陕西西安等地粮食现代物流设施建设发展迅速。

（二）粮食市场体系、统计体系和市场信息体系进一步完善。一是落实全国粮食市场体系建设"十一五"规划，加强全国统一粮食竞价交易系统建设，发展区域性、专业性和大中城市成品粮批发市场。截至2008年底，国家粮食交易中心达到18个，全国各类粮食批发市场达到553家。积极推进粮食联网竞价交易，实现全国联网的批发市场达到23家，成功完成了国家宏观调控政策性粮食交易任务，为应对国际市场粮价大起大落、稳定国内粮食市场发挥了重要作用。二是及时修订国家粮食流通统计制度，完善食用油和粮油加工业统计指标体系。认真开展社会粮食流通统计，做好粮食购销存月报、旬报和食用油、大米日报工作，完成社会粮食供需平衡调查。三是加强市场信息监测，努力提供及时、准确、全面的市场信息服务，为宏观调控提供依据。

（三）以粮食购销、加工企业为龙头的产业化经营稳步发展。一是推进国有粮食企业改革，以资本为纽带，开展跨地区兼并联合重组，向粮食生产和加工转化领域延伸，发展粮食产业化经营。目前，全国规模以上粮食加工企业11977家，其中国有粮食产业化龙头企业1324家。江苏、安徽、湖北等地将粮食产业发展纳入地方经济发展规划，安排专项资金对粮油精深加工和产业化项目予以贴息。二是积极争取对重点粮食产业化企业的贷款支持，截至2008年底，国家粮食局和中国农业发展银行重点支持的粮食产业化龙头企业 1684 家，在粮食收购、技术改造、基地建设等方面获得贷款 997.7 亿元。

（四）粮食仓储管理水平和粮食科技创新能力得到提高。一是积极加强粮食仓储管理，推行"示范库"、"千分制"和"星级库"等，规范粮食仓储管理。二是认真研究制定和组织实施新的小麦国家标准，在小麦主产省推广使用小麦硬度仪，以仪器检验代替感官判定，有效地保护了农民利益，深受广大农民欢迎。三是科技创新体系建设取得明显进展，在国家粮食局科学研究院等 9 个单位建立了国家粮食局工程技术研究中心。粮食数量动态检测、快速品质检测仪器、植物源杀虫剂新剂型、低温准低温储粮示范等研究取得阶段性成果。四是在全国继续成功举办粮食科技活动周，积极倡导科学膳食，推动主食工业化，促进居民科学健康消费粮油食品。

（五）农户安全储粮、"放心粮油"工程扎实推进。一是完成辽宁、山东、四川 3 省农户安全储粮试点专项，通过中央补助、地方配套和农户自筹的方式，为试点地区农户配置标准化储粮装具，推广科学储粮技术，起到明显减损效果和示范作用。二是继续大力开展"放心粮油"进农村、进社区工作，加强粮油质量监管和城乡营销服务网络建设。组织指导全国 150 多家粮油骨干企业，共同签署深入推进放心粮油工程确保粮油食品安全承诺书，促进企业保护消费者权益。

四、粮食依法行政能力和服务水平全面提高

（一）粮食流通监督检查工作深入推进。一是进一步加强全社会粮食流通监管工作体系建设，目前全国已有 29 个省（区、市）和 80% 以上的市、70% 的县级粮食部门设立了监督检查机构，经过培训获得执法资格的人员 2.5 万人。以粮食最低收购价政策落实情况为重点，组织开展专项检查活动 9 万多次，及时受理举报、核查涉粮案件，维护了正常的粮食流通秩序。二是制定粮食流通监督检查考核办法，修订监督检查行政执法文书，完善配套制度，建立了行政执法信息管理系统。积极推行行政执法责任制，改善执法条件，提高执法水平。三是粮食清仓查库工作继续加强。认真组织完成对 2008 年 3 月末全国国有粮食企业库存检查，在企业自查和省级复查的基础上，国家有关部门派出工作组对河北、辽宁等 8 省市进行督查和抽查。及时核查粮食库存，总结分析检查情况，提出解决问题的对策措施，并向国务院呈报专项检查报告。根据国务院关于在全国开展清仓查库的决定，在广泛调研和征求意见的基础上，拟定 2009 年全国粮食清仓查库工作实施方案、检查办法，做好实施准备工作。

（二）粮食质量监管工作全面展开。一是加强中央和地方储备粮质量监管，对中央储备粮进行质量卫生专项抽查，组织 25 个省级粮食部门对地方储备粮质量进行

抽查，完善了中央储备粮抽查扦样检验管理办法。组织152个质检机构对10个卫生检验项目的比对考核，检验能力得到进一步加强。完成316项国家粮油标准制修订工作，制订和发布粮食行业标准24项，小麦粉、食用调和油等标准制修订工作取得重要进展。二是继续开展收获粮食质量调查和品质测报，及时掌握新粮质量状况，为指导粮食收购发挥重要作用。

（三）推进粮食法治取得新进展。落实中央关于在本届人大提请审议的法律草案的决定，积极准备《粮食法》的研究起草工作。认真执行中央储备粮管理条例和粮食流通管理条例，修订粮油仓库管理办法、粮油仓储设施管理办法等规章和规范性文件。规范收购市场秩序，认真做好粮食收购资格审核工作。对419户企业进行了中央储备粮代储资格审核，目前全国具有中央储备粮代储资格的企业1997家，仓容规模9865万吨。

（四）积极开展对外交流与合作。成功举办中国国际榨油商大会、第8届国际储藏物气调与熏蒸大会，承担谷物与豆类国际标准化组织秘书处工作，在意大利主持召开谷物与豆类分技术委员会第33届年会，扩大了我国在国际粮食领域的影响力。加强国内外粮食物流、散粮汽车运输、稻谷烘干等技术的合作研究和推广。完成粮食仓储行业淘汰甲基溴的国际援助项目。

（五）引导社会舆论和市场预期。努力做好抗击严重自然灾害和北京奥运会期间的新闻宣传，通过新闻媒体积极宣传国家粮食政策，介绍粮食购销形势，新闻宣传工作取得新成效。开展全国爱粮节粮宣传周暨世界粮食日活动，为科学消费粮食营造良好氛围。

（据国家粮食局材料）

烟草行业体制改革

2008年，烟草行业在党中央、国务院及有关部门的坚强领导下，在地方党委、人民政府的大力支持下，全面贯彻落实党的十七大和十七届三中全会精神，深入学习实践科学发展观，进一步贯彻落实国办发〔2005〕57号文件，紧紧围绕"完善体制机制，优化资源配置，增强竞争实力，全面提升水平"的主要任务，全面建设"严格规范、富有效率、充满活力"的中国烟草，继续深化烟草行业体制改革，在直接从事卷烟生产经营的省级工业公司开展董事会建设试点，积极推动卷烟工业跨省联合重组等方面取得了新的进展，各项改革进一步深入，有力地促进了烟草行业的持续健康发展。

一、初步完成直接从事卷烟生产经营的省级工业公司董事会建设工作

继 2007 年在广东、浙江、湖北、湖南 4 家省级工业公司开展董事会建设试点的基础上，2008 年扩大董事会建设试点范围。广西中烟工业公司通过跨省联合重组实施了企业更名改制和董事会组建工作，江苏、陕西、河南、江西、贵州、安徽 6 家省级工业公司实施更名改制，研究制订了更名改制和董事会组建方案。截至 2008 年底，除山东中烟工业公司外，全行业直接从事卷烟生产经营的省级工业公司均已完成了更名改制和董事会建设的方案起草、章程的修改工作。

广东、浙江、湖北、湖南、广西中烟工业有限责任公司董事会，按照现代企业制度和国家烟草专卖局、中国烟草总公司规定，重点在品牌发展战略、投融资、预决算管理和内部用工分配、企业基本管理制度建设方面发挥作用，提升了企业的决策水平和管理水平，促进了企业依法经营，推进了企业基本管理制度建设。

二、积极推动卷烟工业跨省联合重组

进一步优化资源配置，推动卷烟工业跨省联合重组，国家烟草专卖局、中国烟草总公司制订印发了关于卷烟工业跨省联合重组工作的指导意见，明确了跨省联合重组的指导原则、参与跨省联合重组的企业和品牌、股权结构、重组企业法人治理结构、主要政策措施以及操作程序等，为指导卷烟工业跨省联合重组提供了原则依据和政策支持。2008 年，广东、广西中烟工业有限责任公司通过双向持股模式，实现了跨省联合重组；浙江中烟工业有限责任公司和甘肃烟草工业有限责任公司通过单向持股方式实施了跨省联合重组，推动了卷烟工业在更高层次、更高水平上的重组整合，提高了资源配置效率。

三、继续推动卷烟工业战略性重组整合

按照市场取向和资源优化配置的原则，红塔烟草（集团）有限责任公司与红河烟草（集团）有限责任公司昭通卷烟厂重组整合成新的红塔烟草（集团）有限责任公司；红云烟草（集团）有限责任公司与红河烟草（集团）有限责任公司红河卷烟厂、新疆卷烟厂重组整合为红云红河烟草（集团）有限责任公司。截至 2008 年底，全国有法人资格的卷烟工业企业已调整减少到 30 家。

四、推动烟叶资源配置方式改革

在坚持烟叶生产总量控制、综合平衡的前提下，把卷烟工业企业的需求作为烟叶生产、收购计划安排和布局调整的重要依据，研究制订了烟叶资源配置方式改革方案，坚持以卷烟工业企业需求为导向，充分发挥烟叶基地的载体功能，鼓励卷烟工业企业主动参与烟叶生产、收购和复烤加工环节，积极推动打叶复烤企业的联合重组，整合打叶复烤资源，提升烟叶复烤加工的专业化水平。

五、进一步理顺商业流通体制

上划甘肃省临夏回族自治州、甘南藏族自治州管理体制，取消甘肃省和政、康乐、永靖等三家县级烟草公司法人资格，与所在州烟草公司合并重组。截至 2008 年底，全国累计批复取消县级烟草公司法人资格 1690 家。

六、全面推广"按客户订单组织货源"的卷烟交易方式改革

"按客户订单组织货源"的卷烟交易方式，将烟草行业长期以来实行的自上而下的计划分配交易方式改变为自下而上、按照市场需求订货的交易方式。2007 年试点工作由三省三市扩大到 36 个重点城市，2008 年在全国范围内全面推广。卷烟工业企业主动融入，积极开展按订单组织生产，工商双方加强产销衔接和协同营销，"按客户订单组织货源"工作在全国推广。

七、深化中国烟草总公司直属专业化公司改革

对中国烟叶公司进行了更名改制；为了适应烟草行业战略投资的需要，对中国卷烟滤嘴材料公司进行更名、增资和职能调整，更名组建中国双维投资公司；进一步深化中国烟草国际有限公司改革，完善公司法人治理结构；进一步规范烤烟出口备货加工过程中废弃短梗、烟末的管理，严格规范专业性公司的经营范围。

（据国家烟草专卖局材料）

邮政体制改革

2008 年，国家邮政局认真贯彻落实胡锦涛总书记视察南宁邮区中心局重要指示精神，在党中央、国务院的正确领导下，按照国务院机构改革、邮政体制改革方案要求，以 2007 年工作为基础，乘势而上，积极稳妥推进改革，有效履行政府职能，全力开展抗震救灾工作，全力保障奥运安全，全力促进行业健康发展。

一、贯彻政府机构改革方案，把握改革新机遇

根据十一届全国人大一次会议通过的国务院机构改革方案，组建交通运输部，国家邮政局改由交通运输部管理。改革方案的实施，对于转变政府职能和理顺部门职责关系，切实加强社会管理，有效改善公共服务具有重要意义。同时，也为邮政业依托强大的综合运输体系，充分发挥整体优势和组合效率，实现健康发展带来了新的重大机遇。我局根据国务院的统一部署，在交通运输部的领导下，以转变政府职能、强化公共服务、巩固改革成果、加强能力建设为思路，研究提出了国家邮政局新的"三定"规定，并及时上报。同时加强与交通运输部的沟通、交流与衔接，与部政策、法规、规划、标准等部门建立了工作关系，打开了工作渠道。在具体工作中，部、局之间加强协调、通力配合、统一步调、推进工作开展，如：在有效协作下，灾后邮政恢复重建规划纳入国家整体重建规划，并作为基础设施专项规划的组成部分；联合开展了"依托大交通平台，加快邮政业发展"的专项政策研究等。

二、有效履行政府职能，促进邮政业健康发展

2007 年邮政实现了政企分开，重组后的国家邮政局独立运行，承担起邮政业的政府管理职能。2008 年，在发生雨雪冰冻、汶川地震灾害的严峻形势下，我局切实履行政府职能，继续坚持以改革为动力，以科学发展为目标，科学统筹救灾和行业发展工作。在工作中，我局注重角色定位与职能转变，坚持以法规促进发展，以规划引领发展，以政策扶持发展，以标准规范发展，以信息服务发展，以自律提升发展，以监管保障发展。加强邮政立法工作，邮政法修订工作取得重要进展，邮政法修订草案已经国务院常务会议审议通过并提请全国人大常委会审议，草案明确提出

建立快递市场准入制度、对外资的并购审查备案制度以及快件处理场所安全监管制度等。发布实施《快递市场管理办法》和《邮政普遍服务管理办法》。在全行业范围内开展邮政业"十一五"规划的宣贯工作，编制完成2008—2010年滚动规划、灾后邮政恢复重建规划，开展了长三角、珠三角区域快递规划的编制工作。下发了《关于协调税务部门落实快递营业税政策的通知》，编制完成《邮政业标准体系和2008—2010年标准化发展规划》，启动了《邮政普遍服务标准》的编制工作。开展邮政业投入产出调查，实施行业统计制度，加强行业运行监控，有效提供信息服务。积极推进中国快递协会的筹建工作。与公安、国家安全、工商等部门通力配合，联合下发了《关于切实加强寄递物品安全监管工作的通知》、《关于加强第29届奥林匹克运动会寄递物品安全工作的通告》，切实强化监管，确保邮政业寄递渠道和奥运会安全。成立了邮政业消费者申诉受理中心，开通了"12305"邮政业申诉专线，开辟申诉渠道，有效维护消费者权益。

三、加大工作力度，邮政主业、储蓄改革取得新进展

根据邮政体制改革方案，积极推动邮政主业和邮政储蓄改革，"两改革"取得新的进展。邮政主业改革，重点集中在三个方面。一是调整业务结构。大力发展账单、贺卡业务，拉动函件业务三年实现翻番；集邮业务抓住了奥运商机，全年业务收入增幅达60.6%；报刊业务发展速度加快；邮务类、速递物流类业务收入占总收入的比重进一步提高。二是优化邮政网络。增加自主航空和干线汽车运能，缓解京广线等重点线路的运邮压力；启用北京速递陆路邮件处理中心，压缩到京速递邮件时限；完善和推广邮区中心局管理扁平化、流程标准化和操作规范化改革；完成了在全国100多个重点城市的投递体制改革。三是企业内部重组。推动速递物流专业化经营改革，在194个城市实施了速递物流市县一体化、专业化经营和责任中心损益核算，提升专业运营质量与效率。邮政储蓄改革方面，邮政储蓄银行的各级分支机构已组建完成。经银监会批准，邮储银行陆续开办了小额贷款业务、银团贷款业务、理财业务和对公业务，同时面向服务三农，开办了小额质押贷款、小额信用贷款、代发粮补款等业务。邮储银行金融业务品种不断丰富，收益水平和抗风险能力稳步提高。

四、深化邮政改革，促进了行业又好又快发展

2008年，我国遭受了雨雪冰冻及四川汶川地震两场严重的自然灾害，邮政业直接经济损失超过12亿元。特别是汶川地震，造成邮政企业严重的人员伤亡和财产损

失，给正常邮政运营带来了巨大冲击。灾情发生后，在党中央、国务院的领导下，我局迅速启动了应急预案，成立抗灾领导小组，协调各方力量，有效组织全行业抗击灾害、恢复生产、灾后重建。在严峻形势下，我局科学统筹抗击灾害和行业健康发展两项工作，统一指挥，统一布局，形成合力，在全行业的共同努力下，保持了邮政业良好的发展态势，行业发展呈现出结构优化、质量提升、速度较快的特点。邮政业总体继续保持稳定增长，2008 年，全国邮政业务总量累计完成 1401.8 亿元，同比增长 15.5%；实现业务收入 960.2 亿元（不包括邮政储蓄银行收入），同比增长 14%，其中快递业务收入累计完成 408.4 亿元，同比增长 19.2%。增长速度均高于同期 GDP 的增速。实践证明，中央做出的邮政体制改革、政府机构改革的决策是完全正确的，邮政业发展的路径是清晰的，邮政业监管是有效的。改革为行业发展注入了活力，创造了机遇，使全行业焕发出新的生机；改革是我国邮政业应对新挑战、把握新机遇的关键抉择，是消除影响邮政业生产力发展的体制和机制障碍，实现邮政业又好又快发展的必由之路。

（据国家邮政局材料）

行政审批等领域体制改革

监察部对贯彻落实《关于 2008 年深化经济体制改革工作的意见》（以下简称《意见》）高度重视。《意见》印发后，我们立即对《意见》中涉及监察部的任务进行了认真研究，明确了责任主体和落实措施。对于监察部牵头抓的工作，切实发挥主导作用，搞好组织协调，集中力量推进；对于参与的工作，积极配合，通过监督检查，督促主管部门认真履行职责。

一、关于行政审批制度改革

2008 年 3 月，国务院撤销了行政审批制度改革工作领导小组。5 月，经国务院批准，建立了由监察部牵头，中央编办、发展改革委等 12 个部门和单位参加的行政审批制度改革工作部际联席会议制度。8 月，联席会议召开了第一次全体会议，明确了当前和今后一个时期行政审批制度改革的工作思路和主要任务。在深入调研的基础上，组织起草了《关于深入推进行政审批制度改革的意见》，明确了深入推进行政审批制度改革的指导思想、总体目标、主要任务、具体工作要求等。该文件已于10月由国务院办公厅转发。按照《意见》的部署和要求，一方面协调国务院机构改革中职能变化的部门做好审批事项的转移和衔接工作；一方面组织各部门、各直属机构对行政审批事项进行再次清理，为编制保留的行政审批事项目录做准备。同时，积极推广行政审批电子监察系统，督促有关地区和部门扩大网上实施行政审批的范围和内容，对行政审批项目的受理、承办、批准、办结和告知等环节实行全程监控、动态管理。全国多数省区市和中央国家机关一些部门建立了行政审批电子监察系统。广东、广西、天津、四川等省区市实现了电子监察系统省市县三级联网。

二、关于推行行政问责制工作

2008年年初，国务院把推行行政问责制的任务分解到监察部。监察部对这项工作十分重视，多次召开部长办公会和座谈会，专题研究推行行政问责制工作。2008年重点抓了两方面工作。一是研究制定推行行政问责制的相关文件和制度规定。对全国31个省区市和国务院62个部门和单位开展行政问责工作的情况进行深入调研，在总结行政问责实践和理论研究成果的基础上，起草了《关于推行行政问责制的意见》和《关于实行领导干部问责制的暂行规定》。《意见》明确了推行行政问责制的指导思想、基本原则、问责重点和工作要求等。该稿已经征求国内相关领域专家学者、相关单位领导和国务院有关部门的意见，在认真研究吸收各方面意见和建议的基础上作了进一步修改，待提交中央纪委书记办公会审议后，尽快报国务院，争取以国务院或国务院办公厅名义印发。二是加大责任追究力度。按照国务院的统一部署，对山西襄汾溃坝事故、三鹿牌婴幼儿奶粉事件等重大事故、事件认真开展调查，查明了事故、事件的原因，认定了事故、事件的性质。按照中央要求，会同有关方面对相关责任人员和领导人员实施了行政问责，显示了党和政府对人民群众高度负责的态度。

三、关于政务公开工作

2008年，围绕贯彻落实《政府信息公开条例》，组织开展了"政务公开宣传月"活动。督促地方和部门做好政府信息公开指南和公开目录的编制、修订工作。研究起草处理政府信息公开方面举报的制度规定。总结推行行政权力公开透明运行工作的经验和做法，组织12个省（市）全国政务公开示范点和先进单位开展学习交流。组织召开全国深化政务公开经验交流会，中共中央书记处书记、中央纪委副书记何勇出席会议并讲话，对深化新形势下的政务公开工作作出了部署，提出了要求。

此外，监察部积极配合有关主管部门抓好财政、投资、金融、国有资产经营管理、产权交易等项改革工作的落实。在工作中，我们注意充分发挥业务主管部门的作用，总结推广地区和部门工作中的有效做法和成功经验，及时掌握工作进展情况，针对存在的问题向有关部门提出改进工作的意见和建议。

（据监察部材料）

机关后勤管理领域体制改革

一、推进公务用车改革

2008 年，我局按照国务院领导同志的重要指示要求，严格中央国家机关公务用车管理，并积极推进改革工作。一是加强公务用车管理，严格车辆配置标准，压减公务用车规模。二是继续开展中央国家机关行政事业单位公务用车调查统计工作，进一步摸清底数，为研究公务用车制度改革提供依据。三是加强调查研究，在对国资委、审计署等 8 个中央部门和江苏、广东、山东等地方公务用车制度改革的模式、经验和存在的问题进行深入调研的基础上，研究起草了公务用车制度改革调研报告和中央国家机关公务用车制度改革的初步方案。

二、加强中央国家机关预算内投资管理

为规范中央国家机关预算内投资管理，着手抓了三项工作。首先，改进建设项目前期工作，我局编制了《中央国家机关建设项目前期工作规程（征求意见稿）》，围绕"需求—规划—项目库—计划—报建"这一主线，理顺前期流程，明确工作重点，合理安排投资，从根本上解决"三超"问题，努力提高中央国家机关投资计划管理水平。其次，我局在总结近年项目管理经验的基础上，着手抓了"阳光工程"的试点工作，会同代建、施工、监理、审计、检察等单位，签订各方共同参与的廉政责任书，把监督工作由招标投标扩展到项目管理的全过程、全方位，进一步加强项目管理的廉政建设。再次，为准确核定中央预算内资金形成的新增固定资产价值，及时办理固定资产交付使用手续，我局印发了《关于尽快编报竣工项目财务决算报告的通知》（国管办发〔2008〕44 号），推进了中央国家机关竣工项目决算管理工作。

三、建立土地有偿使用制度

为加强中央国家机关土地管理工作，探索实行中央国家机关办公用地、基础实施及事业单位用地有偿使用制度，我局积极配合国土资源部推进深化土地有偿使用制度改革工作，完善中央单位土地管理的相关制度，促进中央单位土地的节约集约利用，并协调财政部门，对中央国家机关有偿使用土地、办公用房安排相关费用列支科目，推进了中央单位土地有偿使用制度的落实。

四、健全节能减排体制机制

2008年，我局认真贯彻落实党中央、国务院的部署和要求，坚持以科学发展观为指导，以建设节约型机关为目标，以建立健全规章制度为保障，进一步健全了节能减排工作机制。一是起草了《公共机构节能条例（送审稿）》，国务院于8月1号颁布，并于10月1日起实施。组织编写了《公共机构节能文件汇编》和《公共机构节能条例释义》。二是建立节能公示制度，开展中央国家机关能耗月报统计工作，按月汇总中央国家机关100家单位的能源消耗情况，并按季度编发中央国家机关能源消耗情况，对各单位能耗情况进行通报。三是建立并实施固定资产投资项目节能评估和审查制度，制定了《中央国家机关建设节能设计评审管理办法》和配套标准。会同发展改革委项目评审中心完成2008年中央国家机关节水、冷库、锅炉节能改造项目投资评估和评审工作，落实了2008年政府机构节能工程投资。四是实行节能产品政府强制采购制度。认真落实节能产品清单制度，对节能产品清单中的空调、计算机、打印机等产品实行强制采购政策，对办公家具等非节能清单中的货物和服务采购，制定了节能产品加分的优惠政策，开展照明系统、空调和采暖系统、能源服务等节能产品和技术征集活动，公开选择优秀的节能产品技术和服务。

五、推进机关后勤体制改革

2008年，我局围绕深化机关后勤体制改革，推进机关后勤服务社会化，主要开展了四个方面的工作。一是会同中央编办赴四川、上海和深圳市进行了调研，了解地方政府机关后勤体制改革和机关后勤服务社会化进展情况。二是组织召开了部分省区市和副省级城市政府机关后勤服务社会化改革座谈会，听取地方政府机关事务管理部门对继续深化改革的意见和建议。三是组织召开了中央国家机关各部门机关服务中心主任座谈会，听取了推进机关后勤体制改革的意见和建议。四是对国务院各部门机关服务中心有关情况进行了分类汇总，研究起草了加快推进国务院各部门机关后勤服务社会化改革的意见（初稿）。

六、深化住房制度改革

2008 年，我局认真贯彻落实《中共中央办公厅、国务院办公厅转发建设部等单位〈关于完善在京中央和国家机关住房制度的若干意见〉的通知》（厅字〔2005〕8号），积极推进中央国家机关公务员住房保障制度建设，印发了《在京中央和国家机关新录用公务员周转住房管理办法》（国管房改〔2008〕88 号）和《中央国家机关住宅专项维修资金管理办法》（国管房改〔2008〕346 号），加大中央国家机关供热体制改革和住宅小区物业管理改革的研究力度，进一步推进中央国家机关住房制度改革工作。

（据国务院机关事务管理局材料）

2008 年中国经济体制改革报告
2008 NIAN ZHONGGUO JINGJI TIZHI GAIGE BAOGAO

▶地方篇

2008年各地经济体制改革进展综述

2008年，各地深入贯彻党的十七大精神，按照全国经济体制改革工作会议的总体部署，结合开展深入学习实践科学发展观活动和改革开放30周年纪念活动，以更大的力度推进改革，一些重要领域和关键环节的改革继续深入推进。

一、扎实推进，特点鲜明

一年来，各地经济体制改革工作扎实推进，呈现出鲜明的特点：

一是更加自觉地以科学发展观为指导。各地在制定年度改革意见、出台专项改革方案、执行重点改革任务、强化改革统筹协调、明确改革责任分工、加强改革督促检查等各方面，更加深入地贯彻落实科学发展观，着力构建有利于促进科学发展和社会和谐的体制机制。江苏、广东、广州等地还出台专门文件，编制科学发展的考核评价体系，完善检查考核机制，科学发展的制度体系建设迈出了重要步伐。江苏省出台了《关于加快转变经济发展方式的决定》、《关于进一步加强节能减排促进可持续发展的意见》、《关于建立促进科学发展的党政领导班子和领导干部考核评价机制的意见》、《关于建立科学发展评价考核体系的意见》、《关于切实加强民生工作若干问题的决定》、《关于调整分税制财政管理体制的通知》六个指导性政策性文件，为全面落实科学发展观、转变经济发展方式构建比较完善的制度体系。广东省大力推动政府管理创新，制定实施科学发展观评价指标体系及考核评价办法；出台《关于经济特区和沿海开放城市继续深化改革开放率先实现科学发展的决定》，进一步发挥经济特区的先行先试作用。广州市编制完成了《推动广州科学发展建设全省"首善之区"经济社会发展综合评价指标体系》。

二是改革的总体指导进一步加强。各地通过文件部署、会议推动和机构保障等不同方式，着力加强改革的总体指导和统筹协调。全国有20个省区市（含新疆生产建设兵团和计划单列市、副省级省会城市，下同）制定出台了年度改革要点或指导意见，对改革工作进行部署，明确工作重点，确定责任分工。其中，厦门市制定了2008—2009年深化改革的工作意见，山西省出台了2008—2010年深化经济体制改革的指导意见，云南省则是以省委、省政府的名义，发布了《关于进一步深化改革的决定》，提出了全省今后一个时期深化改革的目标任务，并按照《决定》制定

地方篇

出台了《云南省 2008 年深化改革意见及任务分解》。改革任务分解落实到相关职能部门后，各地还采取多种措施，强化了改革的跟踪督促和检查考核。北京市发展改革委会同相关责任单位研究制定了《北京市 2008 年重点改革任务实施方案》，明确工作安排和时间进度，并通过催报检查、督查调研、重点检查等多种形式，加强督促落实，确保了各项重点改革任务的顺利实施。吉林省由省改革联席会议办公室牵头，会同省水利厅、财政厅、劳动保障厅等部门对全省 8 个市（州）的水管单位、省直水管单位以及部分县（市、区）水管单位进行了改革验收，取得了良好成效。

三是依托省级综合配套改革试点推进重要领域和关键环节改革。国家确定上海浦东新区等 7 个地区开展综合配套改革试验后，一些地区也从当地实际出发，陆续开展了省级综合配套改革试验。到 2008 年底，已有 22 个省区市（含新疆生产建设兵团和计划单列市、副省级省会城市，下同）开展了省（市）级综合配套改革试验工作。其中，北京市在总结中关村科技园区成立 20 周年经验基础上，拟定了中关村自主创新综合配套改革总体方案；浙江省开展了三大省级综合配套改革试点，一是杭州综合配套改革试点，二是嘉兴、义乌统筹城乡综合配套改革试点，三是温州、台州民营经济创新发展综合配套改革试点；安徽省启动合芜蚌自主创新综合配套改革省级试验区建设；山东省委、省政府下发《关于开展深化经济体制改革试点工作的意见》，综合配套改革试点工作涉及全省 4 个市、7 个县（市、区）、10 个镇、2个开发区；河南省选择郑州、开封两市开展统筹区域协调发展综合配套改革试验，选择郑州、洛阳、开封、鹤壁和固始县开展服务业综合改革试点；贵州省支持毕节"开发扶贫，生态建设"试验区和安顺多种经济成分共生繁荣试验区进一步推进改革；云南省选择昆明市、红河州开展省级综合改革试点。山西、安徽等地开展了统筹城乡综合配套改革试点，四川省除成都市列为国家级统筹城乡综合配套改革试验区外，还选择德阳、自贡、广元三个市开展省级统筹城乡综合配套改革试点。

四是结合开展改革开放 30 周年纪念活动推进改革。2008 年是改革开放 30 周年。按照中央的统一部署，各地开展了各种形式的纪念活动。通过各种纪念活动，回顾历程、展示成就、总结经验、分析形势、展望未来，坚定了各地干部群众进一步深化改革的信心和决心。一些地方在开展纪念活动的同时，开展改革重大问题研究，着力深化重点领域和关键环节改革。如安徽省发改委结合省情和工作重点，开展了城乡一体化、自主创新、财金体制改革等方面的重大问题研究，撰写了《内生动力与中部崛起——安徽在中部崛起中增强发展动力的思路与对策》、《深化农村综合改革研究——以安徽为例》、《中部崛起进程中的城镇化问题研究——以安徽为例》等研究报告。安徽省发改委还组织研究、出版了 40 多万字的《中国农村改革30 年》，通过总结以安徽为重点的全国农村改革，提出了继续深化农村改革的基本思路。

　　五是一些地方开始通过立法来保障和促进改革开放工作。由西安市人大常委会制定、并经陕西省人大常委会批准的《西安市改革创新促进条例》于 2008 年 6 月 1 日起施行。由重庆市市人大常委会 2008 年 11 月 27 日通过的《重庆市促进开放条例》于 2009 年 1 月 1 日起施行。此前,《深圳经济特区改革创新促进条例》已于 2006 年 7 月 1 日起施行。此外,《武汉城市圈改革试验促进条例》、《沈阳市改革创新促进条例》已分别列入湖北省、沈阳市人大常委会立法计划。

二、奋力攻坚,重点突出

　　一年来,各地围绕中央确定的经济体制改革重点任务,奋力攻坚,各领域改革取得突出进展:

　　一是农村改革全面深化。包括乡镇机构改革、农村义务教育经费保障机制改革和县乡财政管理体制改革在内的农村综合改革全面推进。农村基本经营制度不断完善,集体林权制度改革全面推开,农业技术、经营和金融服务体系更加健全。一些地方积极探索统筹城乡发展、推进城乡一体化改革试点。广东省出台了《关于深化征地制度改革的意见》,开展了县政府驻地行政区划管理体制改革,珠江三角洲地区将城镇化的农村地区居民统一转为城市户口。北京市发布了《关于率先形成城乡经济社会发展一体化新格局的意见》,确定海淀、通州、密云作为全国农村社区建设实验区(县),在其中选取 193 个社区进行农村社区服务站建设试点。湖北省进一步推进农村公益性服务"以钱养事"新机制,2008 年省级财政按照农业人口人均 15 元的标准安排政策性转移支付资金 6.13 亿元。宁夏回族自治区在全国率先完成了化解乡镇债务和义务教育"普九"债务的任务。南京市按照"先易后难、以点带面、因地制宜、稳步推进"的思路,积极稳妥地推进村集体资产股份制改革,已完成农村集体资产股份制改革 153 个,量化集体资产价值 7.9 亿元,量化山地山林水面 1540 多公顷,农民享受股份分红和各项福利近 6500 万元。

　　二是国有企业改革进一步推进。国有大中型企业联合重组步伐加快,困难企业关闭破产工作规范推进,国有企业负责人经营业绩考核制度进一步健全。河北省国有大型企业战略性重组迈出重大步伐,河北钢铁集团、冀中能源集团挂牌成立,高速公路建设集团正式组建,兴隆矿务局由开滦集团托管。辽宁全省应改制的 61 户国有大型企业中,共有 55 户通过引入战略合作伙伴、实行合并重组等方式,实现了改制重组,占应改制企业总数的 90%。上海市颁布了《关于进一步推进上海国资国企改革发展的若干意见》以及《关于进一步规范和完善市管企业法人治理结构的意见》、《关于市管国有企业董事会选聘经理人员的意见》等 4 个配套文件,明确提出将进一步提高上海经营性国有资产的证券化比例、逐步取消企业和企业领导人员的行政级别、企业领导人员不再保留公务员身份等新要求。江西省决定,通过实施"四个一批"(即:下放一批省属国有企业国有资产经营管理权、股权多元化改革裂变扩张一批集团公司、重组整合发展壮大一批集团公司、破产退出放开搞活一批企业),切实做到"三个确保"(即:确保职工利益不受侵害、确保国有资产不流失、确保社会和谐稳定),力争用2008、2009两年时间基本完成省属国企改革任务。

三是非公有制经济发展的政策环境进一步改善。许多地区出台政策意见和具体措施,积极促进非公经济优化产业结构和发展方式有效转变,并在数量、规模、结构和效益方面迈上新台阶。北京市制定了市政府支持和引导非公有制经济发展的分工方案,设立了中小企业创业投资引导基金,成立了我国首个省级中小企业协会,并在全国率先创立了北京中小企业信用再担保公司。天津市出台了《关于优化商务环境加快民营经济发展的意见》。河北省政府召开了推进全民创业加快民营经济发展电视电话会议,省直部门制定了18个相关配套文件,省内首家全面扶持创业的一站式服务平台石家庄创业指导中心成立。云南省出台了《云南省人民政府关于加快中小企业发展的若干意见》,并将配套实施2008—2012年全民创业和非公经济发展两个行动计划。

四是市场体系建设继续推进。土地和矿产资源的市场化配置机制进一步完善,城乡市场体系加快健全,重要资源价格改革力度加大。四川省经营性土地和工业用地使用权出让比例达到100%,以招拍挂方式出让探矿权、采矿权成交款7.7亿元,征收矿产资源补偿费1亿多元。宁夏回族自治区积极探索推进农村土地承包经营权流转的机制,按照依法、自愿、有偿的原则,在平罗县、灵武市、泾源县开展了土地信用社试点工作,全区土地经营权流转面积达65万亩。内蒙古自治区推进电力多边交易市场建设,从内蒙古电力工业发展的客观需要和内蒙古电网特有的体制、运营机制出发,设计了涵盖区外电能交易、发电权交易、大用户直购电交易等多种交易方式和交易品种。福建省稳步推进公共资源市场化配置改革,省市两级共482项公共资源项目实现市场化配置。广州市推行城市公交、出租车行业特许经营和招投标,全市422条常规日班公交线路均实行特许经营。

五是财政体制改革进一步深化。部门预算、收支两条线管理、国库集中支付、公务卡等预算管理体制改革积极推进。一些地方对省以下财政管理体制改革进行了积极探索。北京市完善市与区县分税制财政管理体制,让渡市级财力,区县收入占全市收入比重由43%调高到50%,在中关村开展了政府向社会组织购买公共服务试点,实行行政事业单位国有资产处置进场交易制度。《河北省省以下政府间财政支出责任划分改革试点的意见》印发执行,首批试点共涉及公共安全、民族宗教事务等12类47项具体支出责任划分,涉及资金调整近16亿元。内蒙古自治区制定跨省市总分机构企业所得税分配办法，从制度上解决了"总部经济"带来的企业所得税转移问题。江苏省按照突出科学发展导向、体现财力向下倾斜、公平与效率相统一的原则，调整分税制财政管理体制。贵州省按照"渠道不乱、用途不变、优势互补、各记其功"的原则，坚持"以县为主"，推进支农资金整合试点。青岛市按照"财事统一、权责对应，立足发展、鼓励增收"的原则，建立了市与区市新的财政体制框架。

六是社会领域改革稳步推进。教育、卫生、文化体制改革取得新进展，公共就业服务制度更加健全，社会保障制度改革深入推进。一些地区在农村养老保险、农民工保险、住房保障制度等方面进行了积极探索。北京市发布实施《北京市城乡无社会保障老年居民养老保障办法》，这是全国第一个统筹城乡、标准一致的福利性养老保障制度。南京市出台了《南京市新型农村社会养老保险办法》，首批 30 万农村居民参加。吉林省制定了《关于开展农村独女户夫妇养老保险试点的指导意见》，在全国率先启动试点。宁波市全面推行外来务工人员社会保险的"宁波模式"，2008 年底外来务工人员参加五大社会保险人数为 96.6 万人，同比增加 1.7 倍，其中参加外来务工人员"社保套餐"人数为 58.8 万人。杭州市在全国首推"先租后买"和"租售并举"制度，解决两个"夹心层"住房难问题。对不符合廉租住房条件，又暂无力购买经济适用住房（夹心层 1）的困难家庭，采用"先租后买"（租经济租赁房，有条件再买经济适用房）和"租售并举"（首付 30% 后，租经济适用房，5 年内买下）两种方式解决住房；对不符合经济适用房条件又暂无力购买商品住房（夹心层 2）的困难家庭，采用租赁方式解决住房。

三、积极探索，亮点纷呈

一年来，一些地方结合自身实际，在行政管理体制改革、公务用车改革、旅游业体制改革、构建有利于技术创新和节能减排的体制机制等方面开展探索，呈现诸多亮点：

一是行政效能建设成绩突出。湖南省在全国率先颁布实施《湖南省行政程序规定》，首开国内第一家省政府英文门户网站。云南省全面实施行政问责等四项制度，进一步强化行政责任，规范执政行为和公务员职业操守，提高政府的执行和公信力。宁夏回族自治区银川市借鉴企业"扁平化"管理模式，市直 55 个党政群机关、承担行政管理职能的直属事业单位全面实施扁平化管理。新疆维吾尔自治区阿勒泰地区在全国率先出台并施行了《县（处）级领导干部财产申报规定（试行）》，财产公示制度改革进入探索阶段。厦门市加强政府绩效考评工作，开发了绩效管理应用软件，制定了《厦门市政府及其部门绩效管理工作制度》和《厦门市政府及其部门绩效评估制度》；出台了《厦门市规范行政处罚自由裁量权规定》，进一步规范行政自由裁量权工作。武汉市整合了市长专线电话等64条非应急公共服务热线，开通运行公共服务"一号通"信息管理平台；推进公交、水、电、气等收费"一卡通"工程。

二是省直管县和扩权强县改革试点继续推进。海南省委出台《中共海南省委关于进一步完善省直管市县管理体制的意见》，决定赋予市县地级市的行政管理权，把市县能办的事交给市县。省政府直接下放行政管理事项177项，省人大常委会修改有关法规向市县下放20项管理权。安徽省在宁国等12个县（市）开展扩大县级管理权限试点的基础上，又将蒙城等18个县（市）列为第二批扩大经济社会管理权限试点县。重庆市启动两轮扩权改革，对万州等六区、主城九区和其他区县分别下放行政权限203项、142项和194项。陕西省将政务信息直报点扩大到15个扩权县，确保扩权县信息畅通。

三是积极开展公务用车改革试点。宁波市除象山、奉化还在完善方案之外，其他县（市）区都进行了公务用车管理制度改革试点工作。车改后，公车由3516辆减少到1326辆；驾驶员由2224人减少到688人；经费由31965.8万元减少到8134.9万元。哈尔滨市市直17个单位进行了车改试点，试点单位有计划、有步骤地开展了公车收缴、驾驶员安置、公务交通费发放等工作。杭州市决定，按照"整体推进，分步实施"的思路，三年之内完成市级机关公车改革。《杭州市市级机关公车改革方案》已由市委财经领导小组审议通过。

四是一些地区重点启动旅游业体制改革。湖北省以推进文化、旅游等社会领域改革为重点，全面推进鄂西生态旅游圈改革发展，与武汉城市圈形成"两圈"互动、双轮驱动的全省区域协调发展格局。海南省重点推进海南国际旅游岛建设。国务院批复同意海南实行更加开放的旅游政策，在旅游产业发展方面先行先试，在海口、三亚、琼海、万宁四市各开办一家市内免税店。海南省委、省政府出台了《关于加快推进国际旅游岛建设的意见》，发布了《海南国际旅游岛建设行动计划》，组织编制了《海南国际旅游岛规划纲要》。云南省编制并上报了《云南省旅游产业发展和改革规划纲要》，选择了保山市腾冲县、玉溪市抚仙湖——星云湖、大理苍洱地区为云南旅游产业发展和改革的综合试点地区，世博集团作为企业综合改革试点单位，先行先试，为全面推进旅游产业发展和改革积累经验。

五是一些地区探索构建有利于技术创新的体制机制。广东省加快实施自主创新战略，出台《广东省自主创新规划纲要》、《广东省建设创新型广东行动纲要》等一系列政策文件。大力推进以企业为主体、产学研相结合的技术创新体系建设，全省省级重点实验室达到101家。启动企业科技特派员行动计划。加大对科技型中小企业的扶持力度，建立广东科技型中小企业贷款担保风险准备金。杭州市设立杭州市创业投资引导基金，建立和完善了引导基金银行托管方案等配套政策。设立杭州市创业投资服务中心，分投资服务区、融资服务区和中介服务区。专门设立了创业导师工作室，为大学生创业提供辅导。

六是一些地区探索构建有利于节能减排的体制机制。北京市建立污染减排重点措施的定期调度制度，将主要污染物减排指标完成情况纳入区县环境保护目标管理考核，出台《北京市区域污染减排奖励暂行办法》，积极培育能源审计、节能评估、合同能源管理等中介服务机构，成立市环境交易所。河北省出台了在子牙河水系主要河流实行跨市断面水质目标责任考核并试行扣缴生态补偿金的政策，在全国率先试行跨界断面水质与财政挂钩的生态补偿机制，已从子牙河流域的石家庄、邯郸、邢台、衡水、沧州等市扣缴生态补偿金1190万元。福建省在全国率先建立了江河下游地区对上游地区森林生态效益补偿制度。宁波市下发了《关于要求开展排污权交易试点的通知》，确定在余姚、镇海开展试点。同时做好排污许可证的发放工作，已发放排污许可证687家。

北京市经济体制改革

为深入贯彻落实科学发展观，促进首都经济社会又好又快发展，北京市委、市政府高度重视改革工作，制发了《关于2008年推进重点改革任务的意见》（京发〔2008〕11号）。一年来，市有关部门和相关责任单位加强研究谋划，把握改革节奏，强化协同配合，积极推进各项重点改革任务的落实。一是区分情况，分类推进。将改革任务分为研究类、试点类、实施类，实行分类推进。二是统筹协调，形成合力。充分利用市改革联席会议制度平台，探索更高层次上的合作模式，整合各部门的改革力量和资源，强化沟通协作，共同推进改革。三是加强督促，推动落实。市发展改革委会同相关责任单位研究制定了《北京市2008年重点改革任务实施方案》，明确工作安排和时间进度，并通过催报检查、督查调研、重点检查等多种形式，加强督促落实，确保了各项重点改革任务的顺利实施。2008年，我市重点改革任务总体完成情况较好，十大改革任务所涉及的79项具体改革项目基本完成。尤其在财政管理体制、自主创新体系、奥运保障体系、城乡一体化、社会建设及改善民生等一些重点改革领域取得了新进展。

一、以财政管理体制改革为重点，行政管理体制改革不断深化

研究差异化安排区县政府投资支持机制，政府投资重点继续向郊区倾斜。完善市与区县分税制财政管理体制，不断加大对生态涵养发展区、城市南部地区的转移支付力度，支持新农村和新城建设。让渡市级财力，区县收入占全市收入比重由43%调高到50%，统筹发展能力进一步增强。引入竞争机制和专家评审机制，创新专项财政转移支付分配制度。积极建立区县合作的财税激励及共享机制，构建金融后台服务区发展的财政协调机制。非税收入收缴管理改革全面推进，不断扩大收缴范围，纳入改革的收费项目达207个。政府购买服务机制逐步建立，在中关村开展了政府向社会组织购买公共服务试点，探索政府购买社区服务机制。稳步扩大政府采购规模，发挥政府采购政策功能，建立政府强制采购节能产品制度，促进节能减排实施。建立对自主创新产品政府首购、订购制度和政府采购进口产品审核制，鼓励自主创新。行政事业单位国有资产管理进一步规范，印发《行政事业单位国有资产出租、出借、对外投资、担保管理暂行办法》。全面启动行政事业单位资产动态管理工作，将资产动态管理系统数据作为编制资产购置预算的基础，强化资产管理与预算资金管理的衔接。实行行政事业单位国有资产处置进场交易制度，确定北京产权交易所作为实施行政事业单位国有资产产权交易的主要机构。

政府管理体制继续完善，研究制定了有关行政管理体制改革、市政府机构改革、精简与规范市政府议事协调机构和临时机构等方面文件。教育、体育等领域事业单位管理体制改革试点工作有序推进。出台《北京市信息公开工作考核办法（试行)》，制定下发公共企事业单位信息公开实施办法，组织公共企事业单位信息公开工作试运行，促进办事公开。取消劳动争议仲裁费等9项行政事业性收费。深化全程办事代理制，2008年，全市通过全程代办行政许可、审批和服务事项共200多万件，较承诺办理时限压缩31%。

二、以增强自主创新能力和健全节能减排机制为重点，经济发展方式加快转变

总结中关村科技园区成立20周年经验，修订完成《中关村科技园区条例》，拟定中关村自主创新综合配套改革总体方案。继续做好中关村百家创新型企业试点，研究提出中关村百家创新型企业的科技投入统筹机制。逐步深化中关村科技园区非上市股份公司股份报价转让试点，已有76家企业参与，其中已挂牌企业和正在备案

企业 54 家，较 2007 年增加了 26 家。继续推进中小企业信用贷款试点，截至 12 月，共签订信用贷款合同 59 笔，贷款总额 4 亿元。开展科技保险试点，截至 12 月，已有 109 家企业与 4 家试点保险公司签署协议，收取保费 1707 万元，发放保费补贴 562 万元，保额达 70 亿元。继续推进知识产权质押贷款试点，设立专项补贴资金。积极促成交通银行北京分行和北京银行推出知识产权质押贷款产品，累计向 35 家企业发放 44 笔知识产权质押贷款 3.4 亿元，补贴 930 万元。

完善节能减排机制，初步建立污染减排重点措施的定期调度制度。将主要污染物减排指标完成情况纳入区县环境保护目标管理考核，作为对领导干部综合考评的重要依据，实行减排问责制和"一票否决"制。出台《北京市区域污染减排奖励暂行办法》，鼓励各区县政府和市有关部门积极采取措施削减污染物排放总量。积极培育能源审计、节能评估、合同能源管理等中介服务机构，引导市场力量推动节能减排。启动十个远郊区县再生资源回收体系产业化发展建设工作。成立市环境交易所，为建立碳交易平台创造条件。

三、以健全奥运市场保障体系为重点，市场体系进一步完善

市场保障体系加快健全，制定了奥运期间本市生活必需品供应保障方案和市场供应管理方案，完善药品追溯工作方案，制定发布《北京市部分重要商品及服务临时价格干预措施实施方法》及奥运期间价格调控、监管、监测工作预案，建立与周边省市的沟通协作机制，确保了奥运期间市场供应的平稳有序。金融体制改革进展顺利，发布了《关于促进首都金融业发展的意见》，明确了金融产业"一主一副三新四后台"功能布局。成立北京股权投资基金协会，重点服务在京注册的各类股权投资基金及其管理企业和有关中介机构。国有资产重组改制稳步推进，推进一级企业的调整重组，促进国有资本向优势行业、优势企业集中，直接出资企业由 74 户减少到 53 户，具备条件的二三级国有企业改制面达到 95%。北京汽车工业控股有限责任公司与北京兴东方实业有限责任公司改制重组工作顺利启动。通过建立上市企业项目库、鼓励和支持一级企业上市改制等方式，推进市属国有企业的上市和重组再融资。出台《北京市企业国有资产评估管理暂行办法》，加强国有资产管理。非公经济发展环境进一步优化，制定市政府支持和引导非公有制经济发展的分工方案，设立中小企业创业投资引导基金，成立了我国首个省级中小企业协会，并在全国率先创立北京中小企业信用再担保公司。

四、以城乡一体化为重点，农村综合改革全面深入

制发《关于率先形成城乡经济社会发展一体化新格局的意见》，推进城乡一体化发展。农村市场体系加快完善，出台《关于引导和鼓励金融机构支持社会主义新农村建设的意见》，在信贷、保险、担保、投资、信用等方面进行了创新。成立政策性农业投资公司。12月10日，我市第一家以北京银行为独立法人的新型金融机构——村镇银行在延庆挂牌开业，另一家在密云的村镇银行正积极筹建。修订政策性农业保险条款和费率，承保险种由10个扩大到16个。在全国率先对种植小麦、牧草的农户实行生态补贴政策。全市正式登记注册的农民专业合作社达到2136个，已覆盖种植、养殖及农产品销售、加工等多个领域。

深化乡村集体经济产权制度改革，建立改革台账制度并加强指导培训，在具备条件的地区加快推进乡村集体经济产权制度改革步伐。研究起草《北京市农村集体建设用地使用权流转扩大试点的指导意见》和《北京市征地多元化补偿安置指导性意见（征求意见稿）》，加大农村土地制度改革力度。启动区县合作机制，研究出台《关于推动区县合作促进生态涵养发展区协调发展的意见》。深化集体林权制度改革，制定《中共北京市委、北京市人民政府关于推进集体林权制度改革的意见》，确定23个具有代表性的乡镇作为推进集体林权制度改革试点。积极推进配套措施建设，编制全市林地保护利用总体规划，丰台区、延庆县已完成规划编制工作，取得良好效果。筹建国家级综合性林权交易平台——中国林业产权交易所，推进林业产业发展。稳步开展乡镇机构改革试点工作，确定朝阳、门头沟、顺义、大兴、怀柔、延庆等6个区（县）的12个乡镇作为乡镇机构改革试点。进一步推动农村社区建设试点，确定海淀、通州、密云作为全国农村社区建设实验区（县），在其中选取193个社区进行农村社区服务站建设试点。积极探索城乡结合部改革工作，在昌平区东小口镇开展城乡结合部地区综合配套改革试点。

五、以完善社会保障制度为重点，社会体制改革稳步推进

进一步完善医疗保障制度，将在劳动年龄内未纳入医疗保险体系的城镇居民纳入参保范围，实现城镇居民大病医疗保险制度的全覆盖。建立并实施城乡无社会保障老年居民养老保障制度，并对本市90周岁以上的老年人发放高龄津贴；实施《北京市城乡无社会保障老年居民养老保障办法》，这是全国第一个统筹城乡、标准一致的福利性养老保障制度，是我市养老保障制度建设的重大突破，填补了制度空白，标志着我市社会养老保障制度实现了城乡居民的全覆盖。积极探索养老模式，

起草《北京市给予社会力量兴办养老服务机构建设资金支持试点方案》，在城八区和房山、顺义区共 10 个区开展居家养老服务统一试点，探索居家养老服务运作模式和工作机制。开展无保障老年人和低保人群社区首诊制试点，初步确定了社区首诊、双向转诊的改革方案。出台各类保障性住房的具体管理办法，强化对保障性住房的监管。建立"零就业"家庭帮扶长效机制，消除零就业家庭 793 户，实现动态归零。加强社会建设和管理，出台《北京市加强社会建设实施纲要》，构建起社会建设的基本框架。建立了社会组织分类管理、分级负责的管理体系。开展街道社区服务中心体制改革试点，完善社区服务体制。制定社区和社区工作者管理办法，规范对社区服务站和社区工作者的管理。

天津市经济体制改革

2008 年，天津市在市委市政府的坚强领导下，全面贯彻党的十七大和十七届三中全会精神，高举中国特色社会主义伟大旗帜，以邓小平理论和"三个代表"重要思想为指导，深入贯彻落实科学发展观，认真落实胡锦涛总书记"两个走在全国前列"、"一个排头兵"的重要要求和对天津工作的重要批示精神，按照市九次党代会部署和"一二三四五六"的奋斗目标和工作思路，求真务实，锐意进取，坚持重点突破与整体创新相结合，坚持经济体制改革与其他方面改革相结合，坚持解决本地实际问题与攻克面上共性难题相结合，着力消除制约经济社会发展的体制性障碍，取得了积极进展。除在国家有关部门的指导和支持下，做好滨海新区综合配套改革试验工作外，一些重点领域的改革也取得了新的进展。

一、政府管理和城乡规划体制改革迈出新步伐

政府管理体制改革方面。行政许可服务中心功能不断健全，行政审批效率继续提高。累计有 80 多个市级部门和近 1000 个事项进入市行政许可服务中心，市级集中审批率达到 95％，审批工作日平均由集中前的 23.7 天减少到 7.7 天。2008 年 5 月出台了《关于进一步完善中心城区"两级政府、三级管理"体制的意见》（津党发〔2008〕6 号）和七个实施细则，按照合理划分事权、管理重心下移、事权与财权相匹配的原则，下放了中心城区建设项目规划管理权，适度下放土地整理权及物业企业资质审批权限，扩大辖区建设项目管理范围，加强市容属地管理，适度下放

市政设施养护管理权限，调整投资项目管理方式，增加区级财政收入，强化街道管理服务职能。

城乡规划管理体制改革方面。为了从根本上解决城乡规划工作中存在的中心城区规划管理权限过于集中，城乡规划体系不够完善，专业规划与总体规划衔接不够紧密，规划设计整体水平有待提高等问题，2008 年 7 月份，市委、市政府下发了《关于深化城乡规划管理体制改革的意见》和《天津市城乡规划管理体制改革方案》。按照统一规划、整体实施，分级管理、分类管理，放而不乱、管而有序的原则，合理调整了城乡规划管理机构、职能和事权，强化市规划局的宏观管理和监督检查职能，加强规划分局、区县规划局实施性的规划管理职能，强化市相关部门组织编制专业规划的职能，充分发挥区县和相关部门的积极性，促进城乡一体化发展。

二、国企改革和民营经济发展取得新进展

国资监管体制和国企改革方面。完善了市区两级国有资产监管体系，委托监管的 32 家企业纳入市国资委直接监管。2008 年完成国有企业改制 62 户，累计完成 3479 户，改制面达到 92.5%。通过改制，引入社会资本 490 亿元，国有资本放大功能得到了一定发挥。建立和实施了困难企业退出市场机制，2008 年完成企业破产审批 102 户，涉及资产总额 47.25 亿元，职工总数 7.84 万人，全部职工得到妥善安置。

发展民营经济方面。民营经济发展环境不断改善，经营领域不断拓展。2008 年，新注册民营企业 1.7 万户，占新注册各类所有制企业的 93%；新增注册资本金 1050 亿元，高出往年两倍以上，新增从业人员近 10 万人；民营经济纳税 360 亿元，增长 2 倍以上；实现增加值 2400 亿元左右，增长近 1 倍；占全市经济总量的 39%，同比提高 8 个百分点。出台了《关于优化商务环境加快民营经济发展的意见》（津政发〔2008〕90 号），推出了减轻企业负担新举措，大大降低了企业成本。

三、社会事业改革发展取得新进步

与教育部共建职业教育改革试验区取得实质性进展，中小学公用经费定额标准进一步提高，家庭困难学生资助政策体系继续完善。推出 8 项医疗卫生改革重要措施，18 项免费公共卫生服务扩展到农村。统筹城乡的社会保障体系基本建立，基本养老、医疗、失业、工伤、生育保险参保人数不断增加。建立了城镇居民基本医疗保险制度。新型农村合作医疗制度实现全覆盖，实施了农村社会养老保险制度，制定了农民工医疗工伤保险综合费率政策。两次提高城乡低保和特困救助标准，建立

了基本生活必需品价格上涨与困难群众生活补贴联动机制。出台了住房保障规划和4项管理办法，为13万户中低收入家庭提供了住房保障。实施了18项增加居民收入的政策措施，提高了最低工资标准，城乡居民收入实现了较快增长。

河北省经济体制改革

2008年，河北省认真学习贯彻党的十七大和河北省委七届三次全会精神，深入贯彻落实科学发展观，按照河北省委、省政府对经济体制改革的总体部署，解放思想，锐意进取，扎实推进，重点领域改革取得了积极进展。

一、行政管理体制改革成效明显

大力削减行政审批事项，对省本级实施的985项行政许可项目逐项进行了清理审核，保留564项，削减421项，削减率达到43%。行政事业性收费项目停收、取消和转为经营性收费和降低收费标准108项，减少行政事业性收费24.8亿元。出台了《河北省行政机关首问首办负责制度（试行）》，公开办事、便捷服务的各项制度进一步完善。为促进曹妃甸加快开发建设，省委、省政府批准成立曹妃甸新区，积极探索新的管理体制。为突破发展瓶颈，促进开发区创新管理体制，做大做强，出台了《关于促进开发区（园区）又好又快发展的指导意见（试行）》，并在6个开发区（园区）进行了市场化运作和利用未利用地试点。

二、国有企业改革取得新突破

国有大型企业战略性重组迈出重大步伐，河北钢铁集团、冀中能源集团挂牌成立，组建了高速公路建设集团，开滦集团顺利托管兴隆矿务局。股权多元化改革继续深化，秦港集团、井陉矿务局完成股份制改造，路桥集团三个分公司改制为国有控股、自然人或法人参股的股份公司。物流集团与美国摩根大通达成投资合作意向，内部清产核资结束，宝硕集团与新希望集团签订破产重组战略协议，解决了债务危机。河北宣工股权分置改革完成，标志着我省地方国有控股上市公司所含国有股权全部取得流通权。煤炭企业政策性破产工作接近收尾，河北省列入国家政策性破产计划的23户省属煤炭企业累计破产终结21个。省直厅局属企业改革工作基本完成，市县属国企新完成改制退出 142 户。国有资产监管体系进一步完善，制定了《综合绩效评价实施细则》等一系列规范性文件。新的经营业绩考核办法印发执行，任期经营业绩考核制度正式启动。国有资本经营预算制度基本建立，收取 2007 年省级国有资本经营收益 2.1 亿元。在金能集团、省国控公司和唐钢集团继续推进企业全面风险管理试点，取得较好效果。

三、非公有制经济发展环境进一步改善

大力推动全民创业，省政府召开了推进全民创业加快民营经济发展电视电话会议，对全民创业工作进行再动员再部署，省直部门制定了 18 个相关配套文件。河北省首家全面扶持创业的一站式服务平台石家庄创业指导中心成立。加大对 50 个重点中小企业产业集群的指导、扶持和服务力度，总结提出了推进专业化分工协作的 5 条途径和 8 项措施。通过融资项目对接、小额贷款等方式，积极拓展企业融资渠道，努力缓解中小企业融资难题。加大推进担保体系建设力度，全省各级各类担保机构达到 282 家，其中资本金过亿元的 20 家，担保资本金总量达到 85 亿元。组织开展银、保、企融资项目对接，帮助民营企业、中小企业解决贷款 120 亿元。社会化服务体系进一步健全和完善，创业辅导基地建设成效明显，全年新增 46 个，总数达到 186 个，新建和改造标准厂房 640 万平方米，累计孵化企业 7000 多家，吸纳就业人员 28 万人。以中小企业远程教育培训基地为依托，开展各类专业特色培训和企业自主培训，全年累计完成各级各类培训 200 万人次。积极推动中小企业信用建设，通过开展省级信用优良企业评价活动培育了一批信用优良企业，充实和完善中小企业信用数据库，累计为 7000 多家中小企业建立了信用档案。

四、农村改革扎实推进

23 个乡镇机构改革试点县（市、区）基本完成了试点工作任务，在转变政府职能、创新工作机制方面取得重要进展。农村中小学校生均公用经费水平进一步提高，省级确定使用的地方课程教科书实现全部免费提供。以实行相对规范的分税制和统收统支加激励两种模式为核心内容的县乡财政体制改革试点基本覆盖所有县（市）。

集体林权制度改革主体改革任务基本完成，全省 170 个有林改任务的县（市、区）全部编制完成了县级林地保护利用规划，明晰产权率达到 99.9%，登记发证率达到 52.3%。国有林场改革开始起步，启动了青龙县都山林场改革试点。加强农村集体建设用地管理，出台了《河北省集体建设用地流转管理办法（试行）》，对我省集体建设用地使用权的出让、出租、转让、转租和抵押等流转行为作了详尽规定。

省政府印发《关于促进节约集约用地的实施意见》，促进土地的节约集约用地。供销社改革基层组织创新取得重要进展，11个设区市和有供销社建制的县（市、区）基本都成立了农合联，发展专业合作社2015个，各类协会570个，发展村镇社区综合服务中心520个，农资、日用消费品、农产品和再生资源回收利用等农村现代流通网络建设步伐加快。农村信用社改革进一步深化，全省148家县级联社完成统一法人改革，沧州市区联社等3家农村信用联社分别改制为农村商业银行和农村合作银行。154家县级农村信用联社完成票据兑付的达到147家，兑付票据资金191亿元，兑付县级联社个数和兑付金额达到95%和95.5%。新型农村金融机构发展步伐加快，全省第一家村镇银行张北信达村镇银行开业运营，晋州周家庄资金互助社正式挂牌营业，全省登记注册小额贷款公司140家，其中2008年新批设109家，累计发放贷款63.71亿元。省邮政储蓄银行组建工作进展顺利，省分行、11家市级分行和146家县级支持组建工作全部完成。政策性农业保险全面推开，我省被国家列为第二批农业保险保费补贴试点，省财政厅先后印发了种植业、养殖业保险费财政补贴管理办法和关于2008年全省农业保险费财政补贴工作的通知，明确了2008年我省开展农业保险费各级财政的补贴比率、资金来源和资金拨付程序，种养两业受益农户总数达到52万户次。

五、财政投资金融体制改革步伐加快

财政预算管理改革进一步深化，在省教育厅等15个部门试点编制了发展性支出三年滚动预算，省级开展发展性支出绩效评价资金66亿元，评价面达到66%。国库管理制度改革取得新突破，市级国库集中支付范围扩展到所有预算单位，78个县（市、区）启动了规范化改革试点。实施了新一轮激励性财政政策，对不同地区实行分类管理，激励和推动市县加快发展。为促进经济增长极率先发展，将曹妃甸工业区、渤海新区实行的"定额分享、超收全返"优惠政策实施范围扩大到了整个曹妃甸新区、黄骅市。完善省市县财政收入划分体制，明确了资源税、部分企业增值税和县级营业税收入体制调整具体办法。深化实施省内异地投资项目税收分享办法，省财政厅印发了《关于推进异地投资税收分享有关问题的通知》，各市也出台了相应体制措施，促进了省内经济资源合理流动。政府间财政支出责任划分改革取得突破性进展，《河北省省以下政府间财政支出责任划分改革试点的意见》印发执行，首批试点共涉及公共安全、民族宗教事务等12类47项具体支出责任划分，涉及资金调整近16亿元。

深化投资体制改革。大力精简行政许可事项，备案、核准项目除保留6项外其余一律下放市、县投资主管部门；简化审批程序，实行一日备案制度。积极探索推行代建制，省政府印发了《河北省省本级投资非经营性项目代建制办法（试行）》。

积极培育金融市场主体。引进省外商业银行工作取得较大进展，天津银行唐山分行、浦发银行石家庄分行、渤海银行唐山支行挂牌开业。鼓励省内现有股份制商业银行到省会以外城市设立分支机构，中信银行曹妃甸支行已挂牌营业，交通银行邯郸分行将于近日开业。城市商业银行改革发展取得新突破，石家庄、唐山、秦皇岛三家城市商业银行均完成增资扩股工作。全年全省共新增各类金融机构网点1215家。直接融资工作取得新突破，4家企业在美国纳斯达克上市，8家上市公司通过增发股票等形式实现再融资109.3亿元，4家企业在境外私募资金8203万美元，5家企业引进境外战略投资者资金2.8亿元，6家企业发行企业债券和短期融资券，融资73亿元。2008年直接融资达到210亿元，占全部融资总额的12.8%。大力实施"四资"整合运作，加强地方投融资体系建设。组建了我省第一家以民营资本为主的产业投资基金——河北产业投资基金创业投资有限公司，初期规模2亿元；组建了省建投水务公司融资平台，主要开展城市供水、污水处理和海水淡化，推动我省城市基础设施建设；组建了河北农金投资担保公司，加大了对"三农"发展的支持力度。为"三年大变样"解决投融资新渠道，整合资源资产，壮大城建投融资平台，全省城建投融资平台达到30家以上。

六、节能减排体制机制建设积极推进

强力推进以"双三十"工程为突破口的节能减排工作，研究制定了我省节能减排统计、监测和考核办法，实行节能减排问责制。建立节能项目奖励机制，对节能技改项目实施以奖代补。省政府出台了在子牙河水系主要河流实行跨市断面水质目标责任考核并试行扣缴生态补偿金的政策，在全国率先试行跨界断面水质与财政挂钩的生态补偿机制，目前已从子牙河流域的石家庄、邯郸、邢台、衡水、沧州等市扣缴生态补偿金1190万元。推进资源性产品价格改革，提高了部分高耗能行业差别电价标准，对电解铝、铁合金、电石等8个行业实行差别水价，实施城市供（排）水分类水价并轨。加快完善环保收费政策，规范了城市生活垃圾处理费和污水处理费收费制度，将化学需氧量和二氧化硫排污费收费标准提高了60%。

七、就业和社会保障体系进一步完善

积极推进就业再就业工作，完善促进就业、以创业带动就业的政策，多渠道增加就业岗位，全省城镇新增就业47万人，登记失业率控制在年度目标以内。社会保险覆盖面持续扩大，城镇职工养老保险、医疗保险、失业保险、工伤保险、生育保险扩面征缴均完成年度计划。除邢台、衡水市外9个设区市开展了城镇居民基本医疗保险制度试点，参保人数达到303万人。城乡低保保障水平逐步提高，全省城市低保对象为91.8万人，月人均补差达到142元，农村低保对象168.8万人，月补差达到46元，城乡低保标准均达到了全国平均保障水平。廉租住房制度进一步完善，为7.16万户城市低收入家庭提供了廉租住房保障。

八、社会领域改革继续深化

支持科研单位和高等院校面向社会开展科技攻关，推进自主创新和科技成果产业化，组织实施了一批重大创新和科技产业化项目，省级登记科技成果3049项。全面实施城乡免费义务教育，免除了96万城市义务教育阶段公办学校学生学杂费。职业教育规模不断扩大，全省职业教育集团由12个增加到了15个。加大对家庭经济困难学生的资助力度，筹集15.07万元用于资助普通高等学校贫困学生和中等职业学校学生。新型农村合作医疗制度实现全覆盖，全省共164个县（市、区）和19个开发区、管理区实施了合作医疗，参合农民4668万人，参合率86.29%，筹资标准由50元提高到100元。推进城市医疗卫生服务体系建设，新建社区卫生服务机构144个，城市社区卫生街道覆盖率达到91%。省图书馆等省直文化系统体制改革试点继续推进。

山西省经济体制改革

2008年，以党的十七大和十七届三中全会精神为指导，根据国家对"十一五"和本年度经济体制改革的总体部署以及全国经济体制改革工作会议精神，按照省委、省政府关于全省深化经济体制改革的要求，山西省积极开拓和努力推进深化经济体制改革工作，总体进展情况良好。

一、编制完成《山西省2008—2010年深化经济体制改革的指导意见》

为了深入贯彻落实科学发展观，更有效解决山西省经济社会发展中的突出矛盾和问题，为全省经济社会发展创造更好的体制机制环境，根据全国经济体制改革工作会议的精神，山西省发展改革委着手起草了《山西省2008—2010年深化经济体制改革的指导意见》（以下简称《指导意见》）。从年初开始，经过起草、论证及征求有关部门意见后，又反复修改，2008年7月上报省政府，经过省领导的有关批示，再次进行修改，于8月份上报省政府审定。10月，省政府以晋政办发〔2008〕24号文转发全省贯彻执行。按照《指导意见》，山西省2008—2010年改革的重点任务将集中于行政管理体制改革和事业单位改革、创新服务业加快发展的体制机制环境、建立和健全节能减排的管理体制机制、建立适应循环经济发展要求的体制机制、围绕新农村建设全面深化农村经济体制改革、推进集体林权制度和国有林场改革、继续深化国有企业和垄断行业公共事业体制改革、进一步推进集体经济与非公有制经济管理体制改革、积极推动煤炭可持续发展基金管理体制和运行机制的建立和完善、不断推进地方金融投资体制改革、大力推进就业和社会保障体制改革、进一步深化外贸体制和引进外资管理体制改革、推动旅游产业体制机制创新等十三个方面。

二、深化农村改革，扎实推进新农村体制建设

在农村综合改革上，进一步巩固了农村税费改革成果，启动并推动以乡镇机构改革、农村义务教育改革、县乡财政管理体制改革为主要内容的农村综合改革试点工作，乡镇机构改革的第一、二批试点市县推进顺利；全省健全了以县为主、分级管理的农村义务教育体系，建立了农村义务教育经费保障机制，各级财政对农村义务教育经费增加，全面纳入了公共财政范围；"乡财县管乡用"改革范围进一步扩大。在集体林权制度改革和国有林场改革上，全面贯彻了中央和省委、省政府《关于开展集体林权制度改革的意见》，在晋城市和方山等17个县开展了试点改革，将集体林地使用权和林木所有权承包到户；明确了国有林场的事业单位性质和职能，省营林场和市、县两级国有林场管理体制均作了相应改革，单位性质、职能定位和转制补助等问题得到了妥善解决。在新农村体制建设上，通过深化农业农村经济结构调整、创新农业组织形式，加快农业科技推广应用等，用现代农业产业体系、经营方式和科学技术提升了农业的现代化水平，夯实了农业发展基础；组织发动效益好的煤矿和工商企业对口支援新农村建设，帮助制订发展规划、培植主导产业、改善基础设施、发展社会事业等，改善了农民的生产和生活环境，增强了农村发展的活力和动力。

三、进一步指导和推动全省国有企业改革

2008年山西省的国有企业改革仍然是按照省政府部署要求，力争用2—3年的

时间，基本上完成省属国有企业改革任务。围绕这个目标任务，一是继续推进一批企业转制搞活。累计完成改制企业共计 102 户，其中，省国资委监管企业的子企业有 24 户，省直厅局所属企业 78 户。二是加快国有企业的关闭破产，加快劣势企业退出步伐。目前国家共批准山西省政策性关闭破产项目 163 户，已破产终结的有 100 户，共涉及资产 100.63 亿元，职工 26.91 万人。123 户符合破产条件的企业有 107 户依法破产，占破产总户的 87%。三是深入推进主辅分离、辅业改制工作。采取因企制宜、先易后难的方式，按四种分离改制形式积极组织实施 115 户企业的主辅分离辅业改制。四是推进股份制改造，建立健全现代企业制度。五是扎实推进国有资产监管工作。总体来讲，国有企业改革工作进展顺利，取得了明显成效。

四、积极开展城乡一体化综合配套改革试点工作

为了将全省经济体制改革工作向广度和深度推进，探索统筹城乡发展的新路。从年初开始，山西省发展改革委主要领导就强调要研究如何破解城乡二元结构和统筹城乡发展问题。从 2008 年 3 月开始，山西省发展改革委就设立统筹城乡发展综合配套改革试点组织有关方面进行了近两个月的调研工作，随后提出了试点拟选思路和方案，在广泛征求意见的基础上，经过多方比选和认真研究，根据侯马市的区位优势、历史沿革、物流中心、城市化水平、产业结构的特点，选定侯马作为山西省的城乡发展一体化综合配套改革试验区的首个试点。6—7 月，对试点区域的经济社会发展情况进行了实地考察和基础资料收集整理工作。8—9 月，集中组织力量编写了《侯马城乡发展一体化综合配套改革试验区总体方案》，在方案编写过程中，多方征询建议，反复进行了修改。11 月山西省发展改革委主持召开了论证会，省内外的著名专家学者对方案进行了认真评审，取得了基本一致的看法和意见。随即再次进行了部分修改完善，于 12 月将方案呈报省政府审定，已以省政府文件批复实施。同时，为了扩展全省城乡一体化综合配套改革试点的层面，山西省发展改革委参与了《阳泉市推进城乡一体化实践研究》课题的研究论证，并开始研究，拟选定将阳泉市作为山西省城乡一体化综合配套改革的第二个试点。

五、继续深入开展煤炭工业可持续发展试点工作

为了全面贯彻落实国务院关于试点意见的批复精神，一年来，按照试点工作总体实施方案，本着统筹兼顾、周密安排、积极稳妥、突出重点的原则，扎实有序地深入开展各项有关工作，进展情况总体良好。一是健全了管理体制，初步建立起煤炭工业生产管理新体制，推进了煤炭流通体制市场化改革。二是建立了煤炭安全生

产的长效机制，完善了各项安全措施。三是积极推进资源整合，完成了省政府确定的煤炭资源整合目标任务，基本实现了县营及县营以下资源的有偿使用，国家资源基本实现所有权益得到具体体现，煤炭产业集中度进一步提高。四是实施煤炭开采生态环境恢复治理规划和方案，加大矿区环境治理力度，建立了补偿机制，矿区环境状况逐渐改善。五是基金的征收管理和安排使用进一步规范，有效发挥了基金的引导带动作用。

六、投资体制改革成效明显

山西省发展改革委结合工作实际，在一年里不断采取积极有效的措施，继续全面深入落实投资管理"新三制"，在落实企业投资等自主权、加强投资宏观调控、搞好投资项目服务、鼓励并引导社会投资方面取得明显成效。在各类政府资金投资方面，进一步规范了政府投资项目和资金管理，加强了对政府资金的统一决策、统一管理和统一实施约束机制，实现"资金进盘子，项目进笼子"的全新政府投资管理体制。对企业投资行为，加快全面施行核准、备案制，通过加强制度和作风建设，尽可能地为投资者提供方便、快捷的服务。为了更科学、规范、高效地推进全省各类固定资产项目建设，根据省政府的要求，编制了《山西省固定资产投资项目管理流程图》，并由省政府办公厅印发全省施行，《流程图》对各部门投资管理职能从时序上作了明确规定，要求各司其职，加强相互协调配合，用流程而不只是用垂直式行政管理手段去协调解决部门的相互关系，提高了投资效率，取得了良好的社会反应和投资效果。

七、循环经济和节能减排体制机制改革顺利推进

在循环经济体制机制改革上，以编制完善《山西省循环经济总体规划》为基础，努力探索山西省循环经济发展的体制机制，对国内外循环型社会推进战略进行分析研究。重点建立和完善煤炭、焦炭、电力、冶金、化工、建材等行业的资源循环利用体系和机制。扎实推进循环经济试点工作，确定的第一批省级循环经济试点涵盖了企业、行业、园区、社区、区域5个层面，各试点的实施有序顺利推进，通过改革创新形成了新的运行体制机制。在加强重点行业领域的节能减排、改革措施的同时，继续通过政府示范引导、社会各方参与的方式，强化社会节能减排管理，创新节能机制改革，推进社区和非工业企业加强可再生资源的回收和利用，形成废旧物资产生、回收、利用的联动机制。

八、深化财税体制改革，财税管理体制不断完善

在财政改革上，省直管县财政管理体制改革顺利实施；部门预算改革继续围绕建立健全公共财政体系的目标，按照预算管理科学化、精细化的要求，以部门预算的突破口，深化了预算管理制度改革；进一步完善了政府采购制度体系，在政府采购的体制管理、预算编制、计划管理、信息发布、运行规程、专家管理、中介机构管理等重点环节创新了机制，以财政集中采购为主、部门采购和分散采购为辅，互为补充的政府采购工作格局更为完善。在推进税收制度改革上，进一步规范了各种纳税办法，增加了地方财政收入，并积极争取将山西省煤炭、冶金、电等支柱产业列入国家增值税转型改革试点，取得了成效。

九、深化社会事业领域的改革，民生状况继续改善

在社会领域的改革上，把扩大就业摆在了更加突出的位置，通过采取扩展劳动密集型企业、政府购买公益性岗位，以扶持创业带动就业等改革措施，大力拓宽就业渠道，强化就业服务，统筹解决各类就业困难群体和高校毕业生就业问题，取得明显成效。在促进教育公平均衡发展上，调整了中小学布局，继续落实农村义务教育经费保障新机制。在医药卫生改革上，围绕大力解决群众看病难看病贵的问题出台改革措施，在农村加快发展新型农村合作医疗，在城市开展大型公立医院支援社区卫生服务，双向转诊等试点，效果良好。不断完善社会保障体系，在社会保险上做实企业养老保险个人账户试点和改革养老保险金计发办法等改革进展顺利；社会救助工作重点扩展到扩大保障覆盖面，提高救助标准层次。积极探索深化文化体制改革的新路子，通过转变机制，增强了文化事业发展的活力和动力，传统文化产业优势初步显现。科技体制改革通过实行激励企业和科研机构增加研发投入、主导科技创新活动、加强自主知识产权的产出和保护、鼓励科技人员创业和促进科技中介服务机构发展等改革措施，开发创新机制进一步增强。

十、完成改革开放 30 周年理论与实践丛书山西部分的编写和征集论文工作

根据发改经体〔2008〕1170 号通知的要求和国家发展改革委体改司的部署，山西省发展改革委具体组织有关部门和方面，进行了大量的资料收集和调研工作，并组织专人进行了编写，定名为《山西改革开放 30 周年辉煌成就》。全篇分山西改革

开放的主要历程，取得辉煌成就、基本经验、面临的历史机遇、未来展望等五个方面计两万余字。就山西省改革开放 30 年进行了回顾总结，并展望了今后一个时期山西省改革开放的重点任务。同时，对相关论文进行了广泛的征集，选送其中四篇报送国家发展改革委体改司审定。

十一、成功举办全国首届职业经理人高峰论坛

为适应完善社会主义市场经济体制和建立健全现代企业制度的需求，不断改革完善山西省人才市场机制，提升全省企业经营管理职业化人才素质，规范职业管理人队伍建设，山西省发展改革委 2007 年审核批复成立和指导组建了"山西省职业经理人协会"，在此基础上积极开展了有关工作。由于职业经理人制度建设是进一步深化国有企业改革的关键之一，是企业成长的主要动力，也是企业最重要、最稀缺的资源，根据省领导的指示，山西省发展改革委积极配合省政府办公厅筹办了全国首届职业经理人高峰论坛，全国和一些省市的有关部门和企业界代表参加了论坛。论坛采取主题报告、专题演讲、互动对话和网络直播等形式，就如何重视职业经理人制度建设，发挥其在建立社会主义市场经济体制和深化企业制度改革中的重要作用，以及促进企业与职业经理人和谐共赢等问题进行了互动讨论和交流，取得了良好效果，也为全国职业经理人的相互交流、广泛合作以及山西省职业经理人制度建设和职业经理人队伍健康发展创建了一个平台。

内蒙古自治区经济体制改革

2008 年，内蒙古自治区按照突出重点，统筹推进的原则，着力从影响经济社会发展的体制机制入手，紧密结合国家"保增长、扩内需、调结构"政策目标，进一步加大改革力度，经济体制改革工作取得新的进展。

一、农村牧区改革不断深化

启动了农牧业补贴"一卡通"改革试点。推行财政补贴农牧民资金管理和支付方式改革，57 个旗县实现了各项补贴资金一卡发放。

集体林权制度改革向纵深推进。自治区党委、政府根据中共中央、国务院《关

于全面推进集体林权制度改革的意见》精神，专门成立了集体林权制度改革机构，制定了《内蒙古自治区关于深化集体林权制度改革的意见》和《内蒙古自治区集体林权制度改革工作方案》。《意见》和《工作方案》明确了我区林改的目标任务、主要内容、方法步骤和保障措施，使林改工作有的放矢，顺利展开。据调查统计，截止到目前，我区已有9969万亩集体林采取各种方式落实了经营主体，其中公益林8328万亩，商品林1641万亩。我区试点地区已扩大到赤峰、通辽和巴彦淖尔三市全部及其他盟市36个旗县区，占农牧业旗县的40%。其他盟市也在积极筹备开展改革试点或进行深入调研，为全面推开改革做前期准备。

国有林场改革取得新进展。我区认真贯彻落实中央9号文件精神，按照分类经营的指导思想，稳步推进国有林场改革，取得一定成效。一是在完善以承包责任制为主要内容的统分结合的双层经营机制的基础上，创办家庭生态林场，增强了国有林场的经济活力。目前呼伦贝尔市、兴安盟、通辽市已建成一定数量和规模的家庭生态林场。二是逐步剥离国有林场的社会职能。国有林场办社会问题已部分得到解决，其中呼伦贝尔市和通辽市国有林场承办的各类学校已全部移交地方政府管理，其他地区国有林场承办的子弟学校也正在与地方政府协商办理移交事宜，其他职能和剥离工作尚在协调过程中。三是盘活林木资产，安置富余职工工作有新进展。四是逐步完善社会保障体系，积极加入养老保险。目前，全区国有林场参加养老保险、医疗保险和失业保险的职工分别达到27765人、18063人和14197人，分别占国有林场职工总数的68.6%、44.6%和35.1%。五是进一步理顺了管理体制。乌海市、通辽市对全市国有林场纳入事业单位管理，其他盟市也不同程度地落实了国有林场的事业单位性质、编制和人员经费。六是调整经济结构，搞活经营机制。股份造林、合作造林、引资造林在我区国有林场蔚然成风，调动了广大干部职工的积极性，有效提高了林业工程建设的进度和质量。

二、国有企业改革继续深入推进

国有企业改革重组稳步推进。为进一步做大做强我区钢铁业，加快提升产业发展层次，积极推进了包钢集团与宝钢集团的战略合作，签订了战略联盟框架协议，促进了双方交流与合作。森工集团围绕增强企业活力，全面组织实施了200户辅业企业的改制工作，加快了企业市场化改革步伐，增强了企业内部活力。基建投资公司与中国长城资产管理公司签订了重组框架协议，重组的各项工作正在积极推进。

完善法人治理结构迈出新步伐。制定《关于完善所出资企业法人治理结构推进现代企业制度的意见》，选择电力集团、能源发电公司两户国有独资公司先行开展试点。

方
篇

主辅分离辅业改制和分离办社会工作成效显著。包钢、电力、森工三户大企业被确定为重点工作对象，包钢所属 19 家辅业单位、1.1 万名职工已从集团公司分离出来，整体改制为西北创业公司并独立运营，实现了辅业与钢铁主业的分离，精干了主业，搞活了辅业。森工集团对列入主辅分离方案中的 200 户辅业企业全部进行了规范的民营化和股份制改造，转换了经营机制，实现了 2 万多名职工的身份置换。截至目前，全区国有企业分离办社会机构 611 个，涉及人员 4.7 万人。

政策性关闭破产工作取得重大进展。据统计，全区已有 107 户企业通过实施国有困难企业关闭破产政策退出市场或退出国有序列，核销金融机构债权 89 亿元，分流安置职工 22 万人，为促进自治区国有企业脱困和国有经济布局结构优化奠定了坚实基础。

企业上市融资、上市企业再融资工作成果显著。2008 年我区上市公司加快并购重组，筹集发展资金，上市公司基本保持了快速发展的势头（四季度下滑较快）。我区远兴能源、北方创业、亿利能源、鄂尔多斯、富龙热电、金宇集团、兰太实业和露天煤业八家公司开展了再融资和资产重组。截至目前，我区境内上市公司通过资本市场筹集资金共计 350 亿元，其中 IPO 筹集 101 亿元，再融资筹集 249 亿元，有力支持了包括包钢、伊利、伊泰、鄂尔多斯等自治区龙头企业的发展。我区上市公司累计实现利润 292 亿元，上缴各种税费共计 355 亿元，为我区的经济建设作出了较大贡献。在上市公司后备资源中，经过多年培育，包头小肥羊餐饮连锁有限公司于 2008 年 6 月在香港联交所成功上市。

三、社会领域改革加快推进

继续深化教育体制改革。进一步落实农村牧区义务教育经费保障机制，较大幅度提高了义务教育补助水平。全年下达义务教育保障经费 15.2 亿元，较 2007 年增加 5.6 亿元；免费教科书资金 2.03 亿元，较 2007 年增加 6572 万元。全区义务教育阶段学生在全国较早实现了"两免一补"城镇全覆盖，学校公用经费标准位于西部省区前列。组建完成内蒙古大学创业学院、内蒙古师范大学鸿德学院两所独立学院，结束了我区高等教育无独立学院的办学格局。

圆满完成了农村牧区义务教育债务化解工作。全区经清理锁定的 39.2 亿元农村牧区义务教育债务全部化解完毕，12 个盟市、98 个旗县、79 个国有农牧场全部完成义务教育债务化解工作，相关资金全部直接支付到债权人手中。

医药卫生管理体制改革取得新进展。在全区 12 个盟市的 101 个旗县市区全面推行了药品集中招标采购工作，政府办的 286 家医疗机构（县及县以上）全部进行了药品集中招标采购，药品集中招标采购的开展为深化医疗卫生管理体制改革奠定了良好的工作基础。农牧民医疗保障水平进一步提高。进一步完善了新农合缴费和补偿制度，强化资金运行监管，加强管理能力建设，重新修订出台了内蒙古自治区新农合工作方案和基本用药目录，不断扩大农牧民受益面和受益水平。全区有1180.47万人参加新农合，常住人口参合率达到94.69%；共筹集资金10.85亿元，为农牧民报销医药费9.73亿元，大病统筹基金使用率达92.32%，农牧民住院实际补偿比例达到40.57%。城市社区卫生服务体系进一步完善。制定出台"城市社区卫生工作管理制度和人员岗位职责"以及"用药参考目录"，落实基本医疗和基本公共卫生服务任务，为患病居民建立健康档案256.1万份，推进了妇幼保健工作规范化、健康教育普及化。大力加强全国社区卫生服务重点联系城市和盟市所在地的机构建设工作，创建示范单位，推动社区卫生服务体系的建设。与2007年相比，2008年全区社区卫生服务机构及其覆盖人口分别增加了9.0%和37.8%。

城镇居民医保试点取得新成绩。2008年全面实施了城镇居民医保改革工作，将101个旗县（市、区）全部纳入国家和自治区试点范围，中央和自治区财政共安排补助资金1.17亿元，参保人数达到213.6万人，参保率达到70%以上。

推进收入分配制度改革。2008年内蒙古以规范和落实各项政策为重点，建立健全职工工资正常增长机制，让职工收入与经济增长同步，不断缩小高低收入者之间的收入差距。自治区各盟市与有关部门对最低工资标准进行了相应调整，加快建立了企业职工工资集体协商制度。目前，全区建筑业企业签订工资集体协议已有3900多家，占工业和建筑业企业的4%，覆盖职工50多万人，占企业职工总数的30%。

科技体制改革取得新成效。农村科技服务体系的组织形式和模式上不断创新，形成了5种创新服务模式。全区建成了大专院校、专业协会等在内的2090家农村科技服务体系中介机构和100家自治区星火学校，年培训农牧民120多万人次，为促进农牧业技术创新、农牧区经济发展、农牧民增产增收作出了重要贡献。科技特派员制度获得多方共赢，目前全区12个盟市、90个旗县的科技特派员达4808人。其中，企业科技特派员工作在乌兰察布、鄂尔多斯、赤峰等地区开展了试点，下派170多人，服务企业90多家。科技特派员共实施项目1420个，投资规模超过3.7亿元，推广新技术、新产品1187项，形成139家龙头企业。通过项目实施和特派员服务，项目区农牧民人均纯收入平均增幅22%以上。探索产学研结合新模式和新机制。2008年在包头市、赤峰市、鄂尔多斯市建立了国内首家稀土、鹿业、沙产业产学研技术创新战略联盟。这三个联盟集中了区内外27家龙头企业、20余所一流大学和骨干科研机构，构建了科研—生产—市场紧密衔接的完整技术创新链，推动了自治区优势特色产业的发展。

四、财税体制改革积极有序推进

财政管理体制改革步伐加快。进一步深化预算改革，建立了部门预算基础数据库管理及本级部门预算考评制度。推动国库制度改革，全区 89 个旗县实施了国库集中支付制度改革，自治区本级全部一级预算单位和 9 个二级预算单位实施了公务卡改革，财政支出的运行效率进一步提高。深化政府采购制度改革，全区政府采购规模达到 133 亿元，节约资金 15 亿元。推进非税收入管理制度改革，自治区本级 60 个部门、1088 个执收单位和 12 个盟市本级、46 个旗县实施了非税收入收缴改革。制定跨省市总分机构企业所得税分配办法，从制度上解决了"总部经济"带来的企业所得税转移问题。

发挥税收调节作用应对全球性金融危机。一是加大政策支持力度。为促进我区奶业持续健康发展，出台了免征乳制品生产企业 2008 年第四季度和 2009 年地方税的优惠政策，帮助企业走出困境。为鼓励全民创业、促进以创业带动就业，出台了对初创业的，3 年内免征企业所得税地方留成部分；营业税月营业额起征点调高到 5000 元；3 年内免收初始创业人员新办和变更税务登记证工本费。二是认真落实各项税收优惠政策，全年累计减免税收 82.83 亿元，办理出口退税 24.39 亿元，为自治区培育特色优势产业、调整和优化产业结构、发展循环经济、扩大开放、促进节能减排作出了积极贡献。三是积极争取蒙东地区扩大增值税抵扣政策获得圆满成功，837 户扩抵企业实际应抵退税额 5573 万元，对促进蒙东地区产业结构优化升级、企业市场竞争力提高、实现与东北三省一体化健康发展发挥了重要作用。

五、金融体制改革成效显著

地方商业银行在改革中发展壮大。包商银行总资产已经突破 500 亿元，在区内设立了 5 家分支机构，区外在宁波和深圳设立分行，北京分行已上报中国银监会审批，在贵州毕节发展村镇银行和四川广元包商惠农村镇银行，正在向全国性股份制商业银行迈进。呼市商业银行吸收区内外 20 多家企业投资入股，顺利完成增资扩股工作，资本金规模扩大了 5 倍，达到了 5.9 亿元，正在向全区性商业银行方向发展。鄂尔多斯东胜区农村商业银行总资产接近 100 亿元，在河南省信阳市固始县设立了天骄村镇银行，开业 5 个月营业收入达 500 余万元。

农村信用社改革不断深化。全区农村信用社资产总额突破 1000 亿元，2008 年贷款预计新增 260 亿元，约占全区金融机构新增贷款的 30%。目前全区农村信用社共组建农村商业银行 1 家，农村合作银行 3 家，统一法人社 75 家，完成产权改革总体目标的 91% 。

小额贷款公司试点稳步推进。目前，我区已有 20 家小额贷款公司开业，130 家小额贷款公司批准筹建，覆盖了我区 50% 的旗县区，将为"三农三牧"、中小企业和个体私营经济融资提供新的渠道。

中小企业信用担保体系进一步完善。自治区出资 3 亿元，参与组建注册资本 50 亿元的东北再担保公司，成为三省一区第一家省级分公司，覆盖全区十二个盟市。2008 年新增注册资本金 1 亿元以上担保公司 2 家，使得全区亿元以上担保公司达到 6 家。

引进金融机构工作力度继续加大。2008 年先后引进 7 家保险公司、4 家期货公司和 1 家外资银行下设的村镇银行。

六、资源性产品价格改革迈出新步伐

在河套灌区的乌拉特前旗开展了"亩次计费"、"两费合一"、"一价到户"的农业用水终端水价制度改革试点工作。开展了"农业水价综合改革暨末级渠道改造试点项目"工作，在河套灌区、鄂尔多斯黄河灌区两个试点灌区选取 6 个试点项目区，组织编制了"农民用水户协会规范化建设试点规划"、"大型灌区末级渠系节水改造试点规划"和"农业水价改革试点规划"等三项规划，试点项目的实施，成为农业水价改革工作的切入点和突破口，对实现成本水价、农业实现终端水价起到了很大的推动作用。

推进多边交易电价市场建设。根据《国务院关于印发电力体制改革方案的通知》（国发〔2002〕5 号）和《关于"十一五"深化电力体制改革的实施意见》（国办发〔2007〕19 号）以及《关于印发〈电力用户向发电企业直接购电试点暂行办法〉的通知》（电监输电〔2004〕17 号）精神，结合内蒙古电力工业发展实际，我区制定了《关于我区部分行业实行电力多边交易电价的紧急通知》（内政发电〔2008〕11 号），从内蒙古电力工业发展的客观需要和内蒙古电网特有的体制、运营机制出发，设计了涵盖区外电能交易、发电权交易、大用户直购电交易等多种交易方式和交易品种。对于稳定现有用电负荷和启动新增用电负荷、遏制经济下滑起到了重要的作用。内蒙古电网电力多边交易市场建设是内蒙古电力体制市场化改革的重大突破，也为自治区产业布局、工业结构调整、节能减排找到了有效途径。

辽宁省经济体制改革

一、进一步深化国有企业改革

国有企业改制和重组取得显著成效。全省应改制国有大型企业 61 户，共有 55 户通过引入了战略合作伙伴、实行合并重组等方式，实现了改制重组，占应改制企业总数的 90%。国有中小企业的改制基本完成。国有大型企业重组取得新突破。辽宁省政府与中国南方航空集团公司共同签署了"关于共建'21 世纪东北亚航空枢纽'省企战略合作协议"，实现了辽宁省机场管理集团公司与南航集团公司的战略性重组，此重组对于解决困扰辽宁机场建设和发展的资金瓶颈问题，促进机场集团体制机制创新，促进辽宁老工业基地振兴将起到重要推动作用。辽宁时代集团、辽宁万恒集团成功实现重组，实现了优势互补，成为省属企业间整体合并重组的第一例。

企业政策性关闭破产，企业主辅分离、辅业改制取得新进展。申报列入国家政策性关闭破产总体规划项目中，有 66 个项目获得审核通过，其中地方企业项目 54 个，中央企业项目 12 个。省属企业重点破产项目进展顺利。南票矿务局破产后，组建了辽宁南票煤电有限公司，7128 名职工与新公司签订了劳动合同，职工收入平均提高 32%。沈加厂破产历经 9 年取得重要突破，中铝收购破产资产组建新企业，优先安排原厂职工上岗就业。这些破产项目的顺利实施，有效改善了我省国有资本结构和经济结构。

企业国有资产管理工作进一步完善。适应国有企业改革发展需要，不断完善企业国有资产管理体制和各项规章制度。规范企业改制和国有产权转让。严格执行企业改制和企业国有产权转让的一系列规章制度。加强企业改革过程中的国有资产监督管理。对企业改制中的财务审计、资产评估、交易管理、定价管理、转让价款管理、管理层受让国有产权等方面进行重点监督和检查。进一步规范改制程序，依法维护企业职工合法权益，防止国有资产流失。大力推进全省产权市场建设，推动国有资产进场交易，在全国率先启动了涉诉国有资产进场交易工作，全省国有产权转让进场交易率、竞价增值率分别达到 16% 和 94%。

二、农村改革取得新进展

初步建立了政府引导扶持、实行市场运作的农业保险框架。全省 14 个市当中，共批复了 11 个市的农业种植业保险实施方案。紧紧围绕《中共中央关于推进农村改革发展若干重大问题的决定》，继续稳定和完善以家庭承包经营为基础、统分结合的双层经营体制，赋予农民更加充分而有保障的土地承包经营权，现有土地承包关系保持稳定并长久不变。

农村基本经营制度得到不断巩固和完善。全省 99.6% 的农户获得了承包经营权证。被征地农民的保障制度、农民土地流转机制等农村土地管理制度初步建立。农村税费改革积极稳妥地推进，落实了国家免除农业税和各种农业补贴政策，初步建立起农业补贴制度框架。实施了县乡财政管理体制改革，村级组织运转经费保障机制和农村公益事业建设投入新机制基本建立。实施了农村乡镇机构改革。全省共撤并乡镇 196 个，合并村 3352 个。实施了农村教育体制、新型合作医疗制度、农村信用社和国有农场以及集体林权制度等一系列改革。

三、财税体制改革取得新成效

改进和完善了省对市县各项转移支付的分配办法。建立了县级基本财力保障机制。积极推进乡镇财政管理方式改革。继续推进全省农村综合改革试点工作。全面深化完善国库集中支付制度改革。全省共计 3900 家一级预算单位、1600 家基层预算单位纳入了国库集中支付改革范围。进一步深化非税收入收缴改革。省本级除垂管系统基层单位外，有经常性非税收入的部门和单位已全面实施了非税收入收缴改革，共涉及 78 个部门 237 家执收单位。

四、就业和社会保障制度改革取得积极成果

以援助零就业家庭等就业困难群体就业为重点，大力促进就业再就业。进一步完善和落实就业扶持政策。结合《就业促进法》和《国务院关于做好促进就业工作的通知》，扩大了社保补贴项目、公益性岗位和安置对象范围，拓展了小额担保贷款政策，对困难家庭未就业的应往届大中专毕业实行兜底安置。重点做好以零就业家庭等就业困难群体的就业援助工作。通过落实零就业家庭就业援助长效机制，兑现 20 天帮助上岗的承诺，解决好大龄就业困难对象的就业问题。通过送岗位、送政策、送技能、送服务、大力开发公益性岗位等措施，以基本养老、基本医疗为重点，

地
方
篇

进一步完善社会保障体系。大力开展巩固和完善城镇社会养老保险体系专项行动。确保基本养老金按时足额发放。全省通过建立省级调剂金制度、地方财政补助、狠抓扩面征缴、强化基金管理、严格待遇支付审批、开展生存认定和待遇复查、最大限度压缩养老金支出等措施弥补了基金缺口，巩固了按时足额发放工作成果，已经连续 8 年实现当期发放无拖欠。加快完善覆盖城乡居民的医疗保障制度。进一步加大了对企业、非公有制经济组织从业人员、灵活就业人员、农民工，特别是部分有能力缴费而尚未参保单位参加医保的工作力度，使更多的劳动者被纳入到医保范围。

五、教育、文化体制改革不断完善

免费义务教育和扶困助学政策逐步落实。积极落实完善免费义务教育和扶困助学政策，逐步提高农村义务教育阶段贫困家庭寄宿生补助标准，对全省义务教育阶段学生推进实施"两免三补"政策。继续推进中等职业教育基础能力建设，支持了 16 所中等职业学校建设，中等职业教育招生 22.7 万人。高等教育质量稳步提高。地方普通高校本专科招生 21.64 万人，高考录取率 77%，高等教育毛入学率 35.3%。助学政策体系不断健全和完善，为确保在校大学生正常学习生活不受物价上涨影响，省政府对省属高等学校全日制在校本专科生和研究生给予临时补贴，惠及学生约 70 万人。

加快文化体制改革步伐。沈阳、大连、锦州、葫芦岛等七个文化体制改革试点地区和单位取得了新成效，全省有 72 家经营性文化单位转企改制。

积极推进公益性文化事业单位内部三项制度改革。推进了省博物馆、省图书馆、省群众艺术馆人事、劳动、分配内部制度改革。完成了定编、定岗工作，实行了全员聘任制。作为公益性文化体制改革试点单位的辽宁省博物馆服务水平和服务质量显著提高，特别是省博物馆接待观众人次比 2007 年增长 156%，使人民群众共享文化发展的成果。

吉林省经济体制改革

2008 年，吉林省改革工作紧紧围绕省委省政府中心工作，按照经济社会全面协调可持续发展的要求，在加强总体指导、统筹协调和重点关键环节突破等方面都取得了实质性进展。

一、实行联席会议制度，统筹协调全省改革

制定下发了《吉林省 2008 年经济体制改革指导意见》，将重点改革任务分解落实到相关职能部门，实行了目标责任制。以省改革联席会议办公室牵头，会同省水利厅、财政厅、劳动保障厅等部门对全省 8 个市（州）的水管单位、省直水管单位以及部分县（市、区）水管单位进行了改革验收，取得良好实效。完成了"十一五"改革规划中期评估。在全省 2008 年发展改革工作会议上提出《吉林省 2009 年改革指导意见》（征求意见稿）。

二、深化行政审批制度改革

进一步减少和下放行政审批权限。在前两次已经取消和下放 876 项行政审批权限的基础上，2008 年的放权工作，把重点放在了制约经济发展、影响政府工作效能的行政审批权限，特别是对那些基层迫切需要、企业和群众要求强烈、对县域经济和企业发展有利的行政审批权限上。进一步减少和下放了行政审批权限 305 项；减少和下放年审年检项目 42 项，保留行政审批权限 297 项，保留年审年检项目 21 项。这次减少和下放的行政审批权限和年审年检项目，分别占全省 2005 年以后继续执行的行政审批权限和年审年检项目的 51% 和 67%。

招投标制度改革不断完善。成立了吉林省政务大厅统一监督员队伍，并制定了《吉林省人民政府政务大厅招投标监督员管理办法》、《吉林省人民政府政务大厅招投标监督员工作职责》、《吉林省人民政府政务大厅开标监督记录表》、《吉林省人民政府政务大厅评标监督记录表》、《吉林省政务大厅评标会场纪律》，组建了省政务大厅监督员库，开发了监督员随机抽取系统。

事业单位改革稳步推进。省直 94% 的事业单位完成聘用制入轨工作，年底前基本结束。省直事业单位新进人员，一律面向社会公开招聘，公开招聘工作每半年集中组织一次。

三、深化国有企业改革

积极推进全省 13 户重点难点遗留企业的改制工作。目前，北方锅炉厂、舒兰矿业集团、吉林省公主岭轴承厂等企业已经取得实质性进展，长春兰宝科技信息公司等企业推进进展顺利。其余 5 户企业改制也力争取得阶段性进展。为加强改制企业法人治理结构建设，制定下发了《关于在改制企业加快建立和完善法人治理结构指

导意见》，规范和促进了改制企业完善法人治理结构的建立。

四、农村改革全面推进

以乡镇机构改革、县乡财政管理体制改革、农村义务教育管理体制改革为重点的农村综合改革继续稳步推进。基层农技推广体系改革积极推进，省政府出台了《关于深化加强基层农技推广体系建设的实施意见》，积极作好化解乡村债务试点准备工作，起草并向国务院上报了《吉林省人民政府化解"普九"债务试点实施方案》，成立了省农村综合改革试点工作领导小组，建立了清理化解农村义务教育"普九"债务信息联络员制度，完成了对第一批化债试点的 32 个县（市、区）进行督查指导和考核的工作。

进一步落实了粮食流通体制改革的各项政策措施，国有粮食购销企业产权制度改革进展顺利。改革共涉及 643 户地方国有粮食购销企业。这些企业通过上划、兼并、重组、破产、出售等方式进行改革。到目前，已基本完成的有 431 户，占全部企业的 67.9%。

集体林权制度改革稳妥推进。把集体公益林纳入改革范围。目前，10 个县（市、区）集体林权制度主体改革任务已基本完成，未列入首批改革县（市）也积极做好了林改准备，组建了林改机构，开展了调查摸底，为下步全面开展林改工作打好了基础。

继续推进国有农场管理体制改革。全省国有农场税费改革政策完全落实到位，国有农场分离办社会工作进展顺利，除前郭县和四平市辽河农垦管理区所属的国有农场外，已有 159 所中小学及教师由地方政府接收。

全省水利工程管理体制改革取得突破性进展。水利工程管理体制改革涉及的 60个市、县（市、区），现已全部完成了改革测算和实施方案的批复出台工作。除了四平市本级、伊通县、桦甸市正在进行改革未验收外，已全部完成了水管体制改革验收工作。水管单位内部改革工作进展顺利，全省有 290 个水管单位采取考试、竞聘等方式，完成了内部改革工作，实施了管养分离。各级水利努力开辟安置渠道，妥善安置了分流人员，积极探索落实了社保政策。

五、财政金融价格改革稳步推进

地方金融体制改革继续深化。吉林银行进行增资扩股和股权多元化改造，完成对四平、通化、白山、松原等四个地区城市信用社吸收合并工作。九台农村信用社改制为农村商业银行，这是东北三省首家农村商业银行。引进域外金融机构任务基本完成。

财政体制改革积极推进。部门预算管理改革继续深化，上报省人代会审查的省级部门预算达到100个，49个市（州）、县（市）全面开展了改革试点。国库集中收付改革加快推进，在省级全面开展国库集中支付制度改革的基础上，市（州）级财政国库改革工作全面铺开，县（市）级全部开展改革试点。积极推进政府收支分类改革，选择6个省直部门进行项目支出分类编制部门预算试点。"收支两条线"管理改革取得新进展。

积极推进了资源性产品价格改革。继续推进煤电价格联动机制改革，稳步推进了电力竞价上网和输配电价改革，实行了农村与城市全部用电同价。做好成品油价税费改革方案的实施准备工作。实施了煤热价格联动机制。

六、社会事业体制改革不断完善

建立覆盖城乡居民的社会保障体系。以基本养老、基本医疗、最低生活保障制度为重点，以慈善事业、商业保险为补充，推进企业、机关、事业单位基本养老保险制度改革。推进农村养老保险试点工作，探索适合我省特点的农村社会养老保险模式。推行被征地农民社会保障制度，选择部分县（市）进行被征地农民基本养老保险农民工社会保险试点。我省制定《关于开展农村独女户夫妇养老保险试点的指导意见》，在全国率先启动试点。

教育体制改革不断推进。将专业技术职务"评聘结合"改革范围扩大至省属高校，制定下发了《关于高等院校实行专业技术职务"评聘结合"改革的意见》。积极推进中等职业学校办学模式改革。加快人才培养模式改革。积极探索办学体制改革，在多元办学体制上有所突破。

文化体制改革不断深化。制定了长春音乐厅改革方案，按改制程序进行了资产评估，并完成了评估报告。审订了吉林文化音像出版社改革方案。

医疗卫生服务体系不断完善，着力完善了农村和社区两个卫生服务体系。进一步加强了新农合制度建设。全面推广社区医生责任制和双向转诊制度，积极推动医疗保险进社区，探索建立城市居民基本医疗保险社区首诊制和医疗保险费用在社区预付制。以制度建设为重点，强化医院管理，探索开展管办分开的医院管理模式，抓好医疗市场监管。

现代市场体系建设、科技、外经贸等领域的体制改革都取得了积极进展。

黑龙江省经济体制改革

一、继续推进行政管理体制改革

一是转变政府职能，努力建设公共服务型政府。以转变职能为核心，按照精简、统一、效能的原则，理顺职责关系，明确和强化责任，优化组织结构，完善体制机制。认真总结历次行政管理体制改革经验，分析新形势下行政管理体制面临的新情况、新问题、新要求，研究和探索政府组织架构和行政运行机制问题。按照积极探索实行职能有机统一的大部门体制的要求，深入调查研究，拟定了我省政府机构改革方案。研究地市县分类标准和政府机构限额，研究拟定市县机构改革指导意见。继续深化乡镇机构改革。

二是积极推进依法行政。政府立法工作进一步加强，全年向人大提报地方性法规草案 9 部，制定政府规章 7 部。政府信息公开工作全面铺开，行政执法责任制梯度推进，行政许可项目大幅度减少，层级行政监督逐步加大，行政复议工作不断加强。县级依法行政工作进展顺利，科学、民主、依法决策机制基本建立。

三是继续深化行政审批制度改革。为了解决各地行政审批事项数量差异较大，审批标准、名称、依据、时限等不尽一致等问题，我省开展了行政审批标准、审批数量、审批名称、审批依据、审批时限等统一试点工作。同时开展行政权力清理，推进政务公开工作。

四是深化事业单位改革。五个省直事业单位改革试点工作基本完成。制定下发了《黑龙江省事业单位岗位设置管理实施意见》，全省事业单位岗位设置工作开始启动。同时继续推行事业单位聘用制工作。目前，全省实行聘用制单位已达 14270 个，占事业单位总数的 50%，已签订聘用合同的人员达到 457720 人，占现有事业单位总人数的 48.09%。

二、国有企业改革不断深化

按照省委省政府继续深化国有企业公司制股份制改革的要求，继续完善产权制度改革，深化公司制、股份制改革，建立健全企业法人治理结构和现代企业制度又迈出新步伐。国有经济布局调整、战略重组工作又有新进展，大集团建设取得新突破。完成了龙兴集团并入龙煤集团工作，组建了注册资本57亿元的龙煤控股集团公司。省建工集团和省路桥集团组建黑龙江省建设集团已获省政府批准。省新良集团与省外贸集团涉粮企业的整合重组工作进展顺利。

厂办大集体改革全面启动。全省678户厂办大集体企业已完成改革范围界定，其中386户完成了清产核资和清算审计工作。哈尔滨市完成了其中50户企业的改制。

三、继续深化农村综合改革

一是按照依法自愿有偿原则，健全土地承包经营权流转市场，规范农户间转包、转让、互换等土地流转方式，鼓励和引导发展多种形式的规模经营。2008年我省农村土地承包经营权流转面积已达2450万亩，比2007年增加400万亩，增长19.5%。流转形式主要有转包经营、联合经营、租赁经营、股份经营和龙头股份带动五种。

二是发展农民专业合作经济组织。2008年以来，我省农民专业合作组织快速发展，在提高农民的组织化程度、满足农民服务需求、加快先进技术推广、提升产业层次、衔接产销关系、降低市场风险等方面，发挥越来越大的作用，成为农村经济新的增长点。我省现有各类专业合作经济组织5017个，比2007年增长210个，拥有会员（社员）71.4万人（户），占农户总数的15.1%。

三是推进农村金融体制改革和创新。农村信用社深化改革工作取得显著成效。产权制度改革又有新进展，81家县级联社有1家组建农村合作银行，其余80家组建了县级统一法人社。65家县级联社通过了人民银行专项票据兑付，获得兑付票据金额46.7亿元，分别占全省申请票据兑付县级联社总数和专项票据发行总额的82.3%和86.2%，居全国第二批农村信用社改革试点省市前列。法人治理结构进一步完善，信贷管理及其他各项规章制度进一步健全。经营规模不断扩大，资产质量明显好转，经营效益大幅提升。农业银行股份制改造顺利推进。目前正在进一步加快不良资产处置工作，摸清风险底数和资产质量，有针对性地采取措施。邮储银行分支机构组建步伐加快。全省邮储银行13家二级分行全部挂牌营业，821家邮政储蓄机构获准开业。新型农村金融组织试点工作稳步推进。东宁远东村镇银行和杜尔伯特润生村镇银行已正式开业，巴彦融兴村镇银行也已被批准筹建。同时，我省还在积极向银监会申请扩大村镇银行试点。

四是农村公共事业不断发展。2008年，我省制定了《黑龙江省农村综合改革工作领导小组关于清理化解农村义务教育"普九"债务试点工作的实施意见》，通过建立奖补机制，调动了市县清理化解农村"普九"债务的积极性，建立起了制止新债发生的长效机制。以建立农村社会保障体系为重点，公共财政逐步覆盖农村。全面实行了农村最低生活保障制度和新型农村合作医疗制度，初步建立了医疗救助制度。

四、深化金融体制改革

一是国内金融机构设立工作进展良好。兴业银行哈尔滨分行开业，中国出口信用保险公司哈尔滨办事处升格为营业管理部，中国进出口银行哈尔滨代表处升格分行事宜已纳入日程。二是引进外资银行工作实现了重要突破。俄罗斯艾科斯堡银行哈尔滨代表处和奥地利中央合作银行哈尔滨代表处已经成立，韩国国民银行哈尔滨分行于 10 月开业。三是引进保险机构成果显著，共有 11 家保险公司在我省设立分支机构。其中，中外合资中意财产保险公司落户开业，是我省引进外资保险机构的重要突破。四是证券期货机构进驻我省。近两年来，首创期货、南华期货、银河期货、广发期货、海行东银等 5 家期货公司在我省设立了分支机构。

五、非公有制经济进一步发展

2008 年以来，我省重点推进全省非公有制企业经营体制改革和创新。按照企业产权明晰、责权利相统一、决策执行监督相协调的要求，不断改进企业经营机制。同时进一步加大对非公有制经济政策扶持力度，不断改善非公有制发展的体制环境，鼓励、支持和引导非公有制经济创业发展的体制机制创新。在适应企业自身发展过程中，企业所有制形式呈现多样化，私营、独资、股份制、股份合作制、有限公司、有限责任公司等各种所有制企业并存。目前，我省股份有限公司企业相对于其他所有制形式的企业在经营机制上比较完善。有 90% 以上的股份有限公司企业能够按照市场经济原则组织生产经营，并建立相应的企业领导体制和组织管理制度，形成激励和约束相结合的经营机制。

六、加大就业、社会保障制度改革力度

以贯彻实施《就业促进法》为契机，进一步落实积极的就业政策，加强就业援助和就业服务，大力控制失业率，保持了就业形势的基本稳定。省政府出台《关于进一步做好促进就业工作的意见》。

切实提高保障水平，各项社会保险运行情况良好。2008 年，为解决因物价上涨

等因素带来的突出民生问题，我省采取积极的应对措施，适时提高各项社会保险待遇水平，着力解决特殊群体困难，有力保障了社会保险参保人员及低收入人群的基本生活。在养老保险方面，提高养老保险金95元，高于全国平均水平。在医疗保险方面，我省医疗保险在总结哈尔滨、齐齐哈尔、鸡西等三个城市城镇居民基本医疗保险制度的基础上，又增加牡丹江、佳木斯、大庆和七台河四市。在失业保险方面，通过调整完善相关政策，将城镇企业事业单位、民办非企业单位、社会团体和与之形成劳动关系的劳动者以及社会团体的专职人员纳入到失业保险覆盖范围。另外，新型农村养老保险试点、被征地农民的就业和社会保障工作也取得了新的进展。

七、继续推进科技、教育、卫生和文化体制改革

科技体制改革进一步深化。进一步加快了建立以企业为主体、以市场为导向、"政产研金介"相结合的技术创新体系，管理机制和运行方式有了新的变化。同时，加快了推进科技特色产业基地建设。积极推进《黑龙江省知识产权战略纲要》制定工作，进一步加大知识产权宣传力度，不断加强了专利技术产业化的规范管理。科研机构的产业规模扩大，创办、辐射、孵化了一批创新型中小企业。

加快推进教育体制改革。进一步增加教育投入，建立了义务教育均衡发展机制，推进了城乡优质教育资源均衡化。同时紧紧围绕老工业基地振兴和新农村建设，大力发展职业教育，着力培养技能型人才和实用型人才。全面启动了义务教育学校标准化建设工程，把标准化学校建设纳入省政府工作目标。下发了《关于实施义务教育学校标准化建设工程的意见》。

医疗卫生体制改革稳步推进。进一步明确了卫生事业发展的目标和思路，编制了卫生事业发展规划。卫生惠民工程也取得了显著成效，新型农村合作医疗取得新的进展。

进一步深化文化体制改革，首先重点抓好试点单位的改革。省直属单位省图书馆、省杂技团、省电影公司被列为宣传文化系统的改革试点单位。同时预先抓好自收自支单位的改革。积极探索艺术表演团体的改革，重点进行了结构调整和资源整合，加强与社会力量的合作。大力发展和完善了文化市场。

上海市经济体制改革

2008年是贯彻落实党的十七大精神的第一年，也是改革开放30周年。按照中

央对上海提出的加快实现"四个率先"、加快建设"四个中心"和社会主义现代化国际大都市的要求，上海深入贯彻落实科学发展观，以纪念改革开放 30 周年为契机，进一步解放思想，坚持以改革应对发展中面临的困难和挑战，坚定不移地深入推进改革开放。一方面加强对全市改革工作的综合指导和统筹协调，颁布实施了《关于 2008 年度全市重点改革工作安排》，对全市年度重点改革工作进行总体部署；另一方面围绕经济社会发展的新形势和新情况，立足当前，着眼长远，深入调查研究，形成了一批深化改革、推进发展的政策。全市各方面协同配合，狠抓落实，不失时机地推进体制改革和制度创新，在浦东综合配套改革试点、行政管理体制改革、所有制结构优化调整、社会事业领域改革创新等方面取得了积极进展，为上海经济社会平稳较快发展注入了新的动力和活力。基本情况是：

一、加快政府职能转变和管理创新，进一步深化行政管理体制改革

近年来，上海按照"弱化、转化、强化"的要求，以转变政府职能为核心，着力推进政企、政资、政事、政府与市场中介组织"四分开"，加快建设服务政府、责任政府、法治政府和廉洁政府。2008 年，围绕"把上海建成政府行政效能最高、行政透明度最高和行政收费最少地区之一"的目标，上海以深化行政审批制度改革为突破口，重点推进投资体制改革，清理、规范和完善行政事业性收费制度，不断提高行政效能和政府服务水平，为市场主体提供良好的公共服务和发展环境。

1. 正式启动新一轮政府机构改革。按照党的十七届二中全会的部署，以转变政府职能为核心，在增强综合协调能力、提高办事效率和转变工作作风等方面同步推进政府机构改革和工作党委体制调整。主要是理清职能，着力避免职能交叉重叠、职责主次不分、政出多门、扯皮推诿等现象。建立健全部门间协调配合机制，加快形成灵活便捷的部门联席会议机制和信息共享机制。健全办事制度和程序，简化和优化办事流程，提高行政效能和透明度，更好地服务群众、服务企业、服务社会。目前，已基本完成了新一轮政府机构改革任务。

2. 大力推进第四轮行政审批制度改革。上海经过前三轮行政审批制度改革，共取消、调整了 1044 个审批事项，总体改革率达到 51.5%，在贯彻行政许可法中，又取消了 102 项本市地方创设的行政许可事项，占本市地方创设许可事项的51.2%。2008 年，上海在深入总结前三轮改革实践的基础上，形成了新一轮深化行政审批制度改革的方案。主要是按照提高效率、增强透明度的目标，以改善投资项目审批管理、整合建设工程审批、建立网上审批平台为突破口，抓住清理审批事项、改进审批方式、再造审批流程、创新管理方式、加强监督制约等关键环节，加快建

立健全行政审批运行、管理和监督的长效机制。经过改革，对招拍挂用地建设项目中的非政府投资项目，审批流程由原来的 9 个主要程序、35 个审批环节、150 个工作日简化为 4 个主要程序、6 个审批环节、97 个工作日，改革成效显著，取得了良好的社会反响。

3. 全面深化投资体制改革。上海以新一轮深化行政审批制度改革为契机，加大了推进投资体制改革的力度，进一步加快落实企业投资自主权、促进企业发展。制定并颁布实施了上海市企业投资项目核准暂行办法、备案暂行办法和外商投资项目、境外投资项目核准暂行管理办法等四项政策措施。对不使用政府资金的企业投资项目，一律不再审批；政府只对重大项目和限制类项目从维护社会公共利益角度进行核准，其他企业投资项目全部实行备案制；对符合规定的外资项目和境外投资项目全部实行核准制。其中，外商投资项目行政审批改革方案在浦东先行试点，主要是取消依据不足的行政审批事项，合并简化部分同类型的行政审批事项，将一些行政审批改为备案，加强事后监管。通过改革，压缩了三分之二的审批图章，加快在外商投资领域率先建成高效率、高透明度的行政审批运行机制，创建和谐的外商投资环境。

4. 积极开展行政事业性收费清理。清理行政事业性收费是深化行政管理体制改革、加快转变政府职能的一项重要工作。2008 年以来，为了降低企业商务成本，改善企业经营环境，规范政府行政行为，上海在全面清理行政收费事项的同时，建立健全行政事业性收费制度，从制度上建立依法严控新增收费的长效机制，促使上海成为政府行政效能最高、行政透明度最高和行政收费最少地区之一。明确了清理行政事业性收费的"三个有利于"原则，即有利于促进就业、改善民生，有利于方便投资者和市场主体、改善投资环境，有利于规范行政行为、深化行政管理体制改革的原则，从三个方面对全市行政事业性收费事项进行了清理：一是行政机关履行行政管理职责而发生的管理类收费，如集贸市场管理费、个体工商业户管理费、城市房屋拆迁管理费和建筑工程质量监督费等；二是不适应当前上海经济社会发展需要和转变政府职能要求的收费，如为个人代为保管人事档案而收取的"代办劳务费"、对人才流动争议实施行政裁决而收取的"人才流动案件受理费"等；三是不合理的证件证书工本费，如《户口准迁证》工本费、企业登记资料复制工本费。经清理，先行取消和停止征收了 148 个行政事业性收费事项，降低收费金额近 20 亿，涉及 30 个政府部门。

二、全面深入推进国资国企改革，优化非公有制经济发展环境

近年来，上海按照"两个毫不动摇"的要求，一手抓国有经济战略性调整，一

手抓非公有制经济发展，所有制结构加快调整优化。本市公有制经济增加值占全市生产总值比重由 20 世纪 90 年代初的 95% 降至 2008 年的 54%，非公有制经济比重由 5% 增到 46% 左右，其中个体私营等经济由 3% 增到 22% 左右。目前，上海国有资产总量为 11500 亿元，国资国企改革的任务依然繁重。2008 年以来，上海所有制结构调整力度进一步加大。

1. 全面部署并深入推进国资国企改革。颁布了《关于进一步推进上海国资国企改革发展的若干意见》以及《关于进一步规范和完善市管企业法人治理结构的意见》、《关于市管国有企业董事会选聘经理人员的意见》等 4 个配套文件，提出了一些方向性的、可操作的又有阶段性目标的原则和具体措施，明确提出将进一步提高上海经营性国有资产的证券化比例、逐步取消企业和企业领导人员的行政级别、企业领导人员不再保留公务员身份等新要求，力争上海国资国企改革取得新的突破。围绕提高国有企业主业核心竞争力，本市在 2007 年确认并公布 24 家市国资委出资监管的国有大型企业集团主业的基础上，又对投资公司和科研院所共 17 家企业主业进行了审核确认并公布，目前共推动了 41 家国有企业（集团）集中发展主业。同时，采取以借壳上市、资产置换、A 股吸收合并、资产注入等形式，着手推动 13 家国有上市公司实施资产重组，如上实集团重组上药集团、上汽集团重组上柴股份，涉及资金 280 余亿元。

2. 进一步促进非公有制经济发展。上海已出台了一系列促进非公有制经济发展的政策措施，但在实践中仍在一定程度上存在待遇不公平、市场开放不均衡、人才引进和融资难等突出问题。2008 年，市委、市政府把大力推进非公经济发展放在十分重要的位置，把促进非公经济发展列入市委 17 个重大调研课题之一。在深入调研的基础上，形成了《关于进一步促进非公有制经济发展的若干意见》，围绕切实解决非公经济发展中的薄弱环节和突出问题，在营造产业环境、改善融资环境、吸纳引进人才等方面提出若干政策建议，力争在较短时间内，使上海成为全国最具吸引力的投资与创业的地区之一，促进上海非公经济发展跃上一个新台阶。同时，针对民营企业和中小企业融资难、担保难等突出问题，本市出台了《关于本市开展小额贷款公司试点工作的实施办法》，对本市小额贷款公司的试点要求与工作步骤、准入资格与运营要求、工作机制与批准程序、监督管理与风险处置、扶持措施等都做出了具体规定。目前，上海已经在部分符合条件的区（县）正式启动了小额贷款公司试点，并根据运行效果、市场需求等实际情况，适时扩大试点范围。

三、坚持以改善民生为重点，不断推进社会事业领域改革创新

针对社会领域改革相对滞后的状况，近年来，上海在教育、卫生、文化、社会

保障等领域加快了探索创新。2008 年上海主要围绕着力改善民生、促进社会和谐，更好地满足群众基本公共服务需求，继续深化以改善民生为重点的社会事业领域改革。

1. 深入实施教育综合改革。在注重教育公平和内涵建设的基础上，重点推进义务教育均衡化，促进各级各类教育全面协调发展。进一步完善义务教育经费保障机制，加大对郊区农村和财政相对困难地区财政转移支付力度。推进中心城区优质教育资源向郊区农村辐射和转移，加强义务教育资源城乡统筹，继续推进 20 所农村义务教育相对薄弱学校实行委托管理。推进高校招生考试制度改革，妥善实施考前填报平行志愿，继续推进本市部分高校专科层次依法自主招生改革试点工作。围绕本市产业发展要求，面向市场、就业导向、整合资源，积极推进职业教育集团化办学，重点推进商贸、化工、旅游和电子信息等 4 大职业教育集团组建工作。

2. 完善社区卫生服务体系。主要以社区卫生改革为切入点，进一步完善公共卫生服务体系和医疗服务体系。以收支两条线、医保总额预付和绩效考核机制为核心，制订了评估社区卫生综合改革的调查方案，评估全市社区卫生综合改革情况。分两步实施基本药品零差率政策。推进医疗资源纵向整合，完善医疗服务，在宝山区组建了全市首家"社区卫生服务集团"，实现医疗资源纵向整合，整体提高了社区卫生服务水平。

3. 深化文化体制改革。近年来上海努力完善扶持公益性文化事业和大力发展文化产业的政策体系，着力创新文化产业发展体制。2008 年在张江建立了全国第一家国家数字出版基地（张江国家数字出版基地），实行管理主体、运作（服务）主体和企业主体三分离的原则，该基地的建立对探索我国数字出版业发展模式具有重要意义。启动了上海市公共文化产品资源数据库建设，推动文化信息资源共享工程基层服务点、社区文化活动中心和农村综合文化活动室建设。形成社区文化活动中心绩效评估标准和办法，加强对公共文化服务设施运营的监管。

4. 完善社会保障体系。按照"保基本、广覆盖、分层次、可持续"的原则，不断完善覆盖城乡居民的社会保障体系，扩大各类基本社会保障覆盖面。完善多层次的医疗保障政策体系，全面实施城镇居民基本医疗保险制度，新的居民医保制度将本市城镇职工医保、小城镇医保和农村合作医疗等基本制度未覆盖的居民统一纳入了保障范围，标志着覆盖全体城乡居民的基本医疗保障制度体系全面建立。加快完善住房保障体系，进一步扩大廉租住房受益面。2008 年上半年，扩大廉租住房受益面工作已在具备收入核对条件的全市 60 个街镇推开。同时，重点推进扩大廉租住房实物配租试点工作，建立健全经济适用房制度，着手制订《上海市经济适用住房管理试行办法》，重点从建设机制、供应机制和产权管理机制三方面加以规范。

江苏省经济体制改革

2008 年江苏改革以邓小平理论和"三个代表"重要思想为指导，深入贯彻党的十七大精神，围绕完善社会主义市场经济体制的总体目标，按照《江苏省2008年经济体制改革要点》的要求，结合开展深入学习实践科学发展观活动，紧紧抓住转变经济发展方式、建立科学发展评价考核体系、改革财税分配机制、推进节能减排和可持续发展、健全民生保障机制等关键环节，以更大的力度推进改革，着力解决影响和制约科学发展的体制机制问题，为实现科学发展、构建和谐社会提供强大动力和体制保障。

一、继续深化农村改革

农村"三大合作"组织建设取得新进展。大力发展农民专业合作组织，认真贯彻《农民专业合作社法》，积极开展地方立法准备工作。加强政策引导和扶持，研究制定《关于促进农民专业合作组织发展的若干政策措施》。大力推进"四有"创建。全年省级扶持资金增加到5000万元，共扶持245个"四有"示范项目、60个培训项目，发挥了重要示范带动作用。到年底，全省农民专业合作组织达12600个（其中当年新增5700多家），带动农户537万户，占农户总户数比重提高10个百分点。比较规范的农村土地股份合作社达680家，入股土地面积47万亩，入股农户16万户。其中当年新增土地股份合作社342家，新增入股面积14万亩。全省农村社区股份合作社已发展到2910家（其中当年新增210家），社员人数达345万人，带动农户115万户，净资产总额达222亿元。农村土地承包经营权流转规范有序。据统计，自二轮承包以来，我省已累计流转土地面积960万亩（当年新增131万亩），占家庭承包面积的19.2%，扣除近几年来土地逆转和到期返还等因素减少面积164万亩，实际流转经营的存量面积为796万亩，占家庭承包面积的15.8%。

农民负担监督和农村集体资产管理扎实推进。全省农民承担一事一议筹资和以资代劳预算总额9.7亿元，与2007年基本持平。开展"一事一议"财政奖补试点，我省通州市是全国试点县，经省政府同意，2008年增加宿迁市宿豫区、灌南县为试点县（区），对一事一议筹资筹劳兴建村内小型水利、村内道路、环卫设施、植树造林等村民直接受益的公益事业实行财政奖补。加强农村资产与集体财务管理。建立农村集体产权登记与资产台账制度，建立农村集体资产承包、租赁、出让等经营制度，对集体土地、滩涂、水面等资源的开发利用，实行公开竞价和招投标制度，盘活农村集体存量资产。进一步推进农村集体财务规范化管理合格乡村创建工作。按照"准、全、实、控、严"五字要求，深入开展农村集体财务规范化管理合格乡、村创建工作，全省农村集体财务规范化管理合格率已达85%。

二、继续深化行政管理体制改革

1. 政府机构改革的准备工作有序进行。对省直副厅级以上（含副厅级）党政机构设置情况进行摸底，对实施大部门体制情况进行调研，梳理分析职能相近部门的职责。统计分析市县分类及机构设置、省辖市副局级以上党政机构设置等情况。研究省级政府机构改革方案。明确改革的指导思想、基本原则以及转变职能、理顺关系、强化责任、优化结构、规范机构、严控编制等各项改革任务。乡镇机构改革继续深化。全省乡镇机构改革第二批试点范围为宿迁、苏州全市，其余省辖市各选择1个县共23个县（市、区）。对响水等10个扩大试点县（市、区）乡镇机构改革工作进行检查验收，对28个试点县（市、区）改革情况进行汇总统计，总结试点经验，分析存在问题。

2. 财政管理体制不断完善。按照突出科学发展导向、体现财力向下倾斜、公平与效率相统一的原则，调整分税制财政管理体制。一是创新收入分配机制。改革营业税和增值税分配政策，引导市县大力发展现代服务业和先进制造业，加快产业结构优化升级；加强对资源类主要税收调控，促进土地等资源合理利用；新增财力更多地向下倾斜，增强市县统筹发展能力。二是创新转移支付机制。推进基本公共服务均等化，提高县乡基本公共服务保障标准；优化转移支付资金分配办法，改进省对经济薄弱地区收入全返政策，促进区域协调发展。三是创新财政激励机制。财政奖励资金与全面小康指标挂钩，对苏北苏中省级以上重点开发区实行以奖代补，对当年税收收入增幅较快和新增收入上交省较多的市县给予表彰和奖励。四是完善省级财政资金支出绩效评价机制。研究制定了《江苏省重点项目财政支出绩效评价办法》、《江苏省财政厅省级财政支出绩效评价办法》两项重要制度，对省级财政支出绩效评价进行规范。

3. 事业单位分类改革工作继续推进。研究制订《社会公益类事业单位分类参考标准（讨论稿）》。研究社会公益类事业单位分类标准、方法步骤及改革思路，形成《省直社会公益类事业单位模拟分类参考标准》（征求意见稿）。根据工作职责、业务性质和功能定位，结合经费预算管理形式，按照"大三类"和"小三类"的标准，对省属近千家事业单位进行初步模拟分类，研究对一些任务已经完成或长期未正常运行的省属事业单位予以清理的思路。推进事业单位养老保险制度和人事制度改革，完善相关财政政策。研究提出省属社会公益类事业单位分类改革意见。

三、继续深化金融体制改革

1. 政策性银行商业化改革和国有商业银行市场化改革取得新成效。鼓励股份制商业银行在我省增设分支机构，全年新设商业银行省级分行 3 家。大力推进金融业对外开放，鼓励境外资本战略投资我省金融机构，吸引外资金融机构在我省设立分支机构。截至年底，我省已有地方法人银行金融机构 77 家，有 23 家政策性银行和商业银行在我省设立分支机构，12 家外资银行设有分支机构；有 64 家保险公司在我省设立分支机构，其中外资保险公司 17 家；地方法人证券公司 6 家，各类证券公司分支机构 268 家，地方法人期货公司 10 家，期货营业部 50 家。

2. 地方金融机构改革取得新进展。由 10 家城市商业银行合并成立的江苏银行发展迅速，资产总值年均增长 25% 以上，2008 年经营利润增长 106%，目前分支机构已覆盖到全省所有地级市，全年新设县域分支机构 17 家，上海分行正式开业，深圳分行、北京分行获准筹建，跨区域发展迈出实质性步伐。江苏唯一保留的靖江城市信用社，已成功改制为江苏长江商业银行。常州辖区内 5 家合作金融机构合并组建苏南农村商业银行的申请已上报国务院。地方法人保险公司组建工作取得突破性进展，紫金财产保险公司已获准筹建并将于近期开业，利安人寿保险公司筹建工作正在加快。华泰证券完成股份制改造并申请上市。非银行类金融机构稳步发展，全年共成立企业财务公司 2 家，由中国东方资产管理公司、江苏银行和徐工集团共同出资组建的金融租赁公司已进入上报审批阶段。

3. 农村金融改革取得新突破。在全国率先全面开展农村小额贷款组织试点。全年共有 93 个县（市、区）开展农村小额贷款组织试点工作，已有 23 家农村小额贷款公司获准开业，注册资本金总额近 20 亿元，累计发放贷款近 16 亿多元，其中 90% 投向"三农"和中小企业。积极推动村镇银行建设试点，已有沭阳、金坛、东海、宜兴等 4 家村镇银行正式开业，溧阳、铜山 2 家村镇银行正在积极筹备。有苏南 6 家农商行分别与苏中、苏北 9 家农村信用社（农村合作银行）签订战略合作框架协议，累计战略入股资金 1.84 亿元。政策性农业保险试点继续深化。下发了《关于做好 2008 年农业保险试点工作的通知》，对农业保险模式、财政补贴方式、农业保险品种等政策进行了调整规范，新一轮农业保险试点全面推开。全年完成农业保险保费收入 10.35 亿元，承保农户达到 150 万户次，农业保险总保额达到 199 亿元，为全省农业发展提供了有力的保险保障。

四、继续深化国有企业改革

1. 国有企业现代企业制度不断完善。加强国有企业董事会建设，健全董事会工作机构和议事规则，对部分企业董事会及董事进行年度评价，建立董事会向省国资委报告年度工作制度。7家省属企业实行外部董事制，共聘请外部董事29名。创新监事会工作机制。在4户省属企业开展"三位一体"监督试点，监事会工作与巡视、纪检监察工作结合，拓展工作的广度和深度，监事会当期监督卓有成效。

2. 国有企业股权多元化进展迅速。大力鼓励有条件的企业引进战略投资者，推进股权多元化。中江公司、省建设集团、省设备成套公司实施了资产重组。弘业股份完成定向增发募集资金5.4亿元。支持井神盐业公司完成资产重组和整体变更为股份有限公司。华泰证券、舜天船舶、正大天晴等拟上市项目稳步推进。

3. 国有资产管理逐步规范。印发《江苏省企业国有资产评估管理暂行办法》，加强对企业国有资产评估项目的备案和核准管理。把好资产评估关、产权转让关、产权交易关。研究制订《省属企业投资管理若干规定》，健全省属企业投资制度。省属工程建设类资产运作平台形成。建立了国资交易动态监测机制，严格规范企业改制和国有产权转让行为。

五、继续深化医疗卫生体制改革

1. 新型城市医疗卫生服务体系构建成效显著。各级坚持政府主导的原则，以社区卫生机构为基础、社区卫生机构与大医院和预防保健机构合理分工、密切协作的新型城市医疗卫生服务体系框架逐步形成。全省建成城市社区卫生机构2836个，其中社区卫生服务中心546个，以街道为单位社区卫生服务中心覆盖率达98%。省安排专项资金帮助苏北苏中地区完成了80个社区卫生服务中心业务用房改扩建和200个中心的设备装备任务，设施条件大大改善。全省95%的社区卫生机构能够按照"六位一体"要求，提供综合卫生服务。推行责任医生制度和团队服务模式，组建全科服务团队1920个，有276个街道实行了网格化健康管理。

2. 民办医疗机构发展迅速。积极引导和规范社会资金进入医疗服务领域，形成以公有制为主体、多种所有制医疗机构共同发展的新型医疗卫生服务体系。对民办医院机构落实大型设备购置和技术准入等各项优惠政策，全省民办医疗机构又有新发展。2008年，全省民办医疗机构总数已达7499家，占全省医疗机构总数的31.96%，其中2008年新增民办医疗机构193家，100张床位规模以上的民办医疗机构已达45家，200张床位规模以上的达21家，民营医疗机构的床位数占全省总床位数的比例达到 19.8%。

3. 新型农村合作医疗服务水平进一步提升。按照"增加补助，扩大受益，强化管理，巩固提高"的要求，努力提高农村居民医疗保障水平，不断健全社会保障体系。全省新型农村合作医疗参合人口 4401 万人，参合率稳定在 95% 以上，参合率连续五年位居全国第一。落实财政补助，提高筹资标准，人均筹资由上年的 76 元增加到 122 元。及时指导各地合理调整补偿方案，群众受益水平进一步提高，全年共补偿 4200 万人次，住院人均补偿 1532 元，较上年增长 19.22%，参合农民住院医药费用实际补偿由上年的 31.18% 提高到近 40%。将农村基本公共卫生服务项目专项资金筹集标准由按农村常住人口每人每年不低于 6 元提高到每人每年不低于 8 元。各地认真落实 3 大类 8 大项农村公共卫生服务项目，重点加强直接面向农村居民的基本公共卫生服务、重点人群卫生服务、基本卫生安全保障服务，全年农村基本公共卫生服务覆盖 5143.16 万农村人口。

六、继续深化外经贸体制改革

1. "一个窗口对外"的审批机制初步形成。我省把包括并购、创业投资等新兴利用外资方式在内的，总投资在 1 亿美元以下（不含 1 亿美元）至 3000 万美元的鼓励类、允许类外商投资企业新设事项审批权限，全部下放给省辖市和部分县级市。

2. 开放型经济综合绩效评价指标体系逐步形成。我省在国内率先开展了开放型经济综合绩效评价指标体系研究，探索建立改革工作的绩效评估机制，督促各项改革措施的落实。

3. 促进服务外包发展的政策体系得到完善。大力发展国际服务外包，重点引进国际知名外包企业，发展高端外包业务。出台了《关于促进国际服务外包产业发展的若干政策措施》，认定了第二批省级服务外包基地城市（江阴）和示范区（苏州高新区、南通开发区等 10 个开发区）及服务外包重点企业。

4. 开发区发展模式创新稳步推进。积极探索加快开发区转型升级的新思路和新举措。一是建设四种园区。建设一批重点的特色产业园区、特殊功能区、南北共建开发区与以循环经济和资源节约为重点的生态工业园区。二是搭建四个平台。建设好投融资平台、人才支撑平台、公共服务平台、舒适和谐的生活平台。三是加快四个创新。即开发区发展方式创新、功能创新、科技创新和体制机制创新。

七、继续深化就业与社会保障制度改革

1. 城乡就业形势继续保持稳中向好。围绕贯彻实施《就业促进法》，积极落实

就业再就业扶持政策，出台《关于采取积极措施减轻企业负担稳定就业局势的实施意见》，全省城乡就业形势总体保持稳定。1—11 月，全省城镇新增就业 114 万人，已连续四年新增就业人数超百万，促进下岗失业人员再就业 49.93 万人，其中就业困难人员再就业 12.78 万人，三项重要指标均提前完成全年目标；11 月末，全省城镇登记失业率为 3.2%；到 2008 年累计转移农村劳动力达 1692.55 万人，转移率为 63.6%。

2 火车票社会保障制度不断完善。努力使现行社会保障制度惠及更广大的城乡民众。截至 11 月末，全省职工基本养老、医疗、失业、工伤、生育五大险种参保人数分别达 1293.84 万人、1597.89 万人、1051.9 万人、1055.14 万人和 906.64 万人，其中养老、医疗两大保险已连续四年实现新增参保人数超百万。全省从 2008 年 1 月 1 日起再次上调企业退休人员养老金，调整后月人均养老金水平达到 1183 元，保持并巩固了连续 7 年按时足额发放的成果。城镇居民基本医疗保险得到巩固。目前全省城镇居民基本医疗保险参保人数达 1221.55 万人，覆盖率达到 98.8%。农民工社会保障得到有力推动。出台了《江苏省农民工权益保护办法》和《关于全面推进农民工参加工伤保险的意见》，为农民工社会保障问题的解决提供了重要的政策支撑。截至 11 月末全省农民工参加养老、医疗、工伤保险人数分别达到 331.52 万人、372.04 万人、390.1 万人，分别比上年末增加 59.59 万人、90.04 万人和 80.3 万人。新型农村社会养老保险试点成效显著。全省有 7 个市及 62 个县（市、区）开展了个人缴费、集体补助、财政补贴相结合的新型农保制度建设试点工作，参保农民已达 271 万人。《关于建立新型农村社会养老保险制度的指导性意见》已经出台。

3. 劳动者合法权益得到切实维护。围绕贯彻实施《劳动合同法》、《就业促进法》和《劳动争议调解仲裁法》，在全省开展"劳动保障监察执法年"活动，着力规范用人单位劳动用工行为，全省共主动监察检查单位 6.76 万户，涉及劳动者 490.02 万人，为 55.91 万劳动者补签了劳动合同；为 57.33 万劳动者追发工资等待遇 5.1 亿元，其中追发农民工工资等待遇 4 亿元，督促 1.25 万户用人单位申报缴纳社会保险费 2.2 亿元，清退各种风险抵押金 631.38 万元，以务实有效的工作举措维护了劳动者合法权益和社会稳定。

八、推进经济发展方式转变制度创新

科学发展的制度体系建设迈出重要步伐。2008 年我省出台了《关于加快转变经济发展方式的决定》、《关于进一步加强节能减排促进可持续发展的意见》、《关于建立促进科学发展的党政领导班子和领导干部考核评价机制的意见》、《关于建立科学发展评价考核体系的意见》、《关于切实加强民生工作若干问题的决定》、《关于调整

地方篇

分税制财政管理体制的通知》六个指导性政策性文件，为全面落实科学发展观、转变经济发展方式构建了制度体系。

环保体制机制创新明显加快。进一步完善环境经济政策，建立健全治污减排的激励和约束机制。一是继续推进环境价格改革。实行差别价格政策，对重污染行业高标准征收污水处理费。出台实施太湖流域污水处理单位氨氮、总磷超标排污费收费办法，所有乡镇开征污水处理费，运用价格机制倒逼企业提高污水处理水平。扩大脱硫电价补贴范围，将安装脱硫设施的非统调燃煤机组一并纳入补贴范围，每千瓦时增加 0.015 元，提高非统调燃煤机组脱硫的积极性。二是开展太湖流域主要水污染物排放指标有偿使用和交易试点。三是深化完善环境资源区域补偿制度。基本完成太湖流域环境资源区域补偿试点工作，已制定补偿断面扩大调整方案，在太湖流域全面推行。

浙江省经济体制改革

在省委省政府高度重视和正确领导下，浙江全省上下深入贯彻落实科学发展观，紧紧围绕"创业富民、创新强省"总战略，解放思想，开拓创新，抓住改革开放 30 周年的重要机遇，全面启动省级综合配套改革试点，着力推进重点领域和关键环节的改革攻坚，呈现了十大改革新亮点，为促进经济平稳较快发展提供了体制机制保障。

一、三大省级综合配套改革试点取得新突破

一是杭州围绕"三个率先"加快改革创新步伐，探索建立自主创新的保障机制，开展了公共资源交易市场化配置改革、缓解"看病难、看病贵"体制改革、投资项目审批代办制度改革、住房保障和社区管理体制改革等试点。二是嘉兴、义乌统筹城乡综合配套改革取得新进展，嘉兴围绕"十改联动"，4 个镇实质性启动"两分两换"改革试点，开展了培育统筹城乡战略节点的体制改革，建立全民社保制度、主要污染物排放权公开交易和抵押贷款改革试点；义乌围绕"两转一保"，加快推进涉外管理服务体制、农村土地承包权流转机制改革，探索开展了生产与生活用房相分离、工业用地分阶段出让、出让金分期缴付、宅基地换住房、承包地换保障的改革试点。三是温州、台州民营经济创新发展综合配套改革试点取得新进展，

温州着力创新民营经济发展的土地保障、金融支撑机制改革，开展了中小企业创新服务平台和优化民营经济发展环境改革试点；台州积极开展了民营企业市场准入"五放宽"的准入制度改革、区域共性技术服务平台建设机制改革、排污权指标调剂和交易改革试点，探索建立了民营经济融资保障机制和龙头企业资产并购重组新机制。

二、促进自主创新的体制改革取得新突破

一是创业投资引导基金加快建立，省财政已计划安排1.5亿元；杭州、绍兴分别设立5.5亿元和2亿元基金，并已进行实质性运作。设立亿元大学生科技创新基金，前移创新主体培育，每年资助在校大学生1000个科技项目。二是自主创新公共服务平台和创新载体加快建设，全省已有33个重大公共创新平台建成投运，新引进113个科技创新载体。台州围绕主导产业，创建了椒江船舶、路桥机电、玉环汽摩配等区域共性技术服务平台。三是专利开发和保护力度进一步加大，组织实施26个重大科技专项，发明专利授权量增长47.7%；建立专利行政委托执法制度，在全省46个县（市、区）实施委托执法。

三、扶持企业发展的政策制度取得新突破

一是中小企业出口扶持制度进一步完善，安排省级外贸发展资金3.5亿元，加大对外贸企业的出口扶持力度。二是中小企业融资对接机制全面启动，联合多家金融机构和近20家创投公司，积极探索小企业融资一揽子解决方案；建立小企业贷款风险补偿制度，安排6500万元基金为小企业提供银行信贷支持；积极探索中小企业集合发债机制改革；率先在国内开展股权出资登记、股权出质登记改革试点，目前已办结股权出资登记的企业30家、股权出资金额92.9亿元，股权出质登记的企业308家、融资金额117亿元。三是企业减负机制初步形成，省政府分两批取消73项、停征29项、降低11项行政事业性收费，下调八类涉企服务收费标准，切实减轻了企业负担。

四、产业转型升级的体制改革取得新突破

一是服务业体制改革全面深化，出台了促进现代服务业发展的政策意见，通过税收、土地政策激励发展生产性服务业。创新加快服务业发展的工作机制，实施工商业用电价格并轨体制改革，积极推进工业企业主辅分离发展服务业改革。二是工

业转型升级的体制机制不断健全,出台了关于加快工业转型升级的实施意见,提出了金融、土地、税费减免等 12 项政策措施,加快工业结构优化升级和工业发展方式转变。三是节能减排倒逼机制加快形成,继续加大落后产能的淘汰力度,严格执行淘汰类、限制类、允许和鼓励类产业差别电价政策,建立了燃煤发电机组脱硫设施运行考核和脱硫电价扣减机制;杭州、湖州、嘉兴、绍兴市,以及黄岩、玉环、桐乡、诸暨、兰溪等县(市、区)积极开展排污权交易改革试点。启动循环经济试点省建设。

五、土地使用制度改革取得新突破

一是农村宅基地制度改革积极推进,开展"承包地换保障、宅基地换住房"、生产用房与生活用房相分离等改革试点。二是海涂围垦和低丘缓坡综合利用机制改革加快推进,温台沿海产业带积极探索围海土地使用证转换改革试点,金衢丽产业带积极推进低丘缓坡综合开发利用机制建设。三是闲置土地退出机制改革积极推进,出台了推进节约集约利用土地的政策意见,探索建设项目用地退出机制,加快对闲置土地处置,共清理处置闲置土地 3.28 万亩,盘活存量建设用地 4.22 万亩。

六、地方金融制度创新取得新突破

一是金融组织不断创新,农村信用社改革取得阶段性成效,成为全国首个农村信用社专项央行票据全部兑付省份,兑付金额 37.6 亿元;城市商业银行公司治理结构进一步完善,跨区域发展取得新进展,共有 6 家城市商业银行在省内外获准新设异地分行 15 家,其中省外 8 家,省内 7 家。加快金融机构引进步伐,新增 7 家外地及外资银行落户我省。小额贷款公司试点全面启动,目前全省已有 43 家小额贷款公司批准设立;村镇银行试点稳步推进,首批 3 家村镇银行已正式开业,第二批 13 家正在积极筹备设立之中。金融业集聚发展机制加快建立,杭州积极打造长三角南翼金融中心,编制了《长三角南翼金融中心建设规划》,出台了相关政策意见。二是金融产品不断创新,积极探索股权质押贷款、农村住房抵押贷款、林权抵押贷款、无形资产抵押贷款试点。三是担保机制不断完善,担保品种向为中小企业提供贸易履约、工程承包履约等担保领域拓展;担保方式不断创新,探索建立担保机构"抱团增信"新机制,建立浙江省中小企业创业融资平台,两个组团已为 365 家中小企业担保融资 5.66 亿元。

七、农村改革取得新突破

一是土地承包经营权流转和林权改革加快推进，宁波、嘉兴、绍兴等地出台加快推进土地流转的政策意见，全省已流转土地535.75万亩，占承包耕地面积的26.9%，比上年增加77.35万亩，提高3.7个百分点，涉及农户276.55万户，位居全国前列。全面推进集体林权制度改革，48个县（市、区）成立林权交易中心，丽水市9个县（市、区）成立森林资源收储中心，全省林权主体改革基本完成，发证面积8654.5万亩，占全省集体林面积的96.8%；林权抵押贷款额超过3亿元，比上年增长2倍多。二是农村经营制度和风险防范体系更加完善。农民专业合作社组织形式及运作方式加快创新，数量规模日益扩大，全省农民专业合作社达9254家，带动农户354.1万户。农业生产经营方式加快转变，杭州建成52个粮食生产功能区，台州积极实施"万元田"工程。政策性农业保险全面推进，新增林木保险等3个险种，大户参保率达79%，比上年提高13个百分点；政策性农村住房保险全面推进，参保农户1002.87万户，参保率达98.6%，比上年提高2.5个百分点。三是农村基层民主政治建设扎实推进，全面实施村务公开和民主管理制度，全省所有的行政村都建立了村务公开制度并成立了村务公开监督小组，98%以上的村建立了村民代表会议制度，全面推进村民委员会换届选举工作，村民参选率达96%。

八、就业和社会保障体制改革取得新突破

一是健全政策扶持、创业培训、创业服务三位一体的工作机制，创业带动就业体制机制逐步形成；健全城镇零就业家庭就业援助长效机制，消除城镇"零就业家庭"532户，帮扶825人就业，实现"基数归零，动态归零"。二是新型农村社会养老保险制度加快探索，按照个人缴费、集体补助、政府补贴相结合的办法，全省近26个县（市、区）近50万农民参加了新型农村社会养老保险；杭州、嘉兴等地对超过劳动年龄段、未参加养老保险的城乡居民建立了生活补助制度。宁波积极探索外来务工人员社会保险制度，把工伤、大病、养老、失业和生育五大保险打包成"套餐"，按照"个人不缴费，企业少缴费，关系可转续"的要求，有效破解"全民社保"的最后一道难题。三是基本养老保险缴费比例逐步规范，全省用人单位基本养老保险缴费比例统一到12%—16%区间。四是养老服务体系进一步健全，全年新增养老服务机构床位数15000张，新建农村社区"星光老年之家"3000多个。

九、教育、卫生体制改革取得新突破

一是公平教育体制加快推进，建立农村义务教育债务化解机制，有效化解乡镇义务教育债务 18.6 亿元，占债务总额的 52.88%，建立农村教师任教津贴、城乡教师编制统一、城镇教师申报高级专业技术资格必须具有农村任教经历等制度。二是医疗卫生体制改革加快推进，大力推进城乡社区卫生服务体系建设，全面实施城乡规范化社区卫生服务中心创建活动，推进城乡社区卫生服务机构标准化建设，进一步完善城市医院对城乡基层卫生服务的援助机制；城镇居民医疗保险制度全面推开，新型农村合作医疗制度深化完善，筹资增长机制基本形成，全省人均筹资水平达 135.9 元；积极探索长三角地区医保异地互通制度，杭州、嘉兴、湖州与上海建立异地就医结报制度；创新采购方式和让利作价机制，探索建立"统分结合"的药品集中采购制度。杭州市区全面推行社区卫生服务机构"收支两条线"改革；在市属医院对低保对象实行 300 种常用药品零差价制度。

十、行政管理体制改革取得新突破

一是扩权强县改革扎实推进，出台了《关于扩大县（市）部分经济社会管理权限的通知》（浙委办〔2008〕116 号），对义乌下放 618 项、其他县（市）443 项扩权事项；实施中心镇培育提升工程，10 个市出台了培育中心镇的政策意见，绍兴、嘉兴等地积极推进中心镇扩权和行政执法体制改革，省本级、杭州、宁波、湖州、金华、绍兴等地设立了中心镇培育专项资金。二是行政许可职能整合和非行政许可审批项目清理改革全面推进，全省 42 个县市完成行政机关内部行政许可职能整合改革任务；省、市、县三级联动的非行政许可审批项目清理试点工作基本完成，温州市、苍南县、余姚市非行政许可审批事项的削减比例分别为 67.9%、55.5%、41.9%。三是投资项目审批代办制、重大项目联审制加快探索，杭州市率先实施投资项目审批代办服务制度，建立了 14 个投资项目审批服务代办中心，实行全程无偿代办服务。自 7 月份实施以来，已办结代办项目 156 个；嘉兴市出台关于进一步加快项目审批（核准）的实施意见，通过"提前受理、交叉办理、集中联审"，实现项目审批（核准）各个环节的全面提速。四是公共财政体制不断健全，推进"收入一个笼子、预算一个篮子、支出一个口子"改革，深化预算制度改革，确保民生投入，全省财政增量用于民生支出比例达到 72.2%。完善事业单位财政供给制度，省级监督管理类事业单位实行"零基法"预算制度，加大事业单位"花钱买服务"改革力度。深化国库集中支付改革，全省 11 个设区市均已实施。完善绩效评价制度，

44 个省级部门 138 个项目实施绩效自评。

安徽省经济体制改革

　　2008 年，安徽省委、省政府高度重视改革工作，认真贯彻落实党的十七大、十七届三中全会和胡锦涛总书记两次视察安徽重要讲话精神，以实践科学发展观、推动跨越发展、加快崛起进程、构建和谐安徽为主题，不断加大改革力度，在不同的领域和层面积极构建新的体制机制，大力推进经济结构战略性调整，加快建设公共服务型政府，着力加强以改善民生为重点的社会建设，全省经济持续快速发展、综合实力跨上新台阶。全省国内生产总值跃至 8874.2 亿元，比上年增长 12.7%。财政收入 1326 亿元，增长 28.2%。全社会固定资产投资 6788.9 亿元，增长 33.3%。社会消费品零售总额 2965.5 亿元，增长 23.4%。进出口总额 204.4 亿美元，增长 28%。城镇居民人均可支配收入、农民人均纯收入分别增长 13% 和 15% 以上。全省经济呈现增长较快、价格回稳、结构优化、民生改善的良好态势，以改革促发展的动力优势明显增强。

一、切实转变政府职能，大力推进行政管理体制改革

　　围绕建设责任政府、服务政府、法治政府的目标，坚持依法行政，推进管理创新，加强效能建设，省政府进一步完善经济社会发展管理方式。积极推进决策科学化和民主化，深入推进政务公开、村（居）务公开和电子政务，扎实开展反腐倡廉制度建设推进年活动，规范权力运行，强化行政监察和审计监督，大力提高行政效率，全年共制定、发布省政府规章 7 件。

　　为进一步消除制约县域经济发展的体制性因素，省委、省政府在宁国等 12 个县（市）开展扩大县级管理权限试点的基础上，又将蒙城等 18 个县（市）列为第二批扩大经济社会管理权限试点县。

　　我省比照国务院的"大部制"改革方案，行政机构改革已经拉开帷幕。通过这次改革，将设立"大职能、宽领域"的公共服务、行政执法等综合行政部门，解决政府部门分工过细、职责交叉、政出多门的矛盾和问题，逐步建立起行为规范、运转协调、公正透明、廉洁高效的政府管理体制。

　　在国际金融危机影响不断扩散之时，省委、省政府果断出台了促进经济增长的

地方篇

14 条措施，省财政安排 25 亿元专项转移支付资金，支持各地建立中小企业担保基金和贷款风险补偿金，取消和停征 114 项行政事业性收费，清理 12 项主要涉企经营性服务的收费项目。中央出台进一步扩大内需促进经济增长的 10 项措施后，我省又及时出台 15 条贯彻措施，着力加大投资力度，扩大消费需求，加强对企业的支持，较好地保持了经济平稳较快发展的基本态势。

二、着力推进自主创新体制机制建设，加快经济结构调整和发展方式转变

为加快经济发展方式转变，我省在全国率先启动了合芜蚌自主创新综合配套改革省级试验区建设，以自主创新为主题大力推进创新型产业升级、企业培育、人才集聚、载体建设、平台建设、环境优化等六大工程，配套出台 26 条扶持政策。省财政从 2008 年起，每年安排 6 亿元专项资金，重点扶持试验区创新体系建设，鼓励风险投资。全省新批准工程技术研究中心 17 家，省级实验室 32 家，新认定国家级企业技术中心 2 家、省级企业技术中心 51 家。成功举办了中国（合肥）自主创新要素对接会。奇瑞公司节能环保汽车技术平台建设、合肥物质科学研究院"全超导非圆截面托卡马克核聚变实验装置的研制"项目双双荣获国家科技进步一等奖。全省以自主创新为契机，加大资源节约和环境保护力度，加强钢铁、煤炭、建材等重点行业的节能减排工作，积极探索使用新能源和清洁能源，并加大了环境整治力度，2008 年新建扩建污水处理厂 36 个，新增日处理污水能力 87 万吨。在自主创新的带动下，全省产业结构升级步伐加快，装备制造业、高新技术产业和现代服务业发展驰入快车道，截至 2008 年底，全省规模以上工业企业已突破万户，工业对经济增长的贡献率达到 55% 以上。

全省以自主创新为契机，加大资源节约和环境保护力度，加强钢铁、煤炭、建材等重点行业的节能减排工作，积极探索使用新能源和清洁能源，并加大了环境整治力度，2008 年新建扩建污水处理厂 36 个，新增日处理污水能力 87 万吨。

三、积极启动省级城乡一体化综合配套改革试点，扎实开展新农村建设

2008 年初，省委、省政府把建设马芜铜和淮北城乡一体化综合配套改革试验区，作为认真贯彻落实十七大提出的"建立以工促农、以城带乡长效机制，形成城乡经济社会发展一体化新格局"战略决策的具体举措，成立了省城乡一体化试验协调领导小组，批准了马鞍山、芜湖、铜陵、淮北四市为省级城乡一体化综合配套改

革试验区。08 年四市的试点工作全面启动，对建立覆盖城乡的基础设施及管理体制、公共服务保障体制、劳动就业制度、土地管理制度等方面的体制机制改革进行积极探索，取得了阶段性成效。全省其他市县也从不同层面和角度探索推进城乡一体化工作。全省上下结合城乡一体化推进工作，深入推进农村综合改革，扎实推进集体林权制度、基层农技推广体系和兽医管理体制改革，积极探索农村土地承包经营权流转，并全面推开为民服务全程代理制，促进了我省农业和农村经济持续发展。与此同时，全面落实各项强农惠农政策，加大支持"三农"力度，多渠道增加农民收入，累计发放粮食、畜牧、林业、农资、良种和农机等各类补贴 109 亿元。强力实施农业产业化"532"提升行动，扎实开展畜牧业升级计划和渔业富民工程，新增国家级农业产业化龙头企业 12 家、农民专业合作组织 1000 个。新农村建设工程取得新进展，农村基础设施建设得到加强，新建改建农村公路 1.3 万公里，新建改造排灌泵站 6.2 万千瓦，新增营造林 185 万亩，新增农村沼气用户 7.2 万户，解决了 300 万农村人口安全饮水问题。

我省深入推进农村综合改革，扎实推进集体林权制度、基层农技推广体系和兽医管理体制改革，积极探索农村土地承包经营权流转，并全面推开为民服务全程代理制，促进了我省农业和农村经济持续发展。

四、以纪念改革开放 30 周年为契机，进一步深化重点领域改革

为隆重纪念改革开放 30 周年，省委、省政府认真筹备召开了安徽省隆重纪念改革开放 30 周年大会，举办了纪念中国农村改革三十年理论研讨会，拍摄了反映我省农村改革伟大历程的电视专题片，组排了隆重热烈的"江淮情"大型文艺慰问演出和规模宏大的中国农民歌会，编辑出版了一批以纪念改革开放 30 年特别是我省农村改革为主题的文艺作品和图书资料，展映展播了一批反映改革开放和邓小平同志光辉形象的经典剧目、电影、电视剧、广播剧。

我省以纪念改革开放 30 周年为契机，着力深化重点领域和关键环节改革。一是加强对非公有制经济发展的政策扶持。省委、省政府在深入调研充分酝酿的基础上，出台了《中共安徽省委安徽省人民政府关于进一步推动个体私营等非公有制经济又好又快发展的意见》，对非公有制经济进一步放宽市场准入，健全服务体系，停止征收不合理费用，大力优化全民创业环境。二是深化国有企业改革。省属企业产权多元化改革和重组继续深入推进，文化行业企业改革取得较突出成效。通过整合改组，建立现代企业制度，成立了安徽报业集团等，其中安徽出版集团成功借壳上市。全省上市公司总数已达 55 家。三是积极推进地方金融体系建设。共组建开业农村银

行 15 家，批准筹建小额贷款公司 58 家，其中 9 家挂牌开业。完成徽商银行增资扩股和省辖市布点。奇瑞徽银汽车金融公司开始筹建，国元农业保险公司正式开业。全年共从资本市场募集资金 176.5 亿元，发行企业债券 24 亿元，短期融资券 77.5 亿元。四是认真组织专项改革，如基本完成了全省监狱体制改革、水管体制改革等。五是加大对外开放力度。我省积极参与泛长三角区域发展分工合作。主动承接长三角产业转移。成功举办了第四届徽商大会和泛长三角区域金融高层论坛。世界 500 强中又有 5 家境外企业落户我省。东亚银行首家外资银行在合肥开设分行。全省外资工作取得了新的进展，全年实际利用外资 41.2 亿元，比上年增长 20%。与此同时，出口基地建设、自主品牌培育和企业"走出去"迈出了新的步伐。

五、加强社会保障制度建设，深入实施民生工程

2008 年，我省以改善民生为重点，把更多的财力向社会保障和民生工程倾斜，社会保障体系得到进一步完善和加强。全省基本养老、基本医疗和失业保险参保人数分别达到 563 万人、1230 万人、373 万人。城乡居民最低生活保障、医疗救助覆盖人数和救助标准继续提高。城镇居民基本医疗保险和新型农村合作医疗实现全覆盖，农村三级医疗卫生服务网络和城市社区卫生服务机构加快发展。全省进一步落实就业政策，加强创业扶持和就业帮扶，城镇登记失业率控制在 4% 以内。切实维护农民工合法权益。全省已实施了 18 项民生工程，累计投入 176 亿多元，惠及 5000 多万城乡居民。与此同时，大力完善义务教育经费保障机制，积极化解农村义务教育债务，并完成了 304 万平方米农村中小学 D 级危房改造任务。积极推进文化保护工作和文化精品建设，文化惠民工程取得实效。广泛开展全民健身活动，各项民生事业进一步健康发展。

六、认真开展重大改革课题研究，加强对全省改革的面上指导

我省于三月份印发了《2008 年安徽省深化体制改革实施意见》，加强了对各地深化改革工作的指导。在国家发展改革委的指导支持下，省发展改革委结合省情和工作重点，积极开展有关经济改革和发展的重大问题研究，撰写了多项调研报告，如城乡一体化、自主创新、财金体制改革等，其中《内生动力与中部崛起——安徽在中部崛起中增强发展动力的思路与对策》、《深化农村综合改革研究——以安徽为例》、《中部崛起进程中的城镇化问题研究——以安徽为例》等三个具有前瞻性、有一定指导意义的研究课题将于 2009 年 3 月完成。省发展改革委还组织出版了 40 多

万字的《中国农村改革 30 年》，通过总结以安徽为重点的全国农村改革，提出了继续深化农村改革的基本思路，具有一定的理论和实践价值。

总体上看，2008 年是安徽省经济又好又快发展、社会和谐稳定、人民群众得到更多实惠的历史时期，安徽已经迈入厚积薄发、加速崛起的新阶段。当前，改革进入攻坚的关键阶段，涉及深层次利益调整，改革的系统性、复杂性和风险性日益凸显，改革的任务依然十分繁重，难度越来越大，需要我们在今后的改革工作中加倍努力。

福建省经济体制改革

2008 年，福建省经济体制改革工作以纪念改革开放 30 周年为契机，牢牢把握全省人民在 30 年改革开放伟大实践中创造出的"活、和、创、韧"的宝贵经验，深入贯彻落实科学发展观，围绕"四谋发展"实践主题，坚持"四个重在"实践要领，落实"四个关键"工作要求，朝着"四求先行"实践方向，着力构建充满活力、富有效率、更加开放、有利于科学发展的体制机制，加快推进海峡西岸经济区"两个先行区"建设。

一、农村改革全面推进

乡镇机构改革继续深化。乡镇机构改革试点进一步扩大，出台了《关于深化乡镇机构改革试点工作的通知》，确定 16 个县（市、区）作为扩大试点单位，并制定实施方案。推行乡镇人员编制实名制管理，严格控制人员编制。研究制定了《关于深化小城镇机构改革试点工作的意见》，推进小城镇机构改革试点工作。

县乡管理体制改革稳步推进。按照"六挂六奖"办法，对县（市）上年度税性收入增长、削减赤字、撤并乡镇、产粮大县、偿还债务以及设区市增加对县（市）财力补助给予奖励 6.93 亿元；继续推进 18 个县（市、区）"乡财县管乡用"财政管理方式试点。全省农村义务教育债务化解工作顺利推进，研究制定了我省化解农村义务教育"普九"债务奖补办法，共下发农村义务教育化债资金 4 亿元。

农村土地经营制度继续完善。出台了《关于进一步加强农村土地承包管理工作的意见的通知》，完善农村土地承包管理工作。引导和规范土地承包经营权流转，建立农村土地承包经营权流转中介服务组织，初步探索出一条农村土地承包经营权流转的新途径。继续深化永安市、霞浦县农业部土地承包纠纷仲裁试点，制定相关配套制度。完善征地补偿制度，认真落实被征地农民对征地的知情权、参与权和监督权。严格土地用途管制，认真落实耕地保护目标责任，全面推进节约集约用地。

农村其他产权制度改革取得明显成效。集体林权改革继续深化，推进生态公益林管护机制改革，全省完成生态公益林管护机制改革面积 3010 万亩，占应改革任务的 74.7%。生态公益林补偿机制改革取得突破，在全国率先建立了江河下游地区对上游地区森林生态效益补偿制度。积极推进林权抵押贷款，全省各金融机构累计发放林权等林业资产抵押贷款 46.4 亿元，其中林业小额贷款 14.1 亿元。森林保险有序开展，截至目前全省承保森林面积累计达 620.7 万亩，保额 24.8 亿元。林业服务体系日益完善，全省已建立 66 个县林业服务中心和 200 多家森林资源评估、木竹检尺、伐区设计等中介机构。加快水利工程管理体制改革，全省已有 273 个国有水管单位完成改革，厦门、三明、龙岩和宁德 4 个设区市全面完成改革任务。完善"民办公助"、"以奖代补"小型农田水利设施建设激励机制，支持小型农田水利设施建设。加强渔业养殖用海权益保障，出台了《福建省海域使用补偿办法》，继续开展海域使用权抵押登记工作，前 10 个月全省海域使用权抵押登记 21 宗，海域面积 2250 公顷。

粮食流通体制改革继续深化。粮食宏观调控进一步加强和改善，储备粮油管理继续加强，粮食风险基金全面落实到位。建立和完善粮食安全应急机制，健全完善粮食应急机构。全省共确定 138 家骨干粮食加工企业和 265 家骨干粮店，形成了粮食加工应急体系和供应网络。深化国有粮食企业改革，清理政策性粮食财务挂账，推进企业产权制度改革。粮食产业化经营步伐加快，培育粮食产业化龙头企业。创新粮食经营组织形式，发展粮油产品连锁经营。

农村社会化服务体系进一步创新。组织开展乡镇"三农"服务中心试点，通过整合经济技术服务资源和政策服务资源、搭建服务平台、拓展服务网点、健全服务制度等方式提高为"三农"服务的水平。科技特派员制度和"六大员"制度进一步完善，全省累计派出科技特派员 10407 人次，共选聘农村"六大员"140397 人。抓好基层供销社、社有企业、联合社改革，搭建农民合作经济的服务平台、农产品行业协会的服务平台和农村社区综合服务平台，全省已建立 8 个县级社综合改革试点，成立了 12 家农村合作经济组织联合会，供销合作社系统共发展各类专业合作社达 496 个、专业协会 284 个、村级综合服务社 4124 个。积极发展产业化经营，全省农业产业化经营组织发展到 6000 多家。大力发展"一村一品"，积极探索"公司+协会（合作组织）+农户"经营模式，目前全省已发展农产品行业协会和农民专业合作组织 4500 多家。

二、基本经济制度建设继续加强

国有企业产权制度改革稳步推进。所出资企业结构调整和整合重组深入推进，研究制定了《部分省属整合重组方案》，投资集团、能源集团、交通集团、外贸集团和华侨实业集团等5家新公司组建工作抓紧推进，整合后所出资企业将由原来的31家调整为17家。积极推进企业改制上市，福晶科技实现上市，福建高速公路、福建交通控股发行企业债券工作取得新进展。继续深化所出资企业权属企业改革改制，目前已有66家权属企业按计划完成改革任务。

国有资产监管体制继续完善。继续抓好国有资产监管制度建设，出台了所出资企业内部控制管理、章程管理、重大决策失误责任追究等办法。实施国有资本收益管理制度，下发了《福建省人民政府国有资产监督管理委员会关于实施所出资企业国有资本收益管理有关事项的通知》，基本完成所出资企业年度预决算工作。

非公经济发展环境进一步改善。中小企业融资担保体系建设成效明显，出台了《关于进一步支持中小企业融资的若干意见》，设立中小企业信用担保机构风险补偿专项资金。以民间出资为主，在以产业集群、行业协会中成立行业性、互助式担保机构发展迅速，全省中小企业融资担保机构增加42家，注册资本增加40亿元。加强与闽港澳地区的合作，组织部分中小企业参加在澳门举办的"第十三届国际投资贸易展览会"，进一步拓宽中小企业市场。积极开展各类企业培训和创业辅导培训，全年共举办培训班52期，培训企业经营管理人才14900人。完善创业投资发展政策，设立创业投资引导资金，搭建创业投资服务平台，大力引进省外、境外创业投资。

三、财政金融体制改革继续深化

财政预算管理制度进一步健全。加强省直部门结余结转资金管理，将省直单位滞留在国库集中支付系统中的财政资金额度纳入指标管理，根据省级预算执行情况进行调整。所有省级在榕预算单位基本纳入国库集中支付，纳入改革的一级、二级预算单位分别达126个、644个。推动市县区扩大国库集中支付改革范围，8个设区市继续巩固改革成果，国库集中支付改革县增加到19个。继续推进补助下级专项资金国库集中支付工作，在率先对农村义务教育专项资金实行国库集中支付试点的基础上，不断扩大试点资金范围，城市低保家庭学生免费教科书资金、免除学杂费资金及高校、中等职业学校、少数民族中学助学金、"普九"化债资金等纳入国库集中支付。政府采购管理进一步创新，改进网上竞价采购办法。财政支农资金整合县级试点进一步扩大，试点县增加到 13 个，积极探索建立支农资金整合的长效机制，完善县级支农资金整合的奖补制度。

金融体制改革进一步加快。农村信用社改革不断深化，以建立统一法人联社为主要形式的产权制度改革全面完成，经营效益继续稳步提高，支农服务功能继续增强。全省 71 家农联社全部获准开业，其中统一法人农联社 68 家、农村合作银行 3 家。新型农村金融机构建设取得突破，建瓯石狮村镇银行、永安汇丰村镇银行开业 2 家村镇银行，增强了农村金融服务充分性，首家小额贷款公司——晋江市恒诚小额贷款有限公司成立，为中小企业融资开辟新渠道。商业银行经营管理体制改革有序推进，省农行认真做好股份制改革前期工作并开展"三农"事业部改革试点，兴业银行全面推进分行零售事业部改革试点。邮政储蓄机构改革取得重大进展，邮政储蓄银行省分行、8 家二级分行及所属 391 家支行挂牌开业，业务范围进一步拓展，服务能力和水平有效提高。引进各类保险主体，扩大保险覆盖面，新增保险公司 10 家、保分支机构 107 家，新增保险专业中介机构主体 8 家。政策性农业保险试点稳步推进，完善农村住房保险、渔工责任保险、渔船保险、森林火灾保险和水稻种植保险五个试点险种方案内容，创新涉农保险服务方式。

四、行政管理体制改革纵深推进

机构改革进一步深化。全面开展职能梳理工作，收集、整理、研究各部门履行职责的法律法规以及政策性文件依据，研究提出省政府机构改革初步意见。完善事业单位考试考核公开招聘工作制度，落实引导和鼓励高校毕业生面向基层就业的有关优惠政策。积极推进事业单位以人员聘用为核心的人事制度改革，不断扩大事业单位实行人员聘用制的单位数和人员数。出台了我省事业单位岗位设置管理的实施意见，全省事业单位岗位设置管理工作全面有序铺开，已核准 38 个省直厅局所属的 196 个事业单位岗位设置方案，完成福州大学、福建工程学院等单位岗位设置和岗位聘用工作。

机关效能建设有序推进。完成新一轮行政审批项目清理工作，省级行政审批项目从原来的 1020 项减少为 724 项，精简幅度达 30%，编印《福建省省级行政审批项目目录》。建成省级网上审批系统，实现电子监察与行政审批同步，审批环节统一精简至 5 个环节以内，审批时限统一比法定时限缩短 40% 以上。行政服务中心建设有序推进，漳州市行政服务中心首创行政审批服务总台发号系统，拓展入口监察、限时监察、预警纠错、报延监察等 8 项电子监察；南平市建立市行政服务中心，市区两级 65 个具有审批和服务的部门进驻中心。国土资源厅、建设厅、交通厅、林业厅、交警总队等部门开展规范行政权力运行和规范行政自由裁量权试点，厦门市新增 10 个行政处罚、行政许可自由裁量事项规范试点单位，福州市政府出台《办法》全面规范执法部门行政处罚的自由裁量权，漳州市在试点基础上在市、县两级行政机关全面推开规范行政自由裁量权工作，泉州市在全市执法单位全面推行自由裁量权工作，三明、龙岩、宁德等地也出台方案开展规范自由裁量权试点工作。

投资体制改革进一步深化。进一步修改完善《福建省政府投资项目管理办法》。按照《福建省省级政府投资项目代建制管理办法（试行）》，批准省女子监狱、闽江监狱等非经营性政府投资项目实行代建制。开展政府投资项目责任追究制度调研，形成了《对建立政府投资责任追究制的研究和思考》的调研报告。制定《福建省省级政府投资项目概算调整管理实施办法（试行）》，加强控制政府投资项目的投资规模。印发《福建省工程建设项目招标事项核准实施办法》。加强省级预算内投资管理，印发了《福建省发展和改革委员会关于加强和改进省级预算内投资管理的通知》。进一步规范建设项目审批、核准、备案事项办理，方便基层、企业单位办事，制定《福建省发展和改革委员会政府投资项目审批事项办理服务指南（试行）》、《福建省发展和改革委员会企业投资项目核准事项办理服务指南（试行）》、《福建省发展和改革委员会企业投资项目备案事项办理服务指南（试行）》。推行企业投资项目网上核准、备案，目前已全部实现在省级网上审批系统核准、备案。

公共资源市场化配置改革稳步推进。制定下发《2008 年全省公共资源市场配置工作方案》，全省公共资源市场化配置的实施范围有效拓展，省市两级共 482 项公共资源项目实现市场化配置。莆田率先进行客运线路经营权市场化配置，把政府实施重点项目拆迁安置的剩余安置房、房屋拆迁拆除委托业务、道路保洁承包权、政府投资项目中介组织选择、罚没物品及司法裁定财产所有权处置等首次纳入公共资源市场化配置范畴；泉州市对市政设施、园林绿化养护和卫生保洁实行市场化运营、企业化管理，全面推行工业用地招拍挂出让；漳州市将配置领域扩大到 24 个类别，涵盖自然、社会、行政三大领域公共资源；福州实现配置领域从自然资源资源领域向垄断性社会资源和基础设施、公用设施、公共服务等领域拓展，配置范围从市本级向各县区扩大；厦门市将配置领域逐步从自然资源扩展到社会公共资源、行政资源等多个领域。统一的公共资源交易平台建设有序推进，全省产权交易电子报价系统建设有序推进，三明市、漳州市通过整合组建市公共资源交易中心，厦门依托市产权交易中心设立了全市统一的交易平台，泉州市建立招投标平台，有形市场全部进驻市行政服务中心。

五、现代市场体系进一步健全

市场体系建设加快推进。直接融资比重提高，企业融资环境改善，全省企业累计实现直接融资 221.67 亿元，共有紫金矿业、特步国际、福建南纸等 15 家企业在境内外资本市场融资 181.67 亿元，福煤集团、福建高速等 2 家企业发行企业长期债券融资 40 亿元。海西联合产权交易市场建设有序推进，全省产权市场资源有效整合，与省内 6 个设区市和江西省产权交易中心共同签署《海西联合产权交易市场合作协议书》，实现"联合信息披露，联合组织竞价"。出台《福建省产权交易中心管理暂行办法》，严格执行产权交易制度，拓展产权交易市场投融资功能，目前福建省产权交易中心已在股权托管登记、股权质押融资、资本与项目对接等方面取得初步成效。矿产资源开发整合工作稳步推进，采矿权的准入门槛进一步提高，矿产资源勘查区块退出机制加快建立，全面落实探矿权招拍挂出让制度。

流通体制改革继续深化。推广连锁经营等现代经营方式和新型业态，永辉、新华都等本土大型连锁超市持续扩张，连锁经营迅速发展，连锁商业特许经营备案取得进展，全省已有 24 家跨省经营企业通过商务部备案，11 家企业通过省备案。农村现代流通体系逐渐完善，全省共建立农家店 11000 家，覆盖 50% 以上行政村，1095 家农家店引入联通产品和服务，新增 3 家"万村千乡市场工程"承办企业。

信用体系建设加快。基本建立全省统一的征信平台和企业信用信息数据库，收录有全省 28 万余家企业的基本信息、12 万余条企业综合信息、2 万余条企业良好信息、5 千余条企业警示信息和 7 万余条企业资质信息。建立数据交换和共享平台，提供查询全省企业信用信息的服务，实现信息资源共享。加强信息资源整合，将省经贸委、省进出口检验检疫局、省国土厅、省科技厅、省国税局、福州市建设局等 6 家厅局所拥有的部分企业信用信息整合到企业信用信息数据库中，为相关部门依法行政提供审核依据。出台了《福建省企业信用信息服务机构征集和披露管理试行办法》，对企业信用信息服务机构征集和披露企业信用信息行为作出明确规范。中介机构信用体系建设有序推进，全省已有 11 个行业建立了所属中介机构和执业人员的信用档案。个人信用体系建设取得新成效，个人征信系统共收集全省自然人 2100 多万人，个人信贷余额 3169 亿元，占全省个人信贷余额的 98% 以上。

市场秩序进一步规范。针对人民群众切身利益和影响经济社会发展的突出问题，组织开展产品质量、食品安全、药品市场、农资市场、安全生产、打击走私、矿产开发、房地产市场、价格秩序、环境污染、串通投标违法行为等重点专项整治工作。组织开展了以"保护知识产权，促进创新发展"为主题的全省"4.26"保护知识产权宣传周暨福州市保护知识产权大型现场咨询活动；加强省保护知识产权举报投诉服务中心建设和接受举报投诉服务工作，进驻"5·18 第十届海峡两岸经贸交易会"和"6·18 第六届中国·海峡项目成果交易会"等展会现场开展受理投诉和咨询活动，筹建设区市省保护知识产权举报投诉服务中心工作站，延伸举报投诉服务网络；积极推进企业使用正版软件工作。

六、加快完善有利于节能减排、资源节约利用的体制机制

积极创新有利于节能减排的体制机制。落实节能目标责任制，将任务分解落实到各设区市、部门、200家重点用能企业。出台《福建省单位GDP能耗统计指标体系实施方案》、《福建省单位GDP能耗监测体系实施方案》、《福建省单位GDP能耗考核体系实施办法》，初步建立了单位GDP能耗统计、监测、考核体系。加快淘汰能耗高、污染重的落后设备、技术和工艺，开展水泥、造纸、小火电等行业的淘汰落后产能工作，共淘汰落后水泥产能256.2万吨、小火电2.4万千瓦、造纸产能6.43万吨。通过信贷窗口指导方式，引导金融机构加强节能减排的信贷支持，约束高污染、高耗能企业的资金供应。举办"福建省节能减排政银企合作洽谈会"，15家企业与7家银行签订项目意向融资协议75.86亿元。出台了《金融支持福建省节能减排工作指导意见》，发布《关于全面落实绿色信贷环境政策将企业和个人环保信息纳入中国人民银行征信系统的通知》，对企业和个人环境违法行为实行信贷约束。

环保政策进一步完善。完成建制镇以上水源保护区的划定并编制实施方案，加强闽江、九龙江等重点流域整治和城市环境综合整治，开展闽清、晋江、南安建陶业和龙岩水泥业整治，推进城市污水垃圾处理，强化对自然保护区等敏感地区环境监管。出台《关于2008年度主要污染物总量减排工作的意见》，重点约谈减排任务重、工作进展相对滞后的企业及所在市县区政府负责人，出台未按期建成脱硫设施的钢铁企业烧结机生产用电执行差别电价的政策。落实绿色金融政策，省环保局与福建银监局签署信息交流与共享协议，向人民银行福州中心支行提供52件企业、10件个人的环境违法信息。

资源环境价格形成机制逐步形成。一是实施节能减排电价政策。实施惩罚性脱硫电价政策，对脱硫设施投运率和脱硫效率达不到考核要求的燃煤电厂相应扣减脱硫电价款；进一步落实差别电价政策，取消部分高耗能行业的电价优惠，对电解铝、铁合金、水泥、钢铁等高耗能行业下达执行差别电价企业名单283家；开展小火电机组发电量指标有偿转让，有效降低供电煤耗水平和二氧化硫排放量；降低小火电机组上网电价，推动小机组提前关停或少发电。二是实施鼓励可再生能源发电的电价政策。开征可再生能源电价附加，对可再生能源发电项目实施补贴电价；对新建小水电机组实行有差别的标杆上网电价，鼓励多建有调节库容的小水电项目；提高小水电倒送省网结算电价，促进水能资源的充分利用。三是完善电力侧需求侧管理电价政策。开展居民峰谷分时电价试点；大力推行冰蓄冷空调和蓄热式电锅炉特殊电价政策；进一步完善趸售县峰谷分时电价政策。四是进一步推进水价改革。修订

发布《福建省水利工程供水价格管理办法》，明确水价核定原则和办法；加快城市供水价格改革，4 个设区市实行居民用水阶梯式水价；落实污水处理费收费政策，46 个市、县实际征收污水处理费的收费标准已达到目标要求。

七、进一步推进外经贸体制改革

深化外经贸体制改革。出台促进外经贸发展的政策措施，制定了促进重点出口产品结构优化、推进重大外资项目、促进服务贸易发展、扶持电子政务和电子商务平台建设等政策，修改完善原有的进口鼓励政策、省级国际市场开拓资金、成长型企业扶持办法、行业商协会扶持办法等政策。积极构建公共服务平台，"福建省公共信息服务平台"一期已上线试运行，"福建省国际电子商务应用平台"已正式开通。

推进口岸建设。厦门保税物流园区与东渡港区在全国率先联动，进出口货物在港区与园区之间实现一次报关、一次查验、一次放行。设立厦门海沧保税港区。恢复天然砂对台出口。增设扩大开放试点口岸，实施更加开放的对台小额贸易。加大口岸区域通关协作，建立健全口岸大通关评价体系，完善和拓展电子口岸平台功能，福建电子口岸新增上线电子关锁系统、船舶作业辅助生产系统等 2 个项目。

八、社会事业改革全面推进

推进科技体制改革。深化省属科研院所改革，在福建省亚热带园艺植物研究中心等 9 家开发所开展"因所制宜"改革，省机械研究所和福州木工机床研究所实行企业化转制，大力支持公益类科研机构的改革和发展。加快形成激励自主创新政策体系，目前已颁布了 19 个政策性文件。完善科技计划项目管理机制，启动实施区域科技重大项目，在自然科学基金资助类别中增设"面上项目"、"青年科技人才创新项目"和"杰出青年科学基金资助项目" 3 个类别。出台《福建省科学技术评价管理办法（试行）》，建立健全科技评价机制。

推进教育体制改革。加强基础教育建设，促进义务教育均衡发展，对城市义务教育阶段学生免除学杂费，对全省农村义务教育阶段学生免费提供国家课程和地方课程的教科书，并适当提高教科书的生均补助标准；对农村义务教育阶段寄宿学生补助生活费，将"免费营养早餐工程"覆盖到全省农村义务教育阶段所有寄宿学生，受益面达48.1 万人。组织实施农村寄宿制学校建设工程，启动"农村中小学合格校"建设和评估工作，抓好农村中小学现代远程教育工程实施。大力发展职业教育，扩大职业教育规模，改革职业教育办学模式和人才培养模式，近 120 所中职学校在紧缺人才专业领域开展了"三段式"办学模式试点工作。建立健全家庭经济困难学生助学体系,春季学期我省(未含厦门)发放高校"国家奖学金"、"国家励志奖学金"、"国家助学金"、中职学校国家助学金 3.4 亿元,惠及大中专学生 42.24 万人。

推进文化体制改革。出台《福建省文化厅文化体制改革试点工作方案》,在省属六个改革试点单位推进岗位设置、聘用分流、收入分配等"一院一策"改革,各设区市也推出了人员聘用、整合文化机构、经营性文化单位转企改制等改革试点。出台《省属艺术院团管理规则(试行)》、《省属艺术院团演出补贴暂行管理办法》,加大政府对公益性演出采购力度。

推进卫生体制改革。完善新型农村合作医疗制度,参合人数和参合率稳步提高。出台了《福建省新型农村合作医疗制度建设指导意见》,人均筹资提高到 90—100 元,参合人数 2317 万人,参合率 91.87%。进一步加强农村卫生工作,继续改善农村卫生基础条件,加强乡村医生管理,落实政府补贴政策。加快发展城市社区卫生服务,推进社区卫生服务机构建设,分别在九个设区市选取 2—3 个社区卫生服务中心开展社区医生联系家庭责任制试点工作,在社区卫生服务网络相对健全的区(市)启动社区重点慢性病防治试点工作。

积极扩大就业。贯彻实施平稳进行"三法",进一步健全就业服务体系,加强职业培训,多渠道全方位提供就业信息,开展失业动态重点监测工作,全年预计新增城镇就业 70 万人,城镇登记失业率为 3.87%,低于 4% 的控制目标;积极推进农村劳动力转移就业,至 9 月底新增农业劳动力转移就业 36.6 万人,组织农村劳动力技能培训 28.35 万人;实施援助农村贫困家庭"一户一就业"项目,实现转移就业 2.68 万人。

有序推进社会保障工作。一是完善各类社会保险工作,实现养老金按时足额社会化发放,并顺利完成企业退休人员养老金调整工作全面启动城镇居民基本医疗保险试点。至 9 月底全省城镇企业职工基本养老保险参保 392 万人,城镇职工基本医疗保险参保 430 万人,失业保险参保 330 万人,工伤保险参保 342 万人。出台《关于做好被征地农民就业培训和社会保障工作指导意见》,被征地农民就业培训和社会保障制度初步建立。二是健全社会救助体系,推进城乡低保规范化管理,稳步拓展城乡医疗救助,健全以应急预案、应急指挥、物质保障和技术支撑为基础的救灾应急救援体系。截至 9 月底全省享受农村低保对象 28.61 万户 68.45 万人(不含五保对象),享受城市低保对象 8.41 万户 19.25 万人,实施医疗救助 23674 人,实施城市医疗救助 4844 人。三是初步形成多层次住房保障体系,加快廉租房、经济适用房、经济租赁房以及限价商品住房等社会保障性住房的建设,目前已有在建社会保障性住房项目达 129 项 887.1 万平方米,至 9 月底全省已新增解决 5138 户城市低收入住房困难家庭廉租住房，首批 7639 户申请社会保障性租赁住房审核公示结束。四是进一步建立健全计划生育利益导向机制，全省推行独生子女伤残死亡家庭特别扶助制度，现已惠及 1528 人，全面实行农村独女户和二女户参加新型农村合作医疗的个人缴费补助制度。

江西省经济体制改革

2008 年，在省委、省政府领导下，全省上下围绕推动科学发展、促进社会和谐，积极进取，真抓实干，各项改革工作取得了积极成效，为推动江西经济社会平稳较快发展提供了良好的体制机制环境。

一、以投资安排、项目实施为抓手，探索以改革的手段加快推进发展

按照"发展出题目、改革做文章"的要求，紧紧围绕发展推进改革，充分考虑促进发展的动力、活力和创造能力，加大发展和改革相互促进、共同推进的力度。建立专业资金集中使用机制，按照"统一管理、突出重点、集中使用"原则，充分整合各部门掌握的发展专项资金，集中做强、做大铜、光伏、钢铁、汽车等产业；全面启动创建生态工业园区试点工作，创新生态型园区管理机制，从 2008 年起，省财政每年安排 3500 万元支持生态园区建设，并给予生态园区享受环保、资源综合利用、特色园区等方面的优惠政策；实行矿产开采和矿产品经营机制改革创新，江西矿藏资源特别是钨、稀土等稀有资源丰富，我们按照"有偿使用、市场运作、产业集聚"的原则，对资源进行整合，鼓励探矿权、采矿权和原矿产品向冶炼企业倾斜，向深加工企业倾斜，向优势企业倾斜。鼓励发展、重点引进延长产业链、提高附加值的矿产资源精深加工项目，对矿产资源输出型、粗放利用型项目严格限制、逐步淘汰。建立矿产资源有偿占用费制度和矿产品环境治理恢复和保证金制度；通过健全投资导向机制，对符合国家产业政策和我省规划导向的重大矿产资源深加工项目，投资主管部门按照权限优先核准和备案，并优先纳入全省重大项目调度范围，优先给予基建投资和技改贷款贴息资金支持；通过完善科技成果转化机制，大力实施科技成果产业化工程，2008 年我省财政整合专项资金 2 亿元，采取投资补助、贷款贴息、信用担保、投资入股等方式，专项扶持 30 个省级重大科技成果产业化项目

和获得国家部委产业发展资金的高新技术产业项目。

二、以产权多元化为核心，国有企业改革稳步推进

2008年我省国有企业改革，通过实施"四个一批"（即：下放一批省属国有企业国有资产经营管理权、股权多元化改革裂变扩张一批集团公司、重组整合发展壮大一批集团公司、破产退出放开搞活一批企业），切实做到"三个确保"（即：确保职工利益不受侵害、确保国有资产不流失、确保社会和谐稳定），力争用两年时间基本完成省属国企改革任务。目前，集团层面产权多元化改革工作取得重大进展，新钢、南钢、江钨集团、电子集团、煤炭集团、江中集团、凤凰光学集团、国际经济技术合作公司、省招标咨询集团等9家集团公司的股权多元化改革正按计划有条不紊地推进，江钨集团和上海望潮集团的合资合作已进入实质性操作阶段。政策性关闭破产企业正按总体实施方案大力推进，95户已纳入计划的企业，每一户都明确了责任单位和责任领导，按照两年完成要求倒排实施时间表，2008年底已破产终结39户。全省国有及国有控股大中型骨干企业的80%以上进行了股份制改革，省属国有资本及其权益的80%集中在矿业、钢铁、电力、煤炭等支柱产业和优势企业。部分省属企业经营管理权下放到属地，首批42户企业已在2008年10月底签订了交接协议。

三、以统筹城乡发展为重点，农村改革不断推进

建立了有利于支农资金整合的预算分配机制和协调工作机制，支农资金的管理监督机制进一步健全，多元化对农业投入的引导机制逐步形成。农村土地经营制度不断完善，农村土地进一步向种养大户集中。林业产权配套改革继续深化，森林资源保护管理相关法规和生态补偿金制度不断完善，森林资源流转进一步规范，林权抵押贷款和森林火灾保险工作积极开展。目前，全省有68个县（市、区）开展了林权抵押贷款业务，林权抵押面积137.81万亩，抵押贷款金额达到20亿元；有25个县（市、区）开展了森林火灾保险业务，森林保险面积达到246.1万亩，保险金额达到12.5亿元，交纳保费496.1万元。从2008年起，省财政每年安排1亿元资金，提高纳入补偿范围的国家和省公益林补偿标准。全省共落实生态公益林补偿面积5100万亩，其中国家重点公益林3062万亩，省级公益林2038万亩。补偿标准由每亩6元提高到8元。

四、以完善市场体系为目标，要素市场改革全面推进

金融改革创新步伐加快，金融组织体系继续完善，引进境内外金融保险机构来赣力度进一步加大。上市企业后备资源培育加快，部分集团公司核心资产整体上市加速推进。土地市场进一步规范发展，征地制度改革试点继续推进，经营性土地和工业用地招标拍卖挂牌制度继续完善。城乡统一的劳动力市场建设步伐加快，就业困难群体政府托底机制进一步健全，面向所有困难群众的就业援助制度继续完善。研究出台了《关于进一步做好农村富余劳动力就地就近转移就业和工业园区企业用工、工资分配、社会保险工作的意见》和农村劳动力转移培训统一使用培训券、统一定点授牌、统一资金管理和绩效评估的实施办法。社会信用体系进一步健全，研究出台了《江西省公共信用信息归集和使用暂行办法》、《企业信用分类监管暂行办法》，企业和个人征信系统建设积极推进，主要行业征信子系统、企业联合征信数据库和个人信用信息数据库逐步建立和完善，目前全省共为 1713 户企业和自然人提供了查询服务，为 1.7 万户中小企业建立了信用档案。

五、以促进社会和谐为主旨，教育文化、医疗卫生、收入分配、社保体制等领域改革有序推进

义务教育经费保障机制改革继续深化，为全省城乡义务教育阶段公办中小学生免除学杂费并免费提供教科书，提高家庭经济困难寄宿生补助标准，对民办学校义务教育阶段学生学杂费进行补助，并免费提供教科书，资助高中贫困生制度、职业学校助困体系及多种形式的高等院校困难学生资助体系进一步完善。经营性文化事业单位转企改制步伐加快，以县市图书馆、文化馆为龙头，以乡镇综合文化站为重点，以村文化大院和农家书屋为基础的农村公共文化服务体系进一步完善。创新卫生管理体制，完善并落实了全省医疗机构分类管理政策，逐步建立了政府主导的卫生投入机制，农村三级卫生服务网络和城市社区卫生服务体系建设继续加强，新型城市卫生服务体系、城市医院与社区卫生服务机构联系合作机制进一步健全。企业工资正常增长机制逐步健全，制定下发了《关于推进工资集体协商五年覆盖计划的通知》，工资集体协商制度取得重大进展，在中央积极支持下，基本解决了企业工资历史拖欠问题。社会保障体系进一步完善，继续以非公有制企业职工、城镇个体工商户、灵活就业人员、被征地农民和农民工为重点，扩大养老保险覆盖面；城镇居民基本医疗保险工作积极推进，目前我省 11 个设区市全部列为国务院城镇居民基本医疗保险试点城市，每年将获得中央财政补助资金 2 亿元；启动了新一轮养老金

连调工作，进一步提高退休人员生活水平，企业退休人员人均月增加105元；被征地农民养老保障工作稳步推进，扩大了被征地农民养老保险试点范围；研究拟定了《江西省农民工参加养老保险试行办法》，从法律上保障和规范了农民工养老的基本权益。

六、以建立公共财政体系、规范预算机制为主线，财税体制改革继续深化

围绕贯彻落实六十项公共财政政策，多方筹措资金，在生活住房和残疾人事业、医疗卫生、国民教育、农业农村、生态保护、文化体育、政法、基层保障等八个方面加大保障力度，确保资金落实到位，切实改善和保障民生。部门预算改革继续深化，逐步建立了体系完整、内容全面、科学规范的预算编制机制，财政财务管理规章制度。"乡财县代管"改革工作全面推行，全省基本实行"乡财县代管"。国库集中支付改革进一步深化，形成了省市县三级联动的良好局面。公务卡改革稳步推进，国库集中支付系统的公务卡管理软件开发和联调测试工作步伐加快。

七、以制度建设为切入点，投融资体制改革扎实推进

完成《江西省政府项目管理办法》草案，并上报省政府待批。建立和完善了重大投资项目稽查制度、投资项目评价制度、投资责任追究制度和社会监督机制，制定出台了《江西省重大建设项目稽察办法》。继续推进"代建制"试点，研究起草代建制管理办法。积极探索整合资金、集中力量办大事的有效方法和途径，建立和完善大宗资金使用绩效评估机制，切实提高资金使用效率。鼓励社会和民间资金采取入股独资、股份合作等多种形式投资中小企业信用担保行业，省、设区市和县（市、区）三级中小企业信用担保服务体系进一步建立健全。

八、以纪念改革开放三十周年为契机，认真总结我省三十年改革发展成就和历史经验

全面回顾改革开放以来我省改革发展的重大事件、系统整理出《江西改革开放三十周年大事记（1978—2008）》，在此基础上，经公众投票、专家评审，评选出江西改革开放三十周年十大事件；认真总结三十年江西改革发展的历史经验，充分展示三十年来江西改革发展取得喜人成就，编撰出版了《红土巨变》一书；举办江西改革开放三十年成就展览，编辑出版了江西改革开放三十周年大型画册；组织举办

江西省纪念改革开放三十周年理论研讨会，从理论和实践层面对江西改革开放三十周年走过的历程进行全方位、多视角总结、研讨，并将优秀研究成果编辑出版。

九、以试点为突破口，积极探索区域综合改革的新路子

按照完善体制机制，更好地落实科学发展观要求，着手从两个层面探索推进区域改革试点，即：选择 1 至 2 个设区市进行统筹城乡发展区域改革试点，探索建立城乡一体的规划建设机制、利益分配机制、社会管理和公共服务机制，促进城乡协调发展。选择若个县（市）进行县域经济发展综合试点，在体制机制、发展模式、发展环境等方面进行积极探索，努力打造各具特色的经济强县。

山东省经济体制改革

2008 年，山东全省认真学习党的十七大和十七届三中全会精神，深入贯彻落实科学发展观，按照省九届党代会和省委工作会议确定的目标任务，不断加大重点领域和关键环节的改革力度，积极推动经济体制的改革与创新，着力构建保障落实科学发展观、建设社会主义和谐社会和转变经济发展方式的体制与机制，各项改革都取得了积极进展。

一、农村改革

2008 年，围绕新农村建设和解决"三农"问题，省里出台 31 条支农惠农措施。农村低保标准由 800 元提高到 900 元，保障人数达到 187.5 万人；新建改造村级卫生室 6300 个；安排财政资金 2.69 亿元支持家电下乡；全省对参加新型农村合作医疗农民的人均补助标准达到了 80 元以上，并逐步统一新农合补偿模式和方案；安排专项资金用于农民培训，促进城乡劳动者平等就业、稳定就业。为进一步推进和深化义务教育改革，农村小学和初中生平均公用经费标准分别由 240 元和 340 元提高到了 295 元和 445 元；农村义务教育阶段家庭困难寄宿生的生活费补助标准由每生每年 300 元提高到小学 500 元、初中 750 元，享受补助的经济困难学生占寄宿生的比例保持在 8% 以上。启动了农村义务教育债务的清理工作。政策性农业保险试点由 25 个县（市、区）扩大到了 60 个，其中，80% 的保费由中央、省、市、县四级

政府按规定比例买单。进一步降低中小金融机构进入农村的门槛，扩大了村镇银行、农村资金互助社、贷款公司等新型农村金融机构试点范围，适时启动了小额贷款公司试点工作。以明晰产权为核心的农村集体林权制度改革启动，带动了农村土地经营制度改革的深化。各地自主进行的改革探索取得积极成效：诸城市为打破公共服务产品供给的"城乡二元结构"，进行了"把政府公共服务下移延伸"的农村社区化服务试点，受到农民的广泛拥护和欢迎。全省首家农村土地流转合作社在枣庄市山亭区成立并开始运转，为探索农村土地流转有效实现形式、促进农民增收创出了一条新路。

二、国有企业改革

围绕现代企业制度建设，国有独资企业建立和完善董事会制度试点继续深化，实现了决策层和执行层的初步分开。公司制股份制改革继续推进，省交通工业集团完成了公司制改造，省商业集团、省交通运输集团制定了公司制改造方案；鲁信控股投资公司积极推进所投资的高新技术项目改制上市，华东数控已成功上市。企业法人治理结构继续完善，淄矿、临矿、浪潮集团进一步健全和完善了公司治理机制，董事会运作更加规范有效。同时，省管企业监事会工作制度进一步完善，淄矿、临矿、浪潮等由企业身份专职监事与职工代表监事组成的监事会的成立，有效地推动了各项工作的有序展开，取得良好效果；借鉴完善法人治理结构试点的做法，潍柴、莱钢、山工集团等均依法向权属企业派出了董事和监事。

国有资本结构布局的战略性调整与重组取得新的进展。我省组建的山钢集团，着眼于公司的长远发展，找准目标定位，编制了集团公司整体发展规划，积极推动内部资源优化整合。省高速集团根据大交通产业的发展定位，对省地方铁路局、齐鲁建设集团、国际经济技术合作公司进行了资源整合和重组，省财产保险公司已开始筹建。省管企业主辅分离继续推进，困难企业改制退出机制逐步完善，企业历史遗留问题得到妥善解决。

2008年，我省进一步加强对省管企业的监管，制度不断健全和完善。先后出台了《关于试行国有资本经营预算的意见》、《省管企业全面预算管理指引》等政策性文件，并选择部分省管企业进行了国有资本经营预算制度试点。《市县国有资产监管工作指导监督实施办法》明确了省、市、县（市、区）国有资产监管主体，加强了对市、县国有资产监管工作的指导与监督。

三、非公有制经济发展

在继续贯彻《山东省中小企业促进条例》的基础上，2008年先后出台了《关于加快产业集群发展的意见》、《关于支持中小企业又好又快发展的意见》、《关于进一步加强和改善中小企业融资服务的意见》等支持中小企业和民营经济发展的政策性文件，从提高企业竞争实力、巩固扩大市场占有率、强化金融支持、增加风险担保投入和搞好服务与保障等多个方面为中小企业与民营经济的发展创造良好的体制和政策环境。2008 年，全省非公有制工业实现增加值 10912.0 亿元，增长 17.1%，比规模以上工业增幅高 3.3 个百分点。非公有制经济实现社会消费品零售额 8674.1 亿元，比上年增长 23.0%，市场份额达 83.6%，是市场繁荣活跃的支柱力量。截至2008 年底，中小企业创造的最终产品和服务价值相当于全省 GDP 的 60% 左右，提供了全省 75% 以上的城镇就业，农民收入的 70% 来自中小企业。

四、社会领域改革

继续实施就业援助工程，2008 年将就业增长和稳定纳入了政府考核体系，把高校毕业生就业纳入了就业统筹范围。统筹城乡就业试点顺利推进，全年城镇新增就业 114.7 万人，农村劳动力转移就业 149.9 万人，连续 5 年实现城镇新增就业和农村劳动力转移就业双过百万。失业人员再就业 52.1 万人，其中，困难群体再就业 11.5 万人；城镇零就业家庭全部实现"动态消零"。组织失业人员再就业培训 23.9 万人，再就业率达 76.0%；组织创业培训 6.2 万人；培训农村转移劳动力 56.8 万人。

社会保障体系建设不断加强，按照优先解决农民工工伤保险、着力解决医疗保险、逐步解决养老保险的思路，把农民工的社会保险问题摆到了突出位置，目前全省约 1/4 的农民工参加了工伤、医疗和养老保险。2008 年全省城镇职工基本养老、医疗、失业、工伤和生育保险参保人数分别达到 1260.8 万人、1266.2 万人、864.1 万人、865 万人和 638 万人，比上年末分别净增 85.9 万人、150.4 万人、49.2 万人、120 万人和 74.8 万人。社会保障水平提高，237.5 万名企业离退休人员养老金按时足额发放，月人均养老金 1214.8 元。城镇居民基本医疗保险试点全面展开，参保居民 588 万人；新型农村社会养老保险试点县由上年 14 个扩大到 40 个，参保农民 295 万人；新型农村合作医疗农民参合率达到 97.0%。

教育体制改革推出新举措。全面推进素质教育，基础教育课程及考试评价制度改革顺利进行。从 2008 年起开始实行初中学业水平考试，并以此取代中考升学考试，三年后，将全面取消中考。职业教育服务社会能力增强，校企结合、工学结合加快，建立了 6 个省级职教集团。普通高等教育招生规模首次超过 50 万人，其他各类教育协调发展。文化体制改革积极推进，出台了《关于加强公共文化服务体系建设的实施意见》，从公共文化产品供给、公共文化服务体系建设等多个领域、多个方面加大了对人民基本文化权益的保障力度。在医疗卫生体制改革方面，针对长期以来群众看病贵、看病难、大病无保障、公共服务不到位的问题，潍坊市首家就基本医疗卫生制度改革进行试点，闯出了一条"小病社区低收费，大病住院有保险，公共卫生服务政府管"的社会医疗卫生保障新路子。城镇化进程稳步推进。城镇化战略稳步实施，城镇化率达到47.6%，比上年提高0.9个百分点。乡镇总体规划和中心村建设规划修编基本完成，中心镇详细规划覆盖率达到55%以上。

五、事业单位改革

2008年全省全面推行事业单位人员聘用和公开招聘制度，实行因事设岗、按岗聘用、公开竞争、合同管理和单位自主用人、人员自主择业，实现了事业单位由固定用人向合同用人、由身份管理向岗位管理的转变。截至2008年底，全省已有92.7%的事业单位实行了人员聘用制度，93.6%的工作人员实现了身份转换，进行了聘用合同管理。为规范事业单位岗位设置的范围、类别、结构比例和审批程序，配套出台了《山东省事业单位岗位设置管理实施意见》和12个主要行业的岗位设置结构比例指导标准。

六、行业协会（商会）改革

为规范我省行业协会行为、推动行业协会的改革与发展，按照"市场化取向、政企分开、强化服务、依法监管"的要求，省政府出台了《关于加快推进行业协会商会改革和发展的若干意见》，从行业协会的民间性、自律性出发，对行业协会与政府、协会与协会成员之间的相互关系、职能分工都作了明确界定，明确了政府购买行业协会服务的政策界限、方法步骤和决策程序，并提出了改革规范的时间表。

七、综合配套改革试点工作

以省委省政府《关于开展深化经济体制改革试点工作的意见》（鲁发〔2008〕19号）下发为标志，涉及全省4个市、7个县（市、区）、10个镇、2个开发区的全省综合配套改革试点工作正式启动。为加强对试点工作的领导，省里专门成立了由省政府主要领导同志任组长，省直有关部门为成员的改革试点领导小组，并在省发展改革委设立了工作办公室。省直有关部门认真调研、梳理和研究制定试点工作相关的政策；试点单位按照鲁发〔2008〕19号文件精神，建立高层次的组织协调机构，加强领导，落实责任，开展深入细致的调查研究，认真制定具体的试点工作方案，明确了试点的总体目标和阶段性任务。

<h1 style="text-align:center">河南省经济体制改革</h1>

为统筹安排我省 2008 年的改革工作，促进全省国民经济又好又快发展，加快推进各项改革，力争在重点领域、关键环节取得突破，下发了《关于河南省 2008 年经济体制改革工作意见的通知》（豫发改体改〔2008〕262 号），明确了 5 方面 27 项改革任务，对全省改革工作做了全面部署。各级各部门不断加大改革力度，加快改革步伐，各项改革都取得了新的不同程度的进展。

一、以优化产业结构和提升竞争力为重点，全面深化企业改革，工业化进程进一步加快

一是企业战略重组工作取得新进展。出台了《关于 2008 年全省推进企业战略重组工作的意见》，对全省企业重组工作进行了安排部署。国有大型骨干企业战略性重组工作逐步展开。天方药业和中国通用、神火集团与商电铝业、永煤集团与安化集团等企业实现了战略重组。平安信托投资有限责任公司以 9.6 亿元的价格竞得许继集团 100% 的股权。中国平煤神马能源化工集团有限责任公司、河南煤业化工集团有限责任公司两大煤炭化工集团正式成立。全省实施企业重组重点项目 126 个。

二是产权制度改革取得突破。下发了《关于进一步深化国有大中型企业主辅分离辅业改制工作的通知》，全省共有 4482 户企业实施了改革改制，安置职工近 100 万人。实施股份制改造 1580 户，破产 1248 户，国有股权出让 995 户，兼并重组等其他形式改制 659 户。目前全省 98% 以上的国有工业企业实现了股权多元化，粮食企业体制改革基本完成，商贸、建筑、交通、服务等各类企业改革全面铺开，文化企业和经营性事业单位改革工作有序推进。省管企业 360 个辅业单位中，90% 以上实现了与主业分离，50% 以上实施了产权制度改革。其中永煤集团、郑煤集团、焦煤集团、地方铁路集团等企业基本完成了辅业改制工作。

三是省直单位所属企业改革继续深化。85% 的省直厅局所属企业进入改制程序。省国资委所属的河南省建材设备有限公司、省商务厅所属的畜产品进出口公司商丘皮张厂以及省煤炭工业管理局所属的煤炭运销公司、煤炭进出口公司和煤炭力源实业公司等多家省属企业改制实施方案已获批复。省地矿局所属的地质工程勘察企业、

省物资集团下属的建筑材料配送中心以及省交通厅所属的高速公路发展公司5户养护企业进入改制程序。全省未改制的省直厅局所属企业中，已有65户企业先后进入改制程序。

四是国有企业政策性关闭破产工作全面启动。洛轴集团、冰熊集团等5户企业被国家列为政策性破产项目。郑煤集团大平煤矿有望增补列入国家关闭破产四年规划。困难企业通过依法破产实施重组改制，盘活有效资产，安彩、莲花、春都等重点企业解困工作取得重大进展。

五是非公有制经济进一步发展。完善了促进非公有制经济和中小企业发展的各项政策措施。省十一届人大三次会议审议通过了《河南省实施〈中华人民共和国中小企业促进法〉办法》，把中小企业发展纳入各级政府工作目标管理，并在财政资金支持、担保体系建设、鼓励自主创新、健全服务体系、维护企业权益等政策措施方面实现了重大突破。出台了《2008年小企业金融服务工作指导意见》和《关于促进民营影视制作机构发展的若干意见》。

六是推动企业利用资本市场扩大直接融资。实施上市后备企业重点培育工程，确定了50户省定主板重点上市后备企业和50户省定创业板重点上市后备企业作为2008年的重点进行培育，出台了《关于做好2008年企业上市工作的通知》，明确了相关单位的责任。全省2008年共有三全食品、中部大观、建业地产等7家企业在境外首发上市，安阳钢铁实现整体上市，共募集资金58.934亿元。截至目前，全省已有61家境内外上市公司，发行股票62只，募集资金总额达511.18亿元。

二、以统筹区域协调发展为重点，深化相关配套改革，城镇化步伐进一步加快

一是健全区域经济发展的体制机制。中原城市群健康发展，中心城市的辐射带动能力不断提高，布局合理、协调发展的城镇体系逐步形成。郑州、开封两市省级统筹区域协调发展综合配套改革试验区实施方案征求意见工作初步完成。

二是城市居民住房保障机制全面建立。廉租房制度全面建立，廉租房制度的保障范围逐步扩大。全省新建和配建廉租房面积22.66万平方米、4500套，均占年度目标的113%，已提前超额完成年度目标。廉租住房保障机制不断完善，实物配租比例逐步提高，实物配租3200户。改进和规范经济适用住房制度，严格限定经济适用住房建设标准，规范适应对象和上市交易管理。省政府确定的全年经济适用房新开工面积320万平方米、竣工260万平方米的目标可超额完成。城市低收入住房困难家庭和其他住房困难群体的配套政策和工作机制基本建立。

三是县域经济进展良好。省委省政府召开了全省县域经济工作会议，出台了

《关于促进县域经济又好又快发展的意见》，提出支持县域发展工业、农业和现代服务业、强化节能减排等政策措施，为县域经济发展提供了措施保障。省县域经济发展联席会议制度建立。初步提出《河南省县域经济发展奖补资金使用管理办法》，调整优化县域经济评价指标，完善考评体系。县域经济监测分析制度建立，编印《河南省县域经济发展分析报告》，初步建立县域经济发展资料库。全年地方财政一般预算收入超 5 亿元的县（市）达到 26 个，超 10 亿元的县市达到 8 个。

四是服务业改革创新步伐加快。出台了《省委省政府关于加快发展服务业的若干意见》和《省政府办公厅关于加快发展服务业的若干政策》，以文化、旅游、物流、金融等行业为突破口加大现代服务业发展力度，选择郑州、洛阳、开封、鹤壁和固始县开展服务业综合改革试点。

五是城乡一体化试点工作进展良好。以完善政策体系为支撑，促进城乡一体化向纵深发展。在巩固试点成果的基础上，鼓励支持试点市积极探索和改善与户籍密切相关的养老保险、城乡低保、医疗、失业救济、退伍安置、劳动就业、计划生育、义务教育、国家赔偿等方面城乡分割的政策难题。试点市按照城乡一体化发展规划确定的目标和年度发展任务，不断完善政策支撑体系，推动试点工作的有序推进。2008 年 7 个试点市基础设施建设共投入 49.1 亿元。据初步统计，试点工作开展以来，7 个试点市基础设施累计投入 120.64 亿元，其中地方自筹占 70%，培训农民工70.13 万人，两免一补 60.8 万人。在改善人居环境方面，7 个试点市自来水普及率平均达到 75% 左右，改厕普及率 50% 以上，强力推进了基础设施和公共服务体系建设。2007 年 9 月省政府下拨以奖代补资金 3000 万元对试点市予以支持，吸引试点市政府和社会投资 4 亿多元，试点市基础设施和公共服务体系面貌得到显著改观，对加快试点进程起到了积极作用。

三、以农村综合改革为重点，深化农村经济体制改革，农业现代化进程不断推进

一是农村土地经营制度进一步完善。出台了《关于进一步推进农村改革发展的意见》，按照依法、自愿、有偿的原则，引导农户流转土地承包经营权。加强农村土地承包纠纷的调处。继续推进农村土地承包纠纷仲裁试点，健全民间协商、乡村调解、县市仲裁、司法保障的农村土地承包纠纷调处机制，完善解决农村土地突出问题多部门分工协作、密切配合、齐抓共管的工作机制。全省县、乡两级共成立农村土地承包纠纷仲裁机构 1800 多个，培训仲裁员 4500 多名。

二是农民专业组织健康发展。专业合作社、专业协会和村级综合服务站建设不断完善，农民进入市场的组织化程度提高。全省农民专业合作经济组织 8473 家，成

员数达 183 万多户、占农户总数的 9.2%，户均纯收入 15000 余元，高出未加入合作组织农户收入近 50%。

三是推进水管体制改革。全省 608 个水管单位完成了改革方案的编制，有 48 个单位批复了编制，34 个单位落实了人员基本支出经费。省属 7 个水管单位，已编制完成了改革方案，并上报省政府。县级以下 525 个单位，已有 25 个单位人员编制方案已批复。

四是推进粮食流通体制改革。全省累计批准了 4661 家粮食经营企业从事粮食经营活动，充分发挥国有粮食企业主渠道作用。落实和完善粮食流通体制改革政策措施，积极推进国有粮食非购销企业改革。全省已有 80% 的国有粮食非购销企业完成了改制工作。

五是集体林权制度改革步伐进一步加快。召开了全省集体林权制度改革工作座谈会，制定了《河南林业生态省建设重点工程检查验收办法》，大部分市县都出台了深化林改的意见和具体实施方案。省级试点辉县市成立了全省第一家林业要素市场，已办理林木林地拍卖 106 宗，流转林地 13000 亩，流转金额 230 万元；办理林权抵押贷款 5 件，放贷 28 万元。

四、以完善节能减排政策体系为重点，推进各项配套改革，资源节约型社会建设不断推进

一是节能减排体制政策体系不断完善。出台了《关于 2008 年度节能指标计划的通知》、《节能减排工作目标分解表》，进一步明确了政府部门节能减排职能分工。完善了节能目标责任考核制度。出台了《关于实行节能减排目标问责制和"一票否决"的规定》和《省单位生产总值能耗考核体系实施办法》，在全省范围内实行节能减排问责制和"一票否决"制，初步建立了节能减排统计、监测和考核三大体系。

二是循环经济工作积极推进。编制了《河南省循环经济试点实施方案》，围绕冶金、建材、化工、轻工等行业，选择了 38 家经济实力和自我发展能力强、特色突出、积极性高的园区、企业和区域，在全省更大范围内开展了第二批省级循环经济试点工作，并组织筛选了一批节能重点项目。

五、以民生保障为重点，全面推进政府管理体制改革和社会事业改革，和谐河南建设成效显著

一是继续推进投资管理体制改革。完善企业投资项目核准制和备案制，将备案

地
方
篇

· 335 ·

制权限下放到各县、市、区。按照职能分工严格新开工项目管理，建立本地区的新开工项目信息互通制度，提高新开工项目质量。出台了《关于加强重大项目建设扩大需求的若干意见》，对大项目建设提出了严格规定。按期完成了总投资 5000 万元及以上拟建固定资产投资项目信息调查工作。

二是推动金融体制改革。下发了《河南银行业 2008 年小企业金融服务工作指导意见》，引进外资银行金融机构取得零突破，汇丰银行郑州分行已正式营业。全省 145 家联社中，有 117 家统一法人联社开业，有 12 家正在筹建，有 129 家县级联社兑付央行票据金额 126.70 亿元。积极开展农村合作银行试点工作。下发了《河南省新型农村金融机构组建工作实施方案》，新郑、固始农合行相继开业。加快推进组建村镇银行试点工作。栾川民丰村镇银行有限责任公司、固始天骄村镇银行已经正式挂牌，填补了我省新型农村金融机构的空白。

三是健全社会保障制度。社会保险制度不断完善，保障能力不断提高，社会保险范围进一步扩大。社会保险基金收入持续增长，社会救助体系进一步加强。农村小额保险试点在全省全面启动。目前，农村小额保险试点已商定 41 个，覆盖全省 18 个省辖市。农村养老保险制度建设探索取得新突破。各地在积极探索建立个人缴费、集体或单位补助、政府补贴三方共同筹资的农村养老保险制度方面取得新进展。

四是就业体制改革不断深入。出台了《河南省人民政府关于做好促进就业工作的实施意见》和《关于认真做好农民工回乡创业工作的通知》。城乡统一的就业失业登记制度和就业服务制度不断完善，省市县三级的公共职业介绍机构、公共职业训练机构、创业服务机构、小额贷款担保机构全部建立，城乡平等的就业制度逐步形成。全省新增城镇就业 130 万人，城镇登记失业率 4.5%。高校毕业生就业工作进展平稳。出台了《关于进一步加强我省高校毕业生就业工作的意见》，全省高校毕业生平均就业率达到 89.95%。加强农村劳动力转移就业服务体系建设，大力开展农村劳动力职业技能培训，全省新增农村劳动力转移就业 176 万人。

五是社会领域改革稳步推进。文化体制改革继续深入，出台了《中共河南省委河南省人民政府关于进一步深化文化体制改革加快文化产业发展的若干意见》、《中共河南省委河南省人民政府关于设立河南省文化改革发展试验区的通知》。经营性文化事业单位转企改制取得明显进展。支持民营资本进入文化领域，全省各类民营文化产业单位达到 25000 多家。国有旅行社改制基本完成，旅游景区"三权"分离改革不断推进。全省共有 157 家经营性文化事业单位完成转企改制任务。省出版集团所属经营性事业单位整体转制。河南文化投资有限公司成立。积极利用资本市场扩大直接融资，确定省有线电视网络集团、省影视制作集团、河南电视台等单位拟定各自的企业上市工作方案。省直 9 个公益性文化事业单位内部机构设施已经完成。旅游管理体制不断创新，积极推进河南旅游服务中心建设规划、中原城市群旅游发展规划、中部地区旅游发展规划等规划编制工作，构建全省旅游产业发展大格局。

教育体制改革继续深化。政府和社会资助困难家庭学生的制度进一步完善，城乡义务教育差距逐步缩小。落实农村中小学生"两免一补"资金 68.1 亿元，进一步提高了农村中小学公用经费基本标准，免除城市义务教育阶段学生学杂费。改造了 177 所农村初中校舍，投入 1.45 亿元用于农村中小学教育仪器设备充实和新建校园建设，促进了义务教育均衡发展。扎实推进普通高中新课改。制定了《河南省普通高中新课程实验工作方案》和《河南省普通高中课程设置方案》，出台了普通高中新课程实验教学指导意见、课改项目研究指南等配套文件。全省共建立 61 所新课程实验样本校，为新课程实验工作提供研究基地和实验成果推广基地，发挥示范作用。开展"农村劳动力转移培训"和"农村实用人才培训"，加强农村富余劳动力转移、实用人才和再就业培训，全面提高农村劳动力素质。全省职教集团数量已达到 20 个，职业教育集团化改革取得阶段性成果。

卫生体制改革进一步推进。新型城市医疗卫生服务体系初步形成。全省 18 个省辖市共 50 个市辖区已建成社区卫生服务机构 800 多个，初步建立了城市社区卫生服务网络框架，"小病在社区、大病进医院、康复回社区"的就医格局初步形成。全省 1240 余所医院统一实施药品网上集中招标采购工作开始启动。单病种限价管理和按病种付费改革取得进展。全省二级以上医院全部实行单病种限价管理，确定限价单病种 354 个，涵盖中西医 32 个专业。全省 100 家试点医院相继启动了按病种付费改革扩大试点工作。城镇居民医疗保险试点不断推进。全省 18 个省辖市全部启动了城镇居民基本医疗保险试点，出台了城镇居民基本医疗保险试点实施方案。新型农村合作医疗制度不断完善。157 个有农业人口的县（市、区）全部开展新农合，提前实现全覆盖。

科技体制改革进一步深化。以企业为主体、产学研相结合的技术创新体系进一步完善。颁布了《河南省知识产权战略纲要》，明确了实施知识产权战略的主要目标、重点内容和政策措施。围绕优势产业、高新技术产业和重点行业，新建省级工程技术研究中心 49 家。新一轮百户重点工业企业和 50 户高成长型高新技术企业，全部建立了省级以上企业研发中心。新培育 41 家省级创新型试点企业，平高、中信重机、华兰生物等 6 家企业进入国家级创新型试点企业行列，数量居中部地区首位。

湖北省经济体制改革

2008 年，根据省委、省政府关于深化改革的部署，湖北全省上下抢抓武汉城市圈综合配套改革试验区建设的重大历史机遇，强化体制与机制改革创新，着力构建充满活力、富有效率、更加开放、有利于科学发展的体制机制，克难攻坚，稳步推进，在一些重点领域改革取得了积极进展。

一、行政管理体制改革步伐加快

继续开展了行政审批事项的清理规范和政府规章清理工作，推进了政企、政事、政府与市场中介组织分开。政府管理经济的方式和手段不断完善，更加注重规划和政策指导、信息引导，体制和法制环境明显改善。进一步改进机关工作作风，提高行政效能，省政府部门开展了为期3个月的提高政府执行力大讨论活动，取得了积极成效。进一步规范完善行政决策规则与程序，公众参与规划编制、政府决策的范围不断扩大。积极推进电子政务建设，省政府门户网站实行管办分离后，网站服务功能和公众互动程度明显提升，电子政务的长效管理运行机制基本建立。大力推进财政与编制政务公开，全省从省到乡四级行政机关和事业单位的编制情况，以及惠农补贴等涉及群众切身利益的财政项目资金全面上网。深化投资体制改革，进一步落实企业投资自主权，降低投资准入门槛，简化审批环节。

二、农村综合改革稳步推进

进一步推进农村公益性服务"以钱养事"新机制，2008年省级财政按照农业人口人平15元的标准安排政策性转移支付资金6.13亿元。进一步推进国有农牧渔良种场改革和集体林权制度改革，落实林业"两金"减征政策，切实减轻林农负担。仙（桃）洪（湖）新农村建设试验取得良好开局。全省政策性"三农"保险工作全面推开，全面启动水稻险、奶牛险、"两属两户"住房险、农民工意外伤害险等四大政策性保险。开展减轻大湖区农民负担综合改革工作，省政府出台了《进一步减轻大湖区农民负担综合改革方案》，从2008年起，洪湖、洞庭湖区域11个县（市、区）不再收取易涝地区排涝水费、防汛和堤防维修等费用。继续对种粮农民实行农资综合直接补贴、粮食直接补贴、水稻良种补贴政策。全面推进城郊村、城中村、园中村集体土地改革创新，全省试点已扩大到200个村。农村义务教育改革取得新进展，从2008年起全部免除教科书费和作业本费，只允许收取住宿费、伙食费。作为全国首批14个试点省份之一，全面启动"普九"债务化解工作，化债工作方案已经国务院农村综合改革领导小组批复，准备用两年时间基本完成全省"普九"债务化解工作，并对各地化解"普九"债务工作给予激励性转移支付补助。积极完善农村财政管理体制，积极开展资金整合试点工作，在27个县建立支农惠农资金整合平台；有效提高了农村中小学校财务管理水平和教育经费使用效益；深入开展村级会计代理服务改革，全省已有864个乡镇建立了农村会计服务中心，占乡镇总数的76.8%，19451个村实行村级会计代理，占村总数的73.9%，切实加强了村级财务管理；安排资金2.24亿元，用于非列养农村公路养护工程，建立了政府投资为主、农村村组为辅、鼓励社会共同参与的农村公路建管养筹集机制。积极开展村级公益事业建设一事一议财政奖补试点工作，探索村级公益事业建设投入新机制，制定下发了《湖北省村级公益事业建设一事一议财政奖补试点工作方案》和《湖北省村级公益事业建设一事一议财政奖补试点暂行办法》，指导全省开展试点工作。

三、国有企业和市政公用事业改革取得新进展

巩固扩大"三个一批"战略成果，对企业改制情况开展了检查验收，对改制中职工安置费用不到位情况作了全面统计。加快推进省出资企业改制重组，积极推进了中国社福实业总公司、鄂康房地产开发总公司、中南勘察设计院、齐星公司、湖北化学研究院等一批出资企业的改制，出资企业董事会建设工作取得了新进展。国有资本经营预算制度改革有序推进。市政公用事业改革方面，通过放开资本市场，实行投融资主体多元化，进一步拓宽了资金渠道。逐步开放经营市场，初步形成多种成分参与竞争的格局；逐步开放作业市场，大多数城市的市政、环卫、绿化养护作业等开始按市场化方式运作。

四、财政体制改革继续深化

不断完善省管县（市）财政管理体制，继续实施分税制财政体制省集中税收增量返还政策。继续对市（州）本级支持县域经济发展给予激励性转移支付，对部分困难市本级给予政策性转移支付，以进一步加大支持县域经济发展的力度。进一步深化部门预算改革，调整完善省级部门预算的基本支出口径及标准，实现预算内外资金的统编，进一步加强了对市县部门预算改革工作的指导和督促。国库集中支付改革向纵深发展，省级国库集中支付制度改革范围进一步扩大，所有在汉基层预算单位全部纳入国库集中支付改革范围，并将垂直管理部门的改革级次推进到市、县一级，省市县三级所有一级预算单位全部实施改革。深化收支两条线改革，进一步规范部门（单位）的执收执罚行为，所有收入纳入政府非税收入管理范畴。深入推进政府采购制度改革，全面推行政府采购资金的财政直接支付制度，扩大工程类和服务类商品政府采购试点范围，将节能减排、新农村建设、基层基础设施建设项目纳入政府采购范围。

五、就业和社会保障制度改革不断深化

以贯彻实施《就业促进法》为契机，认真落实税费减免、鼓励创业、就业援助、职业介绍、社保补贴、培训补贴等扶持政策，继续推进统筹城乡就业试点。出台了《关于加强创业带就业工作的通知》（鄂劳社发〔2008〕24 号），提出了创业带就业相关政策措施，各地积极帮助以创业带动就业。社会保险制度改革稳步推进。调整了社会保险缴费工资基数核定年度，从自然年度调整为每年 7 月 1 日至次年 6 月 30 日，并实行按单位工资总额、按个人缴费基数分别核定单位和个人的缴费基数，2008 年度企业退休人员养老金调整工作已落实到位，月人均基本养老金达到 961 元。省政府出台了《关于进一步加强社会保险扩面征缴工作的通知》（鄂政办发〔2008〕1 号），社会保险覆盖面稳步扩大。扩大城镇居民医疗保险试点承诺提前兑现，经过积极争取，国务院批准黄石、十堰、襄樊等 14 个市州为 2008 年城镇居民医疗保险新增试点城市，超额完成了省政府确定的扩大到 50% 市州的目标。认真贯彻实施《劳动合同法》，全面推进劳动合同制度，建立了职工名册制度。出台了《关于进一步发展和谐劳动关系的意见》（鄂办发〔2008〕23 号），提出了发展和谐劳动关系的总体目标，进一步完善了劳动合同和集体合同制度、企业民主管理制度，发挥三方协商机制优势，理顺了工作机制。

六、社会事业体制改革稳步推进

全省事业单位综合配套改革工作进入到完善政策、试点推进的新阶段。作为事业单位人事制度改革的重点，事业单位岗位设置管理工作全面推开。制定下发了《湖北省事业单位岗位设置管理试行意见》及相关配套政策文件、行业指导意见，省妇幼保健院和孝昌县等省级试点单位工作进展顺利。深入推进科技体制改革，省政府下发《关于深化改革创新机制加速全省高新技术产业发展的意见》，建立健全有利于高新技术产业做大做强的多层次资本市场，提高资本配置效率，大力加强产学研合作，鼓励高校和科研院所科技人员创新创业，加快科研院所的转型。此外，文化、教育、卫生等领域的改革也取得了积极进展。为全面推进鄂西发展改革，省委、省政府正式启动鄂西生态旅游圈建设，以推进文化、旅游等社会领域改革为重点，全面推进鄂西生态旅游圈改革发展，与武汉城市圈形成"两圈"互动、双轮驱动的全省区域协调发展格局。

湖南省经济体制改革

2008 年，湖南全省各级各部门认真贯彻落实中央和省委、省政府对经济体制改革工作的部署，各项改革扎实推进，在重点领域和关键环节取得新的进展，较好地完成了年初确定的各项改革任务，为促进我省经济又好又快的发展提供了有力的体制保障和动力支持。

一、农村改革继续向纵深延展，普惠三农的"两以"机制不断充实和完善

省委及时出台了关于贯彻落实《中共中央关于推进农村改革发展若干重大问题的决定》的意见，全面部署了农村改革。农村综合改革试点县市区由 21 个扩大到46 个。全省农村土地承包经营权确权颁证率达到90%以上。集体林权制度改革试点取得显著成效，主体任务基本完成。农民专业合作组织加快发展，入社农户已占全省农户总数的20%。全省所有乡镇全面实行"乡财县管乡用"财政管理方式。不断完善"以工促农、以城带乡"机制，全面落实"两增三免"等各项惠农减负政策，取消湖区共同生产费，提高了粮食最低收购价标准，开展了村级公益事业建设一事一议财政奖补试点。进一步完善了村级组织运转经费最低保障机制，全年全省新增补助资金 3.32 亿元。

二、要素市场改革继续深化，微观经济主体的活力进一步增强

省属国企阶段性改革任务全面完成，118 户发展壮大企业改革重组取得重大进展，先后组建（或重组）了 6 大集团，完成了长沙建机院、湘投控股的整体改制；144 户转制搞活企业完成70%以上，一批企业引进社会资本参与改制；关闭破产、主辅分离改制、企业办社会职能以及独立矿山企业留守机构移交等工作全部完成。加强与央企对接合作，已与 61 家央企实施对接合作项目 166 个。非公有制经济发展环境，进一步落实鼓励、支持和引导个体私营等非公有制经济发展的各项政策法规，制定了执法检查方案，强化了执法检查，优化了发展环境，非公有制经济比重占全

省生产总值的 56% 左右。省内上市公司除张家界旅游股份外，均完成了股权分置改革；步步高和拓维信息完成首发上市，家润多和博云新材已通过发审会。出台了《湖南省国有建设用地储备办法》，全面实施了工业用地招拍挂制度和出让最低价标准制度，积极推进城乡建设用地增减挂钩试点。

三、政府管理体制不断完善，宏观经济的调节机制不断创新

行政管理体制改革方面，在全国率先颁布实施《湖南省行政程序规定》，政府行政行为进一步规范和透明。大力削减行政审批，取消 64 项行政性收费和工商"两费"；取消行政审批项目 215 项，精简 23%。积极推行投资项目审批代理制试点。认真清理规范性文件，废止和宣布失效的规范性文件占省政府规范性文件总数的 24%。电子政务建设加快，首开国内第一家省政府英文门户网站，改版提升中文门户网站，积极推行网上办公和无纸化办公。

对外开放方面，岳阳城陵矶、长沙机场获批成为对台直航港口和直航航点，新增长沙至大阪境外航线和至台北地区航线；长沙金霞保税物流中心正式运行；出台了《关于积极承接产业转移促进加工贸易发展的意见》，制订全省承接产业转移、发展加工贸易规划；大力实施"走出去"战略，新批境外投资企业 61 家。全年进出口总额达到 125 亿美元，增长 29%；利用外商直接投资 40.05 亿美元，增长 22.5%。

投资体制改革方面，出台《关于应对当前经济形势进一步扩大投资的指导意见》，建立了重大项目协调推进机制、目标责任和考核奖励机制；继续完善企业投资项目核准制和备案制，着力推进政府投资项目"代建制"；简化境外投资项目审批和企业核准程序，实行境内投资主体责任制和境外项目法人责任制。

财政体制改革方面，省直单位全面推行了部门预算，公用经费标准定额范围推广至省直二级预算单位；省本级预算单位启动公务卡改革，株洲等市县启动了公务卡改革试点；出台了关于试行国家资本经营预算的意见，并启动了试点；制定了湖南省行政事业单位国家资产管理实施暂行办法，并推进了相应改革。

金融体制改革方面，重点深化了农村金融改革，县级农村合作金融机构全部完成统一法人社改革，湘乡市、桃江县等村镇银行挂牌营业。引进股份制和境外银行工作取得新进展，汇丰银行长沙分行正式营业，民生银行长沙分行正在筹建。邮政储蓄银行省内二级分行及 89 家县（市）支行挂牌运行。政策性农业保险试点工作有序进行，51 个县市区和 5 家农场已推开水稻、棉花等保险试点，油菜、奶牛新纳入了保险范围。

四、公共服务体系建设步伐加快，民生改善机制进一步健全

就业体制改革方面，全面落实各项就业政策，充分发挥政策促进就业的效应，新增城镇就业76.06万人，县以上城镇零就业家庭动态清零4910户，援助农村贫困家庭转移就业15.53万户；农村劳动力转移就业1208万人，实现劳务收入950亿元。

科技体制改革方面，继续推进转制类科研机构产权制度改革，研究制定了公益类科研院所综合服务能力评价体系方案。出台了《关于强化企业技术创新主体地位的意见》，进一步探索产学研相结合的有效运行机制和模式。推广了"双峰农村科技合作社"模式，扩大"96318科技信息'户'联网"和科技特派员试点工作覆盖范围，进一步完善了科技重大项目"两条线"管理制度。

教育体制改革方面，进一步完善了义务教育经费保障机制，义教阶段学生免除学杂费政策由农村扩大到城市，并对农村义教阶段学生实行教科书费用全免，全年落实义务教育保障机制改革经费39亿元。出台了《关于促进民办教育发展的决定》。

卫生体制改革方面，新型农村合作医疗试点市县由99个扩大到122县市区，参合农民达4501万人，提前两年实现了国务院提出的两个"80%"的目标；市辖区和县级市城区社区卫生服务中心覆盖率分别达到100%和80%。

文化体制改革方面，省出版集团、广电集团等经营性文化单位改革改制和省博物馆等公益性文化单位改革试点工作稳步推进，开展党报发行体制改革，推进长沙、张家界、常德、岳阳等文化市场综合执法改革，首批16个文化产业示范基地建设步伐加快。

社会保障体制改革方面，出台了被征地农民社会保障办法、农民工工伤保险办法等政策规定；城镇居民基本医疗保险试点扩面到全省城市的50%以上，参保人数达到639万多人，全省基本养老、基本医疗、失业、工伤、生育五大保险的参保面进一步扩大。

五、改革统筹协调工作得到加强，推进改革力度进一步加大

出台了关于2008年推进经济体制改革的意见，加强对全省改革工作的总体指导和统筹协调，进一步明确改革目标任务和责任。进一步健全了改革工作机制，通过

组织召开改革形势分析会等多种形式,分析改革情况,协调解决推进改革过程中的问题。进一步健全了改革信息交流制度,加强《湖南改革要情》和湖南省经济体制改革网站建设,及时交流中央和省关于改革精神、改革进展和典型经验,营造了合力推进改革的良好氛围。

总的来看,我省改革已进入到"体制基本建立、机制尚需创新"的阶段,但改革任务仍然十分繁重,体制机制的不完善、不协调、不配套等问题还比较突出,如国有企业改革尚未彻底完成,事业单位改革尚未全面启动,政府职能转变、要素市场建设和公共服务体系建设等领域改革还相对滞后,还需要加大力度推进改革攻坚。

广东省经济体制改革

2008 年,广东省坚持以科学发展观统领经济社会发展全局,全面贯彻党的十七大和省委十届二次、三次全会精神,按照完善社会主义市场经济体制的总体要求,继续解放思想,以更大的力度推进改革,着力解决制约科学发展的突出矛盾和深层次问题,取得较好成效,有力地促进了经济社会又好又快发展。

一、行政体制改革顺利推进

大力推动政府管理创新,制定实施科学发展观评价指标体系及考核评价办法。发挥经济特区先行先试作用,出台《关于经济特区和沿海开放城市继续深化改革开放率先实现科学发展的决定》。积极做好新一轮地方政府机构改革准备工作,乡镇机构改革试点全面完成。深圳、佛山市和省人事厅、环保局系统事业单位分类改革顺利推进。深化行政审批制度改革,颁布实施省政府第三轮第三批行政审批事项调整目录,将 102 项省级审批权委托(下放)市、县管理。制定《关于进一步深化行政审批制度改革意见》和《省本级政府第四轮行政审批事项清理工作标准》,推动全省新一轮行政审批制度改革工作。积极拓展行政审批电子监察新领域,启动重大项目电子监察系统建设工作。中山市创新审批方式改革试点稳步推进。积极完善政府投资管理制度,建立投资项目节能评估审查制度。制定出台《关于进一步严格控制党政机关办公楼等楼堂馆所建设问题的通知》和《广东省党政机关业务用房建设标准》,加强党政机关办公楼等楼堂馆所项目管理。省属非经营性项目代建制稳步实施。深入推进预算编制制度改革,促进预算管理与资产管理和项目绩效评价有机结合。省级财政专项资金竞争性分配取得突破。在东西北部分县（市、区）推行"镇财县管"改革，镇（乡）财政和村级财务管理方式改革试点深入开展。调整和完善激励型财政机制，继续实行财力薄弱镇（乡）补助政策。政府采购改革继续深化。

二、基本经济制度改革继续深化

国有企业改革进一步深化。进一步完善国有资产监管制度，出台《广东省省属企业财务决算报告管理暂行办法》等政策文件。健全监事会制度，制定《广东省国资委派出监事会成员管理暂行办法》等政策措施。积极引导企业加强内部风险防控体系建设，设立风险评估专项经费，省属企业全面风险管理工作进入实施阶段。企业总法律顾问制度全面推开。大力推动国有经济战略性重组，韶钢、广钢与宝钢集团重组，以及广晟公司收购风华高科、ST聚酯等项目顺利完成。稳步推进国有企业改制，省水电二局等改制工作成功完成。国企改制、关闭破产历史遗留问题进一步化解。国有经济生产经营总体实现稳步增长，至年底，省国资委监管的24家国有企业集团企业总资产达到4750.3万元，同比增长9.0%。

非公有制经济发展环境不断优化。着力完善和落实扶持非公有制经济发展的政策措施，帮助广大中小企业应对国际金融危机的挑战。深入推进企业登记制度改革，放宽企业登记注册条件。积极开展股权出资试点和股权出质工作，拓宽了企业融资渠道。鼓励引导加工贸易企业延伸产业链、创建自主品牌、扩大内销，加工贸易转型升级加快，增值率提高到67.7%。民营经济保持较快发展，全省民营工业增加值增长19.3%，增速比全省规模以上工业快6.5个百分点。利用外资质量明显提升，全省实际利用外资192亿美元，其中服务业占37.2%。

三、农村经济体制改革步伐加快

大力推进农业产业化改革和发展，实施农业产业化"132"强龙工程，与国家开发银行签订促进农业发展开发性金融合作协议，农业生产组织化程度不断提升。新增国家级农业龙头企业13家、国家级标准化示范区30个，191家省级以上龙头企业带动农户216万户，农民专业合作经济组织增加到2095家。健全土地承包档案管理机制，农村土地承包和土地承包经营权流转制度进一步完善。深化征地制度改革，出台《关于深化征地制度改革的意见》，健全征地补偿款预存制度，保障被征地农民的合法权益。乡镇撤并工作继续推进。县政府驻地行政区划管理体制改革稳妥开展。中心镇建设取得新进展，全省270个中心镇基本完成总体规划编制和修编，有效促进了中心镇综合功能的完善。户籍管理制度改革步伐加快，珠江三角洲地区已将城镇化的农村地区居民统一转为城市户口。

四、就业分配和社会保障制度继续完善

积极推动劳动力转移就业，出台《关于推动产业和劳动力转移的决定》，制定优秀农民工入户城镇、农村贫困家庭子女免费接受技工教育等 17 项配套政策措施，组织实施"一户一技能、农民工技能提升培训、全民职业技能提升"三大计划，率先建立农村劳动力技能培训普惠制度。积极完善就业服务体系，建立省、市、县（市、区）、街镇四级公共就业服务机构。年末全省城镇登记失业率 2.56%，低于3.8 的年度预期目标。深化收入分配制度改革，启动"工资集体协商三年行动计划"，工资指导线、劳动力市场工资指导价位以及最低工资标准制度进一步完善。大力推进社会保障制度建设，养老、失业、医疗、工伤和生育保险覆盖面持续扩大，5 项社会保险基金总量约占全国的 1/5。改革省级养老保险调剂金管理办法，提出富有广东特色的调剂与预算管理相结合的养老保险省级统筹模式。全面推进农村养老保险制度建设，首创被征地农民养老保障落实前置审核和担保机制。全面实施城镇居民基本医疗保险制度。失业保险基金支出范围试点进一步扩大。提高城乡低保标准，农村家庭年人均纯收入低于 1200 元的困难家庭全部纳入低保范围。

五、市场体系建设稳步推进

商品市场稳步发展，全省社会消费品零售总额达到 12772.2 亿元，同比增长20.3%。金融市场改革发展加快。广州、珠海等城市商业银行改革重组取得重要进展，成立首家村镇银行，农村信用社改革取得阶段性成果。大力推动优质企业改制上市，全省新增上市公司 25 家，募集资金超过 61.9 亿元；全省境内上市公司总数达 213 家，继续保持全国第一。保险业蓬勃发展，保费总量居全国第一。规范发展土地市场。启动省部合作共建节约集约用地试点示范省工作。改革年度经营性房地产项目用地计划指标管理方式，加强对土地市场供应的调控管理。加快建设城乡统一的劳动力市场，基本建成覆盖所有街镇、延伸到社区企业的劳动力市场信息服务网络。技术交易市场持续发展，交易规模居全国第三。行业协会整改和重新登记工作基本完成，社团组织、行业协会行业自律和治理商业贿赂试点工作顺利推进。社会信用体系发展加快，企业信用信息网建设全面推进。深入推进价格体制改革，启动医药价格改革试点，污水处理收费改革取得显著成效。

六、社会领域改革不断深化

科技体制改革继续深化。加快实施自主创新战略，出台《广东省自主创新规划纲要》、《广东省建设创新型广东行动纲要》等一系列政策文件。大力推进以企业为主体、产学研相结合的技术创新体系建设，全省省级重点实验室达到101家。省部产学研合作全面推进，产学研创新联盟、产学研结合示范基地分别增至24个和112个。全国重点大学与我省地级以上市和企业共建研究院、国家重点实验室和工程中心分支机构近200家，开展合作项目6000多项。启动企业科技特派员行动计划。加大对科技型中小企业的扶持力度，建立广东科技型中小企业贷款担保风险准备金。

教育体制改革稳步推进。全面实施城镇免费义务教育。建立义务教育均衡发展督导质量监测制度。高中阶段教育毛入学率提高6.1个百分点。中等职业教育战略性结构调整取得突破，珠江三角洲各市中职学校招收东西两翼和粤北山区初中毕业生7.2万人，为欠发达地区农村劳动力转移创造了良好的环境。高等教育规模、结构和质量协调发展，毛入学率提高1.4个百分点。积极解决中小学代课教师待遇问题，启动中小学教师工资福利待遇"两相当"工作。

医疗卫生体制改革不断深入。加强农村医疗卫生服务体系建设，制定《乡镇卫生院管理办法》和《村卫生机构管理办法》，农村卫生机构服务质量和农村居民医疗保障水平不断提高。省财政全年投入5000万元新建或改建经济欠发达地区100家社区卫生服务中心，社区卫生服务网络进一步完善。加快完善新型农村合作医疗保障制度，新型农村合作医疗参合率达95.4%，筹资标准提高到每人100元以上。积极探索居民门诊基本医疗保险制度，佛山等地实行了居民门诊基本医疗保险制度。

文化体制改革和文化产业发展步伐加快。加强公共文化服务体系建设，农村基层文化网络逐步完善。批准新建第二批13个"广东文化（创意）产业园区"，全省已形成1个国家级文化产业示范园区、8个国家级文化产业示范基地、20个省文化产业示范基地、18个省文化（创意）产业园区，文化产业的总体实力和竞争力得到提高。成立广东省文化产业促进会，为广大民营文化企业搭建服务平台。经营性文化事业单位转企改制取得新进展。

广西壮族自治区经济体制改革

2008年，广西壮族自治区党委、自治区人民政府高度重视全区经济体制改革工

地方篇

作，坚持以邓小平理论和"三个代表"重要思想为指导，深入学习贯彻党的十七大、十七届三中全会精神和胡锦涛总书记、吴邦国委员长、温家宝总理、周永康书记等中央领导同志到广西考察指导工作时的重要讲话精神，全面贯彻落实科学发展观。2008 年 7 月，自治区人民政府办公厅转发《自治区发展改革委关于 2008 年深化经济体制改革工作的意见》，对全区各项改革工作做了全面部署。自治区发展改革委认真履行全区经济体制改革总体指导和综合协调的职能，扎扎实实做好全区经济体制综合改革的统筹指导工作；全区经济体制改革进一步深化，社会主义市场经济体制不断完善，一些重点领域和关键环节改革取得新的突破，为促进广西经济社会又好又快发展提供了强大动力和体制保障。

一、行政管理体制改革有序推进，政府职能转变明显加快

政府机构改革稳步推进。自治区认真贯彻国家关于地方政府机构改革的意见，积极谋划新一轮政府机构改革的思路和方案，开展广泛深入的调查研究，草拟了自治区人民政府机构改革方案及其配套文件以及自治区人民政府议事协调机构设置和调整的意见。继续理顺部门职能关系，对原 2007 年提出的理顺部门职能关系处理意见进行了重新整理完善，按照国务院各部门重新"三定"的主要职责，提出自治区人民政府 33 个部门的 54 项重复交叉职能、缺失职能的理顺意见，其中：协商达成一致意见的 14 项，维持现状并按原分工执行的 23 项，对应国务院改革进行理顺的 5 项，下放由市县政府自定的 4 项，职能明确但工作移交不到位的 1 项，需裁定的 7 项。目前，有关理顺职能的意见已重新上报自治区人民政府审定。

行政审批制度改革进一步深化。积极推进集中办理行政审批事项工作。自治区开展集中办理行政审批事项问题专题调研，拟定了《关于集中办理行政审批事项深化行政管理体制改革的通知（代拟稿）》，提出将各部门内分散在多个内设机构的审批权尽量集中到一个内设机构，成建制地进驻政务服务中心，直接公开办理审批；提出各部门要按照撤一建一、不增加内设机构和人员编制的原则，将政府工作部门的行政审批职能相对集中，并集中到政务服务中心办理。目前，该《通知》已上报自治区党委、政府审定。

广西北部湾经济区综合配套改革积极推进。自治区开展《广西北部湾经济区体制改革与创新》课题研究已取得初步成果。制定了《北部湾产业投资基金筹建工作方案》，加快推进北部湾产业投资基金各项筹备工作。审定下发了北部湾经济区重点产业园区基础设施建设规划以及资金配置方案，决定每年安排 10 亿元北部湾经济区重大产业发展专项资金，支持经济区重点产业园区及其相关基础设施建设。2008 年 12 月 29 日，自治区人民政府印发《关于促进广西北部湾经济区开放开发的若干

政策规定》（桂政发〔2008〕61号），全面实施《广西北部湾经济区发展规划》。

二、财税金融体制改革取得新突破，公共财政体系和融资环境不断完善

财政管理体制改革进一步深化。一是推行部门综合预算编制改革试点。2008年，自治区选择民政厅、物价局、体育局、人防办、农业机械化管理局等部门进行"收支两条线"和收支脱钩改革试点，实行收支彻底脱钩。出台了《财政专项资金管理使用暂行办法》规范财政专项资金管理。印发了《自治区本级部门财政拨款结余资金管理办法（试行）的通知》加强结余资金管理。二是国库管理制度改革深入推进。自治区继续把国库支付改革重点放在市县两级，至2008年底，地级市、县两级分别新增了51个和1578个预算单位纳入国库集中支付改革范围；全区109个县（区、市）中除9个区和2个县以外，均已安装国库集中支付系统，全区县级改革覆盖面不断扩大。积极稳妥推进公务卡制度。自治区制订了《预算单位公务卡管理暂行办法》等制度，为预算单位推行公务卡提供制度保障；各发卡行累计发卡3131张，预算单位使用公务卡支持系统完成报销1047笔，报账的金额达201.38万元，实施公务卡制度取得初步成效。三是财政体制改革不断完善。2008年，自治区已建立起以均衡性专项转移支付、激励性转移支付、专项转移支付为主要内容的对下财政转移支付制度体系，全年对下一般性转移支付总额达100亿元，比上年增长53.8%。积极推进"乡财县管"财政管理方式改革，2005—2008年改革试点县从6个增加到70个。四是政府采购制度不断创新。制定了《广西壮族自治区本级政府采购管理实施办法》等9个规范性文件，初步建立了以政府采购法为统领的政府采购法律制度体系。政府采购范围已由单纯的货物类采购扩大到工程类和服务类采购，政府从最初的预算内安排的资金扩展到包括预算内外、自筹资金在内的各种财政性资金，初步实现由单一管理目标向政策目标的转变。

税收制度改革扎实推进。自治区认真贯彻落实国家新企业所得税法及其实施条例，制定了《跨市总分机构汇总纳税企业所得税征收管理办法》，确保我区跨市经营总分机构按新税法规定缴纳企业所得税税款及时入库。至2008年底，全自治区地税完成293.1亿元，比上年同期增收60.9亿元，增长26.2%，完成年度税收计划的103.9%。落实税收优惠政策。自治区批准35户企业享受国家西部大开发税收优惠政策减按15%税率缴纳企业所得税；批准20户涉农企业免征2007年度企业所得税13824万元；批准53户企业享受房产税、城市房地产税和土地使用税2886.3万元。同时，研究提出争取国家支持广西北部湾经济区税收优惠政策的意见建议。

金融体制改革进一步深化。"引金入桂"战略深入实施。2008年，成功引入了

招商银行和中信银行，使落户我区的全国性股份制商业银行增至 7 家；引入香港南洋商业银行和新加坡星展银行，实现了引进外资银行省级分行"零"的突破；并成功引入 3 家保险公司；通过国海证券收购浙江良时期货有限公司并进行增资扩股，完善我区期货市场主体；至 2008 年底，我区金融机构已达到 50 家。广西北部湾银行于 2008 年 10 月 23 日正式挂牌成立，地方商业银行体制改革工作取得重大进展。农村信用社改革工作稳步推进。请求国家支持将自治区联社优先列为全国省级联社改革试点的建议已正式上报国务院；《广西农村商业银行组建实施方案》即将上报中国银监会；桂林集琦股改、重大资产置换及新增股份吸收合并国海证券的有关事项已获国家有关部门批准同意，相关实施方案已于 2008 年 11 月 24 日公告。社会信用体系建设稳步推进。研究起草《关于进一步加快社会信用体系建设的意见》和《关于农村社会信用体系建设的实施意见》已上报自治区人民政府审定。

三、投资价格体制改革进一步深化，投资环境不断改善

投资体制改革积极推进。自治区严格执行国家关于加强和规范新开工项目管理的有关规定，规范新开工项目管理，并对 5000 万元及以上新开工项目进行公示。制定了《广西壮族自治区固定资产投资项目节能评估和审查管理办法（试行）》及相关配套措施，组织有关部门和项目业主做好节能审查和节能登记工作。下发了《关于进一步严格控制我区党政机关办公楼等楼堂馆所建设的通知》，建立加强党政机关办公楼等楼堂馆所建设长效机制。授权钦州市审批、核准钦州保税港区一期工程项目。除需报国家审批、核准和国家明确要求由自治区审批、核准的项目外，其他属于自治区管理权限范围内、尚未审批的钦州保税港区一期工程项目，包括：道路、给排水、供电、电信、监管设施、办公设施以及大榄坪二号路、钦州港至保税港区铁路、钦州港水厂至保税港区自来水管网、大榄坪污水处理厂、金鼓江航道等配套项目，授权钦州市发展改革委审批、核准。为加快我区城镇污水生活垃圾处理设施建设项目及其规划选址、用地、环境影响评价、节能等环节审批核准，加快推进项目前期工作，授权各市发展改革委审批城镇污水生活垃圾处理设施建设项目审批核准权限。开展修订自治区企业投资项目核准目录和核准备案办法、政府核准的投资项目目录等研究，对《自治区本级预算内基本建设投资管理暂行办法》进行修改完善。

价格体制改革不断深化。资源性价格改革积极稳妥推进。一是电力价格改革。取消了电解铝、铁合金等高耗能行业电价优惠；取消了我区销售电价表中平果铝电解铝生产用电电价，改按电石、铁合金类电价执行；全年取消优惠电价金额约 1.2 亿元。对我区 17 家限制类、24 家淘汰类高耗能企业执行差别电价政策。对柳州电

厂、永福电厂、钦州电厂、贵港电厂等 7 家燃煤发电企业在现行上网电价基础上，每千瓦时加价 1.5 分钱，支持燃煤发电企业脱硫机组脱硫设施正常运行。从 2008 年 10 月 1 日起，对全区城镇污水、生活垃圾处理设施用电价格实行电价优惠。从 2008 年 7 月 1 日起，广西主电网销售电价每千瓦时平均提高 2.99 分钱，调整金额约 18.58 亿元，主要用于解决燃煤电厂的电煤涨价和脱硫加价、电网还本付息和冰冻灾害损失、岩滩移民规划建设资金、可再生能源附加等问题。从 2008 年 8 月 20 日起，将我区火力发电企业上网电价每千瓦时提高 2.5 分钱，缓解火力发电经营困难。二是推进成品油价格改革。进一步完善了公路客运运价规则和公路客运运油价格联动办法，与国家铁路部门同步调整了广西地方铁路和沿海铁路的货运价格。三是合理制定乙醇汽油价格。科学制定乙醇汽油价格和车辆燃油系统清洗服务最高限价及其管理办法，5 月 1 日在全区推行使用乙醇汽油。四是积极推进水价改革。自治区批复了钦州、田林等 30 多个市、县城市供水价格调整方案，从 2009 年 1 月 1 日起执行新的水价政策。五是积极推进城镇污水、生活垃圾处理收费改革。到目前，全区各市县均已开征污水处理费，大部分市和县也已开征生活垃圾处理费。药品和医疗服务价格改革积极推进。2008 年，对全区 70% 的药品实施降价，平均降幅 14.39%，全年可减轻我区用药负担约 1.73 亿元；继续降低 126 项医疗服务项目的价格水平。降低心脏起搏器安置、新生儿 ABO 溶血病、冠状动脉造影术等限价病种的价格，全年减轻病患者负担约 650 万元。教育收费体制改革积极推进。2008 年取消了农村地区义务教育阶段公办学校课本费和作业本费；从 2008 年秋季学期起，免除城市义务教育阶段公办学校学生杂费；计划从 2009 年春季学期起，农村地区义务教育阶段公办学校全部停止向寄宿生收取住宿费；继续对部分高校实行学分制收费改革，从紧核定新增专业学费和新建学生宿舍住宿费标准；上述免收和取消的教育收费政策，约减轻学生及家长负担 10.5 亿元。完善价格调控监管制度。从 2008 年 1 月 21 日起，在全区实行临时价格干预措施，对达到一定规模的生活必需品生产企业及其所生产的实行市场调节价的商品实行提价申报制度；对达到一定规模的生活必需品批发、零售企业及其所经营的实行市场调节价的商品实行调价备案制度。从 2008 年 6 月 23 日起，对我区非重点合同电煤市场销售价格实行临时干预措施，维护了市场良好的价格秩序和社会稳定。

四、国有企业改革进一步深化，非公有制经济快速发展

国有企业公司制股份制改革步伐加快。自治区国资委监管企业共 46 家，其中生产经营和集团投融资企业共 25 家，已完成公司制股份制改造的为 22 家，占生产经营类企业的 88%。区直企业 2003 年确定重点拟改制企业 221 家，至 2008 年底，完

成改制 158 家，改制面为 71.5%。各地市确定的重点拟改制企业 615 家，至 2008 年底，完成改制 558 家，改制面为 90.7%。做大做强一批大公司大集团的战略有序推进。广西有色金属集团、广西交通投资集团、广西金融投资集团、广西铁路投资集团等国有建设性投融资平台已正式挂牌成立并投入运营；广西柳工集团重组区内外企业工作、柳州五菱汽车有限责任公司组建"广西五菱汽车集团"工作加快推进。大力培育国有企业重组上市。重点推进了柳州五菱汽车有限责任公司、广西农垦糖业集团有限公司、柳州华锡集团有限责任公司、广西平桂飞碟股份公司、中信大锰等国有控股企业的境内外上市工作。有计划、有步骤地引导企业通过规范改制进入国内的中小企业板和创业板，目前已有 8 家企业准备申报上市，预计融资 48 亿元。国有企业关闭破产工作有序推进。全区实施政策性关闭破产的企业共 68 家，涉及资产总额 48 亿元，负债总额 75 亿元，法律程序终结的项目有 56 家，安置职工将近 10 万人，核销呆坏账 44.2 亿元。通过实施关闭破产，使一些长期亏损、资不抵债、扭亏无望、无法偿还到期债务的国有困难企业平稳有序地退出市场。

非公有制经济快速发展。自治区努力将鼓励支持和引导非公有制经济发展的各项政策措施落到实处，积极为非公有制经济营造优良的政策、政务环境，全区非公有制经济已步入快速发展的轨道。2008 年全区非公有制经济生产总值 3800 亿元，比上年增长 17.23%，占全区生产总值 53% 左右；全区非国有单位固定资产投资额达 2124.15 亿元，比上年增长 28.7%，占全区城镇固定资产投资 63.5%；全区个体私营经济从业人员达 341.08 万人，比上年增长 8.73%，其中新增就业人员 27.38 万人，占全区新增就业人员 71.51%；全区非公有制经济进出口额达 97.1 亿美元，比上年增长 154.9%，占全区进出口总额 73.1%；全区个体工商户达 113.74 万户，注册资金 211.51 亿元，从业人员 206.74 万人，分别比上年增长 4.60%、17.74%、8.90%；私营企业达 89669 万户，注册资金 1349.45 亿元，从业人员 134.49 万人，分别比上年增长 23.31%、19.24%、8.50%。

五、农村经济体制改革不断深化，新农村建设加快

农村综合改革逐步深入。自治区研究制定了农村综合改革、乡镇机构改革、镇级财政体制改革、农村义务教育管理体制改革、为民服务与农民负担监管改革方案等配套文件推进农村综合改革。总结推广新农村建设试点成果，探索建立新农村建设长效机制，自治区从 2007 年起每年安排 1000 万元财政专项资金，选择 100 个村（屯）开展新农村"百村示范工程"建设，不断扩大新农村建设范围。完善粮食直接补贴政策。2008 年全区直补县扩大至全区有粮食收购的 98 个县（市、区），直补资金由上年的 6000 万元增加到 1.6 亿元，早稻、中稻、晚稻补贴标准提高到每亩分

别补贴10元、15元、15元。推进清理化解农村义务教育"普九"债务工作。自治区草拟了《自治区化解农村义务教育"普九"债务财力补助办法》，收集、整理有关农村义务教育"普九"债务有关债务材料，对全区化解农村义务教育"普九"债务补助进行初步测算。

农村金融改革创新扎实推进。新型农村金融机构试点工作有序推进。自治区选择平果、兴安县开展新型农村金融机构试点，百色市平果国民村镇银行和桂林市兴安国民村镇银行分别于2008年6月和11月开业。积极推进小额贷款公司试点工作。自治区已完成小额贷款公司试点相关实施意见和管理办法的研究起草和上报工作，拟在全区14个市开展试点工作。农村金融产品和服务不断创新。全区农村地区金融产品超过300个，涉及存款和贷款，以及银行卡、代理业务、理财等中间业务。农村保险服务快速发展。政策性农业保险、普通农业保险、农村人身保险等保险服务快速发展，农民保险保障水平日益提高。

集体林权制度改革加快推进。2008年，自治区财政安排1100万元经费专门用于集体林权制度改革。安排500万元试点经费指导推进钦北区和武鸣县开展集体林权制度改革试点工作；目前，钦北区已完成村民小组外业勘界确权2376个，落实宗地到户外业勘界确权6.9万户，明晰产权面积91.1万亩，核发林权证林地面积15.7万亩，主体改革可望在年底前完成。武鸣县全县已明晰产权林地面积125.29万亩，占全县林地面积63.9%；已发林权证林地面积18.0329万亩，占已明晰产权林地面积14.3%。《自治区关于全面推进集体林权制度改革的意见》已上报自治区党委审定。

华侨农林场体制改革稳步推进。2008年，按照自治区推进华侨农林场改革和发展的实施意见，继续深化华侨农林场领导体制改革。目前，拟改设为华侨管理区的有16个共19个农林场，其中已经编制设立华侨管理区方案，在逐级申报的有百色、迁江、来宾华侨管理区（辖来宾、凤凰2个华侨农场）；正在编制设立华侨管理区方案的有桂林、宁明、天西、海渊、桃城、左江、新和、渠黎、西长、白合、丽光、东风、迁江、柳城和伏虎等华侨农林场，其中宁明县拟将宁明、天西、海渊三个华侨农场的资源整合，设立宁明华侨管理区。防城港市拟将十万山华侨林场改设为十万山华侨瑶族乡。2008年全区22个华侨农林场分离办社会职能工作已经完成，自治区财政在预算中安排5000万元专项资金用于10000户归难侨危旧房改造工作。

六、科技、教育、文化、卫生体制改革切实推进

科技体制改革深入开展。2008年，自治区全面实施第四轮科技创新计划，全区共组织实施创新计划项目750项，总投资54.45亿元，其中科技三项经费支持4.7

亿元,创新计划项目的实施取得新增产值 202 亿元、新增利税 27.6 亿元的良好成效。创新体系建设加快推进。全区已建立了 19 个自治区级重点实验室,53 个自治区级工程技术研究中心,101 家企业技术中心和 19 家博士后科研工作站。部区会商工作制度全面落实。2008 年 4 月 18 日,科技部广西壮族自治区部区会商第二次会议在南宁召开并取得了重大成果。

教育体制改革稳步推进。自治区调整和完善农村义务教育经费保障机制改革政策,启动并实施免除城市义务教育阶段学校学杂费政策,2008 年,下达公用经费补助资金 17.35 亿元,确保农村义务教育学校正常运转;下达 2008 年春季学期农村中小学校舍维修改造长效机制资金 3.06 亿元,计划建设学校 791 所;下达 2008 年秋季学期免学杂费资金 7691.49 万元,使我区 48.06 万城市义务教育阶段学生享受免除学杂费,1.69 万城市低保家庭学生享受免费教科书,2987 名城市贫困寄宿生享受生活费补助;下达寄宿生生活费补助资金 9.31 亿元,全区共有 131.81 万名农村义务教育阶段贫困寄宿生享受生活费补助。实施职业教育攻坚。自治区本级财政安排 2.38 亿元专项经费,支持自治区直属职业学校、示范性职业学校和与我区重点产业发展急需的专业、职业教育实训基地等建设,对特定人员进入中等职业学校学习给予学费资助。

文化体制改革加快推进。2008 年,自治区贯彻落实全国文化体制改革工作会议精神,制定了广西文化体制改革总体方案,积极推进广西图书馆、广西演出公司和广西杂技团的改革试点工作,明确广西演出公司的转企改制工作为 2008 年的工作重点加快推动。研究起草《广西新闻出版产业做强做大的调研与策划报告》,提出做强做大广西新闻出版业的发展思路、目标构想和未来 3 至 5 年广西新闻出版系统的改革任务。修改完善《广西出版集团股份有限公司组建方案》、《广西日报传媒集团组建方案》、《广西师范大学出版传媒集团组建方案》以及《广西新华书店系统体制改革总体方案》并上报自治区文化体制改革工作领导小组。

卫生体制改革不断深化。自治区全面推进新型农村合作医疗制度。2008 年,新农合制度覆盖全区 109 个县(市、区),覆盖农业人口 4089.46 万人,参合农民 3538 万人,参合率为 86.52%,新农合覆盖率和参合率分别达到国务院和自治区人民政府提出的目标要求。城市社区卫生服务体系逐步建立。自治区对 14 个市开展社区卫生服务中心规划编制调研核实工作,完成了全区的社区卫生服务中心规划编制工作。组织开展对 14 个地级市 2008 年 6 月前设置并运行半年以上的 103 个社区卫生服务中心进行等级评定工作。

七、社会保障体制改革扎实推进,社会保障制度不断完善

就业再就业体制改革步伐加快。全区重点推进消除城镇零就业家庭、农村零转

移就业家庭、水库移民、被征地农民等培训就业工程；同时，加强失业调控，完善失业预警机制，保持就业局势的基本稳定。至 2008 年底，全区城镇新增就业 38.29 万人，完成年度目标任务的 147.27%；领取《再就业优惠证》的下岗失业人员再就业 8.99 万人，完成年度目标任务的 149.83%；其中帮助大龄就业困难人员实现再就业 3.35 万人，完成年度目标任务的 167.5%；农村劳动力转移就业新增 76.75 万人，完成年度目标任务的 127.92%；全区城镇登记失业率 3.75%，低于年度控制数 0.85 个百分点。

城乡最低生活保障制度建立健全。至 2008 年底，全区城市居民纳入低保对象 63.54 万人，农村居民纳入低保对象 182 万人，基本实现动态管理下的"应保尽保"。全区 109 个县（市、区）全部建立起城乡医疗救助制度，共筹集城乡医疗救助资金 18102 万元，支出资金 10676 万元，资助农村困难群众参加新农合 178.4 万人，门诊救助城乡困难群众 7.8 万人（次），住院救助城乡困难群众 4.2 万人（次），医疗救助效果不断显现。农村五保供养资金纳入财政预算安排，供养标准逐年提高，农村五保供养对象达到 34 万人；全区已建有乡镇敬老院 978 所、五保村 6521 个，集中供养人数达到 10.8 万人，集中供养率为 31.8%。

社会保障覆盖面不断扩大。至 2008 年底，全区参加城镇基本养老保险、失业保险、基本医疗保险、工伤保险、生育保险人数分别达 367.31 万人、234.61 万人、361.11 万人、204.99 万人、176.45 万人，分别完成全年目标任务的 111.31%、104.27%、104.67%、106.77%、106.94%。全区五项社会保险费当期征缴总收入达到 213.93 亿元，参加五项社会保险的人数全部完成国家人力资源和社会保障部下达的全年工作目标任务。全区已有 8 个市和 47 个县（区）启动实施城镇居民基本医疗保险制度，参保人数为 206.76 万人，比上年新增 184.66 万人，完成任务的 103.38%。

海南省经济体制改革

2008 年是海南改革发展历程中不平凡的一年，我们迎来了海南建省办经济特区 20 周年和全国改革开放 30 周年，也经历了经济形势急剧变化的严峻挑战。一年来，我省各部门、各市县认真贯彻胡锦涛总书记视察海南时所作重要讲话精神，全面落实省第五次党代会关于深化改革、扩大开放的各项战略决策，按照全国经济体制改革工作会议和省委、省政府关于经济体制改革工作的年度部署，积极推进各项改革，沉着应对经济形势剧烈变化，在保持经济稳定增长的同时，各项重大改革工作也取得了新的突破和进展。

一、行政管理体制改革继续深化，省直管市县管理体制改革取得突破

在充分调查研究和统一思想的基础上，省委出台《中共海南省委关于进一步完善省直管市县管理体制的意见》，决定赋予市县地级市的行政管理权，调整部门垂直管理体制，充实和完善市县政府职能，把市县能办的事交给市县，将省级政府的职责界定为集中力量履行规划发展、政策指导、统筹协调、执行和执法监督。省政府直接下放行政管理事项177项，省人大常委会修改有关法规向市县下放20项管理权。切实加强对下放权限承接运行情况的跟踪督察，建立健全配套制度措施，有效保证了行政管理权限的顺利下放和正常有序运行。适应建设西部中心城市和支持洋浦经济开发区建设的要求，提高了儋州市行政级别，社会管理职能延伸到洋浦开发区。行政审批制度改革和政务公开进入了一个新阶段，省政府政务服务中心于7月1日正式启动运行，极大地提高了行政审批效率，方便了投资者。截至2008年12月31日，共受理各类行政许可审批项目59026件，办结54423件，办结率92.2%；完成各类政府投资项目招投标135个，项目总金额39亿元左右。

二、农垦管理体制改革全面展开，农垦发展纳入了地方统一管理和规划

2008年7月，国务院下发了《关于推进海南农垦管理体制改革的意见》，明确将海南农垦下放我省全面管理。省委省政府出台《关于海南农垦管理体制改革的实施意见》，全面启动了农垦管理体制改革。加快农垦办社会职能剥离，在屯昌、陵水等市县开展了教育移交地方的试点工作，垦区职工养老、医疗、失业、工伤、生育五项社会保险纳入地方实行属地管理。资产重组和企业改革进一步深化，正式启动了海胶集团上市工作，新组建林产、物流和房地产集团公司。全面推行国有开割胶园职工家庭长期承包经营制，橡胶集团公司68个农场和其余22个植胶农场均实行了职工家庭长期承包经营。切实加大解决垦区民生问题的力度，大力实施电网改造、安全饮水、道路建设、职工住房改造等工程，垦区职工生产生活条件有了比较明显的改善。

三、洋浦保税港区一期工程按期竣工，封关运行

自 2007 年 9 月国务院批准设立洋浦保税港区以来，我省高度重视，进一步理顺了港区开发建设体制和管理体制，出台了支持洋浦保税港区建设的多项政策措施，重组设立洋浦开发建设控股有限公司，港区建设工作得到切实加强。克服居民搬迁安置、房屋拆迁补偿、地下管网施工等攻坚难题，全面完成了区内道路、污水管网、综合办公大楼、查验监管仓库及场地、围网、进出卡口、电子信息系统等九大工程。2008 年 10 月，洋浦保税港区一期工程顺利通过了国家 10 部委联合验收，11 月 20 日正式封关运作。洋浦保税港区招商引资工作取得进展，洋浦港保税仓库项目已开工建设。

四、国际旅游岛建设进入实施阶段，旅游发展迈出新步伐

国务院批复同意海南实行更加开放的旅游政策，在旅游产业发展方面先行先试，在海口、三亚、琼海、万宁四市各开办一家市内免税店。全国政协将海南国际旅游岛建设列为 2008 年重点调研课题，孙家正副主席率团来琼调研，调研报告建议将海南国际旅游岛建设作为改革开放的重大举措提到国家战略层面予以推进，得到温家宝等中央领导同志批示。省委、省政府出台了《关于加快推进国际旅游岛建设的意见》，发布了《海南国际旅游岛建设行动计划》，组织编制了《海南国际旅游岛规划纲要》。旅游宣传促销取得新突破，海南岛度假旅游专项推介会在京成功举办，日本第二大旅行商 HIS（日本三贤株式会社）获准将其中国总部设在海口。三亚市获准成为"国家旅游服务标准化试点城市"，在"食、住、行、游、购、娱"等领域全面推行标准化服务。高标准旅游景区、设施建设取得新成效，博鳌东屿岛直升机停机坪建成投入使用。

五、国有企业改革取得新成绩，资产重组取得新进展

中小企业改制关闭破产和职工安置攻坚战基本完成，至 2008 年 12 月底，已有 712 家省属国有企业完成了改制关闭破产或职工安置工作，总计安置职工 5.6 万人，从总体上完成了劣势企业有序退出和妥善安置职工的任务。重点企业股份制改造和资产重组工作取得新进展。海南省洋浦开发建设控股有限公司挂牌成立，获得国家开发银行 80 多亿元授信，洋浦开发建设的资金有了保证。省发展控股公司组建了海控燃化股份公司，省水电集团正在筹建海华新能源股份公司。华侨农场改革取得重

大进展。全省 5 个华侨农场全部实现了属地管理，华侨农场办社会职能已全部分离，归难侨危房改造工作全面启动，华侨农场归难侨社保问题解决方案出台，澄迈大丰镇（由华侨农场改制设立）正式挂牌成立。

六、集体林权制度改革试点工作基本完成，农村金融改革不断深化

林权制度改革有效地激发了农民群众投资造林积极性，澄迈、白沙、屯昌、昌江 4 个试点县农民自发造林已达 4 万亩。农信社改革取得新进展，20.96 亿元央行票据成功发行，资产质量明显提高，改制以来新增贷款 52 亿元，其中小额贷款 8 亿多元，惠及 25 万农户和 5.6 万户个体工商户。开展船险投保业务，扩大种植险覆盖面积、品种和范围，我省已经初步建立起农业保险的主体框架。

七、文化体制改革向纵深发展，文化产业发展活力进一步增强

省新华书店集团与江苏省新华书店集团实现跨地区战略重组，合资设立的海南凤凰新华发行有限责任公司挂牌成立。海南日报报业集团积极探索新闻与经营"两分开"，正式成立了海南报业发行有限公司。海南广播电视台探索制播分离，成立新的影视剧制作中心，实行市场化运作。

八、对外开放迈出新步伐，展示了海南改革发展新形象

成功举办博鳌亚洲论坛年会、三亚国事活动、建省办经济特区 20 周年庆典、奥运圣火境内首传等一系列重大活动，2008（第九届）中国海南岛欢乐节、海交会、环海南岛国际公路自行车赛等活动的规模、档次及国际化程度进一步提高，极大地提升了海南对外开放的影响力。成功举办 2008 海南（香港）经贸活动周，28 个投资项目签约，签约金额 780 亿元，进一步加深了琼港协作。实现了与台湾航空、海运直接通航，更加密切了海南与台湾的经贸联系。加强与哈萨克斯坦、越南的经贸合作，拓展了外向型经济发展空间。空中便捷通道建设取得新进展，由中国东方航空公司执飞的从莫斯科直飞三亚的包机航班正式开通。

九、社会领域改革稳步推进，全面实施民生工程

出台《中共海南省委关于大力改善民生推进基本公共服务均等化的意见》，制

定实施《海南省 2008 年—2012 年重点民生项目发展规划》，将新增财力的主要部分用于改善民生。民生工程得到切实加强，2008 年全省财政预算安排民生项目支出 135.3 亿元，比上年增长 45.3%。教育扶贫移民工程扎实推进，中部 8 个市县 9000 名初中以上学生搬迁到县城免费就读。职业教育快速发展，完成 16 个县级职教中心建设，开展农业类职校生免费教育试点，中职招生 5.2 万人。海南大学正式进入"211 工程"建设行列，"两免一补"政策实施范围进一步扩大。科技创新能力得到加强，新建 3 个重点实验室、1 个工程技术研究中心，实施了 146 项省重点科研项目。公共卫生及基本医疗服务体系进一步健全，乡镇卫生院改造项目基本完成，实现"120"医疗紧急救援中心系统全省联网。进一步落实扶持就业的各项措施，大力开发公益性工作岗位，帮助 4792 户零就业家庭实现至少一人就业。社会保障制度进一步完善，实现了城镇从业人员基本养老保险省级统筹，实现城镇居民基本医疗保险全覆盖。7 月 1 日顺利启动区域统筹区城镇居民基本医疗保险待遇支付工作，2008 年底全省城镇居民基本医疗保险参保人数达 126.8 万人，参保率 92.2%。全面建立住房保障制度，完成民族地区民房改造 6960 户，农村特困户危房改造 1000 户，开工建设廉租房 5472 套、31.67 万平方米，经济适用房 3.7 万套，253 万平方米，对符合廉租住房租赁补贴条件的低保家庭做到应保尽保。建立了低收入群体生活补贴与物价上涨的联动机制，两次提高城乡低保和五保对象补助水平，分别惠及 37 万人、3.6 万人。

总体来看，2008 年我省经济体制改革工作取得了显著的成绩。一批近年推出的改革项目取得重大进展，省直管市县体制改革取得突破，农垦领导体制成功转型，洋浦保税港区封关运作，国际旅游岛建设正式启动，集体林权制度改革试点工作取得成功，城镇居民基本医疗保险实现全覆盖，省政务服务中心挂牌运行。一批长期坚持的改革攻坚项目取得突破，省属国有企业改制关闭破产和职工安置任务基本完成，城镇从业人员基本养老保险实行省级统筹，5 个华侨农场全部实现属地管理。保障民生的制度建设有了新的切入点，建立住房保障制度向前迈出了一大步，大力实施民生工程规划找到了实现基本公共服务均等化的现实手段。

重庆市经济体制改革

2008 年，重庆市全市上下围绕贯彻落实胡锦涛总书记对重庆发展"314"总体部署，积极争取国家支持，大力推进各项改革创新，除综合配套改革试验实现顺利起步外，面上专项改革也取得了新的进展。

一、行政管理体制改革积极推进

启动新一轮机构改革。整合原市农办、农业局、农机局、农综办设立新农委，完成北部新区、经开区、高新区"三区合一"机构改革。开展乡镇转型改革试点，完善乡镇信访、维稳、人民调解、综合治理、安全生产"五位一体"工作机制，设置乡镇建设管理办公室，强化乡镇劳务服务和统计等职能，选派4018名大学生到镇村工作。深化事业单位改革。完成705个市属事业单位初步分类，整合组建重庆市公共卫生医疗救治中心。继续推进扩权强县和依法行政工作。启动两轮扩权改革，对万州等六区、主城九区和其他区县分别下放行政权限203项、142项和194项。在全国率先出台行政立法和执法基本规范。

二、促进多种所有制经济蓬勃发展

推进国有经济做大做强。稳步推进市属重点国有企业整体上市工作，机电股份已在香港上市挂牌交易，重庆银行、重庆水务上市方案进入证监会审批流程。国有企业融资创新力度加大，发行企业债券、信托产品、短期融资券分别为70亿元、44亿元和13.5亿元。国有经济运行质量持续改善，年末32户市属国有重点企业资产总额达7437亿元。切实改善非公经济和中小企业发展环境。出台加快行业协会改革发展等政策文件，从融资、社保等方面改善非公经济发展条件。建设小企业创业基地、都市工业园（楼宇）和特色产业基地取得新的进展，非公有制经济增加值占全市GDP比重提高2个百分点达到57%，吸纳就业达660万人。

三、财政体制改革取得新进展

积极调整财政投向。落实支农惠农政策，加强城乡义务教育经费保障，加大财政对社会保障、生态环保的支持力度。提高政府购买公共服务比重，保障城市公交、农村交通、水路客运等畅通。整合经济发展专项资金。发挥财政资金对改善宏观调控、产业结构优化升级、区县园区建设的支持作用，支撑又好又快发展。深化财政管理体制改革，完善预算管理，推行国有资本经营收支预算编制和收入收缴办法，推进"收支两条线"改革，减少行政事业性收费项目7项。

四、积极探索城乡土地合理高效利用机制

稳步开展城镇建设用地增加与农村建设用地减少挂钩试点。启动 4 个区县试点，国家下达我市挂钩周转指标 312 公顷。规范耕地占补平衡的市级统筹管理，将新增耕地指标收购及资金向"两翼"地区倾斜。加快全市土地确权进程。全市农村集体土地所有权初始登记累计发证 22 万本，发证率 92%。加强土地开发整理。入库土地开发整理项目 269 个，计划实施规模 6.7 万公顷。探索完善农民自愿退地转市民机制。在九龙坡、江北等地继续推进"宅基地换住房、承包地换社保"试点。

四川省经济体制改革

2008 年是改革开放 30 周年，也是面对特大地震灾害和国际金融危机严重影响的极不平凡的一年。在省委、省政府坚强、有力的领导下，全省深入贯彻党的十七大及十七届三中全会和省委九届四次、五次、六次全会精神，扎实开展学习实践科学发展观试点活动，紧紧围绕"两个加快"，保持经济平稳较快发展。全省生产总值实现 12506.3 亿元，增长 9.5%；地方财政一般预算收入达到 1041.8 亿元，增长 18.9%；城镇居民可支配收入 12633 元，增长 13.8%；农民人均纯收入 4121 元，增长 16.2%。

省委、省政府高度重视 2008 年改革工作。省委九届四次全会提出，要以更大力度推进改革开放，着力构建充满活力、富有效率、有利于科学发展的体制机制。省委九届六次全会通过《关于统筹城乡发展开创农村改革发展新局面的决定》。省委刘奇葆书记在我省纪念改革开放 30 周年大会上强调，改革开放是富民之策、强国之路、兴党之举，必须坚持解放思想、发展至上、以人为本、和谐稳定、党的领导这五条宝贵经验，坚定不移推进改革开放，以改革创新精神推动科学发展。省第十一届人大一次会议上《政府工作报告》对全年重大改革工作进行了部署安排。省政府下发了《关于 2008 年经济体制改革工作的意见》，将 8 大方面、37 项改革工作的任务和责任分解、落实到 30 多个省级部门，指导推动全省改革工作。省政府常务会议、省统筹城乡改革发展领导小组及办公室会议多次研究面上总体改革、统筹城乡综合配套改革和专项改革工作问题。各市州根据省委、省政府工作要求，立足当地实际，突出重点，明确任务，落实责任，加强督促，有力组织推进各项改革工作。

地
方
篇

全省改革按照《四川省人民政府关于 2008 年经济体制改革工作的意见》的部署，着力构建推动科学发展、促进社会和谐的体制机制，用改革创新的办法推进地震灾后恢复重建和西部经济发展高地建设，重要领域改革继续全面、深入推进，取得了新的进展成效。

一、统筹城乡综合配套改革扎实推进，农村综合改革全面深化

统筹城乡改革试点分类梯级展开。成都全国试验区编制完成《成都市统筹城乡综合配套改革试验总体方案》已由省政府转报国家发展改革委审查，配套编制了国土、金融等 8 个专项方案，进一步完善"试验区"建设规划，开展农村产权制度改革试点，推动进城务工农村劳动者向城镇居民转变，深入推进农业农村投融资体制改革，健全城乡一体的公共服务体系，探索乡镇（街道）、村（社区）综合改革。省政府正式批复德阳、自贡、广元三个省级试点市总体方案，试点工作全面启动，编制形成改革试点年度计划和专项改革方案，在土地流转和规模经营、户籍制度改革、农民工社保和农村社保、重点城镇和工业园区建设、现代农业发展等方面进行改革探索，取得初步成效。20 个市级试点县（区）中大部分县区制定了改革试点总体方案，组织实施了一批统筹城乡改革发展项目，全省统筹城乡综合配套改革试点工作格局基本形成。

农村综合改革全面深入推进。省委出台《关于统筹城乡发展开创农村改革发展新局面的决定》，开始推进新一轮农村改革。未受灾乡镇已基本完成机构改革，共撤销乡镇（含片区工委）近 200 个，精简综合办事机构近 3000 个、乡镇编制约 20000 名，减少乡镇领导约 4000 名。农村义务教育经费保障新机制和"两免一补"政策进一步完善落实，中央和省专项资金达到 56.7 亿元，提高农村义务教育阶段寄宿贫困学生生活费补助标准、中小学生均公用经费标准和校舍维修改造测算单价标准，扩大了寄宿生生活费补助范围和免费教材覆盖范围。县乡财政管理体制改革继续深化完善，150 个县（市、区）推行了"乡财县管"改革，3582 个乡镇纳入"乡财县管"改革试点，逐步建立起县级基本财力保障机制，扩大了保障范围和标准，完善一般性转移支付制度，共下达资金 198.8 亿元，增长 27.4%；县级人均财力达到 5.2 万元，增长 15.8%。全省 135 个县（市、区）完成化解"普九"债务目标，共化解债务 76.4 亿元，成效显著。

农村基本经营制度加快创新完善。省政府办公厅印发认真贯彻实施《四川省〈中华人民共和国农村土地承包法〉实施办法》的通知，有关部门下发《关于地震灾区灾后重建有关农村承包土地问题的处理意见》，稳定地震灾区土地承包关系。

探索农村土地使用管理制度改革，国土资源部、四川省、成都市签署合作协议。省政府下发《关于促进节约集约用地严格执行有关农村集体建设用地法律和政策的通知》，进一步落实最严格的土地管理制度。贯彻实施《中共中央国务院关于全面推进集体林权制度改革的意见》，全省集体林权制度改革全面推开，176个县（市、区）80%的乡村全面进入集体林权制度主体改革阶段，已有18个县（市、区）、1322个乡（镇）完成主体改革任务，累计确权面积7071万亩，占到全省集体林面积45%，确权到户1052万户；成都、广元、宜宾等市率先开展集体林权制度配套改革，在规范林权流转、林权抵押贷款、林业社会化服务体系等方面进行探索，成都在全省率先建立市级林权交易平台，全省已建立14个林权交易中心，林地流转面积达84.6万亩，交易金额1.3亿元，林权抵押贷款总金额达1.5亿元。

农业技术、经营和金融服务体系更加健全。全省基层农技推广体系公益性职能更加明确，机构设置日趋合理，管理体制逐步理顺，目前，全省已建有市州级农技中心20个、县农技中心（站）181个、乡镇农技中心（区域站、专业站）4300个。省政府出台《关于促进和扶持农民专业合作社发展的意见》，对农民专业合作社的发展规划、扶持政策、指导体系等方面制定了具体政策，大力促进农民专业合作经济组织规范发展，我省4个县4个专业合作社被农业部确定为示范项目建设单位。金融服务"三农"改革创新取得新进展，农行四川省分行在县域金融服务和"三农事业部"试点等方面进行探索，支持全省41个县（市、区）经济发展取得初步成效，基层服务网点和贷款额有所增加，邮储银行农户小额贷款推广到全省大部分地区，涉农金融机构在县域资金回流机制逐步形成；农村信用社产权改革取得新成效，完成组建2家农村合作银行、111家县级统一法人社，成都市农村信用社统一法人改革获得筹建批准；调整放宽农村地区银行业金融机构准入政策试点工作积极稳妥推进，村镇银行、贷款公司、农村资金互助社试点范围进一步扩大，第二批4个试点单位挂牌开业，特批纳入试点范围的6个重灾县（市）中5家村镇银行挂牌开业，我省新型农村金融机构的数量已达15家，占全国新型机构的13%。

二、基本经济制度进一步巩固完善，产业型科技体制改革大力推进

省属国有大中型企业改革积极推进。促进省属企业联合重组，实现同类资源整合，锦鑫物流有限公司完成组建，共同出资组建古叙煤田开发股份公司正式挂牌，联合组建四川矿业投资集团工作启动。四川锦江宾馆公司制改革、四川老厨房米业有限公司增资扩股及四川太古飞机工程服务有限公司和四川华西新型环保节能有限公司的组建工作启动。出台《关于推进省属企业上市融资工作的实施意见》，制定

地方篇

实施省属企业上市规划，7 家企业首发上市融资 49.7 亿元，6 家上市公司实现再融资 93.3 亿元，积极推动机场股份首发上市和水电集团借壳上市，华西集团、锦江宾馆、广能集团改制设立股份公司正式挂牌。企业关闭破产规范推进，包括 15 户监狱企业在内的 35 个破产项目启动，广旺集团代池坝煤矿、达竹集团柏林煤矿破产项目重点实施，物资集团 20 户子企业正有序退出。国有企业负责人经营业绩考核制度进一步健全完善，股权激励试点启动。

公用行业改革取得较大进展。城镇供水燃气、污水垃圾处理等企事业单位引入市场机制，全行业推行特许经营制度，市政公用行业改革和政企分离基本完成。省电力工业设计院等勘察设计单位率先完成改企建制任务。建筑企业结构调整大力推进，全省新批总承包一级企业 12 家、专业承包企业 13 家。以成都等市为重点的国有建筑企业产权多元化改革步伐加快，全省一般中小型国有建筑企业已基本完成改制。水利工程管理体制改革基本完成，19 个市（州）、104 个县（市、区）出台改革实施意见，管养分离稳步推进，64% 的水管单位改革通过验收。水务管理体制改革稳步推进，有关部门印发《关于全面推进全省水务管理体制改革的意见》，全省已组建县级以上水务局 53 个。

非公有制经济发展的政策体制进一步落实完善。有关部门出台《关于推进中小企业"一个计划、五项工程、三大突破"的实施意见》，70 余户企业项目列入中小企业成长工程"小巨人"计划，小企业创业基地达到 132 个。"中小企业金融支持计划"开始实施，"一体两翼多层"担保体系加快建设，备案中小企业担保机构达到 195 家，其中会员制 40 家。全省中小企业实现增加值 4650 亿元，同比增长 18%。民营经济增加值占全省生产总值比重达到 52.1%。

企业技术创新体系加快形成。创新型企业建设进一步推进，新增创新型企业 163 户，达到 511 家，其中四川长虹、东方电气、攀钢集团、成都地奥 4 家企业被列为国家创新型企业，宜宾丝丽雅等 6 家企业进入国家创新型试点企业。高新技术产业增加值达 835.8 亿元，增长 25%。全年安排技术创新项目 449 项，实现销售收入 71.4 亿元、利润 50 亿元。产学研联盟试点积极推进，20 个创新联盟建设得到重点支持。建立"技术及科技成果交易专项资金"，技术经营体系不断完善，全年实现技术合同交易额 35 亿元。构建四川民用航空产业信息平台、四川核动力材料产业创新平台，推进军民结合寓军于民。

三、现代市场体系更加健全，价格形成机制不断完善

国有土地和矿产资源市场化配置机制进一步完善。国有土地使用权有偿使用制度改革继续深化，"招拍挂"出让制度得到完善和巩固，实行工业用地出让最低价

标准和"招拍挂"制度，规范国有建设用地使用权出让和划拨行为，探索经营性基础设施用地有偿使用。全省经营性土地和工业用地使用权出让比例达到100%；以招拍挂方式出让探矿权、采矿权成交款7.7亿元，征收矿产资源补偿费1亿多元。征地制度改革和集体建设用地流转稳妥推进。

城乡市场体系加快健全完善。"万村千乡市场工程"继续推进，新建和改造农家店1.2万家，实现销售60亿元，解决农民就业2.2万人。"双百市场工程"继续实施，新建和改造项目56个，新增交易额61.7亿元，新增就业5.5万人，带动农户46.6万户。"家电下乡"试点扎实开展，全省共销售产品112.7万台（件），销售金额16亿元，农民领取补贴1.8亿元，补贴兑付率83.7%。进一步深化粮食流通体制改革，出台地震灾区特殊粮食购销政策。社会消费品零售总额4800.8亿元，增长19.6%。

对内对外开放合作更加充分。协调推进区域合作，成功举办第九届西博会，对口援建合作产业园区建设有序推进，川渝省市政府正式签署成渝经济区建设合作协议。到位国内省外资金2998.2亿元，增长52%；实际利用外资33.4亿美元，增长66%。新引进世界500强企业7户。外贸进出口总额220.4亿美元，增长53.3%，其中出口131.1亿美元，增长52.3%；对外工程承包和劳务合作营业额24亿美元，增长98%。

重要资源价格改革力度加大。涉农价格改革成效明显，提高粮食最低收购价格和烟叶收购价格，全省农民和烟农分别增收10多亿元。化肥实行"一县一价"，全程监控化肥流通和价格定期协调，化肥价格逐步回落。在全省范围内对成品粮、食用植物油、液化石油气及其他基本生活必需品实行提价申报和调价备案临时价格干预，对地震灾区农房建材实行特供作价机制。资源环境价格改革稳步推进，调整成品油价格，对电煤和动力煤实施临时价格干预，落实差别电价政策，加强环保和可再生资源电价管理，调整四川电网统调火电厂上网电价、输配电价和销售电价，建立天然气价格专项调节金制度。水价改革取得新进展，成都等6个中心城市污水处理费达到规定标准，达州、广安实行生产性服务业与工业同水同价。

四、公共财政体制和地方金融体系加快健全，投融资机制不断创新

各项财政管理制度改革继续深化。省级探索建立部门预算编制联审制度，省级部门预算提交人代会审查资金量已占到部门预算资金总量的92.2%，预算透明度进一步提高，市县两级全面推行较规范的部门预算改革，收支两条线管理改革深入推进。国库集中支付制度改革继续扩面，开展财税库银联网试点，公务卡制度改革积

极推进。财政支出预算绩效考核体系进一步完善，省级试点规范有序运行。政府采购范围扩大，规模快速增长。

地方金融改革发展加快。城市信用社改革成效明显，遂宁、雅安两市城市信用社改制更名为城市商业银行，达州市城市信用社基本达到改制条件。成都银行异地分行筹建稳步推进，南充市商业银行在成都设立分行跨区域发展效果良好。成都银行、南充市商业银行公开上市准备工作启动。政策性农业保险试点继续推进并调整有关政策，采取省级财政补贴农业保险保费总额控制下省、市分担比例分类区别确定，统一保费补贴资金直接拨付到各市（州）"农险资金专户"，明确财政巨灾准备金建立机制和方式，不同程度减免地震灾区财政和农户应承担保费。

省级产业投融资平台建设取得突破。实行"1＋N"模式的省级综合性和专业性产业投资平台公司筹建工作积极推进，四川发展（控股）有限责任公司、四川省铁路产业投资集团公司基本完成筹备挂牌，省政府出台《四川省省级产业性投资公司管理暂行办法》。

五、资源开发新机制开始形成，资源节约和环境保护机制加快建立

资源开发新模式探索建立。省政府出台《关于建立重要矿产资源开发新模式的意见》，全面推行矿业权有偿使用制度，加强矿业权市场建设，优化矿产资源配置，完善收益分配。土地利用和管理方式加快转变，全面启动 43 个省级以上开发区土地集约利用评价工作，推进 18 个重灾县对口帮扶省的产业合作园区科学用地，全省共清理出闲置土地 2051 公顷；实施"金土地"工程，整理土地 139.7 万亩，新增耕地 17.5 万亩。征地制度改革稳妥推进，省政府办公厅转发《关于调整征地补偿安置标准等有关问题的意见》，提高被征地农民的补偿标准和住房安置标准；省政府办公厅下发《关于进一步做好被征地农民社会保障工作的通知》，明确被征地农民社会保障办法及资金来源。省政府批复《四川省建立水电资源有偿使用和补偿机制的试点方案》，在征收水电资源开发补偿费、建立水电开发生态补偿和利益共享机制、支持水电资源就地转化、向资源地倾斜财税政策等方面进行"6＋1"模式探索，将在 2009 年启动试点。

节能减排促进和保障机制不断健全。省政府出台《四川省主要污染物总量减排实施方案》，总量减排新机制开始形成，建立考核、统计、监测三大体系，实施工程、结构、管理三大减排，强化目标责任考核、以奖代补等激励约束机制。有关部门联合出台《关于建立落实环保政策法规防范信贷联动机制的意见》，绿色信贷联动机制开始推行。全省单位生产总值能耗下降 4%，化学需氧量、二氧化硫排放总

量均下降2%，城市污水处理率、垃圾处理率分别达到61%、75%。

六、社会事业体制改革稳步推进，公共服务机制不断完善

教育体制改革继续深化。县域内义务教育均衡发展加快推进，薄弱学校建设力度加大，校长和教师资源定期交流和优化配置机制大力推行，全省160多个县建立起城镇教师支援农村教育工作制度，3.2万名城镇教师奔赴农村支教。基础教育招生考试制度和学生评价方式改革不断深化，高考自主命题改革进一步巩固完善，高校招生考试改革稳步推进，中考改革试点取得突破并在全省广泛采用等级制、综合素质评价，义务教育阶段学校新课程改革取得显著成效。职业教育办学和教学改革深入推进，国家职业教育改革试验区实施方案制定形成并上报，落实办学自主权，支持基地建设，组建行业性、区域性职教集团，推行工学结合、顶岗实习、校企结合的人才培养模式。职教基础能力建设显著增强，新建2所国家级示范性高职学院、46个县级职教中心和示范中职校、17个实训基地，中职学校招生超过53万人。

卫生体制改革扎实推进。新型农村合作医疗制度实现全覆盖，全省176个涉农县（市、区）全部实施新农合制度，覆盖农业人口6644.4万人，参合率达92.4%，同比提高4.2%，筹资水平提高到每人每年80元；参合农民次均住院补偿677.9元，同比增加179.8元。积极探索外出务工参合农民定点医疗机制，确定2所在京定点医疗机构，已有300余名川籍民工受益。社区卫生服务体系建设力度加大，全省新建城区卫生服务机构100个，覆盖城市居民1290万人，总诊疗人次达1669万，同比增长122%。

文化体制改革取得新进展。新闻单位宣传与经营两分开稳步推进，四川日报报业集团探索发行体制改革，四川广电集团探索电台电视台节目制播分离等改革，德阳、宜宾、遂宁等10多个市州进行"两分开"改革试点。文化企业兼并重组步伐加快，四川出版集团和四川新华行集团合作，重组四川新华文轩连锁股份有限公司方案获批；推进四川党建期集团、四川出版集团和四川新华发行集团合作组建四川期刊传媒集团股份有限公司，组建方案已上报国家新闻出版总署。经营性文化事业单位转企改制进展明显，四川出版集团有限公司正式挂牌成立，10家出版单位转制为企业；峨眉电影集团公司正式挂牌成立，进入实质性推进转企改制阶段；四川天府文化产业集团有限公司组建实施方案已经省政府原则同意。文化事业单位内部全员聘任制改革全面推行。新型文化管理体制改革深入推进，省新闻出版局将所属省报刊发展中心划转四川党建期刊集团，进一步理顺和完善报刊管理体制；省网络公司整合成都有线广播电视网络取得重大进展，研究提出整合全省有线广播电视网络新方案；全省广播电视县对乡镇垂直管理全面推进，已有93个县（市、区）完成

地方篇

改革任务。

七、公共就业服务制度更加健全，社会保障制度改革深入推进

公共就业服务长效机制和应急能力增强。贯彻落实《就业促进法》，大力实施"就业促进民生工程"，建立农民工返乡情况周报制度，制定出台解决返乡农民工就业问题的意见，全省就业局势基本保持稳定。全省城镇新增就业 63.5 万人，下岗失业人员和失地无业农民再就业 33.1 万人，其中就业困难对象再就业 10.9 万人，城镇登记失业率为 4.6%；农村劳动力转移就业 2023 万人，实现劳务收入 1228 亿元，增长 14%。开展多种形式的职业技能培训，组织再就业培训 27.2 万人、创业培训 5.4 万人、农民工培训 239 万人、技能培训 63.3 万人。促进劳动关系和谐稳定，全省劳动合同签订率达到 97.1%，同比提高 5%。研究落实地震灾区就业特殊政策，帮助灾区 36.4 万人实现就地就近就业、4.6 万人实现异地转移就业。人才市场监管力度加大，清理整顿 28 家省属人才中介服务机构。

社会保障范围和能力进一步提高。社会保险改革试点大力推进，各项社会保险制度加快完善，19 个市（州）实现养老保险市级统筹，47 个市（县）展开新型农村社会养老保险试点，参保人数达到 50 万；10 个市（州）新启动城镇居民基本医疗保险试点，全省参保人数达到 504.5 万。扩面征缴力度不断加大，全省五项社会保险参保人数大幅提高，企业退休人员养老金待遇标准接近全国平均水平。包括城镇集体企业人员、返城知青、国有破产企业退休人员、"老工伤"人员等多类社会保险历史遗留问题基本得到制度性解决。制定实施支持灾区恢复重建的社会保险特殊政策，降低失业保险缴费率，实行失业预登记并发放失保金，缓缴社会保险费。覆盖城乡的社会救助制度逐步健全，救助能力进一步增强，城乡低保制度不断规范完善，补助标准逐步提高，185.5 万城市低保对象和 351.5 万农村低保对象得到救助；医疗救助城市贫困患者 52.2 万人次、农村贫困患者 69.6 万人次；农村五保供养对象实现应保尽保，供养标准大幅提高，集中供养率达 31.3%。敬老院管理体制改革积极推进，流浪乞讨人员救助制度进一步规范。优抚保障机制不断完善，退役士兵安置改革稳步推进。社会福利事业体制探索多种养老服务形式。

住房保障制度改革力度加大。省政府出台《关于促进房地产市场稳定发展的若干意见》，明确加强住房保障及地震灾区安居住房建设的一系列政策措施。省政府出台实施《四川汶川地震灾后城镇住房重建工作方案》，明确资金补助、税费减免、信贷扶持、土地使用、对口支援等相关政策。新建廉租住房 2.8 万套、经济适用住房 1.9 万套。全省纳入廉租住房保障 19 万户，增长 16%，占符合条件总数的

53.8％，县以上城市低保住房困难家庭16.8万户已基本实现应保尽保。省级单位住房分配货币化改革继续深化，90个单位的住房补贴方案已经核定。

八、行政管理体制改革深入推进，政府职能行为和运行机制不断规范完善

扩权强县改革试点顺利推进。扩权强县试点财政体制调整各项政策基本落实到位，组织开展扩权强县试点改革成效综合评估，扩权试点县（市）对全省县域经济的示范带动作用明显。

行政审批制度改革继续深化。行政审批项目清理规范取得新成效，对省级58个部门原有1122项行政审批事项再次全面清理，取消和调整636项，保留486项，其中省自行设立审批项目仅8项，同比减少56.4％。同时对保留审批项目进行流程再造，办理时限平均提速38％。行政审批权相对集中改革积极推进，省级部门"两集中、两到位"方案启动实施，德阳市在全省率先实现政务服务中心"现场办结率90％、按时办结率100％"。投资项目并联审批制度全面试行，制定投资项目并联审批试行方案，将省发展改革委等8个部门的14项行政审批纳入投资项目并联审批范围，搭建省、市、县三级联动的投资项目并联审批网络平台，省政务服务中心和资阳、眉山两市试点进展顺利，省、市、县三级政务服务中心投资项目并联审批窗口共办理195个投资项目的相关事项，涉及投资金额121亿元。

行政效能建设取得重大进展。省委、省政府出台《关于加强机关行政效能建设的决定》，省直部门行政效能建设工作方案组织实施，首问负责制、限时办结制、责任追究制"三项制度"进一步落实，各级地方政府行政决策机制不断完善，政务公开深入推进，行政执法行为和程序更加规范。国家投资建设项目招投标制度不断完善，涉及金额174亿元的694个建设项目招投标进入省政务服务中心，大部分市州建设项目招投标进入政务服务中心。省级有关部门联合下发《四川省规范行业协会、市场中介组织服务和收费行为专项治理工作总体实施方案》，研究制定《四川省行业协会和中介组织与行政职能部门脱钩工作方案》，在自贡、绵阳两市和省级民间组织开展失信惩戒制度试点。企业登记监管改革继续深化，初步实现申报、受理、审查、管理电子化，积极探索农民专业合作社适度规范的监管模式。地震灾区户籍管理简化户口注销手续，实行跨县域开具户籍证明，放宽新生儿落户条件。

贵州省经济体制改革

2008 年，贵州全省以经济体制改革作为助推经济发展的重要手段，着眼于制度建设和体制创新，在转变政府职能、深化农村改革、推进和谐社会建设等方面取得了新的突破，为落实科学发展观，促进全省经济又好又快发展提供了体制机制保障。

一、农村各项改革扎实推进

集体林权改革制度全面推进，全省共完成勘界确权面积 11669 万亩，占林改总面积的 92.6%，集体林权制度改革勘界确权工作基本完成。各试点县较好地完成了明晰产权的根本任务，进一步巩固、完善、深化和落实了家庭承包制。新型农村合作医疗制度进一步完善，继续调整完善新型农村合作医疗实施方案，新型农村合作医疗人均补助标准从上年的 40 元提高到 80 元，参合率达到 92.1%，提高 7.2 个百分点。农村最低生活保障制度进一步完善，从 7 月 1 日起，全省扩大了农村低保保障面，提高了保障水平。人数从 256.7 万人增加到 324.4 万人，年人均补助水平从 360 元提高到 460 元。推进支农资金整合试点工作进展顺利，2008 年支农资金整合试点县扩大到 17 个，支农资金整合坚持"渠道不乱、用途不变、优势互补、各记其功"的原则，坚持"以县为主"的整合模式，主要在编好发展规划、选好主导产业、找准整合平台、健全组织机构、完善规章制度上推进支农资金整合试点。财政刚性预算改革深入推进，"乡财县管"财政管理方式改革全面推开。进一步完善了农村义务教育经费保障机制，义务教育资金投入力度进一步加大。

二、国有企业改革全面推进

国有企业改革改制稳步推进，省属国有商贸流通企业改制和省属国有企业分离办社会职能移交工作基本完成。国有企业政策性关闭破产工作加快推进，已终结关闭破产程序 72 户，其余 72 户企业已全面启动关闭破产程序。建立了监管企业董事会（董事）年度工作报告制度，进一步规范监管企业董事会运行，促进监管企业履行股东职责科学化、制度化和规范化。着力提高国有资产监管效能，启动了国有资本经营预算试行工作，推进监管企业执行新《企业会计准则》。认真落实支持非公有制经济发展的各项政策措施，非公有制经济增加值占全省生产总值的比重达到32%。公司股份制改革步伐加快，完成了贵州宏福实业开发有限总公司"债转股"工作，改制更名为瓮福（集团）有限责任公司。遵义钛业股份有限公司通过了证监会发行审核，成为自2005年来我省首家获批上市公司。遵义氯碱股份有限公司上市辅导和盘江股份整体上市的有关工作扎实推进。水矿股份制改造前期准备工作顺利进行。

三、综合配套改革进程加快

编制了《贵州省毕节"开发扶贫，生态建设"试验区改革发展规划》和《安顺多种经济成分共生繁荣试验区改革发展总体规划》，已经省政府批准实施。制定了支持两地试验区进一步改革发展的政策措施，出台了《关于进一步推进毕节试验区改革发展的若干意见》（黔党发〔2007〕29号）和《关于支持安顺试验区加快改革发展的意见》（黔党发〔2008〕12号）。《意见》赋予毕节、安顺试验区先行试验的一些重大改革开放措施。同时，省直相关部门也出台了支持毕节、安顺试验区进一步深化改革发展的配套政策措施。毕节、安顺试验区改革试验示范作用明显，经济实力显著增强，人民生活水平明显提高，生态环境明显改善，人口控制成效明显，社会事业显著进步，基础设施建设明显加强，发展活力明显增强，改革发展取得了重要的阶段性成果。毕节发展村镇银行的设立，标志着毕节试验区探索新型农村金融服务体系迈出实质的一步，是金融创新，推进金融业发展的一大成果。安顺试验区的"航空城"跻身于4个建设民用航空产业国家高技术产业基地之一，标志着安顺在军地结合谋求跨越式发展上取得新的突破，走出了新型工业化发展的道路。

四、其他各项改革工作进展顺利

矿产资源有偿使用制度不断规范和完善，煤炭资源有偿使用制度改革试点工作取得明显成效，全面启动了全省煤炭资源价款的清理工作，及时追缴矿业权价款。建立了新被征地农民社会保障制度，进一步深化土地审批制度改革，实施了征地补偿款预存制度，保障了征地补偿款及时、足额发放到被征地农户手中，切实有效地维护被征地农民合法权益。进一步完善了疾病预防控制体系建设和完善突发事件应急管理机制，省级建立和完善了突发公共卫生事件应急指挥平台。行政审批制度改革取得实质性进展。通过清理，新增许可事项72项，其中，法律、行政法规、地方性法规和政府规章新设定21项，国务院各部委下放管理权限和委托审批的许可事项31项，部门补报20项，取消许可事项69项，调整许可事项56项。经有关部门审核确认，继续实施行政许可事项共计 972 项；事业单位分类改革稳步推进，制定了《关于加快事业单位岗位设置管理实施工作的通知》，全省 52% 的事业单位推进了人员聘用制度，《贵州省事业新增人员公开招聘暂行办法》全面推行。全省财政国库集中支付改革进展总体顺利，省级 113 个一级预算单位全部纳入了改革范围；全省 9 个市（州、地）级财政部门全部开展了国库集中支付改革，37 个县启动了此项工作。在改革模式上，有会计集中核算和国库集中支付双轨并行模式，有会计集中核算向国库集中支付彻底转轨模式，均取得了良好的成效。健全了廉租住房制度，新增解决 4.4 万户城镇低收入家庭住房困难。全面实施了城乡医疗救助制度，194 万城乡困难群众得到及时救助。城镇居民基本医疗保险试点扩大到 7 个市州地，参保人数达到 105 万人。

云南省经济体制改革

2008 年是我国改革开放 30 周年，也是我省全面贯彻落实党的十七大精神的第一年。在省委省政府的正确领导下，全省上下认真贯彻落实科学发展观，不断解放思想，按照党中央、国务院和省委、省政府关于深化改革的总体部署和要求，结合我省实际，积极推进经济体制改革工作，各项改革取得了明显成效。

一、改革总体指导力度加大

一是制定出台改革意见，加强对改革工作的总体指导。为深入贯彻党的十七大精神，落实科学发展观，着力破解制约经济社会发展的体制机制问题，省委、省政府高度重视改革工作，年初，出台了《中共云南省委　云南省人民政府关于进一步深化改革的决定》（云发〔2008〕6 号），为全省新时期的改革指明了方向，确定了深化改革的重大意义、指导思想和目标任务，对涉及本省经济、社会、政治、文化等领域的改革提出了具体要求。为切实加强对全省改革工作的总体指导和统筹协调，省政府办公厅以云政办发〔2008〕93 号文转发了省发展改革委制订的《云南省2008 年深化改革意见及任务分解》，进一步明确了各有关部门、单位的改革任务，对指导全省各项改革起到积极作用。

二是积极开展纪念改革开放 30 周年系列活动。由省发展改革委牵头编撰的《云南省改革开放 30 周年回顾与展望》大型综合文献，涉及包括州市发展改革委、省级相关部门、大型企业约 100 余单位参加，已完成编撰即将于 3 月中下旬出版。与省委宣传部共同组织召开了"云南省纪念改革开放 30 周年研讨会"。会议总结了我省改革开放 30 年来所取得的巨大成就，展望了我省经济社会发展的前景，更加坚定了全省人民继续深化改革扩大开放的信心与决心。此外，由我委组织撰写我省纪念改革开放 30 周年成就与展望的重要文稿《云岭大地创新实践的壮丽诗篇——云南改革开放 30 周年回顾与展望》，已由国家发展改革委编入《中国改革开放：1978—2008》丛书"地方篇"。

三是指导全省推进改革发展综合试点。省发展改革委发布了《关于进一步推进我省改革试点工作意见》（云发改体改〔2008〕1732 号），进一步加强对我省改革试点工作的指导，充分调动全省参与改革的积极性，促进我省改革试点的规范有序推进。同时，积极跟踪昆明、红河两地省级综合改革试点，及时发现问题，总结经验，以最大程度减少改革的风险，为我省进一步推进综合改革提供借鉴和示范。根据省政府的指示，组织开展了全省水务改革调研，研究并提出了我省水务改革的思路和对策建议上报省政府。

四是以会代训，深入推动改革工作。2008 年 9 月，省发展改革委积极争取国家发展改革委在昆明召开了全国部分省区市经济体制改革工作座谈会。会议全面总结了我国 30 年经济体制改革的历程、成就和经验，并对进一步做好"十二五"深化经济体制改革提出了具体要求。通过召开改革工作会议，促进了我省体改干部进一步加强学习，总结经验，提高认识。

二、行政管理体制改革取得明显成效

一是行政问责等四项制度全面实施。我省制定并实施的四项制度，进一步强化了行政责任，规范了执政行为和公务员职业操守，提高了政府的执行和公信力。对进一步深化行政管理体制改革，促进机关工作作风的转变，优化政务环境，加强政府自身建设，促进政府职能转变起到了很大的促进作用。其顺利实施对社会产生了积极的影响。

二是完成第三轮、第四轮行政审批制度改革。2008 年 1 月，云南省政府以第 144 号令向社会公布了第三轮行政审批制度结果，列入清理范围的行政审批项目共 1268 项，经严格审核和论证，省政府决定取消和调整 229 项行政审批项目。其中，取消行政许可项目 165 项，取消非行政许可审批项目 42 项；调整行政许可项目 17 项，调整非行政许可审批项目 5 项。6 月，又启动了第四轮行政审批制度改革。列入清理范围的行政审批项目共 1107 项，拟取消和调整 392 项，精简率为 27%。

三是干部人事制度改革积极推进。试行公务员公开选调制度，研究制定了《云南省州市以上机关公开选调公务员实行办法》、《云南省州市以上机关从基层考试录用公务员实行办法》，以加强公务员队伍的建设和管理。结合省情特点研究起草了全省新一轮政府机构改革方案，我省新一轮机构改革正式展开。同时，《云南省事业单位机构编制管理暂行办法》正在修改完善。

三、国企改革取得新成果

一是进一步建立健全国资监管体系。我省积极探索国有资产有效的监管方式和途径，出台了《中共云南省委云南省人民政府关于加强国有资产监督管理工作的意见》（云发〔2008〕10号），明确了加强国有资产监督管理工作的指导思想、基本原则、目标和工作重点，健全了国有资产监管的法规体系、保值增值体系、责任体系和安全防控体系。

二是积极推进省属企业整合重组。云南省国有资产经营公司整体改制为云南省工业投资控股集团公司，打造了云南省工业投资平台。十四冶整体改制为集团有限公司。旅游企业整合重组。按照全省旅游行业整合的总体部署，整合云南旅游产业开发（集团）有限公司、云南旅游（集团）有限公司，组建新的云南旅游产业集团有限公司。通过整合重组，促进旅游资源的优化配置，打造旅行社、宾馆饭店、旅游运输、景区景点等业务板块。

三是加快省属大中型企业股份制改造。云南煤化工集团拟引进三峡总公司40亿资金，力争集团整体上市。云南机场集团通过增资控股方式引进海航集团，将云南祥鹏航空公司更名为云南航空股份有限公司，打造云南航空板块。省投资控股集团公司下属专业投资公司进行资产重组。省工投集团从国内大型保险公司、社保基金、投资型央企、有实力的民营企业中选择合作者，年内将实现工投集团注册资本增加到100亿元。云南旅游产业集团、世博集团引进国内外在旅游产业领域有较高知名度的战略合作伙伴，发展转达旅游产业。拟在年内完成战略合作，组建新公司。

四是进一步完善国企改革。积极推进前三年深化国企改革的完善、国有劣势企业退出、企业上市融资等工作，并积极探索企业管理创新和科技创新。截至目前，州市国企改革面已达99.28%，省属国有企业改革面为98.6%。

五是大力推进上市融资工作。一批上市公司加快了再融资工作。云维股份分离式定向增发已完成，云南白药集团和南天股份分别定向增发5000万股，解决了企业加快发展所需的资金问题。城投公司借壳S红河上市的工作已经中国证监会重组委通过，已经上市流通。

四、农村改革稳步推进

一是推进乡镇机构、农村义务教育和县乡财政管理体制改革。制定出台了关于深化乡镇机构改革的指导意见；切实抓好农村义务教育保障机制政策的落实，进一步提高农村中小学公用经费补助标准；建立县乡最低财政支出保障机制，加强乡镇财政所建设，健全乡镇财政管理体制，积极探索建立确保农村税费改革后村级组织正常运转的长效保障机制。

二是积极开展村级公益事业建设一事一议财政奖补试点工作。云南省被列为全国首批开展村级公益事业建设一事一议财政奖补三个试点省之一。省政府高度重视此项工作，及时制定并下发了《云南省人民政府关于印发云南省村级公益事业建设一事一议财政奖补试点实施意见的通知》（云政发〔2008〕114号），召开了全省试点现场会议，对一事一议财政奖补试点工作进行了全面部署。目前，试点工作在全省全面推开。

三是大力扶持发展农民专业合作组织。2008年共安排700万元专项资金，扶持了100个农民专业合作组织。下发了《关于加快发展农民专业合作社的通知》（云政办发〔2008〕25号）。举办了全省农民专业合作社财务会计制度培训班，重点对各级业务指导部门负责人和合作组织财务负责人共500多人进行了培训。并将《云南省农民专业合作社条例》纳入2008年立法计划。据不完全统计，目前全省共有各种类型的农民专业合作组织4000多个，成员总数72.7万户，带动农户142万户。

四是积极推进农垦管理体制及运营机制改革。制订关于贯彻《中共云南省委云南省人民政府关于深化改革加快农垦发展的若干意见》的实施办法和工作分解意见。挂牌成立了省国土资源厅农垦国土资源管理局，并在相关农场等设置农场土地管理所。研究拟定了《云南天然橡胶产业股份有限公司上市框架方案》。挂牌成立农垦工业公司。组建成立了云南农垦物流有限公司；启动了"云南暨东南亚天然橡胶、化工物资批发市场及物流储运中心"项目建设。

五是集体林权制度改革有效推进。截至2008年11月30日，全省摸底调查工作完成的村民小组数为15.63万个，占全省村民小组数的97.75%。制定林改方案的村民小组数为15.28万个组，占全省村民小组数的95.56%。全省落实权属的村民小组数为14.03万个，确权到户数为534.89万户，确权面积为22567.56万亩，占全省集体林面积的82.2%。发证户数289.49万户，发证面积为15581.58万亩，占全省集体林面积的56.77%。其中普洱、大理、文山、楚雄、红河、保山等6个州市已基本完成林地确权勘查工作，全省已有70个县基本完成主体改革。9个省级试点县和主体改革基本完成的州市县启动了配套改革试点工作。

五、财税、金融和投资体制改革进一步深化

一是不断完善公共财政体系。进一步推进部门预算管理制度改革，下发了关于推进预算公开透明工作的指导意见，在全省推行预算收支全面公开，强化预算管理和监督。积极探索省以下政府间财力与事权相匹配的体制，加大公共服务领域投入。实施新的企业所得税法，切实解决了跨区域经营企业所得税的征缴和分配问题。不断推进出口退税负担机制改革、非税收入管理改革。

二是金融改革不断深化。各大银行通过深化改革全面改进金融服务。农行股份制改革有序推进。农村金融机构改革取得成效，文山民丰、玉溪兴和、昭通昭阳富滇三家村镇银行挂牌成立。富滇银行继续推进集约化改革，整体经营管理水平迈上了新的台阶。农村信用社基本完成了产权制度改革。

三是改革投资审批制度，改善投资环境。严格按照《云南省重大投资项目审批和核准制度》等深化投资体制改革的 11 项配套制度，进一步加强全省重大投资项目审批环节、办理时限和办理程序等方面的管理，提高了重大投资项目审批、核准效率。进一步加快专业投资公司的组建步伐。年初成立了云南省工业投资控股集团公司，6 月又成立了云南省城乡建设投资公司。截至目前全省各投资公司组织架构和内部管理制度进一步完善，运营平稳，投资规模进一步扩大。

六、社会事业体制改革积极推进

一是积极推进科技体制改革。省属科研机构改革取得新的进展。进一步推动有条件的转制院所加快产权制度改革步伐，积极探索公益类科研院所科技创新能力评价方式，深化内部改革，推动建立现代科研院所制度。对省属公益类科研机构开展综合绩效评价，探索各类公益性科研机构持续发展的体制机制。积极推进构建科技投融资平台，省科技厅研究提出了《开发性金融合作协议》，拟定了科技融资担保平台组建工作翻案，提出了科技型中小企业融资担保公司组建计划。积极培育高新技术企业上市，确定了两批共 25 家上市培育高新技术企业名单。

二是积极推进教育体制改革。"两基"攻坚工作顺利推进。4 个规划"普九"县各项工作进展有序，秋季学期共免学杂费 2489 万元，补助中小学生 363546 人。发放免费教科书投入资金 65639 万元，享受免费教科书学生达 610 万名。同时，农村义务教育经费保障机制工作有序推进。义务教育免费教科书循环使用制度启动实施。大力发展职业教育。认真实施"云南省加快中等职业教育发展行动计划"，采取校企结合，校校联合的方式，走集团化办学的路子，扩大办学规模。目前全省国

家级重点中等职业学校已达50所，省部级重点中等职业学校达56所。大力推进高校改革，下发了《关于深化改革大力发展高等教育的决定》，明确了高校改革发展的四大改革和五大建设任务。积极扩大云南教育对外开放与交流。邀请泰国、越南、缅甸、柬埔寨、马来西亚、新加坡、巴基斯坦、韩国、俄罗斯、英国、加拿大11国总领事，就云南与11国加强教育合作与交流进行了深入探讨，推进了云南与上述国家的教育合作与交流。

三是积极推进文化体制改革。我省采取了一系列具体措施，全面推动新一轮文化体制改革。启动了《云南省近中期2009—2015年文化产业发展规划》的研究制定。推动文化产业与旅游产业实现深度结合、互动发展。发布了《关于做好省属宣传文化部门文化体制改革实施方案的通知》和《关于在文化体制改革中做好有关文化资源整合实施方案的通知》，指导各直属积极探索改革的新模式。完成了《云南文化产业与旅游产业互动发展》、《云南文化产业中介组织的培育和完善》等课题的研究。根据文化单位的功能和性质，分公益性文化事业单位、艺术院团和经营性文化事业单位三个类别推进省直文化事业单位改革。

四是积极推进医药卫生体制改革。我省医疗卫生体制改革进展顺利。新型农村合作医疗试点稳步推进。截至2008年底，新农合已覆盖全省129个县市区，参合人员达3222万人，参合率为89.77%。社区卫生服务不断发展，已建社区卫生服务444所（其中，服务中心170所，服务站274个），州市所在地城市和县级市所在地城镇大部分开展了社区卫生服务。覆盖城乡的疾病预防控制和应急医疗救治体系基本建成。积极引入社会资金参与公立医药机构的改制。出台了发展民营医疗机构的有关政策，促进了民营医疗机构的发展。药品集中采购招标工作深入开展。网上竞价（限价采购）品种达15000余种。在全省范围内全面推进"药品统一采购、统一配送"的宣威模式，目前已在128个县市区全面开展。在五个省州市三级医院开展了药房托管试点。拟定了公立医疗机构开展"院长公选制、职工聘用制及绩效工资制"的意见和"引入社会资本、发展医疗卫生事业的意见"。

五是社会保障制度改革有序推进。以改善民生为重点，加快建立覆盖城乡居民的社会保障体系。企业职工基本养老保险参保人数达到292万人，完成参保达286万人的目标任务；全省企业退休人员社会化管理服务的人数达83.15万人，社会化管理服务率达到100%；城镇职工基本医疗保险参保人数达到356.3万人，完成参保达356万人的目标任务；城镇居民医疗保险试点城市从3个州市扩大到10个州市；出台《云南省企业老工伤人员工伤保险统筹试行办法》、《云南省被征地农民养老保障办法》，截至2008年10月底，全省参加被征地农民社会保障人员达6.9万人。

七、非公有制经济发展环境进一步改善

一是贯彻平等准入，形成公平竞争的发展环境。研究制定了《云南省 2008 年中小企业暨非公经济发展工作指导意见》。出台了《云南省人民政府关于加快中小企业发展的若干意见》（云政发〔2008〕253 号），并将配套实施 2008—2012 年全民创业和非公经济发展两个行动计划。积极促进非公经济优化产业结构和发展方式有效转变，并在数量、规模、结构和效益方面迈上新台阶。

二是加强服务指导，促进非公经济持续发展。相关部门加大了对非公经济产业结构、产品结构调整的指导工作力度，正确引导非公经济投资方向，及时向非公经济传递国家及省有关宏观调控政策、产业政策、行业规划等信息，积极帮助协调非公企业生产经营中的重大问题，非公经济发展加快。2008 年非公经济创造的增加值达到 2194.5 亿元，占全省 GDP 的比重达 38.5%。

三是推动自主创新，提升非公企业核心竞争力。积极鼓励有条件的非公企业加大研发资金投入，开展技术创新工作，自主建立企业技术中心。引导和帮助非公企业采用高新技术和先进适用技术，加快技术改造步伐。对符合国家国债技改专项资金要求及相关产业政策要求的非公企业技改项目和符合国家中小企业发展专项资金支持的项目，协助申报争取国债技改贴息支持和国家中小企业发展专项资金补助或贴息支持。

四是加快信用担保体系建设。制定和修改完善了中小企业融资相关政策。如《云南省中小企业促进条例》、《云南省人民政府贯彻落实国务院办公厅关于加强中小企业信用担保体系建设的意见（国办发〔2006〕90 号文件）的实施意见》、《云南省银行业中小企业贷款奖励办法》等；探索建立初创型小企业贷款风险补偿机制，实施小企业贷款风险补偿政策。

五是加强中小企业信息网络服务平台建设。全省以中小企业市场、信息、技术、人才、资金、生产、经营、管理等实际需求为导向，不断完善中小企业公共服务平台及相关网络体系建设，形成了 15 个子系统、30 多个服务栏目，为云南省中小企业提供全方位服务。组建了"电子商务创新中心"和"云南中小企业技术创新平台"，充分发挥"产—学—研"的联合优势。

六是建立创业及中小企业服务平台。举办各类公益性创业辅导、创业培训、创业服务活动，对创业者开展创业技能培训、创业辅导，对创业者实施个性化的创业指导，以培养、提高创业者的心理、管理、经营素质，建设创业促就业，创业促和谐，创业促发展的良好社会环境。培育一批成功的微型企业和中小企业，达到新增就业岗位，促进社会和谐，构建中小企业服务平台的目的，并将此活动作为推动全

民创业的长效机制。

八、旅游产业发展和改革取得新进展

一是编制并上报了《云南省旅游产业发展和改革规划纲要》。根据云南省委、省政府提出的"十一五"期间要全面推进云南旅游"二次创业"的要求，为实现旅游大省向旅游经济强省的跨越，按照省政府的部署，省发展改革委和省旅游局专门成立了工作组，在国家发展改革委体改所的协助下，编制完成了《云南省旅游产业发展和改革规划纲要》（以下简称《规划纲要》），并由省政府正式上报国家发展改革委审批，积极争取国家对云南省旅游产业改革发展试点给予支持。《规划纲要》的实施将为云南积极探索新时期特色旅游产业体制机制创新，推动旅游产业结构转型升级，进一步做大做强旅游产业，充分发挥旅游产业关联带动效应的优势，推进云南建设旅游经济强省提供指导。

二是启动了旅游改革试点。按照统一规划和试点先行的原则，根据旅游业改革的目标和任务，依托于全省"十一五"旅游发展规划确立的六大旅游区的发展格局，2008年上半年，已经正式启动了昆明、玉溪、保山等三个州市的旅游产业综合改革试点工作。选择了保山市腾冲县、玉溪市抚仙湖—星云湖、大理苍洱地区为云南旅游产业发展和改革的综合试点地区，世博集团作为企业综合改革试点单位，先行先试，为全面推进旅游产业发展和改革积累经验。目前几项试点推进顺利并取得了初步成效。

九、各州市改革亮点纷呈

一是改革试点积极推进。昆明市与红河州对综合改革试点工作高度重视，精心组织，周密部署，着力推进综合配套改革。昆明市委、市政府已出台了《昆明市深入推进综合改革纲要》，力争在行政管理体制、投资体制、国有资产管理体制和国有企业以及社会事业等方面改革取得新进展。保山市积极推进旅游业发展改革试点。引入社会资本参与旅游开发，初步形成了以多元化投融资体制做大做强旅游产业的模式；同时积极探索"以旅促农、统筹城乡发展"的路子，促进旅游管理由分散型向集中型转变。迪庆州在探索旅游发展体制机制上有突破，实行了旅游"一卡通"。

二是各专项改革取得新突破。昆明市着力推进行政管理体制改革，将市级506项行政审批项目精简为141项，172项行政事业性收费项目清理后只保留95项；同时，大力推进干部人事制度改革，建立和完善领导干部人选的推荐、自荐、招聘及公推公选制度，面向全国公选了100名县（处）级后备干部，实现了构建开放式选

地方篇

人、用人机制的新突破。红河州行政管理体制改革取得明显成效，"红河州行政审批服务中心"于 8 月份建成运行。大理州着力加强政府重大事项决策机制建设，完善了重大事项决策的规则和程序，推进了政府决策的科学化和民主化。

曲靖市深化投资体制改革，出台了《曲靖市市级政府投资管理办法》、《曲靖市重点建设项目管理办法》、《曲靖市政府投资项目效益评审办法》、《政府投资效益评审指标体系》、《政府投资咨询专家管理办法》、《曲靖市重大投资项目推进工作制度》等一系列投资体制改革政策和重大项目集中办公审批制、投资审批网上公开制等配套措施，并对项目全过程管理进行了积极探索。

普洱市集体林权制度改革成效显著，截至 2008 年底，已有 13924 个村民小组 45.2 万农户的 175.3 万公顷林地完成了外业勘查确权任务，确权率达 98.8%；累计发放林权证 41.78 万本，占已确权应发放林权证数的 99.5%；经入户抽查访问，群众对林改的满意率在 98% 以上。

玉溪市围绕经济社会发展的战略目标大力发展职业教育，不断扩大职业院校的办学和招生规模，使普通高中在校生与职校在校生比基本达到 1:1，并加强骨干专业、特色专业的培植和建设。

临沧市大力推进农村综合改革，制定下发了《临沧市开展村级公益事业一事一议财政奖补试点工作实施意见》，撤并了 14 个乡镇，建立了以县管为主的教育管理体制，并全面启动县乡财政管理体制改革。文山州农村金融体制改革试点取得较大进展，已挂牌成立 23 家二级支行，为农村金融服务提供了全新的机制和平台，增强了服务"三农"的力量。

西双版纳州加快社会保障体系建设，拟定了《西双版纳州农民工工伤保险暂行办法》、《西双版纳州被征地农民基本养老保障暂行办法》和《西双版纳州城镇居民基本医疗保险试点实施办法》，近期即将出台。昭通市大力培育人力资源市场，开发农村人力资源成效显著，全年转移输出农村劳动力 110.44 万人，实现务工净收入 44.25 亿元。

西藏自治区经济体制改革

2008 年，我区按照党中央、国务院关于深化经济体制改革的统一部署，在区党委、政府的直接领导下，紧紧围绕构建和谐社会和全面落实科学发展观的要求，结合西藏实际，积极稳妥地推进经济体制改革，促进了经济社会发展。

一、国有资产监督管理和国有企业改革工作扎实推进

2008 年是我区全面启动新一轮国有企业改革的第一年，按照自治区党委《关于深化我区国有企业改革的意见》（藏党发〔2007〕9 号）和全区国企改革工作会议部署，继续以股份制改革为主要形式，积极吸引区内外有技术、管理、资金、市场优势的战略投资者参与区内国有企业改革，大力发展国有资本、非公有资本参股的混合所有制经济。进一步完善企业法人治理结构，按照现代企业制度的要求，指导改制企业，建立健全组织机构和管理机制，规范股东会、董事会、监事会和经营管理者的权责，建立和完善法人治理结构，促进企业形成决策层、监督层和经营管理层之间相互制衡和有效运行的机制。引导企业继续深化劳动、人事、分配三项制度改革，进一步转换经营机制，取得了一定成效。继续优化国有经济结构的合理布局，国有经济向关系国民经济命脉、国家安全和西藏基础产业、支柱产业的领域和行业集中，使国有经济布局结构调整更加切合我区实际，更好地促进了产业和经济的协调有序发展。国有企业重组、兼并、出售、破产工作进展顺利。在妥善安排好企业职工的前提下，对国家已批准政策性破产项目，积极与国务院国资委和金融机构进行沟通，协调解决实施破产过程中遇到的问题，按照规定的程序加快工作进度。企业改革配套政策措施不断完善。加大国有企业股份制改革工作力度，完善法人治理结构。

二、草场承包经营责任制进一步落实

认真落实《中共西藏自治区委员会西藏自治区人民政府关于进一步落实完善草场承包经营责任制的意见》和《西藏自治区实施草场承包经营责任制的试点工作方案》，共在 41 个县落实和完善草场承包责任制工作，涉及 357 个乡（镇）、3110 个村（居委会）、19.03 万户、106.01 万人，共发放草原使用证 3110 本，草原使用权登记表 9330 份、草原承包经营权证 15.09 万份，共落实完成草场承包到户 5.43 亿亩，其中冬春草场 3.47 亿亩，分别占全区草场总面积、冬春草场面积的 65.82% 和 85%。同时，对全区 11 个县纯牧业乡开展草场承包到户工作进行了全面安排。在草场承包到户的基础上，慎重稳妥地开展了推进草场有偿使用工作。

三、财税、投资体制改革继续推进

财政体制改革。继续推进了预算管理制度改革，提高财政管理的规范性、安全

性和有效性，进一步扩大了部门预算编制的部门和单位，在地级财政部门已全部实行了部门预算。在自治区本级部门预算完善了定额标准体系。继续深入国库集中支付改革，制定了《财政资金支付管理条例的实施办法》。稳步推进国库支付扩点工作，四个地区的改革试点进展顺利。进一步规范了我区国库集中支付操作程序，启动了农村义务教育中央专项资金的直接支付工作。在深化收支两条线改革过程中，特别注意与部门预算、国库集中支付、政府采购以及即将开展的政府收支分类改革等其他财政改革有机结合。以政府收支分类改革为契机，实行预算内外资金统管，细化了部门综合预算编制。预算外资金"收支两条线"管理工作逐步走上了法制化、制度化、规范化的轨道，从根本上解决了我区预算外脱离监控、体外循环的问题。增强了政府宏观调控能力，提高了资金使用效益。

税收体制改革。完善了税收管理员暂行办法和工作考核办法，出台了进一步推行办税公开工作意见，加强了漏征漏管户和征管基础数据清理工作；开展了个体户建账建制试点工作，中介机构纳税服务工作顺利开展，涉税签证业务实现零突破。加强了税收征管工作的力度。按照精简、效能、规范、统一的要求，对征管业务流程进行了梳理，出台了税收征管涉税业务操作规范手册。完善征管质量考核方式，加大考核检查力度，征管质量有了新的提高。加强税务稽查和专项检查，成效突出。各级税务机关在全区范围内开展了对中国银行、食品、药品生产加工企业、大型商业零售行业、石油业、矿产开采及经销企业、以农副产品为主要原料的生产加工企业、高收入行业、高收入个人的个人所得税、旅游行业、电力生产销售企业等重点行业的税收专项检查以及区域税收专项整治工作。根据国家税务总局的工作部署和税制改革进程，推进我区税收改革，制定了我区具体贯彻意见。

投资体制改革。进一步完善政府对企业投资的管理制度，出台了《西藏自治区企业投资项目核准实施办法》，起草了《西藏自治区人民政府投资项目管理暂行办法》、《西藏自治区外商投资项目核准暂行办法》、《西藏自治区招标投标工作条例》，正在报批之中。积极推进项目代建制工作，起草完成了《关于在我区政府投资项目中推行代建制试点的几点意见》。从 2008 年 9 月 1 日起，我区已有 3 家公司取得国家发展改革委中央投资项目招标代理预备级资格，根据实际明确规范了我区的招投标代理机制。

四、就业矛盾进一步缓解，社会保障体系日益健全

全区城镇新增就业 1.9 人，高校毕业生就业率 87.35%，高于全国平均水平 17 个百分点，农牧区富余劳动力转移就业 80 万人次，实现劳务收入 12 亿元，期末城镇登记失业率控制在 4.3% 以内，超额完成年初确定 1.8 万人的目标任务。各地按

照"分批开发、循序渐进、稳步推进、总量控制"的原则，将公益性岗位主要用于安置"零就业家庭"、"3545"人员、残疾人和退役军人等，全区参加基本医疗保险、城镇职工基本医疗保险、城镇居民基本医疗保险、失业保险、工伤保险、生育保险参保人员数量明显增加，社会基本养老保险8.4万人、城镇职工基本医疗保险20.3万人、城镇居民基本医疗保险13万人、失业保险7.23万人、工伤保险4.7万人、生育保险11万人，各项社会保险新增参保3.74万人，各项指标均完成或超额完成年度目标。全区共征缴基本养老保险费19008万元，征缴率为77.45%，养老保险基金支出26986万元；征缴城镇职工基本医疗保险费22207.49万元，征缴率为85%，基本医疗保险基金支出20168.06万元。广大人民群众最关心、最直接、最现实的利益问题得到有效解决。

五、继续深化涉外经济和口岸管理体制改革，对外开放不断扩大

不断扩大完善利用外资管理体制。继续加强政策引导、统计检测、对外谈判和公告信息服务职能。贯彻实施国家新出台的外商投资产业指导目录，进一步简化外商投资审批程序，规范审批制度。深化口岸管理体制改革，建立和完善全区大通关体系，创新口岸通关作业流程和业务管理模式。研究边境贸易人民币结算退税政策，推进外贸信用体系建设。加快以仁青岗为重点的全区边贸市场体系建设。协调口岸管理部门，继续完善樟木口岸恢复开通的各项工作。做好我区经吉隆通往南亚的第二条陆路通道建设，启动中尼边境经济合作区建设项目相关前期工作。推进亚东口岸恢复开放进程。

为了更好开展招商引资工作，做好引资服务，全区按照商务工作会议部署，着手开展《西藏自治区外商产业指导目录》的制定和《开发区管理办法》的修订工作。全年我区共审批外商投资企业3家，合同利用外商直接投资1842.93万美元，实际利用外商直接投资845.23万美元。已争取国际多双边无偿援助项目14个，援助金额1182万美元。

六、教育、科技、卫生体制改革取得新进展

教育体制改革。继续推进"两基"攻坚工作。以"两基"攻坚为核心，以规范化建设、规范化管理为重点，积极推进"两基"攻坚，努力提高义务教育及程度和教育质量。完善了义务教育保障机制，努力营造中小学健康协调发展的环境，建立了义务教育阶段学籍管理电子档案。基础教育的工作重点逐步从规模扩张转到内涵

地方篇

发展、提高教育上来，把降低中小学生辍学率和提高教学质量作为提高义务教育普及程度的重点，建立和完善目标责任制，全面提高义务教育普及水平。启动了中等职业教育贫困家庭学生国家助学金制度，起草了《西藏自治区中等职业教育贫困家庭学生资助办法》。深入实施"高等学校教学质量和教学改革工程"，按照"稳定规模、调整结构、提高质量"的高等教育发展方针，狠抓了高等教育的内涵建设。深入推进农村义务教育经费保障机制改革，提高经费保障水平。完善中小学预算制度，建立经费拨付管理使用责任追究制度，全面落实"三包"政策和教育免费政策。继续做好城镇义务教育免除学杂费工作，加大对进城务工人口子女接受义务教育的保障力度。继续深入开展揭批达赖和反分裂教育活动，提出了修改小学和初中德育乡土教材的方案。

科技体制改革。不断完善以农业科技成果转化推广为主导，整合各类科技资源，加快先进适用技术的推广应用。实施科技特派员制度，加大农牧业科技成果转化力度。围绕"金太阳工程"和藏药产业技术创新联盟等特色资源和社会发展领域科技项目，重点实施了《农牧区薪柴替代工程》、《无电地区电力建设规划中的太阳能光伏发电项目》、《藏药材人工培植示范》、《固态生物碳和户用气化炉技术在西藏的试验示范》等项目。

卫生体制改革。深入贯彻落实农牧区医疗管理暂行办法，进一步完善管理制度和管理措施，加强和规范农牧区医疗基金财务管理，规范农牧区孕产妇出院分娩收费和农牧区医疗基本用药管理工作。加强了对免费医疗经费的管理，规范和简化农牧民医药费用报销补偿办法，确保《西藏自治区农牧区医疗管理暂行办法》真正落到实处，使农牧民群众得到了更大程度的免费医疗保障。继续加强以县卫生服务中心和乡镇卫生院为重点的农牧区卫生服务网络建设，完成 15 个县卫生服务中心的补缺建设、23 个乡（镇）卫生院新建任务和 9 个县的疾病中心建设。在拉萨市和日喀则市启动规范化社区卫生机构建设试点，统筹谋划，及早做好卫生资源调剂配套等相关配套工作。

陕西省经济体制改革

2008 年，在省委、省政府的正确领导下，陕西全省各地、各部门紧紧围绕省委、省政府提出的建设西部强省的奋斗目标，认真组织落实《陕西省 2008 年经济体制改革工作要点》，各项改革工作平稳有序推进，一些重点领域改革取得了积极进展。

一、行政管理体制改革进展平稳

行政审批制度改革继续推进，开展了第四批省级行政审批项目清理精简，现有行政审批项目继续减少。行政许可项目配套制度逐步完善，省级有行政许可项目的54个部门对所承担的480多项行政许可项目进行了初步规范。全省有一半以上市、县在审批方式改革上进行了探索，西安市、汉中市等行政审批电子监察系统建设试点取得积极进展。依法行政工作全面推进，2008年在全国省级政府率先制定实施了依法行政监督规章，并对179件省政府规章进行了全面清理。延安市推行的行政问责制试点进展平稳。事业单位分类改革稳步推进，核定了部分单位的机构编制。

扩权强县改革稳步推进。省政府将政务信息直报点扩大到15个扩权县，确保扩权县信息畅通。2008年9月份，省发展改革委下达专项资金1260万元，用于15个扩权县重大产业项目的贷款贴息，促进扩权县优势产业发展。对全省15个扩权县改革试点进展情况、存在问题进行了专项调研，形成了《全省扩权强县改革试点工作总结报告》、《15个扩权试点县经济发展情况概述》、《加快推进我省扩权强县改革试点工作的对策》等调研报告并送领导参阅。

二、国企改革迈出新步伐

国有企业改制重组步伐加快，8户工厂制企业中，冶金矿山公司和中陕国际公司通过划转和托管方式完成了改制，西部机场集团、地方电力集团、省地方铁路公司等6户企业的改制方案已经审批。行政性公司的改革进展顺利，撤销了省建材工业总公司和省纺织工业总公司，成立了省纺织、建材两个行业办公室，省农垦农工商总公司、省物产集团、西安人民大厦（集团）已完成改制方案审批。西安、咸阳、宝鸡、榆林、渭南等市、县国有天然气公司先后与国内外企业合作，改制为股份制企业。100户政策性破产企业已破产终结62户，未终结的38户中除1户外，其余已全部进入法律程序。省属企业办中小学移交工作基本完成，184所移交学校正式纳入地方政府管理。利用资本市场取得成效，金堆城钼业和天然气股份等成功上市。

三、农村改革进一步深化

农村综合改革稳步推进，安康、岐山、洛川乡镇机构改革方案全面实施，全省17个县的289个乡镇已完成乡镇机构改革阶段性任务。"乡财乡用县监管"县乡联网试点有效推进，2008 年新增试点县 30 个。农村义务教育"普九"债务清理化解试点工作启动。农村信用社改革步伐加快，全省 97 家县级联社完成了统一法人社改制，4 家联社完成了农村合作银行组建，剩余 6 家统一法人社改制工作正在逐步推开。政策性农业保险试点从苹果扩大到能繁母猪、奶牛等产品，保险规模和财政补贴资金都有较大幅度增加。国有粮食购销企业产权制度改革稳步推进，粮食应急管理体系不断完善。集体林权制度改革全面推开，参加试点的 10 个县共 2190 万亩集体林地，已全部完成实地勘界。水利工程管理体制、畜牧兽医体制、农技推广体系、供销社体制、小城镇发展改革等其他涉农改革继续深化。新增西安市灞桥区新筑街道办、户县草堂镇、南郑县大河坎镇、武功县武功镇等 4 个全国发展改革试点小城镇。

四、现代市场体系建设不断完善

利用资本市场步伐加快，一批企业相继在国内外成功上市。西飞国际、宝钛股份完成了再融资。顺利完成全省产权交易市场的整合，西部产权交易所和西安市产权交易中心实现统一。全面实施了经营性用地最低价标准和招标、拍卖、挂牌出让制度，提高了用地门槛，严格了土地供应。被征地农民社会保障制度、土地督察制度、土地市场动态监测制度得到完善。矿产资源整合工作全面铺开，全省共设立了473 个整合区。制定下发了《关于推进探矿权市场化配置和管理的通知》，进一步加大市场化配置探矿权力度。劳动力市场进一步完善，有形市场以及覆盖全省乡镇、社区的信息网络系统建设进展良好。劳动保障监察执法力度加大，农民工工资支付监控制度逐步完善，宝鸡市统筹城乡就业试点有序推进。

五、财税、价格、金融、投资体制改革步伐加快

在财税体制改革方面，省管县财政体制改革试点和"乡财县管"财政管理方式改革取得突破；实施了《陕西省政府非税收入管理暂行办法》，10 个省级试点单位半年收入 6.8 亿元，增加了财政收入，有效规范了单位的执收行为。省直单位政府非税收入收缴系统启动运行。省级部门及所属基层单位全面实施了国库集中支付改革。省级部门全面推行公务卡制度。按照国家部署，稳步实施新的企业所得税法及其实施条例，对个人所得税、城镇土地使用税、车船税等进行了调整，加强了征管。在价格改革方面，制定了《陕西省关于完善差别电价政策的意见》，扩大了差别电价实施范围，对陕西电网非居民照明用电实行城乡同价。咸阳市、宝鸡市、杨凌区供水价格改革方案稳步实施。适当调整了成品油和天然气价格。启动了临时价格干

预措施，充分发挥了价格调节基金的作用，2008 年以来，我省动用省级煤炭价格调节基金 5 亿多元，用于采煤沉陷区治理、平抑电煤和化肥价格、保障电煤运输、给农村低保户发放冬季采暖补贴等方面，收到了明显成效。在金融体制改革方面，地方商业银行重组加快，将宝鸡市商业银行、咸阳市商业银行、渭南市城市信用社、汉中市城市信用社和榆林市城市信用社 5 家地方法人银行业金融机构重组为一家新的地方法人银行业金融机构。邮政储蓄银行陕西省分行及各地市分行的组建工作全部完成。引进了北京银行西安分行、浙商银行西安分行两家商业银行省级分支机构。5 家保险机构在我省设立了分支机构，使我省财险机构达 18 家，寿险机构达 14 家。中小企业信用担保体系进一步健全，目前全省共有各类中小企业担保机构 54 家，资本金总额 14.7 亿元。全省小额贷款公司试点工作正式推开。在投资体制改革方面，进一步完善了企业投资项目核准和备案办法，对省内适用备案制管理的企业投资项目实行前置备案。大幅度下放了鼓励和允许类外商投资项目核准权限，扩大了设区市和扩权县项目备案权限。《陕西省创业投资引导基金设立方案》已上报省政府待批。

六、就业与社会保障体制改革稳步推进

在全省启动了以扩大覆盖面为重点，推进集体协商和集体合同制度实施的"彩虹计划"，大力推进规模以上企业建立集体协商制度。积极推进区域性、行业性集体协商，逐步将集体合同制度覆盖各类中小企业。住房货币化分配体制不断完善，省属单位和西安市住房货币化分配已经进入实质运行阶段。在健全社会保障体系方面，提出了各级政府养老保险责任分担机制的初步意见，制定了《关于完善基本养老保险政策有关问题的实施意见》。积极稳妥开展城镇居民基本医疗保险试点工作，全省 11 个市（区）全部纳入国家试点范围。加快推进工伤保险市级统筹，全省实行市级统筹的市已经达到 8 个，延安、安康、咸阳三市正在抓紧制定市级统筹工作方案，年底前全省市级统筹的目标可全部实现。积极开展农村社会养老保险试点，省政府办公厅印发了《关于开展新型农村社会养老保险试点工作的指导意见》（陕政办发〔2008〕4 号）文件，我省成为全国继北京、天津之后第三个以省级政府名义出台新型农保办法的省份。加强被征地农民就业培训和社会保障，各市和杨凌示范区都制定了被征地农民就业培训和社会保障工作实施办法。

七、科技、教育、文化等社会体制改革加快

积极探索转制科研院所联合、重组等发展模式，开展了转制科研院所非公开发

地方篇

行股票、组建科技型产业集团以及增资扩股等探索。积极开展"创新型企业试点"工作,海天天线、陕鼓集团、西北有色院、西电捷通等6家企业和转制院所进入国家级试点。继续建立和完善各级各类学校家庭经济困难学生资助体系。加快公共文化服务体系建设,推进农村电影改革暨数字化放映综合试点工作,稳步推进经营性文化单位体制改革。扎实推进新型农村合作医疗工作,参合率、补助率等均处于全国前列。

八、节能减排的体制机制不断完善

强化节能管理,把节能评估审查作为项目审批、核准和开工建设的前置条件。完善节能减排考核体系,省政府印发了《陕西省节能减排统计监测及考核实施方案和办法的通知》。积极推进循环经济试点,榆林市、中钢重型机械厂、西安市污水处理厂被列为国家第二批循环经济试点单位。

九、积极推动综合配套改革试点

西安市统筹科技资源综合配套改革试点申报工作稳步推进,试点框架方案经修改完善后正式上报国家发展改革委争取批复。神木、西安经开区——高陵统筹城乡发展试点方案正在积极完善中。

甘肃省经济体制改革

2008年我国相继发生的低温雨雪天气和汶川特大地震等严重自然灾害,使我省经济社会发展面临前所未有的复杂局面和严峻考验。9月份以后,受全球金融危机影响,我省经济发展进一步受到冲击和制约。面对经济社会发展中出现的新情况、新问题,全省各地、各部门共同努力,认真落实省委、省政府决策,坚持科学发展观,全面贯彻党的十七大精神和省第十一次党代会精神,按照完善社会主义市场经济体制和省委"改革抓创新"的要求,围绕《甘肃省2008年经济体制改革工作指导意见》确定的各项工作任务,着力解决制约我省经济社会发展的深层次体制矛盾和问题,进一步推进国有经济战略调整,深化农村经济体制改革,不断健全现代市场体系,探索建立资源节约型和环境友好型社会的体制机制,各项改革取得不同程度进展，一些重要领域和关键环节的改革有所突破。

一、国有企业改革发展深入推进

按照建立现代企业制度的总体目标，重点在大中型企业产权多元化改革、特困企业政策性破产、中小型企业改制放活、分离企业办社会职能、主辅分离辅业改制等方面进行了攻坚和突破，取得了阶段性成果。一是前一轮改革的收尾工作进展顺利。6户省属企业政策性破产重组工作稳步推进，总体实施方案已经省政府常务会议研究通过。省属企业主辅分离辅业改制和分离办社会职能进展顺利，省属及省属下划工业企业和农垦企业分离办社会职能已全面完成，省属非工业企业分离办社会职能正在平稳有序进行。省属企业改制工作稳步推进，物产集团所属部分企业通过"减债脱困"工程甩掉了债务包袱，顺利完成改制；提出了机械集团和医药集团推动子企业改革改制的方案，并稳步实施。二是新一轮改革起步工作全面展开。研究提出了省属企业深化改革的主要任务和实施计划，理清了进一步深化改革的思路，明确了推进改革的工作重点。加强了与中央企业及其他优势企业对接的深入展开，酒钢集团与欧亚财团、白银集团与中信集团、华亭煤业与华能集团、祁连山建材与中国建材、甘肃稀土与包钢稀土的合作稳步推进。三是国有资本运营在探索中起步。稀土新材料、华亭煤电、电投陇能首发上市，金川公司、长城电工、祁连山建材定向增发各项准备工作进展顺利，靖远煤业主业整体上市的主要障碍已经扫除。四是粮食、农垦和公路交通等国有非工业企业改革进一步推进。截至 2008 年 6 月底，全省粮食系统改制企业为 983 户，占改制前企业总数的 95.62%。通过改制，全省粮食企业初步实现了产权多元化。农垦企业分离办社会职能工作按计划推进，医疗卫生机构的移交工作正在调研论证阶段。省交通厅以高等级公路养护体制改革为重点，全面启动高等级公路管养分离改革和农村公路养护体制改革工作，选择 14 个县（市、区）进行农村公路建设和养护体制改革试点。

二、非公有制经济加快发展，经济实力进一步增强

一是全面加快服务体系建设，以服务推动发展。按照"政府扶持中介，中介服务企业"的原则，着力构建创业孵化体系、信用与融资担保体系、公共技术服务体系等十大社会化服务体系。目前，全省中小企业担保机构发展到 66 家，注册资本 15 亿元，先后为 2751 户企业提供担保贷款 55 亿元。全省高新技术中小企业达 91 户，已命名的 9 个国家、省级乡镇企业科技园区中，入驻的高科技中小企业达 10% 以上。二是编制完成中小企业乡镇企业和非公经济发展的"三个规划"和"四个意

地方篇

见"。编制完成了《甘肃省中小企业乡镇企业和非公经济 2008—2012 年发展规划》、《甘肃省乡镇企业中小企业 2008—2012 年农产品加工业发展规划》、《甘肃省中小企业乡镇企业和非公经济 2008—2012 年循环经济区发展规划》、《甘肃省中小企业成长工程实施意见》、《甘肃省中小企业乡镇企业社会化服务体系建设实施意见》、《甘肃省中小企业乡镇企业和非公经济科技创新和教育培训实施意见》、《甘肃省推动中小企业出口工程实施意见》，形成了统分结合、相互配套的规划、意见体系。三是继续加大中小企业招商引资力度。在"2008 年全国乡镇企业中小企业东西合作经贸洽谈会"上我省共签订招商引资合同项目 749 个，投资总额 405.7 亿元。在第五届中国国际中小企业博览会暨中韩中小企业博览会，有 12 个市（州）的 22 个企业与客商签订了合作项目，签约总资金 9.6 亿元，推动了中小企业间的交流与合作。

三、积极推进农村经济体制改革

一是继续推进农村综合改革。乡镇机构改革通过采取撤并乡镇、合并村组、精简机构、缩减乡镇领导职数、党政干部交叉任职等办法，撤并乡镇 314 个，占全部乡镇总数的 20.44%，合并村组 5073 个，全省乡村行政区划调整已基本到位。农村义务教育经费保障机制逐步理顺，全省农村义务教育阶段中小学已全部免除了学杂费，全省共有 406 万农村中小学生受益。乡财县管的财政管理模式全面推行，基层财政保障能力得到增强。全省农村义务教育"普九"债务的清理、核实工作已经完成，全年拨付资金 16.2 亿元，积极开展了化解农村义务教育债务工作。二是完善农村土地经营制度，加强土地承包经营权流转管理和服务。在坚持农村土地家庭承包经营的基础上，探索和完善农村土地承包关系，因地制宜地推进土地经营权流转。截至目前，全省家庭承包经营耕地流转面积 63.5 万亩，占承包地面积的 1.4%。继续做好农村土地承包纠纷仲裁试点工作。进一步改革完善了农村土地征占用、征地补偿和安置制度，加强了对农民集体所有土地补偿费分配使用的管理工作，有效地保护了农村集体经济组织和农民群众的权益。三是积极推进集体林权制度改革。省上成立了集体林权制度改革领导小组，对全省集体林权制度改革的指导思想、基本原则、总体目标、范围、主要任务、配套措施、方法步骤、组织领导等作了全面安排部署。按照试点先行、循序渐进、稳步推开的原则，确定了合水、泾川、宕昌、清水、安定、永靖、临泽等 7 个县（区）为全省集体林权制度改革试点县。印发了《甘肃省集体林权制度改革试点工作方案》，计划用两年时间完成 7 个试点县的主体改革任务。四是农村金融业逐步发展壮大，有效地解决了"三农"贷款难的问题，支农力度不断增强。自我省被列为全国 6 个试点省份之一以来，全省共成立了 8 家新型农村金融机构，包括 6 家村镇银行和 2 家农村资金互助社。中国银监会已同意将我省敦煌市和民勤县列为第二批村镇银行试点单位。农村诚信建设成效明显，截至目前，全省共创建信用村 3283 个，创建信用乡镇 101 个，创建文明信用农户 166 万户，有效地解决了农民生产生活小额贷款难的问题。五是启动促进农民增收六大行动。围绕贯彻胡锦涛总书记和温家宝总理指示精神，省委、省政府出台《关于启动六大行动促进农民增收的实施意见》。通过实施促进农民增收的"六大行动"，截至 2008 年 10 月，全省农民人均现金收入 1951.84 元，同比增加 343.68 元，比上年提高 11.7 个百分点，工资性收入增长是农民增收的主要因素；现金支出人均 2003.33 元，同比增加 347.55 元，比上年提高 13.3 个百分点，生产投入明显加大，生活消费全面增长。六是小城镇试点改革工作取得新进展。省委、省政府出台《甘肃省小城镇发展改革试点工作指导意见》，进一步明确了我省小城镇试点工作的目标任务和主要内容，制定了相关的扶持政策和保证措施，全省城镇化率由 2005 年的 30% 增至 2008 年的 32.89%。

四、继续围绕政府职能转变推进相关改革

一是稳步推进行政审批制度改革。编制完成依据地方性法规、省政府规章设定的行政许可（审批）项目目录。对应《国务院关于第四批取消和调整行政审批项目的决定》，进行了省级部门第六批、中央在甘单位第三批行政审批项目目录的取消和调整。通过此取消调整，省级部门行政审批事项已由原来的 2315 项减少到目前的 763 项，累计减少 1547 项，减幅为 66.8%。电子政务工程进展顺利，截至目前共争取 15 个国家电子政务项目，总投资 7.2 亿元。二是财政管理改革继续深化。研究制定了跨省市和跨市州企业所得税征缴、分配管理办法，实行了 57 县"四税"和 10 个市州营业税基数返还政策，确定了出口退税地方负担部分继续由省级承担办法。省直管县试点改革平稳运行。县级基本财力保障机制总体方案已报财政部审定。"三奖一补"激励政策、转移支付制度得到进一步完善。调整和完善省对市州及直管县财政管理体制决定，强农惠农专项资金支付管理办法和惠农财政补贴"一册明、一折统"发放管理意见已正式下发。行政事业单位国有资产管理办法正式实施。

五、积极发展要素市场

一是大力发展资本市场。甘肃证券公司风险处置已经进入司法清算程序，华龙证券公司整改重组已基本完成，规范化运作水平有了新的提升。截至目前，全省共有 A 股上市公司 20 家（沪市 10 家，深市 10 家），总股本 76.62 亿股，总市值 1070

亿元。1 家证券公司（华龙证券），30 家证券营业部，22 家证券服务部。1 家期货公司（陇达期货）和 2 家营业部，全省企业上市后备资源入库企业已达 96 户。二是金融机构体系进一步完善。兰州市商业银行正式更名为兰州银行，酒泉分行已挂牌营业。上海浦东发展银行在兰州设立了分支机构。4 家省外保险公司已挂牌营业。中国民生银行、光大银行、中信银行都有意向在我省设立分支机构。三是土地市场进一步得到规范。进一步做好企业改革土地资产处置工作，出台了《甘肃省国土资源厅关于做好土地资产处置支持国有企业改革的意见》，依据土地管理法律法规和土地资产处置政策，结合企业改革实际、土地利用状况和规划条件等，确定土地资产处置方式。四是加快人力资源开发。围绕全省重点发展领域和重点建设项目，省委、省政府制定出台了《甘肃省专业技术人才支撑体系建设纲要》和《甘肃省领军人才队伍建设实施办法》，通过创新机制，抓住培养、吸引、用好和留住人才等关键环节，促进人才队伍建设与人才的合理流动、配置和使用。

六、促进社会和谐，积极推进社会领域改革

一是进一步做好促进就业工作。起草完成了《甘肃省就业促进条例》，制定了《甘肃省劳务经济发展三年规划（2008—2010）》和《甘肃省关于开展全民创业活动的指导意见》。2008 年全省城镇新增就业 25.6 万人，比上年增长 13%；下岗失业人员再就业 11.7 万人，比上年同期增长 27%；就业困难对象再就业 4.8 万人，比上年同期增长 33%；全省共安置 3961 户零就业家庭中的 4043 人就业，共有 4889 名登记失业高校毕业生实现就业。全省城镇登记失业率控制在 3.1% 以内。二是社会保障体系建设稳步推进。企业职工基本养老保险、失业、医疗、工伤等保险制度逐步完善，全省城镇企业基本养老、失业、城镇职工基本医疗、工伤和生育保险参保人数分别为 152.17 万人、161.99 万人、239.36 万人、106.72 万人和 57.29 万人。城镇低保和农村低保标准逐年提高，低保覆盖面逐渐扩大，保障水平明显提高。城镇居民基本医疗保险与新型农村合作医疗制度得到推广，2008 年参保人数和参合人数分别为 279.69 万人和 1869.12 万人，参保率和参合率分别为 88% 和 93.2%。三是劳务输转工作加快推进。在杭州、南通、西宁三市新建了劳务管理站，在天津 3 户大型企业加挂了"甘肃省劳务输转基地"牌子、3 家培训机构加挂了"甘肃省劳务输转培训基地"牌子，进一步完善了劳务协作网络。2008 年全省共输转城乡富余劳动力 425.91 万人，有组织输转 183.52 万人，有组织输转率 43.08%；创劳务收入 256.36 亿元。四是积极落实教育体制改革有关措施。"两基"人口覆盖率从 2002 年的 72.94% 提高到 95.20%。继续推进生源地助学贷款工作，实行省属院校师范生免费教育，启动了省属师范院校本科毕业生到农村中小学任教以奖代补政策。从 2008

年春季学期开始，农村义务教育阶段免学杂费和补助公用经费合并为公用经费；提高了农村义务教育阶段经济困难家庭寄宿生生活费补助；免除全省城市义务教育阶段学生学杂费。研究起草了《甘肃省关于深化职业教育管理体制改革的实施方案》。五是文化体制改革成效卓著。在财政、税务、工商、土地、劳动和社会保障等部门的支持下，出台了支持我省文化体制改革试点的若干政策和措施，有力地促进了试点改革。读者出版集团、省新华书店等转企改制以来，享受由国家减免的税收优惠达到1.8亿元；甘肃日报社每年享受到财政800多万元补贴，较好地解决了历史遗留的职工养老保险问题；省广电总台广播电视中心工程建设资金2000多万元缺口得到弥补，实施城市有线电视数字化工程的1亿元贷款贴息由省财政从2007年起连续补助3年。

七、建设资源节约和环境友好型社会取得新进展

一是积极发展循环经济，努力推进资源综合利用。在编制《甘肃省循环经济发展规划》、《甘肃省循环经济试点实施方案编制要求》的基础上，制定了《甘肃省循环经济试点实施方案》，初步筛选了80个循环经济重点项目。推动区域循环经济发展，有4个城市和2个区被列为全省发展循环经济试点城市。二是节能减排扎实推进。完善了节能减排政策，在固定资产投资项目中开展节能评估和审查。严格执行高耗能行业差别电价，在全省八个高污染、高耗能行业执行差别电价，加大淘汰落后生产能力。加强节能减排项目建设，用先进节能减排技术改造提升传统产业。2008年，全省万元GDP能耗下降了4.5%，削减二氧化硫排放7.43万吨、化学需氧量排放1.35万吨，均完成了年度目标。

青海省经济体制改革

2008年，在省委、省政府的领导下，青海省各地区、各部门深入贯彻落实党的"十七大"和中央、国务院关于深化经济体制改革的精神，紧紧围绕构建和谐社会和全面落实科学发展观的要求，坚持社会主义市场经济的改革方向，紧密结合青海实际，针对经济社会发展中的突出问题和深层次矛盾，在重点领域和关键环节继续加大改革力度，各项改革积极稳步推进。

为切实推进全省经济体制改革工作，明确工作重点，落实工作责任，省发展改

革委在深入调研和广泛征求意见的基础上，紧密结合我省实际，研究提出并报请省政府批转下发了《青海省 2008 年深化经济体制改革的工作意见》，全面部署了改革工作。《意见》明确了深化经济体制改革的指导思想和基本原则，提出了继续推进行政管理体制改革、进一步深化国有企业改革、继续深化农村经济体制改革、继续深化投资财政税收体制改革；继续深化商务体制改革、加大就业、社会保障和收入分配体制改革力度、深化社会事业和社会管理体制改革等重点改革任务，加强了改革的总体指导。同时，明确了各项改革的牵头部门和配合部门，建立了沟通协调机制，并对加强改革工作的组织领导提出了要求。

一、行政管理体制改革

继续推进行政审批制度改革。2008 年在全省进行了第五轮行政审批制度改革，在省政府第 52 号令基础上，进一步减少行政审批许可项目，取消 22 项行政审批项目，调整 83 项行政审批项目，为推进和深化行政管理体制改革奠定了基础，也对依法界定行政执法机关职责提供了法律依据。

进一步落实行政执法责任制，推进市县基层依法行政。根据国务院《关于加强市县依法行政的决定》，在大通、民和两个示范县开展了推进依法行政示范建设工作，并明确了市县政府依法行政的政府责任和市县政府主要领导第一责任人的领导责任，初步建立和完善了市县依法行政的工作机制和监督机制。

二、国有企业改革和非公有制经济发展

2008 年 5 月份，我省召开了全省国有资产监督管理工作会，会议总结了我省国有企业在深化改革，增强创新能力，加大资产重组和整合力度，不断做大做强，为全省经济社会又好又快发展中所做的重要贡献。同时对国有企业在推动青海经济社会在新的历史起点上实现跨越式发展提出了更高的要求，做出了明确具体部署。

为了规范和完善中小企业发展专项资金管理，促进我省中小企业发展，省财政厅和省经委出台了《青海省中小企业发展专项资金管理办法》，对专项资金的使用范围和方式、企业申请条件、项目申报和评审程序、监督检查等作出了明确规定。

推进国有资本调整和重组，优化资本结构。青海盐湖工业集团股份有限公司重组青海数码网络股份有限公司工作继续推进。完成了青海盐湖工业集团有限公司受让上海富友房产有限公司股权的工作及原数码网络投资（集团）股份有限公司控制下的房产、股权、地名等的更名工作；完成了省投资集团收购宁北铝电有限公司股权工作，实现了火电与电解铝的优势互补；完成了西部矿业集团公司持有江西金峰

矿业有限公司55％的股权转让工作，对稀有资源进行了整合。继续加快推进国有企业改制及破产重组工作，妥善处理改革遗留问题。

三、农村改革

农村牧区综合改革不断深化。根据《国务院办公厅转发国务院农村综合改革领导小组关于开展清理化解农村义务教育"普九"债务试点工作意见的通知》精神，省政府办公厅转发了省农村牧区综合改革领导小组办公室《关于清理化解农村牧区义务教育"普九"债务试点工作意见》，对我省清理化解农村义务教育"普九"债务的基本原则、工作步骤以及保障措施做出了规定，确定了自2008年1月起至2010年12月"三年之内完成农村牧区义务教育历史债务化解工作"的目标任务。2008年在西宁市的湟中县，海东地区的乐都县、民和县开展了先行试点。

稳定和完善农村土地承包经营权有序流转、草场流转及管理，开展生态畜牧业建设试点工作。在稳定农村土地基本经营制度的基础上，采取出租、转让、互换、入股和其他形式，积极探索了农村土地经营权流转的途径和办法，土地流转速度加快，规模不断扩大，流转主体日趋多元化。目前，全省草原家庭承包工作已基本完成。全省牧区共承包草原4.25亿亩，占全省可利用草原面积的89.66％。2008年，我省生态畜牧业试点工作在牧区六州正式启动。

认真贯彻国务院办公厅《农村公路管理养护体制改革方案》（国办发〔2005〕49号），省政府印发了《青海省农村公路管理养护体制改革实施方案》，确定了"用三年左右的时间，基本建立符合我省实际的农村公路管理养护体制和运行机制"的改革目标。

四、粮食购销企业改革

根据省政府《关于进一步深化全省粮食购销企业改革意见》精神，自2006年以来，全省国有粮食购销企业改革稳步有序推进，至2008年底，粮食企业"三老"问题基本解决，企业改制基本完成。

五、投资价格改革

深入推进投资体制改革，进一步规范投资概算评审工作流程，有效遏制了项目建设中超投资、超规模现象。继续推进代建制和统建制相结合的建设管理模式改革。积极推进资源性产品价格改革，落实成品油价税费改革的调价措施。适时疏导电价矛盾，调整上网电价和销售电价，在一定程度上缓解了电力企业经营困难。结合国际国内钾肥市场价格实际，对我省钾肥出厂价格进行了调整。按照国家统一部署，对成品油零售中准价格进行了调整，实行道路客运运价与燃油价格联动机制，有效应对和化解了燃油价格波动对我省公路客运行业的影响。

六、财政、税收、金融体制改革

"省管县"改革试点初始阶段选择的 9 个县的试点工作已正式实施，进展顺利。政府非税收入收缴管理改革深入推进，修改完善了《青海省政府非税收入管理条例》，加强了对各地区、各部门非税收入管理，制定和完善了相关措施。国库集中支付改革继续推进，省级推广应用公务卡试点工作进入实施阶段，省级国库集中支付综合查询系统上线试运行。省对下财政管理体制改革，在完善省对财政困难县财政激励性转移支付办法的基础上，制定了《青海省省对下财政管理绩效考核奖补试行办法》，鼓励各地提升财政管理水平。

根据《国务院关于实施企业所得税过渡优惠政策的通知》（国发〔2007〕39号）文件精神，省政府及时以"青政办〔2008〕43号"转发了省财政厅、省国税局、省地税局《关于实施企业所得税过渡优惠政策的意见》，以保证新税收法律及实施条例的贯彻实施。

以支持非公有制经济、中小企业发展和建设农村金融服务体系为重点，切实推进金融改革。制定实施了《中国人民银行西宁中心支行关于进一步支持非公有制经济健康发展的若干意见》，为非公有制经济发展提供了优惠政策支持，创造了平等竞争的金融政策环境。采取制定专门金融信贷政策、设置专门机构、完善担保体系、创新贷款方式等积极有效的措施，有效缓解了中小企业融资难的问题。随着全省农信社中央银行专项票据资金的逐步到位，我省农信社在强化约束机制、产权制度改革、法人治理结构、经营机制和内部管理制度改革等方面取得积极进展，通过积极推广完善农户小额信用贷款、农户联保贷款、社团银团贷款等方式，切实加大了金融服务支持"三农"的力度。

七、文化体制改革

我省自 2006 年 4 月启动实施深化文化体制改革试点工作，西宁市、海南州两个试点地区和省直文化单位积极推进各项改革措施的落实，取得明显成效。改革中，确定省图书馆、省博物馆为公益性文化单位体制改革试点单位，省民族语影视译制中心和省文物考古研究所为文化事业单位的试点单位。试点单位以岗位管理为重点，继续深化内部人事和分配制度改革，引入竞争激励机制，根据单位性质，按需设岗，分类管理，明确岗位职责和任职条件。目前，省图书馆、省民族语译制中心的改革工作已经结束。对经营性文化单位的改革，按照"一企一策、成熟一个、改制一个"的原则，积极推进厅直经营性文化单位进行规范的公司制改造，理顺企业与职工的关系，明确企业的市场主体地位。目前，省电影公司、省工艺美术厂、省文物商店三个单位按新的企业管理制度改制为国有独资的有限责任公司。省民族歌舞剧院和省戏剧艺术剧院的内部改革继续深化。调整充实了领导班子，推行了目标责任管理。按照"老人老办法、新人新办法"的原则，对新进人员全部实行聘用合同制，签订聘用合同，办理养老、医疗和失业保险等手续。完善激励与约束相结合的内部收入分配制度，加大向一线演职人员倾斜，加大了内部分配力度，使得分配更合理、更科学。

八、医疗保障体制改革

我省新型农村合作医疗制度建设不断完善，2008 年为了不断扩大农牧民受益面，提高受益水平，省政府先后制定实施了《关于提高新型农村合作医疗筹资标准的实施意见》和《青海省新型农村合作医疗补偿暂行办法》，推动了新农合制度在新起点上进一步发展。目前我省已基本建立了与农牧区经济社会发展水平相适应的新农合制度框架、管理体制、运行机制和监管机制，已成为农牧民基本医疗保障制度的一个重要实现形式。

在社区卫生工作方面，相继制定了《关于发展城市社区卫生服务的若干意见》、《青海省城市社区卫生服务机构设置标准》、《关于整合城市卫生资源大力发展社区卫生服务的意见》等一系列社区卫生发展政策，优化了现有卫生资源，健全了社区卫生服务网络。

城镇居民基本医疗保险，按照 2007 年出台的《青海省城镇居民基本医疗保险试点工作指导意见》确定的目标任务，积极启动实施西宁、格尔木、德令哈三个国家试点城市的试点方案。2008 年经国务院批准将我省所有地区的城镇居民全部纳入国家试点范围，我省积极组织力量加强调研，认真总结试点经验，探索、解决实施中出现的问题，研究完善政策体系，平稳推进扩大试点工作。

城镇职工医疗保险在继续完善政策、扩大覆盖面的同时，研究解决了国有地方政策性关闭破产、依法破产企业退休人员的医疗保险问题。根据省级城镇职工统筹基金的支撑能力和大额医疗补助基金超支的实际，提高了基本医疗保险参保人员待遇水平。

九、商务体制改革

继续深化外贸体制改革。积极培育外向型经营主体，进一步壮大外贸出口骨干企业群体。立足本省资源，培育新的出口增长点，扶持以资源加工型为主的出口支柱企业，支持一批以高原特色农牧业产业及其加工为主的出口重点企业；培育非公有制外向型经济发展，加快赋予各类非公有制企业进出口经营资格步伐；对具有出口潜力的企业做好国际市场、客户和人才的培养工作，形成经营主体结构优化和市场多元化的良性竞争环境。

不断创新招商引资的体制机制。积极借助各种国内外展会宣传本省优势，引导和鼓励外资投向节能环保、清洁能源、高新技术和现代服务业，在努力扩大引资数量的同时严把引资质量关；继续把西宁经济技术开发区、柴达木循环经济试验区作为全省吸收外资的重点，加强对开发区的服务协调力度。

加快商贸流通体制改革。以连锁经营物流配送、电子商务为代表的现代流通方式得到快速发展，流通企业组织化程度稳步提升；政府对商品市场体系的监测和调控有所增强；"万村千乡市场工程"和"双百工程"扎实推进，农村牧区商品流通网络建设进一步完善。

宁夏回族自治区经济体制改革

2008 年，在自治区党委、政府的正确领导下，在国家发展和改革委员会的指导下，我区经济体制改革工作坚持以邓小平理论和"三个代表"重要思想为指导，全面落实科学发展观，认真贯彻党的十七大和十七届三中全会精神，全面落实《国务院关于进一步促进宁夏经济社会发展的若干意见》，按照《自治区人民政府关于2008 年深化经济体制改革工作的意见》的总体部署，进一步解放思想，抢抓机遇，明确任务，狠抓落实，着力从体制和机制等方面解决影响经济社会发展的突出问题和矛盾，经济体制改革工作取得了新的进展。

一、国有企业改革取得新进展

积极推进国有资产向优势行业、优势产业、优势企业、优势产品集中，进一步加强地方企业与中央企业的战略性合作，宁夏宁东铁路股份有限公司、中电投宁夏青铜峡能源铝业有限公司、国药控股宁夏有限公司完成重组。重组设立了宁夏房地产开发集团有限公司、宁夏富宁投资集团有限公司、宁夏担保集团有限公司和宁夏水务投资集团有限公司。组织实施了太西集团有限责任公司二矿、宁夏煤业集团磁窑堡煤矿等 10 个项目的破产清算，完成了宁夏工程咨询公司等 9 户企业改制。利用有效资产批准设立了宁夏清洁能源发展有限公司等 3 户企业。

二、农村体制改革进展顺利

一是积极探索推进农村土地承包经营权流转的机制。按照依法、自愿、有偿的原则，在平罗县、灵武市、泾源县开展了土地信用社试点工作，取得了不同类型的典型经验，在全区起到了示范引导作用。全区土地经营权流转面积 65 万亩。二是创新农业经营体制，大力培育农民专业合作组织。全区新增农民专业合作组织 256 个，总数达到 1300 家，吸纳社（会）员 16 万户，带动农户 36 万户。三是进一步推进农村科技服务体系建设。自治区党委、政府出台了《关于深入开展科技特派员企业行动的意见》，营造了有利于科技特派员创业行动深入开展的社会氛围，全区科技特派员已发展到 4986 名。在全国率先成立了科技特派员企业培训学院，并成为科技部培训试点基地。自治区政府与中国农科院签订了农业科技合作协议，启动了"院地合作、所县共建"计划，组建了 14 个产业研发中心（团队）和 17 个科技示范推广团队，创新了科技推广的体制和机制，进一步提高了我区农业科技集成创新和引进、消化、吸收再创新能力。

三、行政管理体制改革不断深化

一是积极推进政府效能建设。制订出台了《关于建立完善效能建设十项制度的意见》、《政府公务员考核办法》等 5 项制度，对 2003 年以来成立的 270 多个领导小组进行了全面清理，合并调整为目前的 67 个，大大减少了协调议事机构，提高了工作效率。二是不断深化行政审批制度改革。第五次对我区行政审批项目进行了清理，取消行政审批项目 16 项，调整行政审批项目 32 项。成立了自治区政务服务中心，推行一个窗口对外、一次性告知、一站式服务和一条龙管理，减少了办事环节，规范行政审批行为，75% 以上的行政许可事项实现了由政务大厅集中办理，方便了群众，改善了机关形象。三是大力推进政务公开。重新整合成立了自治区推进依法行政和政务公开领导小组，制定了《关于贯彻落实〈中华人民共和国政府信息公开条例〉的意见》，进一步修改完善了《自治区政府工作规则》，建立了重大事项公告制度、建设项目公开招投标制度、政务公开预审制度、政务公开领导责任制度、政务公开承诺办理制度、政务监督评议制度等相关制度，建立健全政府信息公开网站体系和政府信息查阅场所，为群众查阅相关政府信息提供方便。四是积极推进政府职能转变。区直 15 个厅局的 66 户企业脱钩改革工作正在抓紧进行。行业协会商会与行政机关脱钩试点工作开始实施。五是积极探索机构管理改革。出台了《关于事业编制实行分类管理的意见》，积极推进事业机构编制管理工作的法制化建设。中卫市深化乡镇机构改革试点工作继续开展。银川市借鉴企业"扁平化"管理模式，积极探索地方党政部门内部组织机构运行机制改革，市直 55 个党政群机关、承担行政管理职能的直属事业单位全面实施扁平化管理，为行政机关管理体制改革做了有益的探索。

四、社会体制改革稳步推进

教育体制改革：自治区出台了《关于推进职业教育跨越式发展的意见》，明确了我区今后五年职业教育改革与发展的指导思想、目标任务和主要措施。着力提升高等教育办学层次和教育质量，宁夏大学进入国家"211"工程建设行列，宁夏医学院正式更名为宁夏医科大学，西北第二民族学院更名为北方民族大学，中国矿业大学银川分院正式建院并招生，宁夏财经职业技术学院进入"国家示范性高职院校建设计划"。稳步推进初中毕业考试与普通高中招生制度改革，将自治区示范性普通高中和县（区）所属优质高中 35% 的招生名额，按比例分配所属初中学校。启动实施了义务教育均衡发展行动计划，义务教育的普及水平进一步提高。继续深化农村义务教育经费保障机制改革。提高了自治区义务教育阶段公办中小学公用经费补助标准和义务教育阶段家庭经济困难寄宿生的生活费补助标准，扩大免费教科书发放范围，实现全区农村义务教育阶段教科书全部免费。

医疗卫生体制改革：一是建立和完善新型农村合作医疗制度。修订完善了《宁夏回族自治区新型农村合作医疗实施方案》，提高报销比例、提高封顶线，降低起付线，扩大了受益面，全区 22 个县（市、区）全部开展了新型农村合作医疗，共有 358.45 万人参加新农合，参合率为 92.1%，比 2007 年提高了 6.87 个百分点。二是优化卫生资源配置。将部分二级医院、国有企事业单位所属医疗机构和城乡结合部的卫生院转型为社区卫生服务机构，全区已建立社区卫生服务机构 131 所，覆盖全区 85% 以上城市居民，初步形成了城市社区卫生服务体系。三是继续推进药品"三统一"改革。全区 2893 个各级公立医疗机构全部执行药品"三统一"政策，将全区公立医疗机构主要医用耗材纳入统一招标采购，六类普通医用耗材，130 个品种，1123 个品规，总平均降幅达 48.83%；两大类特殊医用耗材，545 个品种，

1051 个品规，总平均降幅达 42.71%，规范了医疗机构的采购行为，较大幅度的降低了医用耗材流通成本和虚高价格，进一步减轻人民群众不合理的医药负担。四是建立了食品安全监督机制。自治区人民政府发布了《食品安全行政责任追究办法》，为全国首部追究食品安全行政责任的政府规章，为进一步加强我区食品安全综合监督工作，提供了强有力的法律支持。自治区、市、县、三级政府成立了食品安全委员会，乡镇建立了工作机构，完善了食品安全责任体系。

文化体制改革：自治区党委、政府出台了《关于进一步深化文化体制改革的意见》，积极推进文化体制改革，推动形成有利于出精品、出人才、出效益的文化发展环境。以推进经营性文化单位转企改制为重点，以资本为纽带，按照建立现代企业制度的要求组建黄河出版发行集团公司和宁夏文化实业总公司工作正在加紧进行；文化事业单位内部机制和领导体制、管理机制改革步伐加快；文化资源整合有序展开，全面覆盖、功能完善的公共文化服务体系正在形成。

社会保障体系建设：启动了吴忠市、固原市城镇居民基本医疗保险试点，实现了医疗保险制度全覆盖。农村社会养老保险在探索中推进，银川、灵武等 12 个市县启动了村干部或被征地农民养老保险试点工作。制定出台了《关于商贸、餐饮、住宿等服务业农民工参加工伤保险的指导意见》，将商贸、餐饮、住宿等服务业农民工纳入了工伤保险覆盖范围。养老、失业保险费征收业务向地税部门的移交工作顺利完成。

劳动就业：自治区出台了《关于大力推进全民创业的意见》，下发了《宁夏支持创业小额担保贷款管理办法》、《宁夏扶持残疾人创业社会保险补贴办法》、《关于加快社会中介组织发展的意见》等配套文件，初步形成了宁夏实施全民创业工程的政策体系，推动全民创业蓬勃开展，实现了以创业带动就业。全区实现城镇新增就业 7.16 万人，城镇登记失业率控制在 4.31%。

五、财政体制和价格改革进一步深化

一是推动农村财政管理机制改革创新。积极探索农业财政资金兑付方式，扩大农村"三财"管理改革试点范围，启动农场税费改革工作，继续深化"乡财县管"体制改革。不断完善农业直补"一卡通"管理机制，建立了"乡镇管底册、部门管审核、财政管资金、银行管发放"的政府直补农民"一卡通"管理机制。化解乡镇债务工作取得突破性进展，到 6 月 20 日，全区所有乡镇共计 7.38 亿元的历史债务得到全面化解清偿，提前一年半时间率先在全国化解乡镇债务。温家宝总理在我区化解乡镇债务报告上批示："宁夏全面化解乡镇债务的经验值得借鉴，可发各地参考。"到 8 月底全部化解义务教育"普九"债务 9.01 亿元，也率先在全国完成化解任务。二是继续深化部门预算改革。加快推进项目支出预算编审方式改革，把部门预算编制的重点切实转变到项目支出上。加强市县预算管理，制定出台了《宁夏回族自治区财力性转移支付资金使用监督考评管理办法》，建立了市县财政预算动态监控机制和市县预算审查制度。三是推进国库集中支付改革。研究确定了会计集中核算向国库集中支付转轨的模式，对自治区党委办公厅、政府办公厅核算中心所属的预算单位提出了推行国库集中支付的实施方案，确保会计核算向国库集中支付的平稳过渡，为全面实施国库集中支付奠定基础。四是实施了公务卡改革。选择 6 个具有代表性的单位启动了公务卡试点工作，10 月份已在自治区本级单位全面推行。五是推进政府采购制度改革。推行电子化政府采购，探索对货物类的通用设备统一标准，实现集中采购的模式。将中小学生免费教科书、药品、农机具等关系群众利益的项目纳入政府采购范围。六是积极推进资源性价格改革。制定了《关于规范燃煤发电机组脱硫运行和脱硫电价管理办法》，严格实行环保脱硫电价政策。积极推进环保收费的改革，制定实施了《城市生活垃圾处理收费制度》、《污水处理收费制度》，以及工业危险废物、医疗废物和其他社会源危险废物处置收费标准以及征收污水排污费等政策规定。适时调整了城市供热价格和种子收购指导价格。

六、地方金融改革取得明显成效

小额贷款公司发展势头良好。全区小额贷款公司已发展到 24 家，实际到位资金 10.8 亿元，累计为小企业和农民发放贷款 35 亿元，贷款回收率为 100%，发展速度、规模、布点数量以及实际到位资金等，都走在了全国前列，成为支持宁夏农村经济发展的重要力量。村镇银行试点工作进展顺利。吴忠滨河村镇银行、平罗沙湖村镇银行完成组建，正式投入运营。宁夏担保集团挂牌成立，初步建立了区、市、县担保公司和其他担保机构共同发展、覆盖全区的信用担保体系和再担保体系。银川市商业银行更名重组为宁夏银行，为实现跨区域经营奠定了基础。作为全国第一家由省级联社整体改制的宁夏黄河银行组建工作正式启动。积极促进企业上市工作，初步建立起后备上市企业资源库。信用体系建设稳步推进。成立了宁夏建设社会信用体系促进会，信用单位、信用企业、信用个人、信用社区、信用村镇、信用农户创建活动积极开展。

七、改革开放 30 周年纪念活动深入开展

2008 年是改革开放 30 周年，按照中央和自治区的统一部署，全区各地隆重举办了各种形式的纪念活动。自治区召开了全区纪念改革开放 30 周年大会和理论研讨

会。自治区发展改革委与自治区党校联合编写出版了"纪念改革开放30周年"理论书籍。自治区发展改革委等部门与宁夏日报报业集团联合举办了"改革开放30年宁夏行业功勋企业"评选活动。通过各种纪念活动，回顾和总结了改革开放30年来，我区经济社会发展取得的辉煌成就和经验，深化和提高了改革开放是推动我区跨越式发展强大动力的思想认识，进一步坚定了不断推进改革开放，实现我区全面建设小康社会的信心。

新疆维吾尔自治区经济体制改革

2008年，新疆维吾尔自治区各地、各部门在自治区党委、人民政府的正确领导下，认真贯彻落实党的十七大和2007年国务院32号文件精神，深入学习实践科学发展观，按照《自治区2008年经济体制改革工作要点》的具体部署和要求，加大协调推进改革工作的力度，不断深化重点领域和关键环节的改革，进一步促进了自治区经济平稳较快发展和社会和谐稳定。

一、农村改革不断深化

1. 农村综合改革稳步推进。总结和推广岳普湖等5个试点县的经验和做法，以转变政府职能为重点，着力强化公共服务和社会管理，积极推进乡镇机构改革。继续推进乡村债务化解工作，化解农村义务教育"普九"债务11.7亿元，完成化解任务的75%。将农村义务教育全面纳入公共财政保障范围，逐步完善农村义务教育经费保障机制，进一步加快农村义务教育发展。积极探索"省直管县"财政管理体制，全面推行"乡财县管乡用"等财政管理方式改革，建立和完善覆盖城乡的公共财政制度。全区已实施改革的乡镇达到乡镇总数的90%以上。组织实施小城镇发展改革试点，哈密市二堡镇、博乐市小营盘镇被纳入国家第二批试点范围。自治区选择了11个小城镇开展首批自治区级试点。

2. 农村基本经营制度不断巩固和完善。在全区26个县开展农村土地承包纠纷仲裁试点，狠抓土地突出问题的专项治理工作，及时化解农村土地承包矛盾，基本建立全区农村土地承包纠纷五级调处机制。采取多种形式适度规模经营，制定了《新疆维吾尔自治区土地流转管理办法》，努力探索农村土地流转的新机制，在优化农业产业结构、推动农村劳动力转移、提高农民收入等方面取得了一定成效。

3. 农村金融服务体系建设步伐加快。农村信用社改革不断深化，推进农村信用工程建设，改善农村融资环境，截至 2008 年末，农村信用社各项贷款比上年末增长 34.2%，增幅居全国之首。稳步开展农村"三类"金融机构的市场准入试点工作，成功组建五家渠村镇银行、石河子农村合作银行，支持天津滨海银行落户喀什，不断改进和完善农村金融服务。制定出台了《新疆维吾尔自治区政策性农业保险保费补贴资金管理暂行办法》，扩大了农业保险品种范围，落实中央支农惠农政策，继续推动农业保险业务发展。2008 年，我区农业保险保费收入 13.51 亿元，保费规模继续保持全国第一。累计支付赔款 7.92 亿元，承担了 229 亿元的风险，有力地保障了新疆农业的健康稳定发展。

4. 粮食、棉花流通体制改革继续深化。稳步推进了国有粮食购销企业改革工作，完善粮食应急体系配套措施建设，不断加大粮食宏观调控力度，有效稳定粮食市场。充分利用粮食产业化专项资金，推进粮食产业化进程，加快建立现代粮食物流体系。组织实施了 102 家棉花加工企业生产设备的更新改造工作，推进棉花检验体制改革，2008 年，新年度棉花公证检验量已达到 222 万吨。

5. 农村其他改革不断深化。稳步推进了头屯河等六个大型灌区农业水价综合改革试点，积极推动了农民用水户协会规范化建设、末级渠系改造和终端水价核算等项工作。继续深化农技推广体系改革，基本建立自治区、地（州）、县（市）、乡（镇）四级农技推广网络，农技推广机构已达 829 个。启动了集体林权改革试点，确定了 5 个示范县，以点带面，稳步推进。

二、国有企业改革继续推进，非公有制经济和中小企业发展环境不断改善

1. 国有企业改革不断深化。先后引进宝钢集团等 15 家区外大企业、大集团对区属国有企业实施战略重组，有力促进了新疆优势产业的发展。重点启动建工集团、路桥公司等大型国有企业改制重组工作，推进辅业企业改制。积极推进厅局和其他监管企业改革，新疆电子设备厂和西北贸易大厦改制工作已进入产权挂牌交易程序，其中西北贸易大厦已被德克士摘牌。积极开展宝钢八钢集团、雪峰民爆等企业的主辅分离和非经营性资产剥离工作，加快建立现代企业制度。认真做好国有企业政策性关闭破产收尾工作。已启动政策性和依法破产工作的 40 户国有企业中，除新纺集团等 3 户企业正在进行破产前期准备工作外，其余 37 户全部进入破产程序。

2. 大力促进了中小企业和非公有制经济发展。积极贯彻落实国家和自治区关于扩大内需、扶持中小企业健康发展的政策，切实加大对中小企业的信贷投放力度，努力解决融资难题。建立中小企业信用担保基金、再担保机构和风险补偿机制，增

强各级各类担保机构的担保能力和抗风险能力。推进中小企业信用制度建设。充分发挥各级发展非公有制经济协调领导小组办公室作用,不断放宽和规范非公有制经济在市场准入、财政税收、信用担保和融资等方面的政策,进一步落实和完善促进非公制经济发展的各项政策和措施。

三、要素市场规范发展,现代市场体系建设不断完善

1. 积极推动资本市场发展。出台了《关于加强自治区企业上市工作的意见》,落实企业上市政策引导专项资金,大力推进区属企业上市和上市公司再融资工作。2008年,准油股份、国统股份两家区属企业上市(IPO)融资3.5亿元,新疆众和、特变电工等8家上市公司通过配股、定向增发、公开增发等方式实现再融资53.97亿元。积极筹备自治区上市后备企业资源库,加强对上市后备企业的指导。自治区上市公司家数仍居西北五省首位。

2. 规范发展土地和矿业权市场。启动了征地补偿改革与农民权益保护示范区项目,加快推进征地制度改革,切实维护被征地农民合法权益。坚持开源与节流并举,不断增强国土资源保障能力。2008年全区新增耕地面积15万亩,新增耕地储备指标已达80万亩。全面推行国有土地使用权和矿业权招标拍卖挂牌出让制度,全区通过招标拍卖挂牌出让土地1105宗、合同价款45.38亿元,出让探矿权50个、合同价款1.22亿元,出让采矿权821个、合同价款13.59亿元,比2007年均有增加,进一步提高国土资源市场化配置程度。

3. 金融服务体系建设不断完善。组建新疆金融投资公司,搭建地方金融投资平台。正式启动我区小额贷款公司试点工作,切实解决农牧民、小企业贷款难问题。我区第一家外资银行——东亚银行中国乌鲁木齐分行已正式落户新疆,邮政储蓄银行新疆分行也已挂牌成立。库尔勒市、奎屯市城市商业银行的组建和设立工作进展顺利,新疆国际信托投资有限责任公司和新疆长城金融租赁有限公司等非银行金融机构的改革重组工作不断推进。

4. 资源性产品价格改革稳步推进。调整全区电网销售电价,不断缓解电价矛盾。落实可再生能源电价政策,组织我区风电企业将2007年可再生能源发电纳入全国电价附加收入分配。适时疏导脱硫电价,推动区内火电机组脱硫改造工程。按照国家统一部署,及时调整自治区成品油零售价格。降低南疆铁路棉花运价。继续实施煤炭临时限价干预措施,确保全区电煤、热煤价格的基本稳定。城镇供热价格改革稳步推进,两部制热价的定价范围扩大。

四、行政管理体制改革继续深化

1. 积极推动政府机构改革。完成了第五次自治区政府部门机构改革任务，15 个地州政府部门机构改革已实施到位。阿勒泰地区在全国率先出台并施行了《县（处）级领导干部财产申报规定（试行）》，财产公示制度改革进入探索阶段。在全国率先制定《新疆维吾尔自治区实施〈政府信息公开条例〉办法》，积极推进政务公开工作。全面推行行政执法责任制，加快建立科学、民主、依法决策机制，转变政府职能。积极推进人事制度改革。健全公务员制度，推行事业单位岗位设置管理制度，完善工资制度改革配套政策。

2. 不断深化投资体制改革。规范和完善企业投资项目核准制、备案制。积极开展政府投资项目代建制试点工作，实施了自治区重大项目公示制度。出台了《新疆维吾尔自治区重点项目建设前期工作经费滚动使用管理暂行办法》，完成了《新疆维吾尔自治区政府投资建设项目代建制管理办法》的制定上报工作。进一步提高了政府投资项目的建设管理水平和投资效益。

3. 深入推动财政体制改革。深入推动部门预算改革，建立对地州市的预算管理工作考评机制，不断提高预算单位经费保障水平。全面实施国库集中支付改革，将经费拨款、行政事业性收费、罚没收入、政府性基金和预算外资金全部纳入国库集中支付范围。国库集中支付动态监控管理力度加大，国库管理制度继续规范和完善。非税收入收缴管理改革力度加大，收缴资金规模稳步扩大，全年入网资金达 240 亿元。加强了政府采购规范化管理，提高政府采购服务水平。政府采购范围和规模不断扩大，全年采购金额达 80 亿元，资金节约率 10%。

五、社会领域改革稳步推进

1. 就业制度不断完善。落实积极的就业政策，着力完善面向所有困难群众的就业援助制度，及时帮助零就业家庭解决就业困难。完善公共就业服务体系，规范人力资源市场和劳务派遣组织，开发就业岗位，提高就业再就业资金使用效益，推动城乡统筹就业工作。2008 年，全区通过各种途径实现就业再就业 43 万人，完成预期目标的 122.86%，城镇登记失业率控制在 4% 以内。

2. 社会保障制度进一步规范和完善。城镇居民基本医疗保险试点扩大到了 10 个地州市，参保总人数达到 1123.2 万，基金收支规模超过 200 亿。农村新型合作医疗实现了全覆盖，新农合的框架及运行机制基本形成。企业职工基本养老保险个人账户试点工作扎实推进，全面实施新的养老金计发办法。失业保险金待遇标准提高，社会保险覆盖面不断扩大。进一步完善城市和农村最低生活保障制度，继续提高了城市低保对象的生活补贴标准。建立和完善城镇居民住房保障制度，稳步推进廉租住房制度，2008 年，全区完成廉租住房建设投资 14.4 亿元，以实物配租方式惠及低收入家庭约 2 万户；发放了廉租住房租赁补贴家庭约 1 万多。进一步规范集资建房，改善城镇居民住房条件。

3. 医疗卫生体制改革继续推进。深化公立医疗机构改革。出台了一系列医务人员技术考核及医疗机构管理评价的管理规定，加强对医疗机构和医疗服务质量与安全的监管。完善突发公共卫生事件应急处置预案体系，及时有效处置流行麻疹、问题奶粉等各类重大突发公共卫生事件。农村卫生体制改革取得新进展，新型合作医疗实现了全覆盖，新农合框架及运行机制基本形成，农牧区卫生机构基础设施不断完善，卫生服务体系的建设进一步加强。社区卫生服务工作力度加大。济困医疗服务进一步加强，2008 年全区共有 143 家医疗机构开展济困医疗服务，其中挂牌的济困医院 49 所，实际开放济困床位 5592 张，提供济困医疗服务 23852 人次，减免费用共计 209.7 余万元。

4. 科技、文化、教育体制改革不断深化。科技管理体制改革方面，以区域创新体系建设为核心，通过政策引导、试点先行、内部集成等举措，稳步推进区属科研机构改革。出台《关于鼓励开展全国科技支疆的若干规定》，与全国 28 个省市区、10 个计划单列市建立了科技支疆协作关系，设立了科技支疆专项资金，不断加强国内外合作，完善科技成果管理，加快科技成果转化，进一步提升自主创新能力。文化体制改革方面，积极落实国家关于支持文化企业发展的财税、投融资、工商、资产与土地处置等政策，争取设立新疆文化产业发展专项资金。继续培育和扶持我区文化企业，积极打造具有新疆特色的文化产业项目。2008 年，新疆和合玉器有限责任公司成为我区首个唯一被评为国家文化产业示范基地的文化企业。教育体制改革方面，普及九年义务教育已接近尾声，继续深化基础教育课程改革，全面启动高中课程改革，不断提高基础教育教学质量。规范发展职业教育，深入推进高等教育教学改革和质量工程建设，不断增强高校综合实力和社会服务能力。采取多种措施大力推进"双语"教学，促进民族教育全面发展。

新疆生产建设兵团经济体制改革

一、深化团场改革，团场基本经营制度进一步完善

兵团农业和团场改革继续贯彻落实以"土地承包经营、产权明晰到户、农资集

中采供、产品订单收购"为主要内容的团场基本经营制度,初步形成了既适应社会主义市场经济发展要求,又具有兵团特点,能充分发挥职工积极性和团场优势的双层经营体制。

1. 土地承包经营政策逐步落实到位。土地长期固定、生产费自理及其相配套的职工小额贷款等政策措施进一步完善和落实,承包职工生产费用自理力度不断加大。据统计,2008 年土地长期固定面积达 1117.34 万亩,占农业种植总面积的 73.14%,较上年提高 8.91 个百分点;全兵团农业职工生产费自理金额达 70.78 亿元,自理率 83.08%,较上年提高 7.69 个百分点;全兵团农业职工家庭承包户中实行小额贷款的有 13.70 万户,小额贷款金额达 28.64 亿元,较上年增加 7.06 亿元。

2. 产权改革在深度和广度上进一步扩大。各师对畜群、大棚、农机具、喷滴灌设施等适宜于明晰产权的生产资料均作价归户,由职工自主经营。多数师对果林实施了不同程度地产权改革。据统计,2008 年各师果林、温室大棚、畜群、农机具、机电井和喷滴灌设施等产权改革比例平均分别达 28%、82%、96%、98%、21% 和 36%,其中温室大棚、畜群和喷滴灌设施产权改革比例分别较上年提高 10 个百分点、3 个百分点和 7 个百分点。

3. 生产资料集中采供全面推行。各师进一步完善了生产资料集中采供和"一票到户"服务管理办法,基本做到了以师为单位,由师农资公司统一招标,集中采购,全面推行"一票到户"服务,减少了流通环节,杜绝了随意加价,集中采购的农资价格一般低于市场价,农资售后服务质量有所提高,有效保障了职工的利益。

4. 农产品订单收购机制基本建立。2008 年,各师分别对承包职工种植的棉花、小麦、甜菜、玉米、油葵、番茄、葡萄、辣椒、红枣、哈密瓜、马铃薯等十余种作物实行了产品订单收购,订单价根据近三年平均市场价格,由团场与农工在平等协商的基础上加以确定,并在承包经营合同中予以明确。据粗略统计,全兵团实行产品订单收购的作物面积占农业种植总面积的 69.85%。

二、推进国有企业改革,国有经济活力进一步增强

1. 国有经济布局和结构调整工作取得新成效。认真实施兵团党委确定的农业产业化 "6221" 工程,以大公司、大企业为产业龙头,以 "公司+基地+农户" 为主要形式的农业产业化经营格局初步形成,农业产业化建设迈上新台阶。2008 年新增农业产业化国家级龙头企业 3 家,兵团级重点龙头企业 13 家,至此,兵团拥有农业产业化国家级重点龙头企业 11 家和兵团级重点龙头企业 50 家。企业政策性关闭破产工作进展顺利。29 户企业列入国家政策性关闭破产四年总体规划,其中 11 户企业已于 2007 年底前进入破产程序,职工安置与分流工作有序进行,6 户企业已批准

进入破产启动程序，其余 12 户规划内企业正在加快审核。

2. 国有企业改制及运营进一步规范。积极采取股权转让、增资扩股、引进外资、重组联合等多种途径，积极推进公司制改革，法人治理结构不断规范，真正实现股权多元化和投资主体多元化。公司董事会建设和监事会建设进一步加强，公司法人治理结构不断健全。积极推进投资与规范委员会、薪酬与考核委员会、审计委员会三个专业委员会建设。加快制定国资监管企业外部董事及职工董事管理办法。目前有八个师对 30% 以上所属企业实行了外派董事，有四个师对 30% 以上所属企业设立了独立董事。

3. 上市公司质量进一步提高。公司管理体制和经营机制进一步规范，企业资产重组和结构调整工作继续推进，整体经营状况进一步改善，持续盈利能力增强。2008 年，百花村、新赛股份、冠农股份和天康生物等 4 家上市公司再融资工作顺利实施完成，合计融资 11.18 亿元。一批符合国家产业政策、成长性好的上市后备企业已确定股份制改造方案并逐步实施。

4. 团场企业改革取得新突破。团场工业改革在实践中探索出一条"以资源换资金，以市场换技术，以产权换投资，以合作换发展"的新路子。注重将团场工业发展与管理体制机制创新相结合，最大限度优化资源配置，推动相关产业联合协作层次，因地制宜、分类指导，形成一团一品、一团一策、一团一特的发展格局。

三、促进生产要素市场化配置，现代市场体系进一步完善

1. 流通体制改革积极推进。兵师供销合作系统的组织体系和业务职能得到加强，服务"三农"作用得到发挥。"万村千乡"市场工程继续推进，新增农家店1000 家，新型团场商品流通网络初步形成。有 6 家国有流通企业列入国家"减债脱困工程"，使国有流通企业历史债务问题逐步得到解决。一批流通企业的龙头带动作用开始显现，促进了农产品市场的开拓。

2. 通过改革和发展，兵团金融环境进一步改善。积极开展与金融机构及其监管单位全方位、多层次合作，努力拓展兵团投融资渠道。除继续与开发银行、浦发银行、中国进出口银行、交通银行和华夏银行等加强合作外，2008 年，兵团又先后与兴业银行、招商银行、农业银行、建设银行和中国银行等 5 家金融机构签署了战略合作协议，授信额度合计达 450 亿元，累计授信达 1500 亿元。中华联合保险公司引入战略投资者进行重组改制步伐加快。与宁波鄞州银行合作，足见了兵团第一家村镇银行，并在团场职工小额农贷方面发挥了积极作用。兵团国资公司重组伊犁州信托投资公司取得实质性进展。

3. 兵团对外开放进一步扩大。预计全年实现进出口总额 87 亿美元，较上年增

地方篇

长 56.5%。出口产品结构进一步优化，自产产品出口额达 52 亿美元，较上年增长 35.5%。沿边优势进一步显现，边境小额贸易发展迅速，对哈萨克斯坦等 5 个主要贸易伙伴进出口值占兵团外贸进出口总额 90% 以上。"走出去"步伐明显加快，预计全年完成对外承包工程、劳务合作营业额 1.4 亿美元，较上年增长 37.3%。利用外资效益和水平有所提高，预计全年实际使用外资 8000 万美元，较上年增长 14%。

大连市经济体制改革

为贯彻落实全国经济体制改革工作会议精神和市委、市政府的总体部署，制定了《大连市 2008 年经济体制改革工作要点》（大政发〔2008〕35 号），提出了七个方面、十九项改革工作任务，并明确了主要责任部门。各主要责任部门按照工作要点的部署，积极推进改革，各项工作取得较大进展。

一、深入推进行政管理体制改革

政府服务职能继续完善。有效整合政府公共服务资源，构建了行政审批与服务、政务公开、行政投诉为一体的政府行政服务机构，形成了自上而下的四级行政服务体系。进一步深化行政审批制度创新，全面启动了非行政许可审批和登记事项清理工作。行政审批权相对集中改革进展顺利，探索了部门内部集中行政许可审批工作。改革行政执法体制，对全市行政执法岗位实行定岗、定责、定绩。市海洋渔监部门、瓦房店市农业部门进行了综合执法试点。市政府机关全面引入 ISO9000 质量管理体系。政务公开工作长效机制逐步建立，政务公开的制度体系不断健全。出台了《大连市关于政府信息依申请公开的规定》、《大连市政府信息公开保密审查办法》、《关于做好政府公开信息报送工作的通知》等一系列制度性文件。出台了《大连市政务公开与政府信息公开工作考核办法》，将政务公开工作纳入市政府对各部门的绩效考核和对区市县政府、先导区管委会的目标考核之中，建立了有效的监督评议保障机制。建立比较完善的政府信息依申请公开运行机制，确立了工作流程，建立了政府信息公开咨询帮助体系。各级行政机关信息公开率达 100%。健全行政投诉体制机制，以"12345"热线电话为平台，建立起覆盖全市的行政投诉网络和工作体系。

事业单位改革进一步深化。事业单位"事转企"工作稳步推进，完成了轻工业局第一供销公司、冶金供销公司、经委招待所等三个单位"事转企"人员移交。实施事业单位岗位设置管理，推进事业单位分配制度改革。通过完善事业单位聘用合同制度及配套制度，使聘用合同成为事业单位建立人事关系、进行岗位设置、确定工资福利待遇的基本依据，基本上实现了事业单位人事管理由身份管理向岗位管理转变，由行政任用关系向平等协商的聘用关系转变。

民间组织培育扶持管理工作扎实推进。创新民间组织管理方式，归口登记、双重负责、分级管理、分类指导的民间组织管理体制进一步健全。加强社会组织自律与诚信建设，完善民间组织评估监督制度。加快农村专业经济协作组织培育发展，按照《关于培育发展农村专业经济协会的指导意见》规定，减少批准筹备环节，降低登记门槛，简化登记程序，创新建立备案制度，使全市农经协发展环境不断优化。

市场监管又有新举措。食品安全监管机制不断健全。强化属地管理责任制，食品安全工作形成了分段负责、环节落实和链条式无隙监管的模式。继续健全食品安全快速检测体系，全市部分大型商场、超市、市场建立了速检制度和速检站。市、县两级重大食品安全事故应急预案进一步完善，建立了食品安全突发事件和重大事故应急反应联动平台。出台了《大连市食品生产加工小作坊监督管理办法》，制定下发了《大连市食品生产加工小作坊的基本质量安全卫生条件》，规范了全市的小作坊生产。药品市场监管体系进一步完善。药品生产企业"驻厂监督员制度"实施范围由疫苗企业延伸至大输液、二类精神药品生产企业，强化了高危药品品种监管。启用了大连市食品药品安全突发事件应急通信系统，构建了高风险药品生产企业监控系统和药品进口备案数据交互管理系统，提高了监管效能，药品进口备案更加方便快捷。把农村药品"两网"建设成功经验向城区延伸。

社会信用体系逐步健全。印发了《大连市中介机构信用管理指导意见（暂行）》。企业信用体系建设进一步推进，企业信用分类监管工作全面展开。整合了大连市中小型企业信用数据，初步实现了各行业监管部门信息共享，为搭建企业信用信息发布平台奠定了基础。

口岸通关体系建设进一步加强。积极探索风险管理机制，海关在大窑湾查验现场实行"快速通道"的基础上，又设置了"快速接单窗口"，专门受理一些出口量大、能够长期严格遵守海关法规、信誉较好企业的申报。对于守法企业，海关进一步简化单据核查程序，将监控的重点由台前转到后续核查和平时的抽查，并为一些企业量身定做了通关模式。检验检疫加大分类管理、过程检验、电子监管和免验工作力度。海事对船舶实行诚信监管，实施"一卡通"工程。深化通关模式改革，"无纸化通关"、"直通关"监管模式以及"关港合作"、"检港合作"和"关检联动"的范围和深度进一步扩大。推进流程改革，海关和检验检疫部门在有效整合监管资源的基础上，制定监管方案，对保税港区监管流程进行再造，实现保税港区"一线放开，二线管住，区内自由"的监管目标。口岸通关社会监督机制已经启动，在社会各界聘请社会监督员,对口岸通关环境和效能进行社会评价和监督。

二、深化财政投资金融体制改革

财政体制逐步完善。部门预算改革继续推进,加强了科学化、精细化管理。全面实施国库集中支付改革,资金管理的安全性、规范性不断提高。规范公务员津补贴改革工作圆满完成。建立政府采购代理机构责任机制。

投资体制改革继续推进。建立了长兴岛、花园口和地铁、城市基础设施以及中小企业投融资平台。印发了《大连市企业投资项目核准暂行办法》、《大连市政府核准的投资项目目录》和《大连市企业投资项目备案暂行办法》三个企业项目投资体制改革地方配套文件。进一步完善 BOT 项目管理,开展了大连市污水处理厂 BOT 项目专项调研工作。继续推进夏家河污水、污泥处理厂,马栏河和春柳河污水处理厂的 BOT 项目运作,夏家河污水、污泥处理厂特许经营协议已经签订。进一步推进了寺儿沟、营城子、大连湾污水处理厂项目的前期工作。政府投资项目代建制试点工作顺利进行,根据市委老干部大学代建项目建设的实际情况,及时研究解决项目建设中出现的问题,开展并基本完成工程概算调整审核工作。

金融体制改革稳步实施。出台了《企业上市补贴专项资金管理暂行办法》,将企业上市纳入市政府对各区市县考核指标体系,相关部门建立了联动机制和绿色通道工作机制,共同推进企业上市工作。开展新型农村金融机构试点工作,出台了实施方案。为拓宽中小企业和县域经济资金渠道,制定了《大连市开展小额贷款公司试点工作实施方案》和《小额贷款公司管理暂行办法》,全面启动小额贷款公司试点工作。全面推进农业保险试点,在承保日光温室、能繁母猪、苹果树的基础上,完成了肉蛋鸡保险条款的核审工作。进一步优化金融生态环境,以资产置换、打包收购等方式,推动大连银行、农村信用社等金融机构清理处置不良资产,通过银行业协会与法院建立金融案件执行"绿色通道",联手解决"执行难"问题,全市银行不良贷款率进一步降低。建立了"金融稳定工作联席会议"制度,加强了金融稳定信息交流,建立了金融风险监测体系,有效提高了金融机构突发事件处置能力。实施金信工程,建立社区、企业、个人信用征集、评定、通报工作机制。

三、进一步完善基本经济制度

国有经济战略性调整继续推进。推进企业拓宽直接融资渠道,大连港集团成功发行 30 亿元公司债券,华锐铸钢等 5 家企业境内外上市,启动了金州重机等企业重组上市工作。国有企业股份制公司制改革取得新进展,完成冰山集团、大耐泵业等股份制改革和大建投等公司制改革。基本完成了大连拉伸机总厂、盐业公司、液压件厂等企业的产权制度改革工作。重工·起重集团以存量资产吸引增量资产实行股权多元化改革工作已进入实质操作阶段，与宝钢集团签订了投资意向书。瓦轴集团股权多元化改革方案已确定，采取存量资产吸引增量资产保持国有控股。16个厂办集体企业进行了改革试点。推进国有企业重组，积极探索装备制造业企业集团做强做大的新途径，积极推进大连港集团收购锦州港股份，投资参与锦州港建设工作。尝试企业与资本市场的对接，完成大连港集团投资参股百年人寿工作。国有资产监管体系进一步完善。建立了国有资本金预算制度。建立出资企业贷款担保备案管理工作体系，监控出资企业负债经营情况和资产抵押情况，控制经营风险。在产权登记资料基础上，建立国有产权动态监控体系，对国有产权实施分类管理。继续推进公司法人治理结构建设，加大外部董事的派出工作力度，充实调整了出资企业董事会构成，调整了出资企业的监事会。实行了股东会、董事会重大事项事先报告制和决议履行情况报告制，实行监事会主席、外派董事与有关部门监管联动机制，做到对重大事项的全过程监督。继续推动国有企业历史遗留问题的解决，通过积极争取国家政策支持，将水产集团、锦达集团列入国家最后一批政策性破产正式计划。

民营经济发展环境日益改善。制定了《关于支持民营经济与中小企业持续稳定发展的意见》。改善融资环境，推动融资担保机构发展，鼓励、支持担保机构为中小企业提供融资服务。积极探索担保机制和担保方式创新，通过区域联保、企业联保等新的业务模式，灵活解决中小企业担保难问题。推进银行对中小企业贷款支持，建立了中小企业贷款统计制度、授信制度和违约信息通报制度，组织各金融机构积极针对民营经济和中小企业的特点创新融资产品。积极推动各银行设立专门为中小企业提供融资服务的部门，多家银行设立了中小企业服务中心。完善了市、区县两级中小企业服务中心功能，各区市县打造了一批服务功能强、环境好的小企业创业基地。

四、完善就业和社会保障体系

促进就业机制进一步健全。就业扶持政策体系框架初步建立，印发了《关于进一步做好促进就业工作的通知》，对现有就业扶持政策进行了延伸、扩展、调整和充实，加大了对就业困难人员援助力度和自主创业的扶持力度。失业调控全面加强，出台了《大连市失业调控工作实施方案》及《关于做好失业登记管理工作的意见》，建立了失业预警机制，完善了失业登记管理工作。创业环境进一步优化，设立创业扶持专项资金、提供创业摊位、困难人员免费准入、建立失业人员创业园、小额担保贷款、给予创业带头人奖励等措施进一步完善。职业素质提升工程深入实施，印发了《关于全面加强职业技能培训工作的实施意见》，健全了高技能人才工作机制，推动了现代企业培训体系加快建立。统筹城乡就业工作积极推进，实行外来务工人员就业登记制度，建立健全城乡劳动者平等就业的制度，农村富余劳动力转移就业有序开展。劳动关系调整机制进一步健全，将市国资委、市工商联纳入协调劳动关系三方会议，形成"三方五面"的新型协调劳动关系三方机制。将劳动关系协调工作延伸到街道社区，劳动关系协调工作的长效机制逐步建立。劳动保障监察体系不断完善，街镇、社区劳动保障兼职监察员和协管员队伍基本建立。企业工资分配宏观指导进一步强化，实行企业拖欠工资统计月报制度，指导全市企业建立健全职工工资正常调整机制和激励分配机制。

社会保障体系日趋完善。完善城镇社会养老保险体系，印发了《关于巩固和完善城镇社会养老保险体系专项行动实施方案》。社会保险制度建设步伐加快，印发了《关于城镇职工社会保险有关问题的通知》，将城市规划区内的镇改街企业职工、小城镇户籍人员纳入基本养老保险参保范围。对参保人员达到法定退休年龄时缴费不足 15 年的政策进行了调整，促进了养老保险扩面征缴工作。全面实施了城镇居民基本医疗保险。将低收入家庭人员和残疾人纳入城镇居民基本医疗保险，城市低收入家庭人员和残疾人的基本医疗得到保障。社会保障待遇水平进一步提高，调整了企业职工供养直系亲属救济费和退养人员生活补助费标准，并建立了正常调整机制。建立了失业保险金与最低工资标准同步调整机制。出台了《大连市工伤储备金管理使用办法》，保证了参保单位发生重、特大事故时，工伤职工能够及时得到赔付。工伤保险待遇由按比例调整改为定额调整，1—4 级工伤职工及工亡遗属待遇标准进一步提高。采暖费补贴社会化发放制度改革进一步深化，扩大了采暖费补贴社会化发放范围，将旅顺口区、金州区的市属企业"三三制"退休人员及上述两地区属企业中市内户口的"三三制"退休人员纳入采暖费补贴社会化发放范围。采暖费补贴专项资金纳入五险统一征缴。

社会救助工作逐步强化。完成城乡低保提标任务，首次实现城乡低保联动提标。全面实施城市低保审批制度改革，审批主体由区、街、社区三级改为街道一级，实施城市低保联络户沟通走访制度，城市低保救助效能显著提高。制订了《大连市优抚对象医疗保障办法》，形成了城镇职工医疗保险、城镇居民医疗保险、大额补充医疗保险和医疗补助四位一体的重点优抚对象医疗保障政策体系。全面落实城市困难居民医疗救助办法，符合条件的城市困难居民已全部纳入医疗救助体系。基本建成与城镇居民医疗保险和新型农村合作医疗有序衔接、递进救助的城乡医疗救助体系。落实城市低收入家庭专项救助制度，全面实施就业、就学、医疗、住房、取暖、重大节日和突发性灾害等专项救助。出台了《大连市社会养老福利机构新增床位资助暂行办法》，对新增养老福利机构给予资金扶持，提高改扩建养老机构新增床位资助标准，鼓励改扩建养老服务机构。出台《大连市完善居家养老服务工作实施意见》，扩大特困老年人居家养老服务补贴范围，建立居家养老服务补贴标准自然增长机制。下发《关于市政府投资兴建的农村中心敬老院全部纳入事业管理的通知》，理顺农村五保供养管理体制。启动市流浪儿童救助保护中心项目。出台《关于推进全市流浪乞讨人员救助管理社会化实施意见》，构建完善城市救助管理四级社会化网络。

五、农村综合改革

农业经营机制进一步健全。支农惠农政策体系进一步完善，出台了《关于加快统筹城乡发展全面推进社会主义新农村建设的意见》，制定了九个方面三十八条优惠政策。基层农业技术推广体系改革进展顺利，出台了《大连市人民政府关于推进基层农技推广体系改革与建设的意见》。大力推进农业产学研联盟建设，通过国家、省、市三级科技计划项目引导，进一步完善了大连市农（水）产品深加工产学研战略联盟。加大农村科技特派工作力度，制定了《大连市农村科技特派行动实施方案》，确定以大连水产学院、大连工业大学、市农科院等科研院校为依托组建科技特派团，解决农业生产技术问题，对进修农民进行培训。培育壮大科技创新型龙头企业，獐子岛渔业集团、雪龙产业集团、玉璘股份有限公司等企业成为首批省科技创新型龙头示范企业。农民专业合作组织建设进一步规范，制定了《大连市扶持农民专业合作经济组织发展财政资金管理暂行办法》，对扶持对象、扶持标准、扶持资金的使用进行了明确。二轮土地延包后续工作扎实有效，甘井子区和长海县的土地确权工作稳步推进。集体资产管理有效实现形式正在积极探索中。

集体林权制度改革有较大进展。发布了《关于认真贯彻落实〈中共中央国务院关于全面推进集体林权制度改革的意见〉的实施方案》。在"因地制宜、分类施策，精心组织、周密策划，稳步推进、好中求快"的原则指导下，全市集体林权制度改革进展顺利，《林权证》的发放及乡、村、组际林权纠纷调处等工作顺利开展，全市共完成林权改革面积476万亩，占应改面积95.2%。

六、深化教育卫生体制改革

教育体制改革继续深入。在全市城乡全面实施免费义务教育。健全学生资助制度，保障经济困难家庭子女、进城务工人员子女平等接受义务教育。除在城市义务教育阶段就读的本地户籍学生，把符合条件的农民工子女以及按规定享有市民待遇的外来学生纳入免费范围，城市民办学校学生也按公办学校免费标准免除了部分学费，全市义务教育实现了从收费教育到免费教育的历史性跨越，从小学到大学的扶困助学体系已建立。城市义务教育区域均衡发展继续推进，教师定期交流已呈制度化。大力发展职业教育，开展了以"做中学、做中教"为主导的新一轮职业教育人才培养创新工程，全方位开展工学结合、校企合作，初步构建起了"实训基地网络"。

公共卫生体系更加完善。推进社区卫生规范化建设，调整社区卫生服务机构布局，构建了以社区医院、社区卫生服务中心、社区卫生服务站为主体的三级社区卫生服务体系。在乡镇行政区划调整后，每个乡（镇）设置一所公共卫生机构，连同重新确定的中心卫生院和一般卫生院上划县卫生行政部门按职责管理。加强乡镇卫生院院长的选拔和任用管理，改革人事制度。实施公立医疗卫生机构对口支援城市社区卫生服务机构，启动试行互为补充、分工协作的双向转诊制度，提高了社区卫生服务机构的综合服务能力。新农合制度更加完善，农村卫生工作不断加强。将农村低保纳入所在地新型农村合作医疗制度，新农合覆盖面进一步扩大，218万农民参加了新农合，参合率达到98%。疾病预防控制机构科学化、规范化建设不断推进，全市传染病疫情报告网络和卫生应急报告网络进一步完善，形成了层级明确、协调统一的运行机制。完善公共卫生应急机制，围绕北京奥运及奥运火炬在连传递等卫生保障工作，完善预案体系，先后制定了食物中毒事件处理、突发化学中毒事件处理、突发核与放射事故处理、学校突发公共卫生事件处理等单项预案。加强医疗行业管理，制定了《大连市医疗质量控制中心管理暂行规定》和《大连市医疗质量控制中心考核细则》。

七、推进市级综合配套改革试点

市政府确定在甘井子区和普兰店市进行综合配套改革试点。两试点区市全力推进试点工作，组织进行深入全面的调查研究。两区市会同市有关部门先后到广东、重庆、四川等省市进行了学习调研，并结合当地实际，开展了多项专题研究，取得了较好的研究成果，在此基础上形成了试点总体方案。

青岛市经济体制改革

2008年青岛市全面落实科学发展观，不断深化体制改革，加强对改革工作的总体指导和统筹协调，促进体制创新和机制转变；有序调整国有经济布局和完善所有制结构,推动多种所有制经济共同发展;以资本市场为重点的要素市场体系逐步完善,功能不断增强;政府职能进一步转变,公共服务职能不断增强;社会事业领域改革也取得新进展。

一、国企改革重组稳步推进,所有制结构进一步优化

重点国有企业改革重组取得新突破。海运总公司完成改制退出。棉纺企业改革、搬迁、改造、重组稳步推进。海信集团与惠尔浦公司实现全方位战略合作。国有经济布局和结构进一步优化。研究提出了青岛市国有资本调整实施意见,明确了未来5年我市国有资本调整的目标任务以及保障措施,进一步提高了国有资本配置效率,实现了国有资本向核心产权链、关键产业链和高端价值链的集聚。截至年末,监管企业分布的行业大类由71个调整为50个左右。

二、行政管理体制改革积极推进,政府职能进一步转变

深化行政管理体制改革。全面启动第四轮行政审批制度改革。行政审批服务大厅工作顺利推进,对入驻大厅的441项市级审批服务事项进行了全面摸底梳理,完善了实施行政许可的运行机制。稳妥地推进机构编制调整。对议事协调机构和临时机构进行了全面清理,通过撤销、合并等减少97个,占总数的63.8%。积极稳妥推进事业单位改革,做好事业单位分类改革前期准备工作,修订和完善我市的事业单位分类方案和分类目录。

三、农村综合改革全面深化,县域经济实力显著增强

进一步加大对区市的转移支付力度。2008年市财政预算共安排县域经济发展、农村税费改革及财力返还等补助资金12.69亿元,促进了全市各项事业均衡协调发展。大力发展农业产业化经营,农产品出口较快增长。截至年末,全市农产品出口24.93亿美元,同比增长14.8%。加强基础设施建设,大力实施村庄"五化"工程,综合整治农村环境。惠农政策全面落实,农村"三大合作"扎实推进。大力发展农民专业合作,扎实推进社区股份合作,稳妥开展土地股份合作。建立镇农村土地流转服务中心,积极促进土地承包权流转,全市已流转土地44.1万亩,占耕地面积的7.2%。深化集体林权制度改革,稳步推进林业生态建设。全市林权登记发证面积已达26.57万公顷,占全市林地总面积30万公顷的88.2%,林权登记39459份,发放林权证18669本。

四、就业和收入分配制度改革不断深化，社会保障体系进一步完善

深化收入分配制度改革。建立了企业经济效益与职工工资最低增长比例挂钩等制度、企业工资支付信用制度、企业工资支付保障制度。调整最低工资标准，七区用人单位职工每月最低工资标准由 610 元调整为 760 元，五市用人单位职工每月最低工资标准由 540 元调整为 620 元。深化就业体制改革。对城乡劳动者实行统一的就业和失业登记管理，将在法定劳动年龄内有劳动能力且有求职要求的城乡劳动者纳入统一登记、统一服务、统一管理。社会保障体系不断完善。社会保险基金征缴扩面工作取得重大突破，2008 年全市共征缴各项社会保险基金 113.2 亿元。全面做好农村养老保险工作。推进新型农村养老保险制度的扩面实施，不断完善制度，规范管理，进一步强化基金监管，提升经办服务水平。目前，崂山、城阳、黄岛三区新型农村养老保险制度实现全覆盖，五市被征地农民适龄参保率达到 96%。

五、以资本市场为重点的市场体系建设加快，上市融资取得新进展

上市公司再融资工作取得新进展。青啤公司发行 15 亿元认股权和债券分离交易的可转换公司债券工作圆满完成。青啤公司此次发行分离交易可转债的方案，以创新和极低的融资成本成为我市上市公司迄今为止最成功的资本市场融资。中国康大在香港联交所上市，赛轮轮胎等 5 户企业私募融资 5.2 亿元。截至目前，我市有 19 家公司、22 只股票在境内外资本市场上市，直接融资 153 亿元。不断完善市场机制，优化配置土地资源。严格执行国家政策规定，进一步规范国有建设用地使用权招标拍卖挂牌出让和协议出让工作程序，确保国有土地资产不流失。加强对土地评估机构和行业监管，严格资质审批准入机制，从政策与技术角度对土地市场体系加以规范。保障性住房建设进展顺利。全市已落实保障性住房共 12163 套、约 73.8 万平方米。

六、深化财税管理体制改革，"乡财县管"改革试点效果显著

按照"财事统一、权责对应，立足发展、鼓励增收"的原则，研究制定进一步完善财政管理体制的意见，建立了市与区市新的财政体制框架。积极推进"乡财县

管"改革试点，及时解决试点中出现的新情况、新问题，从合理划分支出责任、建立健全开支标准、规范完善审批程序等方面入手，进一步完善试点管理办法，理顺工作流程，妥善解决各方面的利益关系。各区市按照"因地制宜、稳步推进"的原则，先后在部分乡镇中开展了不同形式的"乡财县管"试点，成效显著。

七、积极应对金融危机，不断深化涉外体制改革

面对金融危机带来的不利影响，围绕企业融资、出口退税、国际市场开拓、出口信用保险、科技兴贸、品牌建设、电子商务应用、提高企业创新能力、扩大进口等九个方面对外贸企业进行专项扶持。全年完成出口退税 180 亿元，比 2007 年净增 57 亿元，大大缓解了企业的资金压力。创新融资方式，缓解外贸企业融资难的问题。积极推动商业银行对外贸企业的金融创新，丰富金融品种，大力推广出口信用保险保单项下贸易融资和出口退税账户质押贷款业务。全市新批外商投资项目 640 个，合同外资 30.45 亿美元。到账外资 26.2 亿美元，同比增长 10%。

八、突出抓好政策服务、企业融资，促进民营经济发展

制定出台《关于进一步改善中小企业发展环境的若干意见》，着力营造良好的政务环境、市场环境、融资环境、创业环境、政策环境，在社会化服务体系建设、企业融资、全民创业、高成长企业技术创新等方面，给予中小企业重点扶持。突出抓好企业融资。出台担保机构备案暂行办法，9 家担保机构纳入备案管理。2008 年全市民营企业注册 29.2 万户，注册资本金 2337 亿元，同比增长 12.7%；全市规模以上民营工业企业实现主营收入 2663 亿元，增长 28%。

九、社会事业领域改革迈出新步伐，促进了社会和谐发展

积极推进文化体制改革，初步形成科学的管理体制。加强宏观管理，初步形成党委领导、政府管理、社会参与、市场运作的工作运行机制，逐步实现由办文化向管文化、由微观管理向宏观管理方面的转变。加快推进文化体制改革和转企改制。指导文化、日报、广电、新闻出版单位制定文化体制改革实施方案。制定文艺院团改革实施方案。推进医药卫生体制改革，努力缓解群众看病难、看病贵问题。全市共有 132 家社区卫生机构和 19 家二、三级医院签订双向转诊协议，逐步形成"小病在社区，大病到医院"的就医模式。市南区社区卫生"收支两条线"管理试点工作顺利推进。社区卫生机构实施药品"零差率"销售，人均药品费用下降 3.15 元/人

地方篇

次。新农合制度进一步完善，参合率达到 99%。进一步完善农村义务教育经费保障机制，提高农村义务教育经费保障水平。提高农村义务教育阶段家庭经济困难寄宿生的生活费补助标准，免费向农村义务教育阶段学生提供教科书。

十、认真履行总体指导和统筹协调全市改革职能，推进各项改革试点工作

加强对全市经济体制改革的总体指导和统筹协调。出台、实施并督查落实《2008 年深化经济体制改革意见》，统筹协调和分工推进 9 大方面 35 项具体改革措施。为推进全市企业规范改制，推动企业上市融资，发布实施《关于推进企业规范改制培育上市资源的工作意见》。积极稳妥推进"城中村"改革。完成 3 户"城中村"改制，惠及村民 6000 余人，处置集体资产 1597 万元。积极推进国家级小城镇发展改革试点，胶州市李哥庄镇改革发展模式被国家发展改革委推广。成功举办了"2008 第二届中国小城镇发展高层论坛暨沿海地区试点小城镇镇长峰会"。平度同和街道被确定为国家第二批小城镇发展改革试点镇。省委、省政府批准经济技术开发区开展省级深化经济体制改革试点。

宁波市经济体制改革

2008 年是改革开放 30 周年，从中央到地方进一步加大了改革开放的力度。在市委市政府的领导下，全市上下紧紧围绕"两创"总战略，创新体制机制，加大改革攻坚力度，各项改革取得新进展，发展活力进一步增强。

一、经济领域体制机制改革取得新进展

1. 创新解决企业融资难的体制机制。市级有关部门针对中小企业抵押物不足的情况，出台《宁波市公司股权出质登记规则》、《宁波市专利权质押贷款实施意见》，扩大出质范围，为中小企业融资拓宽渠道。出台《关于宁波市开展小额贷款公司试点工作的贯彻实施意见》和《宁波市小额贷款公司试点管理暂行办法》，象山和慈溪两家村镇银行正式挂牌成立。小额贷款公司试点工作在各县（市）区积极展开，北仑小额贷款公司已率先设立。为促进企业直接融资，市政府出台了《关于加强我

市企业上市工作的若干意见》，对拟上市企业进行政策扶持，2008 年我市有 3 家企业在境内外上市。出台《关于鼓励股权投资企业发展的若干意见》，鼓励发展股权投资企业，推动产业与民间资本对接，加快企业转型升级。

2. 建立和完善创业投资的机制。通过完善创业创新人才保障机制、服务保障机制，积极引导民间资本进入创业投资领域，全市有 6 家创业投资企业完成备案，注册资本 5.4 亿元。

3. 规范和清理行政性收费。市本级从 2008 年 8 月 1 日起停止征收 150 项行政事业性收费，以减轻企业和群众负担，营造良好的投资环境。

4. 排污权交易试点取得积极进展，下发了《关于要求开展排污权交易试点的通知》，确定在余姚、镇海开展试点。同时，做好排污许可证的发放工作，我市各地共已发放排污许可证 687 家。

5. 工业用地招标拍卖挂牌出让工作取得新进展，2008 年全市工矿仓储用地以招标拍卖挂牌出让方式供应的为 1167.09 公顷，比上年同期增长 461%。同时，进一步规范招拍挂工作，对优势产业和新兴产业及特殊用地实行特殊政策。

二、农村经济体制改革继续深化

1. 继续引导规范农村集体土地流转。出台《关于做好农村土地承包经营权流转工作提高土地规模经营水平的意见》，进一步加大政策力度，按照自愿、有偿、规范的原则，继续积极推进农村土地承包权流转，使土地向种田能手和新型业主集中，形成规模经营。到 2008 年底，全市各级用于土地流转和规模经营的扶持资金达 3074 万元，农村土地承包经营权流转面积达 124.6 万亩，占农户土地承包总面积的 50.6%，建立土地股份合作社 53 个。

2. 集体林权制度配套改革取得重大进展。出台《宁波市森林、林木和林地流转管理办法（试行）》，同时抓好流转平台建设规范流转行为，抓好林权信息化管理系统建设及林业分类经营管理，加快和规范林地流转。目前全市已流转林地 47.5 万亩。

3. 积极推进"三位一体"合作体系建设的试点工作，加强专业合作、供销合作、信用合作，认真总结余姚、慈溪的试点经验，并在全市推广。

4. 扩大农村住房制度改革试点。以集约利用土地为目标，在二三产业发达、社会保障水平较高、宅基地有整理潜力的地区继续进行农村居民公寓式住宅建设试点，扩大农村住房制度改革试点的范围。全市农村住房制度改革试点项目达到 13 个，规划总建筑面积 156.8 万平方米，已开工建设 85.9 万平方米。

5. 积极推进中心镇改革和发展。市政府出台了《关于进一步加快中心镇发展的意见》，加大资金和用地指标的政策支持力度，500 万专项资金和 325 亩土地指标已经下达到各中心镇。同时，姜山镇、石浦镇、西店镇被列入第二批国家小城镇发展和改革试点镇。

6. 完善政策性农业和农村住房保险制度。政策性农业保险扩大了参保对象试点范围，全市承保品种达 11 个，承保户数 4.29 万户，投保率达到了符合参保条件大户 50% 的目标要求。农村住房保险参保率达 99.68%，部分县（市）、区尝试保险内容扩大，将室内财产列入保险范围，从而降低遭受灾害的损失。

三、行政管理体制改革不断深化

1. 进一步深化行政审批制度改革，各县（市）区已经在 6 月底前全面完成行政审批职能归并改革。市级各部门行政审批职能归并顺利进行，至 12 月份，43 个部门已有 42 个完成。

2. 进一步规范政府投资行为，建立健全科学的政府投资决策、建设和监督管理制度，拟订了《宁波市政府投资项目管理办法》，已推行投资项目并联审批制度，项目审批时间平均缩短 30%。

3. 深化财政管理体制改革。进一步深化预算管理制度改革，市本级有 32 个项目列入重点绩效评价范围。稳步推进国库集中支付制度改革，在市本级全面实施的基础上，有 6 个县（市）区开始试点。在 2007 年海曙试行公务卡制度试点的基础上，2008 年江东、江北和部分市级机关开始试行公务卡制度，加强预算执行监控管理。公务用车管理制度改革试点工作在县（市）区积极推进。除象山、奉化还在完善方案之外，其他县（市）区都进行了试点工作。车改后，公车由 3516 辆减少到 1326 辆；驾驶员由 2224 人减少到 688 人；经费由 31965.8 万元减少到 8134.9 万元。改革公务员收入分配制度，规范公务员津贴补贴制度，并付诸实施。

4. 大力推进新设街道管理体制改革。鄞州、慈溪先后对街道（镇）行政区划进行了调整，新设了 2 个街道。同时，对新设街道经济社会管理职能进行改革，街道办事处将主要承担辖区内社会管理职能，剥离街道的招商引资等经济事务。

5. 国有资产管理体制改革取得新进展，2008 年组建了城市交通、庄桥机场迁建、海捷等 3 家国有投资公司，并对 2007 年成立的 5 家国有投资公司进行了完善。完善国有企业激励约束机制，规范分配制度，出台了《宁波市国有企业工资总额管理暂行办法》。事业单位分类改革工作积极推进，截至 12 月底，已完成 321 家市属事业单位的分类和清理规范工作，共有 12 家生产经营服务型事业单位完成了改制。

四、社会领域改革力度不断加大

1. 积极实施城镇居民基本医疗保险制度。将城镇职工基本医疗保险制度覆盖范围外的城镇居民和在校学生纳入医疗保障范围，实现了城镇居民医保制度的全覆盖。2008年全市享受城镇居民医保待遇的人数达到58.53万人。新型农村合作医疗制度的受益面进一步扩大，全市参合人数348.7万人，参合率达96.3%，全市人均筹资已达到170元，平均住院有效费用补偿率为38.27%，小病受惠制度实施范围不断扩大。实施新一轮的药品集中招标采购，通过改变药品采购方式和扩大询价采购品种范围，进一步降低了药品价格，中标价的平均扣率为56.97%，与宁波历史中标价相比降低10.59个百分点。

2. 新型农村养老保险制度全面建立。我市各县（市）区均出台了新型农村养老保险办法，至2008年底，已实施新农保地区的参保人数达到8.46万人，享受待遇人数为8.24万人。

3. 外来务工人员社会保险的"宁波模式"全面实施。到2008年底，外来务工人员参加五大社会保险人数为96.6万人，同比增加1.7倍，其中参加外来务工人员"社保套餐"人数为58.8万人。

4. 社会救助体制改革取得了新进展。确立了城镇低保标准按城镇职工最低工资的40%、农村低保标准按不低于城镇低保标准的60%的调整机制。积极推进社会救助信息平台建设，有8个县（市）区建立了救助信息平台。积极推进居家养老工作，城市社区居家养老工作全面推开，农村居家养老工作已有9个县（市）区开展试点工作。

五、积极开展综合配套改革试点

市委市政府根据国内外形势和我市改革开放的实际，部署8个试点地区开展7个方面综合配套改革试点。争取经过3年时间的改革探索，使我市的改革开放迈出新的步伐，继续在全国全省改革中"走在前列"，为经济社会发展提供强大的动力和体制保障。各试点地区都建立了以党政主要领导任组长的领导小组及其办公室，并在广泛调研的基础上，研究制订方案。市里成立了以市长任组长的指导协调委员会及其办公室，下设7个专项指导协调小组。争取经过市与试点地区的上下联动，在2009年6月前批复全部试点方案。

六、大力开展纪念改革开放 30 周年的系列活动

为国家、省提供《宁波改革 30 年回顾与展望》，对 30 年来宁波经济体制改革的历程、成就、经验、特点进行了全面总结，并对下一步深化改革工作进行了展望。参与编写《宁波农村改革 30 年》，对农村 30 年改革进行系统总结。选择对 30 年来我市出台的具有重大影响、在全省乃至全国率先的改革政策，和编写宁波 30 年改革案例提供给省发展改革委。在宁波日报等市级新闻单位开展 30 件事和 30 位人物的宣传，展示宁波改革开放 30 年的成就。我委还组织宁波日报宣传我市在 1993 年被国家列为综合配套改革试点城市和市属国有企业产权制度改革、理顺劳动关系改革。在相关杂志上发表署名文章，回顾历程、展示成就、总结经验、分析形势、展望未来，坚定了干部群众进一步深化改革的信心和决心。

厦门市经济体制改革

2008 年我市紧紧围绕中央和省、市关于改革工作的总体部署，按照《厦门市近期深化改革的工作意见（2008—2009 年)》的要求，坚持改革促发展，大胆探索，勇于实践，重点领域关键环节改革不断取得突破，为我市经济社会发展提供了强大的动力。

一、加快政府职能转变，建设服务型政府

1. 行政管理体制改革。完善绩效评估制度，加强政府绩效考评工作，开发了绩效管理应用软件，制定了《厦门市政府及其部门绩效管理工作制度》和《厦门市政府及其部门绩效评估制度》。积极推进规范行政自由裁量权工作，在 2007 年推出的 5 个市直部门和湖里区、海沧区两个区政府规范行政自由裁量权试点基础上，2008 年新增市工商局、市国土局等 12 个试点单位，在总结两年试点工作经验基础上，出台了《厦门市规范行政处罚自由裁量权规定》，进一步规范行政自由裁量权工作。组织实施了市公路局、市环卫处的"干管分离"改革。

2. 行政审批制改革。对行政审批项目目录进行了动态调整，调增 2 项，调减 8 项，部署了第三批 280 项网上审批项目和 80 项网上备案项目工作。规范网上审批电

子监察，出台了《厦门市电子监察管理暂行办法》。总结推广市建设与管理局行政许可统一受理窗口建设经验，进驻建设管理服务中心的审批项目增加到 48 个，17 个部门设立了行政许可统一受理窗口（或办事大厅）。

3. 投资体制改革。开展政府投资项目后评价工作，探索建立政府投资项目后评价机制，选择中医院迁建等七个项目开展试点，在试点工作的基础上，制订了了《厦门市政府投资建设项目后评价管理暂行办法》。创新重大项目审批制度，对市重点建设项目和重大财政性投融资建设项目，改革项目核准和前置审批方式，简化审批程序，提高审批效率。建立节能减排工作机制，出台了《厦门市人民政府关于印发厦门市固定资产投资项目节能评估和审查暂行办法的通知》，以及《厦门市节能评估中介机构备案暂行办法》、《关于实施〈厦门市固定资产投资项目节能评估和审查暂行办法〉有关事项的通知》、《关于公布厦门市节能评估中介机构推荐名单（第一批）的通知》等配套文件，初步形成节能评估和审查制度体系。

4. 财政体制改革。完善部门预算改革，制订出台了《厦门市市级预算管理暂行办法》，强化预算管理。继续推进国库集中支付改革，国库集中支付单位和资金范围进一步扩大。目前，全市已纳入国库支付系统的有 93 个部门，预算单位 370 家，当年新增 3 个部门，10 个预算单位，各区相继开展国库集中支付改革工作。推行公务卡结算方式改革。创新财政性资金融资新方式，积极利用贷款贴息、以奖代补、投资参股等手段，吸引社会资金，放大财政资金的"乘数效应"。

二、深化社会领域体制改革，推动建设和谐社会

1. 社会保障制度改革。完善住房保障政策，出台《厦门市社会保障性住房管理条例》和《厦门市社会保障性住房建设与管理规定》。率先在全国将新型农村合作医疗提升为农村居民医疗保险，率先在全国实现城乡居民门诊医疗费用统筹，率先确定了由劳动保障部门负责的城乡统一管办的基本医疗保险管理体制，免费向首次参保的城乡居民发放社会保障卡，一个广覆盖、多层次、可转移的"厦门城乡居民医保模式"，被人力资源和社会保障部在全国推广。

2. 科技体制改革。转变科技管理职能，将工作重点放在加强统筹协调、提供支撑服务、强化执行监管和创造有利环境方面。建立了常年受理、分类多次评审的项目生成机制，同时引入后评估机制，出台《厦门市科技计划项目监理暂行办法》，加强对科技项目跟踪管理。将科技型中小企业技术创新资金项目统一纳入市科技计划项目范畴，将"集成电路"和"节能减排"列为独立的技术领域，促进新兴产业发展。2008 年 7 月 1 日新修订的《厦门经济特区科学技术进步条例》正式实施，为推进我市科技进步和科技创新型城市建设提供法规保障。

3. 教育体制改革。落实市委、市政府关于破解"就学难"工作部署，推进教育体制改革。继续执行义务教育阶段基本学习费用保障制度。继续深化师范专业毕业生就业工作改革，健全以教师资格为标志的职业资格制度。实施中等职业教育项目带动战略，通过整合现有资源，实施职校和初中部分离改革，各区基本形成了建设一所示范性中等职业学校的格局。开展名校、名师、名校长培养体制改革，加强师资队伍建设，理顺校长培训体制，加大校长培训力度，全面推行学校中层干部竞聘上岗。建立新建工业区义务教育的投资体制，建立工程项目管理机制，机制保障有力推动项目实施，办好、办实义务教育。

4. 文化体制改革。制定、颁布了《厦门市促进文化产业发展若干政策》和《厦门市文化产业近期发展规划》。推动公益性文化建设，博物馆、郑成功纪念馆、文化遗产保护中心内部整合。深化广电体制改革，组建厦门广播电视网络股份有限公司，推动市区两级有线电视网络资源整合、实施网台分离改革，实现"一市一网"。推进以发行体制改革为重点的市属报业体制改革，厦门商报转换经营机制，实现扭亏增效，文化经营实体的活力增强。

5. 医疗卫生体制改革。着力贯彻落实市委、市政府关于破解"就医难"的一系列部署，推进医疗卫生体制改革。建立多种所有制办医格局，厦门眼科中心成为厦门大学附属医院，厦门长庚医院一期开业，翔鹭门诊部开业，莲花医院动工等多个非公立医疗机构项目的实施，扩大了医疗资源总量，促使公立医疗机构进一步深化内部改革。完成 15 家社区医疗服务中心的新建、改（扩）建任务，建立社区公共卫生服务中心，全市完成 30 个标准化村卫生所建设任务，行政村卫生所覆盖率达100%，形成多层次的医疗保障体系。

三、深化国有企业改革，提高国有企业竞争力

1. 国有资产监管制度。进一步完善国有资产监管制度，制订颁布了《厦门市属国有企业职工董事职工监事管理暂行办法》，向市属 18 家国有企业派出专职监事。制订颁布了《厦门市企业国有资产评估核准项目专家评审暂行办法》、《关于规范市属国有企业对外捐赠的若干意见》、《厦门市国资委关于规范所出资企业物资采购管理的指导意见》和《关于市属国有企业试行企业年金制度的若干意见》等制度。国有资本经营预算编制工作启动，起草了《厦门市属国有企业国有资本经营预算试行办法》。

2. 国有企业改革。按照有进有退、合理流动原则，通过实施转让、关闭、依法破产和公司制改制等方式，加快劣势企业退出市场，实现国有资本的有序退出，完成 13 家国有中小企业改制。按照"突出主业，合并同类资产"的原则进行内部业

务重组，推动企业实现内外部资源整合，优化资源配置。航空港集团将持有的厦门机场部分资产及下属地勤服务公司全部股权转让给股份公司。港务控股按照专业化原则，对下属工程建设企业及信息企业进行重组等。培育上市资源，路桥集团积极推进翔通股份公司上市，指导与规范象屿物流园区开发有限公司改制为股份有限公司。

3. 开展国有企业发展战略规划编制工作。加强企业发展战略和规划的管理，加快推进企业结构调整，促进企业改革和发展，2007 年出台《厦门市属国有企业发展战略和规划管理暂行办法》，布置开展首次企业发展战略和规划编制工作。2008 年 7 月份正式启动了企业三年（2008—2010 年）规划编制工作。通过规划的编制，引导企业按照主业突出、核心竞争力强、行业领先的要求，加大对一些非主业、非盈利项目的清理力度，把有限资源和资金集中到主业、优势企业和优质业务上，进一步明确各企业的发展定位和发展目标。

四、健全现代市场体系，发挥市场配置资源的基础性作用

1. 发展资本市场。鼓励和支持企业上市融资，制定了《厦门市关于推进企业上市意见的实施细则》，全市 6 个区及火炬高新区相继出台了扶持企业上市的政策。推进合兴包装、安妮股份、福建新华都等 3 家企业在深交所中小企业板发行上市，累计募资 8.49 亿元。三安电子重组的 ST 天颐股票恢复上市交易，三安电子成为我市首家"借壳上市"的企业。企业债券融资方面，积极发展企业债券市场、扶持有实力的发债主体，开发优质债券项目，推动建发房产、海沧投总两家集团申请发行企业债券 12.3 亿元。

2. 健全社会信用体系。采取多种形式加强中介组织规范管理。升级改版厦门市企业和中介机构（社会组织）信用网，建立信息员管理制度，加强中介信用平台建设。完成会计师事务所、工程招标代理、工程造价咨询及房地产经纪等四类中介机构与所属政府部门组织、工作、经济、场所"四分开"工作。

3. 稳妥推进价格改革。加强市场价格监测、预警，落实临时价格干预措施，先后 8 次适时调整民用瓶装液化气价格，调整汀溪水库的原水价格和同安、翔安两区的自来水价格，开征了翔安区的污水处理费，执行我市出租车的燃油附加费政策。规范和整顿游览参观点门票价格，对胡里山炮台和鼓浪屿电瓶车价格进行了调整，对鼓浪屿万石植物园等六个游览景点进行了成本监审。制定、颁布了《厦门市住宅物业服务等级标准及收费指导价》。继续实施药品和医用耗材集中招标采购制度。

五、深化农村改革，推进新农村建设

1. 提升农村公共服务水平。市政设施加快向农村延伸，新建、改扩建通行政村和自然村水泥路 138 公里。农村自来水和有线电视进村入户率分别达 91.6% 和 91.7%，在全国率先实现自然村移动网络全覆盖，成为福建省首个实现"村村通宽带"的地区。实施文化信息共享工程、农村电影（数字）放映工程等文化惠民项目。启动实施新一轮农村义务教育和公共卫生体系建设，完成投资 9004 万元，109 个建设项目中已有 25 个项目竣工。16 家镇卫生院改建和设备更新，20 个标准化村卫生所加快建设。启动老山区"五通五改"基础设施建设、村容村貌整治和公共服务建设，首批启动 14 个重点村。

2. 完善农村社会保障。农村社保体系日臻完善，进一步扩大被征地人员基本养老保险参保面，参保人数已达 4.9 万人，其中 2.7 万人已办理退养手续并按月享受退养待遇。率先在全国建立城乡居民基本医疗保险，农村居民参保率达 97.01%。将农村"低保"标准由每人每月 175 元提高到 190 元，基本实现应保尽保。

3. 探索建立促进农民增收的长效机制。"金包银"工程稳步实施。推进农村劳力培训转移，落实劳动力培训转移各项补贴政策，把被征地农民和退养渔民就业纳入全市就业、再就业扶持对象。现代农业水平持续提升，新增 2 家国家级、3 家省级农业产业化重点龙头企业、4 家全省农业品牌金奖企业。积极发展"一村一品"、"一镇一业"特色农业。

沈阳市经济体制改革

2008 年，沈阳市在市委、市政府的正确领导下，紧紧围绕"五大任务"和"三大目标"，坚持以科学发展观为统领，以"优化结构年"活动为载体，面对复杂多变的国际国内经济形势，团结一心、沉着应对、开拓进取、扎实工作，在体制机制创新上取得了积极进展，为全市经济社会又好又快发展提供了有力保障。2008 年全市实现地区生产总值 3860.5 亿元，比上年增长 16.3%；规模以上工业增加值 1714.2 亿元，增长 23.5%；地方财政一般预算收入 290.9 亿元，增长 26%；全社会固定资产投资 3008.7 亿元，增长 27.4%；社会消费品零售总额 1505.5 亿元，增长 22.2%。

一、农村综合改革有序推进，为新农村建设打下坚实基础

1. 积极推进农村土地流转工作。全面完成农村土地第二轮延包收尾工作，基本完成了省委、省政府提出的落实土地承包经营权、签订土地承包合同、发放土地承包经营权证"三个百分之百"的工作目标；建立健全农村土地承包经营权流转市场，组建农村土地承包经营权流转服务中心，加强了对农村土地承包和流转工作的管理、指导和服务。

2. 探索试点农业经济区体制机制创新。在加快农业经济区产业发展的基础上，积极探索试点农业经济区整合资源、组建机构，加快建立"管理权限统一、管理手段灵活、管理方式开放、管理行为高效"的新体制。

3. 加强农民专业合作社和农村社会化服务组织建设。适时出台了《关于扶持农民专业合作社发展的意见》、《沈阳市推动农民专业合作社（2008—2012）发展工作计划》和《2008年沈阳市农民专业合作社规范建设标准》等政府文件，对专业合作社法人进行了集中培训，有效促进了全市农民专业合作社健康、有序发展。

二、国有企业改革继续深化，大型国有企业实力增强

1. 继续推进重点国有企业股份制改造。煤气公司在周边区域完成改制的基础上，主体资产以2.3亿元挂牌转让，实现投资主体多元化。东北金城完成国有股权转让，国有股权全部退出。

2. 实施大型国有企业的战略性重组。组建沈阳地铁集团，搭建地铁建设、运营及投融资平台。组建水务集团，对全市水资源资产进行整合。制定中兴商业集团重组方案，将沈阳商业国资公司更名为中兴商业集团，为打造国内外知名商业"旗舰"企业奠定基础。将供暖集团划至煤气公司，实现资源共享。完成了市城建投融资平台组建工作。

3. 推进问题企业破产重组。对7户资不抵债企业实施破产处理，涉及资产13.9亿元，负债27.8亿元，职工1.8万人。沈阳有色金属加工厂政策性破产取得重大进展，94%的职工得到妥善安置。

4. 启动输变电厂办集体改革试点。2008年，输变电厂通过资产变现方式筹集资金6100万元，并与1491名职工解除劳动关系，占职工总数的98%。市政府返还土地出让金3000万元，用于弥补职工安置资金缺口。

三、非公有制经济蓬勃发展，产业结构趋于优化

1. 非公有制工业企业快速发展。2008 年，全市非公有制经济实现增加值 2498 亿元，占全市地区生产总值的 64.7%，拉动经济增长 11.4 个百分点。产业集群建设进展顺利，促进了全市产业结构优化升级，对沈阳经济区乃至东北地区都具有较强的拉动和辐射作用。

2. 招商引资工作扎实推进。目前，全市已引进规模以上开工（注册）的内资项目 1805 个，引进资金 390 亿元。项目的引进拉动了固定资产投资的增加和投资结构的优化。

3. 县域经济结构进一步优化。县域经济是非公有制经济发展的主战场，农产品加工业是非公有制经济的重要支撑。2008 年，全市新上投资 1000 万元以上的农产品加工项目 150 个，实现营业收入 900 亿元，同比增长 26%。农产品加工业的迅速发展促进了区域经济结构的进一步优化。

四、行政管理体制改革扎实推进，服务型政府建设迈出新步伐

1. 推进行政审批制度改革。继续完善市行政审批服务中心集中办理市级审批事项的管理，减少审批环节，提高办事效率。赋予"一市三县"，即新民市、辽中县、法库县、康平县市级经济管理权限，市政府仅保留 110 项行政审批项目。

2. 实现政务公开制度化。建立健全政务公开制度，制定政务公开工作考核办法、政府信息主动公开、依申请公开、保密审查、责任追究、监督保障、发布协调等 12 项工作制度，实现政务公开和政府信息公开工作的制度化、规范化。

3. 实施政府工作方式创新。先后出台了关于大力精简会议和文件、严格控制和规范检查评比及建立"无会日"制度等政府文件，制定会议审批许可制度，着力解决"文山会海"问题，推进政府工作方式和工作作风转变。据统计，仅市领导组织召开的会议同比减少了 40%，政府系统的信息、简报数量同比减少了 30% 以上。

五、就业和社会保障体系基本建立，社会事业全面发展

1. 就业和再就业工作成绩显著。全面贯彻落实《就业促进法》，采取一系列措施推动就业，落实就业的各项优惠政策，扶持困难群体再就业。2008 年，全市开发就业岗位 12.25 万个，完成计划的 122.5%，城镇登记失业率创近年来新低。以

"4050" 人员、零就业家庭、残疾人、失地农民等困难群体为重点，初步建立困难群体就业援助体系。继续扩大医疗保险参保范围，提高保障能力和水平，城镇居民基本医疗保险试点成果不断巩固。积极构建和谐的劳动关系，完善农民工工资支付保障制度，农民工权益得到进一步维护和保障。

2. 不断深化市属科研院所产权制度改革。相继完成了 38 家市属开发类院所退事转企工作，7 家院所实现了民营化转制，13 家院所转属到区。通过改革，科技系统结构得到有效调整，运行机制得到重大转变，技术创新与产业化发展能力得到进一步增强。

3. 深化教育体制改革，积极推进义务教育均衡发展。开展对城区 106 所薄弱学校的综合改革，全部达到了 "双高普九" 办学标准。通过实行城市支援农村、强校支援弱校等方式，整合了城乡教育资源，提高了城乡义务教育办学质量，有效解决了学生 "择校热" 和教育乱收费等问题。加快农村九年一贯制学校建设，推进城乡教育均衡协调发展。

4. 全面深化城乡医疗卫生体制改革。在全市多城区积极开展 "收支两条线" 和 "药品零差价" 等医疗卫生体制改革试点工作。社区卫生服务工作实现了从以创收为中心转变为以服务为中心，以医疗为中心转变为以预防保健为中心，以病人为中心扩大到以健康人群为中心。全市新型农村合作医疗局面喜人，参合农民 231.04 万人，参合率占常住人口的 97.74%，有效减轻了农民医疗负担。

六、抓好试点，沈北新区综合配套改革试验顺利推进

沈北新区以把新区建设成为振兴东北老工业基地的示范区、新农村建设示范区和最具魅力的生态宜居城市为目标，锐意改革、大胆创新，用新思路、新体制、新机制、新方式，突出抓好产业结构优化、产业区建设、土地制度改革、农民社会保障、行政管理体制创新等五项重点改革，实施综合配套改革试验，有力地推动了地区经济的跨越式发展。

长春市经济体制改革

2008 年是我国改革开放 30 年，也是长春老工业基地振兴重要的一年。按照国家和省里的有关部署，围绕加快振兴长春老工业基地这一中心任务，突出民生工作

主题，坚持科学发展观，树立以改革促发展的理念，紧扣经济社会发展中的突出矛盾和深层次问题，解放思想，开拓创新，不断提高谋划改革、指导改革、推进经济改革的能力，力争在重点领域和关键环节取得新的突破，为经济社会发展提供强有力的体制保障。2008 年我市的重点领域改革全面推进，体制机制创新对经济社会发展取得明显成效。

一、农村改革全面深化

1. 农民专业合作经济组织建设步伐加快，农民组织化程度得到进一步提升。农民专业合作经济组织是引导农户由分散的小生产向规模化社会化大生产转变的重要载体。2008 年以来，我们继续认真宣传和组织贯彻了《中华人民共和国农民专业合作社法》，依据相关法律的规定，结合全市农民专业合作经济组织的实际情况，一方面加大了规范性引导工作的力度；另一方面也注重了数量规模的发展。全市农民专业合作经济组织得到了较快的发展，在组织引导农民适应市场化方面起到了重要的作用。一是农民专业合作经济组织群体不断壮大。目前我市农民专业合作组织总数已发展到 1185 个，成员户数 6.8 万人，带动农户 13.2 万户。其中，经工商部门从新注册登记的农民专业合作社为 311 个。二是创办方式灵活多样。我市农民专业合作经济组织按发起人划分，大体可分为四种类型：（1）农民创办型。主要是由种养大户、经营能手、农村经纪人牵头。（2）村干部牵头创办型。（3）龙头企业带动型。以农产品加工企业（公司）为龙头，以生产同类产品为基础，通过订单农业等契约方式连接广大农户，形成产加销紧密衔接的产业组织体系。（4）农技服务人员领办型。主要是依托基层农业技术推广机构创办。三是组织类型上以专业协会和专业合作社为主。目前，我市农民专业合作组织的类型主要有两种：一种是农民专业协会。由农民自发组建的具有合作性质和服务功能的各类专业技术协会。协会与会员之间联结不紧密，以松散型和半松散型居多；另一种是农民专业合作社。特别是《中华人民共和国农民专业合作社法》实施以后新创办的，这类合作组织大都内部机构比较健全，各项规章制度比较规范，运行机制合理，组织化程度也比较高，具有旺盛的生命力和广阔的发展前景。四是农民专业合作经济组织的区域分布更广、合作领域更宽。在产业构成上，由单一种养业向特产业、加工业、运输业和流通业等多领域延伸。在服务内容上，由单一的研究、交流、传播技术向技术、信息、销售等综合服务方向发展。在活动领域上，由单纯的生产环节扩展到供、产、加、销全过程。五是农民专业合作经济组织有效地发挥了在联结农户、促进流通、增收致富等方面的重要作用。农民专业合作经济组织的建立，促进了农村分工分业，增强了市场集中度，提高了农民进入市场的组织化程度，有效地解决了农户"小而散"、

"小而全"与统一的大市场的矛盾，促进了规模经营，提高了规模效益。加速了先进技术的推广普及，提升了农产品的品质和市场竞争力。农民专业合作组织，特别是农民专业合作社和专业技术协会，都把普及推广农业科技作为服务的重要内容，提高了农业科技成果的转化率，提高了农产品的科技含量，增强了农产品的竞争力。加快了主导产业的形成和发展，促进了专业化生产、推进产业化经营。我市农民专业合作组织大都是围绕当地某一特色产业建立起来的，具有外联市场、内联农户的独特优势，通过为农户提供产前、产中、产后系列化服务，实现了区域化布局，专业化生产，集约化经营，农业产业化水平得到全面提升。缓解了小生产与大市场的矛盾，增强了农民参与市场的能力。农村经济合作组织能够把分散的农户组织起来，提高了农业生产经营组织化程度，形成了规模优势。提高了主体竞争能力，在交易中可降低交易成本，规避市场风险，保护了农民利益。降低了生产经营成本，促进了农业增效和农民增收。农户通过农民专业合作组织统一购进生产资料，统一组织销售，发挥了群体效应，在不改变家庭承包经营的前提下明显降低了农户的生产成本、销售成本和交易费用。同时，还有效地解决了农民买难、卖难的问题，农民专业合作经济组织利用自己掌握灵活的市场信息、健全的营销网络和稳定的销售渠道等优势，积极引导农民调整结构，生产适销对路的农产品，提高了经济效益，促进了农业增效和农民增收。

2. 加快推进农村土地流转，促进农业生产的规模化。近年来，我市农村土地经营权流转发展速度加快。截至年底，全市农村土地流转面积64189公顷，转出土地农户68425户。土地流转以转包和出租为主。土地除向一些种田户流转外，一些公司、工商业户、种养大户、农业企业等开始参与土地流转。同时，也出现了土地股份合作制这种新型的流转模式。土地流转，促进了农业生产的规模化经营，也带动了农村产业结构的调整，土地转出户的收益也得到了保证和提高。

为了加快土地流转和规范流转行为，我市加强了各级农村经济管理部门的管理职能作用，认真负起了土地流转的服务、管理和监督的责任。做好了土地流转情况登记，及时准确记载土地流转情况；建立土地流转档案，做好资料保管；加强了对土地流转合同签订的指导和合同鉴证工作，及时处理合同签订中的违法违约行为；依法开展土地承包纠纷仲裁，及时查处土地流转中侵犯农民利益的行为。防止农村土地流转放任自流，流转行为无人监管，流转纠纷无人处理等问题的发生。同时在流转机制创新等方面也进行了探索。一是创新流转参与机制。引导各类组织和个人参与土地流转，使土地更多地流向农业企业、工商企业、科技人员、专业大户等，不断拓展土地流转的渠道。二是完善已有的流转项目。对已流转和准备流转的土地，区分不同情况，建立收益调整、递增机制，保障流转农户长期增收。对流转期限过长、流转价格明显偏低的土地流转，区别不同情况，按照不同类型进行调整。三是大力发展土地股份合作社。农用土地的流转，从保护农民的长远利益考虑，采取折价入股的办法，组建多元投股的土地合作社。

3. 加强了农业政策性保险的组织引导工作。农业政策性保险，是通过保险机制，在政府的参与和支持下，对农业生产由于自然灾害和意外事故给农业生产者造成的经济损失提供保障的补偿制度。2008 年是我市开展农业政策性保险的第二年，据统计 5 个粮食主产区的县（市、区）参保农户 71 万户，共投保玉米、水稻、大豆三大作物面积 59.6 万公顷，占播种面积的 64.2%，保费总金额达到 17770.9 万元，其中：中央补贴 6219.8 万元，省级补贴 4442.7 万元，县级补贴 3662.9 万元，农民支付保费 3445.5 万元。

二、自主创新科技体制环境不断优化

1. 实施重大科技专项取得突破性进展。建立了以企业为主体，由政府、高校院所共同参加的产学研技术创新战略联盟，在上年启动高性能稀土镁合金、玉米生化关键技术及产业化等 3 个重大科技专项的基础上，2008 年又启动了汽车及关键零部件的开发与制造、"光显示器件与产品"等 5 个重大科技专项，目前已经突破高强度高韧镁合金、稀土镁合金在汽车及轨道车辆上的应用等关键技术 60 多项。以政府 600 万股权投入和长春应化所"稀镁中间合金"专项技术入股成立的中科希美镁业公司，实际运行仅有两年多的时间，就吸引了香港嘉瑞集团投资 2600 万元，公司总资产放大了 3 倍，结成了新的行业联盟，将有力地促进我市稀土镁合金行业的发展。我市高性能稀土镁合金产学研技术创新战略联盟被中国产学研联盟促进会命名为"全国产学研联盟优秀示范项目"。

2. 科技惠民工程取得新成效。启动实施了"全民健康科技行动"，加强对危害人民身体健康的重大疾病防治。重点支持心、脑血管、肿瘤等重大疾病的早期诊断及治疗的创新技术，支持常见多发病、重大传染疾病的防治新技术，提高人民健康水平。推进社会主义新农村科技服务体系建设。全年共受理专家大院、农业科技培训、科技特派员等农村科技服务体系建设计划项目 31 项。成功举办了以"合力推进科技成果转化，携手共建创新型长春"为主题的"2008 年长春市科技活动周"，组织了节能减排科普展、中国·长春 2008（首批）极具投资价值高新技术产业化项目融资推介会以及科普进社区、学校、乡村等活动，强化了群众性科学技术普及工作。

3. 国际科技合作水平进一步提升。长春中俄科技园经过一年多的建设已具雏形，科技部已正式批准中俄科技园为"长春国际科技合作与创新园"，将连续 3 年获得国家专项资金支持，累计支持金额达 1500 万元。目前，中俄科技园已完成 1.4

万平方米基础设施主体框架工程，俄罗斯、白俄罗斯在中国常设技术市场落户长春中俄科技园，"低成本聚乳酸"、"大功率激光器"等8户企业入驻科技园，形成产值1.5亿元。在科技部安排的2008年对俄国际科技合作专项中，"千瓦级半导体激光光源技术及应用"、"聚酰亚胺纤维"等5个项目获国家专项资金3117万元，占全国资金预算安排的16%，在2008年底国家预安排的第二批对俄专项中，我市又有6个项目预计将获得国家3200万元的资金支持。

4. 科技资源共享平台服务能力不断提高。强化对"科技文献资源服务平台"、"市政府与科技企业信息互动平台"等六大平台的建设与管理，搭建"长春市科技公共服务平台"，拓展面向社会的公共技术服务功能，不断提升平台的创新和服务能力。开展积极有效的产学研对接活动，每个季度对企业技术创新和产品开发的需求进行全面摸底，将企业的创新需求提供给高校院所，引导高校院所按照企业创新需求来组织有针对性的科研开发，实现企业创新需求同高校院所研发方向和地方经济发展要求三者的有机统一。

三、教育体制改革加快推进

1. 启动农村寄宿制中小学建设工程试点工作。为进一步加快推进城乡义务教育均衡发展，我市实施农村寄宿制学校建设工作。农村寄宿制学校建设是加快农村教育发展、实现城乡教育均衡的必由之路，是解决农村义务教育一切问题的最重要措施。一是建设农村寄宿制学校可以集中学校布局，扩大办学规模，大力改善办学条件，提高农村学校的投资效益和办学效益。二是优化教师和管理者队伍，有利于教研部门开展业务指导，提高学校教学和管理水平。三是有利促进学生的全面发展和降低辍学率。四是有利于拉动农村小城镇建设，促进农业产业结构调整，是社会主义新农村建设的需要。

2. 改革教师培训模式。建立新的有效的培训方式，着力提高教师的教育教学能力和素质。一是以农村教师培训为突破口，促进城乡教师的均衡发展。2008年我市建立了100所农村教师义务培训基地，采用义务培训基地校手拉手帮扶式的培训和利用远程教育资源开展远程培训方式，建立了长效培训机制。二是以教师专业发展型学校为突破口，促进教师专业水平提升。三是以市级骨干教师为突破口，带动全员培训。市级骨干教师三年轮换一次，骨干教师采取先推荐考试确定培训对象，然后进行封闭式培训，经过培训考核将于年底认定2850名市级骨干教师。四是经过各种学科培训，提高了学科教师的专业理论水平。先后进行了心理健康教师岗位技能培训，教师教育技术能力培训，英特尔未来教育项目培训，高中新课程改革培训。

3. 加强民办教育改革，促进民办教育快速发展。一是以依法行政为中心加强了制度建设。在行政审批工作中实行首办责任制、首问责任制、政务公开主动公开制度和依申请公开制度。二是以提高服务效能为中心实现了网络办公职能。把长春民办教育网建设与政务公开工作紧密结合在一起,通过对网站的改版,实现了学校网上查询、问题网上咨询、结果网上公示、事情网上通知、文件网上下载的网络办公职能,同时开通了网上投诉、材料下载、网上咨询等业务。办公自动化的新型转变,大大提高了处室工作效率,减少了办事人往来过程。三是以增强县域经济发展活力为中心减少和下放了行政审批权。个人申请举办民办非学历学校(不含高考补习类和成人职业教育类)的审批及今后的直接业务管理权限、全部下放到县(市)区教育行政部门,县(市)负责初中以下学历教育审批及业务管理。减少和下放行政审批权,是我市解放思想、创新管理、转变作风、提高效率的最新体现。

四、人事制度改革稳步推进

1. 不断完善事业单位公开招聘制度。

一是在总结以往公开招聘工作经验的基础上,成功组织了事业单位公开招聘工作。主要有以下四个方面:(一)根据招聘岗位的特点,最大限度地减少了对报名人员须有工作经历的限制;(二)对招考行政管理(综合)岗位的,取消了对报名者的专业和非全日制高等学历的限制。(三)改进了报名方式,实行网上报名。

二是规范和完善了市属事业单位推行全员聘用制工作,重点加强了岗位管理。按照国家和省出台的事业单位岗位设置管理文件精神,对现有市属事业单位岗位设置情况进行了调查摸底,对岗位设置情况进行了重新核定和理顺。对岗位聘用管理台账进行了完善,建立了微机化岗位管理系统。对聘用合同的填写、签证等进行了规范。通过规范岗位设置和合同签订,实现了人员管理、岗位管理、职务管理和合同管理一体化。

三是积极推进县(市)区事业单位人事制度改革工作。积极推进县(市)区事业单位人事制度改革工作,以市政府办的名义下发了《积极推进县(市)区事业单位人事制度改革工作意见》。召开县(市)区人事局长调度会和座谈会,调度、部署和督促改革工作进程。截至目前,10个县(市)区81%的事业单位完成全员聘用制入轨工作。

四是进一步完善了引进人才的"绿色通道"制度。全年通过"绿色通道"考核引进人才98人。为了进一步完善"绿色通道",为事业单位提供更加方便快捷的服务,对通过"绿色通道"考核招聘人员的核准程序进行调整:一是用人单位引进高层次、急需、紧缺及特殊需要的人才或在特殊情况下进人的,仍坚持由用人单位申报,主管部门把关,人事行政部门审核并报市政府同意后,办理聘用手续。二是主管部门任命事业单位班子成员、同一财政体制内事业单位之间顺向调剂工作人员、引进全日制硕士以上毕业研究生的，由市人事局按程序严格审核后，办理聘用手续。事业单位招聘这三类人员的基本条件比较明确，采取由人事部门按程序直接审核办理聘用手续的方法，聘用工作可以更加高效、便捷。

2. 职称制度改革不断推进。继续推进中小学教师专业技术职务"评聘结合"改革。深入贯彻全省职称改革工作会议精神，不断完善相关政策，指导经济开发区、净月开发区、汽车产业开发区开展了中小学教师专业技术职务"评聘结合"改革。积极开展专业技术资格评审。通过加强专业技术资格评审委员会管理，实行"双公示制"、完善监督机制等措施，进一步规范了专业技术资格评审程序，提高了评审质量。市级评委会共评审通过高、中级专业技术人员2300多人。

3. 事业单位岗位设置管理工作进一步加强。对市属事业单位现有岗位设置和人员聘用情况开展了全面调查统计，进一步摸清了底数，掌握了情况，为重新核定岗位做好准备。建立事业单位岗位设置管理信息数据库。按照国家新的岗位设置类别和等级，对原有的"专业技术人员管理系统"进一步修改完善，开发了"事业单位岗位管理系统"，已在市直事业单位应用，初步建立起事业单位岗位设置管理信息数据库，提高了事业单位岗位设置管理信息化水平。

五、卫生体制改革稳步推进

1. 新农合试点工作进展顺利。2008年全市共有356万农民参合，比上年增加17.6万人；全口径参合率90.6%，比上年提高4.4个百分点；常住人口参合率达98.9%，在乡农民基本实现了应参尽参。为吸引农民参合，对新农合政策进行了调整。一是建立了更加方便的转诊制度，由原来医院转诊变为由医院或合管办转诊，急诊可不办转诊直接报销；二是报销比例平均提高了10个百分点，乡镇卫生院的报销比例达到60%；三是增加慢病门诊种类，20种慢病门诊费用纳入报销范围；四是制定了5种疾病的限价金额，新增150种可报销临床诊疗项目和卫生材料。

2. 农村卫生服务体系进一步完善。制定了《关于加强农村卫生服务体系建设的意见》，对乡镇卫生院和村卫生所建设做出了统一规划和明确要求，经过多次督查和指导，全市145家乡镇卫生院全部达标。同时制定下发了《长春市功能较为完善的村卫生所基本标准》，目前正在进行验收。

3. 全面完成社区卫生服务机构标准化建设任务。全面推动我市城区社区卫生服务中心建设，46个中心已有38个社区卫生服务中心通过了省标准化建设验收，其余8个中心也已完成标准化建设，正待省厅验收；71个社区卫生服务站的标准化建设已全部完成。认真组织社区卫生服务入户调查，建立完整的居民健康档案150万份。开展巡诊、往诊、家庭病床、家庭护理、家庭康复指导等上门服务。建立社区卫生服务信息网络，对健康档案实行动态管理，为社区居民提供更优质的服务。组织在长市级以上医院支援 49 家社区卫生服务机构，每个社区 4 名医生，每季度人员轮换一次，依靠传帮带提高社区卫生机构人员素质和服务水平。

六、公共财政体制逐步健全

1. 加强了部门预算管理。按照市人代会的审议批准，对 2008 年市级 100 多家预算单位的部门预算进行了核准和批复，选择工商局等 5 个部门预算提交人代会审议，将上年结转等资金纳入部门预算管理。提前启动了 2009 年部门预算编制工作，完善了支出定额标准，改进了公检法司等四部门的预算编制办法，增强项目支出编制管理，统筹和同步编制非税收支计划，实行了彻底的综合财政预算。

2. 扩大了国库集中支付范围。对上年纳入会计集中核算的 15 家单位实行了国库集中支付，目前纳入集中核算的 139 家单位全部实行了国库集中支付。

3. 完善了政府采购制度。为规范政府采购的信息披露，制定了《长春市政府采购信息发布办法》，继续扩大政府采购范围，将农业开发、风光林种植等项目纳入政府采购，规范了农发项目政府采购的流程，制定了造林项目采购监管方案。

4. 加强了工资统发管理。扩大了统发人员指纹采集范围，对居住在外地的统发人员进行了指纹采集，对本市特殊人群实行了上门采集，对单位长期联系不上的人员实行了工资停发，着力解决"吃空饷"问题。

5. 调整了财务总监委派方向。撤回派驻到企业的财务总监，向机场路风景林项目、伪满皇宫博物院、长春报业集团等 6 家单位委派了财务总监。

6. 加快了财政信息一体化建设。实现了部门预算、指标管理等业务系统的整体升级，制定了应急预案，全面保证财政业务软件的运行安全。

7. 加强了代建制项目管理。配合市建管中心，加强与项目单位的沟通，对农机学校、烈士陵园等 19 个代建项目加强了财政财务监管。

七、文化体制改革进一步深化

首批文化企业改革试点工作扎实推进。一是完成了改革试点单位社会保险的补缴工作。二是完成了职工劳动债权的发放工作。三是完成了 10 人干部转工人的审批和接续工作。四是完成了 5 年过渡期人员的审批和接续工作。五是目前正在办理失业证，以确保试点单位职工如期领取失业金。

哈尔滨市经济体制改革

2008 年，在市委、市政府的正确领导下，在各部门的通力配合下，在全市人民的共同努力下，各项经济和社会事业都取得了显著成效。行政管理体制改革加快推进，政府职能转变进一步加快，国有企业和国有资产管理体制改革逐步深化，市场体系建设进一步健全；农村经济体制改革和金融、财政、投资、社会保障、社会事业等方面的改革都取得了新进展。涉外经济体制改革不断深化，对外开放水平进一步提高。改革作为推动全市经济社会协调发展的强大动力作用得到充分发挥。

一、行政管理体制改革取得新进展

精简政府议事协调机构。积极探索市级行政管理职能结构优化的系统性、整体性和前瞻性，下发了《市政府议事协调机构和临时机构管理工作暂行规则》，大幅撤减了政府议事协调机构数量，由清理规范前的 198 个减至 98 个，成为东北四个副省级市中数量最少的城市。继续深化行政审批制度改革。对我市实施的行政审批项目进一步清理、规范和整合，原 294 项审批项目精简至 103 项，成为东北保留行政审批项目数量最少的副省级城市。

推进重点领域行政管理体制改革。研究解决了建口政企分开所涉及的城市供水、供热管理体制改革以及城市供水直管到户问题，按照管办分离的原则，构建了磨盘山水源地管理体制。以转变职能为重点，积极推进了乡镇和街道办事处管理体制改革，加强了乡镇机关和事业单位的"实名制"管理，进一步完善"实名制"管理办法。

继续深化和完善事业单位改革。谋划研究我市深化和完善事业单位机构改革工作思路，重点做好相关部门事业单位改革前基础调研工作。事业单位用人制度进一步创新，在群力新区、市长电话受理中心、110 报警服务台等 5 个单位开展雇员制试点工作。认真开展了区、县（市）事业单位机构编制备案工作。以关注民生，强化社会公共服务能力和水平为出发点，合理整合事业单位资源。整合我市热线电话资源，成立市长公开电话办，加强了城市绿化、住房公积金、医疗保险、食品药品监督、质量技术监督、城乡规划、劳动保障、民政、教育、统计等方面的管理机构。

政务公开工作不断完善。调整充实市政务公开领导小组，初步形成了政务公开的组织体系和互动机制,实现了多层次、立体化、全覆盖的政务公开工作格局,建立了覆盖全市的日常监督考核网络。电子政务建设取得新进展。成功承办了首届全国副省级城市和计划单列市电子政务峰会,办公自动化建设经验已在全国推广。启动了哈尔滨市电子政务内网建设工作,建成了视频会议系统,已召开全市视频会议30余次。服务外包产业迅速发展。商务部、工业和信息化部、科技部正式认定我市为中国服务外包基地城市。

政府制度建设工作取得新成效。审核完成了《哈尔滨市西泉眼水库保护条例》、《哈尔滨市政府绩效管理条例》等7件地方性法规草案、《哈尔滨市城市廉租住房保障办法》等18件政府规章、《哈尔滨市低收入困难家庭认定暂行规定》等23件规范性文件。全面推行《哈尔滨市行政复议规定》,在全国第一个建立了以专家议决为主的行政复议案件议决机制。

进一步完善信访制度。推行基层信访事项代理制度,积极开展了“网上信访”的试点工作。为完善应急管理决策机制,成立了由68名专家、学者及有丰富实践经验的管理人员组成的市应急委员会应急管理专家组,制定了《市应急委员会应急管理专家组工作规则》。

二、进一步深化财政、投资体制改革

继续深化部门预算改革。启动2009年部门预算编制工作,研究制定了《哈尔滨市本级基本支出预算管理办法》等强化预算管理的规章,进一步提高了部门预算编制的科学性、规范性,为项目库的制度化、程序化和滚动化管理提供了制度保障。下发《关于进一步完善和推进区县部门预算改革工作实施方案》,完善和推进了区县部门预算改革工作。

进一步推进参与式预算改革试点工作。共开展参与式预算项目100个,项目建设资金1.2亿元。进一步深化国库集中支付制度改革,对市直财政统发工资单位住房公积金实行财政代扣代缴,实现了资金由财政部门直接支付到收款单位。建成启用了市级财政国库动态监控系统,制定了《市级财政国库动态监控系统内部管理暂行办法》,启动公务卡试点工作。在11个市级预算单位启动了市级预算单位公务卡改革试点工作,对原来用现金结算的差旅费、招待费等通过公务卡进行结算。

深入推进政府采购制度改革。开展政府采购执行情况专项检查,进一步规范政府采购行为。1—11月,完成政府采购金额8.3亿元,节约资金9630万元,节支率11.6%。

全面实施《哈尔滨市固定资产投资项目审批核准备案办法》。对企业不使用政府投资建设的项目,一律不再实行审批制,分别实行核准制和备案制。选择2—3个政府投资项目开展了代建制试点工作。

市直党政机关公车改革成功启动。17 个单位进行了车改试点，试点单位有计划、有步骤地开展了公车收缴、驾驶员安置、公务交通费发放等工作。车改试点工作运行比较平稳，试点工作取得了初步成效。

三、企业改革进一步推进

制定《哈尔滨市工业布局调整指导意见》。鼓励、引导优势产业及符合产业定位的企业进入规划的布局和重点发展园区，限制不符合要求的企业及高污染、高耗能产业进入相关区域。形成城区南部重点发展重工业、北部重点发展轻工业、东部重点发展化工产业、西部重点发展高新技术产业、中心城区兴办都市工业的工业发展新格局。

国有企业改革进一步深化。战略重组和资源整合工作进一步推进。哈量与中国通用集团战略重组工作，取得实质性进展，电缆与南京六合公司整合工作完成，打造出了东北矿缆和煤机配套基地；罐头厂与黑龙江安基物流有限公司重组工作完成，打造了集零售、批发、加工、储运为一体的东北最大的钢材物流基地。供排水集团完成了改制重组方案，与北控水务集团签署了框架合作协议，集团所属市政建设公司本部改革改制工作已全面启动。物业供热集团所属华能集中供热有限公司增资扩股方案和合资期满后的资产处置意见和与意大利索科瑟姆公司的合资风险已经过分析论证；电车总公司和汽车总公司的企业改制预案已经过初审，提出了交通系统公益性国企整体推进改革的指导性、倾向性意见。

企业上市融资、上市企业再融资工作成果显著。哈空调股份成功减持了 5% 的国有股份，获得资金 2.93 亿元，市工业资产经营公司持有的酿酒公司 27.3% 的股权已纳入香港和宝国际公司，实现了公司在香港上市。天一药业、中强科技在美国证券交易市场升板融资，募集资金分别为 2500 万美元、1200 万美元；泰福电器在纳斯达克增发成功，募集资金 4950 万美元；人和商业控股成功在香港上市，募集资金 33.9 亿港元。

大面积启动厂办大集体企业改革工作。全市自愿申报参加厂办大集体改革的 666 户企业中，已完成改革范围界定的 660 户，改革的第一阶段目标任务已基本完成。

国资监管工作有序推进。进一步修改完善了《市国资委派驻监事会（监事）试点工作实施意见》，启动了企业董事长述职工作。国有资本运营步伐明显加快，市本级国有工业企业完成债务回购 5.2 亿元。已经收缴国有资本经营收益 5600 万元。

非公经济平稳、较快发展。出台了《哈尔滨市人民政府关于进一步促进非公有制经济又好又快发展的若干意见》。全市非公经济增加值完成 1011.8 亿元，同比增长 15.2%，占全市生产总值的 50.1%，占全年预期目标的 72.3%。扎实推进了创业基地建设，开展了"以创业促就业"活动。小企业创业基地共入驻企业 3000 多户，吸纳就业人员 3 万多人，实现营业收入 50 多亿元。积极扶持了非公企业发展，市、区、县（市）中小企业共争取到省级 33 项中小企业发展专项资金资助项目，资金总额 755 万元。

四、现代市场体系建设取得新进展

健全和完善商品市场体系。促进商品市场健康发展，积极应对市场新变化，千方百计确保市场供应，保证了粮、油、肉、蛋、菜等重要商品供应不脱销，不断档。启动了《哈尔滨市生活必需品市场供应应急预案》，动用省、市两级政府储备豆油 1700 吨，储备肉 520 吨投放市场，稳住了市场，平抑了价格。

地方金融机构取得了长足发展。经证监会批准，江海证券第二次增资扩股，总股本达到 5.5 亿元。地方金融机构加快发展，哈尔滨银行大连分行、天津分行相继开业。积极组建了村镇银行等农村新型金融组织，推进了巴彦县村镇银行的筹建工作。创造条件吸引了更多国内外金融机构在我市设立分支机构，兴业银行哈尔滨分行已于 2008 年 2 月初正式开业，中信银行哈尔滨分行、韩国国民银行哈尔滨分行、奥地利中央合作银行哈尔滨代表处也在下半年相继挂牌营业。

土地市场建设进一步规范。土地开发整理和耕地保护工作又有新突破，全市重大基础设施、重点工业、社会公共事业等项目用地需求得到了充分保障。妥善开展了征地工作，共完成征地总面积 155 万平方米，为大唐热电、哈大铁路客运专线、四环路等重点项目建设提供了用地保障。征、储、供"三位一体"用地管控机制初步建立，土地收益稳定增长。

粮食流通体制改革进一步完善。粮食批发交易市场不断规范，形成了粮食销售网络格局；落实了市区 10 天成品粮油储备，强化了粮食预警和应急能力，粮食宏观调控体系基本建立。筹措粮食收购资金获得农发行收购贷款 23 亿元，引进资金 2.2 亿元。全市 117 户粮食购销企业改革圆满完成。

"诚信哈尔滨"建设积极推进。开展了诚信示范企业评定工作，评定哈药集团等 28 户企业为"哈尔滨市诚信示范单位"。开展了中小企业信用等级评价工作。进一步提升了"中国哈尔滨"政府门户网站功能。

五、农村综合改革全面推进

稳定和完善农村土地承包关系。深入开展土地承包规范化管理工作，全市多数乡镇使用了省统一推广的管理软件。土地纠纷仲裁机构基本建立，阿城区和宾县按照国家和省的要求，建立了农村土地承包合同纠纷仲裁庭庭审大厅。积极探索了各种土地流转模式，完成了《哈尔滨市农村土地承包经营权流转情况的调查报告》，农村土地流转工作稳定、持续发展，全市农村家庭承包耕地流转面积已达 193 万亩，流转户数 143640 户。

积极推进小城镇发展改革试点工作。我市团结镇、王岗镇、新发镇、宾西镇、兴隆镇、亚布力镇等 6 个镇被国家发展改革委批准为国家级发展改革试点小城镇。宾县人民政府向宾西镇下放了部分管理权限工作。团结镇、王岗镇、兴隆镇等城镇积极推进了建设用地增减挂钩项目区试点工作。

村级管理体制改革进一步深入。农村集体经济组织产权制度试点改革稳步推进，选择香坊区幸福镇园艺村、道外区团结镇丰果村和南岗区跃进街道办事处延兴村等 3 个村，开展了农村集体产权制度改革试点工作。积极化解村级债务，掌握了基层村级债务的实际情况，下发了《哈尔滨市化解农村义务教育"普九"债务工作方案》。

农民专业合作经济组织稳步发展。农民专业合作经济组织化程度进一步提高，已形成特色合作经济组织 851 个，农民专业合作组织拥有注册商标品牌 115 个，取得无公害产品、绿色食品、有机食品及无公害生产基地认证 58 个。

进一步推进农村劳动力多渠道转移工作。加强了农村劳动力转移就业的服务体系建设，制定了鼓励外出人员返乡的规定。全市累计转移农村劳动力 122.4 万人，占劳动力总数的 50.8%，比 2007 年多转移了 1.9 万人，同比增长了 1.58%。

林权制度改革试点改革取得新进展。顺利推进了国有林权制度改革试点工作，建立健全了市、县两级试点工作领导和办事机构，实施了《哈尔滨市国有森林、林木和林地流转实施方案》，适时启动了集体林权制度改革，已完成了集体林权情况的调查摸底工作。

积极推进一元化户籍管理登记制度改革。我市被定为在全省建立"一元化"户籍管理登记制度改革的试点城市之一，确定在道里、松北两个区先行开展试点。进一步加强了流动人口服务和管理工作。

六、节能减排和环境保护取得新成效

节能减排工作取得新进展。按照《哈尔滨市节能减排综合性工作方案》的要求，大力遏制了高耗能、高污染、高排放企业的过快增长，重点耗能企业普遍进行了淘汰落后产能的工作，大力进行了节能技术改造，积极推进了节能制度建设，工业生产能耗已有不同程度的下降。列入淘汰企业落后生产能力计划的 10 户企业，基本完成了淘汰落后产能工作。加快开发和推广了节能减排技术，积极推进了利用新能源和可再生能源的工作。

环境保护工作取得新成效。重点实施了污染减排、松花江流域环境综合整治、大冬会空气环境综合整治、施饮用水源地环境、扰民污染治理、生态和农村环境综合整治等六项工程。累计实施减排项目 33 个，在松花江流域推进 24 个国家规划治污项目，634 家限期治理单位完成烟尘治理任务，对 3 个松花江流域饮用水源地进行了综合治理，对烟尘、油烟、异味、粉尘、噪声等 700 处污染源进行了整治。

七、社会体制改革取得新进展

就业再就业形势基本稳定。全市新增就业 10.7 万人，城镇下岗失业人员再就业 6.84 万人，城镇登记失业率 2.96%，继续保持稳中有降的态势；城镇劳务输出 10.9 万人，完成全年目标的 121%；发放小额担保贷款 8525 万元，组织下岗失业人员再就业培训 3.84 万人。

社会保障水平稳步提升。进一步扩大了社会保险覆盖面，实现应保尽保。城镇养老、医疗、失业、工伤、生育五项社会保险新增参保人数分别达 9 万人、10.1 万人、11.6 万人、21 万人和 6 万人，城镇居民医疗保险参保人数达到 51.5 万人，完成了年度扩面目标。养老保险企业退休人员养老金人均上调 90 元。医疗保险将医保补贴慢性病病种由 8 种增加到 13 种，参保人员住院自负比例平均降低了 9%，起付标准降低了 20%，基本医疗保险基金最高支付限额由 2.6 万提高到 5.2 万。城镇居民基本医疗保险统筹金最高支付限额由 3.5 万元提高到 4 万元。失业保险将阿城、呼兰两区纳入市级统筹。工伤保险和生育保险实现了医疗机构定点管理和网上结算。提高了城乡低保标准，扩大了保障覆盖面，将我市城市市区低保标准由 245 元提高到 300 元，农村低保标准由原省规定的不低于 800 元提高至 900 元。农村五保供养标准在现执行标准基础上增加 120 元。启动了低收入困难家庭救助。确定了城市低收入困难家庭标准为 305 元。对低收入困难家庭 60 周岁以上的老年人实施了医疗保险救助。

创建和谐劳动关系成效显著。全市企业劳动合同签订率达 80%，集体合同备案率达到 80%。认真解决企业工资拖欠问题，为 10.9 万名国企并轨职工偿还拖欠工资 8.12 亿元。全年接待劳动信访 14665 人次，受理劳动仲裁案件 3176 件。

实施《哈尔滨市城市廉租住房保障办法》。全面强化了申报审批、配建审核、动态信息、县（市）监督四项管理，完善、巩固廉租住房保障及新建住宅项目配建廉租住房两项制度，解决廉租住房受益户 3600 户。争取国家、省及市财政投入 5245 万元，用于我市廉租住房保障。已为 5247 户新增人均住房使用面积 8 平方米以下的低保家庭发放了租赁补贴，实现了对人均使用面积 8 平方米以下申请租赁补贴的低保家庭应保尽保。

进一步深化教育体制改革。扎实推进新课程改革，深入实施素质教育，进一步加大对农村教育的投入力度，投入资金 3000 余万元，新建了 10 所农村寄宿制学校。大力发展职业技术教育，积极开展了中小学校长大练兵活动。建立完善济困助学机制。为 59 万余名农村中小学生提供免费教科书，为 6 万余人次农村寄宿学生发放了生活补助费。为 1 万名享受城市低保政策家庭的义务教育阶段的学生实行了免杂费、免费提供教科书政策。

进一步加快科技体制改革。继续完善区域创新体系，调动了企业和高等院校、科研院所的积极性，促进了企业成为技术创新主体，推动了科技资源大市向科技创新强市转变。以高等院校和科研院所为依托，进一步加强了原始创新，为企业自主创新提供强大技术支撑。重点做强汽车电子、电子信息、装备制造、新材料、生物医药和食品安全六大产业技术联盟，组建了 28 个产业联合体。进一步积极引导和支持科技中介机构发展，大力加强技术研发、科技资源信息共享、科技企业孵化、技术交易、科技投融资五大平台建设。

医药卫生体制改革深入进行。新型农村合作医疗参合农民切实受益。年内全市共有 300 多万名农民参加了新农合制度，为 102 万名参合农民支付了医药费用补偿，支付补偿资金总额为 2 亿元，农村卫生基础设施建设稳步推进，对 101 个乡镇卫生院进行了房屋改造。社区卫生服务体系建设实现跨越式发展，疾病预防控制工作扎实推进，卫生监督保障能力进一步增强，突发公共卫生事件应急体系建设得到强化，以人为本的服务理念进一步增强。

文化体制改革稳步推进。我市相继出台支持文化体制改革的 11 条政策规定，市儿童艺术剧院、图书馆电影公司等专业院团先行启动了深化内部机制改革，对制作人项目制、项目（剧目）股份制、剧组股份制、部门承包制进行了探索。公益性文化单位转换机制、创新管理，不断提高文化服务质量。以第 29 届"哈夏"音乐会为契机，深入探索了"哈夏"市场化运作方式。

八、涉外经济体制改革进一步发展

进一步创新国内外区域经济合作方式。不断拓展引资领域和空间，广泛开展"点对点、一对一"洽谈对接活动，为项目单位提供了近距离接触多个客商的机会，签订意向投资项目 19 项，投资金额 59.9 亿元人民币。进一步完善外商投资管理体制，积极探索了利用特许经营权、土地转让权、政府专项补偿和 BOT、TOT 等形式，引导和鼓励外资进入城市公共设施建设、现代金融服务等领域，由英属大不列颠群岛投资、政府参股 3000 万元的宾西铁路项目已奠基开工。

全力推进外经贸持续快速健康增长。组织制定了《进出口倍增计划》，加大了对俄经贸合作战略升级的推进力度。1—11 月对俄进出口完成 2 亿美元，同比增长 3.7%，促进了加工贸易加速发展。积极搭建平台，组织企业参加大型对外经贸活动，提升国际市场竞争力。加大了"走出去"战略实施力度，积极拓展国际经济技术合作新领域。

着力推进对外贸易提质提速跃上新台阶。国际经济合作拓展了新领域，规范提升商贸流通业发展取得了新成效，口岸"大通关"建设取得了新进展。1—11 月哈尔滨航空口岸出入境人员 26.83 万人次，同比增长 6.32%，入出境航班 2658 架次，同比增长 12.53%，进出口货运量 1594 吨，同比增长 10.2%。铁路货运口岸累计进出口货物到发量 69 万吨，同比增长 56.16%。新增一条我市至韩国清州国际航线。

南京市经济体制改革

2008 年，根据国家、省对改革的总体要求，按照市委市政府创新驱动、转型升级的决策部署，全市上下在重点领域和关键环节积极深化改革，努力为科学发展、率先发展、和谐发展构筑体制机制保障，不断增添发展的新动力和活力。

一、巩固和发展基本经济制度

加大国资国企投融资力度。市国资集团、城建集团、交通集团和河西集团等先后建设完成金陵图书新馆、明基医院、玄武大道快速化改造工程、内环北线二期工程、南京四桥奠基、南京国际博览中心一期等一批重大城市建设项目，有效支撑和带动了全市经济社会发展。市国资集团成功发行第二期短期融资券 5 亿元，交通集团完成融资 80 亿元，国资、城建、交通等投融资平台全年完成融资 120 亿元。组建新型工业和金融投融资平台：一是组建成立南京新型工业化投资（集团）有限公司，注册资本 12 亿元，拟通过市场化运作和资本运营，引导和带动一批国内外优质产业、优秀企业和优良资本进入我市新型工业化领域。二是组建南京紫金投资控股有限责任公司，注册资本金 35 亿元，争取三年内改制上市，实现资产规模翻番。

不断完善国企改制重组工作。推进大企业跨区域重组，南汽上汽合作实现全面融合：上海大众南京分公司正式开业，上汽、宝钢及东华模型合作项目已开工建设，

3.2亿股的上海汽车股权划转工作基本完成。解决了924厂等企业不良债务本息合计13.2亿元。中电熊猫基本完成资产划拨、人事关系调整等相关事宜。

继续提升民营经济发展质量。2008年，进一步完善了鼓励自主创业的政策措施，出台了《关于促进企业自主创新、自主创业的若干政策意见》，取消了个体工商管理费和市场管理费，在放宽市场准入限制、降低个体创业成本等方面迈出新步伐。目前全市民营经济发展平稳，新增私营企业户数、新增个体工商户数和新增注册资本三项指标分别达到全年目标的129.2%、392.8%和103.2%，超额全面完成任务。民营经济发展质量进一步提升，增加值占地区生产总值比重提高到36.6%。其中，占高科技、高附加值、低能耗的新型产业产值比重达45%左右，民营科技企业数量居全省之首，民营企业创新能力不断提升。

二、稳步推进行政管理体制改革

依法行政迈出新步伐。出台了《南京市全面推进依法行政五年规划》，清理了市、区两级行政权力和规范性文件，推进行政执法规范化建设，将依法行政纳入各级政府及其部门工作的政绩考核指标体系。改革城市管理行政执法体制，理顺了行政执法权限和市区执法体制。权力阳光运行机制得到加强，基本建成电子监察监控系统，反腐倡廉实现科学化、流程化、公开化。

园区管理体制改革启动。针对全市开发园区土地资源紧缺、招商政策资源分散、空间布局不尽合理、基础设施重复建设以及产业结构和园区功能趋同等问题，出台了《关于推进开发园区管理体制改革的决定》，拟强化资源整合，理顺工作关系，进一步推进开发园区管理体制改革，加快提升开发园区整体竞争力，通过解放思想二次创业，努力使开发园区建设发展再次走在全国前列。

调整市区财政管理体制。贯彻落实省委、省政府《关于调整分税制财政管理体制的通知》的具体要求，按照"突出科学发展导向、立足增量合理分配、体现公平和效率统一"的原则，对现行财政管理体制进行了适当调整，为全市加快转变经济发展方式，加快产业结构优化升级，缓解资源环境压力，实现经济社会又好又快发展创造良好财税环境。

探索"大文化"体制改革。为深化宏观管理体制和政府文化管理机构改革，出台了《南京市文化体制改革综合试点总体方案》，拟将现有的市文化（文物）局、市广播电视局、市新闻出版（版权）局合并，成立市文化广电新闻出版局，统一履行文化领域行政管理职能。并对文化领域执法实施统一管理、综合执法。

三、继续深化社会事业领域体制改革

社会保障制度不断完善。一是推行新型农村养老保险制度。出台了《南京市新型农村社会养老保险办法》，首批 30 万农村居民参加了新型农村社会养老保险，彻底改变农村居民以地养老、养儿防老的养老保障格局。二是实施城乡老年居民养老补贴制度。对城乡 40 多万无保老年居民实施养老补贴制度，江南八区每人每月补贴 100 元，农村每人每月给予 30—40 元的生活补贴，全民养老保障制度框架基本建立。三是调升社会保险待遇水平。调升养老、失业保险金发放标准，人均月养老、失业保险金分别为 1386 元、574 元，保障水平位居全省前列。三是降低了城镇职工基本医疗保险 626 个乙类药品的个人自付比例，扩大了城镇居民基本医疗保险用药和医疗服务范围，取消了大病救助基金的最高支付限额，切实减轻个人负担。

科技创新体系建设进一步加强。一是积极争取全国科技体制综合改革试点。二是拓展和创新了产学研一体化机制。成立了市政产学研金联席会制度，形成了新型的、高位协调的和多向链接的机制纽带。与中国科学院签订了科技合作协议，搭建了"南北科技战略合作"平台。与北京中关村科技园区管委会建立了长期战略合作关系。在医药、软件研发及服务外包等领域探索组建行业自律组织，加强了行业上下游之间业务端的合作。三是科技载体建设迈上新台阶。软件产业"两园五基地"、专利技术产业化"一园多基地"建设取得新进展。南京大仪网建设进一步加强，其公共服务平台功能日益完善。完成了南京国际企业孵化器及其专业创业园的筹建工作，完成了国家科技部授予的国际科技合作示范基地南京挂牌工作。四是重大科技创新项目启动实施。"无线谷"、"南京药谷"等建设拉开序幕，重大原创科技成果和产业化进程不断加快。

构建教育名城框架体系步伐加快。认真落实市委市政府"五有"要求，制定了《南京市 2008—2010 年"学有优教"行动计划》，促进"学有所教"向"学有优教"转变。扎实推进"农村幼儿教育扶持计划"，全市 58 个镇街通过达标验收，占涉农镇街总数的 71%。坚持实施素质教育，推进小班化教育改革，全年新增"小班化教育精品学校"9 所，全市小班化教育学校总数达 126 所。不断推进教育公平和均衡发展，向农村教育转移支付 2.6 亿元；对 46.8 万义务教育阶段学生继续实施义务教育免收杂费政策；完善了全覆盖的政府助学体系；制定了幼儿免费教育中长期计划，实施农村幼儿教育"助学券"制度。

医疗卫生体制改革继续推进。重点推进和完善社区卫生服务运行机制改革和医药购销模式改革。全市社区卫生服务机构基本医疗用药价格比改革前平均降低 40% 以上，社区居民看病用药费用负担明显减轻，同时全市 9 家三级医院实施了药品集中托管，药品虚高现象得到有效缓解。

文化体制改革不断深入。开展了全市文化行政执法体制改革的专题调研，形成了《南京市文化行政执法体制改革调研报告》。按照"一团一策"的思路，全面启动市影剧公司和6家市属艺术剧团改制改组工作。

继续探索市政养护事业单位改革工作。实行"管养分开"，养护作业逐步走向市场化。

四、加快现代金融体系的建立与创新

确立金融业未来重要支柱产业的地位。积极实施金融强市战略，出台了《加快南京金融业发展的意见》。实现了南京证券增资扩股计划，组建了金融控股公司，加快了南京银行全国性布局。加大了引进外资银行和非银行金融机构进驻河西金融集聚区的招商力度。

构筑融资和服务多元通道。借助银企对接平台，全市重点建设项目累计获得320亿元银行贷款，长江四桥、地铁和京沪高铁及其枢纽项目等重大项目或银团贷款共计112亿元。建立了拟融资企业储备库，实现江苏华瑞国际纽约交易所成功上市，栖霞建设再融资10亿元完成南钢25亿元企业债券融资申报工作。进一步完善了中小企业信用担保体系，制定了《关于进一步加快全市中小企业信用担保体系建设的实施办法》，全市重点扶持担保机构为中小企业提供融资担保额预计可达80亿元。加快发展创业投资，设立创业投资引导基金2亿元。

农村金融建设步伐加快。着力推进了农业保险试点工作，为农业生产提供了12亿多元的保险保障，2008年支付农户赔款达1126万元；着力推进农信社向现代金融企业迈进，正在着手推动市区、江宁浦口和六合联社合并组建农村商业银行；积极推进了全市十个涉农区县组建小额贷款公司的工作，浦口、江宁和六合开始筹建小额贷款公司。

五、着力推进农村经济体制改革

加快建立健全统筹城乡发展机制。深入实施"万村千乡市场工程"，初步构建起以区县连锁企业为龙头，联结城乡、双向流通的现代流通网络。

引导和发展各类农村经济合作组织。2008年全市共完成土地股份合作社55家，其中新增土地股份合作社28家，入股土地总面积4.1万亩，涉及2.1万农户。同时，在对入股农户实施保底分红的基础上，建立了红利递增机制。

农村集体资产股份制改革取得成果。按照"先易后难、以点带面、因地制宜、稳步推进"的思路，积极稳妥地推进村集体资产股份制改革。在进一步明确了改革的对象和范围，不断强化目标考核的基础上，全年完成村集体资产股份制改革 52 个，其中村级规模 41 个，新增股民 9.9 万人，量化集体资产 3.38 亿元，量化山地山林水面 813 公顷。截至目前，全市已完成农村集体资产股份制改革 153 个，量化集体资产价值 7.9 亿元，量化山地山林水面 1540 多公顷，农民享受股份分红和各项福利近 6500 万元。

六、积极争取成为改革试点城市

申报国家科技管理体制综合改革试点。完成了"南京国家科技管理体制综合改革试点城市实施方案"研究课题，形成《南京国家科技管理体制综合改革试点城市实施方案》和《南京市委市政府关于推进科技管理体制综合改革的意见》，并上报国家科技部。

申请省级综合配套改革试点。根据国务院关于《进一步推进长江三角洲地区改革开放和经济社会发展的指导意见》、《中共中央关于推进农村改革发展若干重大问题的决定》和国家综合配套改革的指导方针以及省里的部署，市委市政府从长三角一体化发展态势以及全市经济社会改革发展战略的全局出发，借鉴沪浙渝等地的经验，按照南京的实际，向省委省政府申请综合配套改革试点，力图在科技创新体系、城乡一体化发展机制、现代金融体系等七个方面率先改革取得突破，从而进一步增强南京区域中心城市的地位、综合功能、辐射影响力和带动力。

武汉市经济体制改革

2008 年，武汉市以党的十七大和十七届三中全会精神为指导，认真贯彻落实国家、省有关改革的总体部署和要求，牢牢把握国家批准武汉城市圈为全国资源节约型和环境友好型社会建设综合配套改革试验区的重大机遇，以综合配套改革试验和行政管理体制改革为重点，不断深化经济、社会等领域的改革，有力地促进了经济社会又好又快的发展。

一、围绕服务型政府建设，深化行政管理改革

1. 推进行政审批制度改革，完善市、区管理体制。一是大力精简行政审批项

目。按照依法设置、依法行政原则，对保留的221项行政审批项目进行了第七轮清理，将保留的审批项目减少到196项。除去中央新增审批项目，实际精简88项，幅度达40%。在精简行政审批项目的同时，对审批项目前置条件作了进一步精简，将企业注册登记的前置条件由361项减为130项，精简64%。目前，我市成为全国保留行政审批项目较少的副省级城市之一。二是下放管理权限。2008年初，市委、市政府将保留审批项目中的88项下放到区；11月，再次调整或下放规划、土地管理、投资项目、建设项目、城市管理等30多项重要管理权限。目前已将市直部门50%以上的行政审批项目通过依法下放、依法委托、派员联办、联网审批等途径，纳入到15个区级政务服务中心办理。

2. 进一步加强区级政务服务中心和市直部门审批窗口建设。一是工作环境进一步优化。各区政府继续加大对中心建设的投入，目前15个区中心平均办公面积达2100平方米，最大的达6000平方米。青山等8个区还投入专项资金，建立起了中心数据库、扫描中心，新开发了审批系统和中心网站，构建了良好的网络环境。二是服务功能进一步完善。江夏、东西湖等远城区实现了政务服务中心、建设工程招投标中心、政府采购中心、土地交易中心"四合一"，为投资者提供更为广泛的行政事务服务；黄陂区行政许可职能归并试点工作取得初步成效，对于纳入改革试点范围的25个区直部门，采取"挂牌"、"撤一并一"和"增设"三种方式，成立了行政许可科，整体进驻中心办公；武昌等3个区中心积极打造全民创业服务平台，设立全民创业咨询台和服务窗口，免费为创业者提供政策咨询、证照代办等服务。三是制度进一步完善。各区中心和市直部门审批窗口进一步完善了首问负责制、首席代表制、联审联办制、责任追究制等规章制度。

3. 深化收支两条线改革，积极推进收费收入规范管理。在2007年全市实现执法部门收支彻底脱钩的基础上，2008年启动了执收部门和单位的收支两条线改革。一是对2006年、2007年行政事业性收费项目、市直执收单位经费保障情况进行了摸底调查。通过清理，摸清了市直执收部门收费收入情况。二是建立了收费收入收支管理制度。出台了《武汉市行政事业性收费收支管理办法》，为收费收入规范管理提供了制度保障。三是对市直执收单位收费收入实行规范管理。将收费收入按照性质和用途的不同，分为行政性收费、事业性收费和专项收费，分别实行不同的管理办法。四是继续巩固和完善罚没收入收支脱钩改革。2008年10—11月，各区对执法部门罚没收入收支脱钩工作落实情况开展了"回头看"自查，有效防止了罚没收入收支挂钩的行为出现反弹。

4. 探索行政机关服务外包和质量管理，创新政府运行方式。一是积极探索试行公共服务外包制。2008年在市园林局、城管局、教育局、环保局、林业局等5个单位开始探索试行。市园林局在试行将部分重要道路养护管理服务外包基础上，在道路绿化、公园（广场）养护等方面实施公共服务外包招投标制度。市城管局将环境卫生、路名牌设置和管理、机关保安服务实行了外包，鼓励民间资本进入环卫作业领域。市教育局在引进企业和社会资金推行中小学后勤服务社会化基础上，探索教师培训服务外包，将"中小学骨干班主任培训"和"高中教师全员培训"面向社会进行招标。二是积极推进 ISO9000 政府质量管理体系试点。武汉经济技术开发区、市建委、市规划局等 10 个市直部门和一批区直部门积极启动了建立 ISO9000 质量管理体系的改革试点。

5. 加快全市网上行政审批系统建设，提高政府工作效率。市级网上行政审批平台已搭建完成。对 41 个市直部门开展网上审批工作所具备的条件情况进行了全面梳理，凡已具备网上审批条件的，已全部与市级平台进行了互联；市级平台与 15 个区级政务服务中心已全部联通，15 个区级政务服务中心之间也实现了互联互通。同时，市级网上行政审批平台与市工商现有的行政审批系统实现了数据互通，市工商行政审批系统以及与其相连的建委、经委、商务局、规划局等 13 家部门已开始向各区级政务服务中心传输数据。市文化局、城管局等部门现有审批系统也实现了与市级平台的互联和数据交换。

6. 整合政务资源，构建服务平台。一是公共服务"一号通"信息管理平台开通运行。2008 年我市整合了市长专线电话等 64 条非应急公共服务热线，启用全国统一的市长专线电话号码 12345，24 小时人工接听市民来电，并对来电集中解答、转办、督办。10 月 28 日，我市数字化城市管理暨市长专线整合系统开通试运行。12月底，整合后的市长专线正式运行。二是"收费一卡通"工程进展顺利。为逐步将公交、水、电、气等收费实行"一卡通"，由市国资委牵头，市地铁集团、市公交集团、市国资公司、市商联集团为股东单位共同出资，以发起方式组建了武汉楚通智能卡有限公司。预计今明两年将发放 200 万张智能卡，并拓展到武汉城市圈，实现多领域、跨区域的一卡多用，一卡通用。

7. 扩大行政效能电子监察范围，加强和完善行政监督。2008 年我市拓展电子监察领域和范围，建成了行政处罚电子监察系统并于 9 月 1 日上线试运行，政府采购和企业注册登记并联审批电子监察系统也于年内上线试运行。1 至 12 月，系统共监察到行政审批和公共服务办件 139.5 万件，提前办结事项占总办件量的 91%，发出黄牌 4 张。行政审批电子监察系统在提高审批效率、规范审批行为方面发挥了较好的作用和效果。为强化行政监督，加大了投诉处置和行政过错追究力度。1 至 12月，市行政投诉中心受理有效行政投诉 493 件（次），全部办结办复。全市各级监察机关和行政投诉机构共查办行政过错案件 71 件，对 152 人进行了行政过错责任追究。

二、围绕转变经济发展方式，深化经济领域的改革

1. 以"武字头"国有大中型企业改制重组为重点，继续深化企业改革。经充分酝酿和反复论证，提出了整合武重、武锅、长动三家企业资产组建武汉重工集团公司的设想和具体工作方案。2008年9月4日正式挂牌，实现了武重、武锅、长动三家"武字头"企业的优势互补，国有资本在我市装备制造业领域的优势得到进一步巩固和加强。

2. 以提升商品市场功能为重点，继续深化流通体制改革。大力推进连锁经营、电子商务，推动流通方式创新。重点连锁企业新增大中型连锁网点97个，其中市内57个，市外40个，市外网点中在武汉城市圈新增连锁网点19个。新业态实现销售611亿元，占全市社会消费品零售总额的33％。新建农家店360个，实现了农家店乡镇全覆盖。积极实施社区商业"双进"工程，全市新增社区商业网点264个，社区流通网络便民化程度明显提高。

3. 以打造区域金融中心为重点，不断推进金融创新。一是着力打造全国性金融后援服务中心。已有8家银行、保险、证券、期货等金融机构在汉建立了全国性或区域性后援服务中心。二是积极推动地方金融机构改革。武汉商业银行经中国银监会批准更名为汉口银行，并于6月25日挂牌，目前已在鄂州市设立首家分行。进一步推动市农信社改革改组，筹建武汉市农村商业银行。三是加大金融机构引进工作力度。天津渤海财保、中国大地财保、中国出口信用保险、北京新华人寿等公司在武昌区设立区域总部，其中注册资本达1000万元以上的有15家。

4. 以全民创业为重点，大力发展民营经济。一是加快制定促进全民创业的工作方案和政策措施，出台了《关于优化创业环境，大力推进全民创业的若干意见》（武发〔2008〕10号）和《全民创业行动方案》（武政办〔2008〕72号）。市财政局、科技局等有关部门制定了相应的政策措施。二是夯实基础平台，有序推进工作。编制《武汉市全民创业政策汇编》，做好各区全民创业各项考核指标的基数核定准备工作，建立创业者维权保护机制。三是建立督查机制，改善创业环境。市委办公厅、市政府办公厅成立了联合督查组，就完善政策体系、建立工作制度、落实政策措施、开展创业服务等方面，对各区（含开发区）和部分市直部门展开了全民创业督察工作，进一步推动了全民创业的深入开展。全年新登记注册私营企业11万户，增长18％；登记注册个体工商户37万户，增长16％。非公有制经济占全市生产总值的比重提升到46.9％。新增规模以上工业企业466户，是上年新增户数的3.7倍。

5. 以增加农民收入为重点，深化农村综合改革。一是加大明晰致富门道的工作力度。全市500个农村家园建设试点村全部制定了产业发展规划，主导产业明晰村

达到 100%；新增转移农村富余劳动力 6 万人，农业结构调整取得了实质性进展。二是大力推进政策性农业保险工作。全市共投保水稻 267 万亩，奶牛 1.7 万头，能繁母猪 12 万头，芦笋等特色种植业类 3.4 万亩，小龙虾等特色养殖类 2.5 万亩，茶叶等林特产品 0.8 万亩，保费 4700 余万元，保额近 9 亿元，赔付农民损失 1000 多万元。三是推进农村土地流转和发展规模经营。2008 年新增土地流转面积 36.24 万亩，超过此前全市历年土地流转面积的总和。四是积极支持农业龙头企业发展壮大。全市农业龙头企业实现销售收入 260 亿元，销售收入过亿元的有 30 家、过 5 亿元的有 6 家。其中新元粮油全年销售收入突破 50 亿元大关。国家级农业产业化龙头企业由 3 家增加到 7 家。五是完善农村公益性服务"以钱养事"新机制。建立了农村公益性服务项目合同管理制度。各区对乡镇（街道）原有的事业单位实行了转制，成立了农村公益性服务中心，并全部到民政部门进行了注册登记，对服务中心人员进行资格认证，办理了养老保险，各区服务中心人员的参保率均达到了 100%。六是积极推进了乡镇（街道）党政机构和延伸派驻机构改革，进一步完善区乡财政管理体制，深化农村税费改革，农民基本实现了零负担。

6. 以承接产业转移为重点，扩大对内对外开放。一是成功举办中博会、机博会、食博会等大型会展及鄂港粤、鄂泸经贸洽谈会暨招商活动，取得了丰硕的成果，共签订项目 380 个，签约总金额 1622 亿元人民币，其中外商投资项目 137 个，协议外资 54.8 亿美元；内资项目 108 项，总投资 840 亿元人民币。二是强化"两型"产业投资导向，优化外商投资结构。"两型"产业项目已成外商投资热点，全年新批外商投资项目 171 个，合同外资额 40.88 亿美元，同比增长 10.3%。投资总额超过 1000 万美元的项目达 58 个。全年新引进世界 500 强企业 4 家，累计已有 74 家世界 500 强企业在汉投资。三是大力推动出口基地建设，不断优化进出口商品结构。进一步落实汽车及零部件出口基地政策，启动第一批汽车及零部件出口支持项目 52 项，全年汽车及零部件出口额已达 3 亿美元，同比增长 89.6%。服务外包基地建设迈出新步伐，全市服务外包实现收入 168 亿元，同比增长 45%；服务外包出口达到 1.68 亿美元，同比增长 42%。四是深入实施"走出去"战略，推动国际经济合作。全年已完成承包工程营业额 2.32 亿美元，同比增长 21.7%。五是着力提高通关速度，进一步改善通关环境。口岸基础设施建设贴息资金、奖励资金、配套资金均已落实，确定了公路口岸建设方案，二类公路口岸建设已经起步。加强了武汉航空港基础设施建设，开通了武汉—上海—东京等 15 条航班号共享航线。

三、围绕构建和谐武汉，加快社会领域的改革

1. 以促进科技与经济融合为重点，不断推进科技体制改革。一是完善政府科技

投资管理体制。创建了武汉科技创业投资引导基金；推进武汉科技创新投资公司增资扩股，将规模扩大到1亿元。二是积极推进科技保险试点。已有21家企业购买科技保险25单，总保险额度2388万美元、45652万人民币。三是进一步推动科技企业孵化器建设。设立市区联合担保资金，为入孵企业融资。四是完善科技计划体系，启动了以十大专项为抓手、支持"两型"社会建设的重大科技项目和创新体系。

2. 以均衡教育资源为重点，不断推进教育体制改革。一是深化农村义务教育经费保障机制改革。全市城乡义务教育实现学杂费全免，农民工子女在公办学校就读的比例达到89.8%。二是深化办学体制改革。全市54所义务教育办学体制改革学校经过清理、规范后，撤销6所，退回或并入公办学校20所，规范为社会力量独立举办的民办学校5所，规范为公办学校参与举办的义务教育民办学校23所。三是推进教师人事制度改革。坚持"凡进必考"，严把教师"入口"关，对全市普通高中教师进行全员培训，在培训方式上实行项目招标、全程管理，切实提高培训质量。

3. 以深化剧团改革为重点，积极推进文化体制改革。坚持"一团一策"，全面启动了市直文艺院团改革。一是为支持各院团改革，成立了"文化事业发展专项资金"。6月下旬，1000万元市直文艺院团"文化事业发展专项资金"已落实到位。市财政还按人均3.2万元核拨各院团在职人员基本经费，并按照"老人老办法、新人新办法"的原则，全额负担市直文艺院团离退休人员政策性支出，为剧团改革提供了有力的资金保障。二是改革内部机制，进一步激活院团发展活力。在改革用人机制方面，实行竞争上岗、双向选择、择优聘用，对优秀人才实行低职高聘。在完善分配制度方面，将职工的个人收入与剧目收入、演出场次、角色分配以及剧目所获奖金挂钩，拉开收入档次，坚持多劳多得。武汉乐团还实行以拉幕考核定座次、根据座次定报酬的国际通行的乐团分配模式。三是豫越评"三团"改革已取得阶段性成效。"三团"转企改制涉及的"土地变现"等工作取得突破性进展，已形成新公司组建与项目开发初步方案。

4. 以深化城市社区卫生改革为重点，积极推进医疗卫生体制改革。一是完善了社区卫生网络。初步形成"15分钟社区卫生服务圈"，基本实现社区卫生服务网络全覆盖。全市已建社区卫生服务中心116个、服务站386个。二是切实加强社区卫生机构建设。社区卫生服务中心中已有18家被大医院托管、22家由大医院直接举办；全市51家二级以上公立医院与96个社区卫生服务中心建立起了对口支持关系。三是增强社区卫生服务功能。组建了全科责任医生团队，积极开展"六上门"服务。组织社区健康教育大课堂，建立了高血压、糖尿病等慢性病社区防治模式。完成了全市"标准化公共卫生科"建设任务。四是在社区卫生服务中心开展了医药分开改革。在全市社区医疗机构实施了"五免六减"的普惠措施，全面减免医疗服务费，社区药品费用降低40%。我市被国务院确定为社区卫生服务体系建设国家重点联系城市之一，卫生部连续两次在武汉举办全国社区卫生服务研讨班。在推进社区卫生改革的同时，着力推进农村卫生服务体系建设，建立了运行规范的新型农村合作医疗制度，新型农村合作医疗参合率达到96.4%，筹资水平提高到人均140元以上，提高了农民医疗保障水平。

5. 以保障民生为重点，不断完善就业和社会保障体系。一是健全就业服务体系。进一步完善困难群体就业援助制度，以"零就业"家庭援助为主要内容，开展创造充分就业社区活动。全年新增城镇就业14万人，实现下岗失业人员再就业5.5万人，帮扶困难群体再就业1.8万人，转移农村富余劳动力6.3万人。二是积极推进城镇居民医疗保险改革试点。自2007年12月1日，全市开始城镇居民基本医疗保险参保登记征收工作。目前，城镇居民医保覆盖面达到88%。三是以建立健全社会保险信息库为平台，推进养老保险、失业保险、职工医保、工伤保险、生育保险五险统一征缴，城镇职工基本养老、基本医疗、失业、工伤、生育保险净增参保人数明显增加。

广州市经济体制改革

2008年，广州市以党的十七大、省委十届二次全会和市委九届四次全会精神为指导，深入贯彻落实科学发展观，坚持有利于科学发展、有利于提高自主创新能力、有利于多数人受益、有利于化解社会矛盾的原则，以促进社会和谐和全面建设小康社会为目标，统筹推进经济体制改革，促进我市经济社会又好又快发展。

一、改革形势总体较好

一是以城市管理体制改革为重点，激发城市活力，建设全省"首善之区"。通过城市投融资体制改革、城市管理体制改革、社会管理改革等一系列改革，提升广州的城市管理水平。

二是国有企业改革向纵深推进，成效显现。国有经济布局结构调整加快，股份制改革进一步推进，公司法人治理结构进一步完善。

三是促进基本公共服务均等化和提高公共服务水平，公共服务体系建设明显加速。在落实市委、市政府2007年制定的《关于切实解决涉及人民群众切身利益若干问题的决定》（即"惠民66条"）的基础上，2008年又出台了17条《补充意见》，民生福利得到显著改善。

四是完善经济、法律、行政等手段，进一步健全节能减排目标责任制和考核制度，资源节约机制逐步建立。

五是开展专项改革试点有突破性进展。"广州市国家级开发区创新发展模式改革试验"，"借鉴香港经验，推进社会管理综合改革试点"为省级改革重点项目试点，目前正在抓紧推进。省政府已批准增城市编制统筹城乡发展改革试点方案。

二、重点领域改革不断深化，城市发展活力不断增强

1. 行政管理体制改革继续深化。深化政府管理体制改革。编制科学发展评价指标体系，形成了《推动广州科学发展建设全省"首善之区"经济社会发展综合评价指标体系》。水务体制改革进展顺利，发布《广州市水务管理体制改革实施方案》。出台《关于调整理顺我市国家级开发区与所在行政区管理体制的意见》。顺利完成增城市镇机构改革试点。大力推进政务信息化，初步实现网上"一站式"电子政务服务，推行社会保障、医疗卫生、城市与人口管理等信息系统建设，转变传统商业服务模式，积极推进企业信息化，努力创建"国家信息化示范城市"。

积极推进投融资体制改革。制定了《广州市城市建设投融资体制改革方案》，在交通、水务、地铁、燃气、环保等重要领域培育7个专业投资集团，承担城市建设任务。

加大财政体制改革力度。已实行全部市直单位（除安全局、亚组委）的部门预算均上报市人大审议的制度。开展预算单位公务卡改革试点，市本级预算单位数量达到70%以上。开展财务核算信息集中监管改革试点。加强政府采购管理，不断扩大采购规模，提高采购效率和质量。制定实施《广州市财政支出项目绩效评价办法》。推进行政事业单位资产管理制度改革，出台了《广州市市属行政事业单位常用公用设施配置标准》、《广州市市属行政事业单位国有资产使用管理办法》和《广州市市属行政事业单位国有资产处置办法》，从制度上保证了行政事业资产从配置、使用到处置全过程的监管。

2. 社会管理体制创新积极推进。创新城市管理体制。形成了《中共广州市委广州市人民政府关于改革完善城市管理体制的决定》，在简政放权，增大区政府的管理权限；整合城市管理机构，提高管理综合效能；推进街道综合执法；加强信息化系统建设等方面进行系统性改革。组建市城市管理综合执法局，并在各区设立分局，进行综合执法。

加大交通管理体制改革。推行城市公交、出租车行业特许经营和招投标，全市422条常规日班公交线路均实行特许经营。开展公交行业资源改革，公交经营主体

数量由原 14 家减至 7 家。实施《广州市城市公共交通运营统筹管理实施办法》，实行城市公共交通运营统筹管理。制定了《广州市交通综合执法实施方案》，积极开展交通综合执法改革。

推进行业协会改革。落实《关于行业协会商会承接政府职能促进其改革发展的试点方案》，选择行业代表性强、运作规范、作用发挥较好的 6 家行业协会及其相对应的业务指导部门，开展承接政府部分职能的试点。研究制定《广州市行业协会管理办法》，推动我市行业协会的规范化发展。

3. 国资和国资管理体制改革稳步推进。国有经济布局结构调整进一步优化。推进了 5 户直属企业重组，完成建设资产经营公司分立重组、广州交通投资集团合并重组，推进广钢与宝钢和韶钢联合重组、国际集团与橡胶集团合并重组。出台《加快推进市属国有企业市区内产业"退二进三"工作实施意见》及《市属国有及国有控股企业"退二进三职工安置办法"》、《市属国有"退二进三"企业申请政府自主职工安置费用的审核程序》等文件，全面推进"退二进三"工程。以改制上市为重点，加快股份制改革。出台《广州市规范国有企业改制工作意见的实施办法》，指导珠江钢琴、广州酒家等 8 户企业改制上市。完成外派监事会成员和财务总监的一体化管理。

完善国有资产监督管理。制定实施《广州市规范国有企业改制工作意见的实施办法》等 5 项管理制度，印发实施《广州市企业国有产权交易实施细则》，规范直属企业国有产权的流转，实现国有产权流转全过程的监控。加强财务监督检查，制定《广州市国资委国有资本收益支持项目资金管理试行办法》，完成 27 户直属企业 2008 年财务预算核准。规范企业年金制度。

促进非公经济又好又快发展。制定推动企业上市的政策措施，积极引导和推进民营企业改制上市。加快中小企业信用担保体系建设，不断解决中小企业融资难问题，目前已办理登记备案手续的 40 家信用担保机构总注册资本已超过 50 亿元；启动广州物流协会的首批试点计划，创造了"1＋N"模式（"1"代表 1 家有号召力的企业为核心，联合"N"家中小型企业，成为互动担保联盟），由专业担保公司组织运作，获得 3—5 倍的银行贷款。

4. 农村综合改革不断加速。扎实推进新农村建设。加大投入，建立新农村建设资金长效保障机制，2008 年，市本级财政预算安排涉农资金总额 44.9 亿元，增幅 18.9%。按照"扶持积极"的办法确定 100 条村作为 2008 年市级新农村试点村。加强农村土地承包与流转的管理，草拟了《广州市关于推进农村土地承包经营权流转的实施意见》和《广州市对农村土地承包经营权流转农户进行补贴的实施办法》。出台了《关于印发广州市 2008 年减轻农民负担工作实施意见的通知》，切实减轻农民负担。白云区创新财政资金支农方式，制定了《白云区财政扶持农民专业合作组织（农户）发展资金管理办法》，设立了"白云区财政扶持农民专业合作组织（农户）发展资金"，扶持农民专业合作社发展。积极开展村务公开民众管理示范村创建活动，番禺区被省政府命名为"村务公开民主管理示范区"。

推进华侨农场改革和发展。制定了《广州市推进华侨农场改革和发展实施方案》，积极探索建立适应华侨农场发展的管理体制。

5. 要素市场体系不断完善。推进流通体制改革。优化连锁经营发展环境，制定了《广州市连锁经营重点企业确定和扶持办法》和《广州市鼓励连锁经营总部企业发展实施办法》，培育壮大连锁经营龙头企业。扎实推进"万寸千乡市场工程"，培育农村民营连锁龙头企业，目前已在全市 36 个镇、1146 条行政村改造或新建农家店 1246 个、农资店 496 个，改善了农村消费环境，完善了新型农村流通服务网络。

金融体制改革逐步深化。广州市商业银行实施改革重组取得了实质性进展；制定了改制农村商业银行的方案；推进万宝财务公司、广州科投、广州国投等地方金融机构重组工作。

土地要素市场改革稳步推进。修编土地利用总体规划。将广州市域划分为适宜建设区、限制建设区和禁止建设区，充分发挥土地规划对未来土地利用的导向性作用。起草了《广州市取得建设用地规则》和《广州市关于建立土地执法共同责任制的意见》，修改《广州市闲置土地处置办法》，从源头上遏制土地违法行为的发生。

加强房地产市场调控。重点加强市场秩序和调控政策规范检查工作，及时发现和整改了"分期首付"、"诚意金登记"等规避调控政策和违规销售行为。建立了二手住房资金托管制度。解决困难群众住房问题，进一步加强和改进房地产宏观调控，优先保障中小户型、中低价位普通商品住房用地供应。

市场监管不断完善。深入开展市场食品安全专项整治，保障抗御雨雪冰灾自然灾害和春节期间的市场供应；稳步推进在越秀区开展的市场信用分类监管试点；继续开展农资市场监管，严厉打击无照经营农资商品行为，严厉打击制售假冒伪劣农资商品坑农害农违法行为。

资源节约机制逐步建立。健全节能减排目标责任制和考核制度，提出了《2008年工商业节能工作意见》、《广州市节能减排工作实施方案》和《广州市小火电关停方案》，全市"十一五"期间计划关停的 12 家燃油小火电企业共 85 套 100 万千瓦机组已在 2008 年 8 月份全部关停。贯彻落实电力价格改革，适时提高有关燃气电厂临时结算电价，落实燃煤电厂脱硫加价政策，鼓励节能减排。积极推进污水处理费标准调整、及时落实成品油价格政策。完善车用液化石油气价格形成机制。

6. 外经贸管理体制改革步伐加快。完善服务贸易协调管理机制，首次设立了服务贸易管理和促进的政府职能机构，出台《关于加快我市服务外包发展的意见》，明确了全市每年不少于 1 亿元专项资金促进服务外包发展，制定了《中国服务业外

地方篇

包基地城市广州示范区管理办法》，组织认定了广州开发区、南沙开发区、天河软件园、黄花岗科技园等四个服务外包示范区。通过了《关于进一步提高广州白云空港货物通关工作效率的实施意见》和《2008年度广州市"大通关"工作计划》，积极推动大通关及保税物流体系建设。进一步规范对开发区的管理，为提高外资项目的审批效率，将1亿美元以下鼓励类、允许类外商投资项目的审批权限下放到广州开发区和南沙开发区。完善穗港合作机制，先后与香港贸易发展局签署了《穗港现代服务业合作备忘录》，建立穗港在现代服务业领域合作的新机制。研究制定促进政策，出台《广州市关于加快实施"走出去"战略的若干意见》，进一步完善我市企业"走出去"的财政、金融、外汇、保险、中介等服务支撑体系。积极培育外商投资企业主体，贯彻落实市委、市政府《关于加快发展现代服务业的决定》，重点对涉及绿色环保业、高新技术产业、港口物流业、金融担保业、旅游会展业的企业设立、增资扩股、外资并购等登记事项给予登记便利，对劳动密集型企业和污染严重等企业的转移迁出加快登记审批时限；进一步放宽市场准入限制条件，不再要求企业提交审批机关的批准文件，直接予以登记。

7. 社会事业体制改革更加深入。推进就业和收入分配制度改革。完善就业工作目标责任制考评办法，制定出台了《广州市劳动用工备案和就业失业登记办法》。加大职业技能教育培训，建立起由核心能力评价、工作业绩评价、生产现场能力考核和理论知识考试四大模块构成的广州市企业高技能人才评价模式，在全国推广。健全城乡统筹就业培训体系，形成了由公益性就业培训机构、民办职业培训机构和企业职工培训基地等构建的多元化教育培训体系。出台了《关于调整我市企业职工最低工资标准的通知》和《关于企业离岗退养人员离岗退养费和待岗人员待岗生活费最低保障标准的通知》，保障了企业离岗退养人员和待岗人员基本生活。

继续完善社会保障制度。积极扩大社会保险覆盖面，养老、失业、医疗、工伤、生育保险人数呈两位数增长。出台了《广州市城镇老年居民养老保险试行办法》和《广州市农村社会养老保险试行办法》，标志着我市全面建立了覆盖全体城乡居民的养老保险制度；出台了《广州市被征地农民养老保险试行办法》，有效解决了被征地农民养老保障问题；出台了《广州市城镇居民基本医疗保险办法（试行）》，将企业职工和灵活就业人员、新型农村合作医疗制度以外的全部广州户籍人口以及具有本市学籍的外来从业人员子女均纳入医保范围，惠及约150万人；出台了调整社会申办退休人员医保过渡金缴纳办法的政策，妥善解决了他们的基本医疗保障问题；修订了《广州市城镇职工基本医疗保险试行办法》，扩大了城镇基本医疗保险制度覆盖面和医疗保险基金支付范围；发布了《印发广州市工伤保险若干规定的通知》，将老工伤人员工伤医疗费等保障问题纳入我市工伤保险体系。

社会救助体系建设全面铺开。实施《关于推进我市社会救助体系建设的意见》，城镇居民最低生活保障标准从每人每月330元提高到365元，低收入困难家庭认定标准从原有的人均收入390元提高到425元，农村五保标准继续在低保标准的基础上，按不低于30%确定。在"惠民66条"的补充意见中，明确提出了建立低保标准自然增长机制，确定低保对象基本生活水平随着经济社会发展而逐步提高。2008年以来连续6次实施了城镇困难群众临时性物价补贴和液化石油气补贴，有效缓解了物价上涨给困难群众带来的生活压力。加快推进社会福利社会化进程，采取"公办民营"模式发展养老事业。

深化教育体制改革。全面落实义务教育免费教育，在农村义务教育全面免除书杂费的基础上，2008年全面实行城镇免费义务教育，建立健全资助困难家庭困难学生就读制度。通过规范和扶持并重，加快民办教育发展，2008年我市安排了1000万元专项资金用于奖励民办教育。

医疗卫生体制改革稳步实施。启动《广州市医疗卫生设施布局规划》的编制，推进医疗资源合理配置。社区卫生服务体系建设继续推进，目前全市已设置社区卫生服务中心126所，平均每6.37万居民拥有1个社区卫生服务中心。完善政府对社区基本医疗的补偿机制，市统筹区内95.5%的社区卫生服务机构纳入医保范围。完善新型农村合作医疗制度，农民参合率达99.4%。

科技体制改革进一步深化。启动建立创新型城市评价指标体系的制定，出台《关于大力推进自主创新加快高新技术产业发展的决定》及有关配套政策。加强产学研合作，推进建立技术联盟，已组建了三家产学研战略联盟。

文化体制改革大力推进。出台了文化体制改革，推动文化事业单位和文化产业加快发展的决定。经营性文化单位转企改制迈开步伐，文艺院团体制改革取得重大突破，对公益性和实行事业体制的文化单位，采取分类指导的原则改革人事、分配、保障等三项制度。以广州日报集团和新华书店集团为龙头的一批文化产业集团迅速发展壮大。

8. 省级改革重点项目试点积极推进。积极推进广州市国家级开发区创新发展模式改革试验。推进体制综合改革，统筹协调功能区和行政区，初步形成优势互补的体制格局；调整职能机构，提高行政效率，撤销了区计划和科技局、经济发展局、企业建设局，新组建了发展和改革局、经济发展和科技局、企业建设和服务局。与省市物价部门开展"行政事业收费综合改革试验区"试点；提高自主创新能力，投资设立"广州技术产权交易平台"，规划建设"广州金融创新服务区"；积极谋划在广州科学城设立穗港澳现代服务业特别合作区；经国务院批准设立全国第九个保税物流园区——广州保税物流园区，实现了广州保税区与广州港区港联动。借鉴香港经验，推进社会管理综合改革试点。目前正按照《学习借鉴香港社会经验推进我市社会管理改革创新工作方案》推进。经省政府批准，增城市开始编制统筹城乡发展改革试点方案。

西安市经济体制改革

2008 年是全面贯彻落实党的十七大精神，落实省委、省政府支持西安加快发展的各项措施，大力推进改革创新的重要一年。我市按照国家和陕西省关于经济体制改革的工作要求，认真贯彻实施《西安市改革创新促进条例》，各项改革工作取得新进展，有力地促进了经济社会发展。一年来，按照市委、市政府建设"人文西安、活力西安、和谐西安"和省委五个率先发展的总体要求，我市加强了对改革工作的总体指导和统筹协调，积极组织实施了《西安市 2008 年经济体制改革工作要点》，在重要领域和关键环节上取得突破，全面推动了各项改革工作。

一、国企改革实现重大突破

超额完成年度国企改革工作任务，全市国企改革目标基本完成。2008 年，完成了 98 户国有企业的改制，超额完成了年初确定的 86 户国企改制目标，通过改革改制，安置职工 8.93 万人，处置金融债务 56.7 亿元，全市国企改革完成面已达到 95.3%，实现了市委、市政府确定的全市国企改革的工作目标。98 户企业采取多种改制形式，西安中药集团公司、市建三公司、中华食品店等 28 户企业采用股份制形式改制；西安风雷仪表厂、省延河水泥机械厂、陕西唐华六棉公司等 14 个项目 17 户企业完成了政策性破产；省农垦商业供销公司、西安外贸实业发展总公司等 19 户企业实施特困企业职工安置暨依法破产；天然气加气站、西安锻压机床厂等 11 户企业完成资产重组及产业整合；西安化工溶剂厂、省建材工贸公司等 11 户企业被兼并；西安淀粉厂、陕西高陵氮肥厂等 9 户企业实施"人资分离"；西安第一轧钢厂等 3 户企业采取其他形式完成了改制。全力推进政策性破产工作，使西北医疗设备厂、省红旗水泥制品总厂等 8 个政策性破产项目 13 户企业年内实现破产终结；高效率、高质量地完成唐华集团政策性破产工作，受到了国务院国资委和省政府的赞扬。资产重组和产业整合工作再获新突破，重点推进了以陕鼓集团、标准集团等优势企业为龙头实施的产业整合，依托优势资源实施的"陕鼓集团—西仪集团和西安锅炉总厂"、"西化双 30 资产重组和搬迁改造"、"西郊热电—国电集团"、"焦化厂—天朗集团"、"西安旅游集团—西安光华酒店"等资产重组和产业整合工作取得突破性进展。市政公用行业资产重组和产业整合步伐进一步加快，以市自来水总公司改制为基础，整合城市供水及污水处理企业资产资源，实施"西安水业资产重组"。对于具备产业续存条件的政策性破产项目，通过引入战略投资者、组建新公司等途径千方百计实施产业整合，省延河水泥机械厂等4户企业破产后都将获得新的发展。圆满完成了人资分离和特困企业职工安置暨依法破产工作，加大了对困难企业改制的政策扶持力度，依托西安工业资产经营公司对西安淀粉厂、陕西高陵氮肥厂等9户企业实施了"人资分离"；通过财政资金托底安置职工对省农垦商业供销公司、西安外贸实业发展总公司等19户企业实施特困企业职工安置暨依法破产。培育资本市场和企业上市工作取得了新进展，全力推进陕鼓动力、西玛电机、紫薇地产等企业重组上市工作，积极培育市自来水总公司、秦华天然气公司等符合条件的国有优势企业加快上市步伐。

二、非公有制经济发展势头良好

制定了《2008年全市中小企业非公有制经济发展工作要点》，全面安排部署全市非公有制经济工作。在深入调研的基础上，拟定了《西安市关于鼓励和促进中小企业发展的意见》（征求意见稿）；按照市委《关于研究谋划西安未来发展重大问题实施方案》要求，起草了《西安市非公有制经济发展的研究谋划》，对今后一个时期全市非公有制经济发展进行了谋划；针对我市中小企业普遍存在融资难的状况，拟定了《关于加强中小企业融资服务工作的指导意见》，为促进非公有制经济发展创造了良好的政策环境。认真贯彻落实全省非公有制经济工作会议精神，及时建立了西安市非公有制经济联席会议制度。为了进一步扩大对外开放，鼓励我市更多中小企业"走出去"开展经贸活动，举办了"中国西安·德国莱比锡阿尔腾堡地区中小企业合作发展论坛"，组织全市近百户中小企业参加了论坛。对我市工业系统集体企业改革情况进行了调研，完成了《西安市工业系统集体企业改革情况汇报》，同时草拟了《西安市工业系统集体企业改革工作指导意见》。

三、行业协会商会改革全面启动

加快推进我市行业协会改革和发展，为优化经济社会发展环境服务。年初，市委、市政府颁发了《关于加强整治"四乱"工作进一步优化发展环境的实施意见》，提出行业协会商会实行政会分开的要求。5月份，我委起草了《关于加快推进我市行业协会商会改革和发展的实施意见》，在广泛征求各部门修改意见的基础上，经修改完善后，上报市人民政府审定。8月25日，市政府常务会议通过了《关于加快

地
方
篇

推进我市行业协会商会改革和发展的实施意见》，9 月 19 日市人民政府办公厅分别以市政办发〔2008〕196、197、198 号文件印发了《关于加快推进我市行业协会商会改革和发展的实施意见》、《关于成立西安市推进行业协会商会改革和发展领导小组的通知》、《西安市行业协会与行政机关实行政会分开指导意见》，至此，我市行业协会商会改革工作已全面推开。10 月 21 日，以西安市推进行业协会商会改革和发展领导小组办公室名义下发了《关于开展全市行业协会商会调查及实行政会分开检查的通知》（市行改办发〔2008〕1 号），要求各单位自查自改，形成自查报告，填写《调查表》，并组成检查督促工作小组，重点对 15 个市级部门进行了检查，督促检查有关自查情况以及整改措施。通过摸底调查，经确认市本级行业协会有 64 个，涉及政会分开行业协会 36 个，其中合署办公 7 个，财务集中管理 1 个，占用行政机关资产 4 个，公务员兼职 50 人。年底前，已确认人员脱钩的行业协会有 7 个，有 5 名局级领导和 5 名处级干部提出辞去兼任的行业协会会长职务，其余涉及人员分开的行业协会，各主管部门都已制订脱钩方案，待召开换届选举大会后正式与行政机关脱钩。同时，编发了 3 期简报，对政会分开自查整改阶段行动迅速、措施得力的单位进行了表扬，及时通报了我市行业协会商会改革进展情况，全市行业协会改革取得初步成效。

四、财政体制改革不断深化

根据西安市人民政府《关于理顺和完善市与区县财政体制问题的通知》（市政发〔2007〕88 号）和西安市人民政府〔2007〕72 号、〔2008〕35 号专项问题会议纪要规定，制定了市与航天基地财政体制，协助各区落实了浐灞区财政体制。建立了预算编制项目库，采用新的专项资金管理软件，建立起部门单位和财政的项目库，并实行滚动管理，成功实现了网络化数据传输。在市级部门全面实行了收支脱钩，研究制定了行政事业性收费、罚没收入超收激励办法，保持了各征收部门积极性，确保了全面实行"收支脱钩"后非税收入预算的稳定执行，全年市本级行政事业性收费和罚没收入累计入库 75092 万元。稳步扩大区县部门预算改革试点，各区县结合实际，制定了行政事业单位基本支出和项目支出管理办法，建立了部门预算定额标准体系，初步形成了以"e 财"预算编制软件和计算机网络系统为支撑的部门预算编制体系，基本实现了部门预算编制精细化、规范化目标。继续深化国库集中支付改革，不断扩大支付范围，大幅简化了基本支出审批流程。继续加强行政事业资产管理改革，制定印发了《西安市行政事业单位国有资产管理暂行办法》和《西安市行政事业单位国有资产有偿使用及处置和收益管理暂行办法》。开展了资产管理信息系统试点工作，在我市被省厅确定为资产管理信息系统试点城市后，确定市教育局、水务局等 10 个部门的 65 户单位和新城、高陵等 6 个区县为试点范围，全市资产管理信息系统已进入试运行阶段，整体工作进度居全省首位。

五、事业单位分类改革稳步推进

按照中央编办、省编办关于推进事业单位分类改革要求，在完成市属 440 余家事业单位分类的基础上，完成了市政委、市教育局等 16 个部门所属 121 家事业单位"十定"工作。积极推进市政公用行业事业单位改革，设立西北郊城市排洪工程管理中心，加强了我市城市排水系统管理服务职能。根据国家《文物保护法》和《文物保护实施条例》，结合我市文物遗址多、保护任务重的实际需要，成立了市文物稽查执法队。按照国家"丝绸之路跨国联合申报世界文化遗产"工作要求，成立了市隋唐长安城遗址保护中心、西安唐皇城墙含光门遗址博物馆。以改善民生为重点，完善相关事业单位管理体制机制，为加强我市奶牛育种及良种推广工作，成立市奶牛育种及良种推广中心，推动了我市奶牛育种及良种推广工作开展。为适应新形式下开展家庭困难学生资助工作的需要，成立西安市学生资助管理中心，建立健全了我市学生资助管理机构，从体制上解决家庭经济困难学生的就学问题。创新市救助站机构编制管理，对该站试行临时聘用人员的管理模式，核定其所需聘用人员数额，加强了社会救助管理工作。

六、小城镇发展改革试点工作开创新局面

为了加强对试点镇的指导工作，年初，制定下发了《西安市 2007 年小城镇发展改革试点工作进展情况及 2008 年工作重点》，起草了《关于 2008 年开展制定 10 个发展改革试点镇经济社会与产业发展战略规划的请示》。3 月份，国家发展改革委办公厅下发了《关于公布第二批全国发展改革试点小城镇名单的通知》（发改办规划〔2008〕706 号），批准了我市新筑、草堂列为全国发展改革试点镇。4 月份，国家发展改革委小城镇中心李铁主任一行 4 人来我市调研，通过现场考察、参加座谈会等多种形式，对草堂镇、郭杜镇、新筑镇、新丰镇进行了考察，为新批准的全国小城镇发展改革试点草堂镇、新筑镇授牌，对我市推进小城镇发展改革试点工作给予了充分肯定，为我市贯彻落实科学发展观推进小城镇健康发展提出了指导意见。5 月 26 日至 29 日，由国家发展改革委、商务部承办的援外项目"发展中国家城镇政府管理研修班"45 名外国官员来我市考察小城镇建设，在参观了我市郭杜、新筑、新丰等三个小城镇之后，对我市小城镇改革发展工作给予高度评价。我市小城镇发展改革试点与省上关中百镇建设项目相结合，已确定了 25 个项目给予优先支持，加

快发展。9 月份，在各区、县发展改革委推荐具有发展潜力、改革发展意识强的小城镇名单基础上，公布了第二批市级发展改革试点小城镇名单，扩大了小城镇发展改革试点面，加快了小城镇建设步伐。配合国家发展改革委小城镇中心为新筑、草堂镇作了土地挂钩改革试点方案。下达了支持 10 个重点发展小城镇制定规划的经费。

七、卫生体制改革取得新进展

市政府出台了《西安市乡镇卫生院机构设置和编制标准实施意见》，各涉农区县政府明显加大卫生事业投入，制定了《关于创建甲级卫生院工作的实施方案》和《2008 年度村卫生室规范化建设计划》，在全市 10 个区县（除城三区）的 200 个新农村重点村各建了一所设施齐全、功能齐备的甲级村卫生室。西安市新型农村合作医疗协调小组办公室制定下发了《关于调整全市新农合运行方案的几点意见》，指导各区县调整完善新农合补偿方案，并在临潼区、长安区等五个区县开展门诊统筹试点工作，全年全市共补偿参合农民 115.12 万人次，补偿金额共计 2.68 亿元。完成了 33 家政府举办的社区卫生服务中心标准化建设任务。从 5 月 1 日起，全市所有符合设置规划的社区卫生服务机构对就诊的所有患者实行"五免"，即免收就诊患者的普通门诊挂号费、普通门诊诊查费、门诊肌肉注射费、住院诊查费、Ⅱ级护理费，所免费用由市、区两级财政承担。积极推进社区卫生服务机构全额预算和社区卫生服务适宜技术试点工作，对全市 148 所社区卫生服务机构的 598 人进行了社区适宜技术培训。全面启动了医院等级评审工作，制定了《西安市医疗机构等级评审（复审）工作方案》。推行无假日门诊制度，在市级医疗机构间实行检查、检验结果互认、实施单病种限价、规范临床用药、医疗收费公示、住院一日清单等一系列措施，为市民提供了方便、快捷、安全、温馨的医疗服务，取得了良好的社会效益。

八、继续推进农村综合改革

为进一步推动 2008 年全市农村综合改革工作，召开了全市农村综合改革工作会议，协调相关部门继续做好乡镇机构改革试点和农村义务教育体制改革，抓好"乡财乡用县监管"工作。继续抓好高陵县、阎良区乡镇机构改革试点的巩固和完善工作，确定了长安区、蓝田县为 2008 年的乡镇机构改革试点区县，进行了乡镇机构改革，11 月底长安区和蓝田县基本完成了乡镇机构改革工作。积极落实有关政策，确保农村义务教育经费保障机制改革整体推进，做好化解农村义务教育"普九"债务工作。深化和完善"乡财乡用县监管"改革试点，在 2007 年"乡财乡用县监管"

县乡联网试点的基础上，上报省综改办申请将我市周至县、临潼区、长安区列为"乡财乡用县监管"管理软件试点县，逐步实现县乡财政信息网络化管理。

九、林权制度改革取得阶段性成果

完成了户县集体林权制度改革试点工作主体改革任务，通过了省林业厅的检查验收。积极协调市财政局落实预留林改工作经费200万元，市财政局已拨付林改经费74.4万元，其中市级林改经费32.4万元，试点县林改经费42万元。户县在县财政十分困难的情况下，拿出25万元作为林改工作经费，为林改试点工作的顺利开展提供了坚实的物质基础。认真制定了《集体林权制度改革工作技术操作规程》，成立外业勾图质量检查组，对外业勘界勾图工作进行实地检查，并将勾图质量与林业技术干部年度考核、工资晋升、职称评定挂钩，有效地保证了勘界勾图工作质量。严格实行"三个到场"（林主与四至接界人到场、村组干部与勾图技术人员到场、村林改工作组成员与包村干部到场）制度，在确认无争议后，由相邻村组干部、勾图技术员、林改工作组成员及包村干部在《林权勘界外业调查表》上签名盖章，并对调查摸底、外出勘验、权属确认等关键环节实行"三榜公示"，确保勘界确权准确无误。规范管理，做好建档制证，及时转发了《国家林业局国家档案局关于加强集体林权制度改革档案工作的意见》，明确了林权档案管理的方法、步骤和市、县、乡、村四级林改档案范围，市、县、乡、村四级林改组织已全部建立了林权管理档案室，市、县两级实现了微机化管理，做到了建档与工作同步、资料与程序同步、考核与管理同步。

十、认真贯彻落实《西安市改革创新促进条例》工作

由市人大常委会制定的《西安市改革创新促进条例》，是一部全面促进改革创新工作，实现西安率先发展的重要法规。该《条例》于2008年5月21日公布，自2008年6月1日起施行。7月份召开了起草《关于贯彻〈西安市改革创新促进条例〉实施意见》的讨论会，在广泛征求各部门意见的基础上，市发展改革委代市政府草拟了《关于贯彻〈西安市改革创新促进条例〉实施意见》，经修改完善后，向市人民政府第一次呈报了《关于贯彻〈西安市改革创新促进条例〉实施意见》。10月份，市发展改革委根据各部门反馈意见，经再次修改完善后，第二次向市人民政府呈报了《关于贯彻〈西安市改革创新促进条例〉实施意见》。10月22日市政府办公厅召集有关市级部门专门召开了《关于贯彻〈西安市改革创新促进条例〉实施意见》征求意见座谈会，共同商讨相关问题，征求各部门意见，经全面修改完善

后，10 月 27 日第三次向市人民政府呈报了《关于贯彻〈西安市改革创新促进条例〉
实施意见》。

杭州市经济体制改革

    2008 年，我市以省政府批复的《杭州市综合配套改革试点总体方案》和年初下
发的《杭州市人民政府关于 2008 年改革工作的实施意见》为指导，围绕创业创新
体制、社会管理体制、政府管理体制三大体制创新，积极推进重点领域改革，认真
抓好省级综合配套改革项目的落实，各项改革工作取得一定进展。

一、创业创新体制建设稳步推进

    1. 杭州市与浙大战略合作迈出新步伐。2008 年 1 月，杭州市和浙江大学战略合
作促进委员会举行第六次会议，讨论通过了《杭州市与浙江大学战略合作 2008 年行
动计划》，明确了双方以"和谐杭州示范区"建设为载体，加快杭州与浙江大学一
体化发展，实现"浙大是世界名校，杭州是世界名城"的共同愿望。此后，杭州市
与浙江大学先后两次召开会议，通过了《杭州市与浙江大学合作共建和谐杭州示范
区行动计划》，近两三年内，杭州将与浙大强强联合，启动 17 个重点项目，建设以
浙大紫金港校区为核心的和谐杭州示范区。浙大与杭州高新区签署了共建"三中心
一平台"（浙江大学工业自动化国家工程研究中心、浙江大学电力电子技术国家工
程研究中心、浙江大学国家电液控制技术研究中心和浙江省工业自动化创新平台）
合作协议。

    2. 加快打造长三角南翼金融中心。《长三角南翼金融中心建设规划》通过省市
专家论证，提出了中心金融功能主平台为"一区两带"，即以钱江新城和钱江世纪
城为金融核心区，以及庆春路和延安路为金融集聚带。拟订了《关于推进长三角南
翼金融中心建设的若干意见》，并经市委财经工作领导小组会议审议通过。《若干意
见》从招商引资、用地用房、财政扶持、人才支撑、业务创新、金融生态等配套服
务方面为各类金融机构及相关高级管理人员的引进和在杭发展提供全方位的政策激
励和扶持。制订行动计划，拟订了金融中心建设具体工作项目，对部分比较确定的
项目，已经着手开展推进工作。浙江大立科技股份有限公司等四家企业成为上市公
司，万马电缆等三家企业已通过发审会审核，同时有八家企业报会待审。

3. 设立杭州市创业投资引导基金。2008 年 4 月，我市正式设立了杭州市创业投资引导基金，根据国家十部委第 39 号令和国家发展改革委、财政部的指导意见，我市制定了《杭州市创业投资引导基金管理办法（试行）》（以下简称《管理办法》），同时，还制定了《杭州市创业投资引导基金业务流程》，建立和完善了杭州市创业投资引导基金银行托管方案等配套政策。市级引导基金跟进投资创业投资企业选中的企业和项目，企业所在地政府的引导基金原则上也按 1：1 的比例同步跟进投资。2008 年全市共安排引导基金 5.5 亿元，其中，市本级安排 2 亿元，各县（区）安排 3.5 亿元。已签约跟进投资项目 7 个，实现了与区县市的联动。到年底，在杭备案的创投企业已达到 34 家，注册资本金共计 28.17 亿元，实收资本 20.99 亿元。此外，清科、软银、鼎辉等一大批境内外著名创投公司纷纷进入杭州，看中杭州的风投机会，已经和正在寻找更多的合作项目。

11 月 7 日，国家发展改革委在北京召开了全国创业税收政策实施情况及贯彻落实引导基金指导意见交流会。杭州市发展改革委和杭州市高科技投资公司，分别就杭州市创业投资基金运作经验、杭州市高科技投资公司应纳税所得税抵扣情况与政策效果在会上作了经验交流，国家发展改革委对我市创投引导基金的运作和开展的创投工作给予了充分肯定；同时，我市创投工作也得到了与会各省市代表的好评。

4. 积极推进杭州市创业投资服务中心筹建。2008 年 7 月 16 日，杭州市创业投资服务中心由杭州市人民政府发起设立。创投中心定位为集风险投资机构、金融机构、中介机构为一体的，提供创业投资全过程所需服务的公共服务平台。创投服务中心分投资服务区、融资服务区和中介服务区。目前首批引进国内外知名创投机构、创投管理公司等近 39 家机构入驻办公。同时还专门设立了创业导师工作室，为大学生创业提供辅导。

5. 杭州产权交易平台建设取得积极进展。为了给新杭州产权交易平台的正常运行提供必要的政策支持，制定出台了《杭州市国有（集体）产权、资源统一入场规范交易的意见》和《杭州市非上市股份有限公司股权集中托管管理试行办法》，并形成《关于加强杭州产权交易所经纪会员管理的若干意见》。6 月 18 日，杭州产权交易所有限责任公司成功注册，领取了企业法人营业执照。交易业务领域扩大和品种创新，除物资资产交易外，积极探索了知识产权、排污权、非上市公司股权及其他社会资源进场交易新模式。截至 12 月底，已招募会员单位 110 家，其中经纪会员单位 60 家，服务会员 20 家，信息会员 30 家，且多数都是行业内知名公司。平台上的各类产权交易将由会员通过竞价交易方式来完成。这将使杭州产权交易所完全退出原杭州企业产权交易所市场交易者的角色，代之以市场营运和建设的职能，从原来"做交易"转变为"做市场"。以为各类会员提供服务及对市场的建设吸引更多会员的加入，以会员资源的积聚实现交易资源的集聚，从而加大交易的成功概率，提高交易效率，实现资源和资本的优化配置。12 月 29 日，杭州产权交易所有限责任公司正式挂牌营业。

6. 进一步深化土地节约集约利用。积极探索节约集约用地监督考核机制，拟定《杭州市建设用地节约集约利用水平评价考核暂行办法》。出台《杭州市人民政府关于切实推进土地节约集约利用的实施意见》，在高新开发区、经济技术开发区开展节约集约利用试点评价工作，并开展了全市范围内闲置土地专项清查，制定下发了《杭州市闲置土地专项清查行动工作方案》。2008 年组织国土资源部门对全市自1999 年初至 2007 年底期间供地的 15415 宗进行了逐宗梳理和排查，共清查发现闲置土地 475 宗，截至年底已处置 471 宗，其中收回闲置土地 21 宗，土地面积 1052.8亩。组织全市开展已批未供土地清查，截至 12 月，全市共盘活未供土地面积2097 亩。

7. 推进外贸创新发展。拟订《杭州市人民政府关于推进外贸创新发展加快转变外贸增长方式的若干意见》。建立协调配合机制，加强外经贸管理部门与海关、商检、国税、外管、银行、信用保险公司等部门和机构的协调配合。建立健全外贸考核制度，把外贸目标的完成情况和转变外贸增长方式工作情况纳入区、县（市）、开发区工作目标考核。市财政局、外经贸局联合出台《关于杭州市中小出口企业开展电子商务财政资助管理办法》，市财政按照"三三制"方式，每年资助 1000 家、三年资助 3000 家企业发展电子商务。

8. 召开全市民营经济大会。推选第三届杭州市非公有制经济人士"优秀社会主义建设者"、杭州市第二届民营科技新星和杭州市民营企业 100 强。市政府举行全市民企 500 强企业座谈会。印发《杭州打造民营经济强市三年行动计划（2008—2010年)》。市委、市政府召开全市民营经济大会，对 80 名杭州市非公有制经济人士"优秀社会主义事业建设者"、100 家 2007 年度杭州市百强民营企业、20 名杭州市第二届民营科技新星以及 2007 年入选全国民营企业 500 强的企业进行隆重表彰，王国平书记、蔡奇市长分别讲话，鼓励全市民营企业家坚定信心、迎难而上，"危"中求"机"、转"危"为"机"，打好应对国际金融危机、实现又好又快发展这场硬仗。

9. 积极推进主要污染物减排。印发《杭州市 2008 年主要污染物减排计划》，按照全过程系统控制、同口径比较、强化动态变化、责任分解落实、可达性的原则，将全年的减排任务通过生态建设与环境保护目标责任制的形式落实到各县（市）、区，确保 2008 年累计减排量达到"十一五"计划减排量的 60%。市人大通过《杭州市污染物排放许可条例》并经省人大常委会批准，于 2008 年 6 月 1 日正式实施。拟订《关于加强污染物排放许可证管理的通知（征求意见稿）》，对排污许可证的发放和申领重新做出规定，并将总量控制等与排污交易工作相关内容贯彻其中。全面开展排污权交易试点，拟订了《杭州市主要污染物排放权交易实施细则》和《杭州市开展排污权交易工作方案》，明确配额分配原则、交易办法及部门职责。

10. 推动杭州都市圈步入全方位深层次融合。5月23日，杭湖嘉绍四城市市长聚首湖州，举行杭州都市经济圈市长联席会议第二次会议，进一步增强发展共识，形成合作框架，建立工作机制，拓展合作领域，推进都市经济圈步入全方位、深层次的互相融合阶段。会议原则通过了《杭州都市经济圈发展规划》并按程序报省政府批准发布。自2008年7月1日起，取消杭州、萧山、余杭三地互打区间电话通话费，统一执行市话费标准。"三地"取消区间资费以后，全市将有250多万固定电话客户从中受益，每年将节约通信费用支出3300多万元。完成萧山公交与杭州公交的一体化改革，7月1日起萧山区和杭州主城区公交进入"城乡同覆盖，同城同待遇"。开通了杭州德清公交线，正在推动开通杭州安吉等公交班车。

11. 实施停车收费新政。从7月1日起杭州市区实施停车收费新政。区分不同性质、不同类型停车场、不同停车时间，建立不同价格形成机制和收费体系；力求发挥停车收费引导调节交通需求的经济杠杆作用。5月1日启动公共自行车交通系统，10月1日，免费自行车服务系统正式运行，至年底，共建成298个服务点，投入公共自行车8100辆，累计租用量达174.45万人次。

二、社会管理体制建设成效突出

1. 推进收入分配制度改革。在对75户企业全面调研、测算的基础上，在全国率先制订了国有及国有控股企业实行工资总额预算管理的具体办法：《杭州市市属国有及国有控股企业工资总额预算管理暂行办法》和《关于市属国有及国有控股企业试行企年金制度的指导意见》。至2008年底，65户国有及国有控股企业工资总额预算审核工作基本结束，职工2008年平均工资3.8万元，比2007年的3.35万元增长13%，职工最低工资达到2.3万元。拟订经营者任期中长期激励考核方案，2008年在杭氧等三家企业先行试点，标志着我市以期权激励为核心的经营者管理要素参与分配模式，已经从探索研究阶段正式进入到试点运行阶段。完善对低收入群体的价格补贴措施，拟订实施了《杭州市区物价上涨与低收入群体临时价格补贴联动机制》。

2. 文化体制改革不断深化。制订出台《关于以新一轮"解放思想大行动"为动力进一步深化文化体制改革的意见》，进一步拉高工作标杆，明确重点任务，落实政策举措，加大改革力度。加快国有文化集团改革步伐，杭报集团公司化运作机制进一步完善，杭报传媒公司成立后效益明显；集团管理部门、每日商报、萧山日报、杭州网络新闻中心、风景名胜杂志社以及印务中心的薪酬体系改革完成。文广集团按"文广传媒"、"文广演艺"、"文广控股"三大板块推进集团发展，杭州文广投资控股有限公司有序运作。两大集团联合成立了汉书数字出版传播有限公司。西泠印社集团公司正式挂牌成立，争创中国驰名商标工作取得突破性进展，2008 年春拍再创佳绩。不断深化文化事业单位改革，华数数字电视有限公司荣获"全国文化体制改革优秀企业"荣誉称号。杭州文物公司改制工作基本完成。杭州图书馆内部三项制度改革和绩效考核体系的建设正在实施。杭州美术家画廊改制方案已经批复正在实施。杭越与红星、杭话与新华电影院的"院团＋剧场"整合改革稳步推进。文化事业单位改革遗留问题进一步得到解决落实。加强文化国有资产管理。授权经营单位范围扩大，对杭报、文广两大集团经营者年薪制考核办法在"双百分制"基础上进行调整完善，进一步突出社会效益的考核。

3. 推进优质教育资源全社会共享。全面实施城乡免费义务教育。2008 年 1 月11 日，全市城乡义务教育阶段学生免收课本费和作业本费。全年全市义务教育段69.2 万名学生免杂费、课本费、作业本费 3.6 亿元。积极构建学生资助体系，全年共资助困难家庭学生约 6.60 万人次、金额为 2960.06 万元，9.74 万人次享受爱心餐、金额为 1233.54 万元；资助 8.44 万名中等职业学校学生国家助学金，金额达6295.73 万元；市属高校 2.9 万人次学生通过奖、助、贷以及勤工俭学获得资助，金额达 4022.06 万元。妥善解决进城务工人员子女在杭就学问题。取消进城务工人员子女借读费，义务教育段学生同时免杂费、课本费和作业本费。落实四川灾区职高学生的接收工作及家在地震灾区的在杭务工人员子女在杭就学，全市共安排 372名家在地震灾区的在杭务工人员子女入学，其中六城区安排 161 名。全市共接收四川灾区职高学生 65 名。积极探索城乡学校结对互助共同体模式，2008 年新增 29 对城乡学校互助共同体，4 所城区特殊教育学校与 5 所萧山区及县（市）特殊教育学校结成互助共同体。

4. 构建就业和养老保障体系。全面实施《杭州市基本养老保障办法》，萧山、余杭区和五县（市）及时出台各地的实施办法，特别是萧山区、余杭区与主城区同步实施，保障水平与主城区全面接轨。社会保险覆盖面、受益率进一步扩大。从2008 年 1 月 1 日起，降低了职工基本养老保险单位缴费比例 1 个百分点和农民工"双低"养老保险单位缴费比例 2 个百分点。至年底，全市职工基本养老保险参保271.24 万人，比上年末净增参保 33.44 万人；医疗保险参保 274.59 万人，净增参保36.85 万人；失业保险参保 202.41 万人，净增参保 32.32 万人；工伤保险参保245.82 万人，净增参保 44.18 万人。

5. 解决群众"看病难、看病贵"取得新突破。2008 年，杭州市围绕让群众"看的上病、看的起病、看的好病"为目标，以推进乡镇卫生院标准化建设和推进社区卫生服务机构"收支两条线"改革为重点，着力破解群众"看病难"问题。

一是加快推进乡镇卫生院规范化建设。为进一步提高农村医疗卫生水平，我市将乡镇卫生院整体转型为社区卫生服务中心，到年底，全市 138 个乡镇卫生院均转型为社区卫生服务中心，转型率 100%。同时，开展了乡镇卫生院规范化建设，目前全市已有 89 家乡镇卫生院达到规范化建设要求，达标率 64.4%。2008 年，31 家乡镇卫生院积极创建市级规范化社区卫生服务中心，并已完成评估。

二是社区卫生服务机构"收支两条线"改革全面推进。作为社区卫生服务机制改革的重要内容，市委、市政府高度重视"收支两条线"改革，2008 年年初专门召开了"加快推进社区卫生服务综合改革工作会议"，并于 5 月份开展了社区卫生服务工作督导。各区、县（市）也制定了开展社区卫生服务综合改革工作方案。通过对社区卫生服务机构的管理人员进行培训，转变社区卫生服务理念，完善社区卫生服务绩效考核等工作，大力推进"收支两条线综合改革"工作。2008 年，城区所有的社区卫生服务机构均已实行"收支两条线"。

三是健全完善"双向转诊"制度。到年底，市区 46 家社区卫生服务机构均与省、市级医院建立了结对帮扶关系，社区卫生服务机构每年派出人员到帮扶结对医院学习，参加专家查房、病例讨论，省、市医院定期派出专家到社区卫生服务机构指导，并及时将有关信息与社区卫生服务机构互通。

四是抓好医疗救助，实施了"二免一减一让利"。即"二免"：免门诊挂号费、门诊诊疗费；"一减"：参加医保的惠民对象，减免个人自负部分的 50%，未参加医保的减免门诊其余费用的 25%；"一让利"：对未参加医保的惠民对象实行 300 种常用药品零差价让利，参加医保的不享受。同时，对参加医保的惠民对象，其个人自负部分减免 50%；未参加医保的，直接对其住院的全部费用减免 25%；对未参加医保的惠民对象实行 300 种常用药品零差价让利，参加医保的不享受。

6. 在全国首推"先租后买"和"租售并举"制度。为解决两个"夹心层"住房难问题，杭州市出台了市区经济租赁住房管理办法和经济适用住房租售并举两个政策，成为全国率先提出采取"先租后买"和"租售并举"两种措施来解决低收入家庭困难的城市。一是基本做法。对不符合廉租住房条件，又暂无力购买经济适用住房（夹心层 1）的困难家庭，采用"先租后买"（租经济租赁房，有条件再买经济适用房）和"租售并举"（首付 30% 后，租经济适用房，5 年内买下）两种方式解决住房；对不符合经济适用房条件又暂无力购买商品住房（夹心层 2）的困难家庭，采用租赁方式解决住房。二是面积控制。经济租赁住房、用于租售并举经济适用住房的套型面积控制在 60 平方米左右，用于先租后买经济租赁房的套型面积控制在 50 平方米以内。三是政府补贴。租金标准实行政府定价，对于无力承担租金的低收入家庭进行政府补贴，对于申请家庭首付款与总房价款的差额部分，由市财政进行贴息。四是退出机制。为防止"只租不买"，甚至只住不付租金，政府可按原初

地
方
篇

始售房单价统一收回，保证了退出机制的顺利实施。五是对象拓展。首次将非本地户籍人口也纳入城市住房保障对象，体现了住房保障的公平、公正原则。

三、政府管理体制建设积极推进

1. 建设项目代建制有序推进。制定了《杭州市建设工程项目管理暂行规定》、《杭州市城市基础设施施工项目管理暂行规定》、《杭州市建设工程项目管理单位资格备案暂行规定》等相关规定，拟订《杭州市政府投资项目建设管理办法》，在城市基础设施项目、经济适用住房以及市委党校、市妇女活动中心、五云山疗养院、市纪委监察局办案点等项目中开展代建试点并取得良好效果。

2. 进一步推进行政审批制度改革。进一步梳理了投资项目审批体系的各个环节，明确了从投资项目主体确定到项目完成权证办理所需的八个过程，并提出了对与投资项目有关的审批事项和中介服务事项的集中整合意见。2008 年 6 月 20 日，印发《市委办公厅、市政府办公厅关于进一步完善投资项目审批服务体系的意见》，明确了完善投资项目服务"一条龙"的工作目标、任务和要求。

3. 实施投资项目审批代办制。7 月 1 日始，我市建立市、区（县）和乡镇（街道）分工协作、上下互动、全面覆盖的投资项目三级代办网络，对项目从立项到项目开工的全过程行政审批以及公共服务事项的全部手续，实行自愿委托、无偿代办、全程服务。出台了《关于推行投资项目审批代办制的实施意见》等相关文件，并抓好组织落实。市委组织部及各区、县（市）组织部门及时选派了 547 名挂职干部担任代办员。截至 12 月底，全市共受理代办项目 1456 个，上门服务 4322 批次 8547 人次，联系审批部门 6745 家次，参加协调（含会议）1121 次，解决疑难问题 692 个，办结项目 156 个。其中市本级代办中心共受理代办项目 267 个，跟踪服务项目 198 个，上门服务 1983 批次 4358 人次，联系审批部门 3410 家次，参加协调（含会议）581 次，完成审批服务事项 1823 项，解决疑难问题 317 个，办结项目 21 个。

4. 构建权力阳光运行机制。2008 年，杭州市率先部署建立以规范和制约行政权力为核心的权力阳光运行机制。重点是清理和规范各项权力，逐步建立全市统一的网上政务平台，在权力相对集中、与群众利益密切相关的行政部门率先建立权力阳光运行机制。主要任务是依法清理和规范现有行政权力（含公共资源交易权、专项资金管理使用权），全面推进电子政务建设（推进机关办公自动化，推进机关联网办公，推进政府上网工程），认真实施《杭州市"数字监察"五年规划（2008—2012 年）》，以完善网上政务实时监督系统为主阵地，努力实现"拓展、延伸、全覆盖"目标。市委、市政府召开了构建权力阳光运行机制工作会议，组建了领导小组和办公室，下发了《关于进一步构建权力阳光运行机制的实施意见》和《杭州市进一步构建权力阳光运行机制（2008—2009年）工作方案》。在全面整体推进工作的同时，坚持突出重点、逐步推开的原则，市本级政府部门带头推进，区县（市）、乡镇（街道）分步实施。市直部门选择市建委、市城管执法局、市劳动保障局先行试点。

5. 稳步推进事业单位改革。事业单位改制继续推进，研究论证杭州文物公司、市园林旅贸公司、市农业综合开发公司改制方案，完成市教育局所属7家校办企业改制方案论证及批复工作。

6. 加大改善民生方面的财政投入。我市在2008年财政支出的安排上通过"存量调结构，增量优方向，增量调存量"的方法，进一步优化财政资源配置，强化财政的公共服务功能，确保新增财力的2/3以上用于民生，着力解决人民群众最关心、最直接、最现实的问题。2008年杭州市本级财政支出预算为102.7亿元，其中用于改善民生的支出达70.19亿元，比2007年增加11.34亿元，增幅达19.27%。当年新增财力中用于改善民生的支出比重达80.93%。

7. 推进行业协会改革，保障健康有序发展。市政府印发《杭州市行业协会发展规划》，市民政局印发《杭州市行业协会规范化建设和评估标准》。围绕解决重复劳动多头管理的问题、业务对口问题和健全行业协会组织机构问题，进行了理顺外部关系、理顺管理关系和理顺内部关系工作，有7家行业协会的业务主管单位变更，市本级有16家行业协会变更了新的办公地址，21家行业协会变更规范了名称，有26家行业协会召开了会员大会变更了法定代表人，有85家修改了章程。积极探索政府向行业协会购买服务工作，萧山区出台了工业经济类行业协会新成立一家给予20万元的补助，建德市出台行业协会发展专项资金100万元的政策，市本级对"十大特色潜力行业协会"给予1000万元的资助政策。

8. 积极稳妥推进公车改革。市车改办加大了推进市级机关车改的力度，进一步完善市级机关车改方案。5月26日，市纪委、市车改办召开了全市区、县（市）公车改革座谈会及市级机关车改方案工作研究会。9月19日，蔡奇市长主持召开了市车改领导小组第二次会议，会议原则同意市级机关车改方案，决定调整"自愿申报，试点先行"推进方式，按照"整体推进，分步实施"的思路，三年之内完成市级机关公车改革。11月21日，市委财经领导小组第51次会议审议通过《杭州市市级机关公车改革方案》。

济南市经济体制改革

2008 年，济南市在市委、市政府的正确领导下，认真贯彻党的"十七大"和十七届三中全会精神，以纪念改革开放 30 周年为契机，进一步加大重点领域和关键环节改革力度，不断完善社会主义市场经济体制，着力构建落实科学发展观和建设社会主义和谐社会的体制机制，确保了全市经济社会平稳较快发展。

一、行政管理体制改革继续推进

以加强服务型政府建设为目标，推进行政管理体制改革，进一步增强政府"经济调节、市场监管、社会管理、公共服务"职能。行政审批制度改革力度加大。成立了济南市行政审批制度改革工作领导小组，进行第六次市级行政审批事项清理。清理后，我市原有 436 项审批事项中，保留 228 项；45 项调整为日常行政管理措施；18 项下放县（市）区办理。采取梳理信息公开内容、编制公开指南和目录以及改版济南市政府网等多种措施，加大政府信息公开力度，政务公开有新的提高。实施统计制度改革，建立和完善文化事业、文化产业统计监测体系，以及教育、卫生、劳动就业、社会保障、收入分配、人民生活、社会安全、社情民意等统计监测系统；完善节能降耗减排统计监测，构建节能减排统计、监测和考核三个体系。继续完善政府投融资管理体制改革。济南市政府投融资管理中心按照"程序科学、运作规范、监管严格"的政府投融资管理新模式要求，构筑起项目法人责权明确、融资投资行为规范、投入产出自求平衡、政府债务风险防控的重大工程建设保障机制，为北园大街、奥体中心、大明湖、棚户区改造、小清河等全市重点工程提供了可靠的资金保障。

二、国有企业改革进一步深化

按照分类指导的原则继续深化监管内国有企业改革。全年共完成济南普利思矿泉水有限公司、济南南郊热电厂、济南市煤气公司等 13 户企业的改革改制工作；新批复立项 20 户企业进入改革改制程序；轻骑、齐鲁化纤、华诚元首、大易造纸、小鸭等 5 户困难企业集团的改革改制工作稳步推进。同时，积极做好国有企业职工安置工作。解决了 11 户特困企业、16987 名职工 2006 年底前企业工资历史拖欠问题。积极完善国有资产管理体制，制定《关于在监管企业推行总法律顾问制度的指导意见》等 4 个规范性法律文件，全市国有企业发展呈现出经营性国有资产向优势企业，优势行业聚集的态势，一批国有企业如济南轻骑、济南汽配、华能气动、济南四五六等企业迅速复兴，发展势头良好。济南水业集团及供热企业等市政公用行业国企改革步伐也继续加快。

三、财政、投资体制改革取得新进展

公共财政体系建设力度进一步加大，把更多的财政资金用在推动科学发展和改善民生上。市级财政社会保障专项资金较上年预算增加 30762 万元，切实保障了各项民生问题的改善。围绕着调整优化经济结构，安排服务外包产业发展专项资金，引导、扶持服务外包产业的发展；设立中小企业担保专户资金，解决中小企业融资难题。在试点的基础上，稳步推进市级财政国库集中支付改革，初步建立起我市国库集中支付制度的基本框架。积极推进投资管理改革。认真落实企业的投资主体地位，完善了切合我市实际的企业投资项目核准、备案办法，进一步规范政府投资管理，确保了投资质量和效益。加强政府投资的全过程管理，建立决策科学、投向合理、运作规范、监管严格的政府投资管理体制。对非经营性政府投资项目加快推行"代建制"，完善政府投资项目建设招投标制度、信息披露制度。政府对社会投资的导向作用进一步强化。

四、现代市场体系建设不断完善

企业上市融资实现新突破。2008 年我市有 5 家公司上市融资，九阳股份、山水集团、法因数控在深交所或港交所上市，普联软件在纳斯达克上市，福瑞达生物化工在香港上市。目前我市区域内共有 24 家上市公司，26 只股票，总融资额达 280 多亿元。上市后备企业达到 54 家。积极引进金融机构，不断完善金融体系。汇丰银行济南分行筹建申请获中国银监会批准，人保寿险公司总部迁址我市获中国保监会正式批准，青岛银行济南分行、渤海银行济南分行正式开业。截至年底，全市金融机构总数已达 133 家。土地市场进一步规范。制定了《济南市查处土地违法案件程序》和《济南市国土资源执法监察职责及责任追究暂行办法》，进一步明确了各类土地违法案件的查处程序和市、县、乡三级土地监管网络责任制。市委、市政府成功召开全市科技进步表彰暨创新型城市建设大会，一次性拿出 6553 万元集中表彰奖励在自主创新中作出突出贡献的单位和个人，促进了技术市场的发展。

五、农村改革力度进一步加大

积极稳妥推进城乡统筹发展综合改革试点。起草了以"两换三增"为主要内容的《济南市城乡统筹发展综合改革试验区总体方案》（讨论稿），探索出历城区郭店镇与济钢的村企合作、平阴县孝直镇与济阳县崔寨镇前街村新型社区建设、天桥区龙湖工程及历城唐冶新城重点工程带动、长清区和高新区城区带动等不同的城乡统筹发展形式。稳步推进林权制度改革，开展了林权登记发证工作，推行林地使用权拍卖、大户承包和股份合作开发。目前，已核发林权证书 2 万余份，确权发证林地面积达到 141 万亩。全市集体林地面积 308.7 万亩，林地使用权改制面积累计达到80 万亩，改制林带 670 万米。推进农村土地承包经营权流转。在坚持家庭承包经营制度的基础上，制定出台了《关于推进农村土地承包经营权流转的意见》，选择部分乡镇开展农村土地流转试点，推进有条件的地区发展农业适度规模经营。

六、民生领域改革步伐加快

社会保障体系进一步完善。全市企业养老、医疗、失业、工伤、生育保险参保人数分别达到 110 万、110 万、78.5 万、104 万和 61 万人，基金收入分别达到45.2亿、14.9 亿、4.3 亿、1.1 亿和 0.97 亿元。启动城镇居民基本医疗保险试点，所有符合条件的城镇居民全部纳入城镇居民医保范围，全市已累计有 52.7 万居民参加城镇居民医疗保险，市区总参保率达到 80%。制定实施了《济南市被征地农民基本养老保险实施细则》，完善了被征地农民基本养老保险制度。完善就业、再就业体制机制。对我市城镇"零就业家庭"、农村"零转移就业贫困家庭"采取重点援助、集中援助和日常援助等方式，确保实现每户至少一人稳定就业。教育体制改革加快推进。全部免除城乡义务教育阶段杂费，全部免除农村义务教育教科书费。建立农村中小学校舍维修改造长效机制，提高农村中小学教师工资保障水平，扩大了"一免一补"范围，提高了经济困难家庭寄宿学生生活费补助标准，切实解决弱势群体子女就学问题。继续推进新型农村合作医疗制度。我市新型农村合作医疗制度已达到全覆盖，进一步提高了新型农村合作医疗财政补助标准，全市 320 万参合农民的年人均补助由 60 元提高到 80 元。

2008 年中国经济体制改革报告

2008 NIAN ZHONGGUO JINGJI TIZHI GAIGE BAOGAO

▶试点篇

全国综合配套改革试点情况综述

2008 年，是全国综合配套改革试点深入推进实施的一年，各试验区围绕改革攻坚和体制创新这条主线，按照中央关于新时期深化改革扩大开放的战略部署，深入贯彻落实科学发展观，攻坚克难，创新体制，推动综合配套改革试点不断取得新进展。

一、工作进展情况

上海浦东综合配套改革试点进入第四年，创造出了对面上改革具有借鉴意义的经验。国务院相继批准了天津滨海新区、武汉城市圈、长株潭城市群的综合配套改革试验总体方案。重庆、成都、深圳三市的综合配套改革试验总体方案于 2009 年初上报国务院，全部获得批准，这标志着全国综合配套改革试点工作步入新的阶段。从工作进展看，上海浦东新区围绕上海国际经济、金融、贸易和航运中心建设任务，启动实施了改革试验第二个三年行动计划，行政管理体制、金融体制等改革向纵深推进。天津滨海新区立足开发开放，深入开展了涉外管理体制、金融改革创新、土地管理制度、科技体制改革、生态城市建设制度等方面改革试验。重庆市在土地制度、农民身份转换、基本公共服务均等化、新农村建设等领域的改革取得重大进展，国务院出台了关于推进重庆市统筹城乡改革和发展的若干意见。成都市将改革试验与灾后重建有机结合，开展建立三次产业互动发展机制、构建新型城乡形态等重点改革试验。武汉城市圈和长株潭城市群"两型"社会建设的相关改革逐步展开。湖北省出台了武汉城市圈改革试验三年（2008—2010 年）行动计划，确定了 20 个改革专项和 38 项改革任务。湖南省编制了长株潭城市群改革试验区域规划，积极推进资源节约、环境保护、区域发展模式、行政管理等方面的改革试验。深圳经济特区发挥全国改革开放的窗口作用，继续深化行政管理体制和社会领域改革，全面创新对外开放和区域合作的体制机制。

二、改革试点推进情况

一年来，各试验区在促进发展方式转变、加快开发开放、统筹城乡发展、推动

试点篇

"两型"社会建设等方面，因地制宜开展改革试点，取得了积极进展和明显成效。

一是围绕要素市场体系建设推进综合配套改革。资本、土地、劳动力、技术等要素市场建设滞后一直是我国完善社会主义市场经济体制的一个软肋。过去的一年，试验区在这方面进行了积极探索。上海浦东新区加快功能性要素市场和多层次资本市场建设，提升了浦东金融服务和辐射功能，推动上海国际金融中心建设取得新进展。上海证券交易所上证50ETF基金产品和权证产品交易以及上海期货交易所金属锌和黄金期货产品交易稳步开展，继续培育上海银行间同业拆放利率（SHIBOR），推动上海信托登记中心改制为全国性信托登记中心，建立股权投资基金发展机制等。重庆市完善土地流转政策，出台了《关于加快农村土地流转，促进规模经营发展的意见（试行）》，一半的区县和乡镇、37%的行政村成立土地流转服务机构。稳步开展城镇建设用地增加与农村建设用地减少挂钩改革试点，规范启动农村土地交易所运行，建立城乡一体的建设用地市场迈出重大步伐。成都市以建设富有活力的农村生产要素市场为目标，积极开展农村产权制度改革。2008年初正式启动农村产权制度改革试点，出台了《关于加强耕地保护进一步改革完善农村土地和房屋产权制度的意见（试行）》，制定了一系列配套文件，在全市范围分步开展农村集体土地所有权、集体建设用地使用权、土地承包经营权、林权和房屋所有权确权登记。在确权颁证的基础上，搭建农村产权流转平台，制定农村产权流转规则，出台了《成都市农村土地承包经营权流转管理办法（试行）》等文件，组建了农村产权交易所，为农村集体建设用地使用权、土地承包经营权、林权和房屋所有权的规范流转创造了条件。

二是围绕公共服务型政府建设推进综合配套改革。按照建设社会主义和谐社会的总要求，我国行政管理体制改革的任务十分繁重，建设服务政府、责任政府、法治政府和廉洁政府任重道远。如何转变政府职能，建设公共服务型政府，试验区开展了大胆实践。深圳经济特区率先在全国开展第四轮审批制度改革，对市政府37个部门的697项非行政许可审批项目进行了清理，认定不属非行政许可审批登记的其他类项目251项。制定了《部门间职能调整的意见》，率先在全国开展大部门制改革。合理划分市区事权、财权和执法权限，促进社会管理服务职能重心下移。深化事业单位管理体制和内部运作机制改革，探索与国际接轨的现代公共事业内部管理体制和运行机制，完善和实施《关于完善事业单位法人治理结构的改革方案》。上海浦东新区深化市场准入、基本建设程序、投资项目审批以及行政事业性收费等四方面改革。一是放宽市场准入条件，凡是不危害社会公共安全和公共秩序的审批项目，或取消前置审批，或实行告知承诺制，或前置改后置；二是转变基本建设程序审批模式，实现技术审批与行政审批相分离，提高了审批效率。改革后的基本建设项目程序审批由原来6个环节减少为4个环节，审批时限从100个工作日压缩至50个工作日以内；三是优化投资项目审批制度，进一步实现了审批主体的整合、审批效率的提高；四是在全国率先大幅削减行政事业性收费，降低了企业的运行成本。按照教育类、资源类、惩罚类以外收费项目一律停缓征的原则，制订《浦东新区行政审批和服务收费改革方案》，停缓征210项行政事业收费项目，为企业减轻当年负担超过2亿元。

三是围绕统筹城乡发展推进综合配套改革。城乡分割的二元结构是影响我国全面、协调、和谐发展的突出矛盾。虽然经过多年的发展，我国总体上具备了破解城乡二元结构的基础和条件，但要最终解决这一难题，仍需要以体制创新为突破口，真正改变现行的公共资源和公共服务重城市轻农村的制度安排，重庆市和成都市等试验区在这方面进行了积极探索。重庆市根据大城市带大农村和人多地少的市情条件，创新体制机制，一是推进城乡经济协调发展。建立了"一圈两翼"区县的结对帮扶关系，从产业联动、就业转移、教育互助、科技合作、卫生共享、人才交流、融资支持、扶贫开发等八个方面建立帮扶机制，促进城市优质公共服务资源下乡，引导城市产业链向欠发达区域延伸，努力实现"一圈"辐射带动"两翼"加快发展；二是推进劳务经济发展。大力发展职业教育，不断提高农民素质，着力建设劳务输出服务体系，建成全国最大的农民工劳务信息平台，每年出台为农民工办实事的政策文件；三是建设统筹城乡的社会保障制度，探索建立覆盖农村居民、农民工等群体的社会保障体系，努力实现"老有养、病有医"的全民社保目标。成都市以提高村级公共服务和社会管理水平为着力点，大力推进城乡公共服务均衡发展。出台了《关于深化城乡统筹进一步提高村级公共服务和社会管理水平的意见（试行）》。确定了建立村级公共服务和社会管理的分类供给、经费保障、设施统筹建设、民主管理、人才队伍建设五大机制的目标。系统提出了村级公共服务和社会管理应当包括的内容，明确界定了政府、村级自治组织等在村级公共服务和社会管理方面的责任；将村级基本公共服务和社会管理经费纳入各级财政预算。目前，成都市正在青羊区、温江区、郫县、邛崃市等10个区（市）县开展村级公共服务和社会管理改革试点。

四是围绕转变发展方式推进综合配套改革。发展方式粗放和转变进程缓慢，同发展阶段有关，更有深层的体制原因。要切实将经济社会发展转到科学发展的轨道上来，从根本上实现经济增长由主要依靠投资、出口拉动向依靠消费、投资、出口协调拉动转变，由主要依靠第二产业带动向依靠第一、第二、第三产业协同带动转变，由主要依靠增加物质资源消耗向主要依靠科技进步、劳动者素质提高、管理创新转变，需要统筹规划、协同推进政府管理体制、财税体制、资源要素价格体制等方面的改革，这是发展新阶段对改革提出的新要求，"两型"社会建设试验区已经在推进这一工作。武汉城市圈立足实际，抓住重点，积极推进改革试验。加快生态农业建设，突破性发展高新技术产业，着力探索循环经济发展模式，积极开展资源枯竭城市经济转型试点。推进排污费征收使用管理改革，并在全国率先启动了区域性废物回收网络——武汉城市圈废旧电池回收网络建设，主要污染物排污权交易试点2009年3月正式启动。建立了"两型"社会建设和产业集群建设激励性转移支付制度，设立了节能以及淘汰落后产能专项资金。积极推动科技体制改革，加快建立和完善区域技术创新体系、科技公共服务平台，推进有区域特色的科技投融资体系建设。长株潭城市群积极开展相关改革试点工作。在国家层面，国土资源部在湖南省开展集约节约用地试点，工业和信息化部对长株潭通信一体化予以支持，三市固定电话同费已开始实施。湖南省人大出台了《关于保障和促进长株潭城市群两型社会建设综合配套改革试验工作的决定》，湖南省政府出台了2008年试验区建设改革目标责任考核办法，建立了节能减排目标责任考核和问责制，启动了节能减排科技支撑行动计划。长沙市组建环境资源交易所和公共资源交易中心，开展首笔二氧化碳排污权交易，建立农村环保自治模式。株洲市启动城乡公共服务均等化、农村集体土地流转、城乡建设用地增减挂钩等试点。湘潭市开展节水型城市、城中村改造、土地征转分离等试点。

五是围绕对外开放推进综合配套改革。经济全球化的深入发展，使中国与其他国家紧密联系在一起。为了统筹国内国际两个大局，更好利用国际国内两个市场、两种资源，积极防范和应对各种国际经济风险，维护国家的经济安全，大力推进涉外经济体制改革显得尤为迫切，各试验区在建立促进生产要素跨境流动和优化配置的体制，调整和优化进出口结构，完善"引进来"和"走出去"管理体制与政策体系，健全内外联动、互利共赢、安全高效的开放型经济体系等方面继续走在全国前列。天津滨海新区积极推进涉外管理体制改革创新，建成了我国规模最大的国际贸易与航运服务中心，实施"一站式"全程通关服务，综合通关业务办理时间由60小时缩短到2小时；在中西部地区建设无水港和集装箱场站，实现港口功能向腹地省市延伸，内陆无水港发展到10个。开通了天津电子口岸与物流信息平台，对企业实行24小时通关制度。东疆保税港区首期4平方公里封关运作，管理制度改革迈出坚实步伐。滨海新区综合保税区、开发区保税物流中心（B型）获批。深圳经济特区继续发挥对外开放的前沿阵地作用，积极推动保税区、出口加工区的发展和监管模式的转型，实施"一区两翼"的发展战略，在东部盐田和西部航空港实施"区港联动"，实现东西两翼推进；深入开展深港合作。在"1+8"协议的框架下，在基础设施建设、口岸通关、产业合作、河套地区开发、公用事业投资领域等方面制定配套政策，细化CEPA的实施举措；拓宽服务业的开放领域，制定出台了《关于促进高端服务业发展的意见》，明确了现代金融、商贸物流、网络信息、创意设计等高端服务业发展改革的政策措施。

三、主要工作经验

总的看，各试验区尽管设立的时间不同，但在过去的一年中都紧紧围绕改革试点的中心任务，站在政治的、全局的高度，着眼于为新时期经济社会又好又快发展提供体制机制保障，不等不靠，大胆创新，积极稳妥推进改革试验，创造和积累了许多宝贵的工作经验。

一是注重规划先行。面对综合配套改革点多面广的复杂情况，各试验区注重发挥规划的引领和指导作用。上海浦东新区制定了两轮改革试验三年行动计划，确立了90多项改革事项；重庆市着力推进城乡规划全覆盖，完善区县、乡镇、村三级规划体系，启动了105个市级重点镇规划编制工作，优先在新农村建设推进村开展乡村规划编制试点。湖北省研究和编制了5个专项规划、6个配套政策性文件、5个重点工作方案、3年行动计划、1个重大项目清单（简称"56531"），初步形成与改革总体方案相适应的具体实施框架体系。湖南省在国家有关部门的支持下，开展了12个专项改革方案、14个区域专项规划的编制提升工作，长株潭三市编制了总体改革的实施方案、12个专项实施方案、42个市域专项规划。各试验区通过制定空间、产业、基础设施建设以及人口分布、土地利用、社会事业发展等方面的专项规划，统一区域布局，优化资源要素配置，建立区域联动、城乡统一的市场体系，为推进改革试点作出了统筹规划和长远安排。

二是勇于创新机制。试验区改革不仅着眼于旧体制的破除，更着眼于新形势下建立一套新制度。一年来，各试验区在转变政府职能、推进要素市场建设、强化自主创新能力、激发企业活力、统筹城乡发展、扩大对内对外开放等方面大胆创新，积极实践，形成了一系列制度创新成果。比如，上海浦东新区在政府行政管理体制、金融改革开放先行先试、科技体制创新、城乡统筹和社会领域等重点领域改革取得新的突破和进展。全国政务公开领导小组和监察部向全国推广浦东新区行政权利公开透明运行改革试点经验，教育部对浦东新区公共教育"管、办、评"联动改革试点进行总结，并将适时在全国范围推广。滨海新区着力推进金融创新和土地管理制度改革，设立了泰达国际控股集团、金融租赁股份有限公司，设立渤海产业投资基金和船舶产业投资基金。国土资源部与天津市签署了支持滨海新区开发开放合作备忘录，对滨海新区土地管理制度改革八项核心内容进行了确认。深圳经济特区继续在行政审批制度改革、事业单位改革、公务员分类管理改革、社会组织登记管理体制改革以及扩大开放等方面积极探索，很好地发挥了改革开放"试验田"的作用。成都市结合农村产权制度改革试点，利用新增建设用地土地有偿使用费和部分土地出让收入建立了耕地保护基金，出台了《成都市耕地保护基金使用管理办法（试行)》，建立耕地保护新机制。

三是加强组织领导。从各个试验区的情况看，地方党委、政府都把试点工作当作事关地方改革发展全局的重大战略任务和工作目标，列入党委常委会、政府常务会议的日常议事日程，经常研究，跟踪推进，并组织带领当地各级政府和有关部门积极参与、主动融入试验区工作，为推进工作奠定了良好的政治组织基础。重庆试验区获批后，重庆市迅速建立了由市长担任组长的全市统筹城乡综合配套改革领导小组，成立了专门工作机构——重庆市统筹城乡综合配套改革办公室，强化对全市改革试验工作的统筹协调，形成改革试验的组织领导体系和工作机制。湖北省为扎实推进改革试验工作，成立了推进武汉城市圈"两型"社会建设综合配套改革试验领导小组及办公室，武汉城市圈九市也都成立了相应机构，省直有关部门和中央在汉单位明确专班、专人负责此项工作。

四是强化部市合作。各试验区把部市（省）合作作为推进改革试点工作的重要战略举措，积极主动与国家有关部门衔接，采取多种形式建立部市（省）合作共建机制，争取国家有关部门和单位的支持，协调重大改革事项，推动先行先试。2008年，国家有关部门在浦东开展了6项改革试点工作。天津市积极与有关部门建立工作机制，发展改革委、科技部、商务部、工业和信息化部、交通运输部、人民银行、质检总局、外汇局、保监会等出台了支持滨海新区开发开放的政策措施。重庆市签订部市合作协议（备忘录、会谈纪要）40项，明确了各类协议事项306项。与湖北省政府签订合作协议（备忘录）的部门和单位达到39家，当前正在争取尽早落实协议内容，先行启动了部分领域的改革试验和项目建设。

四、下一步改革试点重点任务

当前，面对国际国内新形势和经济社会发展新要求，各试验区下一步的改革攻坚任务艰巨而繁重。浦东新区、滨海新区、深圳特区应着眼于进一步开发开放，继续发挥改革开放的窗口示范作用，围绕加快推进高新技术产业、先进制造业和现代服务业发展的制度建设需求，以及全面建成小康社会和率先基本实现现代化的目标要求，加快推进行政管理体制、涉外经济体制、社会管理体制等改革，加快现代市场体系和开放型经济体系建设，提前形成贯彻科学发展观和构建社会主义和谐社会的制度体系，力争在全国率先建立制度比较完备、运行比较高效的社会主义市场经济体制；重庆市和成都市应着眼于统筹城乡发展和实现更好更快发展，重点围绕推进特色产业、优势工业、劳动密集型行业发展的制度建设要求，以及在西部地区率先建成全面小康社会的目标要求，加快进行有利于城乡经济社会一体化发展的财税、金融、土地管理、劳动就业和内陆开放等方面改革试验，建立健全以工促农、以城带乡的长效机制，为全国统筹城乡改革发展和实现现代化提供经验和借鉴。武汉城市圈和长株潭城市群应着眼于"两型"社会建设和实现又好又快发展，重点围绕转变发展方式、推动科学发展与社会和谐的目标要求，加快老工业基地改造、产业优化升级、促进节能减排和自主创新等方面的改革试验，探索有利于产业、市场、人才、技术聚集，多种所有制经济共同发展的制度体系，探索一条新型工业化和"两型社会"建设的新道路。与此同时，各个试验区都要在加快推进经济领域改革的同时，配套推动政府管理体制、公共事业体制等社会上层建筑领域的改革，全面完善社会主义市场经济体制和科学发展与社会和谐的体制机制。

上海浦东新区综合配套改革试点

自 2005 年 6 月 21 日国务院批准上海浦东新区开展综合配套改革试点以来，上海市委、市政府认真贯彻党中央、国务院的部署和要求，加强领导，精心组织，周密部署，全力推进。围绕上海"四个中心"建设和浦东开发开放中亟需突破的体制机制障碍，组织研究制定了浦东综合配套改革总体方案和"2005 年—2007 年"、"2008 年—2010 年"两轮三年行动计划。第一轮三年行动计划安排的六个重点改革领域 60 项改革事项基本完成，第二轮三年行动计划安排的四个重点改革领域 34 项改革事项顺利推进，在政府职能转变、金融改革和创新、科技体制改革和创新、涉外经济体制改革、城乡二元制度改革等重点领域和关键环节的改革试点取得了新突破，试点的示范效应逐步显现。

一、加快政府职能转变，努力构建公共服务型政府

1. 强化制度建设。主要是以制度建设为抓手，着力推进政府职能的转变。一是开展依法监察、绩效管理试点。以监察部试点为契机，浦东新区制定实施行政效能投诉制、评估制、问责制和监察制，探索建立体制内监察、体制外投诉、社会化评估、自上而下问责的制度。二是开展权力运行公开透明试点。选择部分职能部门、街道和镇作为试点单位，探索建立权力责任机制、运作规范机制、网上运行机制和监督问责机制。三是建立"听证于民、问计于民"的市民议政制度。举办区长网上办公会，在市民中心举行市民听证活动，在街镇举行居民沟通会等。

2. 加强社会管理和公共服务。按照建设服务型政府的要求，积极推进基层行政

组织的职能转变，着力构建公共服务平台。一是全面推进街道职能转变。剥离街道招商引资职能，建立公共财政保障机制，推动街道的工作重点从招商引资、生产经营等具体事务，转移到组织公共服务、指导自治组织、强化综合管理和监督专业管理等职责上来。二是积极构建多层次、全覆盖的公共服务平台。浦东新区建立起覆盖全区域的"1+23"公共服务体系，包括1个区级市民中心和23个街镇社区事务受理服务中心，实行一门式服务和统一管理，方便市民和企业办事。

3. 深化行政审批制度改革。把优化行政审批流程，提高行政审批效率作为着力转变政府职能、提高行政效率非常重要的一个方面。一是开展第四轮行政审批制度改革。重点以推进综合性审批程序改革作为行政审批改革的突破口，在进一步减少审批事项的同时，创新审批方式。二是积极推进政府信息公开"一体化"互动服务机制建设。积极推进电子政府建设，对进驻市民中心的93个审批和办事项目实行电子监控。三是以市场准入、基本建设审批程序、投资项目审批和行政事业性收费四个领域为重点，深入推进行政审批制度改革，进一步优化行政审批流程，减少行政收费，努力把浦东新区建设成为行政效率最高、透明度最高、环境最优的地区之一。

4. 积极推进政社合作，探索社区共治的新机制。把积极推进社会组织发展，实现政社合作，作为着力转变政府职能的重要抓手。一是积极推进政事分离、政社分离。制定了《关于着力转变政府职能、建立新型政社合作关系的指导意见》，梳理政府和社会组织的基本职能和职责边界，推进政府与社会组织在主体、机构、职能、资产、住所、人员的"六分开"。二是探索改革社会组织管理模式。开展行业协会登记改革试点，突破了行业协会设立"一业一地一会"的制约。探索社会组织监督管理和服务的新模式，搭建"登记管理机关—区民间组织服务中心—街道（镇）社会组织服务中心"的三级管理服务的组织架构。三是探索社区共治新模式。在川沙新镇建设中，积极探索功能区域—社区—村（居）委会的管理框架，以及行政管理和社区自理有机结合的共治机制；在三林世博家园建设中，探索社区社会工作委托管理机制。四是完善政府购买公共服务机制。制定了《关于政府购买公共服务的实施意见》，将原来由政府直接举办的，为社会发展和人民日常生活提供服务的事项交给有资质的社会组织来完成，形成"政府承担、定项委托、合同管理、评估兑现"的公共服务提供新机制。

二、以陆家嘴金融贸易区建设为载体，加快推进金融改革和创新

1. 创新金融产品，不断完善金融市场体系。在国家有关部门的大力支持下，在完善金融市场体系方面取得了新突破。一是中国金融期货交易所在浦东新区挂牌成

立，成为中国内地首家金融衍生品交易所。二是上海证券交易所相继推出了上证50ETF基金产品和权证产品，有力地活跃了市场交易。三是上海期货交易所先后推出了金属锌和黄金期货产品，进一步丰富金属期货产品线。四是货币市场和外汇市场进一步完善，银行间外汇市场推行做市商制度，中国人民银行正式推出上海银行间同业拆放利率（SHIBOR）。

2. 着力提高金融机构集聚水平。在国家有关部门的大力支持下，进一步强化了金融机构的集聚水平，强化金融市场监管功能。一是中国人民银行上海总部落户浦东，上海市证券、银行和保险监管部门也都陆续迁入浦东办公。二是不断健全金融机构体系，全国仅有的两家货币经纪公司，上海国利货币经纪公司和上海国际货币经纪公司，先后落户浦东。交银租赁和招银租赁公司在浦东相继设立。全国第一家信托登记机构上海信托登记中心在浦东挂牌成立。

3. 率先扩大金融业对外开放。在中央金融监管部门的大力支持下，华安基金管理公司被批准作为国内首家基金公司进行 QDII 基金试点。国家外汇管理局批准在上海开展个人本外币兑换特许业务试点。

4. 优化金融生态环境。在积极争取中央有关部门在浦东开展金融改革先行先试的基础上，进一步优化金融生态环境。一是强化金融人才集聚的政策支持，制定了《浦东新区集聚金融人才实施办法》。二是强化金融法制环境建设。在浦东陆家嘴成立了上海金融仲裁院，经市高院同意，成立全国第一个金融审判庭，在浦东新区人民法院设立内部专业金融审判庭。

三、以推进张江高新技术园区发展为载体，深化科技体制改革和创新

1. 形成与金融相结合的科技投融资机制。浦东新区以政府资金为引导，与创业风险投资、银行信贷结合，带动和吸引各类社会资金参与创新，初步建立符合企业成长规律和特点的科技投融资机制。一是设立了 10 亿元的创业风险投资引导基金，吸引国内外知名创投机构集聚浦东，打开了以社会资本推动企业创新的新局面。二是浦东新区每年安排 2000 万元专项资金，开展知识产权质押融资试点，探索政府引导银行等社会机构认可知识产权市场价值的新机制。三是浦东新区设立"中小企业信用担保体系建设专项资金"，每年安排 1 亿元资金，对浦东新区为中小企业提供流动资金贷款担保业务的社会担保机构，给予担保费补贴和风险准备金补贴等无偿资助。四是创新政府科技经费使用机制，推动科技发展基金资助方式以无偿为主向有偿为主转变，逐步建立了问责制、第三方评审制、后评估制等制度，确保政府科技经费安全、高效运作。

2. 形成以"聚焦张江"为核心的科技创新联动机制。在国家有关部门的支持下,"国家火炬创新试验城区"、"国家高新技术标准化试点园区"、"国家知识产权试点园区"等6个创新类试点园区在张江布局,包括国家集成电路产业基地在内的11个国家级产业基地相继落户张江。同时,积极推进"中科院上海分院浦东科技园"建设,在资金配套、土地规划、项目设置等方面给予支持,以重点项目建设促进产学研合作。

3. 创新科技公共服务平台建设和运营模式。按照"国家、上海、浦东新区三级政府联动,企业广泛参与,多元筹集资金"的模式,积极构筑科技公共服务平台。一是公益性的服务平台由政府投资建设,并通过购买社会服务方式进行运营和管理。二是公益性和经营性兼有的平台,以企业为主投资,政府给予一次性投资补贴,由企业经营管理。三是在服务平台运作方面,鼓励企业和科研机构将仪器、设备及设施对外开放,有偿共享,安排专项资金对投入者和使用者进行补贴,建立科研基地和基础设施社会共享机制。目前,浦东新区已经成为国内科技公共服务平台最密集、技术服务水平最高、共享程度最大的区域之一。

4. 深化国家知识产权试点园区建设,营造知识产权创造、保护、管理和应用环境。在国家知识产权局的大力支持下,积极推进知识产权保护制度创新。一是设立浦东新区知识产权保护中心,试点设立知识产权保护协会,不断完善以企业为主体、民间自律的知识产权保护机制。二是在浦东法院设立知识产权审判庭,建立"三审合一"审判模式。三是建立知识产权维权纠纷应急调解机制。目前,浦东基本建成集司法保护、行政执法、行业自律三位一体的知识产权维权纠纷调解机制。

四、涉外经济体制改革深入推进,对外开放迈出新步伐

1. 推进跨国公司外汇管理方式改革。在国家外汇管理局的大力支持下,跨国公司外汇管理方式改革"九条措施"在浦东率先试点,有效地解决了跨国公司在外汇资金管理方面的难题。试点以来,已有200多家跨国公司和银行参与试点,并取得明显成效。目前,部分试点政策已被吸收到商务部有关政策文件中。

2. 开展服务外包试点。在商务部的积极推进下,我国第一个国家级服务外包研究中心——中国服务外包研究中心落户浦东。同时,积极推进服务外包公共服务平台建设体系、社会中介服务体系和产业推进政策体系等建设,形成从规划、政策、项目、人才、平台等五方面推进服务外包的行动方案。目前,浦东新区成为首批"中国服务外包基地上海示范区"。三年多来,浦东服务外包业加快发展,初步形成以信息技术服务为主导,以金融后台服务为亮点,以研发设计服务为特色,以咨询、物流、人力资源、财务、会展等其他专业商务服务为补充的产业格局。

3. 探索口岸管理模式改革试点。在国家质检总局、海关总署、民航总局等有关部门的支持下，浦东积极推进口岸管理体制改革，不断提升浦东口岸服务功能和竞争力。国家质检总局出台《支持上海浦东新区综合配套改革试点的意见》，上海海关推出支持浦东综合配套改革试点的九项措施。探索在浦东国际机场开展海关、边检、检验检疫申报单"三单合一"试点；推进进出口货物的"一单两报"和联网监管，扩大对外贸易的绿色通道；浦东新区开展免办"3C"诚信企业试点，探索维修中心、物流中心检验检疫监管模式创新，试行国际展品无纸通关，推行"一站式"通关，开展张江高科技园区进口生物材料检验检疫改革试点。

五、消除二元结构的制度障碍改革逐步深入，城乡一体化进程明显加快

1. 完善城郊统筹发展的规划布局，推动城乡共同发展。根据城市整体发展布局，打破城乡分割的管理体制，统筹城区、郊区和开发区的发展，统一区域发展规划和新市镇规划建设，使国家级开发区更好发挥产业功能带动作用，优化和提升了郊区产业布局和能级。

2. 积极推进农村综合改革。重点在三个方面进行探索：一是积极推进以"村资分离"、"一支部两委"、"联村管理"、"股份制改造"等为主要内容的农村管理体制改革，建立规范完善的村集体资产管理体制。二是深化村级管理体制改革，采取联村管理、完善管理、自愿撤制三种模式。三是深化村级集体资产管理体制改革，采取村资联管、村资镇管、股份改造、撤制资产处置四种模式。

3. 建立城乡一体化的社会事业发展机制。重点是实施社会事业管理体制城郊二元并轨和基础建设投资一体化，促进教育、卫生等社会事业一体化发展。一是深化教育体制改革，借鉴国际公共管理模式，率先开展公共教育"管、办、评"联动模式改革，即义务教育委托管理、社会评估和政府监管相结合的改革试点，促进城郊学校之间的优势互补、均衡发展。目前，浦东新区基础教育已实现了统一拨款标准、统一硬件配备、统一信息平台、统一为教师提供培训与发展机会。二是深化医疗卫生体制改革。在外高桥和川沙地区开展郊区医疗服务纵向联合体试点，探索建立二、三级医院与社区卫生中心建立医疗联合体和"双向转诊"的运作机制。对城郊卫生实施一体化管理，将镇卫生院资产由镇级管理全部划归区级管理，率先实现城乡卫生一体化管理。推进合作医疗体系的建设和发展，合作医疗基金的筹集标准实现全区各镇统一，合作医疗经济补偿标准实现全区统一。

（上海市发展改革委、上海浦东新区发展改革委）

天津滨海新区综合配套改革试点

2006 年 5 月 26 日，国务院颁发《关于推进天津滨海新区开发开放有关问题的意见》（国发〔2006〕20 号），明确了推进滨海新区开发开放的重大意义、指导思想、功能定位和主要任务，同时批准天津滨海新区为全国综合配套改革试验区，要求天津市按照党中央、国务院的部署并从滨海新区的实际出发，先行试验一些重大的改革开放措施，为全国发展改革提供经验和示范。2008 年 3 月 13 日，国务院下发《关于天津滨海新区综合配套改革试验总体方案的批复》（国函〔2008〕26 号），以此为标志，滨海新区综合配套改革试验进入全面实施、全面推进阶段。近三年来，在国家有关部门的指导支持下，滨海新区综合配套改革试验在一些关键领域和重点环节进行了积极探索和实践，取得了明显进展。

一、金融改革创新

一是健全和完善了政策体系。出台了支持金融改革创新的若干政策措施，确定了金融改革创新 20 项重点工作。二是拓展直接融资渠道。成功举办了两届"中国企业国际融资洽谈会"，共有近 4000 家企业和机构参加，在促进基金股权投资与企业股权融资的资本对接方面进行了积极探索；成立了天津股权投资基金协会；设立了渤海产业投资基金，先后完成三笔投资，占首期规模的 38%；船舶产业投资基金抓紧筹建；积极推进中小股权投资基金试点，目前在天津市注册的中小股权投资基金累计达到 149 户，注册资本金（协议资本额）近 400 亿元。三是搭建资本交易平台。滨海国际股权交易所试运营；以天津股权交易所为平台，初步建立了"两高两非"公司股权和私募基金交易市场；天津商品交易所、天津北方商品交易所完成注册登记。四是推进金融业综合经营。设立了泰达国际控股集团；加快建设滨海新区保险改革试验区，与中国保监会联合发布了《关于实施寿险费率市场化改革试点的实施意见》，出台了相关实施细则；积极开展国际保理业务。五是完善金融机构体系。组建了渤海银行，天津银行成功引进战略投资者，设立了滨海农村商业银行、蓟县村镇银行和静海兴农贷款公司；引进设立了民生金融租赁公司，东亚银行、太平洋汽车保险公司等金融机构设立天津分行或分公司。通过一系列的改革创新，天津市初步形成以银行和保险等总部机构为主体，包括信托、租赁、基金、证券、期货、保理和财务公司在内的门类较为齐全的金融服务体系。

二、涉外管理体制改革创新

建成了我国规模最大的国际贸易与航运服务中心，实施"一站式"全程通关服务，综合通关业务办理时间由 60 小时缩短到 2 小时。在中西部地区建设了 10 个内陆无水港，实现港口功能向腹地省市延伸。开通了天津电子口岸与物流信息平台，对企业实行 24 小时通关制度。东疆保税港区制度创新取得较大进展。在 2007 年底首期 4 平方公里封关运作的基础上，成立了东疆保税港区管委会，承接市政府职能部门项目许可、审批和管理等 200 多项职能，做到"一个窗口办理"和"东疆的事东疆办"；提供项目许可、口岸监管和中介服务的综合服务大厅投入使用，海关、检验检疫、海事、边防、外汇、税务等派驻机构及天津港、船代、货代、银行等服务机构入驻，极大地提高了办事效率；建立了由海关、检验检疫、边检、海事 4 个监管部门和东疆港区管委会共同组成的联合监管协调委员会，创新口岸通关模式和检验检疫机制，建立了统一的保税物流联动机制，有力地促进了保税港区的开发建设。滨海新区综合保税区、开发区保税物流中心（B 型）获批。滨海新区已经成为海关特殊监管区种类最齐全、功能最完整、政策最配套的地区。

三、科技体制改革

建立了与科技部和中国海洋石油总公司深度合作机制，共建滨海高新区和国家生物医药产业化示范区。天津高新区更名获国务院批复，被列入科技部首批国家创新型科技园区试点。建立科技资源聚集机制，与中科院、中航集团、清华大学等建立全面合作关系，与意大利、美国、瑞典等国家科研机构联合建设研发转化机构，加强同中央大企业的密切合作，建设研发基地和科技产业化基地。国家生物医药联合研究院、细胞产品国家工程研究中心、重型技术装备国家工程研究中心等 6 个科技创新平台基本建成，电动车辆研究中心、微纳制造技术工程中心等 20 个省部级研发转化中心建成运营。探索新型创业风险投资模式，建立了 2 个创业投资引导基金，吸引国科瑞华、鼎辉投资等 10 多家知名创投机构在新区注册，投资基金规模达 170 多亿元。组织实施了一批自主创新产业化重大项目，促进了科技成果产业化和新兴科技产业的发展。

四、土地管理制度改革

试行土地征收和农用地转用相对分离制度。制定征地区片综合地价，实现"先行定价"和"同地同价",维护了被征地农民的利益。开展留地安置、集体建设用地土地使用权入股、土地股份合作等多种征地安置模式试点。实施城乡建设用地增减挂钩试点,开展了三批宅基地换房试点,已有 10 万农民入住小城镇。实行了土地规划的动态调整和土地指标按时序集中使用。按照建立城乡统一建设用地市场的目标,推进了集体建设用地流转试点。

五、发展循环经济体制创新

围绕构建符合天津市实际的循环经济产业体系,建立了经济技术开发区、临港工业区、北疆电厂等六个国家循环经济试点。总结了泰达模式、子牙模式、临港模式、北疆模式、华明模式等五种循环经济发展模式。颁布了《天津市节约能源条例》,出台了《天津市节能监督检测管理办法》等配套行政规章,建立了单位 GDP 能耗、单位增加值能耗等节能统计指标体系。全市万元 GDP 能耗降幅、万元 GDP 取水量、主要工业固体废物综合利用率,始终位居全国前列。

六、生态城市建设制度创新

按照天津城市定位要求,在获得国家环境保护模范城市称号之后,提出了创建国家卫生城市和国家园林城市,建设生态城市的目标,并实施了一系列政策措施。为加快推进中新生态城的开发建设和制度创新,成立了生态城管委会,颁布了《中新天津生态城管理规定》,明确了对生态城行政管理、建设管理、城市管理的要求。制定了生态城指标体系,从生态环境健康、社会和谐进步、经济蓬勃高效、区域协调融合四个方面确定了 22 项控制性指标和 4 项引导性指标。

此外,在行政管理体制改革、国家职业教育改革试验区建设、城乡规划和管理体制改革、社会管理体制改革等方面也都迈出了较大步伐。

(天津市发展改革委)

重庆市统筹城乡综合配套改革试点

重庆市大城市、大农村、大库区、大山区以及少数民族地区并存,城乡二元结构矛盾突出,其基本市情是我国国情的缩影。2007 年 6 月 7 日,国家批准重庆为全国统筹城乡综合配套改革试验区，赋予了重庆为全国统筹城乡发展探路示范的重任。试验区批准以来，重庆市一手抓思路和方案研究，一手抓专项改革，主要在九个方面进行改革探索，取得了积极进展。

一、引导"一圈两翼"联动发展

以主城为核心、一小时车程为半径的经济圈（简称"一圈"）和以万州为中心、重庆三峡库区为主体的渝东北地区，以黔江为中心、少数民族聚居的渝东南贫困山区（简称"两翼"）是重庆二元结构在区域上的表现形态。重庆市把推进"一圈两翼"协调发展作为实现大城市带大农村、推进城乡经济社会一体化的切入点。效仿全国各省市对口支援三峡库区，在构建"圈翼"联动发展机制上作了积极探索。建立了"一圈两翼"区县的结对帮扶关系，从产业联动、就业转移、教育互助、科技合作、卫生共享、人才交流、融资支持、扶贫开发等八个方面建立帮扶机制。采取财政直接支持、干部挂职、教师互派、医务培训、科研咨询、援建标准厂房等措施，促进城市优质公共服务资源下乡，引导城市产业链向欠发达区域延伸。重庆市委、市政府加强了"圈翼"联动的工作考核，明确要求"一圈"区县每年帮扶对口"两翼"区县的资金及实物量折算不低于本级财政收入的1%，启动了对"圈翼"对口区县开展"捆绑"式考核的工作。

二、着力推进城乡规划全覆盖和专项规划协调

统筹城乡规划是城乡经济一体发展的前提和基础。以国务院批准的《重庆市城乡总体规划》为指导，着力完善区县、乡镇、村三级规划体系，修订了村级规划导则，启动了105个市级重点镇规划编制工作，优先在新农村建设推进村开展乡村规划编制试点，规划向乡村覆盖进程加快。在6个区县开展了国民经济和社会发展、城乡建设、土地利用和环境保护规划"四规叠合"试点，整合形成了近期建设规划，各专项规划编制的关联度有所增强，增强了规划的科学性和可操作性。同时，着力改变城乡规划分治的状况，由规划部门统筹城乡规划管理，加快规划管理职能向乡村延伸，构建城乡全覆盖的规划管理体制。

三、着力构建统筹城乡的行政管理体制

长期以来，在行政管理体制上城乡分割的现象较为突出，直接导致了资源的城乡分割。整合市政府涉农部门成立市农委，有效促进了财政性"三农"资金资源的

统筹安排。加强农村人才队伍建设，推进实施"农村基层人才队伍建设计划"，已选派 4018 名大学生到农村工作，五年内将累计选派 32000 名大学生到乡镇和村"两委"工作。合理划分市、区县、乡镇三级政府管理权限，根据财力与事权匹配的原则，着力构建统筹城乡的公共财政体制框架。市级财政支出占全市财力的比重始终控制在 25% 以内，确保 75% 以上的财力用于区县和农村发展，重点投向边远山区和贫困地区。推行"乡财县管乡用"，逐步化解乡镇历史债务。出台了整合财政性支农资金的意见，启动以竞标方式配置涉农资源的改革。

四、在统筹城乡劳动就业方面开展积极探索

初步建立起了统筹城乡就业的工作体系，基本消除了就业招录中的城乡户籍身份歧视。通过发展职业教育提高农民素质。在 2006 年出台资助三峡库区移民、退役士兵和农村贫困家庭子女等"三类人员"就读中等职业技术学校政策基础上，2007年进一步将资助范围扩展到国办福利机构适龄孤儿、城镇低保人员等"五类人员"，让农村孩子初中毕业后经过职业培训再进入劳动力市场。加强了劳务输出服务体系建设，建立农村劳务信息网——全国劳务电子商务平台，该平台已成为全国最大的农民工劳务信息平台，到 2008 年底累计与 7000 家企业签署了就业服务合同，为 45万农民工登记了信息，帮助 5.5 万余人找到了工作。2005 年颁布了农民工权益保护办法，2007 年在全国首设"农民工日"，每年出台为农民工办实事的政策文件。开辟了农民工户籍转入城镇的"绿色通道"，放宽了户口迁移限制，鼓励有条件的农民工举家迁入城镇定居。

五、加快建设统筹城乡的社会保障制度

社会保障建设是重庆统筹城乡改革试验的重要内容。重庆市在大力推进城镇保障扩面的同时，建立健全覆盖农村居民、农民工等群体的社会保障体系，努力实现"老有养、病有医"的全民社保目标。城乡居民合作医疗保险已在制度层面初步统筹，实现了"一个平台、两套标准"。即城乡居民筹资标准均按 100 元和 200 元两档，由居民自由选择参加。下决心解决"农转非"社保等遗留问题，出台政策将 96 万被征地"农转非"和曾在城镇用人单位工作但已超过法定退休年龄的人员纳入城镇养老保险，到 2008 年底已分别有 58.7 万人、10.9 万人参保。同时，调整征地补偿政策，提高补偿标准，将新征地"农转非"人员纳入社会保障体系。为农民工量身定做了一套社会保障政策，实行"低费率、广覆盖"的农民工基本养老保险和大病医疗保险办法，强力推行特殊行业强制性工伤保险，到 2008 年底农民工养老保险和大病医疗保

险参保人数分别达到 29.64 万人、12.69 万人。统筹城乡低保工作，出台城乡低保条例，实现了全市城乡低保全覆盖，在稳步提高低保标准的同时确立了城乡低保标准联动调整机制，城乡低保差距已缩小至 2:1，远低于城乡居民收入比。

六、以教育、卫生为重点加快推进城乡公共服务均等化

按照国家统一部署，大力推进教育、卫生等公共服务向乡村延伸。在教育方面，所有区县实现了"两基"目标，提前完成"普九"任务，全市人均受教育年限由 2002 年的 7.7 年提高到 8.4 年。率先偿清了 19.6 亿元"普九"欠债，全部消除 442.9 万平方米中小学库存 D 类危房。重视农村师资力量建设，全面解决农村代课教师问题，将 8000 余名考试合格的代课教师转为公办教师。在全国率先对中等职业学校学生进行资助，重庆籍学生资助面达到 100%。在卫生方面，以改善基层医疗卫生条件为重点，着力完善城乡公共卫生服务体系，加快推进基层医疗设施标准化建设，2008 年完成 10 个县级医疗机构、80 个乡镇卫生院和 90 个村卫生室标准化建设任务。启动实施"健康重庆"行动计划，力争今年全市标准化乡镇卫生院、社区卫生服务中心分别超过 55% 和 60%。

七、积极推进农村土地流转和规模经营

顺应农村劳动力转移趋势，重庆市研究形成了加快农村土地流转的政策法规，推进建立了县、乡、村三级土地流转服务机构，引导、规范农民及农村集体经济组织在"依法、有偿、自愿"前提下流转土地。配套实施了支持规模种养殖的措施，从全市粮食直补资金中切块 15% 支持种粮大户发展，对标准化养殖大户补助 10—80 万元，整合农业综合开发等资金扶持核心蔬菜基地建设等，有效地促进了农村土地规模经营。截至 2008 年底，全市农村土地规模经营比例达到 17% 以上，规模化养殖率已达 40%。

八、稳妥推进城乡建设用地管理改革

在国土资源部指导下，在坚持保证耕地保有量和市域内粮食基本自给等"红线"的基础上，重庆市以探索建立城乡一体的建设用地市场为目标，稳步开展城乡建设用地增减挂钩、农村土地交易所等改革试点。截至目前，农村土地交易所累计开展 7 宗地票交易，涉及建设用地指标 2400 亩，交易金额近 2 亿元。按照这种"先补后占"的新型土地平衡理念，以农村土地交易所为平台实现农村集体建设用地的

市场价值，促进了国土整治和耕地再造等工程的实施，有效地保护了耕地，维护了农民权益。重庆市已经明确，今后主城区经营性用地将不再下达用地指标，而是通过地票获得。下一步，还将推进承包地、林地、宅基地、集体建设用地等确权发证工作，完善土地流转价格形成机制，加强纠纷仲裁协调，努力化解和防范风险。

九、着力引导城市资源下乡发展扶农

十七届三中全会决定将引导城市资金、技术、人才、管理等生产要素向农村流动作为统筹城乡发展的重要方面。自试验区批准以来，重庆市就高度关注城市资本、技术向农村流动的趋势，并着手研究制定引导性政策。2008 年，确定了首批 10 个城市资源下乡示范项目，纳入全市重点建设计划，加强政策引导和服务跟进。为防范风险，引导工商资本与农民及农村集体经济组织共建共享，重庆市加强了对资源下乡项目的监管，设定了不突破国家基本建设程序、不违反国家政策法规及保护好农民利益等基本要求。在农村金融领域也加大了创新力度，目前全市已批准 2 家村镇银行，批准组建小额贷款公司 52 家。农业保险开始起步，到 2008 年底共承保生猪 55 万头、奶牛 1 万头、柑橘 1.4 万亩，保障金额达到 2.92 亿元。大幅度提高农业担保能力，2009 年全市农业项目的担保能力将达 200 亿元。

（重庆市发展改革委、重庆市统筹办）

成都市统筹城乡综合配套改革试点

2003 年以来，成都市坚持以邓小平理论和"三个代表"重要思想为指导，以科学发展观为统揽，着力从统筹城乡发展、解决"三农"问题入手，先行先试，深入实施以推进城乡一体化为核心、以规范化服务型政府建设和基层民主政治建设为保障的城乡统筹、"四位一体"（经济、政治、文化、社会建设）科学发展总体战略，取得了初步成效。2007 年 6 月，成都全国统筹城乡综合配套改革试验区获批后，成都市在重点领域和关键环节率先突破，大胆创新，深入推进统筹城乡综合配套改革，取得积极进展。

一、农村产权制度改革取得突破

为建立归属清晰、权责明确、保护严格、流转顺畅的现代农村产权制度，形成具有活力的农村生产要素市场，在省委、省政府的支持下，成都市 2008 年初正式启动农村产权制度改革试点。

1. 创新耕地保护机制。结合农村产权制度改革，成都市创新耕地保护机制，利用新增建设用地土地有偿使用费和部分土地出让收入建立了耕地保护基金，出台了《成都市耕地保护基金使用管理办法（试行）》。按照基本农田每亩每年 400 元、一般耕地每亩每年 300 元的标准，为承担耕地保护责任的农民提供养老保险补贴，调动农民保护耕地的积极性，提高耕地保护质量，提升耕地综合生产能力。

2. 完善农村产权制度相关政策。成都市委、市政府出台了《关于加强耕地保护进一步改革完善农村土地和房屋产权制度的意见（试行）》（成委发〔2008〕1 号），并配套制定了《成都市集体土地所有权确权登记暂行规定》、《成都市农村土地承包经营权登记管理办法（试行）》、《成都市集体建设用地使用权确权登记暂行规定》等一系列文件。农村的产权制度改革有力地推动了灾后重建进程，2008 年，都江堰市、彭州市、崇州市、大邑县和邛崃市等受灾县（市）选择自建的农户已完成确权颁证 10315 户，5225 户农村灾毁户在灾后自建住房中利用宅基地权证质押担保贷款 2.04 亿元，通过集体建设用地集中使用，已引入社会资金 17.14 亿元。

3. 构建农村产权流转服务体系。在开展农村产权确权颁证的基础上，搭建农村产权流转平台，制定农村产权流转规则，出台了《成都市农村土地承包经营权流转管理办法（试行）》等一系列文件；在全国率先组建了农村产权交易所，在各区（市）县建立了农村产权交易分所，在乡镇设立了农村产权交易服务站，初步构建起市、县、乡三级农村产权流转服务体系，为农村集体建设用地使用权、土地承包经营权、林权和房屋所有权的规范流转创造了条件。

二、推进"三个集中"取得新成效

2003 年以来，成都市围绕推进城乡一体化，着力推进"三个集中"（工业向园区集中、农民向城镇集中、农用地向规模经营集中），取得了明显成效。为了进一步提高"三个集中"质量和水平，2008 年，成都市出台了《关于进一步提高农民集中居住质量的意见》（成委发〔2008〕5 号）、《关于促进进城务工农村劳动者向城镇居民转变的意见》（成委发〔2008〕12 号）等文件，统筹推进"三个集中"的体制机制进一步完善。

1. 大力推进工业向集中发展区集中。坚持走新型工业化道路，搞好工业布局与发展规划，不断优化产业结构，将全市 116 个开发区整合为 21 个工业集中发展区，规划布局 9 个工业基础和资源要素较好的重点镇工业集中点，明确集中发展区和重点镇工业集中点的空间规模、产业定位，要求新上项目和技改扩建项目原则上必须进入工业集中发展区，从根本上改变"村村点火，户户冒烟"的状况，为成都工业实现集中集约发展奠定了基础。截至 2008 年底，入驻规模以上工业企业 1775 户，工业集中度达 68.2%，完成工业增加值 871.64 亿元。重灾区积极承接对口援建省市产业转移。彭州市工业集中发展区规划建设"川闽产业园"，承接其援建福建省的产业转移；都江堰市工业集中发展区"川苏科技产业园"，灾后已引进普什宁江、华翰、惠民建材等一批企业落户。

2. 鼓励引导农民向城镇集中。坚持走新型城镇化道路，遵循"因地制宜、农民自愿、依法有偿、稳步推进"的原则，有组织分层次地引导农民向城镇转移和因地制宜集中居住。规划建立了由 1 个特大城市、8 个中等城市、30 个重点镇、60 个新市镇和 2000 个农村新型社区构成的城镇体系。在中心城区，实行农村与城市社区完全接轨，按照城市社区标准建设新型社区，推动农民向市民转变；以县城和区域中心镇为重点，按照城市社区标准建设城镇新型社区，解决征地农民和进城务工农村劳动者居住问题，推动农民向城镇居民转变；在农村地区，按照"宜聚则聚、宜散则散"的原则，因地制宜建设农民新居。2008 年，成都市农民人均纯收入达到 6178 元，同比增长 9.5%。开工新建"新居工程"和"新型社区"412 万平方米，城镇化率提高到 63.5%。

3. 积极推动土地向规模经营集中。坚持走中国特色的农业现代化道路，坚持以稳定农村家庭承包经营为基础，按照依法、自愿、有偿的原则，稳步推进土地向农业龙头企业、农村集体经济组织、农民专业合作经济组织和种植大户集中。按照推进"三个集中"和发展现代农业的要求，制定完善了农业产业发展规划，围绕确立的粮油、畜禽、果蔬、花卉苗木、茶桑、林竹、水产等优势产业，建设优势农产品规模化基地，在城市近郊区，着力推进以都市生态休闲观光农业为主的土地规模经营；在中远郊平原地区，着力推进以优质粮油、蔬菜、花卉苗木等产业为主的土地规模经营；在中远郊丘陵地区和盆周山区，着力推进以优质水果、蔬菜、茶叶、蚕桑、旱粮、道地中药材和林竹、水产等产业为主的土地规模经营。同时，着力提高优势农产品加工水平，积极发展农业现代物流业，转变农业发展方式。2008 年，规模以上农业龙头企业发展到 657 家，农业产业化带动面达 66.7%。

三、城乡公共服务建设均衡发展

2008 年，成都市出台了《关于深化城乡统筹进一步提高村级公共服务和社会管理水平的意见（试行）》（成委发〔2008〕37 号）。确定了建立村级公共服务和社会管理的分类供给、经费保障、设施统筹建设、民主管理、人才队伍建设五大机制的目标。系统地提出了村级公共服务和社会管理应当包括的内容，明确界定了政府、村级自治组织等在村级公共服务和社会管理方面的责任；将村级基本公共服务和社会管理经费纳入各级财政预算，明确规定"以 2008 年为基数，各级政府每年新增的公共事业和公共设施建设政府性投资主要用于农村，直至城乡公共服务基本达到均等化"，全面提高了村级公共服务和社会管理的财政保障水平；规定村级公共服务和社会管理项目的实施要让农民进行民主评议、民主决策、民主监督，充分尊重农民意愿、维护农民权益，提高公共服务和社会管理效率。

目前，成都市正在青羊区、温江区、郫县、邛崃市等 10 个区（市）县开展村级公共服务和社会管理改革试点。待试点取得成效和经验后，将在全市范围推开。

四、规范化服务型政府建设进一步深入推进

成都市从 2003 年开始深化行政管理体制改革，全面推进规范化服务型政府建设工作，其目标是加快行政管理体制改革进程，探索政府管理创新，促进城乡协调发展。试验区获批后，成都市的规范化服务型政府建设进一步深入推进。

1. 建立统筹城乡发展的大部门管理体制。着眼于促进公共管理和公共服务向农村覆盖和延伸，整合部门职能，建立统筹城乡的大部门管理体制，先后对规划、农业、水务、财政、交通、园林和林业等 30 多个部门的行政管理体制进行了改革调整，初步形成了统筹城乡发展的管理体制。

2. 改革行政审批制度。认真清理并简化了行政审批的项目和程序，调整取消审批事项 845 项，取消了 74 个办事环节和 53 件申报材料，压缩办理时限 6665 个工作日，探索建立了"许可预告、服务前移、一窗受理、内部运转、并行审批、限时办结、监控测评"的并联审批模式和"一个窗口受理、一个处室审核、一个领导审批、一个公章办结"的集中办理模式。

3. 建立健全决策机制，实行科学民主决策。制定了《成都市重大行政决策事项公示和听证办法》、《成都市重大行政决策事项专家咨询论证办法》，初步形成了公众参与、专家论证和政府依法决策"三结合"的科学民主决策机制。市政府成立决策咨询委员会，建立近 900 人的专家咨询库，一些具有决策职能、专业性强的部门也都建立了自己的专家咨询库。市委、市政府的重大决策、各部门的重大工作都邀请专家进行咨询论证，与公众利益密切相关的地方性法规、规章草案，都采取邀请市民参加听证、公示、讨论和网上咨询等多种方式，广泛征求社会各界的意见。目前，已对 100 多项价格调整方案，10 多项地方性法规、规章草案以及公交车 IC 卡进行了公开听证。

（四川省发展改革委、成都市发展改革委、成都市统筹委）

武汉城市圈资源节约型和环境友好型
社会建设综合配套改革试点

2007 年 12 月 14 日，武汉城市圈"两型"社会建设综合配套改革试验区获国务院批准设立。一年多来，在有关部门的全面指导和大力支持下，湖北省人民政府研究制定了武汉城市圈改革试验总体方案，获国务院批准，并研究编制了规划方案，制定了配套措施，组织实施框架体系基本形成，工作机制基本建立。武汉城市圈九市和省直有关部门立足实际，勇于创新，全面启动了"两型"社会建设综合配套改革试验，取得了积极进展。

一、突出重点领域，推动改革试验

按照总体方案的要求，湖北省省直各部门结合各自职能，制订了各项配套政策和专项改革方案，积极推动体制机制创新。省国土资源厅按照总体方案的要求，完成了《武汉城市圈"两型"社会综合配套改革试验区土地管理改革专项方案》初稿，已上报国土资源部。省环保局在环保领域开展先行先试，继续推进排污费征收使用管理改革，在全国率先启动了区域性废物回收网络——武汉城市圈废旧电池回收网络建设，主要污染物排污权交易试点于今年 3 月正式启动。省工商局出台了《武汉城市圈市场主体准入一体化试行办法》、《武汉城市圈公司股权出资登记管理试行办法》等政策性文件，加快推进城市圈区域市场一体化。省财政厅积极创新支持试验区建设的各项财政政策，建立了"两型"社会建设和产业集群建设激励性转移支付制度，设立了节能及淘汰落后产能专项资金。省科技厅积极推动科技体制改革，加快建立和完善了区域技术创新体系和科技公共服务平台，推进有区域特色的科技投融资体系建设。省直其他部门也积极推进相关领域的改革试验，中央在汉单位对城市圈改革试验工作给予了大力的支持。

二、因地制宜，明确发展道路

武汉城市圈九市立足实际，突出特色，抓住重点，积极推进改革试验。武汉市打好改革试验牌，积极争取一批国家重大示范项目的先行先试。以发展循环经济为突破口，扎实推进东西湖区、青山区、阳逻开发区等循环经济试点园区建设，规划建设跨行政区域的循环经济产业园区；积极筹划设立武汉循环经济产业投资基金，打造循环经济投融资平台；创办武汉循环经济发展研究院和实验室，为循环经济发展提供技术和智力支撑；成功获批科技部"十城千辆"、"十城万盏"示范城市和全国节水型社会建设试点城市；今年以来，国家又先后确定武汉为"中国服务外包城市"和"服务外包人才培训中心"，另外，武汉市在获批武汉保税物流中心（B型）的基础上，目前正在积极申报综合保税区和综合性国家高新技术产业基地。孝感市大力推进"两型"社会示范区建设，示范区内的孝汉大道三期工程、汉孝城际铁路等重大基础设施项目已开工建设，三江航天产业园、华中科技产业园等"两型"产业项目也在抓紧实施。鄂州市积极开展城乡一体化试点，在全省率先实现村村通水泥公路，率先实施城乡一体供水工程；在全市统一登记为"湖北居民户口"的基础上，进一步放宽户口迁移政策，简化户口办理程序；把农村劳动力转移就业纳入全市就业计划，实行一体化管理；整合农村新型合作医疗、城镇职工医疗保险、城镇居民医疗保险和农村大病医疗救助的信息和资源，实行"三网合一"，建立了"三合一"（卫生、劳动社会保障、民政）的大部门城乡医疗保险服务机构。黄石市、潜江市被国家正式批准为国家第二批资源枯竭型试点城市，城市转型工作全面启动。潜江市《资源型城市湖北潜江转型和可持续发展规划》的编制工作已全面部署，正在制定城市转型的战略方案和战略步骤。咸宁市大力推进职教园区建设，对城区9所中职学校进行整合重组，从武汉市引进有实力的公司合作共建"中部职教城"。仙桃市以南城新区为平台，先期开展了迁村腾地工作。黄冈市、天门市大力推进产业集聚发展。

三、加强产业对接，加快构建"两型"产业体系

武汉城市圈各市积极参与圈内产业双向互动转移，形成总部经济向武汉集中，武汉相关产业向周边适度转移的产业分工格局。武汉市出台了促进总部经济发展的政策意见，明确提出把武汉建设成为全国重要的总部经济中心城市，推动武汉市产业向周边区域辐射扩散，以园外园的形式加强与圈内城市间的合作，化工、服装等产业向圈内转移的步伐加快。武汉城市圈其他城市结合产业发展实际，充分利用各自的优势资源，积极承接武汉市相关产业转移。孝感市以建设"一港两轨三路"为着力点，加快推进汉孝经济一体化，积极承接武汉产业转移。今年一季度，孝感全市引进武汉项目124个，比去年同期增长49%，总投资593090万元，比去年同期增长49.8%。潜江市充分发挥盐卤资源丰富的优势，吸引了大批武汉化工医药企业。

咸宁市紧邻沌口经济技术开发区，承接了多家汽车零部件生产企业。鄂州市加快葛店开发区与武汉东湖高新技术开发区的全方位融合，形成新的东湖经济发展带。鄂州市大力推动葛华青年创业园区建设，打造武汉城市圈职教培训见习基地，建立青年社区，搭建青年创业公共服务、社会服务、市场服务平台。同时，武汉城市圈各市积极加强与"两型"社会建设市场需求的对接，引导更多的本地优势企业投入到绿色照明、绿色公交等"两型"示范创建项目中。圈内优势企业积极参与，有力地推动了相关产业的快速发展。

四、开展项目招标，安排支持资金

为鼓励武汉城市圈各市大胆改革、勇于创新，加快推进试验区建设，湖北省政府决定每年安排3亿元武汉城市圈改革试验项目建设资金，面向城市圈九市公开招标，每年重点支持3个市开展改革试验，建设与改革试验密切相关的项目。九市政府在接到资金招标通知后非常重视，都组织了工作专班，编制了科学的投标方案。5月下旬，组织开展了招标评审工作，投标评审过程严格保密，各市都派出了高规格的代表团参加投标陈述。目前，招标工作已经基本完成。

五、推动部省合作，争取政策空间

湖北省把部省共建作为促进武汉城市圈"两型"社会建设的重要战略举措，积极主动与国家部委衔接，采取多种形式推动建立部省合作共建机制，争取国家部委和单位在武汉城市圈开展各项改革试点，协调重大改革事项、重大项目和政策。截至目前，与湖北省政府签订合作协议或备忘录的国家部委和单位达到47家，目前正在争取尽早落实协议内容，并先行启动了部分领域的改革试验和项目建设，为推动改革试验争取了政策空间。

六、制定促进条例，以法律手段推动改革试验

为促进武汉城市圈全国资源节约型和环境友好型社会建设综合配套改革试验区建设，率先建立有利于能源资源节约和生态环境保护的体制机制，建成比较完善的社会主义市场经济体制，湖北省研究制定了《湖北省武汉城市圈"两型"社会建设促进条例（试行）》。条例对协调机制的建立、改革项目管理、产业政策、促进措施、激励保障、责任减免等作出了规定。条例作为整个城市圈建设的"小宪法"，为"两型"社会建设提供了宏观指引，为改革试验提供了法律保障，是宏观性、前

瞻性与战略性、创新性、纲领性的有机结合，为全国及其他省市的相关立法提供了宝贵的经验。

七、以改革试验为契机，推动武汉城市圈经济腾飞

武汉城市圈改革试验起步良好，有力地推动了城市圈经济社会健康发展。据初步测算，2008 年武汉城市圈实现 GDP 6972.11 亿元，增长 14.8%，比全省平均水平高 1.4 个百分点，占全省比重 61.5%；固定资产投资 3707.97 亿元，增长 32.3%，占全省比重 63.9%；社会消费品零售总额 3150.42 亿元，增长 23.2%，占全省比重 63.4%。

（湖北省发展改革委、武汉城市圈综改办）

长株潭城市群资源节约型和环境友好型
社会建设综合配套改革试点

长株潭城市群"两型"社会建设综合配套改革试验区获批一年多以来，在国务院有关部门的精心指导下，湖南省委、省政府高度重视、全面部署，各市和省直部门真抓实干，试验区改革建设取得了实质性进展。

一、高起点高标准完成了顶层设计

顶层设计是通过行政和专业层面的结合，对试验区改革建设进行通盘、深入、长远的谋划。为充分体现中央战略意图，切合发展实际，湖南省委、省政府高度重视试验区顶层设计。自试验区获批以来，先后三次举行省委常委扩大会议，2007 年 12 月 15 日，试验区获批的第二天，省委常委扩大会议对试验区改革建设进行整体部署；2008 年 5 月中旬，连续 3 天召开省委常委扩大会议，集中审议试验区改革建设顶层设计；2009 年 6 月 18—19 日，省委常委扩大会议集中对下一阶段试验区改革建设的重大问题进行研究、决策。湖南省坚持以宽广的国际视野精心编制了试验区总体改革方案和城市群区域规划，省直部门开展了 12 个专项改革方案、14 个区域专项规划的编制提升工作，长株潭三市编制了总体改革及 12 个专项改革实施方案、42 个市域专项规

划。周边的岳阳、常德、益阳、衡阳、娄底等五市积极响应，从规划、基础设施和产业等方面主动对接。通过一年扎实工作，改革试验总体方案和区域规划同时获得国务院批准，起点高、理念新、操作性强，试验区顶层设计顺利完成，第一阶段的战略任务明确为四大目标、六项任务、三大规划和一个投融资平台建设。

二、积极营造改革试验氛围

2008 年 6 月，湖南省委在全省开展了为期一个月的试验区宣讲活动。省直部门积极研究和推进改革的政策措施。省两型办组织各市、各部门召开了 15 次座谈会，初步确定 2009 年长株潭试验区建设、改革、规划工作要点。省直部门加强了与国家部委的对口衔接和政策争取。各市都把试验区作为重大机遇。长株潭三市均成立了书记、市长挂帅的领导小组，成立了正处级的两型办，出台了相关政策文件或推进举措。试验区成为国内外了解湖南的窗口、参与湖南发展的重要平台。英国驻广州总领事馆、美国盖尔集团、中科院、中关村等与湖南洽谈合作。在日本举行长株潭试验区恳谈会，在长沙举办 2009 年资源节约、环境友好国际论坛。

三、改革试验在不同层面展开

国家层面。积极探索节约集约用地新途径，国土资源部在长株潭开展集约节约用地试点，已初步形成了四种节约集约用地模式：以咸嘉新村和莲湖村为代表的农民安置节约集约用地模式；以新河三角洲、黎托新城为代表的城市建设节约集约用地模式；以长沙经开区、隆平高科技园为代表的开发园区节约集约用地模式；以莲花镇和北山镇为代表的新农村节约集约用地模式。国土资源部核减长株潭基本农田4.14 万公顷，批复株洲核心污染区土地 34.4 平方公里变更为未利用地。工业和信息化部全力支持长株潭通信一体化，2009 年 6 月 28 日，三市并网升位圆满成功，为突破一直以来服务于行政区划的电信网划分方式进行了有益的尝试。中国移动、中国电信与湖南省政府签订战略合作协议，中国电信还与湖南省政府共推"十大信息化工程"。环保部与湖南省签订《共同推进长株潭城市群"两型"社会建设合作协议》，将在湖南省开展环境经济政策改革试点。环保部、国家发改委原则同意将湘江流域和洞庭湖纳入长江中下游流域水污染防治规划。长株潭整体纳入国家节水型城市试点。长沙高新区被科技部确定为中西部地区首个部省共建的"创新型园区"，进入科技部预选的 7 家代办股份转让系统试点单位之一。长沙市与中科院合作，在梅溪湖创新科技园开展省院合建模式试点。

省级层面。湖南省人大出台了《关于保障和促进长株潭改革试验工作的决定》，正在修订《规划条例》。按照"省统筹、市为主、市场化"的原则，成立省长挂帅的试验区领导协调委员会，设正厅级办公室，建立联席会议制度，统筹推进试验区全局工作。省政府正在抓紧制定 2009 年试验区建设改革目标责任考核办法，建立了节能减排目标责任考核和问责制，启动了节能减排科技支撑行动计划。省政府出资成立"两型"社会建设专项资金，重点支持跨区域基础设施建设、"两型"产业发展、生态环境治理等项工作的开展；改组省土地资本经营公司，成立湖南发展投资集团有限公司，作为省级"两型"社会建设的投融资主平台。深入推进区域通关改革，推广跨关区"属地申报、口岸验放"和关区内"属地申报、口岸验放"的通关模式以及建立"湘粤港直通车"快速转关通道。

市级层面。各市竞相开展各具特色的制度创新。长沙：组建环境资源交易所和公共资源交易中心，开展首笔污染物指标交易。在大河西先导区实施"大部制"改革、行政流程再造。建立农村环保自治模式。成立知识产权维权中心，启动市级专利信息平台建设，探索建立重大经济活动知识产权审议制度。倡导节约型消费，今年 7 月 1 日起，长沙市所有星级宾馆不再免费提供一次性日用消费品。株洲：深化户籍制度改革，在放宽城镇落户门槛基础上，探索城乡统一户籍管理制度建设试点。启动城乡公共服务均等化、农村集体土地流转、城乡建设用地增减挂钩等试点。围绕打造生态型城市群，在各市积极推行"不挖山、不砍树、不填塘"的城市建设模式。制定《关于加快农村土地流转》、《关于发展农民专业合作组织》等一系列规范性文件，积极开展农村土地使用权权能改革、城郊土地集约利用改革，探索建立农村土地承包经营权流转市场体系，探索建立土地承包经营权退出利益补偿机制。湘潭：开展节水型城市、城中村改造、土地征转分离等试点，改革路桥收费体制，撤迁市内湘江一、二、三桥收费站。三市还积极探索建立征地补偿安置新机制，探索实施"两转变一纳入"安置模式、留地安置、集体建设用地使用权入股、土地股份合作等多种征地安置模式。启动了"两型"机关、"两型"社区、"两型"学校等创建活动。岳阳、益阳推进循环经济园区试点。常德开展部门预算绩效评价试点。衡阳全面启动水管体制改革。

四、规划建设实现重大突破

重点工程建设布局启动初现佳绩。坚持建设与改革的相互促进。交通方面：芙蓉大道长潭段和红易大道顺利开工，拉开了核心区城际干道改造的序幕；京珠高速复线等一批高速公路开工，出省通道进一步通畅；世行贷款沿江防洪景观道路建设进展加快，明年将全面建成通车。黄花机场获批成为对台直航机场，开通直达日本航线，提升了空港枢纽地位。长沙轨道交通建设规划、长沙航电枢纽工程得到国家

试点篇

批复，长株潭城市轨道和"3＋5"城际铁路进入部省合作，第一期工程长株潭和长益常线预计今年九月开工建设。环境方面：启动了湘江流域水污染综合整治三年行动计划，2008年整治到位污染企业671家；橘子洲改造完成，岳麓山提质、清水塘整治等一批生态环境项目抓紧实施。《湘江流域生态环境综合治理规划》上报国家有关部门，国家发改委、环保部等七部委开展了联合调研。目前湘江流域生态治理已纳入国家正在编制有关规划。产业方面：长株潭获批全国综合性高技术产业基地，电子、生物、新材料、新能源、民用航空航天等五大领域同时获得支持。今年3月国务院正式批准湘潭高新区升格为国家级高新区。轨道交通、工程机械等优势产业地位进一步提升。电动汽车、风力发电、轨道交通、轻型飞机等新兴产业异军突起，成为支撑产业发展的核心力量之一。电动汽车用大功率镍氢动力蓄电池、驱动电机等关键零部件制备技术、"六轴交流传动电力机车系统集成技术创新及整车研制"项目等一批科技重大专项获得突破，成功研制出世界单轴最大功率交流传动六轴货运电力机车；"轻型飞机的研制及产业化"项目取得重大突破，两座载人轻型运动飞机首飞成功；启动了"混合动力汽车研发"等12个科技重大专项，挖掘了优势领域优势技术的潜力，带动了部分新兴产业崛起。在以太阳能光伏产业、软件产业、消费类整机产品和新型显示器件四大产业集群的支持下，1—4月长株潭完成主营业务收入占全省的比例达到71.48%。上半年新开工电子信息产业项目23个，完成投资26.2亿元，占全省的63.1%。太阳能、风能、核能等新能源产业方兴未艾，2008年全省新能源装备产业实现销售收入142亿元，其中长株潭三市产值占90%以上，已初步形成了湘潭风电产业园、株洲风电产业园、长沙光伏产业园等三个专业产业园区。示范区方面：目前五区18片的发展战略逐步明确，管理机构逐步建立，规划设计、基础设施建设、招商引资等工作抓紧启动。株洲以示范区为主体，加快发展新能源、新材料、航空航天等产业，清水塘循环经济工业区实施株冶集团、中盐株化等循环经济项目，新建淇滨深加工、电力机车城轨车辆产业化、轨道交通部件制造生产基地等节能、环保高新技术产业项目。湘潭推进示范区区划调整，出台支持政策。九华工业园着力打造千亿园区，引进20多家上规模的台资企业，总投资超过120亿元。滨湖示范区开发重大项目155个，其中80多个推进到了可研阶段。益阳高新区东部新区计划全年完成基础设施投资10.9亿元。

随着试验区发展的能量加速集聚并逐步释放，长株潭城市群作为全省经济社会发展增长极的作用已逐步凸现，特别是在当前保增长的特殊时期，试验区更是发挥了重要的支撑作用。2008年，长株潭三市经济总量占全省的40.9%，比上年提高3个百分点，对全省经济增长的贡献率达54.8%；"3＋5"八市经济总量占全省78.5%，比上年提高2.7个百分点，对全省经济增长贡献率达91.3%。

（湖南省发展改革委、长株潭两型办）

深圳市综合配套改革试点

深圳作为办得最好、影响最大的一个特区，多年来充分发挥改革开放"窗口"和"试验田"的示范作用，为建立和完善社会主义市场经济体制作出了重要贡献。近年来，在党中央、国务院及广东省委省政府的正确领导下，深圳积极推动综合配套改革，在重点领域和关键环节不断取得新突破。2008 年 12 月 31 日，国务院批准实施的《珠江三角洲地区改革发展规划纲要（2008—2020 年）》正式明确深圳为国家综合配套改革试验区，标志着深圳综合配套改革工作进入新阶段。

一、以转变政府职能为抓手，推动行政管理体制改革

1. 积极探索大部门体制的改革。近年来，按照职能有机统一的原则，深圳积极调整相关部门职能，合理解决职权过分交叉的问题，组建了市城管局、交通局、农林渔业局等大部门体制的职能局。

2. 合理划分市区事权。通过明晰市区事权配置和划分，强化了基层政府的社会管理职能，实现社会管理重心下移。2007 年，深圳开始全面推行街道综合执法新体制，21 项具体执法任务统一交由街道综合执法队执行，有效解决了基层行政执法薄弱、多头执法问题，大大提高了行政执法效率和城市管理水平。

3. 积极开展精简行政层级试点。2006 年，布吉和龙华街道被拆分为布吉、坂田、南湾、龙华、民治、大浪 6 个街道，拆分后的街道办经济管理职能逐步弱化，社会管理职能得到加强。2007 年 6 月 1 日，以光明产业园区为基础，成立了光明新区，并在新区开展精简行政层级改革试点。

4. 积极推进法治政府建设。2006 年，深圳开始第四轮行政审批制度改革，37 个市政府部门的 697 项非行政许可审批项目得到清理，其中保留 348 项，取消 98 项，认定不属非行政许可审批登记的其他类项目 251 项。率先建立了行政审批电子监察系统，对行政审批项目的受理、承办、批准、办结和告知等环节进行全程监督。2008 年底深圳政府与国务院法制办签订了加快法治政府建设合作协议，制订法治政府建设指标体系，出台加快法治政府建设的一系列政策文件。

5. 研究推进公务员分类管理改革。2008 年 8 月，国家公务员局正式批复，同意深圳开展公务员分类管理改革试点。目前，有关部门正在研究制订分类改革方案，

针对行政管理、行政执法和专业技术三大类公务员的不同特点和要求，制定配套管理制度。

6. 全面推进事业单位改革。2006 年 7 月，深圳市开始推进事业单位分类改革，124 家事业单位转企和党政机关事业单位所办 270 家企业完成剥离和划转，涉及人员 1.9 万人。2007 年，开始推进事业单位管理体制和运作机制改革创新，制定并实施《关于完善事业单位法人治理结构的改革方案》、《关于推行法定机构试点的意见》等 7 个专项方案。

二、以深化经济体制改革为着力点，推动经济增长方式的转变

1. 深化投融资体制改革。制定《政府投资项目管理条例及实施细则》，推行政府投资项目代建制。重大投资项目审批进度大大缩短，审批时间由原来的 386 个工作日压缩到目前的 100 个工作日。

2. 深化国有企业改革，创新国有资产分类监管体系。通过深化市属国有企业劳动、人事、分配三项制度改革，规范薪酬分配制度，构建适应法人治理结构的业绩考核体系，促进了国有经济的健康发展。通过创新监管体制、明确履职思路、健全履职制度、调整履职机构、改进履职方式、适时转变履职重点，初步形成了一整套新型的国有资产监管体系。

3. 加强深港金融合作，加大金融业开放力度。2008 年，深圳市人大通过了《深圳经济特区金融发展促进条例》，深港两地货币领域深度合作以及共同探索建立石油等大宗商品期货交易所等合作均被纳入条例。通过加快深港两地间的资金市场融合，拓展深港两地金融机构的业务合作领域，极大地促进了两地金融业的共同繁荣与发展。

三、以构建现代社会事业和社会管理新体制为重点，不断深化社会领域各项改革

1. 积极推动和规范社会组织发展。2008 年 9 月，深圳市出台《关于进一步发展和规范我市社会组织的意见》，实行对工商经济类、社会福利类、公益慈善类等社会组织探索实行直接登记，对社区社会组织探索实行登记和备案双轨制的管理体制。

2. 创新人口和社会组织管理体制。2008 年开始全面推行的居住证制度，为加强流动人口动态管理，提升非户籍人员的居民待遇，实现人口与社会、经济、环境、资源的协调发展，率先实现基本公共服务均等化打下了良好的基础。截至 2008 年

底，居住证办证量突破 700 万张。

3. 不断完善城市综合保障体系。通过完善市、区、街道、社区公共就业服务体系，建立起多层次、网络化的公共就业服务体系。户籍职工五大社会保险参保率均达到 98% 以上，少儿医保和统筹医疗参保人数达 51.7 万，劳务工医疗保险参保人数达 610.2 万，劳务工养老、工伤和医疗参保数量名列全国大中城市之首。

四、以推进对外开放功能区的完善与创新为着力点，进一步扩大对内合作对外开放

1. 完善与创新对外开放功能区。积极推动现有的保税区、海港和空港发展模式以及监管模式的转型。实施"一区两翼"的发展战略，在东部盐田和西部航空港实施"区港联动"。理顺大工业区管理体制，充分发挥出口加工区的带动作用。

2. 推动深港紧密合作。在以《关于加强深港合作备忘录》为总则的 9 项合作计划（简称"1 + 8"合作协议）的框架下，深圳以"向香港学习，为香港服务"的理念，把深港合作向纵深推进。为基础设施建设、口岸通关、产业合作、河套地区开发、公用事业投资等领域制定配套政策，不断细化落实 CEPA 的具体举措。

（深圳市体制改革办公室、深圳市发展改革委）

2008 年中国经济体制改革报告
2008 NIAN ZHONGGUO JINGJI TIZHI GAIGE BAOGAO

▶ 附　录

制约宏观调控政策效果的体制性因素研究

（二〇〇八年十二月）

我国是在市场经济体制尚未完善、工业化和城镇化尚未完成的情况下，进入国际市场，参与经济全球化分工的。城乡之间、区域之间、内外经济之间、产业之间、要素投入结构之间的发展还不平衡、不协调。在这种背景下，当前我国经济运行中的许多矛盾和问题都有其深层次的体制机制原因，也可以说，是体制机制的不完善在经济运行层面的反映和表现，其实质是市场资源配置体系不健全、不完善，在日益加快的工业化、城镇化、全球化过程中直接或间接成为制约宏观调控政策效果的体制性因素，并且增长速度越快，矛盾越突出。

从 2004 年以来这一轮经济景气周期来看，我们在"双稳健"的政策背景下，采取了"点刹"、"微调"、"预调"等一系列措施，宏观调控的着眼点更加关注短期的经济波动，相比之下，对经济运行的体制机制问题则关注不够。财税、金融、煤电油气资源性产品价格形成机制等问题，直接关系到经济结构的调整和发展方式的转变，但是，近年来这些领域的改革进展较慢。宏观调控作为一种政策手段，解决不了体制层面的问题，无法替代体制改革对资源要素配置方式做进一步改善。今后应从经济运行中存在的主要体制机制矛盾入手，找出制约宏观调控政策效果的体制性因素，加大改革力度，进一步改善经济运行的体制环境，促进又好又快发展。

一、中国经济的三个基本特点

从基本面看，中国经济大致具有发展中、体制转型和经济外向性较高三个方面的特点，这决定了我国的宏观调控不但要注重调节总量，而且要注重调整结构，不但要重视对短期经济波动的政策调控，而且要加大对深层次体制机制问题的改革力度。

（一）处于城镇化、工业化中期（发展中国家的特点）。

其一，从发展阶段看，我国总体上处于城镇化和工业化中期。与印度、巴西等同等发展中国家相比，我国不但有较好的工业基础，还拥有较为完备的基础设施。在今后相当一段历史时期内，我国将成为承接西方发达国家重工业产业转移的主要地区。到 2007 年末城镇化率只有 44.9%，按照年均一个多点的发展速度，要达到西方发达国家75%—80%的水平，较快的城市基础设施投资还可以持续二十多年的时间。在2004年以来的这轮经济景气周期中，各级地方政府通过土地财政快速拉动城镇基础设施建设和推动重工业投资，是导致经济反复"偏热"的重要原因（反过来从需求角度看，快速的城镇化和工业化也是我国抵制经济衰退的一个稳定的内需拉动支撑点）。巨大的城镇化投资需求与特殊的财税、土地等体制机制相结合，使我国的城镇化发展与经济增长"偏快"在某种角度上联系在一起，并直接削弱了宏观调控的政策效果。

其二，从城乡和区域发展差距看，城乡"二元"结构问题突出，农村市场迟迟启动不起来。目前城乡收入差距继续呈扩大趋势，由2005年的3.22∶1扩大至2007年的3.31∶1。2007年城镇人均可支配收入为13786元，而农民人均纯收入只有4140元。农民收入和农村公共服务的落后，已经严重制约了农村消费市场的发展。内需占总需求的比重逐年下滑，居民消费尤其是中低收入居民消费、农村消费增长缓慢，直接影响了我国内需为主发展战略的实施。

其三，我国区域发展极不平衡，区域无序开发的局面还没有得到明显改善。西部地区（包括广西）国土面积为全国的70%，人口总量为全国的30%，自然资源丰富，但是绝大多数地区生态环境较差，生产力发展和科技教育水平相对低下，经济不发达，全国的贫困地区和贫困人口也主要集中在这一地区。尽管随着"西部大开发"和"中部崛起"战略的实施，国家加大了对中西部地区的投资力度，但是，以基础设施为主的投资软硬件环境改善需要一个过程。就目前的情况来看，国内外民间投资跟进力度不大，依然主要集中在东部沿海地区。从市场需求导向看，与东部外向性的市场导向相比，中西部地区还主要以向东部地区提供能源和原材料等初级产品为主。

20世纪90年代末亚洲金融危机以后，扩大内需成为宏观调控政策的主要目标，但是一直以来广大农村消费市场和中西部消费市场发展并没有实质性变化，导致经济增长始终主要依靠固定资产投资和出口，特别是本次世界金融危机之后，面对日益收缩的外部需求，国内居民消费不能迅速弥补外需的需求拉动作用，宏观调控政策的回旋余地很小，短期内仍然需要刺激固定资产投资和出口以防止经济增速进一步下滑。

（二）市场经济体制尚不完善（经济转型国家的特点）。

目前我国仍处在对社会主义市场经济体制的不断完善过程中。市场配置资源的基础性作用发挥得还不够充分，主要表现在：现行财税体制对地方政府和企业行为的引导，还是以"经济增长"为导向而不是以"科学发展"为导向；煤、电、油、气等重要能源资源产品的市场化价格形成机制尚未建立起来；地方政府直接控制着城镇建设用地一级市场，并事实上主导着辖区投资增长速度；国有经济大量进入房地产等一般竞争性领域，加大了"顺周期"经济波动风险，等等。像城乡"二元结构"一样，体制性的"二元结构"也必然会造成宏观调控政策在传递渠道中的诸多障碍。因为，体制分割使得运行规则以及行为主体的行为原则都是极不相同，由此产生的资源配置扭曲会导致各种宏观调控政策失去其应有的作用。例如，从目前城镇基础设施建设投资的一般模式（征地＋土地财政＋地方城建投资）看，融资成本不是决定投资行为的主要因素，因此，宏观调控政策通过紧缩银根来影响地方政府基建规模的政策传导机制是不顺畅的。

（三）经济外向度很高（外向经济国家的特点）。

改革开放，特别是加入世贸组织以来，中国经济快速融入全球经济共同体，在国际资本共同推动下实现了持续的快速增长。目前，我国是当今世界上对外开放度最大的国家之一。从2001年至2007年，我国对外贸易增长速度连续6年在20%以上，经济对外依存度从2001年（加入WTO）的38%，达到2007年的67%。外汇储备在2007年末达到1.53万亿美元，居世界第一。中国的经济增长不仅影响着国际市场，世界经济的变化也在深刻影响着中国经济的增长（1997年亚洲金融危机和当前的世界金融危机直接影响了我国的经济景气波动）。可以预见，随着我国市场经济体制的不断完善和对外开放水平的不断提高，国内外市场的互动性将更加明显，国内宏观调控政策的回旋余地大大减少。在国际经济复杂多变的形势下，对出口的过度依赖使我国经济陷入了内外经济失衡的状态，直接影响国家经济安全。从近年来的调控实践看，为了控制流动性泛滥，在封闭经济条件下采取紧缩性货币政策或许是对的，但在开放经济下却未可行。因为，一项紧缩性的货币政策意味着本国利率水平上升，从而会打破原先的平衡而导致国际短期套利资本的流入，结果是伴随着外来资本的流入，反而会增加货币供应量。

发展中、体制转型和经济外向度较高是当前中国经济的三个基本特点，也是分析制约宏观调控政策效果体制性因素的基本理论背景和逻辑起点。

二、对当前国民经济突出问题的分析

（一）资源要素价格形成机制不理顺，价格偏低，导致产业结构和经济结构不合理，发展方式粗放，资源环境代价过大。

本轮经济增长周期从2003年开始，国内生产总值连续五年保持10%以上的增长速度，2007年更是达到了11.9%。从2004年开始，"三过"问题（固定资产投资增长过快、信贷投放过多、外贸顺差过大）日益突出，"偏快"和"过热"逐渐成为宏观经济运行的主要问题。针对这些问题，中央出台了一系列宏观调控政策，压缩固定资产投资规模，严把土地和信贷两个闸门，抑制经济过热。但是，宏观调控的实际效果与理想预期有不小差距。企业新上投资的热情和地方政府上项目、铺摊子的积极性依然高涨，一直到 2007 年下半年，由于人民币持续升值和美国次贷危机等因素导致外部需求放缓，我国经济过热问题才有所缓解。这些问题的产生，与能源、土地、资金等资源要素价格没有理顺有着密不可分的关系。价格总体水平偏低，助长了资源要素的不合理利用；价格市场化程度低，导致价格不能有效发挥调节市场供求的杠杆作用。

1. 低要素价格降低了市场对宏观调控政策的敏感性。一些重要资源要素市场化程度比较低，各级政府仍然掌握着对土地、信贷等重要生产要素的配置权力。从土地来看，地方政府垄断土地一级市场，征地成本普遍比较低，政府以低价提供土地的方式进行招商引资、扶持新上项目。从信贷来看，由于金融体系改革不到位，利率没有实现市场化，各级政府对信贷的发放仍然有着较强的影响力，国有企业、政府支持扶持的产业和项目以较低成本获得了大部分正规金融机构所提供的信贷资金。从能源来看，我国工业用电价格总体水平较低，没有反映其全部成本。前些年不少地方对部分高耗能、高污染企业实行电价单列和价格优惠，直接推动了这些行业的产能扩张和过剩。要素的低价格和非市场化配置，为生产者提供了不当激励，要素价格不能有效发挥调节市场供求、自动熨平市场波动和经济周期的作用，降低了市场对宏观调控政策的敏感性。

2. 低要素价格加剧了产业结构失衡。从三次产业的要素需求来看，第二产业对土地、能源等资源要素的投入需求较大，第三产业对土地、能源的需求相对较小而对人力资源需求较大。土地、能源等要素价格水平偏低，激励了第二产业特别是重化工业的加速发展，抑制了第三产业的发展。近几年来，我国经济发展的一个突出特点是产业结构越来越"重型化"，不少地方都把重化工业作为本地支柱产业和重点产业来支持和推动，加剧了能源资源的短缺和生态环境的恶化。2003 年以来，五年间我国经济总量增长了 67%，但产业结构调整进展缓慢。第二产业增加值占国内生产总值的比重自 2002 年以来一路攀升，由 44.8% 提高到 2007 年的 48.6%，对经济增长的贡献率高达 54.1%。与此同时，第三产业增加值占国内生产总值的比重一路下滑，从 41.5% 减少到 40.1%，对经济增长的贡献率仅为 42.3%。第二产业特别是资本密集型的重化工业在国民经济中的比重越来越大，自主创新和生产性服务业发展不够，一方面造成经济增长过多依靠大量资源要素的投入，多数行业处于附加值低的产业链低端，导致驱动经济增长的要素结构失衡；另一方面造成经济增长对就业增长的带动作用减弱，同时也使得国民收入分配进一步向资本倾斜，加剧了收入分配结构失衡，不利于居民消费能力的提高和国内消费需求的增长。

3. 低要素价格助长了我国经济内外结构的失衡。土地、能源、资金等要素价格较低，是我国出口商品价格相对低廉的重要原因。较低的商品价格，加上第二产业特别是重化工业快速扩张所导致的产能过剩，共同推动了外贸出口的迅猛增长，我国经济的外贸依存度越来越高，外贸进出口总额与国内生产总值的比值由 2002 年的 42.7% 提高到 2007 年的 66.9%，经济增长对出口的依赖越来越大。这种内外失衡的经济结构，一方面变相地对国外市场和消费者提供了低要素价格补贴福利，另一方面，长期以来出口商品对低廉价格的路径依赖又抑制了出口结构的改善和对外贸易质量的提高。对外部需求的过度依赖，使得国际经济特别是美国、欧盟、日本等三大经济体经济形势稍有波动，都能对我国经济带来不小影响，我国经济运行的外部风险日益加大，宏观调控政策的出台也开始越来越多地受到国际经济形势的制约，政策的有效性也大为降低，保持经济持续平稳运行的难度增大。

（二）现行税收体制缺乏对国民收入进行调节的有效手段，不利于资源节约和环境保护，没有形成科学发展与和谐发展的内在利益激励约束机制。

财政片面强调增收，财政收入增长速度大大高于经济增长速度，造成国家、企业、居民收入结构失衡，税收反向调节经济增长的作用不明显。财政投入结构不合理，直接用于保障民生领域的投入不足，影响城乡居民消费需求增长。现行财税体制激励地方政府追求产值大的物质生产行业高速增长，国家抑制投资过快增长的政策效果被打折扣。

1. 现行事权财权关系和税制结构不合理，不利于宏观调控政策的有效落实。1994 年分税制改革以后，中央与省级政府的财权事权关系大体厘清，但各级地方政府之间的财权事权关系仍然没有理顺，造成财权上移，事权和支出责任下移。从财权和收入看，当前我国税收结构以增值税为主体税种，增值税占了预算内财政收入的 1/3 左右，实质上成了地方政府财政收入的主要来源之一。这种税收结构一定程度上有利于发挥中央和地方两个积极性，但同时也造成地方政府把主要注意力放在与增值税直接挂钩的物质生产部门的扩张上。从事权和支出责任看，政府提供公共产品的支出责任下移，社会保障和义务教育的支出责任大约有 70% 落在县级及以下财政肩上。由于县和县级以下政府财政能力薄弱，这种支出责任下移使得地方政府不得不努力推动物质生产部门的增长以获得更多的收入。更多依靠行政行为而不是市场力量所推动形成的物质生产部门的快速扩张，导致各地之间低水平重复建设、产业结构同构化、部分行业产能过剩、市场分割和恶性竞争等问题难以有效解决，国家鼓励自主创新、鼓励服务业发展等相关产业政策也难以有效落实；宏观调控一定程度上成了中央政府对地方政府行为的调控，财政政策、货币政策等宏观调控手段难以奏效，带有计划经济色彩的行政手段由于或多或少受到地方政府和企业的抵触而实施效果被打折扣。

2. 国民收入分配格局失衡和政府资金投向不合理，抑制了我国内部需求的增长。从国民收入分配来看，从 2000 年到 2007 年，我国预算内财政收入年均增长

21.1%，高于按可比价计算的 GDP 年均增长率 10.9 个百分点，高于按现价计算的 GDP 年均增长率 7 个百分点。预算内财政收入占国内生产总值的比重逐渐攀升，从 2000 年的 13.5% 提高到 2007 年的 20.6%，平均每年提高 1 个百分点。如果加上包括行政事业性收费、政府性基金、社会保障费收入、国有资源有偿使用收入、国有资产有偿使用收入等预算外收入，广义的政府收入占国内生产总值的比重可能接近甚至超过 30%。总的看，我国国民经济按大口径计算的宏观税负水平偏高，国民收入分配格局越来越向政府倾斜，国家、企业、居民收入结构失衡，企业和居民负担过重，居民可支配收入占国内生产总值的比例过低。这种分配格局不利于激发企业的活力，不利于拉动内需特别是作为经济增长根本动力的居民消费需求的增长。

从政府资金投向来看，财政支出中经济建设支出和行政管理费支出比重偏高，社会文教支出比重偏低。除必要的预算内基本建设资金和一些用于建设的国债资金外，仍有大量政府性资金（包括部分国有资本和地方政府市场性投融资）投向经济建设领域，甚至直接进入一般竞争性行业。从预算内收支结构看，2006 年我国财政支出中，经济建设费类支出占总支出的 26.6%，行政管理费类支出占总支出的 18.7%，而包括文教科学卫生事业、抚恤和社会福利救济、社会保障补助等社会文教类支出总共只占总支出的 26.8%。从预算外收支结构看，预算外行政事业费支出占预算外资金总支出的比重更是高达 71%。总的来看，经济建设型财政尚未真正转变为公共服务型财政，公共财政覆盖范围不完整，支出重点不突出，效果不明显。对非国有部门和农村，尤其是对欠发达地区和弱势群体的倾斜力度不够，对公益性和经济社会发展薄弱环节的支出比重还比较低。公共财政建设滞后，导致我国社会发展明显滞后于经济增长，财政在缓解城乡之间、地区之间和社会阶层之间差距上的效果不明显，群众看病难、看病贵、上学贵、缺保障等问题不能得到有效解决，抑制了全社会消费能力的提高，抑制了国内消费需求特别是农村地区需求的增长。作为最终需求的居民消费需求疲软，经济增长过度依赖投资和出口，造成国民经济周期性风险和外部风险加大，保持宏观经济政策稳定性和有效性的难度也增大。

（三）农土征用和流转制度改革严重滞后，既不利于农业产业化发展，也不利于农民有序转移和城市有序发展。

1. 土地征用存在的问题。

由于存在国家权力高度集中、土地征用立法不完善等原因，导致在土地征用中存着一些问题，集中表现在以下方面：

（1）农村与城市土地制度的二元性，以及国家对城市土地一级市场的垄断，影响土地市场健康发育，造成了我国经济的重大扭曲，也刺激了城市以不合理的方式增长。

由于城乡土地政策分割，政府成为农地转变为城市土地的唯一仲裁者和操作者，完全垄断了土地一级市场。这种体制的直接后果是：低价从农村获得土地，剥夺了农村土地所有者和使用者在城市土地市场所产生的增值收益；政府因此通过征地出让和抵押获得大笔财政收入和贷款，在造成依赖土地财政的同时带来融资风险膨胀；反过来刺激土地被滥征，助长了土地更为粗放的投资方式，城市以不合理的方式增长，致使房价过高，抬高城市化进程成本；也使国家保护农地的措施大打折扣，为腐败创造了机会。这些都与科学发展观的要求相违背。

（2）土地征用程序的法律规定不完整，征用补偿标准普遍过低，监督与约束机制的缺失，造成对被征地方的不公平。

《土地管理法》中对土地征用的行政程序作了较多的规定，但对于土地征用权的相对人的权利和地位却无任何规定，反而负有"不得妨碍和阻挠"的义务，土地的征用过程成为单纯的行政过程。法律对政府强制性征地的目的缺乏制约，导致权力的滥用，很多地方政府不按法定程序办理征地手续。此外，《土地管理法》规定的补偿缺乏相应的价值标准。补偿的数额取决于征地的目的，因土地的用途和类型而异，使实际的征地补偿中行政裁量权过大，这种随意性不能从体制上予以纠正，影响征地补偿的公正性。并且法律规定土地补偿费归农村集体经济组织所有，从而基层政府、集体都和单个农户一起参与补偿分配，农民的权益被层层截留经常受到侵害，引起被征地方的不满，给社会带来不稳定不和谐因素。

2. 集体土地流转的主要障碍。

当前，农村土地流转分为两大块，一是农用地流转，一是集体建设用地流转。十七届三中全会明确加强对农用地承包经营权流转的管理和服务，建立健全土地承包经营权流转市场。而对集体建设用地流转，一是由于受制于总体规划和用途管制，集体建设用地的取得并非轻而易举，也须经过严格的审批；二是目前集体建设土地权力不完整，缺失市场融资功能，抑制了市场流动的积极性，还需制定相关的法律法规和配套政策规范推进。虽然十七届三中全会提出了建立城乡统一的建设用地市场，集体建设用地将与国有土地享有同等权益，但目前还只在一些地方试点，短期内难以全国推行。

综上所述，由于土地征用和土地流转制度存在的不合理因素，容易造成政府对土地市场监管的越位和缺位，严重阻碍土地市场的健康发展，造成市场不能有效发挥在土地配置的基础性作用的同时，也使得中央政府对土地的调控政策往往失灵。在经济景气时期，市场对土地需求不断增加，而高度垄断的国有土地一级市场的供给有限，农村集体建设用地流转不畅，在土地财政、市场投机和其他因素的共同作用下，土地价格急剧飙升。一地难求必然使土地"黑市"应运而生，以租代征、先征后补等违法违规用地成为全国各地普遍现象，政府三令五申严格的土地调控政策因法不责众往往大打折扣。在经济进入下行通道时，国家实行宽松的宏观经济政策，各级政府迫于保持经济增速的压力，本该一以贯之的严格土地政策也被迫放松，不同程度的土地违规违法行为在扩大投资和促进经济增长的大旗下得到默许和放任。

（四）大量的国有经济分布在房地产等高利润一般竞争领域，不利于中小企业成长，直接加大了"顺周期"经济波动风险。

按照国家对国有经济结构调整的最新部署（《关于推进国有资本调整和国有企业重组的指导意见》（国办发 2006〔97〕号）），在军工、电网电力、电信等七个行业，国有经济要保持"绝对控制力"；在装备制造、汽车等九个行业，要保持"较强控制力"。这种界定和划分相比"关系国民经济命脉的重要行业和关键领域"的表述尽管清晰了很多，但是这些领域涵盖了非竞争性领域和竞争性领域，国有资本的分布面仍过宽。在国资委核准的中央企业主业中，涉及房地产开发经营、物业管理、中介服务这样的利润率高、高度竞争性领域业务的就有 15 家，占到国资委管理央企总数的 10% 以上，这还不包括央企关联公司或者通过投资等方式参与房地产开发经营。一些央企不能严格按照核定的主业经营，而是贪大求全，急于扩张，什么快速获利就做什么，下属的二三级企业灵活运作的空间很大。到 2007 年，央企三级以上企业中有 500 多家经营房地产，涉及资产 1000 多亿。

房地产行业发展势头较好时，在高利润的诱惑下，大量担负"保值增值"功能的国有资本投向此领域。掌握这些资本的国有企业，资产规模大，与政府有良好的关系，或者本身就是政府的投融资和经营平台，凭借各方面优势参与到房地产开发经营中并取得了丰厚利润，地方政府也借机大搞"土地财政"，可谓"一举多得"。但这种经营发展往往缺乏真正市场主体的理性考虑而带有一定盲目性、短期性，逐利性过强，客观上也加速了房地产行业泡沫的形成。当行业发展出现拐点时，体制固有的低效特点使企业难以快速作出反应，国有资本很可能被"套牢"。由于经营过程中，企业、地方政府及国有银行已经形成利益结合体，此时"救市"就成为首选方案，而中央宏观调控政策的效果必然会大打折扣，受到调控政策影响最大的往往是民营企业、中小企业。因此，经常会出现"板子打在听话的孩子身上"，大大增加了宏观调控的难度。

在现行体制下，央企往往忽视效率并具有垄断地位，在经济政策和法律制定上有明确的话语权，是财政补贴、财富分配、福利待遇的受益者，某种意义上还不能算是完全市场化的经济单位，对宏观调控政策的反应小，但对市场的影响大，而普通竞争性企业则正好相反。在经济形势好的时候，国有资本与民争利现象处处可见；经济放缓或形势不利时，民营企业、中小企业首先受到影响。大量的国有经济分布在房地产等一般竞争性行业，也不利于中小企业的发展，同时直接加大了经济"顺周期"波动风险。

（五）垄断行业特别是铁路等体制改革滞后，国民经济运行的效率有待提高。

作为国有经济最集中的领域，我国垄断行业的改革采取了先易后难的渐进式方式，对增量进行改革的力度大于存量，各垄断行业间改革进程和发展差异较大。总的看，垄断行业改革只取得了阶段性进展，距离改革目标还有相当的距离。即使是改革力度最大的电信、民航领域，也主要采取的拆分重组等方式，仅从形式上"搭建"了竞争格局，由于对非国有资本设置了较高的准入门槛，或存在政策"玻璃门"，或是行业内一家独大，难以形成真正有效的竞争。电力市场化改革仍处在初级阶段，邮政体制改革刚刚启动，铁路体制改革尚未破题。垄断行业改革滞后导致的资源配置效率低下、分配秩序失衡等以及部门行业供给严重不足等问题，极大影响了我国经济的整体竞争力和社会公平公正与和谐发展。

自 20 世纪 80 年代开始至今，铁路行业内部先后实行了经济责任制、铁路"大包干"、鼓励中央和地方合资建路、股份制改革试点、主辅分离合铁路局直管站段等改革，但政企不分、投资主体单一、垄断经营的体制依然存在并且在近期还有强化的趋势，由此而产生的诸多弊端长期得不到解决。铁路行政主管部门集不同属性职能于一身，无法正确履行政府职能，政府的越位、缺位、错位成为常态；铁路企业缺乏经营自主性，市场主体地位无从确立，行业内部不能形成有效竞争，而企业自身又掌握着垄断资源，缺乏提高效率的激励机制，导致全行业运行效率较低；社会资金投入机制尚未建立，铁路基本建设投资中中央、地方与社会资金的比例大致为 8.5:1.5，与公路建设投资的比例正好相反，地方政府和社会资金投入缺乏政策引导和体制保障。长期以来投入不足、投资结构配置不合理等导致了铁路运力不足和运力过剩并存、交通瓶颈现象突出，不利于能源和粮食等重要物资的长距离、大跨度、高效率调度，加大了经济生活中短期价格波动的风险。而管理体制僵化、生产效率低下、缺乏改革创新的动力，使得节假日"一票难求"的现象随处可见，也难以适应灾害应急、突发事件及不断变化的客观需要。

铁路体制作为典型的计划经济体制，保存之完整、生存之顽强，是改革开放 30 年来少有的。尽管高度垄断和集中的体制在特殊时期曾经发挥了重要作用，但现实的种种弊端要求决不能以此作为不改革的理由。铁路体制改革的破题和实质性推进，其意义已经超出了一个行业改革的范围。一是显示了中央推进改革的信心，给动辄就以部门利益、特殊需要等为由阻碍改革、畏惧改革以有力回击，对破除改革阻力、全面推进经济体制改革、加速完善社会主义市场经济体制的进程将起到积极的推动作用。二是对国有经济改革给出了生动了例证，将促进其他垄断行业改革不断深化，也有利于纠正前期打着改革的旗号，实际上依然按旧体制运行的"伪"改革措施。三是改革将为整个行业注入活力，并有效刺激地方和民间投资，整体上提高全社会投资的使用效率，有利于防止经济下滑、保证宏观调控政策措施的效果、保持国民经济稳定健康发展。

（六）中小企业成为紧缩货币政策的直接受损者，金融抑制问题长期存在。

中小企业已占到我国企业总数的绝大部分，是我国经济持续健康发展的动力所在，并且提供了城镇人口75%以上的就业机会并吸纳了75%以上农村转移劳动力，成为我国解决城乡就业的主渠道。据统计，我国每年有30%左右的中小企业倒闭，其中约60%是因为融资问题得不到解决。融资难已经成为中小企业的通病，尤其是对于以制造业为主的中小企业，面临的困难尤其严峻。由于缺乏公平、公正的投资经营环境，加上很多宏观调控措施重堵不重疏，监管部门虽然在融资方面出台了相关优惠措施，并有可能继续出台税收减免等方面的政策，但要根本改善中小企业的困局，效果可能是有限的。

无论从投资渠道和自主权来看，还是从金融产品数量和品种来看，我国金融抑制问题仍较突出，信贷市场、资本市场的发展受到制约。我国金融市场仍是以国有商业银行为主导的结构，多层次、多渠道融资体系还需要长期培育和发展。中小企业本身抵押品有限、财务记录不尽完备、信用级别不高，信息不对称严重使得道德风险和逆向选择问题更加突出，再加上信贷操作本身的规模经济特征，商业银行贷款普遍存在着"扶大收小"和"期限失衡"的结构性矛盾，都倾向于将大部分信贷资源配置给大企业，即使是一些市场竞争力较强的中小企业，也难以获得信贷支持。当货币政策较为宽松且经济处于上升周期时，企业盈利机会较多，融资难问题表现得不那么突出。当经济增长放缓时，融资困难的中小企业首先会受到冲击。处于快速扩张时期的成长型中小企业外源性融资较多，资产负债率偏高，在总体信贷趋紧的情况下，金融机构处于控制风险考虑，倾向于信贷退出而导致此类企业资金紧张。

2007年以来，央行先后5次加息、16次调高存款准备金率，紧缩货币政策的累积效应已经显现。中小企业现金流紧张，银行按季或按月控制信贷投放规模，缺少抵押物的中小企业贷款首当其冲被压缩掉，资金链断裂的危险性加大。由于资金紧张局面持续，国有商业银行中小企业年融资综合费率达12%以上，股份制银行达到16%，部分企业短期民间"过桥贷款"利率更高。但即使利率高企，为防止不必要的资金链断裂，在银根紧缩的情况下，进行民间借贷的中小企业数量仍不断增加，特别是东部发达地区的中小企业更多选择民间融资的方法，民间借贷的利率也随之大幅上升。信贷市场被银行垄断，一方面是等钱"过冬"的中小企业被银行拦在高门槛外，一方面是民间信贷火爆，与之相伴随的地下钱庄长期存在，在部分地区已经形成一定规模，并且有继续蔓延的趋势，成为金融灰色地带。地下钱庄为民间融资发挥了积极作用的同时，也为非法资金流入流出提供了渠道，影响了正常的经济金融秩序，而目前对其监管能力还较弱，潜在的风险逐渐加大。

民间融资的存在和发展弱化了宏观调控政策的效果。一方面，货币政策传导过程中的一个重要环节是利率和货币供应量，民间融资利率由融资双方视市场情况协商而定，利率工具难以发挥作用，央行无法调控民间金融市场利率来影响民间融资带来的投资和消费；在货币供应量减少时，被压制的金融需求将转向民间融资市场，导致融资利率上升，抵消了货币政策对资金和资本市场的部分作用。一方面，民间融资的资金流向不受控制，相当一部分流向受调控的产能相对过剩的行业，一定程度上削弱了调控的力度，成为限制发展行业投资反弹的潜在因素。

（七）利率市场化程度不高等问题存在，货币政策调控有效性受到影响。

利率机制是货币政策价格传导的主要渠道，货币政策的价格传导是以利率市场化为基础的。我国利率市场化改革已经取得了阶段性成果，但目前仍在实行严格的利率管制，运行由法定利率和市场利率组成的双轨制，尚未形成以基准利率为核心的市场利率体系。利率水平总体偏低，金融市场有效性不够和市场参与者对价格信号不敏感使得货币政策传导过程并不顺畅。利率调控对中央和地方政府投资基本不起作用，国有企业可以不考虑利率高低而加大贷款进行投资，利率变动对企业经营决策和资金需求影响不显著。而对利率敏感度较高的其他投资主体，正好又是银行"惜贷"的对象，使其不得不到银行体系外去寻找投资来源，导致了利率传导机制不畅，投资需求的利率弹性较低，进而影响利率政策对宏观经济的调控效果。同时，对于国际资本流入流出我国的规模逐年增加所形成的通胀压力和资本外逃风险，通过管制下的利率的变化缓解压力和释放风险，作用也是比较有限的。

在以间接金融为主的格局下，处于垄断地位的国有商业银行承担货币政策传导主要载体的职能。国有商业银行自身利率风险管理水平较低，缺乏合理的贷款定价机制，风险等级不同的贷款无法实行差别利率。国有银行长期靠存贷利差的盈利模式过于单一，央行使用利率工具调控时，需要留出合理的利差水平以保证国有商业银行盈利，影响了利率政策的选择。

（八）金融体系建设中的诸多问题尚未有效解决，金融安全问题日益突出。

在经济全球化、金融一体化背景下，金融危机的易发性、联动性、破坏性愈发明显，金融安全问题日益成为困扰各国的重大问题。金融在经济运行中的命脉地位，使金融系统产生的问题迅速传导到实体经济，继而成为整体经济的问题，同时，金融全球化发展使局部金融问题可以迅速蔓延至全球。美国次贷危机引发的国际金融危机给我国这样金融对外开放广度和深度逐步提高的新兴经济体以深刻启示和重要警示，全球金融市场的不稳定和国际金融体系的脆弱远远超过预期，外部环境变化对实体经济的负面影响可能非常巨大。从现实情况看，由于资本管制，我国受到国际金融危机波及和影响的程度相对较小，但未来我国融入世界金融体系是必然的，在欧美等国都将主要力量放在拯救金融机构以渡过难关时，我们应认真研究国内金融体系的风险及防范措施。

从金融改革的步伐与效果来看，我国的金融基础还不能支撑欧美等经济体所施加的开放压力。我国金融体制改革和对外开放步伐明显加快后，大批外资入股国内银行，客观上有助于中资银行改善股权结构，提高经营管理水平，同时也带来了不容忽视的风险。外资持股比例不断提高，对我国金融市场造成的风险加大，在国内尚缺乏健全的金融监管体系和金融企业尚缺乏竞争力的情况下，过度地开放金融市场，不但不能起到促进本国经济发展的作用，反而有害于本国经济的健康发展，成为经济波动的重要原因。金融改革和开放过程中，国内的一些金融机构将外资一并称为"战略投资者"，对一些财务投资甚至投机资本不能很好的甄别和选择，对外资"高看一等"，甚至认为只有引进外资才有改革的成绩。而现实的效果与我们的预期差距较大，外资入股国内银行的回报远远大于国内银行在经营管理水平提升方面的收益。国际金融市场波动对我国资本市场的影响越来越直接。我国资本市场存在的投资人缺位、市场结构不尽合理、法律法规不完善、监管乏力、激励约束机制不健全、融资效益低等问题长期存在，使得资本市场往往背离宏观经济基本面和一般市场特征，成为关联交易和投机性并购与重组的集中发生地，资本市场的交易价格不能反应基本经济因素变化。

人民币升值压力依然存在，汇率问题政治化。近年来，国际国内经济形势和金融市场的变化，加剧了热钱大规模进出我国的风险，对我国的金融安全造成较大冲击。人民币升值引起国际投机资本向我国无序流动，大量"热钱"通过各种渠道进入我国，影响金融安全，增加了国内宏观调控的难度。在国际金融流动性不足的情况下，"热钱"又会迅速撤离，对我国资本市场和实体经济都产生不利影响。

我国金融监管能力滞后于金融发展，防范金融风险的手段欠缺。美国次贷危机形成的主要原因就是贷款人放松了审慎监管的原则，扩大了次级信贷市场的信用风险；投资者过度追求收益，背离了风险管理原则；监管者夸大并过于相信市场调节功能，忽视了对次贷市场的有效监管。我国金融监管重准入监管，轻风险监管；重合规性监管，轻创新监管；重外部监管、轻内部控制；外部监管越位、内部监管缺位。现行监管模式下，各监管部门容易产生争议和分歧，决策效率低、执行结果差。金融同业工会等行业自律性组织数量少、作用小，监管部门将主要精力放在各种各样的审批上，对金融机构的日常运行监管较少，对市场反应的灵敏度较低，监管效能不足，化解风险的能力有限。

三、当前亟待推进的重点改革任务

（一）理顺资源要素价格形成机制，推动产业结构升级和发展方式转变，缓解国内外经济失衡。

随着全球经济下滑和需求预期下降，以原油为代表的国家能源、原材料价格较前期高位已大幅下跌。考虑到全球经济下滑局面短期内难以扭转，预计今后一段时期内国际能源、原材料价格将维持较低水平运行。我国应抓住这一有利时机，尽快推进成品油、电力等能源价格改革和要素配置市场化改革，加快建立反映市场供求状况、资源稀缺程度、环境损害成本的生产要素和资源价格形成机制，更好发挥市场在资源配置中的基础性作用，为转变经济发展方式创造条件。

1. 以电力、煤炭、成品油价格为重点推动能源价格改革。要坚持市场化改革的取向，还原资源价格和各项成本构成，适当提高价格水平，协调好能源的各种比价关系，最终形成反映市场供求状况、资源稀缺程度、环境损害成本的能源价格形成机制。

电力方面，要按照国务院已确定的电力体制和电价改革方案，充分发挥市场在电力资源配置中的基础性作用，将电价分为上网电价、输电价格、配电价格和终端销售电价。发电、售电价格由市场竞争形成，输电、配电价格由政府制定。在发电环节实行厂网分离、竞价上网，上网电价实行由政府制定容量电价、市场竞争形成电量电价的两部制电价。在自然垄断经营的输配电环节，研究推行按成本加收益办法核定电网企业输配电价，最终建立独立的由政府管制的输配电价格体系。在售电环节，简化电价分类，减少各类用户电价间交叉补贴，实行用电价格与上网电价直接联动，使发电市场的价格变化情况能够及时准确地传递给消费者；推进大用户直接购电试点，积极培育市场主体。

煤炭方面，逐步提高煤炭开采的准入门槛，建立探矿权、采矿权交易市场和全国性煤炭交易市场，促进煤炭企业间的有效竞争；逐步提高煤炭资源税标准，最终实现煤炭资源超额利润全额上缴；建立科学的煤炭成本核算体系，将煤炭采矿权的取得成本、资源开发成本、生态环境恢复治理成本、安全生产成本、资源枯竭后的退出成本等，通过税费等形式在企业的生产成本和煤炭价格中加以体现；继续坚持煤炭价格由市场供求关系形成的原则，推动重点合同煤价格逐步与市场价格接轨，由煤、电双方根据需求情况和国际煤价水平自行确定交易价格。

石油方面，放开原油进口，允许国内符合条件的企业和个人进口原油；进一步完善石油特别收益金制度，逐步以原油国际贸易的最终结算价格为基础，通过核算原油企业开采生产成本并合理确定利润，改石油特别收益金为对原油开采企业按"成本＋合理利润"原则开征资源税，最终实现全额征收原油开采的超额利润；尽快放开成品油进口、生产、流通和销售领域，将国内原油开采和成品油加工销售环节分开，允许符合产业政策和标准的企业和个人参与成品油的进口、生产、流通和销售各个环节，由市场供求关系决定成品油的出厂价格、流通价格、零售价格；尽快从消费端开征燃油税，政府不再直接制定成品油价格或设定价格上限，探索建立以税收调节成品油价格的机制。

天然气方面，尽快放开天然气特别是液化天然气进口，允许符合政策和标准的企业和个人参与天然气的进口贸易；理顺天然气与可替代能源的比价关系，建立动态调整机制；在生产、销售环节逐步建立竞争性市场结构，对管道运输环节实行第三方准入，征收天然气资源税，最终实现天然气价格由市场形成。

2. 推动土地价格改革。健全土地收益分配机制，逐步扩大市场化方式形成土地价格的范围，实现土地资源的市场化配置，使土地价格能够及时准确反映土地市场供求和土地价值，反映土地资源的稀缺状况。一是按照《中共中央关于推进农村改革发展若干重大问题的决定》要求，改革征地制度，逐步缩小征地范围，完善征地补偿机制，按照同地同价原则及时足额给农村集体组织和农民合理补偿。积极培育和探索征地价格市场化形成方式，严格执行耕地占补平衡和基本农田保护制度。二是完善土地市场体系，推进土地资源市场化配置。严格控制划拨用地，经营性基础设施用地逐步实行有偿使用；巩固和扩大经营性用地实行招标、拍卖、挂牌方式出让的范围，工业用地逐步实行市场化交易方式，减少并最终消除协议出让土地。根据不同地区土地资源状况和经济发展水平，建立规范的基准地价制度和协议出让最低价制度。三是合理确定土地征收、出让、转让等环节的收益分配机制，遏制片面追求土地收益的短期行为。

3. 以利率市场化为重点推进资金价格改革。按照《中共中央关于完善社会主义市场经济体制若干问题的决定》提出的"建立健全由市场供求决定的利率形成机制，中央银行通过运用货币政策工作引导市场利率"的方向，加快推进利率市场化。一是加强金融机构的利率定价机制建设，按照风险与收益对称原则，建立完善的科学定价机制。同时，加强中央银行利率管理制度建设，逐步建立健全利率调控体系。二是深化国有商业银行改革，提高商业银行的自我约束能力，建立商业银行自我约束、自负盈亏、自我发展的机制。三是要建立统一、开放、高效、有序的金融市场。健全市场法规，加强市场监管，有效防范市场风险；完善资本市场建设，推动债券一、二级市场的发展，发展银行债券柜台交易，形成零售与批发、场外与场内有机统一、分层次的债券市场体系，增强市场利率的联动性；完善货币市场，进一步降低非银行金融机构进入货币市场的限制，增加市场交易主体，提高市场交易的广度，加大货币市场的容量与弹性，增强货币市场与资本市场的沟通与渗透。

（二）推动新一轮财税体制改革，合理引导地方政府和企业行为，调节国民收入分配格局，大力推进基本公共服务均等化，切实消除居民即期消费的后顾之忧。

深化财税体制改革。近几年来我国财政收入实现持续高增长，2008年全年收入预计将达到6.2万亿元。应充分利用财政实力比较强的良好条件和最近中央调整财政政策的有利时机，加快推进财税体制改革，进一步理顺中央与地方及地方各级政府间财权事权关系，理顺政府与企业、居民的收入关系，优化财政支出结构，加快建立公共财政体系。

1. 理顺中央与地方及地方各级政府间事权财权关系，完善转移支付制度。推进省直接管理县（市）财政体制改革和"乡财县管乡用"改革，逐步形成中央、省、县（市）三级财政层级架构，为合理划分各级政府事权以及在省以下进一步完善分税制财税管理体制创造条件。在财政层级"扁平化"改革的基础上，以中央、省、县（市）三个财政层级为基础，按照受益范围和事权性质，进一步划分各级政府尤其是省级以下各级政府的事权。适度增加中央和省两级财政在义务教育、公共卫生和社会保障领域的支出责任，缓解基层政府支出压力。尽快研究开征物业税，完善地方税收体系，稳定地方政府与支出责任相匹配的财源和收入。按照基本公共服务均等化和主体功能区要求，改革财政转移支付制度，加大对现有专项转移支付项目的清理、整合力度，尽可能地将专项转移支付归并入一般性转移支付项目，并纳入地方预算管理，扩大一般性转移支付规模和比例，建立以一般性转移支付为主的财政转移支付制度，提高基层政府提供均等化公共服务的能力。通过以上改革，逐步消除地方政府在推动经济增长方面实行短期行为的体制性根源，优化地方政府的职能和行为取向，为市场配置资源基础性作用的充分发挥和宏观调控政策的有效落实创造条件。

2. 改革税收制度和预算制度，减轻企业和居民税收负担。这是理顺政府、企业、居民收入分配关系的基础，也是进一步扩大内需、保障经济平稳较快发展的重要手段。一是全面实施增值税转型改革，最近国务院已对此项改革进行了部署。同时，应研究扩大增值税征收范围，推动增值税征收从商品生产、流通领域逐步扩大到服务业领域，允许生产性劳务进项税款在税前进行抵扣，公平服务业税负，降低生产性服务业投资成本，为服务业发展创造公平的税收环境。二是加快研究实行综合与分类相结合的个人所得税制度，继续合理提高个人所得税起征点，根据经济社会发展水平和物价水平，建立个人所得税起征点正常调整机制，减轻中低收入者税负，提高全社会消费能力。三是按照"清理、转换、合并、取消"的思路，改革行政事业性收费制度，对现有收费标准进行大规模清理，理顺税费关系，规范收费制度，减轻企业和居民负担。四是改革预算制度，提高预算编制的科学性，加强各级人大对预算编制、执行的审查和监督力度，重点审查预算的完整性和准确性，着力改变预算执行结果与预算安排差异较大的状况，尽可能压缩甚至消除财政部门对财政增收资金的实际自由支配权。与此同时，改革税务部门的增收奖励和分成等不合理的增收激励机制，从制度上消除对财税部门增收的不当激励。

3. 优化财政支出结构，建立保障和改善民生的长效机制。最近几年来，虽然国家财政对"三农"、义务教育、医疗卫生等经济社会发展薄弱环节的投入逐渐增多，但财政投入"重经济建设、轻民生改善"的格局还没有根本性改变，特别是医疗卫

附录

生、社会保障、"三农"等领域历史欠账较多，严重制约了全社会消费能力的提高。为此，一是要按照社会主义市场经济体制要求，合理界定政府与市场的作用边界和财政保障范围，逐步减少财政对经济建设的直接投入，尤其要退出对一般竞争性领域的投入，更好发挥市场在资源配置中的基础性作用，更好发挥社会资本在经济发展中的积极性。二是要严格控制一般性支出，加快推进公务用车等制度改革，减少行政经费铺张浪费，逐步减少行政管理费在财政支出中的比例，加快建立公共服务型财政体制。三是要在研究建立合理的公共服务标准的基础上，抓紧建立健全财政支持和保障公共服务的长效机制，增加财政对公共服务领域投入，重点加大在"三农"、教育、医疗卫生、就业、社会保障、住房保障、公共文化等方面的投入，优先保障和改善民生。

（三）深化国有经济体制改革，坚决推动国有经济从一般竞争领域退出；健全国有资本经营预算制度，推动一般竞争领域国有经济通过资本市场转变为社会保障资金。

继续推进国有经济的战略性调整，适当收缩国有经济的分布范围，进一步明确国有经济产业分布的空间结构及在既定产业中的规模，集中优势、突出重点。对那些国有经济发挥作用不明显、不是关系国民经济命脉的一般竞争性行业，国有资本应采取多种方式，如通过整体出售、股权转让、减资或资本市场的减持等方式逐步退出。特别是对于那些利润较高、竞争性强的领域，国有资本要坚决退出，不能因贪图现阶段利润盲目进入，造成国有经济改革新的问题。

健全国有资本经营预算制度，有效控制和引导国有资本存量变现和增量分配，为推进国有经济布局和结构的战略性调整提供财力保障。加强对国有资本收益及投资的管理，强化国有资本运营中的风险控制。合理界定国有资本经营预算的收支范围，将支出主要用于充实社会保障基金，补充企业国家资本金等。明确国有资本经营收益的使用方向，确定用于国企改革创新、国有资产保值增值、国有经济布局结构调整等不同方向的使用规模。将国有资本经营预算的范围逐步从经营性资产扩大至包括金融性、非经营性及资源类资产在内的全部国有资产。配套推进国有企业利润分配制度、国有资本再投资管理制度等相关改革。

（四）推进农地征用和流转制度改革，解决城市化过程中农民利益补偿和"土地财政"问题。

1. 强化土地利用规划约束和用途管制，明确公共利益征地范围。地方各级政府都要制定土地利用规划。要强化规划对建设用地总量的控制，把用地规模限制在规划数量、范围之内。确需调整规划的，必须按法定程序进行。土地用途一旦划定，就要严格执行，不能随意改作他用。严格界定公益性和经营性建设用地，分别建立公益性和经营性的土地征用制度，并制定不同的征地程序和补偿标准。要把为公益性项目而进行的征地与一般经营性项目用地严格分开，缩小征地范围。征地权应当主要用于国家重点公共设施建设，一般不能用于商业开发，更不应变成企业行为。

2. 完善农村土地征用的补偿制度。土地征用的标的应扩大到农地上的所有权和承包经营权等土地他项权利，并分别予以补偿。依法征收农村集体土地，必须按照同地同价原则及时足额给予补偿。首先应在立法上对土地承包经营权等土地他项权利予以确认；其次，应依据农地产权的现实改变现行的补偿分类标准，增加土地、山林、鱼塘等承包经营权和农地使用权等土地他项权利，以及宅基地等的补偿类别和补偿标准。同时，将补偿的受益权授予权利人，而非集体组织。探索解决被征地农民社会保障和长远生计的办法。在给予金钱补偿的同时，对他们今后的生活给予安置，解决被征地农民就业、住房、社会保障。

3. 完善土地征用程序，规范政府的征地行为。在对农民集体土地的征用过程中，政府始终处于强势地位，它既是征用的主体，又是补偿的主体。如何规范政府的行为，构成了规范征地制度，保障农民权益的关键。为此，首先要严格控制政府的征地权力，理清征用的界限。其次强化平等协商和监督机制。政府在对集体土地征用的决策之前，必须与集体农民进行平等的协商，征得大多数农民的认同。再次要有针对性地采取措施规范、约束政府行为，弱化乃至剥离政府与征地行为之间的直接利益关系，使政府不能取得征地和供地之间的利益空间。

4. 积极稳妥推进农村集体建设用地流转改革。积极探索土地流转新模式，推进流转市场主体建设，健全服务体系，建立起统一、高效的土地流转市场。一是建立就业、工伤、医疗、养老保险等多层次的农村社会保障体系，尽快制定和实施农民工养老保险转移接续办法，解除农民的后顾之忧。二是积极构建土地流转服务平台。农村土地流转从政府主导转变为市场主导，积极探索市场调节土地流转的长效机制，建立综合性的土地流转服务平台，扶持发展中介服务组织，发挥其在土地供需主体之间的桥梁作用。三是发挥市场配置土地资源的基础性作用。推进农村土地管理制度改革，规范集体经营性建设用地和宅基地流转，逐步建立城乡统一的建设用地市场。在符合土地利用规划和城镇建设规划的前提下，可以通过向农民集体购买、租赁等市场方式取得集体经营性建设用地，价格由市场决定。对依法依程序取得的农村集体建设用地，与国有建设用地享有平等权益。

（五）深化垄断行业改革，特别是推进铁路体制改革。

深化垄断行业产权制度改革，建立公平竞争的市场环境，促进国有资本与非国有资本共同参与投资、建设和运营。加强对自然垄断行业的价格、质量和普遍服务质量监管。强调依规监管，健全监管机构，重点解决监管职能交叉、多头监管与监管缺位同存的问题，建立独立、专业、职能单一的监管机构。创新监管方式，通过公开听证等渠道积极参与监管规则制定和监管过程。

推动铁路体制改革，首先是要实施政企分开。改革后的铁道部主要行使拟定铁路行业发展战略、方针和政策，制定国家铁路统一的规章制度等职能；成立独立的监管机构，对铁路进行统一调度，并对建设运营进行监督；在现有铁路局的基础上，积极推进产权多元化，组建区域铁路公司。同时，积极推进铁路投融资体制改革。面临建设资金巨额缺口，在铁路建设、客货运输、装备制造和多元经营四个领域，国家出台了支持和引导国内民营资本进入的相关政策。但在政企合一的管理体制下，经营采取运输集中调度和收入集中结算的模式，民营资本参与铁路建设投资的积极性并不高。改革的重点是解决民营资本投资建设铁路中存在的交易成本过高、经营权不完整、收入结算不透明等问题。

（六）完善金融调控体系，防范金融风险。

一是完善金融法律法规和基础设施建设，防范金融风险。建设好金融市场登记、托管、交易、支付和清算系统。金融机构在风险可控的前提下加快综合经营试点，增强高端产品竞争力，发挥综合经营优势。完善金融法律法规，强化金融监管，建立金融安全的"防火墙"。建立健全存款、投资者保护和保险保障制度，强化按照金融产品和业务属性实施外部监管，完善对金融控股公司、交叉性金融业务的监管，建立有效防范系统性金融风险、维护金融稳定的应急处置机制。完善金融监管主体的建设，确保法定监管主体的独立性和自主执法权，建立健全以人民银行为首，以金融监管联席会议为纽带的金融稳定协调机制。加强行业协会和自律组织建设，充分发挥其对金融监管的社会监督作用。

二是深化汇率制度改革，完善外汇管理制度。银行强制结售汇与银行间外汇市场封闭越来越成为人民币汇率形成机制缺失的重要原因。将人民币在国际货币体系中的定位与汇率形成机制综合考虑，逐步建立灵活、有弹性的汇率制度。加强和完善对外汇储备的管理，优化外汇储备币种结构，减少资本项目开放带来的副作用，由强制结售汇过渡到意愿结售汇，拓宽人民币汇率生成的市场基础。不断扩大外汇交易的批发市场，增加市场交易主体，开发避险工具，适当扩大银行间市场的汇率浮动幅度。加强区域性国际金融合作，建立货币联盟，增强自身金融体系的安全性，减轻国际风险传递的可能性。

三是继续推进利率市场化改革。我国存款利率的上限和贷款利率的下限还没有市场化，存贷利差只高不低，金融机构难以利用价格工具增强竞争力。推进利率市场化改革，完善金融机构吸纳资金的方式，降低资金体外运行的负面效应，同时促进民间融资利率趋于合理并保持相对稳定，为民间金融健康发展继而转为正规金融创造条件。

（七）重点解决中小企业贷款难问题。

稳步发展各种所有制的区域性中小金融企业，通过发展区域股份制或合作制的小型金融企业，满足中小企业贷款的需求。通过完善金融服务市场体系来解决国内金融市场发展不足的问题，大力发展地方金融和金融服务的市场细分，而不是一味鼓励跨区域做大做强。对小型金融机构相对放松信贷调控，执行较低的差别存款准备金率。出台《放贷人条例》等法律法规，使一批符合条件的放贷人注册放贷，全面放开抵押范围。确立民间融资主体间的权利、义务关系，并对其融资方式、期限、利率、用途等作出明确规定，引导民间融资合规经营，减少地下钱庄等灰色金融形式存在可能引发的社会问题。鼓励风险投资公司的发展并给予相应的政策支持。引导中小企业通过票据贴现、融资租赁和基金等方式进行间接融资。针对金融市场本身发育的不足，着力加强信息披露制度，改进征信体系，引导中小企业建立完备规范的财务制度，发展中小企业信用担保和信用评估体系，降低由于信息不对称带来的信贷成本。

（八）深化农村金融体制改革。

增加农村资金供给总量。加快出台相关法律法规，保障金融机构从农村地区吸收的存款较大比例投向农村地区。积极发挥各类农村专业合作组织在农村金融中的作用，可考虑对农村信用社等免征农业专项小额贷款营业税等，引导社会资金流向农村地区。建立中央财政对政策性金融的补偿机制，发挥财政在金融支农中的作用。加大财政对政策性农业保险的投入力度，扩大试点范围和保险品种，完善政策性农业保险制度。

完善农村金融体系。进一步开放农村金融市场，允许多种所有制、多种类型农村金融服务机构发展。规范村镇银行资金投放机制，落实其为"三农"服务的市场定位。引导民间金融进入农村金融市场，规范民间信贷，引导农民合作金融组织发展，加强监管和风险防范。

建立健全农村社会信用体系。结合农民和农村中小企业实际，探索土地承包权、权益质押等多种担保形式，鼓励支持农村互助组织参与农村担保。完善农户小额信贷管理，完善联户担保，建立符合农村特点的担保体系。探索建立以农村社区为基础的信用登记制度，提高农民信用意识。

四、进一步完善宏观调控体系

（一）处理好"宏观调控"与"经济管理"之间的关系。

在20世纪90年代，我国的宏观调控部门有国家计委、财政部、人民银行、国家体改委和国家经贸委等多个部门，后来，国家体改委和国家经贸委在机构改革中被撤销，只剩下国家计委（2003年后为国家发展改革委）、财政部、人民银行。在2004年以来的本轮经济景气周期中，宏观调控的主要问题是经济反复"偏热"，针对土地使用和生态环境领域出现的一些问题，土地和环保部门加入了宏观调控部门的行列，例如原环保总局组织开展"环评风暴"、国土资源部开展土地督察等等。这些政策措施在客观上起到了抑制固定资产投资过热、提高投资项目质量的效果，但是，在经济下滑期这些部门是不是需要配合调控主要目标而放松经济管理职能、放松市场准入？显然，周期性的加强或放松土地、环保和行业准入政策是不适当的。在一般市场经济国家，宏观调控政策的内容主要有两个：一个是财政政策，一个是货币政策，对应的宏观调控机构也主要是财政政策和货币政策主管部门。由于在我国，国家发展改革委是综合经济部门，负责国家建设资金的安排，因此与财政部、人民银行一起，是主要的宏观调控部门之一。其他例如工业、国土、环保等经济管理部门不宜列为宏观调控部门。建议进一步厘清"宏观调控"职能与"经济管理"职能的关系，把常规性的经济管理职能与反周期的调控职能分开，把确需强化的部门经济管理职能通过健全法制的形式固定下来，进一步明确宏观调控的范围、方式与手段。

（二）处理好"总量调控"与"结构调整"之间的关系。

作为一个发展中大国，我国面临着诸多结构性问题，例如区域发展差距问题、城乡即社会各阶层之间的收入差距问题、产业结构调整的问题，等等。这些问题的解决，不但应该贯穿于我国社会主义发展阶段的始终，而且应该通过体制改革和机制创新来实施。例如，通过建立财产税（物业税）和进一步健全所得税来加大对居民财税的调节力度；通过完善资源税（可提高资源税水平支持中西部资源丰富地区的发展）并加大对中西部地区的基础设施投入来促进区域协调发展；在明确全国主体功能区划分的前提下，建立既能体现国家发展战略，又有区域针对性的产业发展政策，等等。从长远考虑，"有保有压"的调控政策不但不适宜与短期的反周期政策混杂在一起，也不应该"一省一策"，这样做的后果会肢解国家统一的经济管理政策，严重时会扭曲资源配置。建议把"结构调整"的职能从以"总量调控"为主的宏观调控政策体系中分离出来，作为长期稳定的经济政策固定下来。

（三）处理好"经济增长"与"体制改革"之间的关系。

从本质上讲，经济的平稳运行在短期内依靠调控政策，在长期内则依靠体制改革，对我国这样一个经济转型中的大国更是如此。土地和环保部门之所以在本轮经济景气周期中被纳入宏观调控部门，根本原因在于我国土地市场发育缓慢、环境资源税收建设滞后等一系列问题，其中有些问题是因为改革不到位，市场对资源配置的基础性作用发挥的不充分（例如土地市场和资源性产品价格），有些问题属于制度创新不及时，不符合经济快速发展的需要。此外，国家发改委一手抓发展，一手抓改革，应更加注重处理好两者之间的关系。以成品油价格改革为例，"形势好的时候不想改，形势不好的时候不敢改"，许多改革措施的滞后严重影响了宏观调控的政策效果。

（四）处理好中央与地方在宏观调控过程中的关系。

在目前的体制下，中央与地方在宏观调控中的目标定位并不完全一致。中央政府希望保持经济增长的速度、质量和效益相统一，避免大的经济波动，而地方政府则希望尽可能推动地方经济快速发展，经常是"上有政策，下有对策"。从横向的角度看，近年来，中央提出了"有保有压，区别对待"的调控政策，对此，东部沿海认为自己有市场、有资金、有技术，可以加快发展；而中西部地区认为本来就基础差、底子薄，应抓住机遇，加快发展，因此，尽管各地都反对"一刀切"，但都不认为自己是"压"的对象。从纵向的角度看，由于地方政府在实际上影响着土地等重要生产要素的配置，加上各种变通的投融资渠道和计划审批手段，地方政府在历次经济过热中都扮演组织者和推动者的角色。因此，宏观调控在某种意义上就成了中央政府对地方政府的调控，成了一种政策博弈。在这种情况下，宏观调控不仅仅涉及政府与市场之间，而且涉及中央与地方的关系，从而使政策效果大打折扣。

（国家发展改革委体改司课题组）

后 记

党的十七大报告鲜明地提出，改革开放是党在新的时代条件下带领人民进行的新的伟大革命。整个改革开放的进程，是社会主义市场经济体制探索、建立并不断完善的过程，是改革实践探索和改革理论创新相互促进的过程，是国内改革和对外开放相互促进的过程，是克服重重阻力、排除千难万难、百折不挠、不断前行的过程。我国 30 年改革开放取得的进展，只是万里长征走完了第一步。进一步完善社会主义市场经济体制，推进经济、政治、文化、社会全方位的改革，还有很长的路要走，需要不断攻坚克难和制度创新。

2008 年，为隆重纪念改革开放 30 周年，国家发展和改革委员会牵头组织中央有关部门、地方发展改革部门，编辑出版《中国改革开放：1978—2008》系列丛书，全面系统地总结了各领域、各地区改革开放 30 年的历程、成就和经验。为及时总结新的历史起点上改革开放取得的新进展，继续做好为改革开放"修史立志"的工作，国家发展和改革委员会经济体制综合改革司决定，从今年起，按年度编辑出版《中国经济体制改革报告》。

作为年度报告的第一本，《2008 年中国经济体制改革报告》着眼于全面记录2008 年各领域、各地区经济体制改革的最新进展。《报告》共分四篇。其中，"综合篇"收录了中央领导有关改革的讲话、国家发展改革委领导和体改司领导有关报告和讲话、有关重要文件以及人民日报、新华社有关重要社论和评论员文章；"部门篇"收录了国务院 34 个部门提供的相关领域改革进展材料；"地方篇"收录了各省、自治区、直辖市、计划单列市、副省级省会城市和新疆生产建设兵团改革进展材料；"试点篇"收录了上海浦东新区、天津滨海新区、重庆市、成都市、武汉城市圈、长株潭城市群、深圳市等七个国家综合配套改革试验区改革试验进展情况。此外，报告还收录了国家发展改革委体改司课题组 2008 年完成的课题研究报告《制约宏观调控政策效果的体制性因素研究》，作为全书的"附录"。

国家发展和改革委员会副主任彭森同志十分关心和支持本《报告》的编写，并担任本《报告》的顾问。为做好《报告》的编辑工作，国家发展改革委办公厅专门发出通知，请各部门、各地发展改革委提供改革进展材料。体改司组织了专门的工作班子，对稿件进行认真细致的编辑加工。为确保文稿准确无误，体改司专门召开会议，请各部门经济体制改革工作联络员对文稿进行核校。人民出版社的有关编辑人员也为《报告》的出版付出了辛勤劳动。在此一并致谢。

认真总结改革开放的经验，为当前和今后的改革工作提供有益指导和镜鉴，是发展改革部门的重要任务。我们将通过编辑出版年度改革报告，及时记录改革开放最新进展，总结改革开放新鲜经验，继续深化研究，并自觉运用到实践中去，把改革开放的伟大事业不断推向前进。

国家发展和改革委员会
经济体制综合改革司司长
孔泾源
2009 年 7 月 29 日